Barbara Beßlich

Der deutsche Napoleon-Mythos

Barbara Beßlich

Der deutsche Napoleon-Mythos

Literatur und Erinnerung 1800–1945

Gedruckt mit Hilfe der Deutschen Forschungsgemeinschaft
und der Geschwister Boehringer Ingelheim Stiftung
für Geisteswissenschaften in Ingelheim am Rhein.

Die Deutsche Nationalbibliothek verzeichnet diese Publikation
in der Deutschen Nationalbibliografie;
detaillierte bibliografische Informationen sind im Internet über
http://dnb.d-nb.de abrufbar.

Die Herausgabe des Werkes wurde durch
die Vereinsmitglieder der WBG ermöglicht.
Gedruckt auf säurefreiem und alterungsbeständigem Papier
Printed in Germany

Besuchen Sie uns im Internet: www.wbg-darmstadt.de

ISBN 978-3-534-20025-2

Inhalt

Vorwort

Vorliegende germanistische Studie wurde im Jahr 2005 von der Philologischen Fakultät der Albert-Ludwigs-Universität Freiburg im Breisgau als Habilitationsschrift angenommen.

Mein großer Dank gilt Professor Dr. Achim Aurnhammer, der die Arbeit von Beginn an mit Engagement gefördert hat. Unser gemeinsames Seminar zu „Napoleon in der deutschen Literatur“ hat mir wichtige Anregungen gegeben. Den Gutachtern Professor Dr. Ulrich Herbert und Professor Dr. Günter Saße bin ich für Ihre intensive Lektüre und konstruktive Kritik dankbar. Für Gespräche, Hilfe und Hinweise danke ich Michael Butter, Dr. Karin Hunn, Eckart Kleßmann, Professor Dr. Paul Michael Lützeler, Professor Dr. Ernst Schulin und Dr. Wulf Wülfing. Den Freiburger Kollegen sei für ihre Diskussionsbereitschaft und besonders für ihre tatkräftige Unterstützung beim ‚Endspurt‘ im Sommer 2005 gedankt.

Der Deutschen Forschungsgemeinschaft und der Geschwister Boehringer Ingelheim Stiftung für Geisteswissenschaften bin ich für die freundliche Gewährung eines Druckkostenzuschusses verbunden.

Meinen Freunden, meiner Mutter und Dr. Malte Graßhof danke ich ganz herzlich für Lektüre, Korrektur und vor allem für Zuspruch in allen Lebenslagen.

Freiburg, im Herbst 2006 Barbara Beßlich

Einleitung

Heinrich Heine nannte ihn den „weltlichen Heiland", Johann Wolfgang von Goethe pries ihn als „Kompendium der Welt". Friedrich Hebbel begegnete ihm oft im Traum als Kammerdiener, Friedrich Nietzsche sah in ihm die „Synthesis von Unmensch und Übermensch", und Hugo von Hofmannsthal titulierte ihn als „eine der größten Verwirklichungen des Individuums im okzidentalen Sinn".[1] Daß Napoleon für die politische und gesellschaftliche Realität in Deutschland im 19. Jahrhundert von nicht zu überschätzender Bedeutung war, ist beinahe müßig festzustellen und wird vielleicht besonders sinnfällig in dem Satz, mit dem Thomas Nipperdey seine *Deutsche Geschichte* des 19. Jahrhunderts beginnen läßt: „Am Anfang war Napoleon."[2] Daß diese Wirkung Napoleons sich aber nicht in der staatlichen Modernisierung Deutschlands und dem Nationalismus der Befreiungskriege erschöpfte, sondern sich im kollektiven Gedächtnis der Deutschen weit über 1848 hinaus festschrieb, ist in Deutschland nach 1945 nur noch selten betont worden.

Wenn nach 1945 Deutsche auf den deutschen Napoleon-Mythos zu sprechen kamen, so beschränkten sie sich zumeist entweder auf die liberale Napoleon-Legende des Vormärz oder sie deuteten vage an, daß hier etwas nicht ganz Geheures thematisiert werde. Golo Mann erinnerte 1955 nur noch allgemein daran, „der Napoleon-Mythos habe nachmals

---

[1] Heinrich Heine: Ideen. Das Buch Le Grand, in: Ders.: Historisch-Kritische Gesamtausgabe der Werke, hg. v. Manfred Windfuhr, Bd. 6: Briefe aus Berlin, Über Polen, Reisebilder I/II (Prosa), bearbeitet v. Jost Hermand. Hamburg 1973, S. 195. Johann Peter Eckermann: Gespräche mit Goethe in den letzten Jahren seines Lebens, in: Johann Wolfgang Goethe: Sämtliche Werke nach Epochen seines Schaffens (Münchner Ausgabe), hg. v. Karl Richter in Zusammenarbeit mit Herbert G. Göpfert, Norbert Miller u. Gerhard Sauder, Bd. 19, hg. v. Heinz Schlaffer. München 1986, S. 159 (16. Februar 1826). Friedrich Hebbel: Tagebücher, in: Ders.: Sämtliche Werke. Historisch-Kritische Ausgabe, besorgt v. Richard Maria Werner, Zweite Abteilung, Bd. 1: 1835–1839. Hamburg 1903, S. 230 (27. März 1838). Friedrich Nietzsche: Zur Genealogie der Moral, in: Ders.: Kritische Studienausgabe, hg. v. Giorgio Colli u. Mazzino Montinari, Bd. 5. München 1988, S. 288. Hugo von Hofmannsthal: Napoleon. Zum 5. Mai 1821, in: Ders.: Gesammelte Werke in Einzelbänden, Prosa IV. Frankfurt a. M. 1966, S. 59.

[2] Thomas Nipperdey: Deutsche Geschichte 1800–1866. Bürgerwelt und starker Staat. München ^{4}1987, S. 11.

in Deutschland kräftiger geblüht und wirksamere Folgen [gehabt] als in Frankreich selber."[3] Friedrich Sieburg verglich 1956 das englische und französische Napoleon-Bild mit dem der Deutschen und wurde etwas deutlicher:

Von ganz anderen Kräften ist das deutsche Napoleon-Bild bestimmt. Es ist für unser eigenes Wesen bezeichnender als für das des Eroberers. Nirgendwo hat er eine so unausgeglichene und hitzige Bewunderung gefunden wie in unserer Literatur. [...] Aber wer auch die Feder führen, wer auch die Stimme erheben mag, ein gelassenes Verhältnis zu Napoleon bringt kein Deutscher auf. Die besondere Art seiner Größe rührt in uns Saiten an, deren Schwingungen keine Harmonie ergibt.[4]

Diese Zitate deuten an, daß Napoleon in der historischen Mythologie der Deutschen bis 1945 eine erhebliche Rolle gespielt hatte. Friedrich Stählin fühlte sich 1952 bemüßigt, seine Studie über *Napoleons Glanz und Fall im deutschen Urteil* mit der unmittelbaren deutschen Vergangenheit in Verbindung zu bringen und sprach blümerant über ein „geschichtliches Gleichnis", das die Deutschen für ihre eigene Situation 1945 in der Betrachtung von Napoleons Schicksal finden könnten.[5]

In diesen Zitaten klingt ein zugleich identifikatorisches und problematisches Verhältnis ‚der Deutschen' zu Napoleon an, das freilich nie ganz exakt bestimmt, sondern lediglich raunend als prekär auratisiert wird. Was die deutsche Literatur zwischen 1800 und 1945 immer wieder und in unterschiedlicher, aber eben doch auffallend „unausgeglichener" Weise dazu veranlaßte, sich mit Napoleons kometenhaftem Aufstieg aus dem Nichts zum Herrscher über Europa, mit seinem widerspruchsvollen Verhältnis zur Revolution und seinem schroffen Untergang auseinanderzusetzen, ist bisher lediglich unzureichend erörtert worden.

Vorliegende Studie möchte an unterschiedlichen Konfigurationen des Napoleon-Mythos in der deutschen Literatur von 1800 bis 1945 eine Entwicklung kultureller Deutungsmuster über die Epochenschwelle von 1848 hinaus nachzeichnen, die Napoleon nicht mehr als Nationalfeind der Befreiungskriege darstellen, sondern sukzessive identifikatorisch auf Deutschland beziehen. Diese nationale Identifikation wird, wie zu zeigen sein wird, durch einen identifikatorischen Dichter-Mythos vorbereitet. Die Dichter begreifen Napoleon bereits nach 1821 als schöpfe-

---

[3] Golo Mann: Deutsche Geschichte des 19. und 20. Jahrhunderts. Frankfurt a.M. 1955, S. 64.

[4] Friedrich Sieburg: Napoleon. Die hundert Tage. Stuttgart 1956, S. 415 u. 436.

[5] Friedrich Stählin: Napoleons Glanz und Fall im deutschen Urteil. Wandlungen des deutschen Napoleonbildes. Braunschweig 1952, S. 5.

risches Genie und vergleichen seine Tätigkeit mit der eigenen eines Künstlers, der alte Regeln zerbricht und sich neue autonom nach Bedarf setzt. Damit ist Napoleon nicht mehr der feindliche Eroberer und die fremde unbegriffene Macht, sondern wird metaphorisch Teil der eigenen Welt. Gleichermaßen bedeutet dies eine frühe Politisierung des Genie-Gedankens und eine Ästhetisierung Napoleons. Als Genie der Dichter lebt Napoleon vermittelt über die Literatur im kulturellen Gedächtnis der Deutschen zwischen 1848 und 1870 fort, in einer Zeit, in der die deutsche Historiographie und die Politik eher napoleonkritisch eingestellt sind.

Nach 1890 hingegen wird der Napoleon-Mythos schließlich über die Literatur hinaus mehr und mehr national identifikatorisch auf Deutschland bezogen. Die historische Person Napoleons wird mit der deutschen Nation rhetorisch verglichen, indem Deutschland als personifiziertes Subjekt der Geschichte verstanden wird, dem ein napoleonischer Charakter und Willen zugesprochen wird. Die antienglische Stimmung im wilhelminischen Deutschland trägt zu solchen Vergleichen bei. Bei den 100-Jahr-Feiern der Befreiungskriege 1913 wird Napoleon auffällig als symbolischer Gegner ausgespart und gleichzeitig in eine nationale Mythologie der Deutschen eingebunden, so daß sich ein wackerer Bismarck-Verehrer und Napoleon-Gegner empört:

Diese Verherrlichung Napoleons ist *nicht* eine *vorübergehende* Erscheinung, sondern ist ein *seit Jahren immer mehr sich verbreitender* Unfug. In den Schaufenstern trifft man ständig Büsten, Bilder und Bücher, die für Napoleon begeistern, und so mancher Deutscher hat über seinem Schreibtisch statt eines Bildes des Schmiedes der deutschen Einheit oder des Kaisers ein Napoleonbildnis hängen und ist stolz darauf.[6]

Dieses Echauffement verdeutlicht, wie die Erinnerung an Napoleon zusehends einen Platz einnimmt, der traditionellerweise in einer historischen Mythologie des zweiten deutschen Reichs eigentlich preußisch-deutschen Figuren zugedacht ist. Auch der Erste Weltkrieg ändert nichts an der napoleonischen Konjunktur, im Gegenteil: Die Deutschen vergleichen sich explizit mit Napoleon im Kampf gegen England und den Rest der Welt,[7] und analogisieren nach 1918 das postrevolutionäre Deutsch-

---

[6] Jeannot Emil Freiherr von Grotthuss: Türmers Tagebuch: Wie wir feiern, in: Der Türmer. Monatsschrift für Gemüt und Geist 15 (1912/1913), Bd. II, S. 68–86, hier S. 83 f. (Hervorhebungen im Original). Zu dieser Entgegensetzung von Napoleon und Bismarck nach 1870 vgl. Rolf Parr: „Zwei Seelen wohnen, ach! in meiner Brust". Strukturen und Funktion der Mythisierung Bismarcks (1860–1918). München 1992.

[7] Vgl. Gustav Stresemann: Napoleon und wir. Rede im Preußischen Abgeord-

land mit Frankreich 1799, das auf einen Retter aus der demokratischen Krise wartet. Der identifikatorische Napoleon-Mythos grassiert in den 1920er Jahren derart intensiv in Deutschland, daß 1926 die (heute erstaunlich anmutende) Aussage von der „Wesensgleiche zwischen Napoleon und den Deutschen" gemacht werden konnte[8] und die Satire sich bereits mit „Napoleon I. als Nationalhelden der Deutschen" auseinandersetzte.[9]

Nur eine kurze Spanne über galt Napoleon den Deutschen in der Zeit der Befreiungskriege als Nationalfeind. Aber schon bevor die Publizistik der Befreiungskriege Napoleon zum Antichristen dämonisierte, hatten die deutschen Schriftsteller den General der Italienfeldzüge zum Halbgott verklärt. Die Verteufelungen Napoleons zum „Höllensohn" reagierten bereits auf deutsche Divinisierungen Napoleons seit 1797. Zwischen 1815 und 1821 rückten die Schriftsteller schnell ab von ihren politischen Invektiven und verklärten den nach St. Helena Verbannten zum Märtyrer. St. Helena wurde zum romantischen Nebelreich ästhetisiert und gegen ein prosaisches Europa abgesetzt. Die Literatur inszenierte Napoleons Tod am 5. Mai 1821 als Epochenschwelle. Das literarische Epigonentum in Deutschland definierte sich nicht erst in Auseinandersetzung mit dem Tod Hegels und Goethes, sondern entstand bereits in der Reflexion auf den *ennui* und das Nachgeborensein nach dem Tod Napoleons.

Napoleon avancierte dann zur Symbolfigur des Liberalismus im Vormärz. Mit Napoleon machte Heine gegen die Restauration mobil. Aber der Bezug auf Napoleon erschöpfte sich zwischen 1821 und 1848 fast nie in politischer Agitation, sondern transportierte immer auch eine beinahe apathische Zerrissenheit und melancholische Erinnerung an vergangene Größe. Napoleon wurde im 19. Jahrhundert zur poetologischen Sonde, mit der die Dichter selbstkritisch ihre subjektiv empfundene Winzigkeit reflektierten. Jakob Burckhardts Diktum, „Größe ist, was wir nicht sind"[10], ließe sich als Motto der deutschen Napoleon-Literatur des 19. Jahrhunderts begreifen. Je mehr die Gegenwart Größe vermissen ließ, desto intensiver (und zum Teil in flagellanter Manier) wurde die

---

netenhaus 1917, in: Ders.: Reden und Schriften. Politik, Geschichte, Literatur 1897–1926. Dresden 1926, Bd. 2, S. 329–350.

[8] Berthold Vallentin: Napoleon und die Deutschen. Berlin 1926, S. 9.

[9] Werner Hegemann: Napoleon oder „Kniefall vor dem Heros". Hellerau 1927, unpaginierte Widmungsseite.

[10] Jakob Burckhardt: Weltgeschichtliche Betrachtungen. Erläuterte Ausgabe hg. v. Rudolf Marx. Stuttgart 1978, S. 209.

vergangene Größe Napoleons beschworen. Napoleon wurde so zum Stellvertreter für die mangelnde Genialität der Zeitgenossen.

Mit Nietzsche veränderte sich der Tonfall der deutschen Napoleon-Literatur: Alles Kontemplative, das noch den Napoleon-Texten von Immermann, Gaudy und Zedlitz zu eigen war, scheint verschwunden. Mit größtem Pathos und identifikatorischem Ernst schreibt Nietzsche seinen Napoleon zur atavistischen Symbolfigur um, die gegen Rousseau einen Geistesaristokratismus antiken Zuschnitts verkörpert und als wahrer *Retour à la nature* jenseits von Gut und Böse stilisiert wird. Nietzsche verkehrt die napoleonischen Stilisierungen des Vormärz ins Gegenteil. Nietzsches Napoleon steht nicht mehr für Liberalismus und bürgerliche Freiheiten, sondern wird zum Inbegriff des Anti-Bürgers, dessen Leben auf Kampf eingestellt und gegen Kapitalismus und Besitzstandsdenken ausgerichtet ist. Dieser Napoleon ist gegen die nivellierende Massengesellschaft der unzeitgemäße Beweis von Größe. Daß Nietzsches Napoleon einen Feind jeglichen Nationalismus darstellt, hat die vulgarisierende, rechte Nietzsche-Rezeption im frühen 20. Jahrhundert hingegen oft vernachlässigt oder ignoriert.

1. Zur Forschung

Eine Arbeit über Napoleon in der deutschen Literatur hat nur wenig mit einer Arbeit über Napoleon als historische Person zu tun: Selbstverständlich referiert der Napoleon-Mythos auf überlieferte militärische und politische Stationen von Napoleons Leben, auf den Kursus vom raschen Aufstieg und doppelten, tiefen Fall, auf Napoleons symbolische Politik und auf seine seit den Italienfeldzügen lancierte Selbstmythisierung,[11] aber schon bald nach 1821 löst sich die literarische Arbeit am Mythos von der Selbstdarstellung Napoleons.[12] Die Napoleon-Legende des Vormärz rekurriert zwar auch auf die nachträgliche Selbstliberalisierung Napoleons in seinen Diktaten auf St. Helena,[13] aber der deutsche Napoleon-Mythos ist mehr als das Produkt einer von Napoleon selbst initiierten Interpretation.[14] Dennoch ist eine Arbeit über fiktionale Na-

[11] Vor allem Jean Tulard begreift den Napoleon-Mythos als Produkt einer strategischen Selbstinzenierung Napoleons seit 1796; vgl. Jean Tulard: Le Mythe de Napoléon. Paris 1971.

[12] Vgl. hierzu schon Georges Lefebvre: Napoleon, hg. v. Peter Schöttler, mit einem Nachwort v. Daniel Schönpflug. Stuttgart 2001, S. 569.

[13] Dies betont Jean-Marie Lucas-Dubreton: Le Culte de Napoléon 1815–1848. Paris 1960.

[14] Vgl. auch Johannes Willms: Napoleon. Verbannung und Verklärung. München 2000.

poleon-Literatur darauf angewiesen, die nachträgliche literarische Ästhetisierung mit der historiographischen Darstellung der napoleonischen Epoche zu konfrontieren.[15]

Der deutsche Napoleon-Mythos ist nicht mit dem Begriff des ‚Bonapartismus' adäquat beschreibbar, denn es geht bei der Beschäftigung der deutschen Literatur im 19. Jahrhundert mit Napoleon nur sehr selten um eine konkrete Ideologie und Propaganda für eine bestimmte monokratische Herrschaftsmethode, die auf Charisma statt auf traditionale Bezüge setzt.[16] Das schwingt manchmal mit, bildet aber nicht den semantischen Kernbestand des deutschen Napoleon-Mythos. Die französische Historiographie hat unterschieden zwischen einem politisch konkreten ‚Bonapartismus' als eine über die Juli-Monarchie auf das diktatorische Einherrschaftsmodell Napoleon III. hinführende Ideologie und dem ‚Napoleonismus' als einer allgemeineren, politisch unkonkreteren Form der verehrenden Auseinandersetzung mit der Person Napoleon I.[17] Für die deutsche Situation bietet es sich an, diese beiden systematischen Begriffe zu historisieren und in eine zeitliche Abfolge zu bringen. Denn es läßt sich in der Beschäftigung der deutschen Literatur mit Napoleon eine Entwicklung feststellen von einer eher politisch unkonkreteren ästhetischen Auseinandersetzung mit der historischen Größe Napoleons im 19. Jahrhundert zu einer immer konkreteren politischen Verschärfung in den weltanschaulichen Diskussionen des 20. Jahrhunderts. Zwar diskutieren auch schon deutsche literarische Texte des 19. Jahrhunderts Autokratie, Charisma und Herrschaftsform Napoleons, aber in Deutschland bleiben im literarischen Kontext die politischen Bezüge lange Zeit sehr viel vager und schwerer zu konturieren.

---

[15] Besonders hilfreich waren hierbei neben Lefebvres klassischer Monographie (Anm. 12), Jacques-Olivier Boudon: Histoire du Consulat et de l'Empire. Paris 2000. Ders.: Napoléon Ier et son temps. Paris 2004. Annie Jourdan: Napoléon. Héros, imperator, mécène. Paris 1998. Eckart Kleßmann: Napoleon. Ein Charakterbild. Weimar 2000. Jean Tulard: Napoleon oder Der Mythos des Retters. Eine Biographie. Aus dem Französischen v. Caroline Vollmann. Tübingen 1978. Volker Ullrich: Napoleon. Eine Biographie. Reinbek 2004.

[16] Vgl. hierzu für Frankreich Bernard Ménager: Les Napoléon du peuple. Paris 1988.

[17] Frédéric Bluche: Le Bonapartisme. Aux origines de la droite autoritaire (1800–1850). Paris 1980. Eine erhellende Diskussion dieser Begriffe unternimmt Sudhir Hazareesingh: The Legend of Napoleon. London 2004, S. 5f., der darlegt, daß gleichwohl Äußerungen des ‚Napoleonismus' bonapartistisch funktionalisiert werden können und umgekehrt in bonapartistischer Agitation immer auch die ‚napoleonistische' Verehrung für Napoleon I. mitschwingt. Insofern seien diese Begriffe auch hier nur als typologische Näherungen begriffen.

Während der Napoleon-Mythos in Frankreich ein stark bearbeitetes und der Napoleon-Mythos in England, Rußland und Italien zumindest ein erschlossenes Forschungsfeld darstellt,[18] müssen für den deutschen Napoleon-Mythos im allgemeinen und für Napoleon in der deutschen Literatur im speziellen erhebliche Forschungslücken konstatiert werden. Einen allgemeinen geistesgeschichtlichen Überblick (ohne Fokussierung auf die Literatur) versuchte, nach Stählins nationaler Selbstbesinnung von 1952, Michael Freund 1969 (zum 200. Geburtstag Napoleons) zu geben.[19] Dabei ging es Freund vor allem darum, die staatliche Modernisierung Deutschlands durch Napoleon und die Provokation eines deutschen Nationalismus in den Befreiungskriegen darzustellen. Die deutsche fiktionale Literatur zu Napoleon spielte allerdings bei Freund nur eine geringe Rolle.

Einzelne Aufsätze zu Napoleon in der deutschen Historiographie liefern eine wissenschaftsgeschichtliche Skizze,[20] haben aber spätestens im

---

[18] Einen europäischen Überblick vermittelt Jean Tulard: Le Mythe de Napoléon (Anm. 11). Für Frankreich im 19. Jahrhundert vgl. Sudhir Hazareesingh: The Legend of Napoleon (Anm. 17), (trotz des allgemeinen Titels beschränkt sich diese glänzend geschriebene Monographie auf den Napoleon-Mythos im Frankreich des 19. Jahrhunderts). Gérard Gengembre: Napoléon. La vie, la légende. Paris 2001. Jean-Marie Lucas-Dubreton: Le Culte de Napoléon (1815–1848) (Anm. 13). Jules Dechamps: Sur la légende de Napoléon. Paris 1921. Für England und Rußland vgl. Stuart Semmel: Napoleon in the British Imagination. New Haven 2004. Molly W. Wesling: Napoleon in Russian Cultural Mythology. Frankfurt a. M. 2001. – Speziell zum Napoleon-Mythos in der französischen, englischen, italienischen und russischen Literatur vgl. Maurice Descotes: La légende de Napoléon et les écrivains au XIXe siècle. Paris 1967. Elfriede Kreihanzl: Napoleon im französischen Drama des 19. Jahrhunderts. Diss. masch. Wien 1953. K. Lehmann: Die Auffassung und Gestaltung des Napoleon-Problems im englischen Drama. Diss. masch. Erlangen 1931. Simon Bainbridge: Napoleon and English Romanticism. Cambridge 1995. Maria dell'Isola: Napoléon dans la poésie italienne à partir de 1821. Paris 1927. Eileen Anne Millar: Napoleon in Italian literature 1796–1821. Rom 1977. Dimitri Sorokine: Napoléon dans la littérature russe. Paris 1974. Eine Anthologie europäischer Napoleon-Texte mit Schwerpunkt auf der französischen Literatur präsentiert Christiane Bénardeau: Napoléon dans la littérature. Paris 2004.

[19] Friedrich Stählin: Napoleons Glanz und Fall im deutschen Urteil (Anm. 4). Michael Freund: Napoleon und die Deutschen. Despot oder Held der Freiheit? München 1969.

[20] Hans Schmidt: Napoleon in der deutschen Geschichtsschreibung, in: Francia 14 (1986), S. 530–560. Heinz-Otto Sieburg: Napoleon in der deutschen Geschichtsschreibung des 19. und 20. Jahrhunderts, in: Geschichte in Wissenschaft und Unterricht 21 (1970), S. 470–486. Zu populärhistorischen Darstellungen Napoleons im frühen 19. Jahrhundert vgl. Karin Hunn: Deutsche Napoleonbilder im Spannungsfeld von Restauration und Revolution (1815–1848). Zur Funktion historischer Mythisierung. Magisterarbeit masch. Freiburg 1997.

20. Jahrhundert mit den Biographien von Emil Ludwig, Werner Hegemann und den biographischen Texten aus dem George-Kreis ein analytisches Problem, da hier die Literarizität dieser Biographien nicht mehr allein mit einem wissenschaftsgeschichtlichen Zugriff zu erfassen ist. Die sogenannte ‚historische Belletristik' zu Napoleon in den 1920er Jahren demonstriert eindrücklich, wie sehr die positivistisch gezogene Grenze zwischen Historiographie und Literatur in der Praxis verwischt oder demonstrativ geöffnet wird.[21] Das hybride Genre der literarischen Biographie, in dem faktisches Material mit Mitteln fiktionalen Erzählens strukturiert wird, bedarf einer literaturwissenschaftlichen Analyse.[22]

Wenn man von den historiographischen und historiographiegeschichtlichen Arbeiten[23] den Blick auf die germanistische Forschung zu Napoleon in der Literatur lenkt, ergibt sich ein disparater Befund: Während sich die germanistische Forschung kaum mit dem Napoleon-Mythos im 20. Jahrhundert auseinandergesetzt hat, können für das 19. Jahrhundert einzelne Vorarbeiten herangezogen werden. Positivistische Aufsätze des späten 19. Jahrhunderts sind hilfreich, um ein Textkorpus zusammenzustellen, gehen aber über quellenkritische Einflußfragen in der Analyse selten hinaus.[24] Dies gilt auch für die Studien Paul Holzhausens, dessen

---

[21] Zu den textuellen Gemeinsamkeiten und Unterschieden zwischen literarischen und historiographischen Werken und zur Frage nach der literarischen Dimension der Geschichtsschreibung vgl. Daniel Fulda: Wissenschaft aus Kunst. Die Entstehung der modernen deutschen Geschichtsschreibung 1760–1860. Berlin, New York 1996. Hayden White: Auch Klio dichtet oder die Fiktion des Faktischen. Studien zur Tropologie des historischen Diskurses. Stuttgart 1991. Patrick Bahners: Die Ordnung der Geschichte. Über Hayden White, in: Merkur 46 (1992), S. 506–521. Gerhild Scholz Williams: Geschichte und die literarische Dimension. Narrativik und Historiographie in der anglo-amerikanischen Forschung der letzten Jahrzehnte, in: Deutsche Vierteljahrsschrift für Literaturwissenschaft und Geistesgeschichte 63 (1989), S. 315–392.

[22] Vgl. Ansgar Nünning: Von historischer Fiktion zu historiographischer Metafiktion. 2 Bde., Trier 1995. Paul Michael Lützeler: Klio oder Kalliope? Literatur und Geschichte. Berlin 1997. Lionel Gossman: Between History and Literature. Cambridge, Mass. 1990. Suzanne Gearhart: The Open Boundary of History and Fiction. A critical approach to the French Enlightenment. Princeton 1984.

[23] Grundlegend ist hier Nathalie Petiteau: Napoléon. De la mythologie à l'histoire. Paris 1999.

[24] Eduard Niemeyer: Die Schwärmerei für Napoleon in der deutschen Dichtung, in: Archiv für Litteraturgeschichte 4 (1875), S. 507–517. Carl von Reinhardstoettner: Napoleon I. in der zeitgenössischen Dichtung, in: Ders.: Aufsätze und Abhandlungen, vornehmlich zur Litteraturgeschichte. Berlin 1887, S. 71–109. Carl Voretzsch: Gaudys Kaiserlieder und die Napoleondichtung, in: Preußische Jahrbücher 95 (1899), S. 412–496. Fritz L. Cohn: The Worship of Napoleon in German Poetry, in: Modern Language Quarterly 1 (1940), S. 539–549. Lediglich Inhaltsangaben liefert Hermann Gaethgens: Napoleon I. im deutschen Drama. Liebesdramen. Frankfurt a. M. 1903.

Napoleon-Begeisterung all seine kenntnisreichen Arbeiten grundiert.[25] Milian Schömanns knappe Monographie von 1930 ist problematisch: Ohne jeden bibliographischen Nachweis im Text betreibt Schömann eine heroische ‚Wesensschau', die nicht weit entfernt ist von der des George-Kreises und sich engagiert an der Debatte um den starken Mann in der Weimarer Republik beteiligt. Die literarischen Wertungen Schömanns sind zeitgebunden, die Quellenauswahl willkürlich, zentrale Texte fehlen.[26] Insgesamt taugt diese Arbeit mehr als Quelle für den Napoleon-Mythos der Zwischenkriegszeit denn als literaturwissenschaftliche Forschung über den Napoleon-Mythos des 19. Jahrhunderts. Schömanns Studie ist bisher die einzige Monographie, die sich mit Napoleon in der deutschen Literatur insgesamt beschäftigt.[27]

Soweit die Germanistik nach 1945 sich mit Napoleon in der deutschen Literatur befaßt hat, geschah dies neben vereinzelten Studien zur Publizistik der Befreiungskriege[28] zumeist im Rahmen der Vormärz-For-

---

Hermann Gaethgens zu Ysentorff: Napoleon I. im deutschen Drama. Ein Beitrag zur Technik des historischen Dramas. Frankfurt a. M. 1903.

[25] Paul Holzhausen: Bonaparte, Byron und die Briten. Ein Kulturbild aus der Zeit des ersten Napoleon. Frankfurt a. M. 1904. Ders.: Die deutsche Dichtung an Napoleons Grabe. O. O. 1921. Ders.: Heinrich Heine und Napoleon I. Frankfurt a. M. 1903. Ders.: Napoleons Tod im Spiegel der zeitgenössischen Presse und Dichtung. Frankfurt a. M. 1902.

[26] Wilhelm Hauffs Erzählung *Das Bild des Kaisers* wird nicht einmal erwähnt, und ausgerechnet Berthold Vallentins Napoleon-Hagiographie aus dem George-Kreis ist nicht Gegenstand der Untersuchung, sondern wird im Literaturverzeichnis der wissenschaftlichen Sekundärliteratur zugerechnet; vgl. Milian Schömann: Napoleon in der deutschen Literatur. Berlin und Leipzig 1930. Stolz vermerkt Schömann, daß Deutschland „die meisten und größten Verehrer des Kaisers aufzuweisen hat" (S. 2). Hans Schmidt urteilt zu Recht, daß „der – seiner Diktion nach offenbar dem George-Kreis entstammende – Autor [sein Thema] recht unadäquat behandelt." (Hans Schmidt: Napoleon in der deutschen Geschichtsschreibung [Anm. 20], hier S. 530, Anm. 2).

[27] Selbstverständlich kann die 1930 erschienene Studie dem 20. Jahrhundert nur noch wenige, genau 18, Seiten widmen. Eckart Kleßmanns erhellender Vortrag über Napoleon in der deutschen Literatur stellt meines Wissens nach Schömann den einzigen Versuch dar, die deutsche Napoleon-Literatur insgesamt zu fokussieren (Eckart Kleßmann: Das Bild Napoleons in der deutschen Literatur. Stuttgart 1995 [Akademie der Wissenschaften und der Literatur; Abhandlungen der Klasse der Literatur]).

[28] Jens Flemming: „Held der Weltgeschichte" und „Geißel Gottes". Napoleon und die Deutschen im Zeitalter der Befreiungskriege, in: Napoleon. Spiegelungen in Mythos, Geschichte und Karikatur, hg. v. Ekkehard Eggs u. Hubertus Fischer. Frankfurt a. M. 1986, S. 57–79. Christoph Priegnitz: „Vive l'Empereur". Zum Napoleon-Bild der Deutschen zwischen Spätaufklärung und Freiheitskriegen, in: Schreckensmythen – Hoffnungsbilder. Die Französische Revolution in der deutschen Literatur, hg. v. Harro Zimmermann. Frankfurt a. M. 1989, S. 109–121.

schung. Jost Hermand, Paul Michael Lützeler und Wulf Wülfing haben sich mit der Mythisierung Napoleons in Deutschland bis 1848 auseinandergesetzt.[29] Während Hermand einen ideologiekritischen Überblick über Napoleon im Biedermeier gab und Lützeler die deutsche Napoleon-Mythisierung besonders eindrücklich in einem europäischen Kontext komparatistisch situierte, untersuchte Wülfing vor allem präzise metaphorische Techniken der frühen Napoleon-Mythisierung. Über diesen Zeitraum hinaus liegen kaum Untersuchungen vor.[30] Erst wieder die Napoleon-Dramen der Exilliteratur haben vereinzelte Beachtung gefunden.[31] Daß aber die napoleonkritische Exildramatik zumeist auf einen affirmativen Napoleon-Mythos in Deutschland reagiert, blieb unberücksichtigt.

Germanistische Studien zum frühen 19. Jahrhundert betonen, der Napoleon-Mythos hätte nach 1848 keine wesentliche Rolle mehr in Deutschland gespielt,[32] während umgekehrt geschichtswissenschaftliche

---

[29] Jost Hermand: Napoleon im Biedermeier, in: Ders.: Von Mainz nach Weimar (1793–1919). Studien zur deutschen Literatur. Stuttgart 1969, S. 99–128. Paul Michael Lützeler: Napoleon-Legenden von Hölderlin bis Chateaubriand (1798–1848), in: Ders.: Geschichte in der Literatur. Studien zu Werken von Lessing bis Hebbel. München, Zürich 1987, S. 264–299. Ders.: The Image of Napoleon in European Romanticism, in: European Romanticism. Literary cross-currents, modes, and models, ed. by Gerhart Hoffmeister. Detroit 1990, S. 211–228. Wulf Wülfing: „Heiland" und „Höllensohn". Zum Napoleon-Mythos in Deutschland im 19. Jahrhundert, in: Mythos und Nation. Studien zur Entwicklung kollektiven Bewußtseins in der Neuzeit, hg. v. Helmut Berding. Frankfurt a. M. 1996, S. 164–184. Ders.: Napoleon-Bibeln. Anthologien als Medien der Mythisierung von Figuren der Geschichte, in: Wege der Literaturwissenschaft, hg. v. Jutta Kolkenbrock-Netz. Bonn 1985, S. 184–204. Ders.: Zum Napoleon-Mythos in der deutschen Literatur des 19. Jahrhunderts, in: Mythos und Mythologie in der Literatur des 19. Jahrhunderts, hg. v. Helmut Koopmann. Frankfurt a. M. 1979 (Studien zur Philosophie und Literatur des neunzehnten Jahrhunderts, 36), S. 81–108.

[30] Auch Wulf Wülfing: „Eine der größten Verwirklichungen des Individuums im okzidentalen Sinn". Zum Napoleon-Mythos von Goethe bis Hofmannsthal als einem Weg aus der Provinzialität, in: Internationalität nationaler Literaturen. Beiträge zum ersten Symposium des Göttinger Sonderforschungsbereichs 529, hg. v. Udo Schöning. Göttingen 2000, S. 222–238, hat den deutlichen Schwerpunkt im frühen 19. Jahrhundert.

[31] Tom Kuhn: „Napoleon greift daneben". Antifaschistische Dramen im Umgang mit der Geschichte, in: Exiltheater und Exildramatik 1933–1945. Tagung der Hamburger Arbeitsstelle für deutsche Exilliteratur 1990, hg. v. Edita Koch u. Frithjof Trapp unter Mitarbeit v. Anne-Marie Brenker. Maintal (Exil – Forschung, Erkenntnisse, Ergebnisse, 2), S. 251–267. Bernd Temann: Napoleon I. und seine Zeit im bürgerlichen deutschen Drama seit 1918. Diss. masch. Jena 1974.

[32] Vgl. Wulf Wülfing, Karin Bruns, Rolf Parr: Historische Mythologie der Deutschen 1798–1918. München 1991, S. 58.

Studien zum 20. Jahrhundert darlegen, daß der Napoleon-Mythos in Deutschland nie virulenter war als im frühen 20. Jahrhundert.[33] Daß dieser geschichtswissenschaftliche Befund keineswegs nur für das politische Schrifttum,[34] sondern auch für die deutsche Literatur zutrifft, hat die Germanistik bisher außer acht gelassen. Dies ist um so mißlicher, als die zentralen deutschen Napoleon-Texte des 20. Jahrhunderts nicht historiographischer, sondern literarischer Art sind.[35]

Die bisherige Konzentration der germanistischen Forschung auf den liberalen Napoleon-Enthusiasmus des Vormärz und auf die demokratische Auseinandersetzung der Exil-Dramatik mit Napoleon läßt den falschen Eindruck aufkommen, als sei die literarische Beschäftigung mit Napoleon in Deutschland nach 1821 eine vornehmlich liberal-progressive, frankophile und kosmopolitische Angelegenheit gewesen, während ein konservativer Nationalismus in Napoleon den Nationalfeind ausgemacht hätte. Das trifft aber spätestens nach 1890 nicht mehr für die Literatur zu. Nietzsches Napoleon-Enthusiasmus, der bisher kaum germanistisch gewürdigt wurde,[36] wird zum Prätext der deutschen Napoleon-Literatur des 20. Jahrhunderts und ermöglicht einen zivilisationskritischen Napoleon-Diskurs, der mit Napoleon den Wunsch nach dem starken Mann in der Gegenwart thematisiert. In einer vulgarisierenden Nietzsche-Rezeption wird Napoleon zum historisch realisierten „Übermenschen“ und Recken gegen die Moderne umgedeutet.

Unberücksichtigt von der Forschung blieb die Bedeutung Napoleons für die postnaturalistischen Dramen Bleibtreus und Carl Hauptmanns, für den Expressionismus und den George-Kreis. Auch die literarische Napoleon-Biographik der Weimarer Republik wurde germanistisch bisher kaum gewürdigt.[37] Daß der Nationalsozialismus ein eigenes Napole-

---

[33] Roger Dufraisse: Die Deutschen und Napoleon im 20. Jahrhundert, in: Historische Zeitschrift 252 (1991), S. 587–625, hier S. 589. Hans Schmidt: Napoleon in der deutschen Geschichtsschreibung (Anm. 20), S. 546.

[34] Vgl. hierzu auch Gerhard Bauer: Der große Schatten. Der Mythos Napoleons und sein Einfluß auf cäsaristische Strömungen in Deutschland und Frankreich mit besonderer Berücksichtigung der Zeit zwischen den beiden Weltkriegen, hg. v. Thomas Specht. Erlangen 1998. Michael Freund: Napoleon und die Deutschen (Anm. 19).

[35] Vgl. Hagen Schulze: Napoleon, in: Deutsche Erinnerungsorte, hg. v. Etienne François u. Hagen Schulze. München 2001, Bd. 2, S. 28–46, hier S. 43.

[36] Eine Ausnahme bildet Jochen Schmidt: Die Geschichte des Genie-Gedankens in der deutschen Literatur, Philosophie und Politik 1750–1945. Darmstadt ^{2}1988, Bd. 2, S. 166f.

[37] Allein Helmut Scheuer: Biographie. Studien zur Funktion und zum Wandel einer literarischen Gattung vom 18. Jahrhundert bis zur Gegenwart. Stuttgart 1979,

onbild literarisierte und mit Napoleon die Republik-Demontage übte und rekapitulierte, eine heroische Anthropologie entwarf und für seine Weltherrschaftspläne eine napoleonische Tradition zu stiften versuchte, wurde bisher auch noch nicht literaturwissenschaftlich beachtet. Spätestens seit 1933 wird mit Napoleon-Texten in Deutschland über Hitler debattiert, und dies erklärt zum Teil auch die beredte Beklommenheit von Friedrich Stählin 1952 und Friedrich Sieburg 1956.

2. Mythos und Erinnerung
Fragen, Ziele und Methoden einer literaturwissenschaftlichen und kulturhistorischen Analyse der deutschen Napoleon-Literatur

Die vorliegende Arbeit konzipiert eine Literaturgeschichte des Napoleon-Mythos von 1800 bis 1945 als deutsche Erinnerungsgeschichte und kulturelle Bedeutungsgeschichte. Das impliziert, daß es nicht primär um eine stoffgeschichtliche Sammlung von deutschen Napoleon-Texten geht, sondern um die Analyse der Deutungsmuster und kulturellen Zusammenhänge, in denen der Napoleon-Mythos relevant wird. Eine solche Untersuchung der „Kulturbedeutung" (Max Weber) der literarischen Napoleon-Texte sei nicht verstanden als eine vollständige Auflösung in soziale Intentionen und historische Bezüge, sondern begriffen als eine kulturhistorische und wirkungsästhetische Kontextualisierung.[38] Die literarischen Napoleon-Texte reflektieren niemals nur die napoleonische Vergangenheit, sondern immer auch die deutsche Gegenwart (ihrer Entstehungszeit) und wirken auch als Teil der kulturellen Sinnproduktion der deutschen Gesellschaft auf diese Gesellschaft zurück. Literatur ist hier nicht nur das Medium der Reflexion, sondern beweist ihre produktive Potenz, diese Gesellschaft deutend zu bestimmen. Die Schriftsteller erweisen sich in Deutschland im Falle Napoleons als eigentliche Mythenmacher.[39] Deshalb werden die literarischen Napoleon-Tex-

---

berücksichtigt auch Emil Ludwigs seinerzeit enorm erfolgreiche Napoleon-Biographie.

[38] Mit Jörg Schönert bin ich der Meinung, daß „literarische Texte nicht ‚rückstandslos' auf soziale, kulturelle oder psychische Phänomene reduziert werden können und daß das Plädoyer für die Korrelation literarischer und nicht-literarischer Prozesse in der Literaturgeschichtsschreibung nicht ‚Gleichschritt' und ‚Gleichförmigkeit' im Ablauf der Prozesse voraussetzt." (Jörg Schönert: Möglichkeiten und Probleme einer Integration von Literatur in Gesellschafts- und Kulturgeschichte, in: Vom Umgang mit Literatur und Literaturgeschichte. Positionen und Perspektiven nach der „Theoriedebatte", hg. v. Lutz Danneberg u. Friedrich Vollhardt in Zusammenarbeit mit Hartmut Böhme u. Jörg Schönert. Hamburg 1992, S. 337–348, hier S. 339).

[39] Zur initiierenden Rolle der Intellektuellen im Prozeß des *mythmaking* vgl. Her-

te hier als Teil der kulturellen Selbstwahrnehmung in Deutschland gelesen.[40] Wie sich die deutsche Literatur im 19. Jahrhundert mit Napoleon erinnerungssüchtig aus einer als langweilig empfundenen Gegenwart herausträumt und wie die deutsche Literatur im 20. Jahrhundert einen ‚deutschen Napoleon' respektive einen napoleonischen Nationalcharakter konstruiert und den napoleonischen Retter messianisch beschwört beziehungsweise exorzistisch bekämpft, sagt mehr über die deutsche Kulturgeschichte als über Napoleon aus.

Es geht in diesen Texten nicht nur um das Verhältnis zur Französischen Revolution und napoleonischen Diktatur, sondern immer auch um ein nationales und kulturelles Selbstporträt, um das spannungsreiche Verhältnis zur historischen Größe, um messianische Hoffnungen, um den Bezug zu veränderten Begriffen von Politik, Staat, Macht, Charisma, Krieg und Erfolg, um den Mythos vom starken Mann und um das Genie, das sich selbst erschafft, um die Sehnsucht nach Außeralltäglichkeit, kinetischer Kraft und Heroismus. Begriffe wie ‚Schicksal' und ‚Dämonie' durchziehen die deutsche Napoleon-Literatur leitmotivisch. Dabei wird Napoleon sukzessive zum Argument im zivilisationskritischen Nachweis, daß es in einer entzauberten Welt und technisierten Massengesellschaft doch noch auf das Individuum ankommt.

Nicht der zeitgenössische literarische Vergleich von Hitler und Napoleon, der am Ende dieser Untersuchung analysiert wird, ist dabei schließlich das Erstaunliche oder überhaupt die messianische Indienstnahme Napoleons, denn mit dem Bezug auf Napoleon wurde auch andernorts immer wieder ein Ruf nach dem Retter formuliert,[41] sondern vielmehr die rhetorische Zurichtung einer ganzen Nation auf einen napoleonischen Charakter. Die in den literarischen Napoleon-Texten immer wieder gestellte Frage, ob Männer oder Völker Geschichte machen, beantwortet der deutsche Napoleon-Mythos im 20. Jahrhundert, indem er im ‚napoleonischen Nationalcharakter der Deutschen' beide Elemente me-

---

fried Münkler: Politische Mythen und nationale Identität. Vorüberlegungen zu einer Theorie politischer Mythen, in: Mythen der Deutschen. Deutsche Befindlichkeiten zwischen Geschichten und Geschichte, hg. v. Wolfgang Frindte u. Wolfgang Pätzoldt. Opladen 1994 (Politische Psychologie, 3), S. 21–27.

[40] Im Konzept, literarische Texte als Gegenstände der kulturellen Selbstwahrnehmung zu lesen, orientiere ich mich an Wilhelm Voßkamp: Die Gegenstände der Literaturwissenschaft und ihre Einbindungen in die Kulturwissenschaften, in: Jahrbuch der Deutschen Schillergesellschaft 42 (1998), S. 503–507.

[41] Dies hat bereits Jean Tulard: Napoleon oder der Mythos des Retters (Anm. 15), S. 515 ff., dargelegt und etwa Maurice Agulhon für die Inszenierungen de Gaulles nachgewiesen; vgl. Maurice Agulhon: De Gaulle. Histoire, symbole, mythe. Paris 2000.

taphorisch verbindet. Die deutsche Auseinandersetzung mit Napoleon wird im 20. Jahrhundert zur erinnerungsgeschichtlichen Schule des nationalen Heroismus. Wenn Friedrich Sieburg 1956 zerknirscht von den unharmonischen Schwingungen sprach, welche die Auseinandersetzung mit Napoleon bei den Deutschen auslöst,[42] so war dies auch eine hermetische Selbstkritik. 1939 hatte Sieburg nämlich die napoleonische Wahlverwandtschaft der Deutschen (mit ähnlichen Metaphern, aber anderer Wertung) als einen dämonischen Heroismus und ein faustisches Wesen begriffen, die den Franzosen im Unterschied zu den Deutschen, so Sieburg, gänzlich fehlten:

> Immer wieder geschieht es, daß der Deutsche den großen Kaiser gegen den Franzosen verteidigt. Nicht weil er uns, ohne es zu wollen, durch seine Gewalttat zu einem göttlichen Aufflammen deutschen Selbstbewußtseins verholfen hat, [...] sondern weil seine dämonische Natur mit vertrauter Stimme zu uns spricht und das Heldische in ihm eine verwandte Saite in uns anrührt. Wir sind fähig, das Wirken des Weltgeistes in ihm zu spüren und gelten zu lassen. Der Trieb des Helden, über sich selbst hinauszuwachsen, ja sich zu sprengen, ist eine durchaus deutsche Möglichkeit, während es vom Franzosen als etwas Widerwärtiges, ja Gefährliches verstanden wird. Napoleons Versuch, Frankreich aus der Bahn zu reißen und über seine Wesensgrenzen hinaus zu steigern, wird auch von uns als ein schmerzhafter Eingriff angesehen, erscheint uns aber gleichzeitig als der unerläßliche Preis für wahre Größe. So liefert unser Verständnis für das heldische Streben ins Kosmische selbst die Antwort auf die Frage, was Napoleon eigentlich am Ebro und in Düsseldorf zu suchen hatte.[43]

Es ist die Absicht meiner Untersuchung, die Vorgeschichte einer solchen nationalen Vereinnahmung Napoleons sichtbar zu machen und den Weg des kulturellen Erinnerns vom Nationalfeind über den Dichter-Mythos zur Konstruktion eines napoleonischen Nationalcharakters der Deutschen nachzuzeichnen und zu analysieren.

Diese Arbeit spricht vom ‚Napoleon-Mythos', und sie tut dies in Anlehnung an Wülfings Definition der Mythisierung historischer Personen. Mit Wülfing werden unter solchen Mythen „textlich oder ikonisch fixierte[.] Narrationen verstanden, die um bestimmte Figuren der Geschichte (Aktanten) kreisen."[44] Die Mythisierung historischer Personen reduziert die

---

[42] Vgl. das in Anm. 4 nachgewiesene Zitat.

[43] Friedrich Sieburg: Unter dem Triumphbogen, in: Ders.: Blick durchs Fenster. Frankfurt a.M. 1939, S. 46–64, hier S. 48, unter der Zwischenüberschrift *Frankreich gegen das Heroische.*

[44] „Den Aktanten werden bestimmte semantische Merkmale zugesprochen. [...] Diese Mytheme – also sprachliche oder ikonische Zeichen, die gleichsam auf Desi-

historische Vielgestaltigkeit, um zu vereindeutigen, und selektiert aus der Fülle der historischen Gegebenheiten bestimmte semantische Merkmale (Mytheme), welche die historische Figur ästhetisieren und enthistorisieren.[45] Diese Mytheme lassen sich auf je unterschiedliche Art neu und anders anordnen.[46] Eine solche Mythisierung historischer Figuren personalisiert historische Prozesse, idealisiert (und sakralisiert nicht selten) historische Figuren und wird hier begriffen als erinnerte und in der Erinnerung ästhetisch neu- und umgedeutete, schöpferisch imaginierte Geschichte. Napoleons politisches und militärisches Handeln wird dann nicht mehr aus historischen und sozialen Bedingungen erklärt, sondern etwa zur Naturgewalt metaphorisiert, die sich schlechterdings nicht rational ableiten läßt. Mythisierte Geschichte verspricht Sinn jenseits wissenschaftlicher Falsifizierbarkeit und stiftet (oder simuliert) Notwendigkeit. Die Mythisierung Napoleons erzählt dabei im 19. und 20. Jahrhundert von der Vergangenheit, um auf die Gegenwart einzuwirken und die Zukunft zu gestalten.[47]

Indem ich vom Mythos als der ‚Mythisierung historischer Personen' spreche, blende ich bewußt einen großen Bedeutungskomplex des ‚Mythos'-Begriffes heuristisch aus, denn es geht hier lediglich um einen Mythos, den neuzeitliche Literatur über neuzeitliche Geschichte produziert hat.[48] In der Alltagskommunikation wird negativ vom bloßen Mythos als

---

gnate ohne Denotate referieren – werden zu Paradigmen gesammelt, die dann das Reservoir darstellen für jeweils syntagmatisch realisierte Narrationen." Wulf Wülfing: Mythen und Legenden, in: Geschichtsdiskurs, Bd. 3: Epochen der Historisierung, hg. v. Wolfgang Küttler, Jörn Rüsen u. Ernst Schulin. Frankfurt a.M. 1997, S. 159–172, hier S. 159.

[45] Roland Barthes spricht in diesem Zusammenhang davon, daß der Mythos die Geschichte naturalisiert, still und auf Dauer stellt; vgl. Roland Barthes: Mythen des Alltags. Frankfurt a.M. 1991, S. 97: „Wir sind hiermit beim eigentlichen Prinzip des Mythos: er verwandelt Geschichte in Natur."

[46] Zu diesem Prozeß des Mythenmachens als *bricolage* vgl. Claude-Lévi Strauss: Das wilde Denken. Frankfurt a.M. 1968, S. 29.

[47] Zur sich daraus ergebenen Relation des Mythos (begriffen lediglich als Mythisierung historischer Personen) zur Ideologie vgl. Christopher G. Flood: Political Myth. A Theoretical Introduction. New York, London 1996. MythenMächte – Mythen als Argument, hg. v. Anette Völker-Rasor u. Wolfgang Schmale. Berlin 1998.

[48] Bei der Begriffsklärung äußerst hilfreich ist Walter Burkert: Mythos – Begriff, Struktur, Funktionen, in: Mythos in mythenloser Gesellschaft. Das Paradigma Roms, hg. v. Fritz Graf. Stuttgart u. Leipzig 1993 (Colloquium Rauricum, 3), S. 9–24. Burkert betont, „daß es noch immer keine anerkannte Definition von ‚Mythos' gibt. Eine gewisse Einigkeit besteht allenfalls darüber, daß ‚Erzählungen über Götter' in eine Mythosdefinition eingeschlossen sein sollten, ebenso wohl ‚Erzählungen vom Ursprung', aber auch ‚Erzählungen in Verbindungen mit Ritual'" (S. 9). Vgl. auch Wilfried Barner, Anke Detken, Jörg Wesche: Einleitung. Mythos und Mythentheo-

einer unwahren Geschichte gesprochen, positiv aber auch vom Mythos als einem Faszinosum. Jenseits solcher alltagssprachlichen Bedeutungen kann man in Anschluß an Aleida und Jan Assmann mehrere Mythos-Begriffe unterscheiden,[49] und es ist in diesem Zusammenhang wichtig festzuhalten, daß es in der vorliegenden Untersuchung nicht um einen polemischen Mythos-Begriff gehen kann, der den Mythos als überwundenes Stadium kulturhistorischer Entwicklung (vom mythos zum logos) darstellt. Aus einer solchen mythenkritischen Perspektive gilt der Mythos als unwahr, irrational, unverbürgt. In einem ähnlichen Sinn ist heute, wie angedeutet, in der Alltagskommunikation oft vom Mythos als einer bloßen Illusion die Rede. Ein solcher polemischer Mythenbegriff hilft allerdings wenig,[50] um den Napoleon-Mythos in seiner kulturellen Funktionsweise und ästhetischen Formung zu analysieren. Was nutzt es, ideologiekritisch nachzuweisen, daß Napoleon nicht der „weltliche Heiland" war, als den ihn Heine darstellte? Aufschlußreicher ist es, Funktionsweisen und Rhetorik solcher mythischen Muster zu untersuchen und nach ihrer Kulturbedeutung zu fragen. Und da hilft wiederum der Blick auf die Rede vom Mythos als der Erzählung von Göttern und Heroen, die narrative Muster bereitstellt, die Welt zu ordnen. Mythisierung kompensiert Kontingenzerfahrung und stiftet eine symbolische Ordnung.[51]

---

rie, in: Texte zur modernen Mythentheorie, hg. v. Wilfried Barner, Anke Detken u. Jörg Wesche. Stuttgart 2003, S. 8–19.

[49] Aleida und Jan Assmann unterscheiden sieben Mythos-Begriffe: 1. einen polemischen Mythos-Begriff; 2. einen historisch-kritischen Begriff; 3. einen funktionalistischen Begriff, der den Mythos als kulturellen Leistungswert in fundierender, legitimierender oder weltmodellierender Hinsicht versteht (vor allem in schriftlosen Kulturen); 4. einen Alltags-Mythos, der mentalitätsspezifische Leitbilder des kollektiven Handelns (etwa den *american dream*) bereitstellt; 5. einen narrativen Mythos-Begriff als strukturierte Rede und erfundene, fiktive Geschichte; 6. einen literarischen Mythos-Begriff, der sich definiert aus der permanenten Umschreibung und spielerischen Variation; 7. holistische Weltentwürfe wie Hegels „Weltgeist" oder Spenglers „Untergang"; vgl. Aleida und Jan Assmann: Mythos, in: Handbuch religionswissenschaftlicher Grundbegriffe unter Mitarbeit v. Hildegard Cancik-Lindemaier, Günter Kehrer, Hans G. Kippenberg, Matthias Laubscher hg. v. Hubert Cancik, Burkhard Gladigow u. Karl-Heinz Kohl, Bd. IV: Kulturbild – Rolle. Stuttgart, Berlin, Köln 1998, S. 179–200.

[50] In dieser Hinsicht folge ich Odo Marquard, der vor einer solchen ideologischen Demontage warnte als der irrigen „Vorstellung der spätweltgeschichtlichen Aufklärung als Mythen-Striptease"; vgl. Odo Marquard: Lob des Polytheismus. Über Monomythie und Polymythie, in: Ders.: Abschied vom Prinzipiellen. Philosophische Studien. Stuttgart 1987, S. 91–116, hier S. 96.

[51] Vgl. Hans Blumenberg: Arbeit am Mythos. Frankfurt a. M. 1979, der erläutert, daß der Mythos zwischen dem Menschen und der ihn beängstigenden Wirklichkeit vermittelt, symbolische Ordnungen stiftet und die bedrängende Wirklichkeit distan-

Noch bevor Napoleon zu einem eigenständigen Mythos geformt wird, fallen zu Lebzeiten Napoleons in der deutschen Literatur mythische Muster auf, die in rhetorischer Überbietung hyperbolische Vergleichskataloge erstellen. Figuren des antiken Mythos (Prometheus) und antike Feldherren (Alexander, Cäsar) stehen dabei neben außereuropäischen Gewaltherrschern (Attila, Tamerlan, Dschingis Khan). Napoleon wird gleichermaßen zum neutestamentarischen „Heiland" vergöttlicht wie zum alttestamentarischen grausamen Pharao ägyptisiert oder zum „Höllensohn" verteufelt. Besonders die national inspirierte Lyrik der Befreiungskriege bedient sich eines mythischen Abwehrzaubers. Welche Funktion eine solche synkretistische Mythen-Inflation hat, was ein Dichten, das versucht, mythische Muster an ihre Grenzen zu treiben, bedeutet, soll genauer ermittelt werden. Eine solche vergleichende Mythisierung historischer Personen läßt sich rhetorisch als ein umgekehrter Euhemerismus beschreiben. Während der Euhemerismus eine rationalistische Mythosdeutung versuchte und die verehrende Erzählung von Göttern von einer menschlichen Herrscherverehrung ableitete, vergleicht die Mythisierung historischer Figuren umgekehrt den Menschen in auratisierender Absicht mit antiken Göttern, in diffamierender Absicht mit teuflischen Gestalten.[52] Dabei zeigt sich, daß Hans Blumenbergs Befund über Goethes *Arbeit am Mythos* erweitert werden kann: Lange bevor für Goethe Prometheus und Napoleon diffundieren,[53] hat bereits eine ganze poetische Phalanx in Europa sich vergebens bemüht, mythische Muster (auch prometheische) an ihre Grenzen zu treiben,[54] um im potenzierten und vervielfältigten Mythos eine Geschichte prophetisch zu Ende erzählen zu können, von der man vor 1821 nicht ahnen konnte, wie sie enden würde. Das Dichten in mythischen Mustern kompensiert zu Lebzeiten Napoleons die Ungewißheit seines Endes.

Nach Napoleons Tod ist ein solches kompensatorisch prophetisches Zu-Ende-Erzählen im Mythos nicht mehr notwendig. Aus vorauseilender Weissagung wird nachträgliche Erklärung. Napoleons Leben wird nun zum mythischen Stoff, der vergleichbar dem Orpheus- oder Prome-

---

ziert. Zum Mythos als symbolischer Form vgl. Ernst Cassirer: Philosophie der symbolischen Formen, Bd. 2: Das mythische Denken. Berlin 1925.

[52] Vgl. Gerhart von Graevenitz: Mythos. Zur Geschichte einer Denkgewohnheit. Stuttgart 1987, S. 191.

[53] Blumenbergs entsprechendes Kapitel lautet „Prometheus wird Napoleon, Napoleon Prometheus"; vgl. Hans Blumenberg: Arbeit am Mythos (Anm. 51), S. 504–566.

[54] Zu den topischen Strukturen solcher mythischen Muster vgl. Gerhart von Graevenitz: Mythos (Anm. 52), S. 171 ff.

theus-Stoff zur literarischen Deutung auffordert. Die Mythisierung Napoleons orientiert sich nach 1821 dabei strukturell an literarischen Mythen,[55] die darauf angelegt sind, ständig umgeschrieben und neu entworfen zu werden.[56] So wird Napoleons Leben selbst wie eine antike Göttergeschichte immer neu rezipiert und auf die jeweilige Gegenwart bezogen. Dabei lädt die Vieldeutigkeit von Napoleon (als Vollender oder Verräter der Revolution, Katalysator oder agonaler Gegner der Moderne, pragmatischer Realist oder idealistischer Herold der Freiheit) zu einer produktiven poetischen Konkurrenz ein. Die Dichter knüpfen nicht nur immer wieder neu an den Napoleon-Stoff wie an einen antiken Mythos an, sondern sie setzen sich auch ästhetisch mit ihren Vorgängern und Konkurrenten in *imitatio*, *variatio* und *aemulatio* auseinander. Insofern ist die Napoleon-Literatur spätestens ab 1821 auch immer eine „littérature au second degré", die intertextuell zu würdigen ist.[57] Besonders deutlich wird dies beispielsweise an Karl Bleibtreus Napoleon-Drama *Der Uebermensch* (1896), das bereits mit seinem Titel signalisiert, daß es nicht nur ein Text über Napoleon, sondern auch ein Text über Nietzsches Napoleondeutung ist.

Schon 1815 mit der Verbannung nach St. Helena und endgültig 1821 wird die Dichtung über Napoleon literarische Erinnerungsarbeit. Jenseits der komparatistisch zu erfassenden europäischen Perspektive[58] wird Napoleon im 19. Jahrhundert auch zu einem spezifisch *deutschen* „Erinnerungsort", und als solchen haben Etienne François und Hagen Schulze in ihrem Sammelwerk *Deutsche Erinnerungsorte* Napoleon berücksich-

---

[55] Vgl. den sechsten Mythos-Begriff bei Aleida und Jan Assmann (Anm. 49).

[56] Zu einem solchen spezifisch modernen literarischen Umgang mit den tragischen Götter- und Heroengeschichten der griechischen Antike vgl. Werner Frick: „Die mythische Methode". Komparatistische Studien zur Transformation der griechischen Tragödie im Drama der klassischen Moderne. Tübingen 1998.

[57] Gérard Genette: Palimpsestes. La littérature au second degré. Paris 1982. In der intertextuellen Analyse beziehe ich mich auf Kriterien, die Manfred Pfister und Ulrich Broich aufgestellt haben. Sie vermitteln zwischen einem globalen poststrukturalistischen Intertextualitätsmodell, in dem jeder Text als Teil eines universellen Intertexts erscheint, und kleinteiligeren strukturalistischen oder hermeneutischen Modellen, in denen Intertextualität als intentionaler Bezug zwischen einem Post- und mehreren Prätexten verstanden wird. Darüber hinaus präsentiert Pfister mehrere analytische Kategorien, die es erlauben, den Grad der Intertextualität zu skalieren. Vgl. Manfred Pfister: Konzepte der Intertextualität, in: Intertextualität. Formen, Funktionen, anglistische Fallstudien, hg. v. Ulrich Broich u. Manfred Pfister. Tübingen 1985 (Konzepte der Sprach- und Literaturwissenschaft, 35), S. 1–30.

[58] In der vorliegenden Arbeit wird exemplarisch der Einluß Byrons auf Grillparzer und der Manzonis auf Goethe und Chamisso komparatistisch analysiert; vgl. Kapitel I. 7 *(Der 5. Mai 1821. Ende der Geschichte und Beginn des Epigonentums).*

tigt.[59] Unter ‚Erinnerungsorten' seien mit François und Schulze in einem metaphorischen Sinn „langlebige, Generationen überdauernde Kristallisationspunkte kollektiver Erinnerung und Identität [definiert], die in gesellschaftliche, kulturelle und politische Üblichkeiten eingebunden sind und die sich in dem Maße verändern, in dem sich die Weise ihrer Wahrnehmung, Aneignung und Übertragung verändert."[60]

Für Napoleon als *deutscher* Erinnerungsort wird im 19. Jahrhundert die Literatur das eigentliche Medium[61]: Als ehemaliger Kriegsgegner wird Napoleon von offizieller, staatlicher Seite in Deutschland eher ignoriert und weder in öffentlichen Denkmälern repräsentiert noch in Feiertagen erinnert.[62] Der deutsche Napoleon-Mythos ist im 19. Jahrhundert nach 1821 keine Angelegenheit öffentlicher politischer Rituale, sondern wird in der Literatur inszeniert.[63] Während Napoleon zwischen 1848 und

---

[59] Hagen Schulze: Napoleon (Anm. 35).

[60] Etienne François, Hagen Schulze: Einleitung, in: Dies.: Deutsche Erinnerungsorte (Anm. 35), Bd. 1. München 2001, S. 9–24, hier S. 18. Vgl. dort auch die Abgrenzung der ‚Erinnerungsorte' von Pierre Noras Konzept der ‚lieux de mémoire'.

[61] Zu den Medien des Erinnerns und der Rolle der Literatur bei den Inszenierungen des kulturellen Gedächtnisses vgl. Aleida Assmann: Erinnerungsräume. Formen und Wandlungen des kulturellen Gedächtnisses. München 1999. Inszenierungen des Erinnerns, hg. v. Erika Fischer-Lichte u. Gertrud Lehnert. Berlin 2000 (Paragrana 9, 2). Uwe C. Steiner: Können die Kulturwissenschaften eine neue moralische Funktion beanspruchen? Eine Bestandsaufnahme, in: Deutsche Vierteljahrsschrift für Literaturwissenschaft und Geistesgeschichte 71, 1 (1997), S. 3–38, hier S. 18f. Astrid Erll: Literatur und kulturelles Gedächtnis. Zur Begriffs- und Forschungsgeschichte, zum Leistungsvermögen und zur literaturwissenschaftlichen Relevanz eines neuen Paradigmas der Kulturwissenschaft, in: Literaturwissenschaftliches Jahrbuch 43 (2002), S. 249–276. Medien des kollektiven Gedächtnisses. Konstruktivität – Historizität – Kulturspezifität, hg. v. Astrid Erll u. Ansgar Nünning. Berlin, New York 2004 (Media and Cultural Memory / Medien und kulturelles Gedächtnis, 1). Gedächtniskonzepte der Literaturwissenschaft. Theoretische Grundlagen und Anwendungsperspektiven, hg. v. Astrid Erll u. Ansgar Nünning. Berlin, New York 2005 (Media and Cultural Memory / Medien und kulturelles Gedächtnis, 2).

[62] Zu einem offiziellen Einsatz von Mythen als Medien staatlicher Erinnerungspolitik, politischer Sinnkonstruktion und nationaler Identitätsstiftung vgl. Andreas Dörner: Politischer Mythos und symbolische Politik. Der Hermannmythos: Zur Entstehung des Nationalbewußtseins der Deutschen. Hamburg 1996. Christopher G. Flood: Political Myth (Anm. 47). Adelheid von Saldern: Mythen, Legenden und Stereotypen, in: Mythen in Geschichte und Geschichtsschreibung aus polnischer und deutscher Sicht, hg. v. Adelheid von Saldern. Münster 1996 (Politik und Geschichte, 1), S. 13–26.

[63] Zu den klassischen Kollektivritualen eines politischen Mythos vgl. Yves Bizeul: Theorien der politischen Mythen und Rituale, in: Politische Mythen und Rituale in Deutschland, Frankreich und Polen, hg. v. Yves Bizeul. Berlin 2000 (Ordo Politicus, 34), S. 15–39. Zu den quasireligiösen Strukturen dieser politischen Rituale vgl. schon

1870 in der kleindeutschen Historiographie als antiabsolutistischer Unruhestifter und vormaliger Gegner Preußens kritisch beäugt wird, in der deutschen Politik teils eher in ein passives Speichergedächtnis absinkt und teils zugunsten anderer Größen und Mythen-Konkurrenzen (Königin Luise, Bismarck) ins Vergessen abgedrängt wird, bleibt Napoleon im literarischen Medium präsent und wird schöpferisch erinnert, neu imaginiert und so im Funktionsgedächtnis aktiv gehalten.[64] In einer Medienkonkurrenz von Historiographie, Politik und Literatur gelingt es der Literatur, die identifikatorische Napoleon-Mythisierung gegen historiographische und politische Skepsis zu stabilisieren. Der in der Literatur transportierte positive Mythos vom Genie Napoleon ist viel zu stark, als daß sich das „Vaterland der Feinde" nach 1821 noch in einem integrativen Nationalismus gegen den symbolischen Gegner Napoleon zusammenschließen ließe.[65]

Als nationale Identität durch Gegnerschaft stiftender Mythos spielt Napoleon im 19. Jahrhundert nach 1821 kaum eine Rolle. Dementsprechend bietet sich die nationale Stereotypenforschung der Imagologie auch nicht als Interpretationsansatz für den deutschen Napoleon-Mythos an.[66] Napoleon wird nur für die kurze Zeit der Befreiungskriege als ‚der Franzose' begriffen. Schon bald nach 1821 separiert ihn die deutsche Literatur sehr bewußt als ‚Korsen' von der Nation, die er führte. Nationale Stereotypen spielen bei der Mythisierung Napoleons im 19. Jahrhundert kaum noch eine Rolle, oder höchstens in der Negation, die Napoleon nationaler Definitionen enthebt. Und diese Vernachlässigung nationaler Zuschreibung ermöglicht es dann auch der deutschen Literatur, nach

---

Emile Durkheim: Die elementaren Formen des religiösen Lebens. Frankfurt a. M. 1981.

[64] Zur Unterscheidung zwischen einem passiven Speichergedächtnis *(ars)* und einem aktiven, sinnstiftenden und die Gedächtnisinhalte transformierenden Funktionsgedächtnis *(vis)* vgl. Aleida Assmann: Erinnerungsräume (Anm. 61), S. 134 f. Zur Bedeutung des Vergessens für das Erinnern vgl.: Vom Nutzen des Vergessens, hg. v. Gary Smith u. Hinderk M. Emrich. Berlin 1996. Harald Weinrich: Lethe. Kunst und Kritik des Vergessens. München 1997. Hartmut Böhme, Peter Matussek, Lothar Müller: Orientierung Kulturwissenschaft. Was sie kann, was sie will. Reinbek 2000, S. 149.

[65] Bezeichnenderweise taucht in Michael Jeismanns Untersuchung Napoleon als nationale Identität begründender Feind auch nur im Kapitel zu den Befreiungskriegen auf; vgl. Michael Jeismann: Das Vaterland der Feinde. Studien zum nationalen Feindbegriff und Selbstverständnis in Deutschland und Frankreich 1792–1918. Stuttgart 1992.

[66] Die Imagologie untersucht im Rahmen der Komparatistik nationenbezogene Fremd- und Selbstbilder in der Literatur.

1890 (den national ortlos gemachten) Napoleon sukzessive national für sich zu vereinnahmen. Will man mit der Begrifflichkeit der Alteritätsforschung diese Entwicklung analysieren, kann man zeigen, wie Napoleon zwischen 1797 und 1806/07 als militärische und politische Alterität staunend wahrgenommen und durchaus positiv als fremd gesetzt wird und wie sich aus diesem politischen Fremdbild ein nationales Feindbild entwickelt, das allerdings nur eine kurze Zeit zwischen 1807 und 1815 virulent bleibt, um sich dann in ein poetisches Wunschbild des Eigenen zu transformieren, das die Grundlage bietet, um nach 1890 Napoleon national einzubürgern und so das poetisch Andere als national Eigenes zu interpretieren.[67]

Wie unterschiedlich sich bis 1850/60 biographisch involvierte und dann nach 1860/70 zunehmend jüngere Autoren mit Napoleon auseinandersetzen, soll mit Jan Assmanns Theorie vom kulturellen Gedächtnis analysiert werden, derzufolge sich etwa nach 40 Jahren die Erinnerung an ein Ereignis oder eine Person qualitativ verändert, weil die biographisch betroffene Generation dann aus dem öffentlichen Leben abtritt.[68] Im Generationswechsel der Schriftsteller wird der deutsche Napoleon-Mythos zunehmend unabhängig von einem mündlich und familial vermittelten kommunikativen Gedächtnis und im Interregnum eines national offiziellen Napoleon-Gedächtnisses innerliterarisch präsent gehalten, bis nach 1890 der Napoleon-Mythos mehr und mehr zum integralen Bestandteil des kulturellen Gedächtnisses der Deutschen und Teil einer positiv besetzten nationalen Mythologie wird.[69]

Wie die literarische Erinnerung an Napoleon im 19. Jahrhundert vor

---

[67] Dies ließe sich auch als ein Wechselspiel von Alienisierung und Alterisierung beschreiben. Während in den Befreiungskriegen Napoleon aggressiv national alienisiert wird, erfolgt nach 1821 eine ästhetisch-poetische Alterisierung, die eine spätere nationale Alterisierung des alienen Napoleon ermöglicht. Zu den Begriffen Alienität (Fremdheit) und Alterität (Andersheit) vgl. Horst Turk: Alienität und Alterität als Schlüsselbegriffe einer Kultursemantik, in: Jahrbuch für Internationale Germanistik 22,1 (1990), S. 8–31. Unter Alienität versteht Turk die fremde Zugehörigkeit, im Unterschied zur Alterität, die innerhalb einer Zugehörigkeit den anderen von zweien meint.

[68] Jan Assmann: Das kulturelle Gedächtnis. Schrift, Erinnerung und politische Identität in frühen Hochkulturen. München 1992, S. 51. Vgl. auch schon Maurice Halbwachs: Das kollektive Gedächtnis. Stuttgart 1967, S. 35f.

[69] Nach Jan Assmann entsteht das kommunikative Gedächtnis durch mündliche Alltagsinteraktion, hat die Geschichtserfahrungen der Mitlebenden zum Inhalt und bezieht sich auf einen begrenzten Zeithorizont von 80–100 Jahren. Das kulturelle Gedächtnis ist hingegen an feste Objektivationen gebunden, gestiftet und zeremonialisiert und wird im Fest vergegenwärtigt. Vgl. Jan Assmann: Das kulturelle Gedächtnis (Anm. 68), S. 56.

dieser nationalen Integration ins kulturelle Gedächtnis als poetologische Sonde genutzt wird, um das eigene Epigonentum ästhetisch zu bestimmen, soll gleichermaßen analysiert werden wie die liberale Mobilisierung des Vormärz mit Napoleon gegen die Restauration. Dabei fällt auf, daß im 19. Jahrhundert Napoleon als positive Gegengröße zur subjektiv empfundenen Unzulänglichkeit der Dichter definiert und vor allem als poetologische Kategorie begriffen wird. Das Genie Napoleon dient primär der ästhetischen Selbstdefinition. Selbst in den politisch engagiertesten Texten Heines entpuppt sich der Napoleon-Mythos als ästhetisch überformtes Erinnerungsideal, das mehr über Heines spannungsreiches Verhältnis zur Romantik als über seine politische Positionierung aussagt. An Napoleon als Gegengröße profiliert sich ein Epigonentum in der oft kontemplativen Erinnerung vergangener Größe.

Gegenüber dieser primär ästhetischen Erinnerungsarbeit wird Napoleon im 20. Jahrhundert prospektiv und politisch eingesetzt. Napoleon wird nicht mehr genutzt, um rückversichernd zu erklären und zu deuten, wie etwas geworden ist, sondern um dynamisch zu motivieren, etwas zu ändern.[70] Mit dem Napoleon-Mythos wird ein oftmals schriller Ruf nach einem Retter formuliert. Wulf Wülfing hat für das 19. Jahrhundert die Beschäftigung der deutschen Literatur mit Napoleon als einen „Weg aus der Provinzialität" beschrieben,[71] und dies stimmt auch. Aber es ist ein Weg aus der Provinzialität in einen geradezu auffällig politisch-national ortlosen Kosmopolitismus, der es der deutschen Literatur des 20. Jahrhunderts wiederum ermöglicht, diesen national „frei schwebenden" Napoleon zu einem ‚deutschen Napoleon' umzuformen.

3. Quellen und Vorgehen

Vorliegende Untersuchung ist eine germanistische Abhandlung, deren Textkorpus sich vornehmlich aus fiktionaler deutscher Literatur über Napoleon zusammensetzt. Diese literaturwissenschaftliche Hierarchisierung der Quellen versteht sich aber nicht als Produkt eines philologischen Dogmas, sondern als Konsequenz aus dem Quellenbefund, da, wie oben angedeutet, der deutsche Napoleon-Mythos ganz wesentlich in der Literatur konstruiert, inszeniert und verhandelt wird. Der Napoleon-

---

[70] Zu dieser Unterscheidung zwischen einer erklärenden und dynamischen Funktion des Mythos vgl. Raoul Girardet: Mythes et mythologies politiques. Paris 1990. Diese Unterscheidung entspricht in etwa der Assmanns zwischen einer ‚fundierenden' und ‚kontrapräsentischen' Funktion des kulturellen Erinnerns; vgl. Jan Assmann: Das kulturelle Gedächtnis (Anm. 68), S. 78–83.

[71] Wulf Wülfing: „Eine der größten Verwirklichungen des Individuums im okzidentalen Sinn" (Anm. 30).

Mythos exiliert im 19. Jahrhundert nach 1821 in Deutschland regelrecht in das literarische Medium, um erst wieder nach 1890 weitere Medien zurückzuerobern.

Trotz dieser Fokussierung auf die Fiktion erachte ich dennoch einen extensiven Literatur- und weiten Kulturbegriff für notwendig,[72] um gerade auch die Zeit vor 1821 und nach 1890, die Befreiungskriege und die Epoche der Weimarer Republik angemessen berücksichtigen zu können. Die Flugschriftenliteratur der Befreiungskriege wurde ebenso einbezogen wie die literarischen Biographien und die zeitkritische Essayistik der 1920er und 1930er Jahre. Nietzsches Auseinandersetzung mit Napoleon „comme poète-philosophe" in den 1880er Jahren initiiert in Deutschland diese breitere Beschäftigung mit Napoleon zwischen Wissenschaft und Kunst in der Weltanschauungsliteratur. Napoleon wird zum Argument in zivilisationskritischen Selbstverständigungen der Moderne.

Bei der Durchsicht deutscher Filme bis 1945 zur napoleonischen Epoche mußte festgestellt werden, daß es zwar viele nationalistisch enthusiasmierte Filme über die Befreiungskriege oder über Gegner Napoleons (bereits vor 1914) gibt,[73] aber daß diese Filme Napoleon wiederum auffällig aussparen und sehr viel mehr die „nationale Erhebung" darstellen als den Feind Napoleon profilieren, der nur im Hintergrund als drohende Geschichtsmacht eher unkenntlich bleibt als deutlich wird.[74] Deutsche Filme, in denen Napoleon den Protagonisten darstellt, sind bis 1945 die absolute Ausnahme.[75] In den späten 1920er und frühen 1930er Jahren

[72] Vgl. auch Georg Bollenbeck: Vom Nutzen eines weiten Kulturbegriffs für eine Gegenstandsbestimmung der Literaturwissenschaft, in: Das Argument 26 (1984), S. 254–269.

[73] Andreas Hofer, Theodor Körner und Königin Luise galten etwa einige Filme bereits vor 1914. Vgl. Preußen im Film. Eine Retrospektive der Stiftung Deutsche Kinematik, hg. v. Axel Marquardt u. Heinz Rathsack. Hamburg 1981 (Preußen. Versuch einer Bilanz. Katalog der Ausstellung in Berlin, 5). Auch Michael Curtiz' Verfilmung von Arthur Schnitzlers Drama *Der junge Medardus* beleuchtet den Widerstand gegen Napoleon, aber nicht Napoleon selbst.

[74] Eine Ausnahme ist die Komödie *Napoleon ist an allem schuld* (1938) von Curt Goetz, die den Napoleon-Enthusiasmus des 20. Jahrhunderts persifliert. Dies ist Curt Goetz zu dieser Zeit, bevor er 1939 in die USA emigriert, aber nur möglich, indem er seinen komisierten, napoleonverehrenden Protagonisten zum Engländer macht. So wird aus einem heroisch identifikatorisch deutschen Napoleon-Enthusiasmus (über den sich Goetz eigentlich lustig macht) ein englischer Spleen.

[75] Vgl. etwa von Lupu Pick *Napoleon auf St. Helena* (1929) mit Werner Krauss als Napoleon, vermerkt in: Jean Tulard: Dictionnaire du Cinéma, Bd. 1: Les réalisateurs. Paris 1982, S. 448. *Waterloo* (1928) von Karl Grüne konzentriert sich hingegen auf Blücher, gespielt von Otto Gebühr. Einen internationalen Überblick über Napoleon-Filme vermittelt: Napoléon & le Cinéma. Un siècle d'images. Ouvrages publié avec

wurden Befreiungskriegsfilme genutzt, um gegen den Versailler Vertrag Stimmung zu machen, aber auch hier wieder mit mehr antifranzösischen als antinapoleonischen Tönen.[76] Damit ergibt sich der medienwissenschaftliche Befund, daß zwar nicht der Befreiungskrieg gegen Napoleon, aber Napoleon selbst im deutschen Film bis 1945 eher eine Lücke darstellt.[77] Das deutsche ‚Vaterland der Feinde' schließt sich in Befreiungskriegsfilmen gegen Frankreich, aber kaum gegen Napoleon zusammen. Einen Napoleon-Enthusiasmus, wie ihn zeitgleich die deutsche Literatur des 20. Jahrhunderts thematisierte, findet sich hingegen nicht im deutschen Film bis 1945.[78]

Die deutsche Historiographie des 19. und frühen 20. Jahrhunderts zu Napoleon wurde jeweils dann ausführlicher in die Untersuchung integriert, wenn sie sich über ihre akademischen Fachgrenzen hinaus einem weiteren Publikum öffnete und eine Wechselwirkung von Literatur und Geschichtsschreibung festzustellen war.[79] Welche Wissensbestände der Historiographie dann wie in die Literatur transferiert wurden und umgekehrt welche literarischen Résumés in der Historiographie nachwirkten und wie das hybride Genre der literarischen Biographie gezogene Grenzen zwischen Wissenschaft und Kunst bewußt öffnet, ist von besonderem Interesse. Die Napoleon-Texte des George-Kreises etwa lassen sich auch

---

le concours de la Direction Régionale des Affaires de Corse, de la Collectivité Territoriale de Corse, du Conseil Général des Hauts-de-Seine et de la municipalité d'Ajaccio. Ajaccio 1998.

[76] Vgl. etwa *Die letzte Kompagnie* (1930), *Yorck* (1931), *Die elf Schillschen Offiziere* (1932), *Theodor Körner* (1932), *Marschall Vorwärts* (1932), *Der Rebell* (1932). Auch im nationalsozialistischen Film *Kolberg* (1944) von Veit Harlan steht der Widerstand der Festung Kolberg 1806/07 gegen die französische Armee im Vordergrund.

[77] Wenn es deutsche Napoleon-Filme in ausreichendem Maße vor 1945 gegeben hätte, hätte sich die medienwissenschaftliche Analyse an Jörg Schönerts Perspektive, Philologie als (Medien-)Kulturwissenschaft zu betreiben, orientieren können; vgl. Jörg Schönert: Warum Literaturwissenschaft heute nicht nur Literatur-wissenschaft sein soll, in: Jahrbuch der Deutschen Schillergesellschaft 42 (1998), S. 491–494.

[78] Einen Sonderfall (der in der Untersuchung berücksichtigt wird) stellt die nationalsozialistische Verfilmung von Mussolinis Napoleon-Drama *Campo di Maggio* dar, unter dem Titel *Hundert Tage* (1935) unter der Regie von Franz Wentzler, mit Werner Krauss als Napoleon und Gustav Gründgens als Fouché.

[79] Dies gilt insbesondere für die populären Biographien der Jahrhundertwende: Max Lenz: Napoleon. Bielefeld, Leipzig ^{2}1908 (Monographien zur Weltgeschichte, 24). Gustav Roloff: Napoleon I. Berlin 1900 (Vorkämpfer des Jahrhunderts, 3). Theodor Bitterauf: Napoleon I. Leipzig 1908 (Aus Natur und Geisteswelt, 195). Zum hybriden Genre der literarischen Biographie zwischen Literatur und Historiographie vgl. die Ausführungen weiter oben bei der Diskussion der Forschungsliteratur.

als Abwehr-Reaktion gegen eine zunehmend gesellschaftsgeschichtlich ausgerichtete französische Napoleon-Biographik lesen. Gegen Alphonse Aulards Bemühen, Napoleon aus sozialen Bedingungen und postrevolutionären Strukturen heraus verständlich zu machen, versucht der George-Kreis, Napoleon als einen von äußeren Einflüssen der Zeit unabhängigen Heros zu enthistorisieren.

Daß eine solche Untersuchung nicht ohne einen komparatistischen Zugriff auf die europäische Napoleon-Literatur auskommt, ist selbstverständlich.[80] Die vergleichende Analyse (etwa von Byron und Grillparzer, Manzoni und Goethe) hat sich bemüht, solche komparatistischen Ansprüche zu berücksichtigen. Wie sehr gerade in den 1820er Jahren der deutsche Napoleon-Mythos in der Auseinandersetzung mit französischer und englischer Literatur modelliert wird, soll exemplarisch in der Analyse von Wilhelm Hauffs Napoleon-Erzählung diskutiert werden, in der Napoleon-Texte von Scott, Béranger, Lamartine, Delavigne, Ségur und Gourgaud intertextuell verhandelt werden.

Wenn man auf die Gattungspräferenzen der deutschen Napoleon-Literatur blickt, so ergibt sich folgender Befund: Lyrik zu Napoleon entsteht kontinuierlich von 1800 bis 1945, hat aber vielleicht ihren deutlichsten Schwerpunkt zu Lebzeiten Napoleons, auch im propagandistischen Kampf der Befreiungskriege, und dann noch zwischen 1821 und 1840 in poetischen Wallfahrten zum Grab nach St. Helena und lyrischen Wiedergänger-Texten. Zahlreiche Anthologien führen in dieser Zeit die Gedichte zu regelrechten ‚Napoleon-Bibeln' zusammen. Im frühen 20. Jahrhundert erlebt die Napoleon-Lyrik noch einmal mit Georg Heym und Gertrud Kolmar einen zweiten Höhepunkt.

Nach der Lyrik ist das Drama die bevorzugte und ästhetisch besonders avanciert genutzte Gattung der Napoleon-Literatur.[81] Das beginnt mit den verschlüsselten Schicksalsdramen zu Lebzeiten Napoleons (die über Attila oder Soliman schreiben, aber Napoleon meinen) und führt 1831 zu Grabbes Drama, das die geschlossene Form entschlossen sprengt und die (A-)Tektonik dem gigantomanischen Gegenstand anpaßt. Zwischen Expressionismus und Exil wird das Drama im 20. Jahrhundert zur zentralen

---

[80] Gleichwohl hätten eigenständige Kapitel zu Napoleon bei Lord Byron oder Victor Hugo den Rahmen dieser Arbeit gesprengt.

[81] Napoleons an dramatischen Situationen reiches Leben bot sich einerseits für die Gattung Drama an, implizierte aber andererseits die Schwierigkeit der repräsentativen Auswahl eines dramatischen Moments. Die Ermordung des Herzogs von Enghien, die 100 Tage-Herrschaft und Napoleon auf St. Helena bilden in der deutschen Napoleon-Dramatik bevorzugte Sujets.

Gattung, in welcher der Napoleon-Mythos diskutiert wird. Dabei bilanzieren vormals expressionistische Autoren im Exil das expressionistische Verkündigungsdrama kritisch und verbinden in dieser Selbstkritik ein poetologisches mit einem politischen Fazit. Bevorzugtes Sujet dieser Dramen ist die Ermordung des Herzogs von Enghien, ein Thema, an dem sich Dämonie und Legitimität der Macht besonders eindrücklich problematisieren lassen.

Deutsche Napoleon-Romane sind fast durchweg nicht als anspruchsvolle ‚Höhenkamm'-Literatur konzipiert,[82] sondern blühen vor allem nach 1850 als Unterhaltungsromane, die zum einen als Abenteuer- und Kriegsromane Napoleon aus dem Blick eines mittleren Helden bespiegeln und zum anderen amouröse Arabesken um das Thema Napoleon und die Frauen arrangieren. Napoleon-Erzählungen fallen quantitativ im Vergleich mit den Dramen eher nicht ins Gewicht, aber einige der außergewöhnlichsten Napoleon-Texte entstammen dieser Gattung.[83] Narrative Sonderformen wie Heines Reisebilder und Nietzsches essayistisch-literarische Philosophie zeigen, wie sich die erzählerische Auseinandersetzung mit Napoleon zunehmend pluralisiert. Im 20. Jahrhundert wird schließlich die literarische Biographie (neben den expressionistischen Dramen) zur wichtigen Textsorte, in der die Relevanz Napoleons für die deutsche Gegenwart problematisiert wird. Die Biographien Emil Ludwigs, Werner Hegemanns und des George-Kreises treten dabei in einen intertextuellen Streit um die richtige Deutung Napoleons als Herold oder Gegner der Moderne. Die nationalsozialistischen Napoleon-Biographien von Rudolf Hohlbaum, Wulf Bley und Philipp Bouhler knüpfen an diese Diskussionen an und entwickeln in Auseinandersetzung mit Napoleon unterschiedliche Vorstellungen von nationalsozialistischer Herrschaft. – Daß den Gattungsdifferenzen und unterschiedlichen ideologischen und ästhetischen ‚Brechungen' im jeweiligen Medium in der Analyse Rechnung getragen werden muß und also ein Gedicht Hölderlins nach anderen Maßgaben zu lesen ist als die Napoleon-Biographie des ‚Leiters der Kanzlei des Führers der NSDAP', betrachte ich als Vorbedingung der literaturwissenschaftlichen und kulturgeschichtlichen Arbeit am Napoleon-Mythos.

---

[82] Eine Ausnahme bildet im 20. Jahrhundert Joseph Roths Roman *Die hundert Tage* (1936).

[83] Wilhelm Hauffs Erzählung *Das Bild des Kaisers* (1827) und Heinrich Franks Erzählung *Der Oberst* (1943) werden dementsprechend ausführlich in dieser Untersuchung gewürdigt.

Da hier ein relativ großer Zeitraum von etwa 150 Jahren zur Untersuchung ansteht, kann das Korpus keinen Anspruch auf Vollständigkeit erheben. Die hier berücksichtigten rund 250 deutschen literarischen Napoleon-Texte werden auch nicht gleichmäßig einläßlich analysiert, sondern die Abhandlung verbindet intensive Analysen repräsentativer Napoleon-Texte mit extensiven Überblicksdarstellungen. Denn die angedeutete Entwicklung vom Nationalfeind 1813 zum Nationalhelden 1933 und vom perhorreszierten Fremdbild zum anverwandelten Selbstbild ist zu wichtig, als daß eine Beschränkung etwa auf Napoleon in der Romantik sinnvoll gewesen wäre. Die gedächtnisgeschichtliche Brisanz entfaltet das hier gewählte Thema erst, wenn man bereit ist, die Entwicklung von 1800 bis 1945 insgesamt in den Blick zu nehmen.

Welche Napoleon-Texte detailliert analysiert werden, habe ich nicht nach der poetischen Qualität entschieden, sondern nach dem gedächtnisgeschichtlichen Aussagegehalt. So erweisen sich in manchen Fällen Texte ‚zweiten' oder ‚dritten' Ranges als einschlägiger, weil sie in ihrer mythenformenden und erinnerungsgeschichtlichen Symptomatik den ‚zeitüberragenden' Werken überlegen sind. Daß gleichwohl einigen der intellektuell und ästhetisch besonders bemerkenswerten Texte eigene Kapitel gewidmet werden, illustriert, wie etwa bei Heine, Grabbe und Nietzsche ästhetischer Anspruch und gedächtnisgeschichtliche Bedeutung koinzidieren.

Diese Untersuchung gliedert sich, chronologisch aufgebaut, in drei Teile. Ein erster Teil beschäftigt sich mit der Literatur zu Lebzeiten Napoleons (1796–1821), ein zweiter Teil widmet sich dem 19. Jahrhundert, und ein dritter perspektiviert die deutschen Napoleon-Texte im 20. Jahrhundert bis 1945.[84] Aus dieser Gliederung ergibt sich im Unterschied zur geläufigen geschichtswissenschaftlichen Konzeption vom langen 19. Jahrhundert (1789–1914) ein eher ‚kurzes' 19. Jahrhundert (1821–1890), in dem Napoleon nicht mehr der Nationalfeind und noch nicht ein deutscher Nationalheld ist, sondern als erinnerte Größe in kleinen Zeiten die Literatur zu epigonalen Selbstbestimmungen motiviert.

Der erste Teil setzt ein mit der frühen Verehrung für den Revolutionsgeneral der Italienfeldzüge. Besonders Hölderlins und Wielands Begeisterung gilt es hier zu berücksichtigen. Wie dann aus dem zunehmend kritisch beäugten Revolutionsbändiger ein Nationalfeind konzipiert wird und sich so die Wahrnehmungsparameter aus dem Politischen ins Natio-

[84] Einen genaueren Überblick über die einzelnen Unterkapitel vermitteln die den drei Teilen jeweils vorgeschalteten Bemerkungen.

nale verschieben, wird an Frontverschiebungen in der Publizistik von Arndt, Kleist und Görres untersucht. Die deutschen verschlüsselten Schicksalsdramen von Werner, Körner, Kotzebue, Rückert und Müllner versuchen, in Alternativgeschichten von Attila oder Soliman Napoleons Untergang prophetisch vorwegzunehmen. Inwiefern Religion und Nationalismus in ein Wechselverhältnis treten und apokalyptische Narrative in Aporien getrieben werden, soll exemplarisch an einer Erzählung E. T. A. Hoffmanns deutlich gemacht werden. Auf welche Weise die Befreiungskriegslyrik zu nationalem Zweck einen religiösen Abwehrzauber mit hyberbolischen Mythenkatalogen entfaltet, wird dann genauer in den Blick genommen. Mit der geographischen Entfernung Napoleons nach Elba und St. Helena verbindet sich auch eine zunehmende ästhetische Entrükkung ins Ungefähre, wie dies an der Lyrik von Rückert, Platen und Heine sichtbar gemacht werden kann. Der erste Teil wird beschlossen mit der Analyse der literarischen Reaktion auf Napoleons Tod 1821. In der Untersuchung von Texten von Grillparzer, Byron, Manzoni, Goethe, Fouqué und Chamisso wird deutlich, daß der 5. Mai 1821 als Epochenschwelle inszeniert wird, jenseits derer nur noch eine epigonale Selbstbestimmung möglich ist. In diesem Zusammenhang wird Goethes Auseinandersetzung mit Napoleon genauer berücksichtigt.

Der zweite Teil beginnt mit Hauffs Napoleon-Erzählung, die eine kritische poetologische Abrechnung mit der Romantik koppelt mit perspektivisch pluralisierten Erinnerungen an Napoleon. Bei Hauffs Erzählung wie bei den lyrischen Wallfahrten zum Grab nach St. Helena und den Wiedergänger-Gedichten (von Platen, Immermann und Zedlitz) wird die napoleonlose Gegenwart nur noch durch die Erinnerung einzelner Figuren mit der Vergangenheit verbunden. Diese Texte inszenieren nach 1821 nicht die napoleonische Zeit als Gegenwart, sondern schauen mit einem epigonalen Blick erinnernd zurück und betonen so den Kontrast zwischen erinnerter Größe und gegenwärtig erlebter Nichtigkeit. Auch Heines Napoleontexte werden hier als Erinnerungsdokumente gelesen, in denen im Kontrast zur Gegenwart der Restauration Kindheitserinnerungen an Napoleon imaginiert werden. Wie sehr dabei Heines Texte auch dialogisch auf die Befreiungskriegsliteratur antworten, ist meines Erachtens bisher von der Heine-Philologie zu wenig berücksichtigt worden. Nach der Juli-Revolution in Frankreich stellen sich auch in Deutschland die Intellektuellen immer dringlicher der Frage, wer oder was eigentlich Geschichte macht: soziale Massen in Revolutionen, große Männer in Schlachten oder ethnische Einheiten im nationalen Zusammenschluß. Wie Grabbes Napoleon-Drama die Fragen nach dem Subjekt und Sinn der Geschichte eindringlich stellt, aber unbeantwortet läßt, soll analysiert und im Anschluß daran ein Blick auf Hebbels napoleonischen Dramen-Plan geworfen werden. Ab 1850/60 wächst die Zahl der Napoleon-Dramen und Romane. Hier kann exemplarisch untersucht werden, wie biographisch nicht mehr direkt involvierte Autoren den Napoleon-Stoff dem Trivialen öffnen und geschlechtsspezifisch aufbereiten zu Abenteuerromanen für heranwachsende Jungen und süßlichen St. Helena-Dramen. Einige der hier zu untersuchenden Texte sind durchaus aus einem deutschnationalen Impuls geschrieben, aber es wird zu zeigen sein, daß auch in den konservativsten Texten Napoleon als Katalysator des deutschen Nationalismus 1813 eher gemäßigter Respekt als Haß gezollt wird. Hier bereitet sich ein Deutungsmuster des 20. Jahrhunderts vor, das den großen Feind ehrt, weil er Deutschland seine zentrale Lektion in Nationalismus und heroischer Härte erteilt habe. Nietzsches Napoleondeutung gilt ein eigenes Unterkapitel, in dem die fundamentale Uminterpretation von der bürgerlichen Vorbildfigur zum atavistischen Anti-Bürger nachgezeichnet werden soll. Daß Nietzsches Arbeit am Napoleon-Mythos eine unmittelbare Wirkung auf die deutsche Napoleon-Literatur hatte, zeigt sich an den postnaturalistischen Dramen von Bleibtreu und Carl Hauptmann, denen an Napoleon die naturalistische Vorstellung von der Determination des Menschen durch *race, milieu* und *histoire* problematisch wird.

Der dritte Teil setzt ein mit Georg Heyms expressionistischer Lyrik, in der Napoleon als kinetische Versprechung gegen wilhelminische Langeweile instrumentalisiert wird. Die Gegenwartswut Heyms und die apokalyptische Szenerie signalisieren hier, daß es zusehends nicht mehr um eine kontemplative Betrachtung vergangener Größe, sondern vielmehr um steile und schrille Rufe nach kriegerischer Wiederkehr geht. Auch Gertrud Kolmar sucht in ihren Napoleon-Gedichten eine vergangene Lebensintensität, welche die Gegenwart nicht mehr zu geben vermag. Wie dann aus einem unpolitischen Dämon eine politische Abwehr-Chiffre wird, kann an Napoleon-Dramen zwischen Expressionismus und Exil verdeutlicht werden. An den Dramen von Essig, Unruh, Hasenclever und Kaiser läßt sich zeigen, wie in den 1920er Jahren der Napoleon-Stoff zusehends konkreter auf die aktuelle politische Situation in Deutschland bezogen wird und bereits eine Gegenreaktion darstellt zu einem immer artikulierteren Ruf nach einem napoleonischen Retter. Wie die deutsche Literatur einen solchen napoleonischen Retter ästhetisch beschwört, charismatisch auratisiert und politisch funktionalisiert, soll einerseits an der Napoleon-Literatur des George-Kreises gezeigt und andererseits an Emil Ludwigs Napoleon-Biographie verdeutlicht werden. Dabei wird offensichtlich, daß Napoleon gleichermaßen als atavistischer Gegner der

Moderne im George-Kreis und als demokratisches Vorbild für ein pazifistisches Paneuropa von Ludwig gefeiert wird. Ein letztes Unterkapitel schließlich widmet sich dem zeitgenössischen literarischen Vergleich von Hitler und Napoleon und wendet sich zuerst mit Thomas Mann, Arnold Zweig und Joseph Roth denjenigen zu, welche die Unterschiede in pronapoleonischer Absicht betonen. An nationalsozialistischen Napoleon-Biographien von Hohlbaum, Bley und Bouhler läßt sich zeigen, wie einerseits Napoleons Lebenslauf typologisch auf Hitler zugeschrieben und andererseits mit Napoleon die Republik-Demontage legitimiert und eine heldische Anthropologie entworfen wurde. Wie schließlich mit Napoleon gegen Hitler angeschrieben wurde, soll abschließend erörtert werden an einem Napoleon-Drama des vormaligen Nationalsozialisten Arnolt Bronnen, an einem Exil-Drama Ferdinand Bruckners und an der in Deutschland geschriebenen und 1943 veröffentlichten Napoleon-Erzählung *Der Oberst* von Heinrich Frank, die im antinapoleonischen Gewand zum Widerstand auffordert und den Tyrannenmord diskutiert.

Die bisherige Konzentration der Forschung auf die Zeit bis 1848 verlor die national identifikatorische Perspektive des deutschen Napoleon-Mythos im 20. Jahrhundert aus den Augen. Dabei entfaltet nach 1890 der deutsche Napoleon-Mythos in der Konstruktion eines ‚napoleonischen Nationalcharakters' erst seine größte identifikationsstiftende Reichweite. In Zeiten beschleunigter Modernisierung und kultureller Krisenerfahrung fungiert der Napoleon-Mythos in Deutschland als Interpretationsschlüssel, um die rasanten, unbegriffenen Veränderungen in der Gegenwart mit einer mythischen Gestalt der Moderne zu deuten.

I.
Mythische Muster an ihren Grenzen
Napoleon-Literatur zu Lebzeiten (1797–1821)

Die deutsche Literatur über Napoleon zu dessen Lebzeiten versucht, Napoleon zu vergleichen, in mythischen oder historischen Rollen zu stilisieren. Die von Napoleon begeisterten Schriftsteller schwärmten von dem neuen Prometheus und vergöttlichten Bonaparte. Sie stellten ihn in eine militärische Reihe mit Alexander dem Großen, Hannibal, Caesar und Karl dem Großen. Solche affirmativen Mythisierungen wurden von Napoleon selbst lanciert. Vergleiche mit Hannibal oder Karl dem Großen förderte Napoleon in einer systematischen Öffentlichkeitsarbeit und Kunstpolitik.[1] Während er politisch konsequent europäische Traditionen aushebelte, stellte er sich gleichzeitig ikonographisch in abendländische Zusammenhänge. Die Gegner Napoleons suchten ebenfalls nach Vergleichsgrößen, die sie entweder in historischen, außereuropäischen, nicht-christlichen Gewaltherrschern fanden wie Attila, Tamerlan, Dschingis Khan oder Süleiman II., oder sie bedichteten Napoleon in religiösen Mustern zum Gegner Gottes, sei es zum alttestamentarischen Pharao, der das auserwählte Volk knechtet, oder sei es zum apokalyptischen Drachen. In diesen Mythisierungen lassen sich antagonistische Reflexe beobachten. Dem orientalischen Despoten steht der europäische Friedensherrscher gegenüber, dem alttestamentarischen Brudermörder Kain der antike Halbgott Prometheus. Zur Zeit der Befreiungskriege reichte die Spanne der christlichen Mythisierungen für Napoleon in Deutschland vom Heiland bis zum „Höllensohn“.[2] Chateaubriand be-

---

[1] Vgl. etwa Annie Jourdan: Napoléon. Héros, imperator, mécène. Paris 1998. Werner Telesko: Napoleon Bonaparte. Der „moderne Held“ und die bildende Kunst 1799–1815. Wien, Köln, Weimar 1998. Michael Broers: Napoleon, Charlemagne, and Lotharingia. Acculturation and the Boundaries of Napoleonic Europe, in: Historical Journal 44 (2001), S. 135–154. Albert Boime: Art in an Age of Bonapartism, 1800–1815. Chicago 1990. Hellmuth Rössler: Napoleons Griff nach der Karlskrone. Das Ende des alten Reiches 1806. München 1957, S. 20.

[2] Vgl. Wulf Wülfing: „Heiland“ und „Höllensohn“. Zum Napoleon-Mythos in Deutschland im 19. Jahrhundert, in: Mythos und Nation. Studien zur Entwicklung des kollektiven Bewußtseins in der Neuzeit, hg. v. Helmut Berding. Frankfurt a. M.

schrieb dieses mythologische Kaleidoskop, das sich zu Lebzeiten Napoleons zusammengesetzt hatte, 1848 ex post folgendermaßen:

Bonaparte n'est plus le vrai Bonaparte, c'est une figure légendaire composée des lubies du poète, des devis du soldat et des contes du peuple; c'est le Charlemagne et l'Alexandre des épopées du Moyen Âge que nous voyons aujourd'hui. Ce héros fantastique restera le personnage réel; les autres portraits disparaîtront.[3]

Hinter der Vielfalt der Deutungsangebote („Charlemagne et l'Alexandre des épopées du Moyen Âge") verschwand „le personnage réel" immer mehr. Chateaubriands Aussage illustriert die Inflation hyperbolischer Napoleon-Mythisierungen. In einer mythischen Bricolage wurden Napoleon verschiedene Rollen angepaßt, die nicht immer stimmig waren, aber als „Abfälle und Bruchstücke, fossile Zeugen der Geschichte eines Individuums oder einer Gesellschaft" Eingang fanden und aktualisiert wurden.[4] Die „lubies du poète" zielten darauf, die außergewöhnliche Gestalt Napoleons verständlicher zu machen. Die literaturwissenschaftliche Forschung hat diese Mythisierungen Napoleons zu Lebzeiten zwar partiell katalogisiert[5] und die nationale Abwehrhaltung im Befrei-

1996, S. 164–184. Ulrich Broich: Prometheus oder Satan? Zur Mythisierung von Napoleon im Deutschland und England des frühen 19. Jahrhunderts, in: Komparatistik als Arbeit am Mythos, hg. v. Monika Schmitz-Emans u. Uwe Lindemann. Heidelberg 2004 (Hermeia, 6), S. 257–273. Jens Flemming: „Held der Weltgeschichte" und „Geißel Gottes". Napoleon und die Deutschen im Zeitalter der Befreiungskriege, in: Napoleon. Europäische Spiegelungen in Mythos, Geschichte und Karikatur, hg. v. Ekkehard Eggs u. Hubertus Fischer. Frankfurt a. M. 1986, S. 57–79.

[3] François René de Chateaubriand: Mémoires d'outre-tombe (1848). Édition nouvelle d'après l'Édition orginale et les deux dernières copies du texte avec une introduction, des variantes, des notes, un appendice et des index par Maurice Levaillant et Georges Moulinier. Paris 1951, Bd. 1, S. 1008. Zu Chateaubriands Napoleon-Bild vgl. Reinhold R. Grimm: Der Napoleonmythos in der französischen Romantik, in: Napoleon kam nicht nur bis Waterloo. Die Spur des gestürzten Giganten in Literatur und Sprache, Kunst und Karikatur, hg. v. Heide N. Rohloff. Frankfurt a. M. 1992, S. 146–162.

[4] Claude Levi-Strauss: Das wilde Denken. Frankfurt a. M. 1968, S. 35. Vgl. hierzu Karlheinz Stierle: Mythos als Bricolage und zwei Endstufen des Prometheusmythos, in: Terror und Spiel. Probleme der Mythenrezeption, hg. v. Manfred Fuhrmann. München 1971, S. 455–472.

[5] Unbefriedigend im methodischen Zugriff und auf schmaler Materialbasis Giancarlo Maiorino: An Interpretation of the Napoleonic Myth in Literature and Art. Diss. masch. Wisconsin 1971. Zwar materialreicher, aber unsicher in literaturgeschichtlichen Einordnungen und lediglich summarisch Siegfried E. Heit: Napoleon and the German Intellectuals. Diss. masch. Ann Arbour 1975. Beide Dissertationen beschränken sich weitgehend, ohne dies im Titel anzudeuten, auf Texte, die vor 1815 erschienen sind.

ungskrieg analysiert,[6] aber außer Acht blieb, daß diese vergleichenden Mythisierungen immer auch kompensatorischen und prophetischen Charakter hatten. Das Überangebot an mythischen und historischen Vergleichsfiguren für Napoleon war ein Zeichen für die qualitative Unzulänglichkeit der einzelnen Analogien. Wenn beim einzelnen Vergleich die Unterschiede größer als die Ähnlichkeiten waren, wurde dies oft durch ganze Vergleichskataloge quantitativ ausgeglichen. Sie sollten den Zeitgenossen Unerklärliches erklären.

Die Mythisierungen boten Deutungen an und verbanden Unbekanntes mit Bekanntem. Dieses Dichten in Mustern bot die Möglichkeit, eine Geschichte in der Vergangenheit oder im Mythos zu Ende erzählen zu können, von der man vor 1821 nicht wußte, wie sie sich in der Gegenwart weiter entwickeln würde. Die Mythisierungen fungierten als kompensatorische Prophetien. Im Mythos sollte entschlüsselt werden, was in der Realität verschlossen blieb. Daß solche Muster aber nie ganz der historischen Realität entsprachen, wird in einigen Texten besonders deutlich, welche die Unzulänglichkeit dieser Muster selbst reflektieren, etwa die Gedicht-Entwürfe von Hölderlin, E. T. A. Hoffmanns kurze Napoleon-Erzählung *Die Vision auf dem Schlachtfelde bei Dresden* oder Grillparzers *Napoleon*-Gedicht. Hier wird die Diskrepanz zwischen dem mythischen Urbild und der napoleonischen Aktualisierung deutlich gemacht.

Mit Napoleons Verbannung nach St. Helena ist ein mythologisches Vergleichsarsenal zusammengestellt, das sich nach Napoleons Tod nicht mehr wesentlich erweitert; im Gegenteil: Nach Napoleons Tod nehmen die historischen, mythologischen und religiösen Vergleiche eher ab. Napoleon wird dann nicht mehr auf andere überragende Gestalten bezogen, sondern ist selbst zu einem mythischen Muster geworden. In dem Moment, in dem seine Geschichte zu einem Ende gekommen ist, nimmt die Notwendigkeit ab, Ersatzschlüsse in der Geschichte oder der Mythologie zu suchen. Napoleons Ende auf St. Helena wird zwar immer noch

[6] Jens Flemming: „Held der Weltgeschichte" und „Geißel Gottes" (Anm. 2). Hubertus Fischer: „Warte, Bonaparte, warte ...". Poesie gegen Napoleon, in: Napoleon. Europäische Spiegelungen in Mythos, Geschichte und Karikatur (Anm. 2), S. 80–106. Friedrich Stählin: Napoleons Glanz und Fall im deutschen Urteil. Wandlungen des deutschen Napoleonbildes. Braunschweig 1952. Michael Freund: Napoleon und die Deutschen. Despot oder Held der Freiheit? München 1969. Erhellend in diesem Zusammenhang Silvio Vietta: Nationalisierung und Europäisierung der Literatur und Literaturwissenschaften in Deutschland und Italien, in: Das Europa-Projekt der Romantik und die Moderne. Ansätze zu einer deutsch-italienischen Mentalitätsgeschichte, hg. v. Silvio Vietta, Dirk Kemper u. Eugenio Spedicato. Tübingen 2005 (Reihe der Villa Vigoni, 17), S. 1–37, besonders S. 5–15.

mit dem an den Kaukasus geschmiedeten Prometheus verglichen, verselbständigt sich aber immer mehr zu einem eigenen Mythos.

Im folgenden soll das Dichten in mythischen Mustern zu Lebzeiten Napoleon Bonapartes chronologisch analysiert werden. Dabei gilt es, den Bogen vom Enthusiasmus für den militärischen Strategen über die Empörung gegen den „Revolutionsverräter“ und Nationalfeind bis zur Verklärung des auf St. Helena exilierten Napoleon nachzuzeichnen. Die frühe Begeisterung für den Revolutionsgeneral, wie sie sich auch bei Beethoven und Hegel äußert, wird bei Hölderlin und Wieland untersucht (I. 1). Wie sich in der deutschen Publizistik der Revolutionsbändiger in einen Nationalfeind verwandelt, wird unter anderem an Texten von Arndt, Schlabrendorf, Görres und Fichte analysiert (I. 2). Historische Dramen von Werner, Körner, Rückert und Müllner spiegeln Napoleons Karriere in ferne Vergangenheiten und erzählen sie dort zu einem tragischen schicksalsverhangenen Ende. Der Nationalfeind Napoleon wird als militärischer Heide dargestellt, sei es als Attila bei Werner oder als Süleiman II. bei Körner. Das Schicksalsdrama entwickelt sich, so die These, auch wesentlich in Auseinandersetzung mit dem Napoleon-Stoff (I. 3). Daß die Realität der napoleonischen Herrschaft im Befreiungskrieg auch die Anwendbarkeit von Mustern problematisch macht, zeigt die intertextuelle Analyse von E. T. A. Hoffmanns *Vision auf dem Schlachtfelde bei Dresden.* Apokalyptische Muster werden aufgerufen und dann in Frage gestellt (I. 4). Die alttestamentarischen Bezüge der Befreiungskriegslyrik untersucht ein weiterer Teil. Inwiefern sich Religion und Nationalismus gegenseitig beleihen, muß hier bestimmt werden. Die antinapoleonische Lyrik problematisiert die pronapoleonischen Mythisierungen, wenn sie Napoleon als „zweiten Prometheus“ vom mythischen Urbild pejorativ absetzt (I. 5). Nach der Verbannung nach Elba, der 100 Tage-Herrschaft und dem endgültigen Exil in St. Helena entrückt Napoleon zu Lebzeiten aus dem europäischen Blick. Dies spiegelt sich in der deutschen Dichtung in einer gattungsästhetischen Affinität zur Ballade. Gedichte von Rückert, Platen und Heine illustrieren diese Tendenz (I. 6). Schon mit Napoleons Tod beginnt ein Epigonenbewußtsein, das bisher in der Forschung vornehmlich erst in den 1830er Jahren ausgemacht wurde. In der Analyse von Grillparzers Napoleon-Gedicht und von deutschen Übertragungen von Manzonis Napoleon-Ode (Goethe, Fouqué, Chamisso) werden unter komparatistischer Berücksichtigung Elemente dieses Epigonenblicks analysiert. In diesem Zusammenhang wird auch Goethes Anteil an der Napoleon-Mythisierung berücksichtigt (I. 7).

1. Frühe Verehrung für den Revolutionsgeneral und Begeisterung für den Kaiser (1797–1811)
Foscolo, Monti, Hölderlin, Görres, A. W. Schlegel, Wieland, Hebel, Hegel

Napoleon Bonaparte wurde für die deutschen Schriftsteller mit dem Italienfeldzug 1796/97 zum ersten Mal Thema. Die Begeisterung galt dem geschickten militärischen Strategen, dem Revolutionsgeneral, der in ungeheurem Tempo, mit Intelligenz und mit Wagemut für das revolutionäre Frankreich und gegen absolutistische Monarchien europäischen Boden eroberte.[7] Napoleon Bonaparte wurde nach der Belagerung von Toulon 1793 jüngster Revolutionsgeneral, schlug 1795 auf Geheiß Barras' den Royalistenaufstand in Paris nieder und wurde dann 27jährig zum Oberbefehlshaber in Oberitalien ernannt. In enormer Geschwindigkeit eroberte Bonaparte die Lombardei. Dieser Feldzug trug ihm von allen Seiten Bewunderung ein. Gegen eine österreichische Armee von 70000 Mann siegte Bonaparte mit 36000 Mann. Am 10. Mai 1796 schlug Bonaparte die Österreicher in einem spektakulären Kampf an der Brücke bei Lodi.

Mailand empfing Bonaparte als Befreier. Der romantische Dichter Ugo Foscolo feierte den Sieger von Lodi in einer Ode als *Bonaparte liberatore.*[8] Vincenzo Monti, der letzte Vertreter des italienischen Neuklassizismus, stilisierte Bonaparte in seinem Epos *Prometeo* 1797 zum mythisch überformten Befreier Italiens.[9] Der Prometheus-Vergleich, der später zum mythologischen Standard-Repertoire für die Beschreibung Napoleon Bonapartes wurde, nahm hier in Italien seinen Ausgang. Wie Prometheus gegen den Willen von Zeus den Menschen das Feuer brachte, sollte Bonaparte gegen die Übermacht absolutistischer Staaten Euro-

---

[7] Vgl. Christoph Prignitz: „Vive l'Empereur". Zum Napoleon-Bild der Deutschen zwischen Spätaufklärung und Freiheitskriegen, in: Schreckensmythen – Hoffnungsbilder. Die Französische Revolution in der deutschen Literatur, hg. v. Harro Zimmermann. Frankfurt a.M. 1989, S. 106–121. Im Detail oft ungenau: Paul Wucherpfennig: „Kollaborateure der Vernunft". Literarische und publizistische Wegbereiter und Begleiter Napoleons in Deutschland. Ein verdrängtes Kapitel deutscher Literaturgeschichtsschreibung. Diss. masch. Darmstadt 1992. Ähnliches gilt für El Hadj Ibrahima Diop: Napoleon I. in der deutschen Lyrik des ausgehenden 18. und beginnenden 19. Jahrhunderts. Diss. Masch. Leipzig 1985.

[8] Ugo Foscolo: Oda a Bonaparte liberatore, in: Ders.: Opere, hg. v. Mario Puppo. Mailand 1977, S. 95–102. Vgl. hierzu auch die ansonsten recht materialarme Untersuchung von Giancarlo Maiorino: An Interpretation of the Napoleonic Myth in Literature and Art (Anm. 5), S. 14–26. Maiorino beschränkt sich in der Analyse auf wenige Texte zu Lebzeiten Napoleons.

[9] Vincenzo Monti: Prometeo (1797). Mailand 1832.

pa die Französische Revolution vermitteln, – so die politische Aktualisierung des Prometheus-Mythos.[10] Damit hatte Bonaparte poetisch den Status eines Halbgottes erreicht. Diese Mythos-Rezeption knüpfte an die Trilogie des Aischylos an, in der Prometheus das von Zeus zum Untergang bestimmte Menschengeschlecht rettet und ihm Feuer und damit die Kultur bringt. Spätere negativ intendierte Prometheus-Adaptionen für Napoleon betonen eher den frevelnden Prometheus und beziehen sich auf Hesiod.[11]

Bonaparte hatte dieser Mythisierung selbst geschickt Vorschub geleistet. In einer klugen und neuartigen Pressepolitik ließ er in eigens gegründeten Organen wie dem *Courrier de l'armée d'Italie ou le patriote français à Milan* oder *La France vue de l'armée d'Italie* den eigenen Ruhm auratisieren und öffentlich bekannt werden.[12] Er stilisierte sich zum Befreier von österreichischer Fremdherrschaft und zum Bringer revolutionärer Werte. Neue Staaten wurden gegründet: die Cisalpinische Republik mit Mailand und der Lombardei und die Ligurische Republik mit Genua. Der Kirchenstaat wurde 1798 zur Römischen Republik, Neapel 1799 zur Parthenopäischen Republik. Im Frieden von Campo Formio mußte Österreich im Oktober 1797 das linke Rheinufer abtreten, auf die Lombardei und die habsburgischen Niederlande verzichten, erhielt dafür allerdings im Gegenzug Venedig. Dieses Verschachern Venedigs enttäuschte viele Italiener, die zuvor begeistert Bonaparte als Befreier gefeiert hatten. Ugo Foscolo wandte sich enttäuscht ab und gab seiner patriotischen Verachtung in den *Ultime lettere di Jacopo Ortis* (1802) Ausdruck.[13]

Friedrich Hölderlin betrachtete 1797/98 in seinem Gedicht-Entwurf *Buonaparte* nicht so sehr den Revolutionsgeneral selbst, sondern seine histo-

---

[10] Beethovens Ballettmusik *Die Geschöpfe des Prometheus* (1801) enthält ein Thema, das im Schlußsatz der *Eroica* wieder auftaucht, der Symphonie also, die ursprünglich Bonaparte gewidmet werden sollte. Hier kann man im Musikalischen einen Zusammenhang zwischen Bonaparte und dem Prometheus-Mythos finden. Vgl. hierzu Martin Geck, Peter Schleuning: „Geschrieben auf Bonaparte". Beethovens „Eroica": Revolution, Reaktion, Rezeption. Reinbek 1989.

[11] Vgl. hierzu die Analyse weiter unten in Kapitel I. 5 *(Zweiter Pharao und falscher Prometheus. Lyrischer Abwehrzauber zu nationalem Zweck)*.

[12] Vgl. Jean Tulard: Napoleon oder der Mythos des Retters. Eine Biographie. Aus dem Französischen von Caroline Vollmann. Tübingen 1978, S. 95f.

[13] Ugo Foscolo: Ultime lettere di Jacopo Ortis, in: Ders.: Opere (Anm. 8), S. 473. Zu Foscolos und Montis frühen Napoleon-Dichtungen vgl. Eileen Anne Millar: Napoleon in Italian Literature 1796–1821. Rom 1977, S. 19ff.

rische Person als poetisches Problem. Das Verhältnis von Dichtung und Geschichte wird am Beispiel Bonapartes reflektiert:

Buonaparte

Heilige Gefäße sind die Dichter,
Worin des Lebens Wein, der Geist
Der Helden, sich aufbewahrt,

Aber der Geist dieses Jünglings,
Der schnelle, müßt er es nicht zersprengen,
Wo es ihn fassen wollte, das Gefäß?

Der Dichter laß ihn unberührt wie den Geist der Natur,
An solchem Stoffe wird zum Knaben der Meister.

Er kann im Gedichte nicht leben und bleiben,
Er lebt und bleibt in der Welt.[14]

Die reimlosen, fast frei anmutenden Rhythmen geben den Versen einen antikisierenden Klang. Optisch scheinen die zwei dreiversigen und zwei zweiversigen Strophen des Oden-Entwurfs beinahe ein verknapptes Sonett zu imitieren. Auch die gehaltliche Zweigliederung in einen fragenden, problematisierenden Teil (V. 1–6) und einen antwortenden, klärenden Teil (V. 7–10) verstärkt diesen Eindruck.

Bonaparte wird im gesamten Gedicht nicht beim Namen genannt. Allein der Titel gibt Aufschluß über die Identität des antonomastisch als „Jüngling" bezeichneten Helden des Gedichts. Das Lebensalter wird zum Charakteristikum des bedichteten Bonaparte. Aufgabe der Dichtung sei es, Heldentaten ästhetisch festzuhalten, das Leben lyrisch auf Dauer zu stellen und der Nachwelt zu überliefern. Diese Kompetenz der Dichter sakralisiert sie zu „heilige[n] Gefäße[n]" (V. 1). Ganz im antiken Sinn wird den Dichtern die Aufgabe des Rühmens zugedacht. Damit beschreibt die erste Strophe eine allgemeine Zuständigkeit der Poesie. Aber die zweite Strophe, die vom Allgemeinen zum Besonderen und vom Plural in den bestimmten, deiktischen Singular wechselt, macht deutlich, daß für den konkreten Fall „dieses Jünglings" (V. 4) die allgemeinen Regeln nicht gelten. Die doppelte Metapher der ersten Strophe von den Dichtern als „Gefäßen" für den „Wein" heroischen Geistes wird fragend fortgeführt. Nachgestellt wird Bonapartes Geist als „Der schnelle" (V. 5) charakterisiert, der das poetische „Gefäß" „zersprengen" würde: Bonapartes Lebensintensität übersteigt poetisches Fas-

[14] Friedrich Hölderlin: Buonaparte, in: Ders.: Sämtliche Werke und Briefe, hg. v. Jochen Schmidt, Bd. 1: Gedichte, hg. v. Jochen Schmidt. Frankfurt a. M. 1992, S. 374.

sungsvermögen. Die Charakterisierung Bonapartes als „schnell" mag ihren historischen Rückhalt in dem so rapide geführten Italienfeldzug haben. Aus dieser Geschwindigkeit resultiert eine Kraft, die sich poetisch nicht mehr fassen läßt.

Die beiden abschließenden Strophen ziehen die Konsequenz aus dem Problem und erlassen die poetologische Direktive, Bonaparte als Thema zu meiden. Bonaparte wird aus der Geschichte katapultiert und zu einer Naturgewalt transformiert. Er ist nicht mit historischen Kategorien zu messen, sondern er gleicht dem „Geist der Natur" (V. 7). Für ihn gelten nicht die Regeln historischer Dichtung. Hölderlin enthistorisiert die Gestalt Bonapartes und entrückt ihn in den Bereich der Natur über menschliche Sphären hinaus beinahe ins Göttliche hinein; Bonaparte wird zum Numinosum. Die letzte Strophe stellt noch einmal in einer Quintessenz Leben und Poesie gegeneinander. Das in einer Anadiplose gedoppelte Monosyndeton trennt antithetisch die „Welt" und das „Gedicht" als gegensätzliche Sphären, von denen nur die Welt für Bonaparte gedacht ist.

Hölderlin schrieb so ein Gedicht über das Problem, daß man auf Bonaparte keine Gedichte schreiben kann. Damit widerlegte er sich performativ einerseits selbst und gab andererseits schon in der verknappten Entwurfs-Form Hinweise darauf, daß er diesen Unsagbarkeitstopos durchaus ernst nahm. Hölderlins Gedicht-Entwurf demonstriert nicht nur die Unzulänglichkeit bestimmter literarischer Muster für Bonaparte, sondern steigert das Problem ins Generelle: Schlechterdings kein literarisches Muster mag Hölderlin für Bonaparte hinreichend erscheinen. Daß diese angebliche Unbedichtbarkeit Bonapartes für Hölderlin mehr war als eine rhetorische Floskel, mag ein weiteres Bonaparte-Gedicht von ihm belegen, das ebenfalls über einen Entwurf nicht hinausgekommen ist. Fragment geblieben ist Hölderlins hexametrische Hymne *Dem Allbekannten*, in der das lyrische Ich die grundlegende Andersartigkeit Bonapartes zum Thema macht. Das Epitheton „allbekannt" für Bonaparte zielt auf mehr als große Popularität und erweitert den Ruhm Bonapartes durch das Präfix „all-" ins umgreifend Kosmische und Pantheistische. Mit dem Vers „Und nun sing ich den Fremdling" setzt sich das lyrische Ich in ein panegyrisches Verhältnis zu Bonaparte, dessen Herkunft zur absoluten Alterität des „Fremdlings" verrätselt wird: „Fragen möchte ich, woher er ist; am Rheine der Deutschen | Wuchs er nicht auf".[15] Bonaparte steht für das fremde Leben, das lyrische Ich für eine

[15] Friedrich Hölderlin: Dem Allbekannten, in: Ders.: Gedichte (Anm. 14), S. 374. Auch *Die Völker schwiegen, schlummerten* (1797/98), in dem in den letzten Versen der in Italien siegreiche Bonaparte apostrophiert wird, blieb Fragment: „Und blinken

Geisteswelt, die diesem Leben erst einmal unverständlich gegenübersteht. Dabei mag auch die nationalstereotype Opposition der idealischen Deutschen und der realistischen Franzosen eine Rolle spielen.[16] Der Widmungstitel *Dem Allbekannten* taucht wieder in Hölderlins *Friedensfeier* (1802) auf, die nach dem Frieden von Lunéville entstand.[17] Hier löst sich allerdings sehr bald der poetische Text vom historischen Anlaß und überhöht den gefeierten „Fürsten des Fests" weit über die historische Person Bonapartes hinaus ins Göttliche.[18]

Nach dem Frieden mit Österreich blieb England als Gegner, den Napoleon Bonaparte im Ägyptenfeldzug (1798/99) zu treffen suchte. Bonaparte wurde mit einer Expedition nach Ägypten betraut, um dort Englands Indienhandel zu stören. In der Tradition der Entdeckungsreisen des 18. Jahrhunderts umgab er sich mit einem Troß von Wissenschaftlern und Künstlern, die dem Unternehmen den Charakter eines abendländischen Siegeszugs geben sollten.[19] Unter den Pyramiden besiegte er die

---

goldne Früchte wieder dir | Wie heitre holde Sterne, durch die kühle Nacht | Der Pomeranzenwälder in Italien" (ebd., S. 373).

[16] Vgl. auch Wulf Wülfing: „Heiland" und „Höllensohn" (Anm. 2).

[17] Vgl. Friedrich Hölderlin: Friedensfeier (Endfassung), in: Ders.: Gedichte (Anm. 14), S. 339:

„Und dämmernden Auges denk' ich schon,
Vom ernsten Tagwerk lächelnd,
Ihn selbst zu sehn, den Fürsten des Fests.
Doch wenn du schon dein Ausland gern verleugnest,
Und als vom langen Heldenzuge müd,
Dein Auge senkst, vergessen, leichtbeschattet,
Und Freundesgestalt annimmst, du Allbekannter, doch
Beugt fast die Knie das Hohe. Nichts vor dir,
Nur Eines weiß ich, Sterbliches bist du nicht.
Ein Weiser mag mir manches erhellen; wo aber
Ein Gott noch auch erscheint,
Da ist doch andere Klarheit."

[18] Die in der älteren Hölderlin-Forschung diskutierte These, daß der „Fürst des Fests" mit Bonaparte zu identifizieren sei, scheint mir die historischen und tagespolitischen Bezüge überzustrapazieren. Für eine Identität des „Fürsten des Fests" mit Napoleon plädierte Karl Kerényi: Zur Entdeckung von Hölderlins Friedensfeier, in: Ders.: Geistiger Weg Europas. Zürich 1955, S. 100–106. Vgl. auch Beda Allemann: Hölderlins Friedensfeier. Pfullingen 1955; sowie Ulrich Gaier: Hölderlin. Eine Einführung. Tübingen 1993, S. 318f. Über den „Fürsten des Fests" jenseits verkürzender historischer Aktualisierungen vgl. Jochen Schmidt: Hölderlins geschichtsphilosophische Hymnen „Die Friedensfeier", „Der Einzige", „Patmos". Darmstadt 1990.

[19] Vgl. Joachim Fischer: Napoleon und die Naturwissenschaften. Stuttgart 1988 (Boethius. Texte und Abhandlungen zur Geschichte der exakten Wissenschaften, XVI), S. 78–104.

osmanischen Beherrscher Ägyptens und eroberte 1798 Kairo. Der britische Seesieg bei Abukir unter Lord Nelson vernichtete allerdings die französische Flotte. Der Feindschaft gegen England ist die Begeisterung für den französischen Revolutionsgeneral in der *Ode auf Buonaparte* geschuldet, die 1798 anonym in der Zeitschrift *Das rothe Blatt* von Joseph Görres erschien. Die Verfasserschaft ist nicht letztgültig geklärt.[20] Aber auch wenn er diese Ode nicht selbst gedichtet haben sollte, hat der für die Redaktion verantwortliche junge revolutionsbegeisterte Joseph Görres, bevor er sich zum eloquenten Napoleon-Hasser entwickelte, ein wahrhaftes Ruhmeslied auf Bonaparte, den Revolutionsgeneral, in seine Zeitschrift bewußt aufgenommen.[21] Die alkäische Ode preist in 16 Strophen Napoleon Bonaparte als Mittel zum Zweck, Englands Weltmachtstellung zu demontieren. Die prospektive Panegyrik kleidet sich in die Tradition von Horaz. Die Eingangsstrophen umreißen in antiker Rhetorik die historische Situation nach dem erfolgreichen Italienfeldzug:

Entweich unheilger Pöbel! ich singe den
Lorber bekränzten Retter Italiens,
    Fortunas Liebling, Östreichs Schrecken,
    Den schon unsterblichen Buonaparte.

Ihn leite mächtig der Nereiden Chor,
Ihm glänze immer Helenens Brüderpaar,
    Der Winde Vater feßle Stürme.
    Jaxyx umflattre seine Segel;

Denn groß, die ganze Menschheit beglückend ist
Das Ziel des Helden, des Unermüdeten
    Im Wohlthun; goldne Freyheit bringt Er
    Völkern, die Albions Fessel drückten.[22]

Ganz nach horazischem Muster distanziert sich das lyrische Ich von der gemeinen Masse des „unheilge[n] Pöbel[s]", um einen seinem erhabenen

---

[20] Leo Just: Franz von Lassaulx. Ein Stück rheinischer Lebens- und Bildungsgeschichte im Zeitalter der großen Revolution und Napoleons. Bonn 1926 (Studien zur Rheinischen Geschichte, 12), S. 90, vermutet Lassaulx als Verfasser.

[21] Vgl. hierzu Max Braubach: Einleitung, in: Joseph Görres: Gesammelte Schriften, Bd. 1: Politische Schriften der Frühzeit (1795–1800), hg. v. Max Braubach. Köln 1928, S. XXXIV. Zu den politischen Wandlungen von Görres vgl. Helmut Mathy: Politisches Fieber – Tempel der Freiheit – Moloch Europas – Furia infernalis. Joseph Görres in seinem Verhältnis zur Revolution, zu Frankreich und Napoleon, in: Lebendiges Rheinland-Pfalz. Zeitschrift für Kultur und Sprache 13 (1976), S. 58–69.

[22] Joseph Görres: Ode auf Buonaparte, in: Ders.: Gesammelte Schriften (Anm. 21), S. 259f., hier S. 259. Vgl. hierzu auch Christoph Prignitz: „Vive l'Empereur" (Anm. 7), hier S. 108f.

Gegenstand angemessenen hohen Ton anzuschlagen.[23] Die zweite Strophe beschwört für die Mittelmeerüberfahrt nach Ägypten mythischen Schutz. Die das Meer bewohnenden Töchter des Nereus und die Dioskuren Castor und Pollux sollen die Elemente für Bonaparte günstig stimmen. Die Anrufung mythischer Unterstützung legitimiert sich aus dem militärischen Ziel Bonapartes. Der Ägyptenfeldzug wird zur Rettung der Menschheit vor England deklariert, das hier unter dem alten poetischen Namen „Albion[]" (V. 12) erscheint, eine Bezeichnung wohl keltischen Ursprungs, die in der Antike etwa von Plinius aufgegriffen wurde. Um dieses anti-englischen Ziels willen gilt Bonaparte dem lyrischen Ich als „Held", der im Dienst der Revolution zum „Unermüdeten | Im Wohlthun" (V. 10f.) wird und bereits als „unsterblich[]" (V. 4) gepriesen wird.

England wird nationalstereotyp als Volk der Händler charakterisiert, in dem sich „niederträchtiger Kaufmannsgeist" (V. 17) verkörpere. Angst vor dem Hegemonialstreben Englands paart sich mit der Wut des lyrischen Ichs, das England beschreibt als

> [...] geizend, nach der Herrschaft des Ozeans,
> In seinen Häfen der beyden Indien
> Tribute häufend, nun despotisch
> Über Europa herrschen wünschet.
>
> Fluch dir verruchtes Albion! Fluch und Haß
> Der ganzen Menschheit ist dein verdientes Loos;
> Ihn lallen Kinder in den Armen
> Ihrer der Gatten beraubten Mütter;

Die Apostrophe an England entlädt sich in einen Fluch, dessen Vollstrecker Bonaparte wird. Bonaparte soll dabei als Vorbild fungieren. Bonapartes Selbststilisierung als Hannibals Nachfolger hat das Muster abgegeben für einen Wunsch nach mythischer Vervielfältigung des Helden: „In jedem Vater lebt ein Hamilkar [i.e. Vater Hannibals] dir, | In jedem Sohne wächst ein neuer | Hannibal auf, der dir Rache schwört" (V. 30ff.), so die Ode, noch gegen England apostrophiert. Die Anrede wechselt dann vom Feind England zum Helden Bonaparte. Ganz in der Tradition der italienischen Bonaparte-Panegyrik feiert die Ode Bonaparte als Befreier von Fremdherrschaft und Bringer republikanischer Werte.[24]

---

[23] Vgl. Horaz: Oden III 1, 1 („odi profanum vulgus et arceo").

[24] Doch fallen wird die Binde; der Vormundschaft
Entrissen, wird sich reihen dem Retter an
Heut dieser Staat, und morgen jener;
Freyheit wird sie vor und nach beleben. (V. 45–48)

Nicht nur Hannibal und Hamilkar werden als Antike-Reminiszenzen aufgerufen, sondern der Ägyptenfeldzug schließlich auch in die Nachfolge des Indienfeldzugs Alexanders des Großen gestellt. In einer typologischen Überbietungsgeste äußert das lyrische Ich den Wunsch, daß Bonapartes Feldzug den Alexanders noch übersteigen möge. In Indien „harren Kränze, die kein Philippssohn | Jemal umwanden, Deiner!" (V. 53 f.) Die Differenz zwischen Alexander dem Großen und Bonaparte wird vom lyrischen Ich in der „Erobrungssucht" (V. 54) Alexanders festgemacht: „So, wie die Britten[!], bracht er [i. e. Alexander] | Fessel nur; deine Hand wird sie brechen!" (V. 55 f.) Um dieser prophezeiten Befreiungstat willen rühmt das lyrische Ich Bonaparte in horazischen Gesten: Der Vers „Drum folgen dir die Priester der Musen nach!" (V. 57) imitiert den horazischen *Musarum sacerdos.*[25] Und so wie Horaz sich rühmt, sich ein dichterisches *monumentum aere perennius* errichtet zu haben, so schließt diese Bonaparte-Ode mit ganz ähnlichen poetischen Zurüstungen der Musen.[26] Das Erz bei Horaz hat sich zu den ägyptischen „Pyramiden" konkretisiert:

> Schon schicken sich die Schwestern zum Opfer an;
> Von ihren Händen steigt schon ein Denkmal Dir,
> Erhabener, als Pyramiden,
> Das noch besteht, wann auch jene stürzen.[27] (V. 61–64)

Die in dieser frühen *Ode auf Buonaparte* verdichteten Antike-Bezüge, sowohl in den literarischen Mustern (Horaz) und der mythologischen Belebung der Natur (Nereiden, Dioskuren) als auch in der Imitatio und typologischen Überbietung historischer Figuren (Hannibal, Alexander der Große), arbeiten Bonapartes Selbstmythisierungs-Unternehmen in die Hände. Die Stilisierung der französischen Herrschaft nach 1799 zum nach antiken Vorbild geformten Konsulat konnte solche Panegyrik geschickt nutzen.[28]

Ein Angriff Neapels auf die Römische Republik löste 1799 den zweiten Koalitionskrieg aus. Nachdem Napoleon aus Ägypten zurückgekehrt

[25] Horaz: Oden III 1, 2.

[26] Vgl. Horaz: Oden III 30, 1 („exegi monumentum aere perennius").

[27] Das Denkmal „erhabener, als Pyramiden" ist in direkter Lesart auf Ägyptens Pyramiden und Napoleons Feldzug und seine Sentenz „Soldaten, 40 Jahrhunderte blicken auf euch herab!" zu beziehen. In der Rückbindung an Horaz imitiert die Ode von 1798 die Ode III 30, 2 („regalique situ pyramidum altius").

[28] Auch August Wilhelm Schlegel bediente sich in einem auf italienisch verfaßten Huldigungs-Sonett *In lode di Buonaparte* dieser römischen Stilisierungen:

war, das Direktorium gestürzt und sich selbst zum Ersten Konsul erhoben hatte, brach er wieder nach Italien auf.[29] Die Überquerung des Großen Sankt Bernhard verglich die französische Presse mit Hannibals Alpenüberquerung. Bonaparte ließ diesen Vergleich bildkünstlerisch festhalten in Jacques-Louis Davids Gemälde *Bonaparte beim Übergang des Sankt Bernhards* (1801). Bonaparte wird dort in eine historische Reihe mit Hannibal und Karl dem Großen gestellt, deren Namen auf den Steinen am Wegesrand eingemeißelt sind.[30] Bonapartes Sieg bei Maren-

---

In lode di Buonaparte

Grazia, potenze reggitrici, a voi,
Che riscuoteste nell'erculea cuna
La libertà dormiente, acciochè alcuna
Dente aspra e velenosa non la noi.

Pur voi specchio degl'antichi Eroi,
Le cui glorie poggian sopra la luna
Che ferma tien la ruota alla fortuna,
Giudaste ai liti Esperj dagli Eoi.

Già corso in passi fuor dell uman'arte
Dello stato il naviglio rotto e stanco,
S'è volto al fin di mala in buona parte.

Cesare e Bruto, è Buonaparte
Consule degno del gran popol Franco,
E trasmutossi in Giove il fiero Marte.

Auffällig ist hier das rhetorische Spiel mit dem Namen Buonaparte als Reimwort, das aufgesplittert wird in „buona parte" (V. 11 f.). Das Sonett ist erst 1925 wieder entdeckt und abgedruckt worden in: Josef Körner: Neues von August Wilhelm und Caroline Schlegel, in: Zeitschrift für Bücherfreunde NF 17 (1925), S. 143 ff., hier S. 144. Vgl. hierzu Eckart Kleßmann: Das Bild Napoleons in der deutschen Literatur. Stuttgart 1995 (Akademie der Wissenschaften und der Literatur, Abhandlungen der Klasse der Literatur [1995], 1), S. 6. Ein weiteres panegyrisches Napoleon-Sonett Schlegels ist *An einen Helden*, das konsequent den Namen Napoleons antonomastisch verschweigt (August Wilhelm Schlegel: An einen Helden, in: Ders.: Sämtliche Werke, hg. v. Edard Böcking, Bd. 1. Leipzig ³1846, S. 356).

[29] Vgl. Georges Lefebvre: Napoleon, hg. v. Peter Schöttler, mit einem Nachwort v. Daniel Schönpflug. Stuttgart ²2003, S. 88–94.

[30] Vgl. hierzu: Jörg Traeger: Kaiserliche Inkarnationen. Napoleon-Bilder von Jacques-Louis David zu Heinrich Heine, in: Historienmalerei in Europa. Paradigmen in Form, Funktion und Ideologie, hg. v. Ekkehard Mai unter Mitarbeit v. Anke Repp-Eckert. Mainz am Rhein 1990, S. 135–172. Ekkehard Eggs: Napoleon und Jacques Louis David. Heroisierung, Sakralisierung und „Embellissement", in: Napoleon kam nicht nur bis Waterloo (Anm. 3), S. 19–54. – Paul Delaroche hat zu Jacques-Louis Davids Verherrlichung 1848 ein Gegenbild geschaffen. Sein Gemälde *Bona-*

go 1800 schrieb seinen militärischen Ruhm fort. Lucien Bonaparte erweiterte die geschichtlichen Verweisappelle ungefragt, indem er im Oktober 1800 die Schrift *Parallèle entre César, Cromwell, Monk et Bonaparte* verbreiten ließ, eine Voreiligkeit, die sein Bruder allerdings sofort ahndete, indem er Lucien in die französische Botschaft nach Madrid versetzte.

Aber noch vor Bonapartes Staatsstreich hatte Christoph Martin Wieland in seinen *Gesprächen unter vier Augen* 1798 den Franzosen Bonapartes Diktatur nicht nur prophezeit, sondern sogar anempfohlen.[31] Wielands philosophischer Dialog verhandelte in der aufklärerischen Tradition von Lessings *Ernst und Falk. Gespräche für Freimaurer* weltanschaulich-politische Fragen. Das zweite der zwölf *Gespräche unter vier Augen* handelt *Über den Neufränkischen Staatseid: „Haß dem Königthum!"* Der Monarchist Wilibald und der Republikaner Heribert streiten über die beste aller möglichen Staatsformen. Die Form des dramatisierten, unkommentierten Dialogs bot die Möglichkeit, die Autormeinung im Widerstreit der fiktiven Diskutanten gegen die Zensur vermeintlich gesichert verschwimmen zu lassen. Aber Wieland stattet Wilibald deutlich mit den besseren Argumenten aus. Das zitiert den sokratischen Dialog und verbindet dialektische und protreptische Elemente.

Wieland läßt Wilibald gegenüber Heribert demonstrieren, daß Heriberts Haß auf die Monarchie immer nur der schlechten Ausführung der Monarchie in der Realität gelte, nicht aber dem Idealtypus. Idealerweise geht Wilibald davon aus, „daß der erste Monarch die höchste Gewalt nur durch freywillige Unterwerfung des Volkes erhalten konnte."[32] Diese Freiwilligkeit ist Wilibald wichtiger als die Erblichkeit, und dementsprechend macht er Heribert einen Vorschlag,

> weil Sie doch keinen König mehr wollen, und in der That auch, so lang' es noch Bourbons giebt, keinen haben können – Ihre Konstituzion vom Jahre 1795, die nach dem ungeheuren Riß, den sie am achtzehnten Fruktidor bekommen hat,

---

parte franchissant les Alpes zeigt den kleinen, frierenden Bonaparte nicht auf dem edlen Streitroß, sondern auf einem kläglichen Esel, der zudem noch geführt wird. Statt des leuchtend rot-orangenen Umhangs bei David trägt der zusammengekauerte Bonaparte von Delaroche eine graue Militärdecke, um sich vor der Kälte zu schützen.

[31] Das zweite der *Gespräche unter vier Augen* erschien 1798 im *Teutschen Merkur* und wurde 1799 mit den übrigen *Gesprächen* in Buchform veröffentlicht.

[32] Christoph Martin Wieland: Sämmtliche Werke, hg. v. der Hamburger Stiftung zur Förderung von Wissenschaft und Kultur in Zusammenarbeit mit dem Wieland-Archiv und Hans Radspieler, Bd. 31: Gespräche unter vier Augen (Leipzig 1799), Hamburg 1984, S. 72. Vgl. hierzu Paul Wucherpfennig: „Kollaborateure der Vernunft" (Anm. 7), S. 17ff.

ohnehin nicht lange mehr halten kann, je eher je lieber selbst ins Feuer zu werfen, und – einen Diktator zu erwählen.[33]

Die verschachtelte Hypotaxe setzt den überraschenden Vorschlag nach einer langen Sperrung und dem spannungssteigernden Gedankenstrich als Höhepunkt ans Ende des Satzes. Wilibald stellt diesen zu wählenden Diktator in die römische Tradition, „wenn es um Rettung der Republik zu thun war, einem *ad hunc actum* ernannten Diktator" die Macht anzuvertrauen.[34] Wilibald erläutert Heribert, wie ein solcher Diktator beschaffen sein müßte, und wechselt von allgemeinen Charaktereigenschaften eines möglichen Königs langsam immer detaillierter zu einer anonymisierten Biographie Bonapartes als dem prospektiven Diktator. Konditional und im Potentialis nähert sich Wilibald einem Königsporträt, das schließlich verfließt mit der Charakteristik des Wunschdiktators Bonaparte. Daß Bonaparte nicht vom französischen Festland kommt und keiner alten Familie angehört, wird nicht als Nachteil gesehen, sondern zum Vorteil gewendet, nicht in nepotistische Verstrickungen des *ancien régimes* involviert werden zu können. Unter diesen Bedingungen erscheint in Wilibalds Augen Bonaparte als Diktator nicht nur als die beste Lösung für die Probleme der französischen Republik, sondern darüber hinaus als „der ganzen Welt Retter":

Wenn ihr dem Königthum nicht einen so unauslöschlichen Haß geschworen hättet, und wieder einen König haben wolltet und könntet, so müßte es ein liebenswürdiger junger Mann, von großem hohen Geist, von den größten Talenten im Krieg und Frieden, von unermüdlicher Thätigkeit, von eben so viel Klugheit als Muth, von dem festesten Karakter, von reinen Sitten, einfach und prunklos in seiner Lebensart, immer Meister von sich selbst; ohne irgend eine Schwachheit wobey ein andrer ihn fassen könnte, zugleich offen und verschlossen, sanft und heftig, geschmeidig und hart, mild und unerbittlich, jedes zu seiner Zeit, kurz, ein Mann seyn, wie es in jedem Jahrhundert kaum Einen giebt, und dessen Genius alle andre in Respekt zu halten und überwältigen wüßte. Ein anderer als ein solcher könnte euch, in der außerordentlichen Lage, in welche die Revoluzion euch geworfen hat, nichts helfen. Da ihr nun keinen solchen König haben könnt, so müßt ihr einen Diktator suchen, der alle diese Eigenschaften in sich vereinige. Er darf aber, aus vielerley Rücksichten, kein eigentlicher Franzose, wenigstens von keiner alten und bekannten Familie seyn; und wenn er sogar einen ausländischen Nahmen hätte, so wäre es nur desto besser. Auch muß er eine Menge Proben abgelegt haben, daß er alle die Eigenschaften, die ich zu eurem Diktator nöthig finde, und von denen ich ihm keine nachlassen kann, wirklich besitze; und wenn er sich bereits einen großen Nahmen in der Welt gemacht hätte, und im Besitz der allgemeinen Achtung stän-

33 Christoph Martin Wieland: Sämmtliche Werke (Anm. 32), S. 87.
34 Christoph Martin Wieland: Sämmtliche Werke (Anm. 32), S. 88.

de, so sehe ich nicht, was ihm noch abginge, um euer und der ganzen Welt Retter zu werden. Das Außerordentliche bey der Sache ist, daß ihr diesen Mann nicht erst zu suchen braucht; denn durch einen Glücksfall, den man wohl in seiner Art einzig nennen kann, ist er schon gefunden.[35]

Diese lange Passage entfernt sich vom Charakter des Dialogs und geht in einen persuasiven Monolog über, der sich nicht mehr nur an Heribert, sondern auch an den Leser adressiert. Geschickt bezieht Wilibald Heribert in seine angeblich schlüssige Argumentation mit ein und suggeriert mit Modalverben („so müßt ihr einen Diktator suchen") die Notwendigkeit seines Gedankengangs. Die umgreifende Kompetenz des neuen Herrschers wird durch vier monosyndetische Gegensatzpaare („offen und verschlossen, sanft und heftig, geschmeidig und hart, mild und unerbittlich") demonstriert. Die konditionalen Gefüge halten die Argumentation zum Schein noch im Bereich der Spekulation. Erst der Schlußsatz hebt die Argumentation wieder ins Indikativische. Die Lösung spricht Wilibald nicht selbst aus, sondern evoziert sie maieutisch. Heribert fragt daraufhin: „Buonaparte also?", worauf Wilibald mit der rhetorischen Frage antwortet: „Wer anders?"[36]

Buonapartes Diktatur scheint Wilibald die einzige mögliche Lösung für die Krise der Direktoriumsregierung.[37] Diese Empfehlung, die französische Republik durch eine Diktatur abzulösen, trug Wieland sowohl Skepsis von monarchischer als auch von republikanischer Seite ein. Die

---

[35] Christoph Martin Wieland: Sämmtliche Werke (Anm. 32), S. 88f. Inwiefern Wieland mit diesem fiktionalisierten Krönungsvorschlag dem preußischen König einen politischen Hinweis geben wollte, erörtern Fritz Martini: Wieland, Napoleon und die Illuminaten. Zu einem bisher unbekannten Briefe, in: Un dialogue des nations. Albert Fuchs zum 70. Geburtstag. Paris, München 1967, S. 65–95. Friedrich Sengle: Wieland. Stuttgart 1949, S. 452f. Hans Wahl: Wieland und Napoleon. Paris 1949. Paul Wucherpfennig: „Kollaborateure der Vernunft" (Anm. 7), S. 22f.

[36] Christoph Martin Wieland: Sämmtliche Werke (Anm. 32), S. 89. Eine ähnlich entschlossene Begeisterung für Bonaparte (als Konsul und Kaiser) findet sich bei Lippmann Moses Büschenthal: Ode an Bonaparte, ersten Consul, als er zum dritten Male vom Attentat gerettet wurde. O. O. 1801. Ders.: Ode an S. M. Kaiser der Franzosen auf seine Reise durch die niederrheinischen Departements, von der Judengemeinde zu Koblenz. O. O. 1802.

[37] „Die Sache mag einige Schwierigkeiten haben. Aber der Hauptpunkt ist doch, euch recht von den großen Vortheilen zu überzeugen, welche die Alleinherrschaft, zumahl eines solchen Mannes wie mein Diktator ist, vor einer jungen, unerfahrnen, launenvollen und zwischen so vielen Parteyen und Fakzionen hin und herschwankenden Demokratie hat, wenn es darauf ankommt, einen zu Grunde gerichteten und bereits in moralische Verwesung gehenden Staatskörper von dreyßig Millionen Gliedern wieder zu beleben und aufblühen zu machen." (Christoph Martin Wieland: Sämmtliche Werke [Anm. 32], S. 90f.).

Wiener Zensur verbot aus monarchischer Sorge die *Gespräche unter vier Augen*, während Goethe gegenüber Schiller bemerkte, daß eine weitere Publikation der *Gespräche unter vier Augen* schließlich auch unabsichtlich durch „ein heimlich demokratisches Gericht" verboten worden ist.[38] 1808 bat Bonaparte in Erfurt nicht nur Goethe, sondern auch Wieland, seinen deutschen „Propheten", zur Audienz.[39] 1815 konnte man, wenn man mochte, Wielands politischen Scharfblick noch weiter bewundern. Schließlich antwortete 1798 Wilibald in den *Gesprächen unter vier Augen* auf Heriberts Frage, wie lange diese Diktatur Bonapartes andauern sollte: „So lange es ausdauert. Ich besorge, ihr werdet ihn nur zu bald verlieren. Also je länger je besser."[40]

So wie Vincenzo Monti mit seinem *Prometeo* Bonaparte über menschliche Sphären hinaus in den Status eines antiken Halbgottes beförderte, so begründete Antoine Jean Gros mit seinem Gemälde *Bonparte besucht die Pestkranken von Jaffa, 11. März 1799* ikonographisch die christologische Überhöhung Bonapartes. Am 7. März 1799 hatte Bonaparte im Anschluß an den Ägypten-Feldzug Jaffa eingenommen. Die französischen Soldaten starben an der dort grassierenden Pest, bevor der vom Ägyptenfeldzug enttäuschte Bonaparte gen Paris aufbrach. Um der englischen Propaganda entgegenzuwirken, daß er seine Armee delirierend in Jaffa im Stich gelassen hätte, ließ Bonaparte 1803/04 Gros ein Gemälde schaffen, das ihn christusgleich unter den Pestkranken von Jaffa zeigt. Bonaparte berührt mit bloßer Hand die Pestbeulen der Kranken, während der hinter ihm stehende Arzt sein Gesicht mit einem Tuch schützt. Bonapar-

---

[38] Brief Goethes an Schiller vom 2. Mai 1798, in: Goethes Briefe, Hamburger Ausgabe, textkritisch durchgesehen und mit Anmerkungen versehen von Karl Robert Mandelkow, Bd. II: Briefe der Jahre 1786–1805. Hamburg 1964, S. 341; vgl. hierzu Sven-Aage Jørgensen, Herbert Jaumann, John McCarthy, Horst Thomé: Wieland. Epoche – Werk – Wirkung. München 1994, S. 115.

[39] Vgl. Wielands Bericht hierüber in einem Brief an Elisabeth Charlotte Ferdinande zu Solms-Laubach vom 8.–14. Oktober 1808, in: Wielands Briefwechsel, hg. v. d. Berlin-Brandenburgischen Akademie der Wissenschaften durch Siegfried Scheibe. Berlin 1963ff., Bd. 17: Januar 1806–September 1809. Erster Teil: Text, bearbeitet v. Siegfried Scheibe. Berlin 2001, S. 465–471. Bernd Suphan: Napoleons Unterhaltungen mit Goethe und Wieland und Friedrich von Müllers Memoire darüber für Talleyrand, in: Goethe-Jahrbuch 15 (1894), S. 20–30. Vgl. auch Talleyrands Bericht in: Mémoires du Prince de Talleyerand, publiés avec une préface et des notes par le Duc de Broglie. Paris 1891, Bd. 1, S. 442–446. Sowie aus der Retrospektive Friedrich von Müller: Erinnerungen aus den Kriegszeiten von 1806 bis 1813. Braunschweig 1851, S. 242ff.

[40] Christoph Martin Wieland: Sämmtliche Werke (Anm. 32), S. 90.

te gleicht dem wundertätigen, heilenden Christus und imitiert zugleich mit dieser Geste die *rois thaumaturges*, die durch Handauflegung in der Lage sein sollten, die Skrofeln zu heilen.[41] Die christologische Ikonographie hob Bonaparte einerseits über den menschlichen Zugriff hinaus, machte ihn aber andererseits zugleich volkstümlich. Es ging hier nicht um politische Strategien, sondern um mitmenschliche Gesten, die mit göttlichem Charisma überglänzt wurden.[42]

An eine solche volkstümliche Interpretation knüpfte Johann Peter Hebel in seinem *Rheinischen Hausfreund* an, wenn er den volkstümlichen Kaiser Napoleon anekdotisch privatisierte. 1809 erschien in Hebels Kalender die kurze Geschichte *Kayser Napoleon und die Obstfrau in Brienne.* Sie erzählt, wie Kaiser Napoleon geringe Schulden, die er einst als Soldat auf der Militärakademie von Brienne bei einer Obstfrau hinterlassen hatte, später als Kaiser mit Zins und Zinseszins begleicht und die Obstfrau und ihre Kinder reich beschenkt. Die Geschichte führt den Nachweis, daß der in der Weltpolitik „große Kayser Napoleon" auch zwischenmenschlich Größe beweist.[43] Hebel antizipiert hier zu Lebzeiten Napoleons die volkstümliche Legende vom Soldaten-Kaiser und *Petit Caporal*, die nach 1821 vor allem in Frankreich grassierte.[44]

Während Vincenzo Monti mit seinem *Prometeo* Bonaparte eine mythologische Rolle zuschrieb und die im *Rothen Blatt* abgedruckte Ode Bonaparte mit antiken Feldherren verglich, erlangte Bonaparte in Hegels Korrespondenz geschichtsphilosophische Dimensionen. Neben Hölderlins Gedicht-Entwürfen, Wielands publizistisch-politischen Analysen

---

[41] Walter Friedländer: Napoleon as „roi thaumaturge", in: Journal of the Warburg and Courtauld Institutes 4 (1940/41), S. 139–141. Werner Telesko: Napoleon Bonaparte (Anm. 1), S. 193–216.

[42] Ebenfalls göttlich, aber in antiker Tradition, erschien Napoleon in Vincenzo Montis Drama *I Pittagorici* (1808): Napoleon fährt dort in Blitz und Donner wie Zeus vom Himmel herab, um die Welt mit einer neuen Ordnung zu bedenken. Gewidmet war das Drama „alla Maestà di Giuseppe Napoleone Re di Napoli e di Sicilia". Vgl. hierzu Paul Michael Lützeler: Napoleon-Legenden von Hölderlin bis Chateaubriand, in: Ders.: Geschichte in der Literatur. Studien zu Werken von Lessing bis Hebbel. München, Zürich 1987, S. 268.

[43] Johann Peter Hebel: Kayser Napoleon und die Obstfrau in Brienne, in: Ders.: Sämtliche Schriften, kritisch hg. von Adrian Braunbehrens, Gustav Adolf Benrath unter Mitarbeit v. Peter Pfaff, Bd. 2: Erzählungen und Aufsätze. Karlsruhe 1990, S. 159.

[44] Vgl. hierzu vor allem Philippe Gonnard: Les origines de la légende napoléonienne. L'œuvre historique de Napoléon à Sainte-Hélène. (1906) Neudruck Genf 1976, S. 364–368. Jules Dechamps: Sur la légende de Napoléon. Paris 1931. Maurice Descotes: La Légende de Napoléon et les écrivains français du XIXe siècle. Paris 1967. Bernard Ménager: Les Napoléons du peuple. Paris 1988.

und Hebels volkstümlichen Anekdoten pflanzte sich vor allen Dingen Hegels Zitat von dem Kaiser als Weltseele im kulturellen Gedächtnis der Deutschen im 19. Jahrhundert fort. Hegel hatte 1806 in der Nacht vor der Schlacht bei Jena seine *Phänomenologie des Geistes* beendet und beobachtete am nächsten Morgen den Kaiser zu Pferde:

Den Kaiser, diese Weltseele, sah ich durch die Stadt zum Rekognoszieren hinausreiten; – es ist in der Tat eine wunderbare Empfindung, ein solches Individuum zu sehen, das hier auf einem Punkt konzentriert, auf einem Pferd sitzend, über die Welt übergreift und sie beherrscht. Den Preußen […] war freilich kein besseres Prognostikon zu stellen – aber von Donnerstag bis Montag sind solche Fortschritte nur diesem außerordentlichen Manne möglich, den es nicht möglich ist, nicht zu bewundern.[45]

Die Bewunderung für den fast gleichaltrigen Kaiser konzentriert sich nicht etwa im Hegelschen Terminus vom „Weltgeist“, sondern im allgemeineren und explizit über das Rationale hinaus greifenden Begriff „Weltseele“, der in der romantischen Tradition von Schelling und Novalis steht. *Anima Mundi* meint das sich selbst bewegende, die Welt als Ganze durchdringendes und organisierendes Lebensprinzip.[46] Schelling hatte 1798 in Anknüpfung an Giordano Bruno in seiner Schrift *Von der Weltseele* Welt, Geist und Gott einander angenähert. Goethes Gedicht *Weltseele* (1803) entstand in einer Sphäre, „wo ein reicher jugendlicher Mut sich noch mit dem Universum identifizierte, es auszufüllen, ja es in seinen Teilen wieder hervorzubringen glaubte“.[47] Hegel personifizierte diesen abstrakten philosophischen Begriff und konkretisierte ihn in Napoleon. Der Kaiser wurde in ein philosophisches Muster eingepaßt. Napoleon Bonaparte hatte sich der politischen Welt als ein sie organisierendes Prinzip, als Weltseele, eingeschrieben. Er schien mit seinem „die Welt übergreif[enden] und sie beherrsch[enden]“ Regierungssystem den systematischen allumfassenden Anspruch von der Philosophie ins reale po-

[45] Brief Georg Wilhelm Friedrich Hegels an Niethammer vom 13. Oktober 1806, in: Deutschland unter Napoleon in Augenzeugenberichten, hg. u. eingeleitet von Eckart Kleßmann. München 1976, S. 128. Vgl. hierzu auch Gerhard Schulz: Die deutsche Literatur zwischen Französischer Revolution und Restauration, Bd. 2: Das Zeitalter der Napoleonischen Kriege und der Restauration 1806–1830. München 1989, S. 4.

[46] Platon formulierte dies zuerst im *Timaios*; in der Stoa erscheint die Weltseele als „Pneuma“. Im Christentum wird gelegentlich die Weltseele mit dem Heiligen Geist in Verbindung gebracht.

[47] So Goethe über dieses Gedicht in einem Brief an Carl Friedrich Zelter vom 20. Mai 1826, in: Goethes Briefe (Anm. 38), Bd. IV: Briefe des Jahres 1821–1832, S. 190.

litische Leben zu übertragen. Hegels Begeisterung mag mithin auch dieser inneren Verwandtschaft in der Totalität des systematisierenden Zugriffs geschuldet sein. In den *Vorlesungen über die Philosophie der Geschichte* steigerte sich Hegels Napoleon-Enthusiasmus noch in der Retrospektive: „Keine größeren Siege sind je gesiegt, keine genievolleren Züge je ausgeführt worden“[48], war sein superlativisches Urteil.

Ähnlich manifest wie Hegels Zitat von der „Weltseele“ Napoleon hielt sich im 19. Jahrhundert im kulturellen Gedächtnis der Deutschen Goethes Begegnung mit Napoleon 1808 in Erfurt, als ein Zusammentreffen des großen Dichters mit dem großen Herrscher. Dieser Begegnung wurde in wiederholenden und ausschmückenden Beschreibungen zunehmend auratisiert. Das Treffen wurde im Verlauf des 19. Jahrhunderts zum umglänzten allegorischen Stelldichein von Geist und Macht stilisiert.[49] Besonders Nietzsche widmet sich der Begegnung von Goethe und Napoleon. Auf das Erfurter Gespräch wird weiter unten eingegangen werden, da Goethes ausführlichere schriftliche Äußerungen hierzu und vor allem seine Napoleon-Würdigung in den Gesprächen mit Eckermann aus einer späteren Zeit stammen. Goethe äußert sich erst eingehend urteilend über Napoleon nach dessen Tod 1821, aus einem Abstand heraus, der es nicht mehr nötig hat, fremde mythologische oder historische Rollen auf Napoleon zu übertragen. Im Wissen um das Ende auf St. Helena urteilt er weitaus sicherer als aus dem Tohuwabohu der Befreiungskriege heraus, in denen sich Goethe bekanntermaßen publizistisch zurückhielt.

---

[48] Georg Wilhelm Friedrich Hegel: Werke in 20 Bänden, hg. v. Eva Moldenhauer u. Karl Markus Michel, Bd. 12: Vorlesungen über die Philosophie der Geschichte. Frankfurt a.M. 1985, S. 533.

[49] Zur problematischen weltanschaulichen Stilisierung dieses Gesprächs im 19. Jahrhundert vgl. ideologiekritisch Rudolf Vierhaus: Goethe und Napoleon. Zum Problem des Verhältnisses von Macht und Geist in der deutschen politischen Kultur, in: Weltpolitik, Europagedanke, Regionalismus. Festschrift für Heinz Gollwitzer zum 65. Geburtstag am 30. Januar 1982, hg. v. Heinz Dollinger, Horst Gründer, Alwin Hanschmidt. Münster 1982, S. 157–173.

Auf die Berichte von Talleyrand und Müller wird weiter unten noch eingegangen. Vgl. partielle Legenden-Fortschreibungen aus dem 20. Jahrhundert bei Edwin Redslob: Goethes Begegnung mit Napoleon. Baden-Baden 1954. Peter Berglar: Goethe und Napoleon. Die Faszination des Geistes durch die Macht. Darmstadt 1968.

2. Vom Revolutionsbändiger zum Nationalfeind Frontverschiebungen in der Publizistik (1799–1815) *Coleridge, Gleim, Schlabrendorf, Seume, Beethoven, Arndt, Müller, Schelling, Fichte, Kleist, Schink, Görres*

Begeisterte man sich in Deutschland vor 1802 für Napoleon Bonaparte, so galt der Enthusiasmus der Außenpolitik und den militärischen Erfolgen des Feldherrn der Italien (1796/97)- und Ägyptenfeldzüge (1798/99), der den Menschen die Werte der Französischen Revolution wie Prometheus einst das zivilisatorische Feuer gebracht hatte. Übte man in Deutschland an Bonaparte zwischen 1799 und 1802 Kritik, so bezog man sich vor allem auf französische innenpolitische Belange. Nach dem Sturz des Direktoriums am 18. Brumaire 1799 stand Bonapartes Verhältnis zur Französischen Revolution zur Disposition. Erfolgreich aus Ägypten zurückgekehrt, ließ Bonaparte unter dem Vorwand eines Komplotts den Rat der 500 im Schloß von St. Cloud zusammenrufen. Die Versammlung wurde unter Mithilfe von Murat und Bonapartes Bruder Lucien gesprengt, und die wenigen zurückbleibenden Abgeordneten wählten Bonaparte unter Druck zum Ersten Konsul für zehn Jahre. Das war ein Staatsstreich.[50]

Dieser Staatsstreich ließ sich positiv deuten als Rettung aus dem Chaos und Bändigung der Revolution, aber auch als ein antirepublikanisches Signal interpretieren. Ob nach dem Staatsstreich von 1799 die Republik fortgesetzt wurde, Napoleon eine Rückkehr zum *ancien régime* betrieb oder das Konsulat die Grundlage für die erste moderne Diktatur in Europa bildete, ist auch noch heute in der historiographischen Forschung umstritten: Während Jean Tulard den Staatsstreich als einen Umbruch zur Diktatur wertet, betont Martyn Lyons, daß zwischen dem Ende der Direktoriumsherrschaft und dem Beginn des Konsulats kein einschneidender Wandel stattgefunden habe.[51] Malcom Crook spricht differenzierend in Übereinstimmung mit Georges Lefebvre von einem „despotism by degrees".[52] Zeitgenossen Napoleons beobachteten die staatsrechtlichen Veränderungen genau und kritisch: Joseph Görres, der zu dieser Zeit in Paris weilte, prophezeite 1799 den Deutschen mit Blick auf antike Vorbilder: „Nehmt euch in Bälde den Suetonius zur Hand, denn der neue Augustus ist fertig."[53] Auch Coleridge erwog denselben historischen Ver-

---

[50] Vgl. Jean Tulard: Napoleon oder der Mythos des Retters (Anm. 12), S. 29–37.

[51] Jean Tulard: Napoleon oder der Mythos des Retters (Anm. 12). Martyn Lyons: Napoleon Bonaparte and the Legacy of the French Revolution. Basingstoke 1994.

[52] Malcom Crook: Napoleon comes to Power. Democracy and Dictatorship in Revolutionary France, 1795–1804. Cardiff 1998. Georges Lefebvre: Napoleon (Anm. 29).

[53] Joseph Görres in einem (verschollenen) Pariser Brief von 1799, zitiert nach Jo-

gleich in seiner *Comparison of the Present State of France with that of Rome under Julius and Augustus Caesar.*[54] Im Jahr 1800 verdinglichte Görres den Ersten Konsul zum „Grab der Freiheitshoffnung".[55] Dabei ging es noch nicht um eine nationale Freiheit der Deutschen gegenüber einem französischen Gegner, sondern um eine innenpolitische Freiheit in der Tradition der Französischen Revolution.

Als Bonaparte sich 1802 in St. Cloud zum Konsul auf Lebenszeit erhob, intensivierte sich die Skepsis gegenüber der republikanischen Integrität Bonapartes. In diesem Sinn wandte sich Johann Wilhelm Ludwig Gleim 1802 *An Napoleon, den Erhabenen von St. Cloud*. Gleim mahnte zur staatsrechtlichen Besonnenheit und warnte vor Machtversessenheit und Hybris in antikisierender Form: „Setze die Krone nicht Dir, setze dem Werke sie auf!"[56] Während Gleim noch einen Ton maßvoller Kritik anschlug, verschärfte sich die politische Enttäuschung in Johann Friedrich Reichardts *Vertrauten Briefen aus Paris 1802/03*. Der sich für den Girondismus begeisternde Reichardt war dem Konsul Bonaparte durch den preußischen Gesandten in Paris in einer Audienz vorgestellt worden. Reichardt vermittelte seinen deutschen Lesern seine Eindrücke in einem *Charakterporträt Napoleons*, das Bonaparte als macchiavellistischen Machtmenschen zeigte: „Herrschen ist seine einzige Leidenschaft und Beschäftigung."[57]

Reichardt zeichnete auch dafür verantwortlich, daß Gustav von Schla-

---

seph Görres: Wider Napoleon – für das deutsche Volk. Eine Auswahl aus seinen Schriften und Briefen mit ausführlichem Literaturverzeichnis hg. v. Robert Stein. Leipzig 1940, S. 17. Zur Überlieferung und Authentizität dieses Zitats vgl. ebd., S. 122.

[54] Samuel Taylor Coleridge: Comparison of the Present State of France with that of Rome under Julius and Augustus Caesar (1802), in: Ders.: The Collected Works, hg. v. Kathleen Coburn, Bd. 3, 1: Essays on his Time in „The Morning Post" and „The Courier", hg. v. David V. Erdman. London 1978, S. 311–339. Vgl. David Calleo: Coleridge on Napoleon, in: Yale French Studies 26 (1960/61), S. 83–93.

[55] Joseph Görres: Bonaparte – das Grab der Freiheitshoffnung, in: Ders.: Wider Napoleon – für das deutsche Volk (Anm. 53), S. 17–28.

[56] Johann Wilhelm Ludwig Gleim: An Napoleon, den Erhabenen von St. Cloud, in: Napoleons-Album, hg. v. Edward Brinckmeier. Braunschweig 1842, S. 87.

[57] Johann Friedrich Reichardt: Charakterporträt Napoleons, in: Ders.: Vertraute Briefe aus Paris 1802/03, hg. und eingeleitet v. Rolf Weber. Berlin 1981, S. 109. Goethe rezensierte Reichardt positiv in der *Jenaischen Allgemeinen Literatur-Zeitung*; vgl. hierzu Volkmar Braunbehrens: Goethes Reichardt-Rezension in der „Jenaischen Allgemeinen Literatur-Zeitung" 1804, in: „... von der musikalischen Seite unser Freund, von der politischen unser Widersacher ...". Der Tonkünstler Johann Friedrich Reichardt und Goethe. Ausstellung und Katalog v. Walter Salmen u. Regine Zeller. Düsseldorf 2002, S. 42.

brendorfs antinapoleonisches Pamphlet *Napoleon Bonaparte und das französische Volk unter seinem Consulate* in Deutschland erschien. Der als Sonderling geltende Schlabrendorf hatte das Manuskript 1803 Reichardt in Paris übergeben. Reichardt hat es dann mit eigenen Zusätzen in Deutschland 1804 drucken lassen, weshalb er auch als Verfasser vermutet wurde. Die Wut auf den Diktator vor der Selbstkrönung aus republikanisch-demokratischer Perspektive ist hier vielleicht am schärfsten formuliert. Schlabrendorf lieferte eine regelrechte Biographie Bonapartes bis 1802 und schilderte detailliert und kundig die politischen Ereignisse. Gegen die im Vorwort formulierte Absicht, kein „Verächter oder Lobpreiser der gegenwärtigen Verfassung und Regierung zu seyn", entpuppt sich die Schrift als gezielte Demontage.[58] Schlabrendorf behauptete, Bonaparte „verachtet die französische Nation in eben so hohem Grade, als sie ihn haßt".[59] Napoleon werden „sein schwacher Körperbau" und „seine störrische Gemütsart" ebenso vorgeworfen wie seine im Luxus schwelgende Selbstinszenierung.[60] Seine militärischen Erfolge werden mit „kriegerische[m] Starrsinn, der kein Opfer scheut", erklärt.[61] Die größte rhetorische Energie investiert Schlabrendorf in die Entlarvung von Bonapartes Innenpolitik als Despotie.

Geriet Napoleon vor 1804 in Deutschland ins Visier der Kritik, dann also als Revolutionsbeender und innenpolitischer Despot, nicht als Nationalfeind. In diesem Sinn kritisierte auch Seume im *Spaziergang nach Syrakus* (1802) Napoleon.[62] Daß aber der innenpolitisch kritisierte Konsul in seinem Machtbewußtsein auch eine außenpolitische Gefahr für das bisherige Kräfteverhältnis in Europa bedeuten konnte, wurde mehr und mehr deutlich. Den möglichen Zusammenhang von Despotie im Inneren und äußerem Hegemonialstreben nahm 1803 Ernst Moritz Arndts Schrift *Germanien und Europa* in den Blick. Arndt wies daraufhin, daß

---

[58] Gustav von Schlabrendorf: Napoleon Bonaparte und das französische Volk unter seinem Consulate, in: Ders.: Anti-Napoleon. Frankfurt a.M. 1991, S. 5.

[59] Gustav von Schlabrendorf: Napoleon Bonaparte und das französische Volk unter seinem Consulate (Anm. 58), S. 197.

[60] Gustav von Schlabrendorf: Napoleon Bonaparte und das französische Volk unter seinem Consulate (Anm. 58), S. 7, 9 und 205f.

[61] Gustav von Schlabrendorf: Napoleon Bonaparte und das französische Volk unter seinem Consulate (Anm. 58), S. 12.

[62] Vgl. hierzu Cäcilia Friedrich: „Ich wollte so gern einmal einen großen Mann rein verehren, das kann ich hier nun wieder nicht". Republikverständnis und Napoleonkritik in Seumes Reisebeschreibung „Spaziergang nach Syrakus im Jahre 1802", in: Reiseliteratur im Umfeld der Französischen Revolution. Kolloquium zur Reiseliteratur im Umfeld der Französischen Revolution, Halberstadt 1985, hg. v. Thomas Höhle. Halle 1987, S. 15–29.

die Proklamationen des Konsuls „nicht mehr von Bürgerlichkeit und Freiheit, als den ersten Gütern des Volks sprechen, sondern von Ruhm, von der Ehre, von der Fruchtbarkeit des französischen Namens; elenden Idolen, wodurch Eroberer die Völker unglücklich gemacht haben."[63] Auch Gleim forderte angesichts der Kriegslust des Konsuls: „Kröne Dein Werk mit dem ewigen Frieden, erhabener Krieger!"[64] Das französische Heer interpretierte Arndt nicht mehr als Bringer der revolutionären Freiheit, sondern als Gefahr für die politische Eigenständigkeit: „Buonaparte belastet durch dieses ungeheure Heer nicht allein sein eignes Land; auch wir übrigen Europäer werden über ihn seufzen müssen."[65]

Mit der Selbstkrönung Bonapartes zum Kaiser Napoleon 1804 schien sich Görres Prophezeiung vom „neuen Augustus" zu erfüllen. Diejenigen, die in Napoleon einen Machtmenschen ohne Skrupel sahen, fanden sich bestätigt. Am 9. März 1804 wurde Georges Cadoudal verhaftet, weil er ein Attentat auf Napoleon vorbereitet hatte. Napoleon brachte den im badischen Exil lebenden Herzog von Enghien wider besseren Wissens in Verbindung mit einer royalistischen Verschwörung und ließ ihn aus Ettenheim nach Vincennes entführen, wo Enghien von einem Militärgericht am 20. März 1804 zum Tode verurteilt und hingerichtet wurde. Das war ein Justizmord, von dem Fouché orakelte, er sei mehr als ein Verbrechen, er sei ein Fehler gewesen. Der später häufig gegen Napoleon erhobene Vorwurf des Amoralismus bezog vor allem aus dieser Episode seine historische Legitimation.[66] Die zum Großereignis aufgebauschte royalistische Verschwörung gab Napoleon Argumente in die Hand, den Senat zu veranlassen, ihm am 18. Mai 1804 das erbliche Kaisertum in einem Plebiszit anzutragen. Am 2. Dezember 1804 krönte sich Napoleon selbst in Notre-Dame, Papst Pius VII. durfte nur noch nachträglich liturgisch assistieren.[67]

Die Enttäuschung vieler republikanisch gesinnter Intellektueller war um so größer, weil sie Napoleon lange als Anti-Royalisten hatten betrachten können. Schließlich hatte Napoleon am 5. Oktober 1795 noch

---

[63] Ernst Moritz Arndt: Germanien und Europa. Altona 1803, S. 391 f.

[64] Johann Wilhelm Ludwig Gleim: An Napoleon, den Erhabenen von St. Cloud (Anm. 56).

[65] Ernst Moritz Arndt: Germanien und Europa (Anm. 63), S. 399. Vgl. hierzu Paul Michael Lützeler: Europa-Ideen von Novalis bis Heine, in: Ders.: Geschichte in der Literatur (Anm. 42), S. 228–263.

[66] Chateaubriand legte wegen der Ermordung des Herzogs von Enghien sein Amt als Gesandter in Rom nieder.

[67] Vgl. Jean Tulard: Napoleon oder der Mythos des Retters (Anm. 12), S. 188–197.

den royalistischen Aufstand vor der Kirche St-Roch in Paris niedergeschlagen. Die Wut über den Verrat des Kaisers Napoleon an den Idealen der Revolution verdichtete sich in rasch verbreiteten Legenden wie der, daß Ludwig van Beethoven, nachdem er von der Kaiserkrönung Napoleons erfahren habe, zornig das Titelblatt der Partitur seiner *Eroica* zerrissen, die ursprüngliche Widmung an Napoleon getilgt und seiner dritten Symphonie nun vielmehr das allgemeinere Motto *composta per festeggiare il sovvenire di un grand uomo* vorangestellt habe; also dem Andenken eines Helden, der mit seiner Selbstkrönung seines Heldentums verlustig gegangen sei.[68] Im Juni 1804 erschien in Deutschland ein anonymes *Sendschreiben an Bonaparte. Von einem seiner ehemaligen eifrigsten Anhänger in Deutschland.*[69] Wie ein enttäuschter Liebhaber seufzte der Verfasser: „Nein, Bonaparte! Dich zu lieben, ist ferner nicht mehr möglich. Du machst es zu arg."[70] Das Pasquill apostrophiert Bonaparte als einen „ganz gemeine[n] Heuchler, ein[en] platte[n] Narr, Summa summarum, ein[en] Bösewicht".[71] Der Verfasser deklarierte sich als „Repräsentanten der öffentlichen Meinung" in Deutschland und warf Bonaparte vor allem das Konkordat mit dem Papst als Heuchelei vor. Auch die multimediale monarchische Selbstinszenierung und den Nepotismus tadelte das Sendschreiben und gab die Schuld dem ehemaligen „Artillerie-Lieutnant, de[m] Parvenü, de[m] Nichtadeliche[n], de[m] Chef der sogenannten Republik".[72]

---

[68] Vgl. den Bericht von Ferdinand Ries, abgedruckt bei Stephan Ley: Beethoven. Sein Leben in Selbstzeugnissen, Briefen und Berichten. Berlin 1938, S. 131 f. Zur vermeintlichen Authentizität dieser Anekdote vgl. Maynard Solomon: Beethoven. New York 1978, S. 133, und Barry Cooper: Beethoven. Oxford 2000. Jost Hermand: Beethoven und Bonaparte. Biographisches und Autobiographisches in der „Eroica", in: Vom Anderen und vom Selbst. Beiträge zu Fragen der Biographie und Autobiographie, hg. v. Reinhold Grimm u. Jost Hermand. Königstein 1982, S. 183–197.

[69] Der Verfasser ist umstritten. Es werden sowohl Gustav von Schlabrendorf als auch Johann Friedrich Reichardt vermutet; vgl. Berta Badt: Graf Gustav von Schlabrendorf, der deutsche Einsiedler in Paris, in: Zeitschrift für Bücherfreunde 8/9 (1917), S. 211–221.

[70] Sendschreiben an Bonaparte. Von einem seiner ehemaligen eifrigsten Anhänger in Deutschland, in: Gustav von Schlabrendorf: Anti-Napoleon (Anm. 58), S. 231.

[71] Sendschreiben an Bonaparte (Anm. 70), S. 231.

[72] „Der Bildhauer Canova muß dir nach Deinem Willen und nach Deiner Wahl, bei lebendigem Leibe eine colossale Statüe verfertigen. Auf Deine eigene Anordnung wird Dein, von David gemahltes Bild, unter dem Donner von 24 Kanonen, in der Bibliothek des Invalidenhauses aufgestellt, womit Du zeigst, daß Du noch närrischer bist, als [...] ein gewisser närrischer General, der bei einer Schulfeierlichkeit in einer militärischen Erziehungsanstalt [...] das Bild der Minerva über sein perorierendes Haupt hängen ließ." Sendschreiben an Bonaparte (Anm. 70), S. 245, die vorherigen Zitate S. 232 und 244.

Mit der Gründung des Rheinbundes gewann die Gegenwärtigkeit napoleonischen Machtstrebens für die Deutschen eine neue Dimension. Napoleon gelang es, deutsche Fürsten als Vasallen zu verpflichten, indem er ihnen Territorialgewinne zusprach. Im Reichsdeputationshauptschluß 1803 wurden die geistlichen Gebiete dementsprechend aufgeteilt; bei der Mediatisierung verloren 350 Reichsritterschaften die Reichsunmittelbarkeit. Bayern und Württemberg wurden Königreiche, Baden, Hessen-Darmstadt und Berg Großherzogtümer. Am 12. Juli 1806 schlossen sich 16 süd- und westdeutsche Fürsten im Rheinbund unter Napoleons Protektorat zusammen, der so seinen Einfluß auf Mitteleuropa sichern wollte.[73] Die Rheinbundfürsten erklärten sich für souverän und unabhängig vom Reich, woraufhin Franz II. am 6. August 1806 die Kaiserwürde niederlegte. Die Forschung betont, daß dieses Ende des Heiligen Römischen Reiches Deutscher Nation zugleich den Beginn einer umfassenden staatlichen Modernisierung bedeutete.[74] Widerstand der Bevölkerung gab es kaum, lediglich der Buchhändler Palm aus Nürnberg verfaßte die Schrift *Deutschland in seiner tiefsten Erniedrigung* und wurde dafür von den Franzosen erschossen.

Preußen geriet in Abhängigkeit von Napoleon und brach nach der Schlacht von Jena und Auerstädt 1806 zusammen. Am 27. Oktober 1806 zog Napoleon in Berlin ein. Die preußisch-französischen Kriege bildeten den Auftakt für die national inspirierte Publizistik gegen Napoleon. Die Schriftsteller mobilisierten nicht mehr im Namen der Revolution gegen Napoleon, sondern im Namen einer Nation, die es im Kampf gegen Napoleon überhaupt erst zu erschaffen galt. Aus der Nation als „Denkkategorie wurde ein Handlungsziel".[75] Diese nationale Publizistik gegen Napoleon konnte mit revolutionären Idealen einhergehen, mußte es aber nicht. In diffuses Sendungsbewußtsein mischten sich oft „nationalstaatliche Verengung und kosmopolitische Menschheitsmission."[76]

1806 erschien der erste Teil von Ernst Moritz Arndts *Geist der Zeit*, der

[73] Vgl. Eberhard Weis: Napoleon und der Rheinbund, in: Ders.: Deutschland und Frankreich um 1800. Aufklärung, Revolution, Reform, hg. v. Walter Demel u. Bernd Roeck. München 1990, S. 186–217.

[74] Reformen im rheinbündischen Deutschland, hg. v. Eberhard Weis. München 1984. Napoleonische Herrschaft und Modernisierung, hg. v. Helmut Berding. Göttingen 1980. Napoleonische Herrschaft in Deutschland und Italien. Verwaltung und Justiz, hg. v. Christof Dipper. Berlin 1995.

[75] Thomas Nipperdey: Deutsche Geschichte 1800–1866. Bürgerwelt und starker Staat. München [4]1987, S. 30.

[76] Hans-Ulrich Wehler: Deutsche Gesellschaftsgeschichte, Bd. 1: Vom Feudalismus des Alten Reichs bis zur Modernisierung der Reformära 1700–1815. München [2]1989, S. 516f.

Napoleon als einen Parvenu beschrieb. Das Kapitel *Der Emporgekommene* greift die Naturkraft-Metaphorik Hölderlins auf, schränkt sie aber ein auf den militärischen Bereich.[77] Mit dem „Sausen der schwangeren Gewitterwolken" vergleicht Arndt Napoleons Auftritt auf der weltgeschichtlichen Bühne, er wirft ihm Despotismus vor und reduziert seinen politischen Erfolg auf militärisches Geschick: „Bonaparte fing als ein kleiner Soldat an, der Feldherr hat den Kaiser gemacht."[78] Der Unmut ist spürbar, aber die Argumentation durchaus noch nachvollziehbar. Späterhin in den Befreiungskriegen wird sich Arndts Argumentation immer mehr in Haßtiraden auflösen, die Napoleon als Inkarnation des Bösen beschreiben. Aber 1806 verwahrt sich Arndt noch vor solchen verzerrenden Vereinfachungen: „Ich sage nicht, daß er der verruchte Bösewicht ist, wozu ihn manche im Haß machen. [...] Man darf den Fürchterlichen so leicht nicht richten, als es die meisten tun in Haß und Liebe."[79]

Arndt wandte 1806 nicht vorrangig moralische Kategorien auf Napoleon an, sondern kennzeichnete ihn erst einmal als außerhalb der gesellschaftlichen Normalität stehend, ohne dies mit Verdikten zu verbinden: „Er trägt das Gepräge eines außerordentlichen Menschen, eines erhabenen Ungeheuers, das noch ungeheurer erscheint, weil es über und unter Menschen herrscht und wirkt, welchen es nicht angehört."[80] Moralisch verurteilend wandte sich Arndt hingegen an die deutschen Fürsten des Rheinbundes, die er als „Sklaven" und „Franzosenknechte" beschimpfte.[81] Ihnen fehle das Verantwortungsgefühl für die Nation, die ihre Herrschaft überhaupt erst ermögliche.[82] Erst aus dieser nationalen Perspektive heraus wurde Napoleon für Arndt zum Feind. Als nationale Gefahr war Napoleon für Arndt zu bekämpfen:

---

[77] „Als eine gewaltige Naturkraft verkündigte er sich in seinen ersten Schlachten." (Ernst Moritz Arndt: Geist der Zeit. Erster Teil, in: Ders.: Werke, hg. v. August Leffson u. Wilhelm Steffens, Bd. 6, hg. v. Wilhelm Steffens. Berlin und Leipzig o. J., S. 175).

[78] Ernst Moritz Arndt: Geist der Zeit. Erster Teil (Anm. 77), S. 189, das vorige Zitat S. 175. Vgl. zu Arndt auch Geoffrey Rémi: Les patriotes allemands et la France napoléonienne. L'exemple Ernst Moritz Arndt, in: L'impossible semblable. Regards sur trois siècles de relations littéraires franco-allemandes, sous la direction de Stéphane Michaud. Paris 1991, S. 41–68.

[79] Ernst Moritz Arndt: Geist der Zeit. Erster Teil (Anm. 77), S. 191.

[80] Ernst Moritz Arndt: Geist der Zeit. Erster Teil (Anm. 77), S. 191.

[81] Ernst Moritz Arndt: Geist der Zeit. Erster Teil (Anm. 77), S. 196f.

[82] „Ihr seid alles durch das Volk und seid ohne das Volk nichts. Habt ihr kein Gefühl von eurer Nation, von der Ehre und dem Sinn dieser Nation, so fehlt euch alles Fürstliche, und ihr müsset als Knechte gebückt gehen, wo ihr als Herren aufrechtstehen könntet im Glück und Unglück." (Ernst Moritz Arndt: Geist der Zeit. Erster Teil [Anm. 77], S. 196).

Furchtbarer ist kein Mann den Fürsten und Völkern. Er ist dem Weltmeer gleich, das ewig hungrig Bäche und Ströme in sich verschlingt und keinen Tropfen zurückgibt. Wie ihn das Glück fortstößt, folgt er frisch, und die weiten Entwürfe des Ehrgeizes wachsen. Der Kaisertitel, die Krönung in Italien, die Reise des Heiligen Vaters von Rom, die vorbereitenden Vergleichungen und Anspielungen auf Karl den Großen und die beliebte Ausführung des Satzes, daß Bonaparte schon einen großen Teil seiner Monarchie beherrscht, und die Hinweisung auf den Teil, wo noch andere gebieten, seine Herrschaft und Anzettelungen mit den unglücklichen süddeutschen Fürsten – o ihr irret, Geblendete oder Blender, die ihr uns in diesem Mann bloß den heroischen zeiget, den gerechten und milden gern zeigen möchtet, wenn ihr könntet. Die Zeit wird es enthüllen. Unaufhaltsam stürzt er sich fort mit Blitzesschnelle wie Dschingis und Attila, mit dem Eigensinn eines Fabricius und Marius, mit der Freundlichkeit eines Scipio und Cäsar, wenn der Unholdere sie ganz gebrauchen könnte.[83]

Arndt stilisiert Napoleon zu einem mythischen Proteus, der geschickt die historischen Rollen nach Bedarf wechselt und dabei als unaufhaltsame Naturkraft verbildlicht wird. Die zahlreichen Analogien, die Arndt anbietet, versuchen, das nur schwer Definierbare von verschiedenen Ebenen her anzugehen. Antike Reminiszenzen stehen neben außereuropäischen Gewaltherrschern. Der Vergleich mit dem Weltmeer, das unzählige Wasserströme in sich vereinigt, illustriert den Eroberungsehrgeiz Napoleons und greift Hölderlins Naturmetaphorik auf. Die Hinweise auf Dschingis Khan und Attila betonen neben der „Blitzesschnelle" die Grausamkeit Napoleons und schildern ihn als eine Gefahr für den europäischen Frieden. Gaius Fabricius Luscinus galt zwar als Vorbild altrömischer Tugenden, bewies aber bei Verhandlungen mit Pyrrhus auch seine Unnachgiebigkeit. Der Vergleich mit Marius, der blutige Rache an seinen Gegnern nahm, als er mit Cinna Rom zurückeroberte, eröffnet den analogisierenden Blick auf mögliche Vergeltungsaktionen Napoleons. So wie Scipio die Karthager aus Spanien verdrängte, mag Arndt in Napoleon eine vergleichbare Gefahr für Deutschland gesehen haben. Mit Cäsar schließlich wird die Republikfeindschaft zum Thema gemacht. All dies adressiert Arndt warnend an die Deutschen, welche die Gefahr nicht erkennen, sondern beschönigen oder gar forcieren, was in der Paronomasie „Geblendete oder Blender" zum Ausdruck kommt.

Während Arndt 1806 schon publizistisch für den nationalen Kampf gegen Napoleon rüstete, gab es freilich viele Zeitgenossen, die in Napoleons Sieg eine Chance für Deutschland sahen, mit verkrusteten absolutistischen Positionen zu brechen. Napoleon erschien hier als der Todfeind des Feudalismus und des *ancien régime.* So erläuterte der Hi-

[83] Ernst Moritz Arndt: Geist der Zeit. Erster Teil (Anm. 77), S. 194.

storiker Johannes von Müller seine Gründe für seine Parteinahme für Napoleon: „Da das Alte, Unhaltbare, Verrostete einmal untergehen sollte, so ist das größte Glück, daß der Sieg ihm [i. e. Napoleon] [...] gegeben ward"[84]. Und Schelling schrieb nach der Schlacht von Jena und Auerstädt: „Die Revolution hat erst jetzt in Deutschland angefangen; ich meine nämlich, daß erst jetzt Raum wird für eine neue Welt."[85] Aber nicht nur politische Hoffnungen schafften Bekenntnisse für Napoleon. Achim von Arnim schwankte 1807 immer noch zwischen Empörung gegenüber dem Eroberer und restloser Bewunderung für Napoleons Charisma: „Vom grimmen Haß gegen Napoleon raffte mich sein Anblick fast zu einer Gottesfurcht gegen ihn hin."[86] Napoleons Büste stand bei Ludwig Tieck und den Brüdern Schlegel.[87] Bis zum Jahre 1808 sorgte darüber hinaus die Zensur dafür, daß nationale Aufstachelungen in der Presse noch selten waren.[88] In Preußen artikulierte sich der Unmut schneller und aggressiver als in den Rheinbundstaaten.[89]

---

[84] Brief Johannes von Müllers an Johann Georg Müller vom 8. November 1806, in: Die Erhebung gegen Napoleon 1806–1814/15, hg. v. Hans-Bernd Spies. Darmstadt 1981 (Quellen zum politischen Denken der Deutschen im 19. und 20. Jahrhundert; Freiherr vom Stein-Gedächtnisausgabe, 11), S. 20.

[85] Gustav Leopold Plitt: Aus Schellings Leben in Briefen, Bd. 2 (1803–1829), Leipzig 1870, S. 110.

[86] Brief Achim von Arnims an Bettina Brentano vom 7. Oktober 1807, in: Achim von Arnim und die ihm nahe standen, hg. v. Reinhold Steig u. Herman Grimm, Bd. 2: Achim von Arnim und Bettina Brentano, bearbeitet v. Reinhold Steig. Neudruck Bern 1970, S. 71.

[87] Nachweise bei Otto W. Johnston: Der deutsche Nationalmythos. Ursprung eines politischen Programms. Stuttgart 1990, S. 31. Vgl. auch Paul Michael Lützeler: The Image of Napoleon in European Romanticism, in: European Romanticism. Literary cross-currents, modes, and models, edited by Gerhart Hoffmeister. Detroit 1990, S. 211–228.

[88] Vgl. Antje Siemer: „Moi, toujours moi, rien que moi". Zu einigen Facetten des Napoleonbildes in der deutschen Publizistik, in: Französische Revolution und deutsche Öffentlichkeit. Wandlungen in Presse und Alltagskultur am Ende des achtzehnten Jahrhunderts, hg. v. Holger Böning. München 1992 (Deutsche Presseforschung, 28), S. 309–322.

[89] Vgl. Roger Dufraisse: L'opposition anti-napoléonienne en Allemagne 1805–1809, in: Ders: L'Allemagne à l'Époque napoléonienne. Questions d'histoire politique, économique et sociale. Bonn 1992, S. 449–469. Jorma Tiainen: Napoleon und das napoleonische Frankreich in der öffentlichen Diskussion des „dritten Deutschland" 1797–1806. Jyväskyla 1971 (Studia Historica Jyväskyläensia, 8). Volker Press: Südwestdeutschland im Zeitalter der Französischen Revolution und Napoleons, in: Baden und Württemberg im Zeitalter Napoleons. Landesmuseum Stuttgart, Ausstellung des Landes Baden-Württemberg, Bd. 2: Aufsätze, hg. v. Christian Väterlein. Stuttgart 1987, S. 9–24.

1807/08 hielt Johann Gottlieb Fichte in Berlin seine *Reden an die deutsche Nation*. In der letzten, der 14. Rede, warnte Fichte, daß eine Kampfverweigerung gegen Napoleon einer Vernichtung der deutschen Nation und ihrer Sprache gleichkäme. Im scharfen „Entweder-oder"-Modus, der keinen Kompromiß zuläßt, erklärte Fichte den Kampf gegen Napoleon zum Krieg um die nationale Existenz:

> Gehet ihr ferner so hin in eurer Dumpfheit und Achtlosigkeit, so erwarten euch zunächst alle Uebel der Knechtschaft, Entbehrungen, Demütigungen, der Hohn und Übermut des Überwinders; ihr werdet herumgestoßen werden in allen Winkeln, weil ihr allenthalben nicht recht und im Wege seid so lange, bis ihr durch Aufopferung eurer Nationalität und Sprache euch irgendein untergeordnetes Plätzchen erkauft und bis auf diese Weise allmählich euer Volk auslöscht.[90]

Der prophetische Gestus suggeriert eine Gewißheit über die Zukunft Deutschlands, die wiederum zum Kampf gegen den „Überwinder" auffordern soll. Unterschwellig wird eine alttestamentarische Analogie evoziert, die Deutschland als das auserwählte Volk in ägyptischer Gefangenschaft deuten läßt. 1808 erschien Jean Pauls *Friedens-Predigt an Deutschland*, in der unter Zensur-Bedingungen gleichzeitig das Protektorat Napoleons und die innere deutsche Zerstrittenheit und Weltfremdheit vorsichtig und in verschlungenen ironischen Wendungen kritisiert wurde.[91] Parallel zu Goethes und Wielands begeistert beschriebenen Napoleon-Begegnungen in Erfurt verfaßte Kleist seine *Hermannsschlacht*, die dem Kampf gegen Napoleon eine historische Legitimität zuschrieb unter Rückgriff auf den Kampf Hermanns des Cherusker gegen die Römer. 1808 begann der spanische Freiheitskampf gegen Napoleon, poetisch begleitet mit Duque de Rivas Gedichten *Napoléon, destronado* und *España triunfante*.[92] Die spanische Publizistik gegen Napoleon formte vielfach Muster vor, die deutsche Schriftsteller später übernahmen.[93]

---

[90] Johann Gottlieb Fichte: Reden an die deutsche Nation. Mit einer Einleitung v. Hermann Schneider. Stuttgart 1938, S. 234. Vgl. hierzu auch Giancarlo Maiorino: An Interpretation of the Napoleonic Myth in Literature and Art (Anm. 5), S. 55–66.

[91] Jean Paul: Friedenspredigt an Deutschland, in: Ders.: Sämtliche Werke, hg. v. Norbert Miller, Abteilung I, Bd. 5. Darmstadt [6]1995, S. 877–916. Vgl. hierzu Paul Michael Lützeler: Napoleon-Legenden von Hölderlin bis Chateaubriand (1798–1848), in: Ders.: Geschichte in der Literatur (Anm. 42), S. 264–299, hier S. 270f. sowie Paul Wucherpfennig: „Kollaborateure der Vernunft" (Anm. 7), S. 95–126.

[92] Duque de Rivas: Obras Completas, hg. v. Jorge Campos, Bd. 1: Poesias. Madrid 1957, S. 25–27, 41–43, sowie auch das Gedicht *A la declaración de España contra los franceses*, S. 18f. Zur Vorbildfunktion der spanischen Erhebung für Deutschland vgl. Rainer Wohlfeil: Spanien und die deutsche Erhebung 1808–1814. Wiesbaden 1965.

[93] Vgl. Gerhart Hoffmeister: Spanien und Deutschland. Geschichte und Dokumentation der literarischen Beziehungen. Berlin 1976.

1809 erhob sich Österreich gegen Napoleon, lyrisch unterstützt durch Heinrich Joseph von Collin und Friedrich Schlegel.

1809 erschien auch der zweite Teil von Arndts *Geist der Zeit*: Er bot keine sachliche Zeitanalyse mehr, sondern forderte in Imperativketten zur militärischen Handlung auf. *Der Geist der Zeit* adressierte sich nicht so sehr an die bereits überzeugten Napoleon-Feinde, sondern vielmehr an die Unentschlossenen. Im permanenten Anredewechsel apostrophiert Arndt entweder in Schimpfkanonaden Napoleon selbst oder diejenigen Deutschen, die napoleonbegeistert oder zumindest napoleonfolgsam waren. Auch die deutschen Fürsten blieben von solchen Schmähreden nicht verschont. Arndts Nationalismus kleidet sich daher oft in eine antihöfische und antiabsolutistische Sprache, welche die Tradition des Sturm und Drang aufgreift. Dies verleiht seinen Appellen den rebellisch-revolutionären Charakter.[94] Nationalchauvinismus verbindet sich bei Arndt mit der Attacke gegen das Feudalsystem. Dieser doppelten Zielrichtung korrespondiert die doppelte Feindschaft: Neben Napoleon als Nationalfeind stehen die angefeindeten Rheinbundfürsten als die Verhinderer der nationalen Selbstbestimmung.

Arndt attackiert vor allem Napoleons geschickte Selbstmythisierung: „Du hast dich zusammenstellen lassen mit Namen, wovor die Scham dich bleichen sollte, mit hohen Helden, und kein hohes Heldentum ist in dir."[95] Dementsprechend versuchte Arndt, diese historisch-mythologischen Vergleiche mit großen Feldherren zu entkräften. Hannibal, Cäsar und Karl XII. hätten im Unterschied zu Napoleon nicht aus Egoismus, sondern um einer großen Sache willen gehandelt und erobert. Der von Napoleon selbst geschaffenen abendländischen Traditionskette stellte Arndt eine pejorativ intendierte, asiatische Vergleichsreihe gegenüber: Napoleon sei ein „aufgedunsener Orientale", „der neue Mongole und Sarazene von Korsika"; Arndt verwies ihn somit aus der abendländischen Tradition.[96] Widersprüchlich verlief Arndts Argumentation, wenn er einerseits versuchte, Napoleons Größe zu Mittelmäßigkeit zu bagatellisieren und andererseits bereits von der Inkarnation des Bösen ausging. Napoleon erschien vernachlässigenswert als „Nachgeburt einer Zeit, die zu klein scheint, Helden gebären zu können" und parallel als „vollkom-

[94] Vgl. Michael Jeismann: Das Vaterland der Feinde. Studien zum nationalen Feindbegriff und Selbstverständnis in Deutschland und Frankreich 1792–1918. Stuttgart 1992, S. 39f.

[95] Ernst Moritz Arndt: Geist der Zeit. Zweiter Teil, in: Ders.: Werke (Anm. 77), Bd. 7, hg. v. Wilhelm Steffens. Berlin und Leipzig o. J., S. 25.

[96] Ernst Moritz Arndt: Geist der Zeit. Zweiter Teil (Anm. 95), S. 26 und 13.

men böse. Nie ist der böse Dämon so ausgesprochen worden als in diesem Zeitalter.“[97] Diese widersprüchliche Gleichzeitigkeit dokumentiert den zweiten Teil des *Geist der Zeit* als Zeugnis des Übergangs von einer reflektierten Auseinandersetzung mit einem politischen Gegner zur argumentationsentschlackten Pamphletistik der Jahre 1812/13.

Napoleon als Personifikation des Bösen tauchte wieder 1809 in Heinrich von Kleists *Katechismus der Deutschen* auf. Der Titelzusatz *abgefaßt nach dem Spanischen* ist durchaus wörtlich zu nehmen, lehnte Kleist seinen Text doch deutlich an ein Dokument aus der spanischen Erhebung gegen Napoleon an. Kleists Nationalismus adaptierte ein katholisch-spanisches Muster, formte es aber preußisch-protestantisch um. Der Glaubenskern von Kleists *Katechismus* war weniger die nationale Selbstbestimmung als vielmehr eine detaillierte, haßvolle Feindbeschreibung und könnte daher fast treffender als Katechismus der Napoleon-Feinde bezeichnet werden. In der lehrenden Unterweisung wurde Napoleon als „böser Geist“ bezeichnet und als „Erzfeind“ kategorisiert.[98] Im Kapitel *Von der Bewunderung Napoleons* dämonisiert Kleist Napoleon zu einem „verabscheuungswürdigen Menschen“; er hält ihn für einen „der Hölle entstiegenen Vatermördergeist“, „für den Anfang alles Bösen und das Ende alles Guten; für einen Sünder, den anzuklagen, die Sprache der Menschen nicht hinreicht, und den Engeln einst, am jüngsten Tage der Odem ausgeht“.[99]

Im Sommer 1813 hielt Fichte drei Vorlesungen *Ueber den Begriff des wahrhaften Krieges*. Darin fordert er die Deutschen zu einem allgemeinen ‚Volkskrieg‘ auf, den er von einem staatlich gelenkten Kabinettskrieg unterscheidet. Die letzte Vorlesung schließt mit einer Charakteristik Napoleons. Anders als Arndt noch 1809 versucht Fichte nicht, Napoleons

---

[97] Ernst Moritz Arndt: Geist der Zeit, Zweiter Teil (Anm. 95), S. 26 und 145.

[98] Heinrich von Kleist: Katechismus der Deutschen abgefaßt nach dem Spanischen, zum Gebrauch für Kinder und Alte, in: Ders.: Sämtliche Werke und Briefe, hg. v. Helmut Sembdner, Bd. 5: Anekdoten, Kleine Schriften. München 1965, S. 82–92, hier S. 83 und 84. Einen Vergleich mit dem spanischen *Bürger-Katechismus und kurzer Inbegriff eines Spaniers, nebst praktischer Kenntnis seiner Freiheit und Beschreibung seines Feindes* liefern die Anmerkungen ebd., S. 212 ff. Vgl. hierzu auch Gesa von Essen: Kleist anno 1809. Der politische Schriftsteller, in: Kleist – ein moderner Aufklärer?, hg. v. Marie Haller-Neverman u. Dieter Rehwinkel. Göttingen 2005, S. 101–132.

[99] Heinrich von Kleist: Katechismus der Deutschen (Anm. 98), S. 86. Vgl. hierzu auch Dirk Grathoff: Heinrich von Kleist und Napoleon Bonaparte. Der Furor Teutonicus und die ferne Revolution, in: Schreckensmythen – Hoffnungsbilder (Anm. 7), S. 81–105.

Größe zu schmälern, im Gegenteil: Man gehe fehl, „indem man die Charakterkraft [...] unseres Feindes herabwürdigt, dadurch uns einschläfert. Jämmerliche Wichte und Feiglinge setzen in diese Vertröstungen den Patriotismus".[100] Noch ärger als Napoleon zu verharmlosen, erscheint es Fichte, wenn man fatalistisch Napoleons Herrschaft als Geißel Gottes interpretiert: „Ist dieser Mensch eine Rute in der Hand Gottes, wie viele meinen und wie ich in gewissem Sinne zugebe, so ist er's nicht dazu, daß wir ihr den entblößten Rücken hinhalten, um vor Gott ein Opfer zu bringen, wenn es recht blutet, sondern daß wir dieselbe zerbrechen."[101] Fichte überhöht Napoleon, denn große politische Widerstandskräfte lassen sich nur gegen einen großen Feind mobilisieren.

Jenseits solcher strategischen Überlegungen spielt in Fichtes Darstellung aber auch deutlich Faszination gegenüber der Außerordentlichkeit Napoleons mit herein. Napoleon erscheint bei Fichte nicht als Franzose, sondern als Korse. Dieser korsischen Herkunft verdanke er seine „Wildheit", die Fichte als eine vorzivilisatorische Urkraft darstellt. Mit der korsischen „Wildheit" korrespondieren aber auch die mangelnden moralischen Begriffe der Zivilisation: „Von einer höheren sittlichen Bestimmung des Menschen hatte er durchaus keine Ahnung."[102] Ähnlich wie Hölderlins Gedicht *Buonaparte* (1797/98) und Arndts erster Teil vom *Geist der Zeit* (1806) schilderte Fichtes Vorlesung noch 1813 Napoleon als elementare Naturkraft. In der Zeit der nationalen Frontverschiebungen des Befreiungskriegs bildet Fichtes Darstellung einen Anachronismus. Als Außenseiter habe Napoleon einen besonders klaren Blick auf die französischen Verhältnisse und verfüge darüber hinaus über einen „unerschütterlichen Willen". Fichte folgert: „Mit diesen Bestandteilen der Menschengröße, der ruhigen Klarheit, dem festen Willen ausgerüstet, wäre er der Wohltäter und Befreier der Menschheit geworden, wenn auch nur eine leise Ahnung der sittlichen Bestimmung des Menschengeschlechts in seinen Geist gefallen wäre."[103] Das ist eine erstaunliche

---

[100] Johann Gottlieb Fichte: Über den Begriff des wahrhaften Krieges, neu hg. und eingeleitet v. Karl Konstantin Loewenstein. Berlin 1915, S. 23. Zu Fichtes Napoleon-Kritik vgl. auch Hans Ester: Die Befreiungskriege gegen Napoleon bei Fontane, Schleiermacher und Fichte, in: German reflections, edited by Joep Leerssen and Menno Spiering. Amsterdam 1994 (Yearbook of European Studies, 7), S. 77–94.

[101] Johann Gottlieb Fichte: Über den Begriff des wahrhaften Krieges (Anm. 100), S. 26.

[102] Johann Gottlieb Fichte: Über den Begriff des wahrhaften Krieges (Anm. 100), S. 34.

[103] Johann Gottlieb Fichte: Über den Begriff des wahrhaften Krieges (Anm. 100), S. 35.

Aussage aus dem nationalistischen Trubel der Befreiungskriege heraus. Fichtes Napoleon ist eine Naturgewalt ohne moralische Zähmung. Schömann hat dies als „ein Zuwenig in Napoleons Charakter" in Fichtes Zeichnung interpretiert.[104] Mir scheint es etwas anders: Napoleon wird bei Fichte wie ein Relikt einer vorzivilisatorischen Epoche der Menschheit geschildert. Er ist der schlechthin Unzeitgemäße, und das macht sowohl seinen Reiz als auch seinen Erfolg aus, ein Deutungsmuster, das später im 19. Jahrhundert Nietzsche wieder aufnehmen wird.

Fichtes abwägende Position ist um so erstaunlicher, wenn man auf die übrige deutsche antinapoleonische Literatur aus dem Jahre 1813 blickt. Darin findet sich kaum noch eine kritische Würdigung des politischen Gegners, sondern es geht um nationale Mobilisierung durch Haß, der sich in drastischer Bildlichkeit, Argumentationsarmut und Schimpfwortreichtum äußert. Adam Müller, Friedrich von Gentz und Joseph Görres rüsten publizistisch besonders scharf gegen Napoleon auf.[105] Johann Friedrich Schinks *Dem Korsen* gewidmete *Schand- und Schimpfode* reiht in den ersten zwei Strophen dreizehn Antonomasien aneinander, die Napoleon kriminalisieren, pathologisieren, dämonisieren und entmenschlichen. Über eine sich hyperbolisch in Ausrufen überschlagende Apostrophe gelangen die acht Verse nicht hinaus:

Abschaum der Menschheit, der mit Schwert und Feuer
Die Welt durchzog, verbreitend Ach und Weh!
Brandmark der Zeiten, Wütrich, Ungeheuer,
Wie keines war, keins ist, keins sein wird je!

Blutsauger, Völkergeißel, Weltzertreter,
Pest, Räuberhauptmann, Henker und Bandit,
Du menschgewordner Satan, Missetäter,
Wie selbst der Abgrund keinen sah und sieht![106]

---

[104] Milian Schömann: Napoleon in der deutschen Literatur. Berlin und Leipzig 1930, S. 8.

[105] Vgl. Albert Portmann-Tinguely: Romantik und Krieg. Eine Untersuchung zum Bild des Krieges bei deutschen Romantikern und „Freiheitssängern". Adam Müller, Joseph Görres, Friedrich Schlegel, Achim von Arnim, Max von Schenkendorf und Theodor Körner. Freiburg (Schweiz) 1989 (Historische Schriften der Universität Freiburg, 12). Johannes von Schlebrügge: Adam Müllers Shakespeare. Ein Verbündeter im romantischen Kampf gegen Napoleon, in: Das Shakespeare-Bild in Europa zwischen Aufklärung und Romantik, hg. v. Roger Bauer in Verbindung mit Michael de Graat u. Jürgen Wertheimer. Bern 1988 (Jahrbuch für Internationale Germanistik, Reihe A, Kongreßberichte, 22), S. 226–240.

[106] Johann Friedrich Schink: Dem Korsen. Schand- und Schimpfode. Zur Feier der Zernichtungsschlacht am 18. und 19. Oktober 1813, in: Die Erhebung gegen Napo-

Arndt, mittlerweile im Dienste des preußischen Reformers vom Stein in Sankt Petersburg, verfaßte in der Tradition Kleists 1812 einen *Kurzen Katechismus für den teutschen Soldaten.* Eine überarbeitete Fassung erschien 1813 in Königsberg als *Katechismus für den deutschen Kriegs- und Wehrmann, worin gelehrt wird, wie ein christlicher Wehrmann seyn und mit Gott in den Streit gehen soll.* Nicht mehr im Frage-Antwort-Modus wie bei Kleist, sondern in einer die Bibel selbst imitierenden Sprache beschrieb Arndt im Kapitel *Von dem großen Tyrannen* Napoleon als „Satans älteste[m] Sohn".[107] Die Dringlichkeit der Kampfbereitschaft gegen Napoleon wird rhetorisch auf die Spitze getrieben, indem schließlich Gott nicht nur den Kampf unterstützt, sondern selbst spricht und zum Tyrannenmord auffordert: „Und doch kenne ich ihn nicht, spricht Gott, und habe ihn verworfen [...]. Auf, ihr Völker! Diesen erschlaget, denn er ist verfluchet von mir, diesen vertilget, denn er ist ein Vertilger der Freiheit und des Rechts."[108]

Als Napoleon im April 1814 nach Elba verbannt wurde, wählte Joseph Görres ein anderes literarisches Muster, um den Nationalfeind anzuklagen: Eine Ethopoeie ließ Napoleon vermeintlich selbst sprechen. Im *Rheinischen Merkur* erschien über mehrere Hefte im Mai 1814 ohne Verfasserangabe die Artikelserie *Napoleons Proklamation an die Völker Europas vor seinem Abzug auf die Insel Elba.* Die Leser hielten den Text für authentisch, aber es handelte sich um eine fingierte Ansprache, von Görres verfaßt. In dieser Ethopoeie läßt Görres Napoleon als skrupellosen, eitlen Machtmenschen erscheinen. Napoleon kündigt ein großes politisches Glaubensbekenntnis an: „Ich, Napoleon Bonaparte, einst Kaiser der Franzosen, jetzt in das Privatleben zurückgekehrt, will der Welt ein Zeugnis ablegen über meine Gesinnungen und wie ich gehandelt habe."[109] In herrischem und selbstgerechtem Ton erklärt dieser fiktive Napoleon sein machiavellistisches Programm: „Alles ist erlaubt, was die

---

leon 1806–1814/15 (Anm. 84), S. 326. Eine ähnliche Abrechnung liefert auch August von Kotzebue: Ode an Napoleon. Moskau [4]1813.

[107] Ernst Moritz Arndt: Katechismus für den deutschen Kriegs- und Wehrmann, worin gelehrt wird, wie ein christlicher Wehrmann seyn und mit Gott in den Streit gehen soll, in: Die Erhebung gegen Napoleon 1806–1814/15 (Anm. 84), S. 236.

[108] Ernst Moritz Arndt: Katechismus für den deutschen Kriegs- und Wehrmann (Anm. 107), S. 238. Eine ähnliche Argumentation läßt sich beobachten bei der anonym erschienenen Schrift von [Johann Wilhelm Ludwig Gleim:] Vermächtnis eines edlen Preußen an Teuschtlands Landwehr. Berlin, Wien, München und Leipzig 1813.

[109] Joseph Görres: Napoleons Proklamation an die Völker Europas vor seinem Abzug auf die Insel Elba, in: Ders.: Rheinischer Merkur, ausgewählt und eingeleitet von Arno Duch. München 1921, S. 30–54, hier S. 30.

Macht zu befestigen im Stande ist."[110] Die „törichten Ideen von Freiheit" und Frieden waren für ihn nur Strategie, er dagegen erscheint als Pragmatiker, dem Utopien ein Greuel sind: „Der wird in sein sicheres Verderben gehen, der das, was geschehen soll, und nicht, was geschieht, zum Maßstab seines Handelns macht."[111] Görres nutzt das napoleonische Sprachrohr für eine massive deutsche Selbstkritik. Görres' Napoleon beschreibt Deutschland und seine Begeisterung für den Usurpator. Dabei rechnet er scharf mit der pronapoleonischen Literatur ab:

Ein Volk ohne Vaterland, eine Verfassung ohne Einheit, Fürsten ohne Charakter und Gesinnung, ein Adel ohne Stolz und Kraft – das alles mußte leichte Beute mir versprechen. [...] Zwiespalt durfte ich nicht stiften unter ihnen, denn die Einigkeit war aus ihrer Mitte längst gewichen. [...] Leichtgläubiger ist kein Volk gewesen, und töricht toller kein anderes auf Erden. Aberglauben haben sie mit mir getrieben und, als ich sie unter meinem Fuß zertrat, mit verhaßter Gutmütigkeit mich als ihren Abgott noch verehrt. Als ich sie mit Peitschen schlug und ihr Land zum Tummelplatz des ewigen Kriegs gemacht, haben ihre Dichter als den Friedensstifter mich besungen. Ihr müßig gelehrtes Volk hat alle seine hohlen Gespinste in mich hineingetragen und bald als das ewige Schicksal, den Weltbeglücker, die sichtbar gewordne Idee mich aus Herzensgrund verehrt. Lehrbücher haben sie auf mich gebaut und neue Weltsysteme.[112]

In dieser Passage steht nicht mehr die Kritik Napoleons im Mittelpunkt, sondern die Abrechnung mit den deutschen Napoleon-Verehrern. Der arrogante, aber kluge Napoleon aus der Ethopoeie von Görres attackiert vor allem den deutschen Adel. Die deutschen Fürsten hätten eine Napoleon-Idolatrie betrieben und Napoleon zu ihrem „Abgott" gemacht. Nach dem Adel gilt die Wut den Intellektuellen. Hinter den Dichtern, die Napoleon als „Friedensstifter" gefeiert haben, kann man vielleicht einen Hinweis auf Hölderlin vermuten. „Das ewige Schicksal" als Deutungsmuster für Napoleon verweist auf die Schicksalsdramen, die Napoleon als *fascinosum et tremendum* gestalteten.[113] Der implizite Ausfall gegen Hegels Sentenz über „den Kaiser – diese Weltseele [...] auf einem Pferde sitzend" ist deutlich, wenn von den „Lehrbüchern" und „Weltsystemen" die Rede ist, bei denen sich das „gelehrte Volk" von Napoleon habe inspirieren lassen.[114] Görres läßt Napoleon als Projektionsfläche für fehlgegangene nationale Wunschträume und weitere „hohle Gespinste"

[110] Joseph Görres: Napoleons Proklamation (Anm. 109), S. 33.
[111] Joseph Görres: Napoleons Proklamation (Anm. 109), S. 34.
[112] Joseph Görres: Napoleons Proklamation (Anm. 109), S. 40ff.
[113] Vgl. hierzu den folgenden Abschnitt in der Analyse.
[114] Brief Georg Friedrich Wilhelm Hegels an Friedrich Immanuel Niethammer vom 13. Oktober 1806, (Anm. 45), S. 128.

erscheinen. Wie bei Arndt gilt Görres Haß gleichermaßen Napoleon als auch seinen deutschen Anhängern. Besonders hervorgehoben und scheinbar beglaubigt wird die zitierte Passage durch eine Anmerkung. Darin teilt ein fingierter Herausgeber mit, daß es sich hierbei um eine gekürzte Fassung handelt, „da wir es nicht über uns gewinnen konnten, alle Invektiven [...] nachzuschreiben".[115] Rechnen Deutsche nach 1813 literarisch mit Napoleon ab, so werden in solchen Bilanzen meistens auch die deutschen pronapoleonischen Positionen mit kritisiert.

3. Dramatische Verhüllungen des Schicksals Attila, Soliman, Yngurd und „Noch Jemand" (1808–1817) *Werner, Kleist, Körner, Kotzebue, Rückert, Müllner*

Wie die Publizistik sich um historische und mythologische Vergleiche bemühte, um Napoleon einordnen zu können, so verschlüsselte auch die zeitgenössische Dramatik Napoleon in historischen Vergleichsfiguren. Die Geschichtsdramen spiegelten die bedrückende Gegenwart der Fremdherrschaft in die Vergangenheit. Napoleon ließ sich halbwegs gegen die Zensur gesichert und doch für alle erkennbar als Attila, den Hunnenkönig, oder Süleiman II., den Osmanenherrscher, schildern. Diese Geschichtsdramen boten zudem die Möglichkeit, in der Vergangenheit eine Geschichte zu Ende zu führen, von der man in der Gegenwart noch nicht wußte, wie sie schloß. So sind die verschlüsselten Napoleon-Dramen aus den ersten 15 Jahren des 19. Jahrhunderts immer Geschichten eines heraufziehenden Endes: Sie zeigen die letzten Tage Attilas oder Süleimans, um ein mögliches Ende Napoleons vorwegzunehmen. Die ältere Forschung hat diese verschlüsselten Napoleon-Dramen außer Acht gelassen.[116] Mir scheinen sie aber ausgesprochen aufschlußreich, weil aus der verfremdenden historischen Distanz heraus der Mut zu einem eindeutigen Bild oft viel ausgeprägter ist. Darüber hinaus ist die Wahl der Vergleichsgestalten von erheblichem Aussagewert für das Napoleon-Bild der Schriftsteller.[117]

Der Aufstieg des Schicksalsglaubens und des Schicksalsdramas nach

---

[115] Joseph Görres: Napoleons Proklamation (Anm. 109), S. 40, in einer nicht numerierten Anmerkung.

[116] Vgl. Hermann Gaethgens zu Ysentorff: Napoleon I. im deutschen Drama. Ein Beitrag zur Technik des historischen Dramas. Frankfurt a. M. 1903. Michael Freund: Napoleon und die Deutschen (Anm. 6). Friedrich Stählin: Napoleons Glanz und Fall im deutschen Urteil (Anm. 6).

[117] Bernhard Spies: Die Macht im Drama. Napoleon-Dramen von Schiller bis Dürrenmatt, in: Klassik-Rezeption. Auseinandersetzung mit der Tradition. Festschrift für Wolfgang Düsing, hg. v. Peter Ensberg u. Jürgen Kost. Würzburg 2003, S. 243–255,

1800 kann auch als Reflex auf die zeitgenössische Verunsicherung durch die napoleonische Herrschaft gedeutet werden.[118] Wenn innerhalb weniger Jahre die europäischen Herrschaftsverhältnisse völlig verändert wurden durch einen einzelnen Mann, so schien dies übliche Erklärungsmuster zu sprengen. Antike Kategorien wie Moira, Tyche, Ananke oder Fatum wurden zum christlich eingebetteten „Schicksal" umgedeutet und boten Orientierung in einem politischen Chaos. In einer kontingenten Welt kompensierte oder intensivierte der Schicksalsglauben in Anknüpfung an die Antike eine religiöse Allerklärung. Schicksal wurde zur „Metapher für unbegriffenes Geschehen der Wirklichkeit".[119] Allerdings hat die literaturwissenschaftliche Forschung die Schicksalsdramen so gut wie ausschließlich in der privaten bürgerlichen Sphäre angesiedelt. Inzest, Unheilsprophezeiung, Familienfluch, Verwandtenmord und Heimkehr wurden als Motive analysiert in Zacharias Werners Drama *Der 24. Februar* (1810) und in Adolph Müllners Dramen *Der 29. Februar* (1812) und *Die Schuld* (1813).[120] Die durch das Schicksal determinierte Handlung rollt sich aber nicht nur im intimen bürgerlichen Rahmen romantischer Tragödien ab, sondern die als schicksalhaft interpretierte napoleonische Zeit wird in historischen Dramen auch in den öffentlich-politischen Raum gespiegelt. Dies soll im folgenden die Analyse von Zacharias Werners *Attila, König der Hunnen* (1808), Theodor Körners *Zriny* (1812) und Adolph Müllners *König Yngurd* (1817) zeigen. Dabei bildet das Schicksal nicht nur ein beruhigendes Deutungsmuster für das Ertragen einer Fremdherrschaft, sondern es wird auch als Drohung gegen Napoleon funktionalisiert, dergestalt, daß selbst ein Napoleon im Dienst des Schicksals stehe und untergehen werde. „Schicksal" als Erklärung tröstet den Unterlegenen und verkleinert den Feind.

---

weist auf die verschlüsselten Napoleon-Dramen hin und berücksichtigt neben Kleists *Guiskard*-Fragment und Schillers *Demetrius*-Fragment vor allem Grillparzers *König Ottokars Glück und Ende* (1823).

[118] Vgl. hierzu Herbert Kraft: Das Schicksalsdrama. Interpretationen und Kritik einer literarischen Reihe. Tübingen 1974, S. 44ff. Inevitabilis Vis Fatorum. Der Triumph des europäischen Schicksalsdramas auf der europäischen Bühne um 1800, hg. v. Roger Bauer in Verbindung mit Michael de Graat u. Johannes von Schlebrügge. Frankfurt a.M. 1990 (Jahrbuch für Internationale Germanistik, Reihe A, Kongreßberichte, 27). Gerhart Hoffmeister: The romantic tragedy of fate, in: Romantic drama, ed. by Gerald Gillespie. Amsterdam 1994, S. 167–179.

[119] Claus Träger: Geschichte, „Geist" und Grillparzer. Ein klassischer Nationalautor und seine Deutungen, in: Weimarer Beiträge 7 (1961), S. 449–519, hier S. 500.

[120] Vgl. etwa Roger Bauer: Das Schicksal im Schauerdrama. Von Lillos ‚Fatal curiosity' zu Zacharias Werners ‚Der vierundzwanzigste Februar' und Pixérécourts ‚Le monastère abandonné', in: Inevitabilis Vis Fatorum (Anm. 118), S. 249–258.

Ernst Moritz Arndt hatte Napoleon 1806 mit Attila und Dschingis Khan verglichen.[121] Johannes von Müller gab 1806 anonym die Broschüre *Attila, der Held des fünften Jahrhunderts* heraus und verwies im Vorwort auf aktuelle Bezüge. Napoleon-Gegner benutzten gerne diese außereuropäischen Vergleiche, um Napoleons abendländischer Selbstmythisierung ein pejorativ intendiertes orientalisches Gegengewicht zu verschaffen. Auch Chateaubriand und Madame de Staël stilisierten Napoleon zu Attila. Mit Attila verband Napoleon in den Augen der Zeitgenossen der rasche militärische Erfolg eines Außenseiters, die imperialen Absichten und die beeindruckende Kraft eines Einzelnen, die Welt zu verändern. So wie in Attilas Heer Germanen kämpften, verfügte Napoleon über deutsche Rheinbund-Truppen. Auch diese Parallele wurde betont. 1808 erschien Zacharias Werners Drama *Attila, König der Hunnen*. Schon die Liste der *dramatis personae* macht einen zeitgenössischen Bezug deutlich: Napoleon erhielt von den Zeitgenossen denselben Beinamen wie „Attila, genannt die Geißel Gottes, König der Hunnen“.[122] Johann Gottlieb Fichte hatte diese Antonomasie für Napoleon 1813 abgelehnt, weil sie fatalistische Ergebung in eine gottgewollte Strafe implizieren konnte.[123]

Die fünfaktige romantische Tragödie Werners, die Giuseppe Verdi später die Textgrundlage für seine Oper *Attila* bot,[124] präsentierte Attilas Feldzug gegen Rom und versuchte eine christlich-mystische Deutung, warum Attila nach seinem militärisch erfolgreichen Einfall 452 n. Chr. in Oberitalien kurz vor Rom umkehrte. Die Sagen um Attilas Tod kurz nach seiner Hochzeit mit Hildegunde konkretisierte Werner zum Mord.[125] Der erste Akt exponiert Attila und seine Truppen nach der Schlacht von Aquileia. Attila wird als strenger, aber gerechter Krieger eingeführt. Der zweite Akt präsentiert in Rom Attilas Gegner, in einer

[121] Ernst Moritz Arndt: Geist der Zeit. Erster Teil (Anm. 77), S. 194.

[122] Zacharias Werner: Attila, König der Hunnen. Eine romantische Tragödie in fünf Akten, in: Ders.: Ausgewählte Schriften. Aus seinem handschriftlichen Nachlasse hg. v. seinen Freunden, Bd. 5, ND Bern 1970, unpaginiert. Zur Entstehungsgeschichte und zu Werners Vorsichtsmaßnahmen gegenüber der Zensur vgl. Gerard Kozielek: Das dramatische Werk Zacharias Werners. Wroclaw 1967, S. 190–194.

[123] Johann Gottlieb Fichte: Über den Begriff des wahrhaften Krieges (Anm. 100), S. 26.

[124] Vgl. Unfer Lukoschik: L'Attila di Zacharias Werner ed il libretto per Verdi, in: Verdi und die deutsche Literatur; Verdi e la letteratura tedesca. Tagung im Centro Tedesco di Studi Veneziani, Venedig 20./21. November 1997, hg. v. Daniela Goldin Folena. Laaber 2002, S. 71–89.

[125] Werner verlegt den Feldzug gegenüber der historischen Wahrheit um zwei Jahre, um so die auseinanderliegenden Ereignisse – Feldzug gegen Rom und Tod Attilas – ineinander verflechten zu können.

ersten Szene die edle Honoria und den weisen Greis Bischof Leo, in einer zweiten Szene die dekadente und intrigante Welt um Kaiser Valentinian und seine Mutter. Im dritten Akt treffen die hunnische und die römische Welt aufeinander: Aetius, Statthalter des weströmischen Reichs, verhandelt mit Attila um Roms Zukunft. Aetius erscheint als Attilas Antagonist: ebenfalls machtbewußt und kampfesstark wie Attila, aber im Unterschied zu Attila egoistisch und sich wahnhaft nach Weltruhm verzehrend. Im vierten Akt wird Aetius von Odoacer, einem Zögling Attilas, getötet. Attila, am Gipfel seines Ruhms angelangt, könnte siegreich in Rom einmarschieren, aber Bischof Leo überzeugt ihn, im Namen des christlichen Gottes von seinem Plan abzulassen. Der fünfte Akt präsentiert im katastrophischen Finale die Ermordung Attilas und seines Sohns durch seine Braut Hildegunde, die so ihren von Attila getöteten Verlobten Walter rächt.

Die Welt des Dramas ist schaurig dunkel, voller Giftmordpläne und dunkler Vorverweise auf unentrinnbare Schicksale. *Attila* war in Wien ein großer Bühnenerfolg.[126] Nach einer breiten gedoppelten Exposition in den ersten beiden Akten, die römische und hunnische Welt noch scharf voneinander scheiden, verschränken die folgenden drei Akte die gegnerischen Sphären immer enger ineinander. Die Szenen pro Akt vermehren sich und spiegeln formal die zunehmende Intensität und Unübersichtlichkeit der Handlung. Die Einheiten von Ort und Zeit sind aufgelockert, die Hildegunden-Handlung steht unvermittelt neben dem Konflikt von Attila und Aetius, die ätherisch angedeutete Hinneigung von Attila zu Honoria wird nicht in das übrige Geschehen integriert. Viele Chorszenen, wahlweise von Druiden und Jungfrauen geraunt, prädestinierten die romantische Tragödie für Verdi geradezu zur Oper.[127] Die romantische Tragödie ist versifiziert, vornehmlich im Blankvers gehalten, aber an zentralen Stellen oft metrisch differenziert durch freie Rhythmen Attilas, schwere Trochäen für Hildegunde, daktylisch gereimte Chöre. Alexandriner, Nibelungenvers und Kanzone werden ebenfalls verwendet.

Erstaunlich an Werners Tragödie ist, daß Attila keineswegs der gottlose und brutale Gewaltherrscher ist, den man vermuten mag. Vielmehr

---

[126] Vgl. Gerard Kozielek: Das dramatische Werk Zacharias Werners (Anm. 122), S. 254f. Zu formalen Aspekten vgl. auch Franz Stuckert: Das Drama Zacharias Werners. Entwicklung und literaturgeschichtliche Stellung. Frankfurt a. M. 1926, S. 100ff.

[127] Auch Beethoven trug sich eine zeitlang mit Gedanken an eine Vertonung von Werners *Attila*.

scheint Werners Attila fast noch in der aufklärerischen Tradition des edlen Wilden zu stehen. Böse erscheint hingegen die zivilisationskritisch beleuchtete dekadente römische Sphäre. Attila wird als Gottes Geißel betrachtet, als ein fast alttestamentarischer Würgeengel. Attila ist Rom verdientermaßen „gesandt zur Züchtigung", er ist die archaische Gottesstrafe für Dekadenz.[128] Attila ist frei von Egoismus und überzeugt von seiner Mission: „In zwanzig schweren Jahren | Hab' ich gekämpft; für mich nicht, für die Welt!"[129] Attilas Selbsteinschätzung steht allerdings in Konflikt mit dem Urteil des weisen Bischofs Leo. Honoria wirft die Frage nach Attilas Verantwortung und Schuld auf. Auf Honorias Frage, „wenn Geißel Gottes er – ist er dann schuldig?", entgegnet der alte Bischof Leo:

> Die Schuld ist, wenn der Mensch das Viele will;
> Der Attila, er ist die Geißel Gottes,
> Er will auch gnädig seyn, gerecht und gnädig
> Zugleich – ein Gott seyn – darum ist er schuldig![130]

Attilas Schwanken zwischen Gottes Auftrag und Selbstvergöttlichung macht ihn schuldig. Aber dies ist noch eine vergleichsweise mindere Schuld gegenüber Aetius, der für sein Fortkommen intrigiert und plant, Attila zu ermorden. Aetius führt Attila verzerrt spiegelbildlich vor, wohin die Hybris führen kann. Attila hingegen handelt auf göttliche Weisung. Leo verkündet Attila Gottes Wille: „Ich [i. e. Gott] habe Dir des Schicksals Schwert vertrauet."[131] Der Schicksalsbegriff dieses Dramas ist christlich überformt. Attila erscheint als heidnischer Vollstrecker eines christlichen Gottes: „Mein Beruf, | Mein schwerer ist es ja, die Eisengeißel | Der strafenden Gerechtigkeit zu führen!"[132] Sowohl Attilas für seine Zeitgenossen unerklärlicher Aufstieg als auch sein Fall wird mit der Kategorie des gottgewollten Schicksals interpretiert und so verständlicher gemacht. Von Leo gemahnt, sich zu beherrschen, mündet das Drama in eine christliche Bekehrungsgeschichte. Attila stirbt, um sein Werk in die christlichen Hände Honorias und Leos zu legen.[133]

Mit dieser Selbstdisziplinierung Attilas am Ende wirkt Werners Tragö-

[128] Zacharias Werner: Attila, König der Hunnen (Anm. 122), S. 64.
[129] Zacharias Werner: Attila, König der Hunnen (Anm. 122), S. 96.
[130] Zacharias Werner: Attila, König der Hunnen (Anm. 122), S. 35.
[131] Zacharias Werner: Attila, König der Hunnen (Anm. 122), S. 128.
[132] Zacharias Werner: Attila, König der Hunnen (Anm. 122), S. 25 f.
[133] „Attila (auf Honorien blickend, mit Freudigkeit.) Mein Werk lebt – ich in ihr! – | *Leo (zu Honorien, auf Attila deutend.)* Nun geht er irdisch unter! – *Honoria (auf Attila blickend, mit Freudigkeit.)* Und himmlisch auf in mir!" (Zacharias Werner: Attila, König der Hunnen [Anm. 122], S. 165).

die nicht so sehr als eine einfache dramatische Spiegelung Napoleons, sondern vielmehr als ein mahnender Appell. Attila ist in diesem Drama nicht der wilde, mordende und brandschatzende Hunne, sondern ein melancholischer Herrscher, der mit seiner Rolle als „Geißel Gottes" und Schicksalsvollstrecker nicht mehr zurechtkommt und schließlich sein Heil in der religiösen Selbstbescheidung findet. Werners *Attila* exerziert Napoleon vor, wie man aus der Welteroberung heraus den romantisch mystifizierten Weg zu Gott finden kann. Damit betont das Drama 1808 nicht so sehr die Gemeinsamkeiten zwischen Attila und Napoleon, sondern benutzt die Analogien, um Unterschiede deutlich zu machen.

In Kleists *Hermannsschlacht* (1809) besagt schon der Titel, daß der thematische Schwerpunkt auf dem Widerstand gegen eine Fremdherrschaft liegt, nicht so sehr auf einer Darstellung des Feindes selbst. Dem Partisanenkampf der Germanen gegen die Römer gilt als historisches Vorbild der Befreiungskriege Kleists Aufmerksamkeit. Im Römer Quintilius Varus läßt sich kein Abbild Napoleons erblicken. Eher wirkt er wie ein napoleonischer Statthalter, der in Spanien mit dem nationalen Widerstand zurechtkommen muß. Wenn man überhaupt eine napoleonische Figur in Kleists Drama finden möchte, ist schon eher auf Hermann selbst hinzuweisen, der sich die Taktiken der Römer geschickt zu eigen zu machen weiß. Hermann hat gleichsam von Napoleon die Propaganda und Kriegsführung gelernt und erscheint in seiner List und Tücke dem Bild sehr ähnlich, das Kleist von Napoleon in seinem *Katechismus der Deutschen* zeichnete.[134] Den Reigen historischer Dramen, in denen Napoleon in geschichtlicher Verhüllung kritisiert wurde, setzte 1811 der italienische Romantiker Ugo Foscolo fort. Der einstige Napoleon-Verehrer veröffentlichte das Drama *Aiace*, in welchem der attische Held Ajax dem napoleonischen Agamemnon gegenübersteht.

Theodor Körner legte in seinem 1812 erschienenen Trauerspiel *Zriny*, ähnlich wie Kleist, den Schwerpunkt auf die Darstellung der geknechteten Seite. Körners Drama in fünf Aufzügen stellt die Belagerung der un-

---

[134] Vgl. Peter Michelsen: „Wehe, mein Vaterland, dir!" Heinrich von Kleist „Die Hermannsschlacht", in: Kleist-Jahrbuch 1987, S. 115–136. Gesa von Essen: Hermannsschlachten. Germanen- und Römerbilder in der Literatur des 18. und 19. Jahrhunderts. Göttingen 1998, S. 181. Albert V. Karelski: Das Thema der Befreiungskriege und das Problem des Napoleonismus im deutschen Geschichtsdrama des ersten Drittel des 19. Jahrhunderts, in: Literatur zwischen Revolution und Restauration. Studien zu literarischen Wechselbeziehungen in Europa zwischen 1789 und 1835, hg. v. Siegfried Streller in Zusammenarbeit mit Tadeusz Namowicz. Berlin, Weimar 1989, S. 182–199.

garischen Festung Sigeth im Jahre 1566 durch den osmanischen Herrscher Süleiman II. dar. Im Blankvers verfaßt, orientiert sich die Sprache in ihrem Heldenpathos an Schiller. Identifikationsfiguren sind die Ungarn um den Grafen Niklas von Zriny, die in einer aussichtlosen Situation auf Geheiß des Kaisers Maximilian II. und aus Vaterlandsliebe den militärisch überlegenen Osmanen in einer Art totalem Krieg trotzen. Am Anfang mag dies in den biblischen Spuren von David gegen Goliath angesiedelt sein, doch die Türken werden nicht durch davidische Klugheit besiegt, sondern in absoluter Opferbereitschaft zerstören die Ungarn zum Schluß lieber ihren eigenen Besitz und sich selbst, als sich lebend in die Hand des letztlich siegreichen Feindes zu geben. Der letzte Aufzug gipfelt in einem regelrechten Todesrausch.[135] Körners Trauerspiel entwickelte sich im 19. Jahrhundert zum gefeierten vaterländischen Befreiungsdrama.[136]

Etwa zwei Drittel dieses „Durchhalte-Dramas" gelten der Präsentation der Widerstandshelden, die sich zum Schluß gegenseitig umbringen, um nicht in die Hände des Feindes zu fallen. Ein Drittel des Dramas gilt der Schilderung der Gegenseite: Im türkischen Sultan Süleiman II., in der abendländischen Anpassung Soliman genannt, hat Körner ein verzerrtes Abbild Napoleons gezeichnet. Süleiman II. (1494–1566), der Große oder der Prächtige genannt, starb am 5. September 1566 bei der Belagerung Sigeths. Er hatte seinen Plan einer osmanischen Weltherrschaft mit so viel Konsequenz und Erfolg betrieben, daß das osmanische Reich unter ihm zu seiner höchsten Entfaltung kam. 1529 belagerte er Wien. Wie schon bei Werners *Attila* ist Napoleon hier wieder in Gestalt eines außereuropäischen, nicht-christlichen Gewaltherrschers porträtiert, der bestehende europäische Machtkonstellationen aushebelt.

Soliman und Zriny treffen in dem Drama niemals aufeinander. Die Welt um Zriny ist anachronistisch antifeudal gestaltet. Zriny verteilt seine Gunst nicht nach Abkunft, sondern nach militärischer Leistung: „Mir gilt ein Held mehr, als ein Fürstenmantel."[137] Soliman hingegen ist ein orientalischer Despot, der in störrischem Kindertrotz stets seinen Willen durchsetzen möchte und bei Widerspruch aus den eigenen Reihen mit Todesdrohungen winkt. Wie Napoleon stellt sich Körners Soliman in

---

[135] Vgl. hierzu Wolfgang Struck: Konfigurationen der Vergangenheit. Deutsche Geschichtsdramen im Zeitalter der Restauration. Tübingen 1997, S. 90–100.

[136] Vgl. Marijan Bobinac: Theodor Körner im kroatischen Theater, in: Porträts und Konstellationen. Deutschsprachig-Kroatische Literaturbeziehungen, hg. v. Marijan Bobinac (Zagreber Germanistische Beiträge) 11 (2003), S. 59–96.

[137] Theodor Körner: Zriny. Ein Trauerspiel in fünf Aufzügen, in: Ders.: Sämmtliche Werke. Ausgabe in einem Band. Leipzig o. J., S. 282.

eine Reihe großer historischer Herrscher und erhebt sich noch über das Weltreich Alexanders und das römische Imperium, weil diese nicht vergleichbare Feinde wie er gehabt hätten: „Was hat denn Alexander groß gemacht, | Was hat die Welt den Römern unterworfen? | Kein Kaiser Karl stand ihnen gegenüber, | Kein La Valette wehrte ihrem Sieg."[138] Autokratisch verkündet Soliman „dem Jahrhundert mein Gesetz".[139] Wie bereits in Werners *Attila* wird über die Antonomasie „Geißel Gottes" die napoleonische Deutbarkeit markiert.[140] Soliman ist krank, hadert mit seiner noch verbleibenden Lebenszeit und will um jeden Preis Sigeth so schnell wie möglich erstürmen, eine Gelegenheit für Körner, auf eine Menschenverachtung hinzuweisen, die er auch in Napoleon sah. Soliman bekennt rücksichtslos: „Daß Sigeth fallen muß, weiß ich auch; | Mir aber gilt der Augenblick, und sollt' ich | Mit Millionen Leben ihn erkaufen!"[141] Als ein ungarischer Gefangener Soliman todesmutig seine Verachtung entgegenschleudert, offenbart sich Solimans kühle Herrschernatur, die nicht einzelne Menschen haßt, sondern Völker als historische Subjekte und Gegner ausmacht.[142] Daß dies aber auch eine poröse Selbststilisierung Solimans ist, zeigt sich, als Zrinys Widerstand nicht weichen will. In einer Selbstansprache bekennt sich Soliman wider Willen von dem Todesmut der Gegner beeindruckt: „Bekenne dir's, du alter, grauer Held, | auf solche Kühnheit warst du nicht bereitet."[143]

Soliman versucht vergeblich, Zriny die kroatische Königskrone anzutragen, wenn dieser bereit wäre, Sigeth aufzugeben. Dem Bestechungs- folgt ein fingierter Erpressungsversuch, in dem Soliman Zriny übermitteln läßt, daß die Türken Zrinys (angeblich gefangengenommenen) Sohn bei weiterem Widerstand der Ungarn zu Tode quälen würden. Körners Soliman scheut nicht Lüge, Folter und Epressung als intrigante Mittel,

[138] Theodor Körner: Zriny (Anm. 137), S. 271. Mit La Valette ist hier Jean de Lavalette gemeint, der als Großmeister des Johanniterordens einer türkischen Belagerung Maltas standhielt. Dem zeitgenössischen Zuschauer mochte dies aber auch als ein Verweis auf die Gegenwart gedient haben, war doch Marie Chamans Graf Lavalette unter Napoleon Generalpostdirektor.

[139] Theodor Körner: Zriny (Anm. 137), S. 272.

[140] Der Großwesir Mehmed Soklowitsch apostrophiert Soliman: „Das Schwert des Allah nennt dich dein Jahrhundert, | Und Gottes Geißel nennet dich der Christ." (Theodor Körner: Zriny [Anm. 137], S. 274).

[141] Theodor Körner: Zriny (Anm. 137), S. 301. Später schleudert Soliman dem Ungarn Vilacky entgegen: „Christ, Menschen achten hab' ich längst verlernt." (S. 305)

[142] „Bild'st du dir ein, ich ließe mich herab, | Den Einzelnen zu hassen? Stolzer Träumer! | Ich zähle nie die Tropfen meiner Meere; | Mein Kaiserhass trifft nur das Volk als Volk." (Theodor Körner: Zriny [Anm. 137], S. 303).

[143] Theodor Körner: Zriny (Anm. 137), S. 305.

um zum politischen Erfolg zu gelangen. Aus heutiger Perspektive mag aber eher Zrinys Reaktion erschrecken als Solimans Gerissenheit. Zriny läßt Soliman ausrichten: „Die Ehre gelt' ihm mehr als eine Krone, | Das Vaterland mehr als des Sohnes Leben!“[144] Zrinys alles aufs Spiel setzender Widerstand wirft den schon kranken Soliman aufs Totenbett. Im Angesicht des Todes hält Soliman Rückschau auf sein Leben und entwirft selbstherrlich das Bild eines rücksichtslosen Genies der Tat, das sich aus eigener Kraft heraus der Geschichte eingeschrieben und über das Schicksal gesiegt hat:

Ich hab gekämpft, genossen und bezwungen;
Den Augenblick hab' ich mit Blut erkauft,
Und seine ganze Wollust ausgekostet;
Mein Thatenruf hat rings die Welt durchbebt,
Der Mitwelt Furcht und Zittern aufgedrungen,
Der Nachwelt ihre Stimme abgetrotzt
Und sich die Bahn zur Ewigkeit gebrochen!
Daß ich auf Trümmern und auf Leichen ging,
Daß ich Millionen in den Tod geschmettert,
Wenn's mein Gelüsten galt, das mag der Wurm,
Der unter mir im Staube sich gewunden,
Der Welt erzählen; sein Gekrächz verstummt;
Das Große bleibt nur ewig, unvergessen,
und hat kein Ende in dem Grab der Welt![145]

Die Verbendichte dieser Passage, in der fast jeder Vers mit einem Verbum schließt, illustriert Solimans Anspruch auf weltumspannende Handlung. Sein „Thatenruf“ kontrastiert (aus seiner Sicht) mit einer handlungsunfähigen Umwelt. Die Sorge um den Nachruhm mündet in Selbstvergöttlichung, die aber auch das Bewußtsein des erniedrigenden Endes nicht kompensieren kann. Nicht in der Schlacht, sondern psychisch vom Feind zermürbt in seinem Zelt zu sterben, demütigt Soliman. Als ein Gesandter die Nachricht von einem Etappen-Sieg der Ungarn überbringt, stirbt Soliman mit der militärischen Direktive „Stürmt! – Stürmt!“ auf den Lippen.[146]

Es ist aber nicht nur Zrinys Opferbereitschaft, die Solimans Tod verantwortet, sondern ein über der Handlung dräuendes Schicksal, das von

[144] Theodor Körner: Zriny (Anm. 137), S. 313. Zur ideologiekritischen Auseinandersetzung mit Zrinys kompromißlosem Nationalismus vgl. Horst Denkler: Restauration und Revolution. Politische Tendenzen im deutschen Drama zwischen Wiener Kongress und Märzrevolution. München 1973, S. 74.

[145] Theodor Körner: Zriny (Anm. 137), S. 316.

[146] Theodor Körner: Zriny (Anm. 137), S. 318.

den Türken ängstlich geahnt und von den Ungarn wacker beschworen wird. „Allah's Finger“, die „Ahnung“, das „Schicksal“ und das „Geschick“ geistern als geschichsdeterminierende Macht durch Körners Drama.[147] Nicht so sehr Zrinys Durchhaltewillen und Solimans Hybris bestimmen die Handlung, sondern es ist ein Gerechtigkeit übendes Schicksal, eine Nemesis, die Soliman ereilt. Soliman meint zwar, über das Schicksal gebieten zu können: „Ich darf mich nicht des Glückes Liebling schelten, | Ich hab's mit Kraft dem Schicksal abgetrotzt, | Was es dem Bittenden verweigern wollte“.[148] Aber sein Sieg über das Schicksal ist nur dilatorisch. Am Ende muß auch er dem Schicksal weichen, das ihn zum Untergang bestimmt.

Im Januar 1813 erschien eine dramatische Flugschrift August von Kotzebues mit dem barocken Titel *Der Flußgott Niemen und Noch Jemand. Ein Freudenspiel in Knittelversen mit Gesang und Tanz; aufgeführt auf dem Theater zu Reval zur Feier des Freudenfestes, als die letzten Ueberreste der fliehenden Franzosen von den tapfren Russen wieder zurück über den Niemen gejagt wurden, im December 1812*. Während der Aufstieg Napoleons bei seinen literarischen Gegnern gattungstypologisch Tragödien provoziert hatte, folgten Napoleons Abstieg nach seinem Rußlandfeldzug hämische Possen. Kotzebues schadenfrohes „Freudenspiel“ ist ein repräsentatives Beispiel hierfür. Napoleons Rückkehr aus Rußland wird in eine mythologische Szene gekleidet, in welcher der Flußgott Niemen Napoleon die Flußüberquerung beschwerlich macht. Napoleon selbst wird nicht namentlich genannt, sondern adverbial degradiert zu einem anonymen „Noch Jemand, ein französischer Feldherr“.[149] Dieser in seiner Niederlage noch hochmütige „Noch Jemand“ muß dem Flußgott vom Brand Moskaus erzählen. Nachdem der Flußgott sich weigert, Napoleon überzusetzen, bittet Napoleon vier russische Fährleute vergebens um eine Überfahrt. „Ein Jude“ erklärt sich schließlich gegen Lohn zur Überfahrt bereit, aber bevor man beginnt, Kotzebues Antisemitismus zu registrieren, erklärt der Jude schon *a parte*, daß er Napoleon auf dem Fluß ertrinken lassen will. Auch in diesem kurzen 16seitigen

---

[147] Vgl. etwa Theodor Körner: Zriny (Anm. 137), S. 276, 286f.

[148] Theodor Körner: Zriny (Anm. 137), S. 271.

[149] August von Kotzebue: Der Flußgott Niemen und Noch Jemand. Ein Freudenspiel in Knittelversen mit Gesang und Tanz, aufgeführt auf dem Theater zu Reval zur Feier des Freudenfestes, als die letzten Ueberreste der fliehenden Franzosen von den tapfren Russen wieder zurück über den Niemen gejagt wurden, im December 1812, in: Ders.: Theater. Bd. 40. Wien und Leipzig 1841, S. 166.

Gebrauchstext geistert wieder der Schicksalsbegriff umher. Der Flußgott Niemen blickt zurück, wie Napoleon „mit Fortunens Rade | Freiheit und Tugend so lange zermalmt" hat. Napoleon hatte vor dem Feldzug verkündet: „Das Schicksal Rußlands wird' erfüllet", worauf der Flußgott nach dem Feldzug resümiert: „Das Schicksal ist so übel nicht."[150] Nach der Völkerschlacht bei Leipzig ließ Kotzebue eine Fortsetzung erscheinen: *Noch Jemands Reise-Abenteuer. Eine heroische Tragi-Komödie*, in der Napoleon von den Geistern Rübezahls, Gustav Adolfs, Libussas, des von Napoleon hingerichteten Buchhändlers Palm und Andreas Hofers heimgesucht wird.[151]

Friedrich Rückert hat die Befreiungskriege nicht nur mit seinen *Geharnischten Sonetten* begleitet, sondern auch eine allegorische Komödie gegen Napoleon unter seinem sprechenden Pseudonym Freimund Reimar veröffentlicht. Geplant hatte Rückert drei Teile, erschienen sind zwei Einakter: 1815 *Napoleon und der Drache*, 1818 *Napoleon und seine Fortuna.* Die Komödie spöttelt nicht nur über Napoleon, sondern rechnet auch mit dem Schicksalsdrama ab, kann also sowohl als eine Politik- als auch als eine Literatursatire verstanden werden. *Napoleon und der Drache* erläutert Napoleons Aufstieg in allegorischen Bildern: „Der Geist der Zeit" unterhält sich mit „Korsika, einem Weibsbild". „Der Geist der Zeit" erklärt Korsika ihren Traum, in dem sie einen Vulkan geboren hatte, als eine Vorausdeutung auf Napoleons Erscheinen. Träume wic dieser werden mit Orakeln, Gestirnständen und Ahnungen abgeglichen, ein persiflierender Seitenhieb auf die Bedeutung, die solchen Aspekten im Schicksalsdrama zugemessen wurden. Die Revolution wird von einem Drachen verkörpert, der von „Freiheit" und „Gleichheit", „zwey Dirnen", mit bourbonischen Lilien gefüttert wird. Napoleon erscheint, um Frankreich von diesem Drachen zu erlösen. Er stilisiert sich als ein Bote des Schicksals: Es „hat mich übers Meer gesendet, euch zur Rettung das

---

[150] August von Kotzebue: Der Flußgott Niemen und Noch Jemand (Anm. 149), S. 167, 170. Vgl. hierzu auch die ansonsten analytisch unscharfe Untersuchung von Siegfried E. Heit: Napoleon and the German Intellectuals (Anm. 5), S. 138f.

[151] August von Kotzebue: Noch Jemands Reise-Abenteuer. Eine heroische Tragi-Komödie. Seitenstück zum Flußgott Niemen und noch Jemand, in: Ders.: Theater (Anm. 149), S. 183–218. Ebenfalls 1813 erschienen: Noch Jemands Rasereien auf Korsika. Eine Vision – Anhang zu Noch Jemands Reiseabentheuern von August von Kotzebue. Riga und Leipzig 1813. Eine weitere komödiantische Auseinandersetzung mit Napoleon bietet August von Kotzebue: Possen, die Zeit beachtend bey Gelegenheit des Rückzuges der Franzosen. – Seitenstück zum Flußgott Niemen. O. O. 1813. Und schließlich ders.: Der Flußgott Rhein und Noch Jemand. Ein Freudenspiel aus den Tagen der Erlösung. Gegenstück zum Flußgott Niemen. O. O. 1814.

Geschick, | Daß ihr ihm und mir vertrauet, weil ich dessen Diener bin."[152] Napoleon hext den Drachen auf Wurmesgröße, ißt ihn auf und kommentiert dies: „Hiermit bracht' ich die französche[!] Revolution zum Ziel."[153] Allein, die Revolution bereitet Napoleon gewisse Verdauungsprobleme, und ihm ist nach Feuerspeien zumute. Napoleon verlagert die verinnerlichte revolutionäre Kraft von der Innen- in die Außenpolitik.[154]

Der zweite Teil der allegorischen „politischen Komödie" intensiviert den Bezug zur Schicksalsthematik, sind doch *Napoleon und seine Fortuna* verheiratet. Das Unheil nimmt allerdings seinen Lauf, als er Fortuna verläßt, um mit „Stand" einen Sohn namens „Ruhm" zu zeugen, zur Welt gebracht von der mit französischem Akzent sprechenden „Hebamme Politik". Fortan spinnt Fortuna nicht mehr am Glücksfaden Napoleons. Napoleon sagt sich von seinem Glück in einem Brief los. Napoleon schreibt Fortuna:

> Ich konnte, trotz all deinem Spinnen,
> Doch keinen Namen mir gewinnen,
> Als daß die Welt mich hinterrücks
> Stets nur nannt' einen Mann des Glücks.
> […]
> Nun will ich anders seyn genannt,
> Kein Mann des Glücks, ein Mann von Stand.[155]

Das Verlangen nach Stand und Ruhm bringt Napoleon keinen Erfolg. Europa kehrt sich von ihm ab. Am Ende von Rückerts Einakter ruft Napoleon verzweifelt nach seiner Fortuna, die bleich erscheint. Mittlerweile spinnt sie an ihrem eigenen Leichentuch und kann Napoleon nicht mehr helfen: „Für dich lief meine Spule ab, durch deine Schuld."[156] Napoleon endet in Schmach und Elend, Fortuna läßt ihm nicht einmal ein Büschel ihres Haares, an dem sich Napoleon zu erdrosseln gedachte. Rückerts allegorisches Feuerwerk gewinnt seinen Reiz durch die doppelte politische wie ästhetische Stoßrichtung. Die Schicksalstümelei des deutschen Dramas wird mindestens ebenso scharf kritisiert wie der mittlerweile nach St. Helena verbannte Napoleon.

---

[152] Friedrich Rückert: Napoleon. Politische Komödie in drey Stücken. Erstes Stück: Napoleon und der Drache. Stuttgart und Tübingen 1815, S. 38.

[153] Friedrich Rückert: Napoleon (Anm. 152), S. 50.

[154] „Feuer muß gespien werden! Nun so sey es denn gespien, | Zu der Schonung eures Landes, hin auf feindliches Gebiet." (Friedrich Rückert: Napoleon [Anm. 152], S. 56).

[155] Friedrich Rückert: Napoleon. Politische Komödie. Zweytes Stück: Napoleon und seine Fortuna. Stuttgart und Tübingen 1818, S. 10f.

[156] Friedrich Rückert: Napoleon (Anm. 155), S. 90.

Rückerts Kritik hielt die Schicksalsdramatiker allerdings nicht davon ab, sich weiter in dunklen Farben Napoleons Fatum anzunehmen. 1817 erschien Adolph Müllners Drama *König Yngurd*; entstanden war es 1815, „in den letzten Monden einer heroisch-tragischen Geschichtsepoche".[157] Carl Maria von Weber komponierte eine Bühnenmusik, Karl Friedrich Schinkel entwarf das Bühnenbild. Das fünfaktige Trauerspiel ist in Norwegen in der „fabelhafte[n] Heldenzeit des Norden [...] 900 bis 1000 Jahr vor der christlichen Zeitrechnung" angesiedelt.[158] Zumeist im Blankvers gehalten, setzt Müllner Reime ein, um entscheidende Stellen zu betonen. Das Drama schildert das tragische Ende von Yngurd, der, als Sohn von Bauern geboren, schließlich durch militärische Erfolge und die Hand der Königstochter zum König der Normannen aufstieg. Die Legitimität nicht monarchisch vererbter Herrschaft steht zur Debatte. Yngurd ist kein Schurke, aber das Schicksal scheint gegen ihn als Herrscher zu agieren. Zwar meinen seine Gegner, Yngurd sei ein Auserwählter des Schicksals;[159] aber diese Fremdwahrnehmung täuscht. Vorbedeutende Träume, Kometen, Meteore und Blitzeinschläge bezeugen, daß Yngurds Herrschaft nicht mit dem Schicksal im Reinen ist.

Yngurd selbst ist weit entfernt von der Bösartigkeit und Hintertriebenheit, mit der Körner seinen Soliman ausgestattet hatte. Aber das Volk liebt ihn nicht, und seine Gefolgsleute verraten ihn und laufen zum Feind über.[160] Als er des Verrats gewahr wird, ruft Yngurd in seiner Verzweiflung schließlich Satan um Hilfe an. Dies ist eine Affekthandlung, die er bald bereut, aber er siegt nun wider Willen im Kampf mit Satans Hilfe. Gegenüber seiner Gattin reflektiert Yngurd diesen zweifelhaften Sieg:

> [...] Den Satan rief ich an um Sieg;
> Er gab ihn mir, wie Satan pflegt zu geben:
> Den Namen statt der Sache, um das Haupt
> Den Lorbeer, um die Brust der Schlange Knoten.
> [...]
> Die Menschheit stand mir feindlich gegenüber.
> Mit ihr, so wähnt' ich, hatt' ich's auszufechten,
> Mit ihr um Egrösunds Verrath zu rechten,

---

157 Adolph Müllner: König Yngurd. Trauerspiel in fünf Akten. In: Ders.: Dramatische Werke, Bd. 3. Braunschweig 1828, unpaginierte Widmung an „Seine[] Majestät de[n] König von Sachsen, Friedrich August de[n] Gerechten".

158 Adolph Müllner: König Yngurd (Anm. 157), S. 4.

159 So bekennt Alf, König der Dänen: „Nicht Yngurd fürcht' ich, aber Yngurds Glück. | Von seiner Wieg' an ist's mit ihm im Bunde." (Adolph Müllner: König Yngurd [Anm. 157], S. 71).

160 Den Zeitgenossen konnte dies ein Hinweis auf Marschall Ney sein, der nach Napoleons Verbannung nach Elba unter den Bourbonen diente.

Und um des Normanns unbeständg'en Sinn,
Der darin nur beharrlich ist, zu merken,
Daß ich aus niederm Stamm entsprossen bin,
Und daß mein Recht beruht in meinen Werken.[161]

Auch mit der Königsherrschaft hat Yngurd nur „den Namen statt der Sache". Das Gottengnadentum hat ihm immer gefehlt. Militärischer Erfolg bringt zwar dem „Haupt | Den Lorbeer", aber Verdienst der „Werke" genügt in dieser dunklen nordischen Mythenwelt von Müllners Drama nicht, um legitimer Herrscher zu sein. Yngurd fordert das Schicksal heraus und unterliegt. Müllner läßt seinen Protagonisten langsam dies einsehen. Zu Beginn des Dramas ist Yngurd noch überzeugt, daß das Schicksal ihm nicht nur hold ist, sondern ihn auf seinem Weg geführt hat.[162] Aber sein Unglück lehrt ihn eines besseren und läßt ihn regressiv spekulieren:

Oh, daß ich Bauer, wie mein Vater, wär!
Daß ich mein dankbar Vieh zur Weide führte,
Und meinen Pflug statt dieses Volks regierte!
Der Saam, in das gefurchte Land gestreut,
Bringt funfzigfältig Früchte: was ist mir,
Der Thaten säte auf das Feld der Zeit,
Die mit Bewunderung die Welt durchdrangen –
Was ist daraus für Frucht mir aufgegangen?
Der Haß, der Neid, die giftige Begier,
Vom Firmament den Stern herabzureißen,
Weil fremde Zonen ihn den ersten heißen.[163]

Yngurd sehnt sich nach seinen bäuerlichen Ursprüngen zurück und demonstriert so das restaurative Ideal einer statischen Gesellschaft, in der jeder durch Geburt an seinem vorbestimmten Platz steht. Eine vertikale Durchlässigkeit zwischen den Ständen ist in einem solchen Modell unerwünscht. In der Ackerbaumetaphorik illustriert dieser Monolog, daß der aktuelle Erfolg als „Saat" nicht überzeitlichen Ruhm einer „Ernte" einbringt. Das Drama baut zwei Gegenspieler Yngurds auf, die legitime Herrschaft repräsentieren: Alf, legitimer König der Dänen, führt Yngurd vor Augen, was legitime Herrschaft bedeutet. Aber auch Yngurds Antagonist Alf ist von Müllner nicht als charismatische Figur gezeichnet. Alf

---

161 Adolph Müllner: König Yngurd (Anm. 157), S. 168f.

162 „Auf des Lebens Höhn | Hat mich das Schicksal – hat mich Gott gerufen, | Und – abgebrochen hinter mir die Stufen, | Gält's eine Welt, ich kann zurück nicht gehen" (Adolph Müllner: König Yngurd [Anm. 157], S. 96f.).

163 Adolph Müllner: König Yngurd (Anm. 157), S. 192f.

zeigt Angst und Schwäche, und doch ist er rechtens Herrscher. Eine weitere monarchisch legitimierte Figur ist der jugendliche Oskar, der Halbbruder der Königin Irma. Er ist zu Beginn des Dramas ein handlungsunfähiger Schwärmer und verträumter Künstler[164]. Aber das Volk liebt ihn und erkennt in ihm den rechtmäßigen Nachfolger Ottfrieds. Oskar wird trotz seiner Verträumtheit handlungsmächtig. Das Drama illustriert an diesen Lebensläufen, daß nicht die menschliche Selbsteinschätzung, sondern die gottgewollte Stellung in der Gesellschaft entscheidend für den letztendlichen Erfolg sind. Oskar mag sich für einen Träumer halten, er ist aber zum Herrschen bestimmt. Und Alf mag ängstlich sein, aber das Gottesgnadentum verleiht ihm dann den nötigen Mut. Yngurd muß dies anerkennen; er läßt laut Regieanweisung „das Schwert sinken und sieht Alf mit dem Ausdruck der Zuneigung an" und spricht zu ihm:

> Du Glücklicher, der Herrscher ward genannt,
> Als er die Welt mit Weinen kaum begrüßt!
> Du bist so menschlich-königlich gesinnt,
> Du bist so Eins mit deiner Fürstenwürde,
> Und trägst so leicht der Herrschaft schwere Bürde,
> Daß ich sie legen möcht' in deine Hand,
> Wär' Irma nicht mein Weib und Ottfrieds Kind.[165]

„Fürstenwürde" vermag in Müllners Drama nur der auszufüllen, der von Geburt dazu bestimmt ist. Erst wenn man den vorbestimmten Platz in der Gesellschaft ausfüllt, scheint Glück möglich zu werden. Yngurd sieht dies resignierend ein. Mit seiner Ansprache an Alf revidiert Yngurd im Optativ seine Selbstermächtigung. Als seine Frau Irma und seine Tochter Asla den von Yngurd verschuldeten Schicksalswirrungen zum Opfer fallen, stürzt Yngurd sich in einen letzten Kampf, noch einmal siegreich, um dann unbewehrt in einen gegnerischen Speer zu laufen. Auf dem Totenbett übergibt er seine Krone an Alf, nimmt ihm das Versprechen ab, sich um die Normannen zu kümmern und stirbt mit der Unterwerfungsgeste auf den Lippen: „Ihr [i.e. der Normannen] König stirbt als euer Unterthan."[166] Das Plädoyer für eine statische Gesellschaft führt Napoleon in der Maske Yngurds als größten Sünder vor, der aber die Sünde seiner

---

[164] „Was mir an Kraft ward, wendet sich nach innen. | Und unter Skalden nur bin ich ein Held. | In einem Reich von Bildern und von Tönen | ringt Geist und Herz dem Großen nach, und Schönen, | Und meine Thaten sind – Gesang und Thränen." (Adolph Müllner: König Yngurd [Anm. 157], S. 86f.).

[165] Adolph Müllner: König Yngurd (Anm. 157), S. 252f.

[166] Adolph Müllner: König Yngurd (Anm. 157), S. 262.

Emanzipation einsieht und sterbend die Berechtigung des Gottesgnadentums konzediert. Adolph Müllners Restaurationsdrama, dem König von Sachsen gewidmet, dichtet eine vorrevolutionäre Welt zurecht, in der ein jeder Napoleon seine gerechte Strafe vom Schicksal erhält. In der Maske der nordisch vorchristlichen Welt versucht Müllner, die Bruchstücke des *ancien régime* wieder zusammenzukitten. Die Absicht wurde registriert und gewürdigt: Friedrich Wilhelm III. ernannte Müllner nach dem Aufführungserfolg von *König Yngurd* zum Königlich Preußischen Hofrat.

4. Apokalypse 1813
E. T. A. Hoffmanns Erzählung *Die Vision auf dem Schlachtfelde bei Dresden*[167]

Den politischen Gegner zur Macht des Bösen zu erklären, hat eine lange literarische Tradition. Es war eine weitverbreitete rhetorische Strategie in der Publizistik der Befreiungskriege, Napoleon zum Satan oder zur Inkarnation des Bösen schlechthin zu dämonisieren. Die Verteufelung des Gegners und die Sakralisierung des Krieges trugen appellativen Charakter und sollten den eigenen Kampf legitimieren. Ernst Moritz Arndt fundamentalisierte den Krieg gegen Napoleon darüber hinaus zum Entscheidungskampf um die Zukunft der Welt:

> Dieser Krieg, der jetzt beginnt, ist ein heiliger und gerechter Krieg für die Religion, für die Freiheit und Ordnung der Welt gegen die Verruchtheit, Tyrannei und Gewalt […]. Es gilt der große Kampf mit dem Bösen, der jetzt beginnen soll, nicht allein eurem Vaterlande, eurer Religion, eurer Freiheit, eurer Sitte und Sprache, nein, es gilt der Ehre und Freiheit der Welt: es ist das Böse gegen das Gute zu Felde gezogen, es ist, als ob Satan sich zum zweitenmal gegen Gott empören und im schnöden Frevelmut die Werke seiner Herrlichkeit zerstören wollte.[168]

Theodor Körner auratisierte das politisch-militärische Geschehen zum „Kreuzzug, 's ist ein heil'ger Krieg"; der Kampf gegen Napoleon war für ihn eine Angelegenheit, bei der „der Himmel hilft, die Hölle muß uns weichen!"[169] Heinrich von Kleist wetterte gegen den „Höllensohn[]" Na-

---

[167] E. T. A. Hoffmanns kurze Erzählung habe ich an anderer Stelle bereits analysiert; vgl. Barbara Beßlich: Apokalypse 1813. E. T. A. Hoffmanns *Vision auf dem Schlachtfelde bei Dresden*, in: E. T. A. Hoffmann Jahrbuch 11 (2003), S. 60–72.

[168] Ernst Moritz Arndt: Was bedeutet Landsturm und Landwehr, in: Ders.: Werke (Anm. 77), Bd. 10: Kleine Schriften, hg. v. Wilhelm Steffens. Berlin und Leipzig o. J., S. 171–186, hier S. 184 f.

[169] Theodor Körner: Aufruf, in: Ders.: Sämmtliche Werke (Anm. 137), S. 14 f.

poleon.[170] Zeitgenössische Karikaturen zeigten Napoleon als „Roten Teufel“ oder verbildlichten „Napoleons Ankunft in der Unterwelt“.[171]

Die Apokalypse spielte für die Erzählstruktur und als Bildspender für politisch-propagandistische Texte im Befreiungskrieg eine bedeutende Rolle.[172] Nach dem Muster der *Offenbarung des Johannes* ließ sich die aktuelle politische Situation mit deren Handlungsablauf von Untergang und Neubeginn interpretieren. Aus Unterdrückung sollte Befreiung erwachsen. Einer defizienten Gegenwart voll Elend, Schmerz und Tod wurde eine vollkommene Zukunft in Glück, Freude und Leben entgegengestellt. Die dichotomische Struktur der Apokalypse verschmolz mit dem politischen Freund-Feind-Antagonismus. Im Entwurf eines absoluten Feindes wurde in der Umkehr auch ein gewünschtes Selbstbild erkennbar. Die Diffamierung des Anderen diente dazu, sich der eigenen Identität zu vergewissern und national zu profilieren.[173] Religion und Nationalismus beliehen sich dabei gegenseitig.[174] Das Fremde wurde als böse, verdorben und unrein stigmatisiert, das Eigene als gut, echt und rein idealisiert. In einer ausgefeilten Licht-Metaphorik stand klare Helle gegen opakes Dunkel. Aus der metonymischen Opposition von der „Hure Babylon“ und dem „neuen Jerusalem“ in der *Offenbarung des Johannes* ließ sich analog ein Gegeneinander von Paris und Berlin formieren.[175] Die Heilsgewißheit des biblischen Textes verwandelte sich in militärische

[170] Heinrich von Kleist: Germania an ihre Kinder (4. Fassung), in: Ders.: Sämtliche Werke und Briefe Kleists (Anm. 98), Bd. 1. München 1964, S. 55.

[171] Vgl. die Abbildungen bei Sabine und Ernst Scheffler: So zerstieben geträumte Weltreiche. Napoleon I. in der deutschen Karikatur. Stuttgart 1995, S. 179, 183. Vgl. auch: Napoleon I. im Spiegel der Karikatur, hg. v. Hans Peter Mathis. Zürich 1998.

[172] Vgl. Klaus Vondung: Die Apokalypse in Deutschland. München 1988, S. 26 ff., 152–161, der dies exemplarisch an Ernst Moritz Arndts *Geist der Zeit* vorführt. Peter Philipp Riedl: „Hört den Antichrist erschallen ...“. Die Bibel als Kampfschrift in der antinapoleonischen Propaganda, in: Das Buch der Bücher. Beiträge zum Verhältnis von Bibel, Religion und Literatur, hg. v. Bettina Knauer. Würzburg 1997, S. 41–68.

[173] Hierzu vor allem Michael Jeismann: Das Vaterland der Feinde (Anm. 94). Ders.: „Feind“ und „Vaterland“ in der frühen deutschen Nationalbewegung 1806–1815, in: Volk – Nation – Vaterland, hg. v. Ulrich Herrmann. Hamburg 1996, S. 279–290.

[174] Vgl. Hasko Zimmermann: Auf dem Altar des Vaterlands. Religion und Patriotismus in der deutschen Kriegslyrik des 19. Jahrhunderts. Frankfurt a. M. 1971, S. 11–70. Erich Pelzer: Die Wiedergeburt Deutschlands 1813 und die Dämonisierung Napoleons, in: „Gott mit uns“. Nation, Religion und Gewalt im 19. und frühen 20. Jahrhundert, hg. v. Gerd Krumeich u. Hartmut Lehmann. Göttingen 2000, S. 135–156.

[175] So etwa bei Friedrich Rückert: Geharnischte Sonette, Nr. 18, in: Ders.: Gesammelte poetische Werke in zwölf Bänden, Bd. 1. Frankfurt a. M. 1868, S. 15: „Den euer Feind in seines Babels Sitze | Hat aufgerichtet an der Seine Strande“; oder Max von Schenkendorf: Brief eines Vaters nach Paris, in: Ders.: Gedichte, hg. v. A. Hagen.

Siegeshoffnung. Die kriegerische Gewalt wurde dabei zur eschatologischen Notwendigkeit, um das Böse vernichten und aus der Immanenz in die Transzendenz wechseln zu können.[176]

In solchen apokalyptischen Ästhetisierungen des Kriegsgeschehens wurde Napoleon zum Antichristen, zum Teufel und Satan verbildlicht. Gattungstypologisch nutzte besonders die Lyrik der Befreiungskriege die Symbolsprache der *Offenbarung* als metaphorisches Repertoire.[177] Achim von Arnim warnte vor dem französischen Kaiser: „Hört den Antichrist erschallen", Theodor Körner war sich in Bezug auf Napoleon sicher: „Der Teufel muß erliegen", und Ernst Moritz Arndt urteilte über die politischen Herrschaftsverhältnisse in Deutschland: „Der Satan drückt uns nieder."[178] Daß eine solche apokalyptische Auslegung der gegenwärtigen politischen Situation nicht nur eine Angelegenheit der Kriegslyrik national erregter Schriftsteller war, sondern allgemein grassierte, belegt ein Brief des Malers Friedrich Meier vom 11. November 1805 in Dresden an Wilhelm von Gerlach in Berlin. Meier ironisiert dort die Suche nach wörtlichen Entsprechungen und die Bereitschaft zur unmittelbar vergegenwärtigenden Exegese:

Hier indessen liest jetzt alle Welt die Offenbarung Johannis, wo sie von Bonaparte alles haarklein vorausprophezeit findet. Neulich treffe ich meinen Wirt dabei, der sucht und sagt, selbst der Name sollte drin stehen. Gleich den Tag drauf sagte mir Ferdinand Olivier: Hast Du denn noch nicht nachgelesen, es ist sonderbar, es paßt alles, und selbst der Name Apoleon. Mir, einem großen Griechen, fiel das gleich auf, und ich sagte, das wäre vermutlich ein griechisches Partizip von *apoléo*, eine Form neben *apóllymi*, das der Zerstörende, Verderbende heiße. Nun sehe ich nach, da steht, nachdem gesagt ist, es wären auf das Posaunen eines Engels Heu-

---

Stuttgart 1862, S. 265: „Bis an Babels Mauern reichen | Soll das ernste deutsche Wort".

[176] Zur Struktur apokalyptischer Texte vgl. Jacques Derrida: Apokalypse, hg. v. Peter Engelmann. Graz, Wien 1985. Jürgen Brokoff: Die Apokalypse in der Weimarer Republik. Bonn 2001, S. 15–30.

[177] Vgl. etwa schon Oskar Richter: Die Lieblingsvorstellungen der Dichter des deutschen Befreiungskrieges. Leipzig 1909. Karl Scheibenberger: Der Einfluß der Bibel und des Kirchenliedes auf die Lyrik der deutschen Befreiungskriege. Gelnhausen 1936. Ernst Weber: Lyrik der Befreiungskriege (1812–1815). Gesellschaftspolitische Meinungs- und Willensbildung durch Literatur. Stuttgart 1991 (Germanistische Abhandlungen, 65).

[178] Achim von Arnim: Der Stralauer Fischzug, in: Ders.: Werke in fünf Bänden. Bd. 5: Gedichte, hg. v. Ulfert Ricklefs. Frankfurt a. M. 1994, S. 691. Theodor Körner: Oestreichs Doppeladler. Als ich verwundet nach Oestreich zurückkehrte, in: Ders.: Sämmtliche Werke (Anm. 137), S. 26. Ernst Moritz Arndt: Ermunterungslieder vor der Schlacht, in: Ders.: Werke (Anm. 77) Bd. 1: Gedichte, hg. v. August Leffson. Berlin, Leipzig o. J., S. 116.

schrecken aus dem Rauch der Tiefe entstanden (die gräßlich beschrieben werden): und hatten über sich einen König, deß Namen heißt auf Hebräisch Abbadon, und auf Griechisch hat er den Namen Apollyon. Das ist ja noch klarer das Partizip *apollýon*. Ich möchte nur wissen, was Abbadon auf Hebräisch heißt. Eine halbe Stunde habe ich gelacht, daß das dumme Volk in Apollyon ganz deutlich Napoleon findet.[179]

Die Literatur greift diese millenaristische Exegese auf und formt sie zum künstlerischen Mittel um, bei dem es dann nicht mehr um die reale Erwartung des Antichristen geht (wie etwa in den apokalyptischen Lehren des Joachim von Fiore), sondern um eine Aussageverstärkung durch religiöse Bildkraft. Napoleon wird so in der apokalyptischen Deutung der Deutschen in der Zeit der Befreiungskriege zur Schlange oder zum teuflischen Drachen stilisiert. Diese Verbildlichung zum Tier bezog sich auf die Stelle der *Offenbarung*, in der der Gegner Gottes als der „große Drache, die alte Schlange, die da heißt: Teufel und Satan, der die ganze Welt verführt" (Offenbarung 12, 9), beschrieben wird. Ernst Moritz Arndt prognostizierte dementsprechend: „Es floh die giftige Schlange" und formulierte einen „Spruch der Rache: | Heute falle, falscher Drache", und Theodor Körner hoffte: „Vor deinem Schwerte sinkt der Drache".[180]

Um so bemerkenswerter ist E. T. A. Hoffmanns knappe antinapoleonische Erzählung *Die Vision auf dem Schlachtfelde bei Dresden*, da sie zwar auch die Apokalypse intertextuell beleiht, aber sie an entscheidender Stelle variiert. Hoffmanns literarischer Beitrag zum Befreiungskrieg übernimmt nicht die übliche propagandistische Verteufelung Napoleons, sondern läßt den teuflischen Drachen selbst im Verbund mit Gott in den Kampf gegen Napoleon eintreten. Hoffmanns zwei Welten, die das Alltägliche und das Wunderbare gegenüberstellen, werden hier ins Politische und Religiöse transponiert: Geschichte und Ewigkeit stehen sich gegenüber, politische Gegenwart und jüngstes Gericht werden gegenein-

---

179 Brief Friedrich Meiers an Wilhelm von Gerlach vom 11. November 1805, in: Deutschland unter Napoleon in Augenzeugenberichten (Anm. 45), S. 50. Die entsprechende Stelle in der *Offenbarung* lautet: Die Heuschrecken „hatten über sich einen König, den Engel des Abgrunds; sein Name heißt auf Hebräisch Abaddon und auf Griechisch hat er den Namen Apollyon." (Offenbarung 9, 11) Vgl. Gerhard Graf: Gottesbild und Politik. Eine Studie zur Frömmigkeit in Preußen während der Befreiungskriege 1813–1815. Göttingen 1993 (Forschungen zur Kirchen- und Dogmengeschichte, 52), S. 14. Sowie Klaus Vondung: Apokalypse in Deutschland (Anm. 172), S. 155 f.; Karl Scheibenberger: Der Einfluß der Bibel und des Kirchenliedes auf die Lyrik der deutschen Befreiungskriege (Anm. 172), S. 37 f.

180 Ernst Moritz Arndt: Die Feier des 18. des Weinmonds 1814, in: Ders.: Gedichte. Vollständige Sammlung. Berlin 1860, S. 288 f. Theodor Körner: Unsere Zuversicht, in: Ders.: Sämmtliche Werke (Anm. 137), S. 27.

ander gesetzt. Die Realität der preußischen Niederlage wird mit der Vision von Napoleons apokalyptischer Bestrafung konfrontiert. Reales Sein und gewünschtes Sollen werden erzählerisch nebeneinander gesetzt und ineinander verwoben, um beim Leser die Bereitschaft zu erzeugen, die Wirklichkeit zu ändern. *Die Vision auf dem Schlachtfelde bei Dresden* soll den gegen Napoleon Kämpfenden Tröstung vermitteln und zum weiteren Kampf motivieren. Wie die *Offenbarung des Johannes* fungiert E. T. A. Hoffmanns Erzählung als Sendschreiben, trägt appellativen Charakter und soll die Verzagten im Kampf gegen einen übermächtigen Feind stärken.

Hoffmanns Erzählung ist bisher kaum in der Forschung beachtet worden. In der älteren Forschung finden sich lediglich knappe Hinweise auf die apokalyptische Skizze.[181] Die Kommentare und Anmerkungen von Friedrich Schnapp in der Münchener Winkler-Ausgabe und von Hans-Joachim Kruse in der (Ost-)Berliner Ausgabe helfen, den Text in einen werkbiographischen Kontext einzuordnen.[182] Den wichtigsten Forschungsbeitrag zur *Vision auf dem Schlachtfelde bei Dresden* bildet das Nachwort von Hartmut Steinecke im Nachdruck der Erstausgabe, das detailliert die Entstehungs- und Veröffentlichungsgeschichte von Hoffmanns Erzählung nachzeichnet.[183] Michael Rohrwasser zitiert die *Vision auf dem Schlachtfelde bei Dresden,* um den verborgenen politischen Blick E. T. A. Hoffmanns zu rekonstruieren.[184] Ingo Zimmermann rekapituliert knapp die biographischen Details von Hoffmanns Napoleon-Erlebnis und erwähnt in diesem Zusammenhang auch *Die Vision auf dem*

---

[181] Vgl. etwa Walther Harich: E. T. A. Hoffmann. Das Leben eines Künstlers. Berlin [3]1920, Bd. 1, S. 252f.; Ernst von Schenck: E. T. A. Hoffmann. Ein Kampf um das Bild des Menschen. Berlin 1939, S. 268ff.; Hans-Georg Werner: E. T. A. Hoffmann. Darstellung und Deutung der Wirklichkeit im dichterischen Werk. Berlin, Weimar [2]1971, S. 37; Rüdiger Safranski: E. T. A. Hoffmann. Das Leben eines skeptischen Phantasten. München 1984, S. 308f.

[182] E. T. A. Hoffmann: Werke, Bd. 5: Schriften zur Musik. Nachlese, hg. v. Friedrich Schnapp. Darmstadt 1965, S. 939f.; E. T. A. Hoffmann: Gesammelte Werke in Einzelausgaben, Bd. 8: Letzte Erzählungen, kleine Prosa, Nachlese, Textrevision und Anmerkungen v. Hans-Joachim Kruse, Redaktion Viktor Liebrenz. Berlin, Weimar 1983, S. 792–796.

[183] Hartmut Steinecke: Nachwort, in: E. T. A. Hoffmann: Die Vision auf dem Schlachtfelde bei Dresden, Nachdruck der Erstausgabe. Bamberg, Kunz 1814. Stuttgart, Zürich 1988 (Seltene und wertvolle Werke aus der Fürstlichen Bibliothek Corvey in Nachdrucken), S. 1–42.

[184] Michael Rohrwasser: Der verborgene politische Blick E. T. A. Hoffmanns. Ein Essay. Basel 1991, S. 83ff.

Schlachtfelde bei Dresden.[185] Im folgenden soll kurz auf die Entstehungsgeschichte der *Vision auf dem Schlachtfelde bei Dresden* eingegangen werden, um daran eine Analyse des Textes anzuschließen, die besonders das intertextuelle Verhältnis von Hoffmanns Erzählung zur *Offenbarung des Johannes* berücksichtigt.

E. T. A. Hoffmann arbeitete als Kapellmeister von Joseph Seconda in Dresden, als der Kampf gegen Napoleon im August 1813 Dresden erreichte. Bereits Ende 1812 zogen die Trümmer der *grande armée* nach dem für Napoleon katastrophalen Ausgang des Rußlandfeldzugs durch Sachsen. Die kolossale Niederlage der Franzosen in Rußland ermutigte den nationalen Widerstand und entfachte den Aufstand gegen die französische Herrschaft in Deutschland; die „Befreiungskriege" erreichten ihren Höhepunkt.[186] Napoleon stellte in einem enormen Tempo in Frankreich eine neue Armee von 300 000 Rekruten im Alter von 18 bis 19 Jahren zusammen. Ausgebildet wurden die Rekruten bei ihrem Marsch von Frankreich nach Deutschland. Im Frühjahrsfeldzug 1813 schlug Napoleon die Verbündeten. Am 8. Mai 1813 zog Napoleon in Dresden ein. E. T. A. Hoffmann vermerkte dies knapp in seinem Tagebuch.[187] Am 12. Mai 1813 beobachtete Hoffmann „den Kaiser, den Vizekönig u. s. w. auf der Brücke […][,] wie er Cavallerie und Artillerie vorbeidefiliren ließ" und kommentierte dies lakonisch mit „besondre Empfindungen" (Tb, 205).

Am 26. Juni 1813 fand in Dresden eine Unterredung zwischen Napoleon und Metternich statt. Am 27. Juni 1813 schloß Metternich einen Geheimvertrag für Österreich mit Preußen und Rußland ab. Schließlich erklärte Österreich am 11. August 1813 den Krieg. Die Verbündeten gliederten sich in eine Nordarmee unter Bernadotte (dem ehemaligen Marschall Napoleons, der als König von Schweden die Seiten gewechselt hatte), die schlesische Armee unter Blücher und die böhmische Armee unter dem österreichischen Fürsten Schwarzenberg. Am 15. August 1813

[185] Ingo Zimmermann: Napoleon im Erlebnis E. T. A. Hoffmanns, in: Dresdner Hefte 37 (1994), S. 35–39.

[186] Vgl. etwa Fritz Straube: Das Jahr 1813. Studien zur Geschichte und Wirkung der Befreiungskriege. Berlin 1963. Habibollah Torabi: Das Jahr 1813 im Spiegel bürgerlich-revolutionärer zeitgenössischer Presse. Zur nationalen und sozialen Frage der deutschen Befreiungskriege. Frankfurt a. M. 1984.

[187] E. T. A. Hoffmann: Tagebücher. Nach der Ausgabe Hans von Müllers mit Erläuterungen hg. v. Friedrich Schnapp, München 1971, S. 203 f. Im folgenden wird aus dem Tagebuch mit der Sigle „Tb" im fortlaufenden Text zitiert mit Angabe der Seitenzahl.

verließ Napoleon Dresden und schickte Marschall Davout in den Norden gegen Berlin, in der Mitte stand Marschall Ney gegen Blücher, und Napoleon selbst zog nach Böhmen.[188] Hoffmann notierte in seinem Tagebuch: „Der Kaiser ist fort mit den Garden | man sieht der Schlacht entgegen“ (Tb, 218).

Napoleon siegte in der Schlacht von Dresden (26./27. August 1813) ein letztes Mal gegen die Verbündeten, bevor er in der Völkerschlacht bei Leipzig (16.–19. Oktober 1813) seine entscheidende Niederlage vor seiner Verbannung nach Elba erlitt. Bei der Schlacht von Dresden starben 10 000 Franzosen; Preußen und Rußland hatten 15 000 Tote und Verwundete zu beklagen.[189] Hoffmann erlebte dies alles unmittelbar als Augenzeuge mit und kommentierte das Schlachtgeschehen in seinem Tagebuch als die „merkwürdigsten Tage meines Lebens“ (Tb, 220):

> Schon früh 7½ Uhr[a] sah ich vom Boden des Nebenhauses, daß die Russen in Colonnen anrückten | um 11 Uhr kam der Kaiser Nap[oleon] mit ei[nem] Theil der Garden – ich sah ihn lange an der Elbbrücke umgeben von sei[nen] Marsch[ällen] halten wie er Befehle austheilte pp Zwischen 4 und 5 Uhr griffen die Russen und Oesterreicher die Stadt auf allen Seiten an und ich sah vom Boden die fürchterliche Kanonade, Schlag auf Schlag – Eben als ich zu Hause gehen wollte sauste eine Granate über meinem Kopfe durch die Luft und fiel 10[b] Schritt vor mir nieder zwischen Pulverwagen! – eine zweite schlug in das Dach des gegenüberstehe[e]n[den] Hauses – Alle Einwohner des Hauses versammelten sich auf der Treppe des zweiten Stocks, und jeden Augenblick hörten wir Granaten springen – Die Kanonade dauerte fort bis es ganz finster war, und nun sahen wir an dem feuerrothen Himmel, daß überall Feuer seyn müßte. (Tb, 220)

Das Erlebnis dieser „merkwürdigsten Tage meines Lebens“ politisierte Hoffmann. Michael Rohrwasser erläutert zu Recht: „Hoffmann wandelt sich in diesen Monaten vom politisch desinteressierten Zeitgenossen, der von der Niederlage Preußens 1805/6 keine Notiz nimmt, obwohl seine Beamtenlaufbahn damit ein vorläufiges Ende genommen hat, und der Napoleons Siege feiert, wenn sie seine Ruhe fördern, zum aufmerksamen Parteigänger.“[190] Am 27. August sah Hoffmann „ungefähr 1200“ (Tb, 221) Gefangene an sich vorbei marschieren, und am 28. August beobachtete

[188] Zu den historischen Details vgl. etwa Jean Tulard: Napoleon oder der Mythos des Retters (Anm. 12), S. 444–449.

[189] Vgl. Gerald Kodlitz: Von der Schlacht bei Dresden vom 26./27. August 1813 bis zur Kapitulation der Franzosen in der Stadt am 11. November, in: Dresdner Hefte 37 (1994), S. 67–78.

[190] Michael Rohrwasser: Der verborgene politische Blick E. T. A. Hoffmanns (Anm. 184), S. 33 f. Vgl. auch Hans Ehinger: E. T. A. Hoffmann als Musiker und Musik-Schriftsteller. Olten 1954, S. 152.

er Totengräber, „die mit Trommel und Pfeifen aufs[a] Schlachtfeld zogen" (Tb, 221). Zwei Tage nach der Schlacht ging Hoffmann zum Schlachtfeld. Ihn erwartete ein „scheußlicher Anblick – Leichen mit zerschmetterten Köpfen und Leibern" (Tb, 221). Das alles schien ihm wie eine albtraumartige Sequenz: „Was ich so oft im Traume gesehn ist mir erfüllt worden – auf furchtbare Weise – Verstümmelte und zerrissene Menschen!!" (Tb, 222) Einen Tag nach diesem Anblick begegnete Hoffmann „dem Kaiser [...] mit einem furchtbaren Tyrannenblick *Voyons* brüllte er mit einer Löwenstimme dem Adjutanten zu" (Tb, 222). Noch zwei Wochen nach der Schlacht lagen Pferdekadaver und Leichen vor der Stadt. Aus den Kirchen und Lazaretten brachte man die Verstorbenen auf die Straße. Ob sie bestattet wurden, blieb dem Zufall überlassen.[191]

Diese außerordentlichen Eindrücke – die der massenhaft hingemetzelten Soldaten und die des beeindruckenden „Tyrannen" – wollte Hoffmann literarisch verarbeiten. Daß sich hierfür das poetische Spiel mit der Irrealität anbot, illustriert bereits Hoffmanns Vergleich mit dem Traum (Tb, 222). Das Schlachtfeld als außeralltäglicher Ort und der Krieg als Ausnahmezustand in Permanenz forderten eine besondere Darstellungsweise. Hoffmann dachte erst einmal an eine Tagebucherzählung, die er *Drey verhängnisvolle Monate* nannte. Diese ist Fragment geblieben.[192] Vier Monate nach der Schlacht bei Dresden hat Hoffmann *Die Vision auf dem Schlachtfelde bei Dresden* am 16. Dezember 1813 begonnen (Tb, 239) und den Abend darauf „mit Glück beendet" (Tb, 239). Jetzt sollte sie Teil einer Broschüre werden, die aus drei literarischen Briefen und der *Vision* als Anhang bestehen sollte. Die drei Briefe sollten das Geschehen bis zur Schlacht beschreiben, die *Vision* als *„fortissimo Tutti"* das Ganze beschließen.[193] Intertextuell verweist eine solche Schlußstellung der *Vision* innerhalb der Broschüre auf die *Offenbarung des Johannes* als letztes Buch der Bibel. – Hoffmann selbst betonte mehr die religiöse Bildlichkeit als ihre politische Funktionalisierung, als er die *Vision* beschrieb als „zwar nicht eigentlich politisch [...], sich doch aber in starken Ausdrücken gegen das Höllensystem und den Tyrannen selbst" aussprechend.[194]

[191] Vgl. Gerald Kodlitz: Von der Schlacht bei Dresden vom 26./27. August 1813 bis zur Kapitulation der Franzosen in der Stadt am 11. November (Anm. 189), S. 74.

[192] Abdruck des Fragments in den Tagebüchern (Anm. 187), S. 269–277.

[193] Brief Hoffmanns an seinen Verleger Kunz vom 28. Dezember 1813, in: E. T. A. Hoffmann: Dichter über ihre Dichtungen, hg. v. Friedrich Schnapp. München 1974, S. 99 f.

[194] Brief E. T. A. Hoffmanns an Kunz vom 28. Dezember 1813, in: Hoffmann: Dichter über ihre Dichtungen (Anm. 193), S. 100. Hoffmanns gezeichnete Karikatur

Nach einigem Geplänkel und Gezänk über den Veröffentlichungsmodus ließ Hoffmanns Verleger Kunz, nachdem Hoffmann die angekündigten Briefe zu der Broschüre nicht folgen ließ, die *Vision auf dem Schlachtfelde bei Dresden* im Frühjahr 1814 separat als Flugschrift drukken.[195] Als Hoffmanns *Vision* erschien, war Napoleon längst besiegt, die Flugschrift als publizistischer Beitrag zum Befreiungskrieg obsolet.[196]

Die Vision auf dem Schlachtfelde bei Dresden ist eine kurze Ich-Erzählung, in der der Leser kaum etwas über die Person des Erzählers erfährt. Die erzählte Zeit erstreckt sich über einen Abend im August 1813, den Abend nach der Schlacht bei Dresden (26./27. August 1813). Die Erzählung gliedert sich in drei Teile: In einem ersten Teil berichtet der Erzähler vom Besuch des Schlachtfeldes bei Dresden. Der zweite Teil gibt eine Vision des Erzählers auf diesem Schlachtfeld wieder, in der Napoleon in einem Jüngsten Gericht zu ewiger Verdammnis verurteilt wird. Der dritte Teil schildert den Heimweg des Erzählers und schließt mit einer weiteren, nur noch knapp gezeichneten Vision. Die rahmenden Teile der Erzählung spielen bis auf die abschließende Anti-Vision in der Wirklichkeit und sind sehr kurz gehalten. Sie umfassen jeweils weniger als eine halbe Seite Text. Der Mittelteil wechselt in die Unwirklichkeit der Vision, deren Realitätsstatus als Traum, Einbildung oder Prophetie nicht genau bestimmbar ist. Dieser zweite Teil ist der längste mit etwa drei Seiten Text und bildet das Zentrum der Erzählung.

Wirklichkeit und Vision werden vermittelt durch irreale Vergleichssätze, die an Heinrich von Kleists Novellen erinnern.[197] Formeln wie „Da war es mir als zöge“ (602), „es war, als öffne“ (603) und „bald war es mir,

Die Exorcisten (1814) belieh ebenfalls die Bibel, um Napoleon zu bekämpfen. So wie Jesus die Besessenen von Gergesa heilte, indem er ihren Dämon in Schweine trieb (Matthäus 8, 28–34; Markus 5, 1–20; Lukas 8, 26–39), wird in Hoffmanns Karikatur Frankreich als der personifizierten „Dame Gallia“ der Dämon Napoleon ausgetrieben. Vgl. die Abbildung der Karikatur in Sabine und Ernst Scheffler: So zerstieben geträumte Weltreiche (Anm. 171), S. 129.

[195] Über den Streit mit dem Verleger und die Verbreitung und Überlieferung der Flugschrift vgl. Hartmut Steinecke: Nachwort (Anm. 183), S. 20–24 und S. 35 ff.

[196] Ähnliches gilt für Hoffmanns zweite Napoleon-Erzählung, *Der Dey von Elba in Paris*, die über Napoleons Rückkehr von Elba warnend berichtet, aber erst nach der Schlacht von Waterloo veröffentlicht wurde, als Napoleon keine Gefahr mehr für das europäische Gleichgewicht darstellte. Vgl. hierzu Hermann Kügler: Zum „Traum des Domküsters Andreas Otto“, in: Hans von Müller: Gesammelte Aufsätze über E. T. A. Hoffmann, hg. v. Friedrich Schnapp. Hildesheim 1974, S. 633–637.

[197] Vgl. etwa die zahlreichen, relativierenden „als ob“-Formeln in der Novelle *Das Erdbeben in Chili* (Heinrich von Kleist: Das Erdbeben in Chili, in: Ders.: Sämtliche Werke und Briefe (Anm. 98), Bd. 4: Erzählungen, zum Beispiel S. 136 („als ob es das

als sei“ (605) signalisieren mit ihrem Wechsel vom Indikativ zum Konjunktiv den Umschlag aus der Realität in die Phantastik der Vision.[198] Der Konjunktiv bewirkt einen Erzählervorbehalt und läßt den Leser im Unklaren über die Authentizität des Erzählten. Die Rückkehr aus der Vision in die Wirklichkeit wird sprachlich mit dem Vergleich „wie aus schwerem Traum erwacht“ (549) geleistet. Auch hier verunklart der Vergleich die Zuverlässigkeit des Erzählens. Die Vision wird nicht als Traum gewertet, sondern nur mit einem Traum verglichen.

Die Vision auf dem Schlachtfelde bei Dresden alludiert in Thema, Sprache und Bildlichkeit die Apokalypse. Auch der Aufbau der Erzählung orientiert sich an der *Offenbarung des Johannes*: Dem breit beschriebenen Schrecken von Weltende und Jüngstem Gericht folgt ein knapper Ausblick auf das Heil, in der Apokalypse verbildlicht im Neuen Jerusalem (Offenbarung 21–22) und bei Hoffmann in den rettenden Herrschern König Friedrich Wilhelm III. von Preußen und Zar Alexander I. von Rußland. Dabei konstruiert die Erzählung gegenüber dem historischen Dresden einen imaginären Raum zwischen Himmel und irdischem Schlachtfeld, in dem sich das Jüngste Gericht formiert. Der Erzähler hat dabei nur Beobachterstatus. Auch dies ist entsprechend der *Offenbarung des Johannes* konzipiert, in der Johannes von Patmos von Visionen berichtet, die er gesehen, aber nicht handelnd beeinflußt hat.[199]

Zur Vision des Ich-Erzählers: Über dem Schlachtfeld materialisiert sich in einer „Rauchsäule“ (602) Napoleon, der die ganze Erzählung hindurch nicht mit Namen genannt und antonomastisch verrätselt wird zum „Tyrannen“ (602, 603, 604), „Mörder“ (602) und „Erdenwurm“ (603). Er wird gebrandmarkt als „Verworfener“ (602, 604), „Verblendeter“ (602) und „Entarteter“ (604). Die Antonomasien verleihen der mystifizierten Gestalt Bedeutsamkeit und öffnen eine doppelte Semantik, die sowohl eine aktuelle politische Deutung auf Napoleon als auch eine religiös verrätselte, typologische Interpretation zuläßt.

In vertikaler Opposition zu Napoleon entsteigen dem Schlachtfeld Verwundete, Leichname und Gerippe und formieren sich zu einem Jüngsten Gericht über Napoleon. Dieses Jüngste Gericht wird optisch eröffnet, indem ein „wunderbarer roter Schein blitzte“ (602). Wie in der *Of-*

Tal von Eden gewesen wäre“) oder S. 137 („als ob die Gemüter, seit dem fürchterlichen Schlage, der sie durchdröhnt hatte, alle versöhnt wären“).

[198] *Die Vision auf dem Schlachtfelde bei Dresden* wird nach der von Schnapp herausgegebenen Hoffmann-Ausgabe (Anm. 182) im fortlaufenden Text mit eingeklammerten Seitenangaben zitiert.

[199] Vgl. Ferdinand Hahn: Frühjüdische und urchristliche Apokalyptik. Eine Einführung. Neukirchen 1998 (Biblisch-theologische Studien, 36), S. 126–139.

fenbarung symbolisiert der Blitz die „Plötzlichkeit und große Kraft des hereinbrechenden Gerichts Gottes".[200] Das Bedrohliche der Situation wird mit dem Satz „und wilder wurde das Geheul, entsetzlicher der Jammer!" (602) illustriert, der radikalisiert zweimal variiert wird. Bei der ersten Wiederholung steigert das Adverb „immer" die Aussage: „Und immer wilder wurde das Geheul – entsetzlicher der Jammer!" (602) Das dritte Glied der Klimax gradiert die Intensität der Aussage durch die Geminatio: „Und immer wilder und wilder wurde das Geheul, entsetzlicher der Jammer" (602). Diese ritualisierte Dreigliedrigkeit zitiert zum einen die Struktur des Märchens und beleiht zum anderen biblische Muster. Auch die *Offenbarung* erzeugt durch Wiederholung Steigerungen, wenn etwa jede neue Posaune ein größeres Unheil bringt.

Die apokalyptische Szene wird von unten nach oben beleuchtet. Der über dem Schlachtfeld schwebende Napoleon wird von unten in einer präexpressionistisch anmutenden Bildlichkeit angestrahlt: „Aus den blutigen Augen der Leichname, aus den knöchernen Augenhöhlen der Gerippe schossen Strahlen hinauf, die wie in emporflackernden Flammen die Gestalt erleuchteten." (602)[201] Aus dem sprachlosen Jammer und kreatürlichen Geheul der Opfer Napoleons formt sich der artikulierte Ruf nach „Rache – Rache – unsere Qual über dich" (602). Dieser Ruf nach Rache alludiert die *Offenbarung*, in der nach der Öffnung des sechsten Siegels die Seelen der Ermordeten klagen: „Herr, du Heiliger und Wahrhaftiger, wie lange richtest du nicht und rächst nicht unser Blut an denen, die auf der Erde wohnen?" (Offenbarung 6,10)

Hoffmanns Napoleon weist die Forderung nach Rache weit von sich und schwingt sich zur Todsünde der *Superbia* auf. Er stellt sich an Gottes Stelle und weist seine Opfer in einer rhetorischen Frage zurecht: „‚Was wollt ihr, Törichte, bin ich nicht selbst die Rache, bin ich nicht selbst das

---

200 Heinrich Langenberg: Die prophetische Bildsprache der Apokalypse. Erklärung sämtlicher Bilder der Offenbarung. Metzingen ^{3}1999, S. 260. Vgl. *Offenbarung* 4, 5; 8, 5; 11, 19; 16, 18.

201 Vgl. etwa Georg Heym: Berlin VIII, in: Ders.: Dichtungen, Auswahl und Nachwort von Walter Schmähling. Stuttgart 1999, S. 4. Heym entwirft ein apokalyptisches Szenario auf einem Berliner Friedhof: „Ein Armenkirchhof ragt, schwarz, Stein auf Stein, | Die Toten schaun den roten Untergang | Aus ihrem Loch. Er schmeckt wie starker Wein." (V. 9–11) Biographisch läßt sich bei Hoffmann dieses Motiv der „blutigen Augen" und „knöcheren Augenhöhlen" rückbinden: Hoffmann mußte in Dresden ein „ausgeschoßnes Auge" (Tb, 219) eines Verwundeten bemerken. Er verarbeitete dies auch in *Drey verhängnisvolle Monate* (Tb, 270). Vgl. hierzu Michael Rohrwasser: Der verborgene politische Blick E. T. A. Hoffmanns (Anm. 184), S. 83. Das Motiv der blutigen Augen wird Hoffmann dann bekanntermaßen als zentrales Bild in der Erzählung *Der Sandmann* (1815) einsetzen.

Verhängnis, dem ihr dienend gehorchen müßt?'" (602) Hoffmann läßt damit seinen visionären Napoleon blasphemisch den alttestamentarischen Gott zitieren, der sich possessiv die Rache zuordnet: „Die Rache ist mein" (5. Mose 32, 35). Damit macht sich Napoleon über seine Feindschaft mit den Menschen hinaus zum direkten Gegner Gottes. Napoleon schwingt sich nicht nur zum Herren über Leben und Tod auf, sondern allegorisiert sich zum Tod selbst: „‚Erkennt ihr mich? – ich bin der Tod!'" (602) Napoleons Opfer verweisen daraufhin auf Gott, ohne diesen zu nennen.[202] Gott bleibt in dieser Vision genauso namenlos wie Napoleon. Beiden eignet das Numinose; beide erheben sich mit ihrer Namenlosigkeit über menschliche Identitätszuweisungen. Namenlosigkeit und Anonymität durchziehen leitmotivisch die gesamte Erzählung.[203]

Napoleon antwortet auf die religiöse Rüge seiner Opfer mit einem nihilistischen Bekenntnis, das im Duktus an Jean Pauls *Rede des toten Christus vom Weltgebäude herab, daß kein Gott sei* erinnert.[204] Gegen die Einwände der Gläubigen verkündet Napoleon die Gottlosigkeit des leeren Himmels:

„Wahnsinnige, was sucht ihr über meinem Haupt? – über mir nichts! – öde ist der finstere Raum da droben, denn ich selbst bin die Macht der Rache und des Todes, und wenn ich meine Arme ausstrecke über euch, verstummt euer Jammer, und ihr sinkt vernichtet in den Staub!" (603)

Auch Napoleon nennt Gott nicht beim Namen. Die Ellipse „über mir nichts" verknappt und verhärtet den agnostischen Zweifel zum atheistischen Schlachtruf. Mit dieser nihilistischen *confessio* bestreitet Hoffmanns Napoleon jegliche Erkenntnis-, Seins-, Wert- und Gesellschaftsordnung, die außerhalb seiner kontingenten Setzung steht.

Napoleons gottverneinende Kraft scheint erst einmal Erfolg zu haben, denn mit einer Armbewegung schickt er die aus dem Grab Erstandenen unter die Erde zurück.[205] Dieser Verweis versetzt Napoleons Opfer zurück in die Sprachlosigkeit. Leitmotivisch wird diese Rückkehr mit den zuvor benutzten Begriffen „Geheul" und „Jammer" akzentuiert: „Die

---

202 „‚Verworfener! höhne nicht die Macht, die hoch über dir schwebt – schaue über dich, Verblendeter!'" (602)

203 Wenn Napoleons Bestrafung als „namenlose Folter" (604) und sein Leiden als „namenlose[r] Jammer[]" (604) beschrieben wird, meint „namenlos" in einer ersten Lesart „unvergleichbar", spielt aber in einer zweiten Lesart auf die Anonymität des Tyrannen an.

204 Vgl. Rüdiger Safranski: E. T. A. Hoffmann (Anm. 181), S. 308.

205 Die Feuerbildlichkeit bei dieser Verbannung (Napoleon streckte „seine Arme, wie im roten Feuer glühende Sicheln weit über die Erde" [603]) zitiert die *Offenbarung* (8, 8–9).

Leichname und Gerippe versanken und ihr Geheul, ihr schneidender Jammer verhallte in der Tiefe." (603) Aus der Erde, in die die Toten zurückgekehrt sind, materialisiert sich ein reißender blutiger Strom, gespeist aus dem Leid der von Napoleon Geknechteten: „Nun quollen Blutstropfen aus der Tiefe, die das Wiesengrün färbten und bald gleich rauschenden Bächen im schäumenden Strom zusammensprudelten, der über die Erde brauste." (603) Diese blutige Sintflut hat ihr Vorbild in der *Offenbarung des Johannes*. Dort haben die Propheten die „Macht, das Wasser in Blut zu verwandeln" (Offenbarung 11, 6). Auch der von Hoffmann benutzte Begriff des „Stromes" findet sich in der *Offenbarung*: „Und der dritte Engel goss aus seine Schale in die Wasserströme und in die Wasserquellen, und sie wurden zu Blut." (Offenbarung 16, 4) Um die Ungläubigen zu strafen, werden sieben Engel beim Jüngsten Gericht mit den „Schalen des Zorns" ausgestattet. „Der zweite Engel goß seine Schale über das Meer. Da wurde es zu Blut, das aussah wie das Blut eines Toten; und alle Lebewesen im Meer starben" (Offenbarung 16, 3).

Dem blutigen Strom entsteigt bei Hoffmann ein „fürchterlicher riesiger Drache" (603), dem das Aussehen einer geflügelten Schlange attestiert wird. Der Drache erhebt sich aus den blutigen Fluten und packt den über den Wassern schwebenden Napoleon „mit den spitzigen Krallen, die er tief in seine Brust eingrub" (603). Hatte bis jetzt der Dialog des über der Erde schwebenden Napoleon mit seinen im Irdischen verhafteten Opfern zwischen Himmel und Erde stattgefunden, so koppelt sich nun die Vision völlig vom realen Raum des Schlachtfeldes ab und wechselt ganz in ein imaginäres Zwischenreich der Lüfte.[206] Im Griff des Drachen entspinnt sich ein Dialog zwischen Gott und Napoleon. Erst durch den Drachen diszipliniert, wird ein solches Gespräch möglich. In der *Offenbarung des Johannes* verkörpert der Drache den Teufel; „der große Drache, die alte Schlange, die Teufel oder Satan heißt und die ganze Welt verführt" (Offenbarung 12, 9), wird von Gott besiegt. Der Leser von Hoffmanns Erzählung, der sich durch zahlreiche bekannte Bilder aus der *Offenbarung* mittlerweile auf eine Parallel-Lektüre zur Apokalypse eingelassen hat, muß an dieser Stelle stutzig werden: Der teuflische Drache aus der Apokalypse steht bei Hoffmann im Dienst der göttlichen Macht und hilft, Napoleon zu überwältigen. Die Stärke Napoleons wird so besonders betont, Gottes Omnipotenz hingegen wird relativiert. Gott allein ist es nicht mehr möglich, Napoleon in seine Schranken zu weisen, sondern er bedarf des Teufels, um gegen Napoleon sieghaft zu werden.

---

[206] Zur Konstruktion eines imaginären Raums bei Hoffmann vgl. Detlef Kremer: Romantik. Stuttgart 2001 (Lehrbuch Germanistik), S. 173 f.

Hoffmann bringt so die gesamte Schöpfung, inklusive Satan, in Anschlag, um Napoleon zu disziplinieren. Die traditionelle Himmel/Hölle-Dichotomie verschiebt sich bei Hoffmann zu einem gemeinschaftlichen Miteinander von Himmel und Hölle gegen die irdische Macht Napoleons.

Die Krallen des Drachen lassen Napoleon aufschreien wie zuvor seine Opfer. Diese Übertragung des Schmerzes wird sprachlich betont, indem vom „heulenden Mißton" (603) die Rede ist. Im Partizip „heulend" wird das „Geheul" der Opfer (602) zitiert. Hatte Napoleon bis jetzt von oben nach unten gesprochen und über ihm lediglich das „Nichts" angesiedelt, ertönt jetzt über ihm Gottes Stimme, anonymisiert in Anlehnung an die *Offenbarung des Johannes*. In der Apokalypse wird Johannes „vom Geist ergriffen und hörte hinter mir eine Stimme, laut wie eine Posaune" (Offenbarung 1, 10). Hoffmann vertikalisiert die Sprechsituation: „Es erscholl wie Posaunen von oben herab" (603).[207] Die Göttlichkeit bleibt wiederum anonym, ist rein akustisch vermittelt und genauso antonomastisch verrätselt wie Napoleon. Diese parallelisierte Anonymität betont abermals die erstaunliche Gleichrangigkeit. Damit erscheinen bei Hoffmann Napoleon und Gott als ebenbürtige Gegner.

Gott tituliert Napoleon zweimal als „Erdenwurm" (603) und verweist ihn somit des Himmels, dessen Herrschaft er sich angemaßt hatte. Die göttliche Stimme erläutert, daß die Qual, die Napoleon der Menschheit auferlegt hatte, auf ihn zurückfalle: „Aus denen, die du opfertest im frevelnden Hohn, wurde die Qual geboren, die dich zerfleischt im ewigen Jammer!" (603) Der Drache, der ja dem blutigen Strom von Napoleons Opfern entstiegen war, erweist sich somit als Geschöpf der Qual. Der Teufel wird gleichzeitig zum Rächer und zum Produkt menschlichen Leidens stilisiert. Darüber hinaus wird der teuflische Drache funktional zum Katalysator der Selbsterkenntnis Napoleons.[208] Die leitmotivische Wiederholung des „Jammers" illustriert diese Projektion des Leidens von den Opfern auf Napoleon. Die Posaunenstimme eröffnet das Jüngste Gericht: „Die Stunde der Erkenntnis, der Vergeltung ist da!" (603) Der Drache assistiert der göttlichen Weisung, indem er Napoleon fester packt. Die Folter des teuflischen Drachens bewirkt dasselbe Leid, das Napoleon anderen zugefügt hatte, in derselben Wortwahl beschrieben: „Entsetzlicher, schneidender wurde der heulende Jammer" (604), bezieht sich jetzt auf Napoleon und nicht mehr auf seine Opfer.

---

[207] Zu den Posaunen als Requisit des Unheils und der göttlichen Bestrafung vgl. *Offenbarung* 8, 6–9, 21; 11, 15–19.

[208] Vgl. Kurt Willimczik: E. T. A. Hoffmann. Die drei Reiche seiner Gestaltenwelt. Berlin 1939, S. 157.

Napoleon winselt um Erlösung und wird zur kläglichen Figur in den Krallen des Drachens. Gnade wird ihm jedoch verwehrt. Zum zweiten Mal richtet sich die „Stimme im Posaunenton" (604) an ihn und bestimmt ihn zur ewigen Verdammnis: „Im öden Raum ist *dein* Sein ewige Qual." (604) Das Attribut „öde" zitiert das nihilistische Bekenntnis Napoleons.[209] Napoleon wird das ziellose Darben in Ewigkeit zugesprochen, das er zuvor über seine Opfer verhängt hatte. Die Kursivierung *„dein"* betont dabei die Übertragung der Qual von den Opfern auf Napoleon. Bar jeden Stolzes bittet Napoleon abermals um Erleichterung, und wieder wird diese Äußerung mit den Begriffen „Jammer" und „Heulen" geschildert (604). Daraufhin bestimmt Gott, daß Napoleons Qual gelindert werde, falls er Mitleid bei einem Menschen finde, wenn er „in eines Menschen Brust Trost für dich finden" (604) mag.

Auf der Suche nach Mitleid begegnet Napoleon einer Riege historischer Tyrannen, die seinen Untergang kommentieren. Der imaginäre Raum der Apokalypse öffnet sich hier schemenhaft und verzerrt auf die historische Realität, die anachronistisch verdichtet wird. Von der Antike bis zur Neuzeit haben sich Nero, Dschingis Khan, Tilly und Alba versammelt, einig im Urteil über die Unvergleichbarkeit von Napoleons Grausamkeit, die ihm jegliches Mitleid verwehrt. Die tyrannische Ahnenreihe murmelt im Chor: „‚Was ist unsere Qual gegen seine Marter, denn uns ward noch Trost von der Erde, der wir angehörten.'" (604) Napoleon wird zum Opfer seines eigenen Nihilismus. Die gottlose Öde, die er seinen Opfern im leeren Himmel prophezeit hatte, eröffnet sich ihm auf der Erde, wo er auf das Nichts stößt: „Seine Stimme verhallte in den weiten Gründen, und kein menschlicher Ton des Trostes auf der ganzen weiten Erde unterbrach das dumpfe Schweigen der furchtbaren Öde." (604) Daraufhin bringt ihn der teuflische Drache zum endgültigen göttlichen Schiedsspruch.[210] Wieder wird Napoleons Leiden mit sprachlosem „Jammer" und „Geheul" ausgedrückt: Das „Geheul seines namenlosen Jammers" (604) bewirkt aber keine Gnade, sondern das erbarmungslose Urteil, das synästhetisch von einer „Posaunenstimme" präsentiert wird, die

209 „Öde ist der finstere Raum da droben" (603).

210 Die Folter des Drachen ist dreifach gestaffelt wie der Jammer und das Geheul der Opfer Napoleons. Erst „faßte er den Tyrannen mit den spitzigen Krallen, die er tief in seine Brust eingrub." (603) Dann „umschlang, fester und fester sein Gewinde schnürend, der Drache den Tyrannen, und überall gingen aus seinem Leibe spitze glühende Krallen hervor, die er wie Dolche in das Fleisch des Tyrannen schlug." (603 f.) Schließlich „faßte ihn gewaltiger der Drache und bohrte tiefer die glühenden Krallen in seine Brust" (604).

„strahlt“: „„Für dich kein Trost auf der Erde, der du im frevelnden Hohn entsagtest. Ewig ist die Vergeltung und deine Qual!‘“ (605)[211]

Mit dieser Verdammung endet die Vision abrupt. Napoleons Reaktion auf die endgültige Verfemung wird nicht mehr berichtet. Die Erzählung wechselt übergangslos zurück in die zeitgenössische Realität des August 1813 bei Dresden. „Wie aus schwerem Traum erwacht“ (605) findet der Ich-Erzähler, der während der Vision zurückgetreten war, aus der Phantastik in die Wirklichkeit zurück. Gleichwohl erinnert das Schlachtfeld mit seinen Gefallenen und Verwundeten an den Beginn der Vision: „Der Raub schlich gierig spähend dem Morde nach – winselnde Sterbende wurden geplündert.“ (605) So bleiben Wirklichkeit und Vision optisch und akustisch durch das Schlachtfeld vermittelt. Das Schlachtfeld als apokalyptisches Szenario innerhalb der Wirklichkeit bildet das Bindeglied zwischen den beiden Welten der Realität und der Vision, zwischen der politischen Geschichte und ihrer religiösen Überformung.

Auf dem Heimweg durch das wirkliche Dresden bleibt dem Ich-Erzähler die Vision als Erinnerung präsent: „Noch hallte die Stimme der ewigen Macht, die das Urteil über den Verdammten gesprochen, in meiner Brust“ (605). In seiner Wohnung angekommen, ruht sich der Erzähler vom Erlebten aus. Aber anstatt sich in der Wirklichkeit zu behaupten, ereilt ihn, wie in einer Coda, eine weitere Vision, die in zwei Sätzen den Schluß der Erzählung bildet:

> Ruhiger wurde es endlich in meiner Seele, und bald war es mir, als sei das glänzende Sternbild der Dioskuren segensreich über der Erde aufgegangen, die erquickt den mütterlichen Schoß öffnete, um die Früchte des Friedens in nie versiegendem Reichtum zu spenden. Ich erkannte die strahlenden Helden, die Söhne der Götter: – Alexander und Friedrich Wilhelm! (605)

Wie in der *Offenbarung des Johannes* ist bei Hoffmann der Ausblick auf die segensreiche Zukunft kürzer, blasser und schwächer gezeichnet als das vorangehende Elend. Während Napoleons Ende in die grausame Bildlichkeit frühchristlicher Apokalyptik gefaßt war, wirkt die Heilsgewißheit antikisiert gedämpft. Synkretistisch stellt Hoffmann der blutigen Apokalypse Napoleons die zu Dioskuren mythologisierten russischen und preußischen Regenten gegenüber. Während in Napoleons Apokalypse die Erde erst Napoleons Opfer „verschlingt“, um dann einen blutigen Strom der Rache entquellen zu lassen, wird die Erde jetzt zum „mütterlichen Schoß“ stilisiert, aus dem die Friedensfürsten geboren

[211] Vgl. *Offenbarung* 20, 10: „Sie werden gequält werden Tag und Nacht, von Ewigkeit zu Ewigkeit“.

werden. In schematischer Opposition stehen Vision und Anti-Vision, Untergang und Neubeginn gegeneinander. Daß Napoleons Ende dabei mehr fasziniert als Preußens und Rußlands Sieg, ist Hoffmann mit Sicherheit nicht unbeabsichtigt unterlaufen, sondern literarische Strategie. Napoleon ist selbst in seinem Untergang noch faszinierender stilisiert als seine Überwinder in der Völkerschlacht bei Leipzig im Oktober 1813.

Auch wenn Napoleon in der *Vision auf dem Schlachtfelde bei Dresden* zur ewigen Verdammnis verurteilt wird, bleibt die Faszination seiner ikonoklastischen Kraft bestehen. Wie sehr Hoffmann von diesem politischen Magnetiseur wider Willen angetan war[212], bezeugt die Tatsache, daß Napoleon in der *Vision* nicht mehr von Gott allein besiegt, sondern nur im gemeinsamen Aufgebot von der göttlichen und der teuflischen Macht in die Knie gezwungen werden kann. Napoleons Apokalypse anno 1813 in der *Vision auf dem Schlachtfelde bei Dresden* verschärft so die apokalyptische Situation aus der *Offenbarung des Johannes.* Nicht mehr Gott und Satan stehen sich am Ende aller Tage gegenüber, sondern Gott und Satan müssen sich verbünden, um Napoleon zu bestrafen. *Die Vision auf dem Schlachtfelde bei Dresden* präsentiert so eine säkularisierte innerweltliche Apokalypse, in der der Gegner nicht mehr Satan, sondern ein Mensch ist. Damit treibt der Text das apokalyptische Muster an seine Grenzen. Die alte göttliche Ordnung läßt sich zwar noch ein letztes Mal wiederherstellen, aber nur, indem die ewigen Gesetze dilatorisch außer Kraft gesetzt werden und Gott und Teufel ein Zweckbündnis eingehen. Napoleon repräsentiert hier eine neue Zeit und eine neue antimetaphysische Ordnung, die zwar noch einmal mit größtmöglichem Kraftaufwand von der alten christlichen Ordnung zurückgedrängt wird, aber bereits die alten religiösen Denkmuster sprengt. Die alten apokalyptischen Freund-Feind-Konstellationen funktionieren nicht mehr in einer entgötterten Welt.

5. Zweiter Pharao und falscher Prometheus
Lyrischer Abwehrzauber zu nationalem Zweck (1809–1815)
Körner, von der Heyden, Stägemann, Schenkendorf, Müller, Schink, Hempel, A. W. Schlegel, Arnim, F. Schlegel, Rückert, Robert, Brentano, Arndt, Kleist, Byron

Nicht nur die Apokalypse war ein wichtiger Bildspender für die antinapoleonische Literatur der Befreiungskriege, auch das Alte Testament wurde metaphorisch beliehen. Der strafende und rächende Kriegsgott

[212] Vgl. Michael Rohrwasser: Optik und Politik. Die Figur des Zauberers bei E. T. A. Hoffmann, in: E. T. A. Hoffmann, hg. v. Heinz Ludwig Arnold. München 1992 (TEXT + KRITIK, Sonderband) S. 32–44.

des Alten Testaments sollte einen wirksamen Rückhalt im Kampf gegen Napoleon bieten. Als Herr der Heerscharen sollte Gott im Befreiungskrieg wie im Alten Testament dem Heer als Führer voranziehen, in die Schlacht eingreifen, sein Volk schützen, schließlich siegen und Napoleon bestrafen. Die religiöse Bildsprache der Befreiungskriegslyrik wurde Mittel zum nationalen Zweck.[213] Wie sehr dabei der Pietismus die patriotisch-politische Sprache beeinflußte, hat die Forschung hinlänglich untersucht: Der Kampf gegen Napoleon wurde rhetorisch zum nationalen Erweckungserlebnis überformt mit Gelöbnisformeln und appellativ-pathetischem Ausdruck.[214] Die Poesie der Befreiungskriege bemühte sich, aus den Trümmern des Heiligen Römischen Reiches eine Nation zu erdichten, in der jenseits politisch realer Grenzen *Des Deutschen Vaterland* kulturnational dort ausgemacht wurde, wo „die Deutsche Zunge klingt".[215] Daß das eine Projektion einer bildungsbürgerlichen Minderheit war und es mithin falsch ist, von einer allgemeinen „nationalen Erhebung" 1813 zu sprechen, hat die neuere Nationalismus-Forschung betont.[216] Es scheint vielmehr sinnvoll, von einer poetischen Antizipation der Nation in der Befreiungskriegslyrik auszugehen, die sich vor allem in der Ausrichtung gegen Napoleon als alttestamentarisch stilisiertem Feind profilierte.

Bezog man sich auf die Schöpfungsgeschichte, so erschien Napoleon als Schlange des Sündenfalls, die verflucht wurde und deren Kopf zertreten werden mußte (1. Mose 3, 15).[217] Die Gegner Napoleons wurden umge-

---

[213] Vgl. Ernst Weber: Für Freiheit, Recht und Vaterland. Zur Lyrik der Befreiungskriege als Medium politischer Meinungs- und Willensbildung, in: Dichter und ihre Nation, hg. v. Helmut Scheuer. Frankfurt a.M. 1993, S. 237–256. Ders: Zwischen Emanzipation und Disziplinierung. Zur meinungs- und willensbildenden Funktion politischer Lyrik in Zeitungen zur Zeit der Befreiungskriege, in: Volk – Nation – Vaterland (Anm. 173), S. 325–352. Claus Ahlzweig: Veränderungen der deutschen Literatursprache im Gefolge der Befreiungskriege, in: Napoleon kam nicht nur bis Waterloo (Anm. 3), S. 231–247.

[214] Vgl. Gerhard Kaiser: Pietismus und Patriotismus im literarischen Deutschland. Ein Beitrag zur Säkularisation. Wiesbaden 1961. Hartmut Lehmann: Pietism and Nationalism, in: Church History 51 (1982), S. 39–53.

[215] Ernst Moritz Arndt: Des Deutschen Vaterland, in: Ders.: Werke (Anm. 178), S. 127.

[216] Jörn Echternkamp: Der Aufstieg des deutschen Nationalismus (1770–1840). Frankfurt a.M. 1998, S. 216–222.

[217] „Hier hilft nur rasche Tat, | Die kraftvoll ohne Schaudern | Das Schlangenhaupt zertrat" (Theodor Körner: Durch!, in: Ders.: Sämmtliche Werke [Anm. 137], S. 12); „Es ist vollbracht, der Schlange Haupt zertreten" (Julius von der Heyden: Liederkränze. Berlin 1823, dritter Kranz, S. 5).

kehrt zu schirmenden Cherubim verherrlicht (1. Mose 3, 24).[218] Auf besondere Weise nimmt die Befreiungskriegslyrik das deutsch-französische Verhältnis in den Blick, wenn sie in der Fortführung der Metaphorisierung der *Genesis* Napoleon mit Kain gleichsetzt, der seinen deutschen Bruder tötet und daraufhin von Gott verflucht wird, „unstet und flüchtig“ (1. Mose, 4, 12) auf Erden zu darben.[219] Napoleon wird zum nationalen Brudermörder kriminalisiert, der mit seinen Eroberungen ein geschwisterlich-nationales Nebeneinander in eine nationale Feindschaft von Frankreich und Deutschland verwandelt habe. Die außerordentlichen Schrecken des Krieges und das Ausmaß von Napoleons Feldzügen werden mit der Sintflut verglichen; die Hoffnung auf Frieden wird dementsprechend in das Bild der Taube mit dem Ölzweig gekleidet.[220] Napoleons Hegemonialstreben ließ sich über das Motiv der *Superbia* parallelisieren mit dem Turmbau zu Babel (1. Mose 11, 1–9). So wie Gott den menschlichen Hochmut strafte und den Turmbau durch Sprachverwirrung stoppte, so sollte er auch Napoleons Eroberungen unterbinden.[221]

---

[218] „Nicht hier, o Blücher, halte Wacht, | Ein Cherub flamme dort!“ (Friedrich August von Stägemann: Kriegsgesänge aus den Jahren 1806–13. O.O. 1813, S. 8); „Wie Flammen, die d’rein der Sturmwind blies, | Erheben wir das Schwert, | Ein Cherub vor dem Paradies | Stehn wir vor unserm Heerd“ (Max von Schenkendorf: Festlied, in: Ders.: Gedichte [Anm. 175], S. 272). Zur Geschlechterkonstruktion innerhalb dieser Rollenzuschreibung vgl. Karen Hagemann: „Heran, heran, zu Sieg oder Tod!“ Entwürfe patriotisch-wehrhafter Männlichkeit in der Zeit der Befreiungskriege, in: Männergeschichte – Geschlechtergeschichte. Männlichkeit im Wandel der Moderne, hg. v. Thomas Kühne. Frankfurt a.M. 1996, S. 51–68.

[219] „Ein tausendfältg’er Kain flieht | Im Dunkeln heimwärts“ (Wilhelm Christian Müller: Patriotische Kriegs- und Siegslieder eines alten Deutschen zur Feier großer Männer und Tage nach bekannten und neuen Melodien. Bremen 1814, S. 109); „Er schleiche mit zerrüttetem Gehirne | Wie ein Gespenst sich durch die Welt und seh’ | In jedem Bach’ auf der gefurchten Stirne | Das Zeichen Kains flammender als je“ (Johann Friedrich Schink: Spott- und Jubelalmanach für Deutsche. Hamburg 1815, S. 124).

[220] „Er [i.e. Napoleon] wuchs der Sündflut gleich, und mehr als eine Arche | Verschlang er; doch gehemmt war er von Moskaus Brand, | Und Leipzigs Schlacht entschied den alten Wasserstand“ (Friedrich Ferdinand Hempel: Politische Stachelnüsse geschüttelt von Spiritus Asper. Zweite Lieferung. O.O. 1815, S. 18); „Ohne Ruhstatt irrt die Taube | Ob der großen Sündenflut“ (August Wilhelm von Schlegel: Glaube, in: Ders.: Sämtliche Werke [Anm. 28] Bd. 1, S. 264); „Das Land ist aufgeräumet, | Das Meer hat ausgeschäumet, | Die Taub’ den Ölzweig bringt: | Ihr armen Völker singt!“ (Achim von Arnim: Die Wetterfahne, in: Ders.: Werke in fünf Bänden, Bd. 5 [Anm. 178], S. 392).

[221] „Man wird es nie vergessen, | Wie Babels Turm erlag“ (Max von Schenkendorf: Die deutschen Städte, in: Ders.: Gedichte [Anm. 175], S. 260); „Was nicht Gott gebaut, muß fallen; | Also ruft die Stimm’ uns allen, | Nieder stürzt der Babelturm“ (Friedrich von Schlegel: Unsre Zeit, in: Ders.: Kritische Ausgabe, hg. v. Ernst Behler

Der Brand von Moskau 1812 bot die Möglichkeit, an den Untergang von Sodom und Gomorra zu erinnern (1. Mose 19), wobei hier die akutalisierende Exegese den Bildbruch ignorierte, daß mit Moskau ja keineswegs ein feindlich-sündiges Sodom niederbrannte, sondern die Hauptstadt der mittlerweile mit den Preußen gegen Napoleon verbündeten Russen.[222] Mit dem Bezug auf Sodom und Gomorra konnte man Napoleon Amoralismus vorwerfen, demgegenüber die Deutschen um so reiner und keuscher erstrahlten.

Aus dem zweiten Buch Mose ragt die Gestalt des Pharao, der Moses und sein Volk Israel am Auszug aus Ägypten hindern will, als napoleonisierbar heraus. Der *Exodus* bot als religiöser Deutungscode sowohl einen übermächtigen Despoten als auch eine erfolgreiche Befreiungsgeschichte. So wie Pharao Moses und sein Volk drangsalierte, habe Napoleon die europäischen Völker und insbesondere Deutschland geknechtet. So wird Napoleon in der Befreiungskriegslyrik zum „neuen Pharao". In seinen *Geharnischten Sonetten* droht Friedrich Rückert Napoleon in diesem Sinne in einer Apostrophe:

Die Hand des HErren müsse dich verstocken,
Tirann, wie einst dem Farao geschehen,
Als er das Volk nicht ließ in Frieden gehen,
Vor dessen Fuß das Meer des Bluts ward trocken.

Die Hand des HErren müsse dich verstocken,
Daß du nicht hörest unser Friedensflehen,
Auf daß an dir du müssest Wunder sehen
Noch größre, als die du schon sahst erschrocken.

Der HErr müss' einen Moses dir erwecken,
Zu schlagen dich mit allen sieben Plagen,
Zu treffen dich mit allen sieben Schrecken.

Wenn deines Landes Erstgeburt erschlagen,
Dein Reich gefressen wird von Heuschrecken;
Dann soll man dich, ob du willst Friede? Fragen![223]

unter Mitwirkung v. Jean-Jacques Anstett u. Hans Eichner, Erste Abteilung, Bd. 5: Dichtungen, hg. v. Hans Eichner. München, Paderborn, Wien 1962, S. 405).

[222] „Hoch lodern Feuersäulen. Krach! | Stürzt hier ein Giebel, dort ein Dach, | Speit Sodoms Schwefelregen | Den Nahenden entgegen" (Johann Friedrich Schink: Spott- und Jubelalmanach für Deutsche [Anm. 219], S. 10).

[223] Friedrich Rückert: Geharnischte Sonette, Nr. 50, in: Ders.: Gesammelte poetische Werke in zwölf Bänden, Bd. 1 (Anm. 175), S. 31. Typisch für Rückert ist es, daß er im Sextett nur zwei Reime verwendet.

Das Sonett warnt Napoleon im dreifach gestaffelten Parallelismus mit dem Schicksal Pharaos. Wie im *Exodus* Gott „das Herz des Pharao [...] verstockt" (2. Mose 7, 13), also verhärtet, damit der Auszug aus Ägypten mit den voraufgehenden zehn Plagen (2. Mose 7–12) genauso gottgewollt vonstatten geht, so stilisiert Rückert die Härte des antonomastisch zum „Tirann[en]" (V. 2) verallgemeinerten Napoleon zum Teil eines göttlichen Heilsplans. Die napoleonische Herrschaft ist somit nicht mehr das weltliche Werk eines Mannes, sondern wird zu einem strategischen Winkelzug Gottes, damit Napoleon die Omnipotenz und Härte Gottes zu spüren bekommt, wenn der die Macht Napoleons schließlich zerstört.[224] Es ist die zweimal anaphorisch und alliterativ hervorgehobene „Hand des HErren" (V. 1, 5), die Napoleons Gegnerschaft erst ermöglicht und letztlich bestraft. Napoleon wird dabei synkretistisch überformt, wenn er zugleich als antiker „Tirann" (V. 2) tituliert und mit dem alttestamentarischen Pharao verglichen wird. Die exegetische Gewißheit erstreckt sich aber nicht nur auf die baldige Vernichtung des napoleonischen Pharao, sondern beschwört auch im Optativ „einen Moses" (V. 9) der Befreiungskriege. So wie E. T. A. Hoffmann mit der *Offenbarung des Johannes* in seiner *Vision auf dem Schlachtfelde bei Dresden* zugleich den kolossalen Untergang und den visionären Neuanfang in den Blick nimmt, so bietet sich Rückert mit der aktualisierenden politischen Auslegung des zweiten Buch Mose die Möglichkeit, dem realen übermächtigen Gegner Napoleon einen noch viel mächtigeren Kontrahenten aus den eigenen Reihen anzukündigen. Wenn Napoleon Pharao gleicht, muß es auch einen Moses geben, der Pharao mit Gottes Hilfe vernichtet, so die poetische Projektion Rückerts.

Zur Zeit der napoleonischen Siege tröstete Max von Schenkendorf sich ähnlich wie Rückert mit der Gewißheit, daß auch Napoleon wie Pharao zugrunde gehen muß: „Gibt uns nicht die Bibel Kunde | Von dem stolzen Pharao? | Jedem Dränger schläget so | Des Gerichtes ernste Stunde".[225] Und als Napoleon mit seinem dezimierten Heer aus Moskau

---

[224] Vgl. die entsprechende Stelle im *Exodus*: „Der HERR sprach zu Mose: [...] Aber ich will das Herz des Pharao verhärten und viele Zeichen und Wunder tun in Ägyptenland. Und der Pharao wird nicht auf euch hören. Dann werde ich meine Hand auf Ägypten legen und durch große Gerichte meine Heerscharen, mein Volk Israel, aus Ägyptenland führen. Und die Ägypter sollen innewerden, dass ich der HERR bin, wenn ich meine Hand über Ägypten ausstrecke und die Israeliten aus ihrer Mitte wegführen werde." (2. Mose 7, 1, 3–6).

[225] Max von Schenkendorf: Lied für die Badensche Landwehr, in: Ders.: Gedichte (Anm. 175), S. 218.

weichen muß und schließlich 1813 in der Völkerschlacht bei Leipzig vernichtend geschlagen wird, findet man hierin die Prophezeiung des pharaonischen Untergangs bestätigt. Wie Pharao im Schilfmeer untergeht (2. Mose 14, 24–29), schlagen die Wellen des Krieges beim Übergang über die Beresina über Napoleon zusammen. Ludwig Robert antwortet dementsprechend auf die selbstgestellte Frage: „Wer ist die Sünderbrut, | die dort das Meer verschlingt? | [...] Es wird mit Waffen, Roß und Mann | Hier Pharao vernichtet.“[226]

Natürlich bot sich Jerichos Fall (Josua 6) gleichermaßen zur metaphorischen Beleihung an.[227] Die Wundererzählungen aus dem *Buch Josua* lieferten die Hoffnung, daß jenseits militärischer Wahrscheinlichkeit immer noch ein Sieg möglich wäre. Der Gott, der die Naturgesetze außer Kraft setzen konnte und die Sonne still stehen ließ über Gibeon (Josua 10, 12), könnte wohl auch mit einem Wunder gegen Napoleon aushelfen. Auch hier wieder erfüllte der Bibelbezug eine doppelte Funktion: Das Bibelzitat konnte sowohl einen Wunsch, ein lyrisches Gebet um Hilfe ausdrücken als auch nachträglich einen antinapoleonischen Sieg zum Wunder auszeichnen, etwa wenn Clemens Brentano die spanische Erhebung gegen Napoleon mit dem *Buch Josua* in Verbindung brachte: „Seht, wie *Josua* begehrte | einst der Sonne Stillestand, | Hat der Held mit frommem Schwerte [i. e. Wellington] | Spaniens Sonne auch gebannt.“[228] Brentano intensivierte in seinem *Rheinübergang* darüber hinaus den Bezug zum Alten Testament, indem er Gideons Schlachtsignal (Richter 7, 20) mit Wellingtons Siegeszug verglich: „Und wie einst die Mauern sanken | Vor Posaunen *Gideons*, | Sehn wir alle Festen wanken | vor dem Siegsschall *Wellingtons*.“[229] Die Übermacht Napoleons ließ sich auch mit Goliath (1. Samuel 17, 4) personifizieren. Daß der goliathischen Hegemonie Napoleons mit List und Klugheit beizukommen war, bezeugte dann bei Brentano ein davidischer Wellington.[230] Die lyrische Bitte um einen deut-

---

[226] Ludwig Robert: Kämpfe der Zeit. Stuttgart und Tübingen 1817, S. 44.

[227] „Trompeter, komm' uns nicht zu nah! | Die Wälle möchten fallen, | Was auch bei Jericho geschah, | erst glaubt man's nicht, dann ist es da, | Wenn die Trompeten schallen.“ (Achim von Arnim: Die Übergabe von Stettin, Küstrin, Magdeburg und Hameln, in: Ders.: Werke in fünf Bänden, Bd. 5 [Anm. 178], S. 379).

[228] Clemens Brentano: Rheinübergang. Kriegsrundgesang, in: Ders.: Werke, Bd. 1: Gedichte, hg. v. Wolfgang Frühwald, Bernhard Gajek u. Friedhelm Kemp. Darmstadt 1968, S. 303.

[229] Clemens Brentano: Rheinübergang (Anm. 228), S. 304.

[230] „Nimmer auf des Herkuls Säulen | Bauet sich ein fremder Thron, | Vor Gibraltars Fels, dem steilen, | Steht der *David, Wellington*.“ (Clemens Brentano: Rheinübergang [Anm. 228], S. 302.).

schen David gegen den französischen Goliath formulierte Friedrich Schlegel.[231]

Wie in Brentanos *Rheinübergang* finden sich in der Befreiungskriegslyrik gelegentlich auch ganze Kataloge mit alttestamentarischen Verweisen, die kumulativ die Hilfe Gottes gegen Napoleon als typologische Wiederholungstat beschwören.[232] Insgesamt belegen die zahlreichen alttestamentarischen Anspielungen in der Befreiungskriegslyrik, wie eng sich hier Religiosität und Nationalismus aufeinander beziehen.[233] Das Bibelzitat wird zur rituellen Abwehrformel gegen einen politischen Gegner. Die hier zitierten patriotischen Kampflieder waren zum großen Teil sangbar nach evangelischen Chorälen. Luthers *Ein feste Burg ist unser Gott* wurde ebenso aktualisiert wie *Wer nur den lieben Gott läßt walten* und Paul Gerhardts *Befiehl du deine Wege.*[234]

Neben der Verquickung von Religion und Nationalismus demonstrieren die plakativen Bibel-Zitate aber auch das dringende Bedürfnis, für die ungewohnte politische Situation überhaupt ein Muster und eine Ordnung zu finden. Napoleons Aufstieg vom General zum Weltenherrscher schien beispiellos in der Geschichte der europäischen Neuzeit. Je unglaublicher und verstörender die Napoleonisierung Europas wirkte und die bestehenden Ordnungen außer Kraft setzte, desto intensiver wurde das Bemühen sichtbar, das Einzigartige in Bezug zu Bekanntem zu setzen, um es verstehbar zu machen. Napoleon als Kain, Pharao oder Goli-

---

[231] „Drum sei jener hochgepriesen, | Kaiser Er mit Recht genannt, | Der des Glükkes mächt'gem Riesen | Mutig leistet Widerstand" (Friedrich Schlegel: Gesang der Ehre, in: Ders.: Kritische Ausgabe, Bd. 5 [Anm. 221], S. 403f.).

[232] „Du, der vom Joch der Knechte | Einst in Ägyptenland | Durch seine starke Rechte | Ein seufzend Volk entband; | Du, der den mächtgen Riesen | durch Kinderhand gefällt, | Sei laut von uns gepriesen | Du Herr der ganzen Welt" (Ernst Moritz Arndt: Kriegslieder der Deutschen. O. O. 1813, S. 4); „Und wie im alten Testament | Der fromme Pineas | Entbrennt in Eifer und in Haß, | Wie Maccabäus brennt, | Wie Flammen, d'rein der Sturmwind blies, | Erheben wir das Schwert, | Ein Cherub vor dem Paradies | Stehn wir vor unser Heerd." (Max von Schenkendorf: Festlied [Anm. 218]).

[233] Vgl. Hasko Zimmermann: Auf dem Altar des Vaterlands (Anm. 174), S. 11–70, Gerhard Graf: Gottesbild und Politik (Anm. 179), Gerhard Kaiser: Pietismus und Patriotismus (Anm. 214) und Eberhard Lämmert: Preußische Politik und nationale Poesie. Ein Beitrag zur Geschichte der Befreiungskriege, in: Berlin zwischen 1789 und 1848. Facetten einer Epoche. Ausstellung der Akademie der Künste vom 30. August bis 1. November 1981 (Katalog). Berlin 1981, S. 43–51.

[234] Eine genaue Analyse des Einflusses des Kirchenliedes auf die Lyrik der Befreiungskriege bis hin in metrische Feinheiten liefert Karl Scheibenberger: Der Einfluß der Bibel und des Kirchenliedes auf die Lyrik der deutschen Befreiungskriege (Anm. 177), S. 54–67.

ath zu interpretieren, bot nicht nur den Vorteil, daß dieser Gestalt unbezweifelbar göttliche Bestrafung drohte, sondern relativierte vor allem das Außerordentliche von Napoleons Erscheinung. Ein zweiter Pharao war erträglicher als Napoleon I. Wie brüchig und wenig wirksam allerdings diese religiösen Einordnungsversuche waren, hat ja bereits E. T. A. Hoffmanns *Vision auf dem Schlachtfelde bei Dresden* gezeigt, indem dort das religiöse Muster der Apokalypse an seine Grenzen geführt wurde. Es scheint daher nur konsequent, wenn Kleists Ode *Germania an ihre Kinder* die zehn Gebote für die Jagd auf Napoleon außer Kraft setzt: „Schlagt ihn tot! Das Weltgericht | Fragt euch nach den Gründen nicht!“[235]

Mit Napoleons Verbannung nach Elba bot sich 1814 die Uminterpretation einer bekannten Mythisierung förmlich an. Wie Prometheus, der gegen Zeus aufbegehrt hatte, zur Strafe an den Kaukasus geschmiedet wurde, so schien Napoleon, der die Weltordnung ausgehebelt hatte, nun von einer höheren Gerechtigkeit nach Elba verbannt worden zu sein. Die Dichter der Befreiungskriege knüpften so an eine alte positive Mythisierung Napoleons an, wie sie Vincenzo Monti 1797 geprägt hatte, und deuteten sie negativ um. Hans Blumenberg hat für Goethes Arbeit am Mythos analysiert, wie nach und nach „Prometheus [...] Napoleon, Napoleon Prometheus“ wird.[236] Das mythische Repertoire der antinapoleonischen Lyrik erweiterte sich also vom Alten Testament und der Apokalypse des Neuen Testaments auf die Antike. Dabei wurde oft die antike Mythisierung synkretistisch christlich überformt, wenn der Prometheus-Vergleich nicht von Napoleon-Anhängern, sondern von Napoleon-Gegnern unternommen wurde.[237] Wenn man Napoleon auf Elba mit dem an den Kaukasus gefesselten Prometheus verglich und diese Exilierung als gerechte Strafe für einen Verstoß gegen die göttliche Ordnung interpretierte, blendete man aus, daß dies in der antiken Vorlage ja eine Strafe dafür war, daß Prometheus gegen das Verbot von Zeus den Menschen das Feuer und damit die Zivilisation gebracht hatte. In der mythologischen Bezugnahme stand bei einer solchen Interpretation dann vor allem Hesiods frevelnder Prometheus aus der *Theogonie* im Vorder-

---

[235] Heinrich von Kleist: Germania an ihre Kinder (Anm. 170), S. 55.

[236] „Prometheus wird Napoleon, Napoleon Prometheus“ lautet die entsprechende Kapitelüberschrift bei Hans Blumenberg: Arbeit am Mythos. Frankfurt a.M. 1979, S. 504–566.

[237] Zur positiv intonierten Prometheus-Parallele vgl. Jean Tulard: Le Mythe de Napoléon. Paris 1971, S. 53–60.

grund, der Zeus übervorteilte. Die mythologische Tradition wurde um Prometheus Kulturschöpfung verkürzt und Prometheus Aufbegehren gegen Zeus als christliche Todsünde der *Superbia* gedeutet. Prometheus als Menschenschöpfer, wie er etwa in Goethes Hymne Gestalt annahm, blieb bei dieser Anverwandlung des Mythos ganz außen vor.

Lord Byron verknüpfte 1814 in seiner *Ode to Napoleon* christliche und antike Bildwelt, indem er sowohl Prometheus als auch den Teufel zum Vergleich mit Napoleon heranzog. In der 16. Strophe apostrophiert das lyrische Ich Napoleon:

> Or like the thief of fire from heaven,
> Wilt thou withstand the shock?
> And share with him, the unforgiven,
> His vulture and his rock!
> Fordoomed by God – by man accurst
> And that last act, though not thy worst
> The very Fiend's arch mock;
> He in his fall preserv'd his pride,
> And if a mortal, had proudly died![238]

Byron wirft Napoleon Überleben nach der Niederlage vor und verlangt den mutigen Heldentod statt des Darbens im Exil, das den Heroen-Nimbus schmälert. Das pronominalisierte „He" zu Beginn des vorletzten Verses läßt sich dabei sowohl auf Prometheus („the thief of fire") als auch auf den Teufel („fiend") und seinen „fall" beziehen. Beide wären stolz gestorben („proudly died"), wären sie sterblich, statt das schmähliche Exil zu wählen. Byron wies mit seiner Auslegung den Weg, wie man den Prometheus-Vergleich auch anders wenden konnte. Eine christliche Interpretation verdammte Napoleon gleich wie Prometheus wegen eines Verstoßes gegen ein göttliches Gebot. Aber es war auch möglich, Prometheus als den wahrhaft heldisch Leidenden und romantischen Dulder vorzustellen, der um einer großen zivilisatorischen Tat willen bestraft wurde. Dagegen erschien Napoleon als falscher Prometheus. Eine solche Interpretation orientierte sich dann nicht so sehr an Hesiod, sondern an Aischylos' *Gefesselten Prometheus*, der die zum Untergang bestimmten Menschen rettet, indem er ihnen das Feuer und die Kultur brachte. So verfuhr Ernst Moritz Arndt später in seinem Gedicht *An Napoleons Verehrer*, indem er die endgültige Verbannung Napoleons nach St. Helena zum Anlaß nimmt, Prometheus mit Napoleon zu vergleichen. Das sechsstrophige Gedicht eröffnet mit einer suggestiven Frage an Napoleons

---

[238] George Gordon Noel Lord Byron: Ode to Napoleon, in: Ders.: The Complete Poetical Works. Bd. 3, ed. by Jerome J. McGann. Oxford 1981, S. 266.

Verehrer: „Däucht euch der Schlaue immer noch so groß, | der auf St. Helena Prometheus' Loos | Im öden Felsenjammer hat gezogen?" Im folgenden konfrontiert das Gedicht den alten und den neuen Prometheus, um den Unterschied hervorzuheben:

Prometheus, du des Lied's erhabner Klang
Wird ihn mit deinem Namen der Gesang
Zusammen durch die Zeiten wiederklingen?
Er wird's: den wundersamen Unterschied,
Die wundersame Gleichheit wird das Lied
Zur Kunde künftiger Geschlechter bringen.

Hört Großes! Hört! Vom Feuer hört, vom Licht!
Um diese beide schwebte das Gericht,
das an den Felsen band die hohen Sünder:
der alte trug das Licht vom Himmel aus
Den Menschen zu, der Junge löscht es aus –
Wen wählt ihr? Den Löscher oder Zünder?

[...]

Napoleon! Ha! Das war das Geläute
Von euren Glocken? Das die stolze Liebe?
Für dessen Stirn pflückt ihr die lichte Beute,
Der Licht und Sonne haßte wie die Diebe?
O Klang, o Traum von Schlangen und von Dolchen,
Wo List und Lug und Satan sich zerbalgen!
Fort mit dem Lichterlöscher zu den Molchen!
Fort mit dem Freiheitsmörder zu dem Galgen![239]

Vor Prometheus heroischer Tat erscheint Napoleons Bemühen um so kleiner. Die Analogien zitiert das Gedicht nur, um den „wundersamen Unterschied" (V. 4) um so markanter hervorzuheben. Das mythische Urbild brachte den Menschen die Kultur, „trug das Licht vom Himmel aus | Den Menschen zu" (V. 10f.), die napoleonische Kopie „löscht es aus" (V. 11). Napoleon wird hier zum Kulturzerstörer umgedichtet. Die rhetorischen Fragen (V. 12) lassen dem apostrophierten Leser keine Wahl: Die Entscheidung für den „Zünder" Prometheus und gegen den „Löscher" (V. 12) Napoleon ist unausweichlich. Dem „Lichterlöscher" (V. 19) und

[239] Ernst Moritz Arndt: An Napoleons Verehrer, in: Napoleonlieder von Victor Hugo, Baggesen, Rückert, Byron, Zedlitz, Barthelemy u.s.w. Zusammengestellt von Ernst Ortlepp. Seitenstück zu den Schillerliedern und Götheliedern. Ulm 1834, S. 180–182. Vgl. hierzu auch Gerhard Schulz: Die deutsche Literatur zwischen Französischer Revolution und Restauration, Bd. 2: Das Zeitalter der Napoleonischen Kriege und der Restauration 1806–1830. München 1989 (Geschichte der deutschen Literatur, 7, 2), S. 7.

„Freiheitsmörder“ (V. 20) wird in zwei anaphorisch parallel gefügten elliptischen Imperativen die Nähe zu Tod und Hölle zugewiesen.

6. Von Elba nach St. Helena
Zu Lebzeiten entrückt (1814–1821)
Rückert, Platen, Heine

Napoleon wurde 1814 mit einer Ehrengarde von 800 Mann nach Elba geschickt, 1815 folgte dann die endgültige Verbannung nach St. Helena.[240] Diese seltsam gedoppelte Exilierung, die erst im zweiten Anlauf Endgültigkeit erreichte und die geographische Entfernung steigerte, wurde in der Literatur als eine langsame Entrückung aus den europäisch politischen Aktualitäten sichtbar. Aus einem literarischen Blickwinkel schien Napoleon wie in einem doppelten Kursus mittelalterlicher Epen zweimal seinen Weg gehen zu müssen, damit erst im zweiten Durchgang die Unabänderlichkeit des Exils bestätigt werden konnte. Der Verbannung folgte eine sukzessive Verklärung.[241] Allmählich verschob sich die Haltung in der deutschen Literatur von der ängstlich-zornigen Befreiungskriegs-Abwehr in eine größere Gelassenheit, die Napoleons Schicksal in balladeskem Ton als historisch distanzierbare Geschichte erzählte. Die nationale Perspektive trat zurück, die Aggression verflüchtigte sich. Je weniger bedrohlich Napoleon erschien, desto weniger wurden auch übermenschliche Kräfte zu seiner Deutung und Bekämpfung beschworen. Diese Veränderung soll im folgenden an Balladen von Friedrich Rückert (*Der Götter Rath* [1816/17]), August von Platen (*Colombos Geist* [1818]) und Heinrich Heine (*Die Grenadiere* [ca.1819/20]) analysiert werden. Um den Übergang von der national motivierten aggressiv-appellativen Befreiungskriegslyrik zu den humoristischen (Rückert) und numinosen (Platen, Heine) Balladen sichtbar zu machen, steht am Anfang noch die knappe Analyse zweier Gedichte von Rückert (*Gott und die Fürsten* [1814]) und Platen (*An Buonaparte* [1815]) aus der Zeit zwischen Elba und der 100 Tage-Herrschaft. Hier ist die zornig-ängstliche Abwehr und die poetisch beschworene Notwendigkeit übermenschlichen Schutzes noch greifbar.

Noch 1814 entstand Friedrich Rückerts zwölfstrophiges Gedicht *Gott und die Fürsten*, das Napoleons Verbannung nach Elba nicht als Leistung

---

[240] Zur 100 Tage-Herrschaft und zur Exilierung vgl. Gérard Gengembre: Napoléon. La vie, la légende. Paris 2001, S. 87–98. Robert Margerit: Waterloo, 18. Juin 1815. Paris 1964. Jean Tulard: Napoleon oder der Mythos des Retters (Anm. 12), S. 481–510.

[241] Vgl. Johannes Willms: Napoleon. Verbannung und Verklärung. München 2000.

der europäischen Politik, sondern als Fügung Gottes pries. Nicht *Gott und die Fürsten* haben Napoleon besiegt, wie vielleicht die Syndese des Titels suggeriert, sondern es war allein eine Tat Gottes:

Gott und die Fürsten

Napoleon, von Kaiserthronen
Gestürzt auf Elba's nackten Sand!
Seht her, der Erde Nationen,
Seht, und erkennet Gottes Hand.
Ihn hat der Herr im Zorn gerichtet,
D'rum liegt er so in Schmach vernichtet.[242]

Elliptisch wird Napoleons Abdankung in den ersten beiden Versen präsentiert, um sie sodann zu deuten. Die Anapher („seht" [V. 3, 4]) betont die Wichtigkeit dieser Erklärung, die mit großer Dringlichkeit an „der Erde Nationen" (V. 3) apostrophiert ist. Während die Fürsten sich zögerlich immer wieder um einen friedlichen Ausgleich bemüht hätten, habe sich Napoleon, von weltlichen Mächten ungehindert, immer weiter zur Hybris aufgeschwungen. Retrospektiv schildert das Gedicht die militärischen Ereignisse der letzten Jahre. Der Rußlandfeldzug, die Völkerschlacht bei Leipzig und der Feldzug in Frankreich 1814 werden chronologisch und als Steigerung angeordnet angeführt, danach jeweils ein Friedensangebot der Fürsten eingeschoben, dem dann wiederum drei Mal im gleichen Wortlaut die Prophezeiung folgt:

Das war das erste [bzw. zweite, dritte] Wort der Fürsten,
Doch ihn umflocht der Gotteswahn,
Es trieb ihn seines Hochmuts Dürsten
Noch einmal auf die blut'ge Bahn;
Denn im Verhängnis stand's geschrieben:
Er soll noch besser sein zerrieben.

Die vierhebig jambische Strophenform, die auf einen Kreuzreim einen Paarreim folgen läßt, betont die Sentenz der letzten beiden Verse wie einen mahnenden Refrain. Das Gedicht bedient sich hier noch der Schicksalssemantik, die Rückert bereits 1818 in seiner politischen Komödie *Napoleon und seine Fortuna* persiflierte. Das „Verhängnis" (V. 23) betreibt Napoleons Untergang. Die Selbstvergöttlichung Napoleons, „seines Hochmuts Dürsten" (V. 21) und der „Gotteswahn" (V. 20), fordert Gottes Zorn heraus, der schließlich Napoleon straft. Gottes Unmut

[242] Friedrich Rückert: Gott und die Fürsten, in: Ders.: Gesammelte Poetische Werke in zwölf Bänden (Anm. 175) Bd. 1, S. 48–50, hier S. 48.

gilt dabei auch der Trägheit der Fürsten. Das lyrische Ich apostrophiert mahnend erst die Fürsten, um dann in den Schlußversen Napoleons Verbannung nach Elba als eine Tat Gottes zu erklären. Elba wird dabei zum dreckigen Vorhof der Hölle, zum „Pfuhl" (V. 70), metaphorisiert:

Ihr Fürsten, zeiget ihr noch weiter
Anstatt des Schwert's den Heroldstab?
Führt in die Feldschlacht eure Streiter,
Und ruft die Friedensboten ab!
Ich fürchte, daß der Herr euch grollet,
Wenn ihr noch länger schonen wollet.
[...]
Und also ist es dann geschehen,
Daß wie von einem Wetterschlag,
Eh' man die Hand hat zucken sehen,
Der, den sie traf, am Boden lag;
Und wir bekennen laut und offen:
Es ist der Herr, der ihn getroffen.
Der Herr hat ihn gefaßt beim Schopfe,
Geschleudert ihn vom goldnen Stuhl,
Gleich einem stauberzeugten Tropfe,
Nicht in den Staub, nein, in den Pfuhl.
Verloren hat er Ehr' und Kronen;
Nun, seines Lebens mögt ihr schonen.

Im Pluralis majestatis kündigt das lyrische Ich seine Erklärung der militärischen Ereignisse an (V. 65), die dann durch eine strophenübergreifende Wiederholung besonders betont wird (V. 66f.). Rückerts nachträgliche Mahnung zur Kampfbereitschaft steht noch ganz in der Tradition der appellativen Befreiungskriegslyrik, die gleichzeitig Napoleon dämonisiert und zum Kampf gegen ihn auffordert.[243] Das Schicksal, das Verhängnis und Gottes Zorn werden aufgeboten, um Napoleon seiner gerechten Strafe zuzuführen. Dieser massive erdichtete überweltliche Schutz macht deutlich, wie stark hier noch Napoleon als akute Bedrohung eingeordnet wird.

Etwas weiter entrückt, aber immer noch zornig avisiert, erscheint Napoleon in August von Platens 1815, nach der Rückkehr von Elba, ent-

---

[243] Vgl. Wolf Kittler: Geharnischte Sonette. Friedrich Rückert als Dichter der Befreiungskriege, in: Friedrich Rückert. Dichter und Sprachgelehrter in Erlangen. Referate des neunten interdisziplinären Colloquiums des Zentralinstituts, hg. v. Wolfdietrich Fischer u. Rainer Gömmel. Neustadt 1990 (Schriften des Zentralinstituts für Fränkische Landeskunde und allgemeine Regionalforschung an der Universität Erlangen-Nürnberg, 29), S. 35–46.

standenem Gedicht *An Buonaparte.*[244] Die Legitimität als Kaiser der Franzosen wird Napoleon hier schon mit dem Gedicht-Titel abgesprochen, der nicht Kaiser Napoleon I. tituliert, sondern sich in italienischer Schreibung an den bürgerlichen Korsen wendet. Ein Motto von Boileau umreißt die zornige Haltung des neunstrophigen Gedichts gegenüber Napoleon: „La colère suffit, et vaut un Apollon".[245] Höchst selbstbewußt apostrophiert das lyrische Ich Napoleon. Seinen Anspruch zieht das lyrische Ich nicht aus dichterischer Routine, sondern aus seinem Zorn auf Napoleon, der sich zur dichterischen Inspiration verwandelt und es berechtigt, aus Hippokrene, der Roßquelle, zu schöpfen, seit Hesiod die mythische Metonymie für poetische Eingebung:

An Buonaparte

Obgleich ich nur mit unerfahrnen Händen
Die Flut entschöpfe Hippokrenes Born,
So wag ich's dennoch, mich an dich zu wenden;
Denn zur Begeistrung wird gerechter Zorn.
Sag an, Tyrann, welch böser Geist dich faßte?
Verschwunden längst ist deine blut'ge Zeit;
Du, der Besiegte, allgemein Verhaßte,
Gehst mit der Freiheit Rettern in den Streit?

Benötigte Rückerts lyrisches Ich 1814 noch metaphysische Unterstützung, um sich gegen Napoleon auszurichten, so erscheint Napoleon 1815 in seiner 100-Tage-Herrschaft bei Platen bereits als anachronistisches Phänomen, das in zwei Fragen auf seine Unzeitgemäßheit hingewiesen wird (V. 5–8). Unverständnis bekundet das lyrische Ich angesichts von Napoleons Wiedereroberungsplänen. Zwar wird Napoleon noch antonomastisch als „Tyrann" (V. 5) apostrophiert, aber seine Herrschergewalt sogleich relativiert, da er als der „Besiegte, allgemein Verhaßte" (V. 7) kategorisiert wird. Die zweite Strophe intensiviert das Selbstbewußtsein des lyrischen Ichs in fünf aggressiven Fragen an Napoleon, was er denn mit seiner Rückkehr bezwecke. Die erneute Herrschaft wird lediglich als Steigerung der Fallhöhe interpretiert. Daß der Fall kommt, gilt als gewiß: „Du bist noch einmal hoch emporgestiegen, | Auf daß dein Sturz nur

[244] Zum biographischen Hintergrund vgl. Peter Bumm: August Graf von Platen. Eine Biographie. Paderborn 1990, S. 78f. Helmut Flachendecker: Die ungeliebte Pflicht. Platen als bayerischer Offizier, in: August Graf von Platen. Leben, Werk, Wirkung, hg. v. Hartmut Bobzin u. Gunnar Och. Paderborn 1998, S. 1–20.

[245] August von Platen: An Buonaparte, in: Ders.: Werke, hg. v. Kurt Wölfel u. Jürgen Link, Bd. 1: Lyrik. München 1982, S. 195–197, hier S. 195.

desto tiefer sei.“ (V. 19f.) Napoleons Gegner scheinen bei Platen aus ihren Niederlagen gelernt zu haben. Mit verachtender Drohgebärde versichert das lyrische Ich im einvernehmlichen „wir“ mit den Feinden Napoleons gegen ihn anaphorisch gestaffelt: „Was du auch tust, wir werden's kühn vernichten, | Was du auch sagst, es glaubt dir keiner mehr!“ (V. 23f.) Die epochale Überständigkeit Napoleons wird in dem Vers zusammengefaßt: „Du bist der Held, der angestaunte, nimmer“ (V. 25), der einen Rückblick auf Napoleons Karriere eröffnet, der sich von Strophe vier bis sechs erstreckt.[246]

Zwar zitiert auch Platens Gedicht noch einmal den „Himmel“ (V. 51) und die „Nemesis“ (V. 52) zur Kampfesunterstützung herbei. Sie scheinen aber nicht mehr so unabdingbar notwendig wie in Rückerts *Gott und die Fürsten*. In diesem säkularisierten Kampf gegen Napoleon ist der Ausblick auf den nachfolgenden, weltlichen Herrscher wichtiger als Gottes Schlachtplan. Ludwig XVIII. wird in den Strophen sieben und acht als milder Friedensherrscher gegen den kriegstreibenden Napoleon ausgespielt.[247] Die letzte Strophe beschreibt im vierfachen Parallelismus die allumfassende Umzingelung Napoleons. Sowohl weltliche als auch mythische und göttliche Mächte haben sich in Stellung gegen ihn gebracht.[248]

1816/17, als Napoleon also bereits in St. Helena sein Dasein fristet, blickt Rückert noch einmal auf die Flucht von Elba und die 100-Tage-Herrschaft zurück. Aus der Gewißheit heraus, wie Napoleons Wiedereroberungsversuch geendet hat, zitiert Rückert nicht mehr den christlichen Gott zur Hilfe herbei, sondern entrückt die historische Situation in my-

---

[246] Diese Karriere wird außenpolitisch in den Blick genommen: Strophe vier beschreibt den Italienfeldzug, Strophe fünf den Ägyptenfeldzug und mit zeitlichem Sprung den Rußlandfeldzug. Strophe sechs umschreibt die Abdankung Napoleons.

[247] Ohne namentlich genannt zu werden, wird Ludwig XVIII. beschrieben als „Des Friedens Freund“ (V. 54), als „Ein edler Fürst durch seine milde Güte, | Ein weiser Fürst durch seine Mäßigung.“ (V. 55f.)

[248] Vgl. August von Platen: An Buonaparte (Anm. 245), S. 197:

Seh vor dich hin, wie die Feinde dich umblitzen!
Seh hinter dich, wo eine Furie lehnt!
Seh über dir den großen Richter sitzen!
Seh unter dich, wie schon die Hölle gähnt!
Auf keiner Seite kannst du mehr entweichen,
Da dich dein tödlich Schicksal nicht verläßt,
So endlich wird es blutig dich erreichen:
Dein Sterbetag ist unser Friedensfest!

thologische Bilder. Während noch 1814 der alttestamentarisch strafende Gott in großem Ernst Napoleon in *Gott und die Fürsten* züchtigt, präsentiert sich Napoleons Flucht von Elba in *Der Götter Rath* als ein fast komisches Mißgeschick der antiken Götter, die sich sputen müssen, um den Quertreiber Napoleon zu disziplinieren.[249] In zwölf Strophen à acht Versen wird die Geschichte von Napoleons Flucht von Elba, der 100-Tage-Herrschaft und der Verbannung nach St. Helena erzählt als eine Vernachlässigung göttlicher Aufsichtspflicht gegenüber dem auf Elba kasernierten Napoleon. In balladeskem Ton und beschwingten Jamben nähert sich das Gedicht mit viel direkter Rede einer dramatischen Humoreske an.[250] Rückerts humoristische Ballade setzt ein mit der Beschwerde der Menschen gegenüber den Göttern, daß denen Napoleon entwischt sei (Strophe 1–5):

Der Götter Rath

Die hohen Götter halten Rath,
Bestürzung ist im Himmel;
Denn schwirrend von der Erde naht
Von Stimmen ein Gewimmel,
Die Stimmen rufen all so laut,
Daß fast davor den Göttern graut,
Sie rufen: Seid ihr droben,
So schaut jetzt her von oben!
Wir meineten, daß ihr's getan,
Und wollten Dank auch sagen,
Als wir den Zwingherrn fallen sahn,
Auf's blut'ge Haupt geschlagen.
Er war in euerer Gewalt;
Zu einem sichren Aufenthalt
Verspracht ihr ihn zu bringen;
Was laßt ihr ihn entspringen?

---

249 Auch in *Napoleons Sonnenwende* (1816/17) wechselt Rückert aus der christlichen Metaphorik in die antike Bildwelt, indem er Napoleon mit Krösus vergleicht. (Friedrich Rückert: Napoleons Sonnenwende, in: Ders.: Gesammelte Poetische Werke [Anm. 175], S. 149–151).

250 Die Strophenform, Bürgers *Lenoren*-Strophe, aus männlich schließenden jambischen Vierhebern und weiblich schließenden jambischen Dreihebern, die in eine Kreuzreim- und eine Paarreimhälfte zerfällt, wird im 19. Jahrhundert auch noch von Arndt, Greif und Gottwald für patriotische Zeitgedichte verwendet. Vgl. Horst J. Frank: Handbuch der deutschen Strophenformen. Tübingen, Basel ^{2}1993, S. 603 ff. (8.17). Zu metrischen Besonderheiten bei Rückert vgl. schon H. W. Church: Friedrich Rückert als Lyriker der Befreiungskriege. New York, Leipzig 1916, S. 74–87.

Die metonymisch in irdischen „Stimmen“ (V. 4f.) präsentierten Menschen treten hier derart selbstbewußt auf, „daß fast davor den Göttern graut“ (V. 6). Die Menschen melden bereits Zweifel an, daß die Abdankung Napoleons Werk der Götter gewesen sei. Retrospektiv relativieren sie durch das Verb „meinen“ (V. 9) den göttlichen Anteil am Sieg über Napoleon. Die Götter werden zu anthropomorphen schwachen Gestalten, die nicht in der Lage sind, Napoleon gefangen zu halten. Die Wut der Anklage führenden Menschen steigert sich in der dritten Strophe in immer aggressiveren Nachfragen nach der Verantwortlichkeit für die geglückte Flucht Napoleons. Die Klagerede gegen die Götter gipfelt in der Androhung von Atheismus, den die Menschen bei Napoleon hätten lernen können:

> Weß Schuld ist, daß die Fesseln bricht
> Der alte blut'ge Schlächter?
> Und welche blinde Zuversicht
> Bethörte seine Wächter?
> Wie lang und bis zu welchem Ziel
> Ist euch die Ruh der Welt ein Spiel?
> Fast müssen wir, o Götter,
> Euch leugnen gleich dem Spötter. –

Drei drohenden rhetorischen Fragen folgt die Aussage über die Möglichkeit des Atheismus. So wie den Göttern eingangs „fast“ (V. 6) vor den Menschen graute, so steht die Menschheit jetzt „fast“ (V. 38) vor dem Atheismus. Das Modaladverb „fast“ hält die Umwertung aller Werte noch auf Abstand, rückt die Entthronung der Götter aber doch schon in den Bereich des Möglichen. „Blinde Zuversicht“ (V. 34) eines allgemeinen Gottvertrauens scheint unangebracht angesichts der menschlichen Möglichkeiten, die Napoleon verkörpert. Um eine solche Säkularisierung zu verhindern und die eigene Macht zu erhalten, werden nun die Götter aktiv. Die Strophen sechs bis acht schildern die Beschwichtigungsversuche von Merkur und Iris' Suche nach dem Übeltäter, den sie im greisen Meergott Nereus ausmacht, der Napoleons Flucht schlicht verschlafen hat.[251] Nereus muß sich daraufhin „vor Jovis Thron“ (V. 57)

[251] Vgl. Friedrich Rückert: Der Götter Rath, in: Ders.: Poetische Werke (Anm. 175), S. 171:
Da ward die Iris auch gesandt | Auf einem Regenbogen, | Die, zu des Nereus Reich gewandt, | Ihn fand auf seinen Wogen, | Wo er im Muschelwagen schlief; | Aufwacht er, als die Göttin rief, | Ihn nach der Götter Ordern | Zur Rechenschaft zu fordern.

verantworten. Hier schaltet sich das lyrische Ich als balladesker Erzähler ein und wendet den Blick vom Göttergetümmel zur Erde: „Nicht weiß ich, wie vor'm Götterrath | Der Meergott sich entschuldigt hat; | Ich blickt' indeß zur Erde, | Zu sehn, was dort nun werde." (V. 61–64).

Die Strophen neun und zehn schildern den Krieg der Alliierten gegen Napoleon mythologisch verfremdet als Kampf von „zwei mächtige[n] Titanen" (V. 66) gegen den „Drachen" (V. 60, 69, 75) Napoleon. Während mit Blücher und Wellington zwei Menschen Götterrollen übernehmen und zu „Titanen" erhoben werden, schrumpft Napoleon zum Tier. Bereits die dritte Strophe antizipierte die Drachenmetaphorik, wenn Napoleon dort dargestellt wurde als jemand, der von Elba „herüberschnaubt" (V. 21). Insgesamt sind durch Napoleons Weltmachtstreben die göttlichen und menschlichen Kompetenzen verwirrt. Die Götter müssen um ihren Machterhalt kämpfen, dilatorisch werden Napoleons irdische Gegner zu Titanen, und Napoleon selbst ist zwar einerseits in der Lage, Nereus zu überlisten und übertrumpft so die Götter, wird aber von den zu Titanen gewachsenen Menschen ins Kreatürliche des Drachens gedrückt. Nicht die Götter, sondern die titanischen Menschen besiegen schließlich Napoleon. Um der allgemeinen Verwirrung ein Ende zu bereiten, spricht „der Götter Vater" (V. 79) ein begütigendes Schlußwort (Strophen 11–12). Es wirkt allerdings unangemessen, da es ihn in seiner alten Machtposition installieren soll, die ihm real sowohl durch Napoleons Flucht als auch durch den rein menschlichen Sieg über Napoleon nicht mehr zukommt. Zeus spricht:

Das Volk der Erd' ist treu und gut,
 Das hat es nun bewiesen,
 Da wieder es sein Herzensblut
 Verspritzt für uns und diesen.
 Den geb ich, Schiffer Nereus, hier
 Noch einmal in Verwahrung dir,
 Doch sieh nun, daß du besser
 Verwahrst den Völkerfresser.
Der Drache soll zur Hölle nicht,
 Weil er auf einem Throne
 Gesessen; es ist Götterpflicht,
 Zu ehren jede Krone.
 Doch bringe du zum fernsten Port
 Des Meeres ihn, und fessl' ihn dort
 Mit diamantner Kette,
 Daß keine Höll ihn rette!

Von Potentat zu Potentat gewährt Zeus Napoleon im Pluralis majestatis (V. 84) den Herrscher-Respekt, „zu ehren jede Krone“ (V. 92). Diese monarchische Loyalität bewahrt Napoleon vor der Hölle und katapultiert ihn nach St. Helena. Zeus' restaurativer Rekonstruktionsversuch der alten Verhältnisse wirkt allerdings ebenso bemüht wie lediglich aufschiebend. Schließlich haben sich die Menschen im Kampf gegen Napoleon von den alten Göttern emanzipiert und sind zu Titanen geworden, den alten Gegnern von Zeus. Auch in Rückerts Gedicht *Der Götter Rath* wird so wieder ein mythisches Muster an seine Grenzen geführt. Napoleon überlistet durch seine Flucht von Elba die Götter und fordert die Menschen damit indirekt heraus, gegen die Götter Klage zu führen. So hat der von Zeus in bewährter rhetorischer Tradition als „Völkerfresser“ (V. 88) gescholtene Napoleon maieutische Funktion bei der Selbstbefreiung der Menschen von religiösen Deutungsnormen.[252]

Das endgültige Exil in St. Helena entrückt Napoleon aus dem Fokus einer aktuellen politischen Gefahr. Die den europäischen Ländern Sicherheit gebende geographische Entfernung beendet die abwehrende *Apage*-Haltung der Dichtung, deren aufgeregter Tonfall noch Platens *An Buonaparte* gerichtetes Poem von 1815 durchzieht. Seit der Ankunft Napoleons auf St. Helena im Oktober 1815 besteht keine Notwendigkeit mehr, den Kampfesmut poetisch gegen Napoleon zu schüren, ihm unglückliche Enden in Mythos und Vergangenheit anzupassen. Das unglückliche Ende ist in der Realität eingetroffen und braucht nicht mehr lyrisch beschworen zu werden.

Sehr viel gelassener als *An Buonaparte* nimmt daher auch Platens Gedicht *Colombos Geist* 1818 Napoleon in den Blick. Der eines Apolls würdige Zorn, den Platen noch 1815 mit Boileau geteilt hatte, scheint verflogen. 13 Strophen à vier Verse beschreiben in schweren Trochäen Napoleons Überfahrt nach St. Helena. *Colombos Geist* ist eine numinose Ballade, in deren Mittelpunkt die gespenstisch fiktionalisierte nächtliche Begegnung des historischen Napoleons mit dem Geist von Christoph Columbus steht. Das Gedicht gliedert sich in drei Teile: Die ersten fünf Strophen schildern Napoleon an Bord des Schiffes, wie ihm nächtens ein Geist entgegentritt. Der zweite Teil (Strophe 6–12) präsentiert in wörtli-

[252] Zum Bild von Napoleon als „Völkerfresser“ in Karikatur und Dichtung vgl. Jean Tulard: Le Mythe de Napoléon (Anm. 237), S. 45–52. Gérard Gengembre: Napoléon (Anm. 240), S. 202–207. Napoleon I. im Spiegel der Karikatur (Anm. 171).

cher Rede die Ansprache dieses Geistes an Napoleon, und die letzte Strophe beschließt das Gedicht mit der knappen Beschreibung von Napoleons Reaktion auf diese Erscheinung. Wie bei Rückert drückt sich auch bei Platen die politisch wieder gewonnene Sicherheit gattungsästhetisch in der Form der Ballade aus, in der das lyrische Ich zurücktritt und die Handlung einer abgeschlossenen Geschichte im Vordergrund steht. Napoleon zur Mitternacht an der Reling des Schiffs „Northumberland" wird mit schauerromantischen Mitteln eingeführt:

Colombos Geist

Durch die Fluten bahnte, durch die dunkeln,
Sich das Schiff die feuchte Straße leicht:
Stürme ruhn und alle Sterne funkeln,
Als den Wendepunkt die Nacht erreicht.

Und der neuentthronte Kaiser stützte
Seine Stirne mit der tapfren Hand,
eine Welle nach der andern sprützte
Um das Steuer des Northumberland

An die Schlachten denkt der Held im Geiste
Die er schlug, an sein erprobtes Heer;
Doch um ihn und seine Träume kreiste,
Einer Riesenschlange gleich, das Meer.

Den des Südens Steppen nicht bezwangen,
Den der Frost des Nordens kaum besiegt,
Fühlt sich nun im engen Raum gefangen,
Auf dem Schaum sich hin und her gewiegt.

Als er hadernd solchem Truggeschicke
Gottes Ratschluß fodert [sic!] vor Gericht,
Sieh, da zeigt sich seinem nassen Blicke
Eines Helden Schattenbild und spricht:[253]

Die Strophenform der vier trochäischen Fünfheber mit abwechselnd weiblichen und männlichen Kadenzen steht in der Tradition der englischen Mond- und Gräberpoesie eines Thomas Gray. Auch in Deutschland wurde sie seit der Empfindsamkeit zur elegischen Meditation und Klage genutzt.[254] Platen erweitert diese Formtradition, indem er die Strophe in den erzählerischen Dienst stellt. Napoleon ist hier nicht mehr der „Tyrann" und „Wütrich", der „Feigste unter allen", wie noch 1815 bei

[253] August von Platen: Colombos Geist, in: Ders.: Werke (Anm. 245), S. 7f.

[254] Vgl. Horst J. Frank: Handbuch der deutschen Strophenformen (Anm. 250), S. 291ff. (4.93).

Platen, sondern sein tragisches Ende macht ihn zum melancholischen „Held[en]" (V. 9), dem Tapferkeit attestiert wird (V. 6). Betonte *An Buonaparte* die Niederlage im Rußlandfeldzug als eine Flucht „aus Rußlands wüsten Öden", so verkleinert sich in *Colombos Geist* diese Niederlage ins Ungewisse: Napoleon, „den der Frost des Nordens kaum besiegt" (V. 14) hat, steht nun als zu Unrecht Geschlagener da. Napoleons ebenbürtige Gegner waren nicht Menschen, sondern Naturkräfte: Die Metonymien von „des Südens Steppen" (V. 13) und dem „Frost des Nordens" (V. 14) umreißen die geographische Allgegenwärtigkeit von Napoleons Eroberungszügen und erhöhen seine Kriegszüge zu Schlachten gegen Naturgewalten. Der Vergleich des Meers mit einer „Riesenschlange" (V. 12) belebt die Natur ins Unheimliche. Der um Mitternacht grübelnde Napoleon gleicht hier Hamlet, dem ein Geist erscheint. Dieser Geist gibt sich bald namentlich zu erkennen. Schon der Gedichttitel gab dem Leser einen Hinweis, wessen Geist da zu dem melancholischen, zur Handlungsunfähigkeit verurteilten Napoleon um Mitternacht folgende Worte spricht:

Klage nicht, wenn auch die Seele duldet,
Klage nicht, dir ist ein Trost bereit:
Was du leidest, litt ich unverschuldet,
Und Colombo nannte mich die Zeit.

Ich zuerst durchschnitt die Wasserwüste,
Über der du deine Zähren weinst,
Der Atlantis frühverlorne Küste
Dieser Fuß betrat zuerst sie einst.

Nun erglänzt in heller Morgenstunden
Auferstehung jenes teure Land,
Das der Menschheit ich zum Heil gefunden,
Nicht zum Frondienst einem Ferdinand!

Du erlagst dem unbezwingbarn Norden;
Aber jene, die darob sich freun,
Werden zitternd vor entmenschten Horden
Ihren blinden Jubel bald bereun!

Aber kommt der große Tag der Schmerzen,
Und es hemmt ja nichts der Zeiten Lauf,
Nimm, Columbia, dann die freien Herzen,
Nimm Europas letzte Helden auf!

Wann das große Henkersschwert geschliffen,
Meinen Kindern dann ein werter Gast,
Kommt die Freiheit auf bekränzten Schiffen,
Ihre Mütze pflanzt sie auf den Mast!

Segle westwärts, sonne dich am Lichte,
Das umglänzt den stillen Ozean;
Denn nach Westen flieht die Weltgeschichte:
Wie ein Herold segelst du voran!

Der Geist von Christoph Columbus spricht zu Napoleon von Held zu Held und erläutert ihm seine geschichtsphilosophische Diagnose. Die wörtliche Rede des Geistes dimensionisiert das Gedicht auch zu einer handlungsarmen Ideenballade. Die Entdeckung Amerikas interpretiert Colombos Geist nachträglich als emanzipatorische Tat „der Menschheit […] zum Heil" (V. 31) und gleichzeitig als eine Absage an den feudalistischen „Frondienst" (V. 32) für Ferdinand II., König von Aragonien. In Colombos Ansprache erscheint Napoleon indirekt als ein zweiter Columbus, der ebenfalls „der Menschheit zum Heil" und in Absage an die alten europäischen Absolutismen eine neue Welt der Politik entdeckt, die nicht aus alten gewachsenen Traditionen entsteht, sondern in der der Mensch sich selbst seine gemeinschaftlichen Grenzen setzt. Auch Napoleons europäische Herrschaft erscheint in Platens Gedicht als eine Emanzipation aus absolutistischem „Frondienst".

In einer geopolitischen Arabeske erläutert Colombos Geist, daß für ihn die Weltgeschichte sich von Osten nach Westen verlagert, mithin sei Napoleons Niederlage in Rußland fatal für das restliche Europa, da ihm aus dem Osten die „entmenschten Horden" (V. 35) reaktionärer, autokratischer Herrschaft drohen. Colombos Geist entpuppt sich als Geistesverwandter Hegels. Hegels bekanntes Diktum aus den *Vorlesungen über die Philosophie der Geschichte* lautete: „Die Weltgeschichte geht von Osten nach Westen."[255] Der politische Fortschritt verlagert sich auch für Colombos Geist immer weiter von Europa aus nach Amerika: „Denn nach Westen flieht die Weltgeschichte" (V. 47). Napoleons Durchquerung des Atlantiks scheint hier mehr zu sein als eine navigatorische Notwendigkeit, um St. Helena anzuzielen. Die Überfahrt wird in den Rang eines geschichtsphilosophischen Fanals erhoben und die Fahrtrichtung semantisiert. Aus der Fahrt in den Westen wird metaphorisch eine Segeltour zum Fortschritt. Napoleon, Hegels „Weltseele", verkörpert in Platens Gedicht den Gang der Weltgeschichte, und „wie ein Herold segel[t]" (V. 48) er an der Spitze der universalgeschichtlichen Entwicklung und weist der Historie den Weg.

Der Fortschritt im Westen bedeutete aber zugleich den Stillstand für Europa. Mit Napoleons Exilierung kündigt sich eine epigonale Zeit an, deren Anbruch dann später mit Napoleons Tod eindeutig wird. Endzeit-

[255] Georg Friedrich Wilhelm Hegel: Werke in 20 Bänden, Bd. 12 (Anm. 48), S. 134.

stimmung und Dekadenz sind die Konsequenz für ein Europa, das sich seines größten Fortschrittsträgers entledigt. Platen selbst kommentierte sein Gedicht als Ballade, „worein ich den Gedanken legte, daß bald die ganze Kultur Europas nach Amerika wandern wird, daß unsere Geschichte sich ihrem Ende naht; die jetzigen Rückschritte, die Frivolität der Jugend zeigen es".[256] Platens Überdruß am alten Europa findet sich auch wieder gespiegelt in Hegels *Vorlesungen über die Philosophie der Geschichte*: „Amerika ist somit das Land der Zukunft [...]; es ist ein Land der Sehnsucht für alle die, welche die historische Rüstkammer des alten Europa langweilt. Napoleon soll gesagt haben: *Cette vieille Europe m'ennuie.*"[257]

Die Rede von Colombos Geist wirkt. Als der Geist verschwindet, hat sich die Stimmung Napoleons verändert: „Freude färbt des großen Würgers Wangen, | Weil Europa hinter ihm versinkt." (V. 51 f.) Der Abschied von der Herrschaft wird so zum Abschied vom untergehenden Abendland stilisiert. Napoleon wird zu einem von „Europas letzte[n] Helden" (V. 40). Die Beschreibung Napoleons als „großen Würger" verdeutlicht die Zwitterstellung von Platens Ballade zwischen Schmähung und Huldigung. Zwar wird Napoleon noch als „Würger" geziehen, aber ihm zugleich Größe attestiert. Der Vergleich mit der ersten Fassung des Gedichts verdeutlicht, daß Platen sich sukzessive von der Schmäh-Haltung der Befreiungskriegslyrik entfernt.[258] In seiner *Ode an Napoleon* wird Platen 1825 schließlich Napoleon zum Tyrannenfeind erheben und ihm als „unsterblichen Sohn der Freiheit" huldigen.[259]

Zur Gruppe der zu Lebzeiten des exilierten Kaisers bereits ins Balladeske entrückten Napoleon-Gedichte gehören auch Heinrich Heines berühmte *Grenadiere*, die nicht Napoleon selbst, sondern den volkstümlichen Bonapartismus in den Blick nehmen. Die Größe Napoleons spie-

---

[256] Die Tagebücher des Grafen August von Platen. Aus der Handschrift des Dichters hg. v. G. von Laubmann u. L. von Scheffler, Bd. 2, Stuttgart 1900, S. 74 (26. Juni 1818).

[257] Georg Friedrich Wilhelm Hegel: Werke in 20 Bänden, Bd. 12 (Anm. 48), S. 114.

[258] In der ersten Fassung wird Napoleon noch viel expliziter Schuld zugesprochen: Colombos Geist spricht in der ersten Fassung: „Schuldlos, trag ich, was du trägst verschuldet". Dies mildert sich in der Endfassung zu: „Was du leidest, litt ich unverschuldet". Aus einem „Zürnende[n]" Napoleon wurde einer, „der [...] Zähren" weint, und „des Verderbers Wangen" wurden zu des „großen Würgers Wangen". Vgl. die Frühfassung in: August von Platen: Werke (Anm. 245), Anhang, S. 703 f.

[259] Platens *Ode an Napoleon* wird weiter unten ausführlicher analysiert im Kapitel II. 2 *(Wallfahrten und Wiedergänger. Platen, Immermann, Zedlitz und Gaudy am Grab auf St. Helena)*.

gelt sich hier in der Größe der Verehrung, die er hervorruft. Das napoleonlose Europa wird als eine öde und sinnentleerte Welt konfrontiert mit der Vision von dem wiederkehrenden Kaiser. Die Entstehungszeit des Gedichts ist unsicher, Heine selbst erinnerte ex post das Jahr 1816; wahrscheinlicher ist 1819/20 als Entstehungszeit anzunehmen.[260] Populär geworden vor allem auch durch die Vertonungen von Robert Schumann und Richard Wagner, schildert die volkstümliche Ballade die grenzenlose Napoleon-Verehrung zweier französischer Grenadiere, die aus russischer Kriegsgefangenschaft nach 1815 zurückkehren. In Deutschland erfahren sie, daß Napoleon gefangengenommen wurde. Innerhalb des *Buchs der Lieder* bilden *Die Grenadiere* ein Gegenstück zu der Romanze *Belsatzar*, die das Bild eines blasphemisch-tyrannischen Herrschers zeichnet, dem die Gefolgschaft aufgekündigt wird und der ermordet wird.[261] *Die Grenadiere* variieren das Thema Herrschaft und Gefolgschaft in einen positiv-heldischen Entwurf – zur Treue der Grenadiere zu Napoleon über den Tod hinaus:

Die Grenadiere

Nach Frankreich zogen zwei Grenadier',
Die waren in Rußland gefangen.
Und als sie kamen in's deutsche Quartier,
Sie ließen die Köpfe hangen.

Da hörten sie beide die traurige Mähr:
Daß Frankreich verloren gegangen,
Besiegt und zerschlagen das große Heer, –
Und der Kaiser, der Kaiser gefangen.

Da weinten zusammen die Grenadier'
Wohl ob der kläglichen Kunde.
Der Eine sprach: Wie weh wird mir,
Wie brennt meine alte Wunde.

Der Andre sprach: Das Lied ist aus,
Auch ich möcht' mit dir sterben,

---

260 Vgl. Heinrich Heine: Historisch-Kritische Gesamtausgabe der Werke, hg. v. Manfred Windfuhr. Düsseldorf 1973–1997, Bd. I, 2: Buch der Lieder, Apparat, hg. v. Pierre Grappin. Hamburg 1975, S. 697f. Auf 1821 datiert Michael Perraudin: „Der schöne Heros, der früh dahinsinkt ...". Poesie, Mythos und Politik in Heines *Die Grenadiere*, in: Gedichte von Heinrich Heine. Interpretationen, hg. v. Bernd Kortländer. Stuttgart 1995, S. 33–50, hier S. 37.

261 Vgl. Gerhard Höhn: Heine-Handbuch. Zeit, Person, Werk. Stuttgart, Weimar ^{2}1997, S. 73f.

Doch hab' ich Weib und Kind zu Haus,
Die ohne mich verderben.

Was scheert mich Weib, was scheert mich Kind,
Ich trage weit bess'res Verlangen;
Laß sie betteln gehn, wenn sie hungrig sind, –
Mein Kaiser, mein Kaiser gefangen!

Gewähr' mir Bruder eine Bitt':
Wenn ich jetzt sterben werde,
So nimm meine Leiche nach Frankreich mit,
Begrab' mich in Frankreichs Erde.

Das Ehrenkreuz am rothen Band
Sollst du aufs Herz mir legen;
Die Flinte gieb mir in die Hand,
Und gürt' mir um den Degen.

So will ich liegen und horchen still,
Wie eine Schildwach, im Grabe,
Bis einst ich höre Kanonengebrüll,
Und wiehernder Rosse Getrabe.

Dann reitet mein Kaiser wohl über mein Grab,
Viel Schwerter klirren und blitzen;
Dann steig' ich gewaffnet hervor aus dem Grab', –
Den Kaiser, den Kaiser zu schützen.[262]

Die vierversigen Strophen mit wechselnd männlichem und weiblichem Kreuzreim variieren die Chevy Chase-Strophe und umfassen jeweils im ersten und dritten Vers vier Hebungen und im zweiten und vierten Vers drei Hebungen. Die Senkungen werden in metrischer Füllungsfreiheit ein- und zweisilbig variiert. Dieser aufgelockert-einfachen jambisch-daktylischen Form bedient sich Heine, um den Stil einer Volksballade künstlich zu inszenieren. Das Versende fällt zumeist mit dem Abschluß einer syntaktischen Einheit zusammen, Enjambements sind die Ausnahme. Einfacher Satzbau, Elisionen[263] und Ellipsen[264] unterstützen den volks-

[262] Heinrich Heine: Die Grenadiere, in: Ders.: Historisch-Kritische Gesamtausgabe der Werke (Anm. 260), Bd. I, 1: Buch der Lieder, Text, hg. v. Pierre Grappin. Hamburg 1975, S. 76–79.

[263] Elisionen: „Grenadier'" (V. 1, 9), „Andre" (V. 13), „möcht'" (V. 14), „hab'" (V. 15), „bess'res" (V. 18), „gehn" (V. 19), „Gewähr'" (V. 21), „Bitt'" (V. 21), „Begrab'" (V. 24), „gürt'" (V. 28), „viel" (V. 34), „steig'" (V. 35).

[264] Ellipsen: „Daß Frankreich verloren gegangen, | Besiegt und zerschlagen das große Heer, – | Und der Kaiser, der Kaiser gefangen" (V. 6–8), „Dann steig' ich gewaffnet hervor aus dem Grab', – | Den Kaiser, den Kaiser zu schützen." (V. 35 f.).

tümlich balladesken Eindruck. Direkte Rede, durch einfache Inquit-Formeln eingeleitet, dominiert das Gedicht (Strophen 3–9). Von einem erzählerischen Anfang (Strophe 1–3) ausgehend, wechselt die Ballade in einen Dialog (Strophe 3–4), um in einem Monolog des einen Grenadiers zu münden (Strophe 4–9), der aus der Realität ins Visionäre und Numinose zielt (Strophe 7–9). Die beiden Grenadiere bleiben anonym, werden zu „der Eine" (V. 11) und „der Andre" (V. 13) verallgemeinert.

Inversionen und Archaismen wie „traurige Mähr" (V. 5) und „kläglichen Kunde" (V. 10) intensivieren den Charakter künstlich rekonstruierter Einfachheit. Zahlreiche Alliterationen[265], Assonanzen[266] und Onomatopoesien[267] verdichten den Eindruck sinnlicher Unmittelbarkeit. Altertümliche Verbformen wie „hangen" (V. 4) und antiquiert anmutende Konstruktionen wie „wohl ob der" (V. 10) erzeugen die Illusion einer früheren Sprachstufe. Dazu trägt ebenfalls die dreifache Epanalepse von „der Kaiser, der Kaiser"[268] (V. 8, 20, 36) bei, die jeweils am Strophenende den Refrain einer Volksballade imitiert. Mit all diesen Mitteln rückt Heine einen für ihn aktuellen politischen Stoff in eine künstlich aufgebaute Ferne. Der moderne Napoleon-Stoff wird archaisiert und in eine vormodern anmutende Form eingepaßt. So verdeutlicht Heine auch die Unzeitgemäßheit Napoleons selbst. Dem Anachronismus der Form entspricht der Anachronismus des Inhalts, in dem noch einmal Heldenmut und absolute Selbstaufgabe von fast homerischen Ausmaßen bedichtet werden.

Der zweite Grenadier steigert dabei die Selbstaufgabe zu einer Preisgabe seiner familiären Bindungen: „Was scheert mich Weib, was scheert mich Kind | Ich trage weit bess'res Verlangen; | Laß sie betteln gehen, wenn sie hungrig sind" (V. 17–19). Während dem ersten Grenadier „Weib und Kind zu Haus" (V. 15) Verpflichtung zum Weiterleben bedeuten, nivelliert die Not Napoleons für den zweiten Grenadier jegliche familiäre soziale Verantwortung, was sich auch syntaktisch darin verdeutlicht, daß „Weib und Kind" (V. 15) nicht mehr wie beim ersten Grenadier syndetisch verbunden als familiäre Einheit begriffen, sondern syntaktisch

---

265 Alliterationen: „kläglichen Kunde" (V. 10), „Wie weh wird mir" (V. 11), „wie […] Wunde" (V. 12), „Bruder eine Bitt'" (V. 21).

266 Assonanzen: „Wie weh wird […] | Wie brennt" (V. 11 f.), „meine Leiche […] Frankreich" (V. 23), „will ich liegen […] still" (V. 29).

267 Onomatopoesie: „wiehernder Rosse Getrabe" (V. 32), durch Doppelsenkungen zugleich metrische Imitation des Galopps; „Schwerter klirren und blitzen" (V. 34).

268 Beziehungsweise „Mein Kaiser, mein Kaiser" (V. 20) und „Den Kaiser, den Kaiser" (V. 36).

zerrissen werden in zwei unabhängige Elemente: „Was scheert mich Weib, was scheert mich Kind“ (V. 17). Der intime Zusammenhalt der bürgerlichen Familie, wie er etwa im Bürgerlichen Trauerspiel als Utopie und Gegenwelt zum höfischen Absolutismus beschworen wurde, wird hier unterlaufen und in Frage gestellt. Heines Grenadier suspendiert in seiner grenzenlosen Napoleon-Verehrung die Grundregeln der bürgerlichen Gesellschaft und katapultiert sich in heroischere, vorbürgerliche Zeiten. Intertextuell rekurriert diese Passage auf Herders im *Briefwechsel über Ossian* mitgeteilte schottische Ballade *Edward*.[269] Auch Béranger konnte Heine vielleicht Anregungen vermitteln.[270] Aber während Bérangers Grenadier wehmütig intontiert: „Adieu, femme, enfants et patrie!“[271], brutalisiert Heine den Abschied zu einer vollkommenen Indifferenz gegenüber dem Schicksal der Familie.

Das Ende der kaiserlichen Herrschaft macht ein sinnvolles Leben unmöglich. Im Spiegel des unbedingten Bonapartismus deutet Heine hier bereits die Öde und Epigonalität eines Europas ohne Napoleon an. Für den Grenadier bedeutet Napoleons Ende das Ende des eigenen Lebens, und er trifft Vorrichtungen für seinen Tod. Mit diesem Tod ist aber das Treueverhältnis gegenüber Napoleon nicht beendet, sondern tritt in eine Art Interregnum ein. Die letzten beiden Strophen beschließen das Ge-

---

[269] „Und was soll werden dein Weib und Kind? | Edward, Edward! | Und was soll werden dein Weib und Kind, | Wann du gehst übers Meer? – O! | ‚Die Welt ist groß, laß sie betteln drin, | Mutter, Mutter!‘“ (Johann Gottfried Herder: Auszug aus einem Briefwechsel über Ossian und die Lieder alter Völker, in: Ders.: Werke in zehn Bänden. Frankfurt a.M. 1985–2000, Bd. 2: Schriften zur Ästhetik und Literatur 1767–1781, hg. v. Gunter E. Grimm. Frankfurt a.M. 1993, S. 462.) Rolf Geißler: Heines Napoleon als Herausforderung unseres Denkens, in: Heine-Jahrbuch 29 (1990), S. 92–100, hier S. 95, macht darüber hinaus auch noch aufmerksam auf die Parallele zu der Berufung der Jünger durch Jesus (Lukas 9, 57–62).

[270] Pierre-Jean de Bérangers Gedicht *Les deux grenadiers* präsentiert ebenfalls einen Dialog zweier Grenadiere aus Napoleons Rußlandfeldzug, im April 1814 angesichts der Abdankung von Napoleon vor der Exilierung nach Elba. Sie beschließen als „vieux grenadiers“ dem „vieux soldat“ Napoleon nach Elba zu folgen. Das Gedicht hat Béranger zwar erst 1828 in seiner Gedichtsammlung publiziert, aber unklar bleibt, ob Heine es eventuell aus einem Vorabdruck in einer Zeitung kennen konnte. Vgl. hierzu Carl Voretzsch: Gaudys Kaiserlieder und die Napoleondichtung, in: Preußische Jahrbücher 95 (1899), S. 412–496, hier S. 454, dagegen Paul Holzhausen: Heinrich Heine und Napoleon I. Frankfurt a.M. 1903, S. 104f.

[271] Pierre-Jean de Béranger: Les deux Grenadiers, in: Ders.: Oeuvres Complètes. Paris 1858, Bd. 2, S. 157–159, hier S. 159. Das Gedicht wurde 1833 von Adelbert von Chamisso, 1839 von Ludwig Seeger, 1881 von Georg Weber, 1884 von Ernst Meves und 1886 von Gustav Legerlotz ins Deutsche übertragen. Vgl. Dietmar Rieger: Die Nachtigall mit der Adlerklaue. Bérangers Lieder in deutschen Übersetzungen (1822–1904). Tübingen 1993, S. 157.

dicht mit einer apokalyptischen Vision von der bonapartistischen Treue über den Tod hinaus, die sich in einer Art napoleonischem Jüngsten Gericht beweisen kann. Dekoriert mit dem „Ehrenkreuz am rothen Band" (V. 25) und gerüstet mit „Flinte" (V. 27) und „Degen" (V. 28) will der Grenadier im Tod eine „Schildwach, im Grabe" (V. 30) halten – auf Abruf, bis zur Wiederkunft des Kaisers, der mit „Kanonengebrüll" (V. 31) nach Frankreich zurückkehrt.

Heine zitiert hier den Barbarossa-Mythos, aber nicht zu deutsch-nationalen Zwecken, wie dies Friedrich Rückert 1817 in seinem Gedicht *Kaiser Friedrich im Kyffhäuser* unternahm. Heine funktionalisiert den Kyffhäuser-Mythos bonapartistisch um und entnationalisiert ihn.[272] Nicht Barbarossa kehrt aus dem Kyffhäuser zurück, um die deutsche Reichseinheit wiederherzustellen, sondern Napoleon kommt von St. Helena zurück, um seine Nationen überspannende Herrschaft fortzusetzen. Damit nutzt Heine die sich im Barbarossa-Mythos ausdrückende deutsche Reichssehnsucht als Formvorlage, um sie letztlich mit demjenigen als mythischen Erlöser zu besetzen, der für das Ende des Heiligen Römischen Reiches Deutscher Nation verantwortlich zeichnete.[273] Diese nationale Enteignung ironisiert indirekt den nationalen Pomp des Barbarossa-Mythos etwa bei Rückert oder später bei Hauff. Besonderheit von Heines Mythos-Variation ist es darüber hinaus, daß die Wiederkehr des Kaisers eingeleitet wird durch die Wiederkehr seines Grenadiers, dessen Wiederauferstehung aus dem Grab der Leser stellvertretend für Napoleons Wiederkehr nachvollziehen kann. Das Außergewöhnliche dieser Außerkraftsetzung des Todes wird betont durch den identischen Reim „Grab" (V. 33, 35), der bereits in der Strophe zuvor antizipiert wurde („Grabe" [V. 30]). Napoleon wird dabei indirekt göttlicher Status zugeschrieben, denn schließlich erweckt der Ritt des Kaisers den Grenadier wieder zum Leben.

All dies bleibt die Projektion eines sterbenden Grenadiers. Es handelt

---

[272] Zum Barbarossa-Mythos bei Heine über *Die Grenadiere* hinaus vgl. Markus Winkler: Mythisches Denken zwischen Romantik und Realismus. Zur Erfahrung kultureller Fremdheit im Werk Heinrich Heines. Tübingen 1995, S. 212. Lucien Calvié: „Germania" de Heinrich Heine. D'un mythe à l'autre – de Barberousse à Napoléon 1er, in: Cahiers d'Études Germanique 30 (1996), S. 35–43. Wulf Wülfing: Luise gegen Napoleon, Napoleon gegen Barbarossa. Zu einigen Positionen Heines in einem Jahrhundert der Mythenkonkurrenzen, in: Aufklärung und Skepsis. Internationaler Heine-Kongreß 1997 zum 200. Geburtstag, hg. v. Joseph A. Kruse, Bernd Witte u. Karin Füllner. Stuttgart, Weimar 1998, S. 395–407.

[273] Vgl. Walter Hinck: Die deutsche Ballade von Bürger bis Brecht. Kritik und Versuch einer Neuorientierung. Göttingen 1968, S. 49.

sich um Figurenrede in einer Ballade, die sich zum Ende in ein Rollengedicht zu verwandeln scheint. Dennoch bleibt der Eindruck beim Leser vorhanden, daß auch der Erzähler der Ballade den Wunsch nach einer mythischen Wiederkehr Napoleons teilt.[274] Der Erzähler der Ballade wertet die Verbannung Napoleons nach St. Helena als „traurige Mähr" (V. 5), und er ist der erste, der die emphatische Geminatio „der Kaiser, der Kaiser" (V. 8), verwendet, die später der Grenadier aufnimmt. Napoleons Soldaten werden in der Übertragung der *grande armée* ins Deutsche als das „große Heer" (V. 7) heroisiert und deren Niederlage mitfühlend begleitet durch die verstärkende Zwillingsformel „besiegt und zerschlagen" (V. 7). So öffnet Heines wohl noch zu Lebzeiten Napoleons verfaßte Ballade bereits den Raum für Wiedergänger-Legenden und zeichnet im Gedichtverlauf den Weg aus der Realität in die mythische Entrückung eines nach dem Tode zurückkehrenden Kaisers. Immermann wird später nach Napoleons Tod, wie auch Victor Hugo, diesen Vergleich von Napoleon mit Barbarossa weiterführen. Die Kluft zwischen einer ohne Napoleon öden und epigonalen Welt und der nur noch in der Vision eines sterbenden Grenadiers zu erträumenden Größe macht die Spannung dieser Ballade aus, die nur noch in der Erinnerung der Grenadiere vormodernes Heldentum greifbar macht.

Aus der lyrischen Formenvielfalt der Napoleon-Dichtung um 1814 bildete sich langsam die Tendenz zur Ballade heraus. In dem Moment, in dem Napoleons Eskamotierung aus Europa Endgültigkeit erreicht, dichten Rückert, Platen und Heine Napoleon-Balladen (1817–1820), die der geographischen Entrückung auch formalen Ausdruck verleihen. Diese Balladen berichten zwar von zeitgenössischen Ereignissen. Sie tun dies aber in einem historisierend-verfremdenden Stil, der das Geschehen ins Ungefähre und Numinose entrückt oder komisch in mythische Vorzeit entfernt, sei es, daß bei Rückert *(Der Götter Rath)* antike Götter die Disziplinierung Napoleons in Angriff nehmen, sei es, daß bei Platen *(Colombos Geist)* Napoleon bei der Überfahrt nach St. Helena jenseits historischer Glaubwürdigkeit ins weltgeschichtliche Zwiegespräch mit Christoph Columbus kommt, oder sei es bei Heine *(Die Grenadiere)*, der zwei Soldaten Napoleons zu vorbürgerlichen Heroen stilisiert, von denen der eine Napoleons mythische Wiederkehr erwartet. Napoleon wird hier nicht mehr in konkrete mythische Vorlagen eines Prometheus

[274] Vgl. Joachim Müller: Heines Napoleondichtung, in: Wissenschaftliche Zeitschrift der Friedrich Schiller-Universität Jena, Gesellschafts- und Sprachwissenschaftliche Reihe 21 (1972), S. 235–243, hier S. 238.

oder eines Pharao gezwängt, sondern seine Biographie mythisch umstellt. Napoleons Leben wird nicht mehr in historischen Vorlagen eines Attila oder Süleiman II. kompensatorisch zu Ende erzählt. Mythisierungsverfahren werden in der Dichtung nicht mehr genutzt, um Ersatzschlüsse zu finden, sondern um den realen Schluß zu deuten. Die prophetische Funktion der Mythisierung wird durch ein hermeneutische Absicht abgelöst. Bei Platen *(Colombos Geist)* und Heine *(Die Grenadiere)* wird bereits angedeutet, daß Europas Abschied von Napoleon den Auftakt zu einem Zeitalter der Epigonalität bedeutet.

7. Der 5. Mai 1821
Ende der Geschichte und Beginn des Epigonentums
Grillparzer, Byron, Manzoni, Goethe, Fouqué, Chamisso

Am 5. Mai 1821 starb Napoleon auf St. Helena. Nach Europa gelangte die Nachricht allerdings erst zwei Monate später, so lange brauchte das Schiff mit der Information von St. Helena. Die Nachricht erreichte erst London, dann Paris und schließlich von dort aus das übrige Europa.[275] Alessandro Manzoni las vom Tod Napoleons am 16. Juli 1821 in der *Gazetta di Milano* und verfaßte in den folgenden Tagen seine Ode *Il cinque Maggio*. Auch zu Franz Grillparzer gelangte die Nachricht in Wien im Juli; er schrieb ebenfalls ein Gedicht über das Ende einer Ära. In den folgenden Monaten entstanden etliche Gedichte auf den Tod Napoleons.[276]

Hier soll zuerst Grillparzers Gedicht analysiert werden, um dann nachzuzeichnen, wie Manzonis Ode in unterschiedlichen Übertragungen Eingang ins Deutsche fand.[277] Dabei werden exemplarisch zum einen Johann

[275] Vgl. etwa Paul Holzhausen: Die deutsche Dichtung an Napoleons Grabe. O. O. 1921. Zum Zusammenhang von Napoleons Tod und epigonaler Selbstbestimmung vgl. auch Barbara Beßlich: Napoleon, Byron und Grillparzer. Der 5. Mai 1821 als Ende der Geschichte und Beginn des Epigonentums, in: Germanisch-Romanische Monatsschrift 56 (2006), S. 71–87.

[276] Victor Hugo schrieb seine Ode *Buonaparte*, Alphonse de Lamartine betrachtete *Bonaparte* royalistisch gefärbt. Delavigne beklagte in seinen *Messéniennes* den toten Helden, und auch Pierre Lebrun schrieb ein *Poème lyrique sur la mort de Napoléon*. Bérangers *Le cinq Mai* erlangte literarische Berühmtheit. Byron schwieg und äußerte sich erst wieder 1823 in *The Age of Bronze* ausführlich über Napoleon. Vgl. Paul Holzhausen: Napoleons Tod im Spiegel der zeitgenössischen Presse und Dichtung. Frankfurt a. M. 1902.

[277] Hugo Blank: Manzonis Napoleon-Ode in deutschen Übersetzungen mit einem Beitrag von Vito R. Giustiniani. Bonn 1995 (Abhandlungen zur Sprache und Literatur, 77) versammelt zwar etliche deutsche Übersetzungen, bleibt aber in der Analyse sehr summarisch. Vgl. hierzu Achim Aurnhammer: Manzonis Napoleon-Ode deutsch, in: Romanische Forschungen 111 (1999), S. 378–388, der Blanks Textkorpus um drei Übersetzungen erweitert.

Wolfgang Goethes Interlinearversion mit Friedrich de La Motte-Fouqués Eindeutschung verglichen, um daran eine Analyse von Adelbert von Chamissos freier szenischer Dramatisierung des Manzoni-Gedichts anzuschließen. Grillparzer ließ sich bei seinem Gedicht von Lord Byrons drittem Canto aus *Childe Harold's Pilgrimage* inspirieren. Goethe, La Motte-Fouqué und Chamisso übersetzten ein italienisches Gedicht. Die deutschsprachige Lyrik auf Napoleons Tod ist in einen europäischen Kontext integriert, der hier in der Analyse komparatistisch berücksichtigt werden soll.

Insgesamt zeigen diese Texte auf Napoleons Tod: Der 5. Mai 1821 wird nicht nur als Ende einer politischen Ära begriffen, sondern mit dem Tod Napoleons setzt auch literarisch ein epigonales Bewußtsein ein.[278] Das Datum wird zur Chiffre einer Epochenschwelle: Nicht nur Manzonis Ode trägt den Titel *Il cinque Maggio*, auch Hector Berlioz wird 1835 seine Napoleon-Kantate mit dem Todestag Napoleons betiteln *(Le cinq mai, Chant sur la mort de l'Empereur Napoléon)*. Nicht erst nach dem Tod Hegels und Goethes spekulieren die deutschen Dichter über ihr Nachgeborensein. Die dichterische Reflexion über mangelnde Größe und Originalität ist nicht nur ein innerliterarisches Phänomen, das sich an der Weimarer Klassik und der Romantik abarbeitet, wie dies die Forschung oft betont.[279] Das epigonale Bewußtsein bildet sich auch ganz wesentlich in der Auseinandersetzung mit dem Ende der napoleonischen Ära heraus. An der Figur Napoleons wird die Größe analysiert, die man an sich selbst vermißt. So wird die Gestalt Napoleons zur poetologischen Sonde, mit der man den eigenen Abstand zum Außergewöhnlichen auszumessen sucht.

Napoleons Tod wurde in Wien am 13. Juli 1821 bekannt. Kurz darauf verfaßte Franz Grillparzer sein Gedicht *Napoleon. Geschrieben im Jahre 1821*, das zurückblickt auf die mythologischen und historischen Muster, die Napoleon zu Lebzeiten angepaßt worden waren. Politisch von Jugend an ein Gegner Napoleons, faszinierte Grillparzer gleichwohl dessen Per-

---

[278] Bereits in Platens (*Colombos Geist* [1818]) und Heines (*Die Grenadiere* [1819/29]) Balladen über die Exilierung Napoleons deutete sich dieses Epigonenbewußtsein an. Vgl. hierzu den vorigen Abschnitt der Analyse.

[279] Vgl. etwa Markus Schwering: Epochenwandel im spätromantischen Roman. Untersuchungen zu Eichendorff, Tieck und Brentano. Köln 1985. Markus Fauser: Intertextualität als Poetik des Epigonalen. Immermann-Studien. München 1999. Burkhard Meyer-Sickendieck: Die Ästhetik der Epigonalität. Theorie und Praxis wiederholenden Schreibens im 19. Jahrhundert: Immermann, Keller, Stifter, Nietzsche. Tübingen 2001.

sönlichkeit. Er hatte Napoleon 1809 bei seinen Militärparaden in Schönbrunn beobachtet und fühlte sich mit „magischer Gewalt" von dem Kaiser angezogen, sah sich lähmend gebannt, so ein Vergleich ex post in seiner *Selbstbiographie*, wie der Vogel vor der Schlange.[280] Diese numinose Gleichzeitigkeit von Faszination und gebannter Gefahr prägt auch Grillparzers Gedicht von 1821.[281] Grillparzers Totenklage läßt die Fremdzuschreibungen für Napoleon Revue passieren und versammelt christologische und historische Vergleiche, um sie schließlich zu verabschieden und die Größe Napoleons gegen das Mittelmaß seiner Zeit herauszustellen. Der 5. Mai 1821 wird von Grillparzer zur Epochenschwelle inszeniert. Neun Strophen im fünfhebigen Jambus nehmen beinahe den Charakter eines dramatischen Trauermonologs an. Formal knüpft Grillparzers Gedicht an Lord Byrons Versepos *Childe Harold's Pilgrimage* an, dessen Spenser-Stanzen es variiert und zu sieben Versen verkürzt.[282] Diese formale Reverenz markiert zudem etliche inhaltliche intertextuelle Bezüge zu den Napoleon-Passagen in Lord Byrons drittem Canto von

[280] „Ich selbst war kein geringerer Franzosenfeind als mein Vater, und demungeachtet zog Napoleon mich mit magischer Gewalt an. Mit dem Haß im Herzen und zu aller Zeit kein Liebhaber von militärischem Schaugepränge, versäumte ich doch keine seiner Musterungen in Schönbrunn und auf dem Felde der sogenannten Schmelz. Noch sehe ich ihn die Freitreppe des Schönbrunner Schlosses mehr herablaufen als gehen, die beiden Kronprinzen von Bayern und Württemberg als Adjutanten hinter sich, und nun mit auf dem Rücken gefalteten Händen eisern dastehen, seine vorüberziehenden Gewalthaufen mit den unbewegten Blicken des Meisters überschauend. Seine Gestalt ist mir noch jetzt gegenwärtig, seine Züge haben sich leider mit den vielen gesehenen Porträten vermengt. Er bezauberte mich wie die Schlange den Vogel." (Franz Grillparzer: Selbstbiographie, in: Ders.: Sämtliche Werke. Historisch-Kritische Gesamtausgabe, hg. v. August Sauer u. Reinhold Backmann, Wien 1909–1948, 1. Abteilung, Bd. 16: Prosaschriften IV. Wien 1925, S. 102).

[281] Bereits 1815 hatte der junge Grillparzer ein Gedicht entworfen, das Napoleon thematisiert. *Der Schiffer und sein Sohn auf der Höhe der Insel St. Helena, im Jahre 2815* ist ein prophetisches Rollengedicht, in dem ein Schiffer in der Zukunft des Jahres 2815 seinem Sohn die historische Bedeutung Napoleons erläutert. Trotz der Kritik an Napoleons Ehrgeiz und Vermessenheit gesteht das Gedicht hier schon Napoleon Größe zu: „Von allen, die jetzt sind und die je waren, | Und die je kommen auch villeicht [sic!], | Im Großen, wie im Schlimmen unerreicht, | Ein Mann wie ihn seit ihrer Schöpfung Tagen | Die Welt, zum Glück, ein einzigmal getragen!" (Franz Grillparzer: Sämtliche Werke [Anm. 280], 2. Abteilung, Bd. 5: Jugendwerke, Gedichte. Wien 1917, S. 133).

[282] Die Strophenform ist außergewöhnlich: Sieben Verse im fünfhebigen Jambus zerfallen in einen umarmenden Reim und einen Paarreim, dem noch ein Vers vorangesetzt ist, der mit dem dritten Vers einen Kreuzreim bildet *(abbabcc)*. Männliche und weibliche Kadenzen wechseln. Lord Byron verwandte in *Childe Harold's Pilgrimage* die Reimreihenfolge *ababbcbcc*. Bei Byron wie bei Grillparzer werden die beiden abschließenden Verse durch den Paarreim sentenzartig betont.

Childe Harold's Pilgrimage, der 1816 erschien, also vor Napoleons Tod, aber nach seiner Verbannung nach St. Helena. Grillparzer rezipiert Byrons noch zu Lebzeiten Napoleons verfaßtes Versepos, um es in sein Trauergedicht einzuarbeiten:

Napoleon
Geschrieben im Jahre 1821

So stehst du still, du unruhvolles Herz,
Und bist gegangen zu der stillen Erde?
Was fünfzig Jahr, voll Hoheit und Beschwerde,
Voll Helden-Lust nicht gab und Helden-Schmerz,
Ist dir geworden in der stillen Erde,
Ein Sohn des Schicksals stiegest du hinab,
Verhüllt wie deine Mutter, sei dein Grab.

Das Fieber warst du einer kranken Zeit,
Bestimmt vielleicht des Übels Sitz zu heben,
So flammtest du durchs aufgeregte Leben;
Doch wie des Krankenlagers Ängstlichkeit
Dem Fieber pflegt der Krankheit Schuld zu geben,
Schienst du der Feind allein auch aller Ruh
Und trugst die Schuld, die früher war als du.

Was sie gesündiget ohn' Unterlaß,
Was sie gefrevelt seit den frühsten Tagen,
Ward all zusammen auf dein Haupt getragen,
Du du duldetest für Alle Aller Haß,
Dich ließen sie nach jenem Schimmer jagen,
In dem sich Jeder selber gern gesonnt;
Wie du gewollt, nur nicht, wie du, gekonnt:

Denn, seit du fort, fließt nun nicht mehr das Blut,
In dem vor dir schon alle Felder rannen?
Ward Lohn den wider dich vereinten Mannen?
Ist heilig das von dir bedrohte Gut?
Ward Tyrannei entfernt mit dem Tyrannen?
Ist auf der freien Erde, seit du fort,
Nun wieder frei Gedanke, Meinung, Wort?

Dich lieben kann ich nicht, dein hartes Amt
War, eine Geißel Gottes sein hienieden,
Das Schwert hast du gebracht und nicht den Frieden,
Genug hat dich die Welt darob verdammt;
Doch jetzt sei Urteil vom Gefühl geschieden!
Das Leben liebt und haßt, der Toten Ruhm
Ist der Geschichte heilig Eigenthum.

Zum mindsten wardst du strahlend hingestellt,
Zu kleiden unsrer Nacktheit ekle Blöße,
Zu zeigen, daß noch Ganzheit, Hoheit, Größe
Gedenkbar sei in unsrer Stückelwelt,
Die sonst wohl selbst im eignen Nichts zerflösse,
Daß noch die Gattung da, die starker Hand
Bei Cannä schlug, bei Thermopylä stand.

Und so tritt denn zu der Helden Zahl,
Die annoch lebet auf der Nachwelt Zungen,
Zum Alexander, der die Welt bezwungen,
Zum Cäsar, der mit tadelnswertrer Wahl
Am Rubicon der Herrschaft vorgedrungen,
Zum — Stellt kein Held sich mehr zum Gleichnis ein?
Und ist man streng, da wo die Wahl so klein?

Geh hin und sag es an: der Zeiten Schoß,
Er bring' uns fürder Mäkler, Schreiber, Pfaffen,
Die Welt hat nichts mit Großem mehr zu schaffen;
Denn ringt sich auch einmal ein Löwe los,
Er wird zum Tiger unter so viel Affen.
Wie soll er schonen, was hält Stich,
Wenn Niemand sonst er achten kann als sich?

Schlaf wohl! Und Ruhe sei mit deinem Tod,
Ob du die Ruhe gleich der Welt gebrochen;
Hat doch ein Höherer bereits gesprochen:
Von Anderm lebt der Mensch als nur von Brod,
Das Große hast am Kleinen du gerochen,
Und sühnend steh' auf deinem Leichenstein:
Er war zu groß, weil seine Zeit zu klein![283]

Der erste und letzte Strophe rahmen das Gedicht mit der Apostrophe des lyrischen Ichs an Napoleon, der mit der Synekdoche des „unruhvolle[n] Herz[ens]“ (V. 1) angesprochen wird. Erst in der fünften Strophe, der Mitte des Gedichts, wird das lyrische Ich im Personalpronomen „ich“ (V. 29) greifbar. Das Motiv der Unrast greift die letzte Strophe wieder auf, in der deutlich gemacht wird, daß erst der Tod Napoleons Unruhe beenden konnte (V. 57f.). Auch Byron beschrieb im dritten Canto des *Childe Harold* die Ruhe als das, wovor Napoleon im Leben am meisten geflohen sei: „But quiet to quick bosoms is a hell, | And there hath been thy bane“.[284] Der „Sohn des Schicksals“ (V. 6) wird schon in den ersten

[283] Franz Grillparzer: Napoleon. Geschrieben im Jahre 1821, in: Ders.: Sämtliche Werke (Anm. 280), 1. Abteilung, Bd. 10: Gedichte. Erster Teil. Wien 1932, S. 59–61.
[284] George Gordon Noel Lord Byron: Childe Harold's Pilgrimage, in: Ders.: The

Versen als ein Heros eingeführt, dem das lyrische Ich gleichermaßen „Hoheit und Beschwerde“ (V. 3) sowie „Helden-Lust“ und „Helden-Schmerz“ (V. 4) attestiert.[285]

Die zweite Strophe diagnostiziert Napoleon als „Fieber [...] einer kranken Zeit“ (V. 8).[286] Diese metaphorische Pathologisierung macht Napoleon zum Symptom einer Krankheit, die hier nicht genauer spezifiziert wird, aber wohl mit den revolutionären Eruptionen des späten 18. Jahrhunderts in Verbindung gebracht werden sollte. Daß Napoleon das „fieberhafte“ äußere Symptom einer gesellschaftlich aus den Fugen geratenen Zeit ist, ist für das lyrische Ich gewiß. Ob Napoleon als „Fieber“ gleichzeitig auch Teil der Heilung dieser politischen Krankheit ist, bleibt in der Schwebe: Das Modaladverb „vielleicht“ (V. 9) signalisiert die Unsicherheit des lyrischen Ichs. Die Umgebung Napoleons allerdings verwechselte Krankheitsursache und Krankheitssymptom und erklärte das napoleonische Fieber zur Wurzel des Übels. Grillparzer kontrastiert so die als falsch abgestempelte Fremdwahrnehmung Napoleons mit der Einschätzung des lyrischen Ichs. Auch die zweite Strophe transportiert das Motiv der Unruhe weiter, indem die pathologisierte Revolution mit Unruhe assoziiert wird, die Napoleon als „Feind [...] aller Ruh“ (V. 13) weiterzutragen scheint. Eine metaphorische Kette verbindet auf der einen Seite biologische Gesundheit mit gesellschaftlicher Ruhe und auf der anderen Seite Krankheit mit politischem Aufruhr. Dies ist allerdings eine Perspektive, die das lyrische Ich nur bedingt teilt, worauf neben dem Modaladverb „vielleicht“ (V. 9) auch das Verb „scheinen“ (V. 13) hinweist. Das Ende der zweiten Strophe öffnet die tropische Pathologisierung einer zusätzlichen semantischen Ebene und bewertet Napoleons Handeln moralisch: Napoleon „trug die Schuld, die früher war“ (V. 14) als er.

Der Begriff der Schuld leitet in die dritte Strophe über, in der Napoleon christologisch überformt wird als Opferlamm, das die Sünden der Welt trägt und hinweg nimmt. In zwei parallelen, anaphorisch verbundenen Versen wird mit den Partizipien „gesündiget“ (V. 15) und „gefrevelt“ (V. 16) das Zeitgeschehen in eine religiöse Dimension überführt. Die

---

Complete Poetical Works (Anm. 238), Bd. 2, ed. by Jerome J. McGann. Oxford 1980, Canto III, Strophe 42, S. 91. Vgl. hierzu auch Heide N. Rohloff: Geschichtsphilosophische Ansätze in den Napoleondichtungen Byrons und Shelleys, in: Napoleon kam nicht nur bis Waterloo (Anm. 3), S. 163–230.

[285] Auch bei Byron wird Napoleon im dritten Canto als Kind Fortunas benannt: „When Fortune fled her spoil'd and favourite child“ (Canto III, Strophe 39, S. 91).

[286] Bei Byron war die Unrast Napoleons selbst als Fieber beschrieben: „A fever at the core, | Fatal to him who bears, to all who ever bore.“ (Canto III, Strophe 42, S. 92).

Redundanzen („Was sie ge-" [V. 15, 16]) imitieren dabei liturgische Wiederholungsformeln. So wie in der zweiten Strophe nicht eindeutig aufgelöst wurde, ob die Krankheit, dessen Fiebersymptom Napoleon war, die Revolution ist, so wird in der dritten Strophe nicht konkretisiert, wer die Subjekte dieser Frevel und Sünden sind. Pronominalisiert zu einem verdreifachten „sie" (V. 15, 16, 19) bleiben die Träger der Schuld anonym, ein namenloses Kollektiv gegenüber dem großen Einzelnen. Der apostrophierte Napoleon wird zum Märtyrer auratisiert. Die Sünden und Frevel, die „auf dein Haupt getragen" (V. 17) wurden, lassen die Dornenkrone von Christus assoziieren. Der Vers „Du duldetest für Alle Aller Haß" (V. 18) akzentuiert durch die gedoppelten (*u*- und *a*-)Assonanzen und Alliterationen die Opferhaltung Napoleons. Wie umfassend diese Leidensfähigkeit ist, verdeutlicht das Polyptoton („Alle Aller"). Napoleon wird aber auch zum stellvertretenden Vollstrecker der geheimen Wünsche seiner Umgebung. Sein Streben nach Ruhm wird zur Projektionsfläche gescheiterter Lebensträume. Den Hiat zwischen der handlungsunfähigen Umgebung und dem handelnden Napoleon betont das Isokolon „Wie du, gewollt, nur nicht, wie du, gekonnt" (V. 21).

Die vierte Strophe beklagt in fünf rhetorischen Fragen, daß mit Napoleons Tod keineswegs wieder die ersehnte Ruhe einer befriedeten und befreiten Gesellschaft eingekehrt sei. Die rhetorische Frage nach der vermeintlichen Freiheit der von Napoleon befreiten Welt adaptiert Grillparzer von Byrons *Childe Harold's Pilgrimage*. Dort fragt das lyrische Ich suggestiv: „But is Earth more free?"[287] Für Byron wie für Grillparzer hat der Sieg über Napoleon keine Freiheit gebracht. Es herrscht weiterhin Krieg (V. 22f.); den Soldaten der Gegner Napoleons geht es jetzt nicht besser (V. 24). Ob das, was gegen Napoleon verteidigt wurde, so verteidigenswert war, bleibt offen. In diesem Zusammenhang provoziert das Adverb „heilig" die Assoziation an die „Heilige Allianz" der Restauration. Wenn also das lyrische Ich Napoleon apostrophiert: „Ist heilig das von dir bedrohte Gut?" (V. 25), so läßt sich dies auch als vorsichtig camouflierte Skepsis gegenüber der Legitimität der Restauration des Absolutismus lesen. Diese politische Gegenwartskritik vereindeutigt sich in den zwei abschließenden rhetorischen Fragen: Die rhetorische Frage, „Ward Tyrannei entfernt mit dem Tyrannen?" (V. 26), beschreibt in dem Polyptoton den Fortbestand undemokratischer Herrschaft nach Napoleons Tod. Pressefreiheit hat das Ende der napoleonischen Herrschaft nicht gebracht: „Ist auf der freien Erde, seit du fort, | Nun wieder frei Gedanke, Meinung, Wort?" (V. 27f.) Die außenpolitisch „freie Erde"

[287] Canto III, Strophe 19, S. 83.

der gegen Napoleon Alliierten ist innenpolitisch repressiv. Grillparzer antizipiert hier in seinem Napoleon-Gedicht den Konflikt mit der Zensur Metternichs, die ihm sein Napoleon-Drama *König Ottokars Glück und Ende* (1823) einbrachte.[288] Mit dem Fragenkatalog dieser Strophe wird die Verlogenheit einer Gesellschaft seziert, die den Kampf gegen Napoleon vorderhand als Befreiungskrieg inszenierte, an dessen Ende vielleicht auch partiell Ruhe einkehrte, die allerdings mit Marquis Posa als „Ruhe eines [absolutistischen] Kirchhofs" empfunden werden konnte.

In der fünften Strophe lotet das lyrische Ich sein Verhältnis zu Napoleon aus. Aus der allgemeinen Apostrophe erwächst eine direkte persönliche Auseinandersetzung, in der das lyrische Ich auch das erste Mal direkt im Personalpronomen „ich" (V. 29) greifbar wird. Liebe scheint dem lyrischen Ich angesichts der vielen Kriege, mit denen Napoleon Europa überzog, unangebracht. Dabei wirkt die Formulierung „Dich lieben kann ich nicht" (V. 29) auch wie eine autosuggestive Beschwörungsformel, mit der sich das lyrische Ich, wider Willen fasziniert, das Objekt seiner Faszination auf Abstand hält. Auch werden die in die Metonymie des „Schwert[es]" (V. 31) gefaßten Kriege nicht als Schuld Napoleons gewertet, sondern als göttliches Auftragswerk. Grillparzer kategorisiert Napoleon als „Geißel Gottes" (V. 30) und greift damit das deutsche Deutungsmuster zur Zeit der napoleonischen Herrschaft auf, das etwa Zacharias Werner in seinem Drama *Attila, König der Hunnen* benutzte und das Johann Gottlieb Fichte in seinen Reden *Über den Begriff des wahrhaften Krieges* scharf als Fatalismus kritisierte.[289] Im Zusammenhang von Grillparzers Gedicht bereitet diese Formulierung eine partielle Entschuldung Napoleons vor. Napoleons Tod leitet eine neue Phase seiner Beurteilung ein. Das Ende der napoleonischen Ära erlaubt objektivierende Distanz, zu der sich das lyrische Ich in einer Selbstanrede auffordert, die zugleich den Leser mit einbezieht: „Doch jetzt sei Urteil vom Gefühl geschieden!" (V. 33) Napoleon zu würdigen ist nicht mehr Aufgabe der aufgeregten Mitlebenden, sondern fällt ab dem 5. Mai 1821 in den Kompetenzbereich des sachlichen Historikers oder des rühmenden Dichters. Die letzten beiden Verse der Strophe verabschieden Napoleon aus der

---

[288] Vgl. auch Konrad Schaum: Grillparzers „König Ottokars Glück und Ende". Historische Tragödie und Zeitkritik, in: Jahrbuch der Grillparzer-Gesellschaft 15 (1983), S. 51–63. Harald Steinhagen: Grillparzers „König Ottokar". Drama, Geschichte und Zeitgeschichte, in: Jahrbuch der deutschen Schillergesellschaft 14 (1970), S. 456–487. Mark G. Ward: Some Notes on Grillparzer's „König Ottokar" and the „entfernte Ähnlichkeit", in: German Life and Letters 34 (1981), S. 214–222.

[289] Vgl. die Analysen zu Zacharias Werner und Johann Gottlieb Fichte zuvor in diesem Kapitel.

Gegenwart und verorten ihn in der Geschichte: „Das Leben liebt und haßt, der Toten Ruhm | Ist der Geschichte heilig Eigenthum." (V. 34f.) Diese Sentenz wird durch den Paarreim und das Enjambement betont. Während in der Strophe zuvor die Restauration der Heiligen Allianz auf ihre Heiligkeit hin vorsichtig hinterfragt wurde, wird hier das Attribut „heilig" affirmativ auf die Legitimität eines Napoleon-Lobs angewendet.

Die sechste Strophe stilisiert Napoleon zur Ausnahmegestalt in einer mittelmäßigen Ära. Er verbürgt die Möglichkeit von Heldentum in modernen Zeiten.[290] Denn Napoleon demonstriert mit seinem Leben, „daß noch Ganzheit, Hoheit, Größe | Gedenkbar sei in unsrer Stückelwelt" (V. 38f.). Die Opposition von „Ganzheit" und neologistischer „Stückelwelt" eröffnet eine Kulturkritik, die versucht, das Ideal des heldischen Individuums gegenüber einer arbeitsteiligen und zunehmend bürokratischen Welt poetisch festzuhalten. Die „Stückelwelt" einer ausdifferenzierten Gesellschaft scheint für eine die Teile übergreifende Persönlichkeit eigentlich keinen Raum mehr zu bieten. Napoleon beweist mit seinem Leben, das die politischen, wirtschaftlichen und sozialen Teilsysteme zerbröckeln ließ und noch einmal neu und anders zusammenfaßte, das Gegenteil. Napoleon als heldischer Anachronismus gehört für Grillparzer eher in die Antike und wird mit Leonidas („Thermopylä" [V. 42]) und Hannibal („Cannä" [V. 42]) in eine militärische Reihe gesetzt.[291] Die moderne Gesellschaft braucht Napoleon, um sich in ihrer Mittelmäßigkeit zumindest Außerordentlichkeit imaginieren zu können. Daß Napoleon selbst auch nicht mehr die „Ganzheit, Hoheit, Größe" (V. 38) real verkörpert, sondern nur noch assoziierbar macht, zeigt die Formulierung „gedenkbar" (V. 39). Napoleon als letzter Sproß einer untergehenden, heldischen „Gattung" (V. 41) vermag seiner Umwelt noch ein Abbild ehemaliger Größe zu vermitteln. In dürftigen, epigonalen Zeiten erfüllt Napoleon die Funktion, „Größe" als Denkmöglichkeit präsent zu halten, und sei es auch nur, um so ein unerreichbares Ideal zu

---

[290] Napoleons Leben als eine Absage an die ausgleichende Mitte zu interpretieren, konnte Grillparzer auch von Byron übernehmen: „There is a fire | And motion of the soul which will not dwell | In its own narrow being, but aspire | Beyond the fitting medium of desire" (Canto III, Strophe 42, S. 91).

[291] Über die letztlich unpolitische Napoleon-Faszination Grillparzers vgl. auch Robert Mühlher: Grillparzer – Metternich – Napoleon, in: Jahrbuch der Grillparzer-Gesellschaft 3/17 (1987–1990), S. 1–14. Aus der älteren Forschung: P. G. A. Busse: Grillparzer und Napoleon, in: Jahrbuch der Grillparzer-Gesellschaft 19 (1910), S. 39–60. Maria Margaretha Cizek: Grillparzers Napoleonbild. Diss. Wien 1944. Karl Lelbach: Napoleon in der Auffassung und den Versuchen künstlerischer Gestaltung bei Grillparzer, Grabbe und Hebbel. Diss. Bonn 1914.

formulieren. Die Vorstellung von Größe als negativem Korrektiv, als das, was wir nicht haben, benötigt die moderne „Stückelwelt, | Die sonst wohl selbst im eignen Nichts zerflösse“(V. 39f.). Es geht nicht mehr darum, eine heroische Welt wiederherzustellen, sondern die bürgerliche Gesellschaft durch außerbürgerliche Gegenbilder in Form zu halten.

Aber mit Napoleons Tod ist auch die bloße Denkbarkeit von gegenwärtiger Größe zum Problem worden. Dementsprechend verabschiedet die siebte Strophe Napoleon aus der gegenwärtigen „Stückelwelt“ und reiht ihn „zu der Helden Zahl“ (V. 43) der Weltgeschichte. Zuvor hatte die sechste Strophe schon Leonidas und Hannibal über ihre Schlachten metonymisch aufgerufen. Die siebte Strophe ergänzt Alexander den Großen und Cäsar als antike militärische Vergleichsgrößen (V. 45f.).[292] Damit greift Grillparzers Text das Dichten in Mustern der Napoleon-Lyrik zu dessen Lebzeiten auf, um es aber im folgenden Vers aufzubrechen. Als Aposiopese verebbt die Vergleichsreihe des lyrischen Ichs und wird durch einen Anakoluth schroff beendet: „Zum – Stellt kein Held sich mehr zum Gleichnis ein?“ (V. 48) Mit diesem Gedankenstrich wird eine rhetorische Strategie abgesetzt, die die Napoleon-Literatur seit 1797 beherrscht hatte. Der mythologische oder historische Vergleich als prophetisches Instrument und hermeneutisches Muster wird von Grillparzer als unpassend suspendiert. Napoleon ist hier nicht mehr wie Leonidas, Hannibal, Alexander oder Cäsar, sondern das Außergewöhnliche an Napoleon ist bei Grillparzer nicht in ihm selbst allein begründet, sondern entsteht im Zusammentreffen seiner Persönlichkeit mit der ihn umgebenden epigonalen Zeit. Das Spezifische an Napoleons Heldentum, so wie es Grillparzer darstellt, ist keine fixe Charaktereigenschaft, sondern das Ergebnis eines Zusammenpralls von vormodernem Heros mit moderner Umwelt.

Diese Moderne nimmt die achte Strophe kritisch in den Blick. Asyndetisch gereihte „Mäkler, Schreiber, Pfaffen“ (V. 51) scheinen der Inbegriff einer neuen tatenlosen Gesellschaft, die sich zwar ständig selbst reflektiert und kommentiert, aber keine Handlung mehr vollbringt und ohne Schöpferkraft kläglich wirkt. Grillparzers Intellektuellenschelte eröffnet die Selbstanalyse eines Epigonentums, das „nichts mit Großem mehr zu schaffen“ (V. 52) hat. Der Tod Napoleons 1821 läutet auf politischer Ebene ein Zeitalter des Epigonentums ein, das sich geistesgeschichtlich mit dem Tod Hegels und Goethes in den 1830er Jahren weitere Endmarken setzt. Daß in einer Welt des reizlosen Mittelmaßes

[292] Auch bei Byron wird Alexander, der „Philip's son“ (Canto III, Strophe 41, S. 91), als Vorbild Napoleons eingeordnet.

auch ein Napoleon nicht mehr bestehen kann, verbildlicht das Gedicht in einer Tiermetaphorik: Napoleon, als „Löwe“ (V. 53) an sich zum König der Tiere bestimmt, wird unter den modern-mittelmäßigen „Affen“ (V. 54) Europas zum „Tiger“ (V. 54), also zum Einzelgänger im Unterschied zum Rudelherrscher, dem Löwen.[293] Anachronistische Größe vereinsamt. Steht der „Löwe“ in der Tierdichtung allgemein für majestätische Stärke, so gesellt sich beim Tiger hierzu noch Verwegenheit und List, die ins Negative umschlagen kann. Ohne gleichrangige Gegenspieler, die ihn disziplinieren, versucht Napoleon, seine Macht immer weiter auszudehnen. „Wenn Niemand sonst er achten kann als sich“ (V. 56), mag die Selbstvergöttlichung die zwangsläufige Folge sein. So stellt sich Napoleons Hybris bei Grillparzer vor allem als Schuld einer versagenden Umwelt dar, die dem einzelnen Herrscher nicht wirklich Paroli bieten konnte. Grillparzer spitzt dabei Byrons Argumentation zu. Byron beschrieb lediglich, daß die Fürsten Napoleons Selbstvergöttlichung hinnahmen[294]; Grillparzer nimmt dieses Phlegma der Fürsten zum Anlaß, um Napoleon in einer rhetorischen Frage zu entschuldigen („Wie soll er schonen, was hält Stich | Wenn Niemand sonst er achten kann als sich?“ [V. 55 f.]).

Die letzte Strophe greift das Motiv der Ruhe aus der ersten Strophe wieder auf. Das lyrische Ich wünscht Napoleon die Ruhe, die er der Welt genommen hat, und bettet das Thema der Größe in einen christlichen Ordo ein. Erst der Tod ermöglicht Napoleon die Ruhe, die ihm sein Leben „fünfzig Jahr […] nicht gab“ (V. 3 f.). Zwar hat Napoleon „die Ruhe gleich der Welt gebrochen“ (V. 58), aber dies wird in eine göttliche Vergebungsgeste integriert. Antonomastisch wird Gott als „ein Höherer“ (V. 59) zitiert; der Komparativ relativiert die Hybris Napoleons und stellt die göttliche Ordnung wieder her. Der Vers „Von Anderm lebt der Mensch als nur von Brod“ (V. 60) variiert *Deuteronomium* (5. Mose 8, 3): Gott „demütigte dich und ließ dich hungern und speiste dich mit Manna, das du und deine Väter nie gekannt hatten, auf dass er dir kundtäte, dass der Mensch nicht lebt vom Brot allein, sondern von allem, was aus dem Mund des HERRN geht.“[295] An dieser Stelle hebt das Bibel-Zitat

[293] Grillparzer variiert hier die Tiermetaphorik von Byron, der auch Napoleon mit dem Löwen gleichsetzte, die Sieger der Restauration allerdings zu reißenden Wölfen machte: „Shall we, who struck the Lion down, shall we | Pay the Wolf homage?“ (Canto III, Strophe 19, S. 83).

[294] Napoleon wurde zu „The flatterer of thy fierceness, till thou wert | A god unto thyself; nor less the same | To the astouned kingdoms all inert, | Who deem'd thee for a time what'er thou didst assert.“ (Canto III, Strophe 38, S. 90).

[295] Jesus zitiert diese Stelle aus dem Alten Testament, als er in der Wüste vom Teufel versucht wird: „Und der Versucher trat zu ihm und sprach: Bist du Gottes

Napoleons Leben aus dem rein irdischen Bereich der „Mäkler" und „Schreiber" (V. 51), die ihr Leben nicht mehr nach großen Idealen ausrichten, sondern sich mit dem Diesseits zufriedengeben. Gegen diesen neuen selbstgenügsamen Realismus steht Napoleons Leben als Existenzbeweis von idealischer Größe.

„Extreme in all things!", erschien Napoleon bereits in Byrons *Childe Harold's Pilgrimage.*[296] Gegenüber Byron entfaltet sich das Besondere an der Maßlosigkeit Napoleons bei Grillparzer aber erst in der Konfrontation mit dem maßvollen Phlegma der Umwelt. Und diese Konfrontation wird als eine rächende Genugtuung gegenüber dem materialistischen Mittelmaß ausgegeben: „Das Große hast am Kleinen du gerochen" (V. 61). Mit dieser Rache-Aktion hat Napoleon zwar gegen weltliche Normen verstoßen, aber dies waren eben auch Normen einer mittelmäßigen Welt. Das lyrische Ich wünscht daher für Napoleon den „sühnend[en]" (V. 62) Grabspruch: „Er war zu groß, weil seine Zeit zu klein!" (V. 63). Das gegen die Regeln verstoßende Übermaß Napoleons erklärt sich aus der Kümmerlichkeit der Regeln der Zeit, die versuchte, ihn zu reglementieren. Größe erscheint hier, die Argumentation der letzten Strophen resümierend, als relationaler Begriff, der sich aus der Diskrepanz zwischen dem Außerordentlichen und der Normalität skalieren läßt. Ob in diesem Fall die Größe Napoleons oder die Kleinheit der Zeit der eigentliche Frevel ist, läßt das lyrische Ich in der Schwebe. Aber zumindest läßt der Text auch die Lesart zu, daß nicht Napoleon, sondern die ihn umgebende Zeit „sühnen" muß für ihre Dürftigkeit.

Napoleon wird in Grillparzers Gedicht zum kulturkritischen Instrument und zur poetologischen Sonde, um die eigene Zeit zu reflektieren. Er wird zum vormodernen Heros geformt, um die anbrechende Moderne skeptisch hinterfragen zu können. Als Projektionsfläche für Größenphantasien einer epigonalen Zeit verkörpert Napoleon das letztgültige Ende einer heroischen Zeit und den Auftakt zu einer Moderne, von der sich das lyrische Ich enttäuscht abwendet, ohne aus ihr fliehen zu können. Und dies unterscheidet Grillparzers Gedicht von Byrons Napoleon-Stanzen. Auch Byron spürt der Unzeitgemäßheit von Napoleon nach, aber er tut dies im romantischen Überschwang, der sich mit der Maßlosigkeit eines Napoleons bei aller Kritik auch identifizieren kann.[297]

Sohn, so sprich, dass diese Steine Brot werden. Er aber antwortete und sprach: Es steht geschrieben: ‚Der Mensch lebt nicht vom Brot allein, sondern von einem jeden Wort, das aus dem Mund Gottes geht.'" (Matthäus 4, 3–4).

[296] Canto III, Strophe 36, S. 89.

[297] Vgl. Simon Bainbridge: Napoleon and English Romanticism. Cambridge 1995, S. 134–152. Christina M. Root: History as Character. Byron and the Myth of Napo-

Das identifikatorische Ausmaß reicht bei Byron bis zum Gebrauch gleicher Namens-Paraphen (**N**oel **B**yron / **N**apoleon **B**onaparte). Das revolutionäre Pathos von Byrons Napoleon-Bild steht gegen die reformerische Resignation bei Grillparzer, der zwar auch mit der Zensur der Restauration nicht einverstanden ist, sich aber gleichzeitig nach der „Ruhe" der vorrevolutionären Welt zurücksehnt. Für Byron ist Napoleon der widersprüchliche Gigant, an dem er seine eigene Impulsivität abarbeiten kann. *Childe Harold's Pilgrimage* schleudert seinen Lesern genau jene maßlose Subjektivität entgegen, die das Versepos an Napoleon diagnostiziert. Byrons Napoleon-Bild gewinnt poetologische Qualität für eine ausgreifende Romantik, die wie Napoleon ins Maßlose und Ungeheure zielt. Bei Grillparzer erlangt die Gestalt Napoleons auch poetologische Dimensionen, aber nicht in einem identifikatorischen Sinn, sondern als nostalgische Reminiszenz, an der sich ein Epigonenbewußtsein ausbildet. Grillparzers lyrisches Ich bezieht die resignative Zeitanalyse auch auf sich selbst. Grillparzer analysiert Napoleon so nicht als den Geistesverwandten, sondern erinnert ihn wehmütig als den faszinierenden Gegensatz zur eigenen Zeit und auch zu sich selbst. Grillparzer ist Teil der „Stückelwelt", die er so scharf angreift. Das Wissen um diese ausweglose Teilhabe am Epigonentum macht den Tonfall des Gedichts so bitter.

Alessandro Manzoni dichtete seine große Napoleon-Ode *Il Cinque Maggio* zwischen dem 18. und 26. Juli 1821, nachdem er von Napoleons Tod am 16. Juli 1821 in der Zeitung gelesen hatte. Manzonis Ode gilt als „Italy's most lasting literary monument to Napoleon".[298] 18 sechsversige Strophen, die sich durch Reimbindungen in neun zwölfversige Großstrophen gliedern lassen, sind symmetrisch in eine vierstrophige Einleitung (Strophe 1–4), einen zehnstrophigen Hauptteil (Strophe 5–14) und einen vierstrophigen Schluß (Strophe 15–18) geteilt. Die Einleitung schildert das Entsetzen der Welt über Napoleons Tod (Strophe 1–2) und präsentiert das Bekenntnis des lyrischen Ichs, im Moment des Todes eine Hymne anzustimmen, „che forsa non morra" (Strophe 3–4).[299] Der Hauptteil rekapituliert Napoleons Karriere. Der Schilderung des Aufstiegs (Stro-

---

leon, in: History and Myth. Essays on English Romantic Literature, edited by Stephen C. Behrendt. Detroit 1990, S. 149–165. Und aus der älteren Forschung materialreich Paul Holzhausen: Bonaparte, Byron und die Briten. Ein Kulturbild aus der Zeit des ersten Napoleon. Frankfurt a. M. 1904.

[298] Eileen Anne Millar: Napoleon in Italian Literature 1796–1821 (Anm. 13), S. 154. Vgl. auch Maria dell'Isola: Napoléon dans la poésie italienne à partir de 1821. Paris 1927.

[299] Alessandro Manzoni: Il cinque Maggio, in: Ders.: Tutte le Opere di Alessandro

phe 5–8) folgt die Beschreibung des Abstiegs (Strophe 10–13). Die neunte Strophe, die Mitte des Gedichts, reflektiert am Scheitelpunkt von Napoleons Karriere seine historische Bedeutung: Napoleon wird geschildert als jemand, der an der Schwelle zwischen zwei Zeitaltern den Jahrhunderten Weisungen erteilte: „due secoli, | L'un contro l'altro armato, | Sommessi a lui si volsero" (V. 49ff.). Der Schluß überglänzt das elende Ende Napoleons mit einer christlichen Apotheose: „Una man dal cielo" (V. 88) leitet den verzweifelten Napoleon im Tod in die Sicherheit des Glaubens.

Obwohl im habsburgischen Territorium nichts über Napoleon publiziert werden durfte, fand die Ode an der Zensur vorbei durch unautorisierte Abschriften und Drucke rasch Verbreitung und gelangte auch nach Deutschland. Goethe las Manzonis Ode im Januar 1822. Er hatte ein Exemplar von Herzog Carl August erhalten und übersetzte das Gedicht am 14. und 15. Januar 1822. 1823 erschien die Übersetzung in Goethes Kulturzeitschrift *Kunst und Alterthum*. Goethes Interlinearversion löste einen wahren Übersetzungs-Boom aus. Bis 1830 entstanden mindestens elf Übersetzungen ins Deutsche: 1828 erschien eine Sammlung von vier Übersetzungen, die gegen Goethes sperrige Version Gegenvorschläge brachte, unter anderem die von Friedrich de la Motte Fouqué, die weiter unten noch genauer analysiert werden wird.[300]

Goethes Begeisterung für Manzonis Ode mag auch einer Analogie im publizistischen Verhältnis der beiden Dichter zu Napoleon geschuldet sein. Manzonis lyrisches Ich erklärt seine Legitimation zu einem Totenruhm damit, daß es zu Lebzeiten Napoleons geschwiegen habe: „Quando, con vece assidua, | Cadde, risorse e giacque, | Di mille voci al sonito | Mista la sua no ha" (V. 15–18). Anders als Vincenzo Monti etwa hatte Manzoni keine Hymnen auf Napoleon zu dessen Lebzeiten verfaßt, aber auch nicht in den Befreiungskriegen zum lyrischen Abwehrzauber aufgerufen. Der implizite Ausfall gegen die parteiischen Dichter zeichnet das lyrische Ich als unparteiischen Deuter Napoleons aus. In der vierten Strophe beschreibt sich das lyrische Ich als „vergin di servo encomio | E di codardo oltraggio" (V. 19f.).

Manzoni, hg. v. Alberto Chiari u. Fausto Ghisalberti. Mailand 1957ff. Bd. 1: Poesie e Tragedie, Mailand 1957, S. 103–106, V. 24.

[300] Die anderen Übersetzungen stammen von Karl Heinrich Ludwig Giesebrecht, August Ferdinand Ribbeck und Johann August Zeune: Der fünfte Mai. Ode auf Napoleons Tod von Alex. Manzoni. In der Italischen Urschrift nebst Übersetzungen von Goethe, Fouqué, Giesebrecht, Ribbeck, Zeune. Berlin 1828. Zu diesen und den übrigen Übersetzungen vgl. Hugo Blank: Manzonis Napoleon-Ode (Anm. 277), S. 29–39.

Auch Goethe hatte sich wohlweislich in der literarischen Öffentlichkeit über Napoleon vor 1821 ausgeschwiegen. Die spärlichen Äußerungen entstammen zumeist privaten Zusammenhängen: 1802 in einem Brief an Schiller trug Goethe der „herrlichen und herrschenden Erscheinung" Napoleons Rechnung.[301] 1804 rezensierte Goethe Schlabrendorfs *Napoleon Bonaparte und das französische Volk unter seinem Konsulate* und verteidigte gegen den kritischen Schlabrendorf Napoleon als einen „außerordentlichen Mann, der durch seine Unternehmungen, seine Taten, sein Glück die Welt in Erstaunen und Verwirrung setzt".[302] Riemer notierte 1807 Goethes Ausspruch: „Außerordentliche Menschen wie Napoleon treten aus der Moralität heraus. Sie wirken zuletzt wie physische Ursachen, wie Feuer und Wasser."[303] Damit ist Goethe nah an Hölderlins Naturgewaltmetaphorik und Fichtes Charakteristik, die an Napoleon mangelnde zivilisatorisch-moralische Zähmung diagnostizierte. Im Unterschied zu Fichte ist dieses Heraustreten aus der Moralität bei Goethe aber nicht als abwertendes Argument funktionalisiert. Außergewöhnlich sind solche Äußerungen zu der Zeit nicht. Für Goethes spätere Charakterisierung Napoleons als „dämonisch" hingegen ist diese frühe Sentenz wichtig, weil hier schon das „Heraustreten aus der Moralität" als Zeichen von Größe jenseits ethischer Dimensionen perspektiviert wird.

1808 beim Fürstentag in Erfurt kam es zu dem berühmten Treffen von Napoleon und Goethe, das im Laufe des 19. Jahrhunderts in den Rang eines welthistorischen Gesprächs erhoben wurde. Nicht zuletzt Nietzsche hat die Begegnung zur Zusammenkunft der beiden größten Männer des modernen Europa stilisiert: Goethe hatte, so Nietzsche, „kein größeres Erlebnis als jenes ens realissimum, genannt Napoleon".[304] Kanzler von Müller und Talleyrand haben Berichte über dieses Treffen am 2. Oktober

---

[301] Brief Goethes an Schiller vom 9. März 1802, in: Goethes Briefe (Anm. 38), S. 432.

[302] Goethes Werke, hg. im Auftrag der Großherzogin Sophie von Sachsen. Weimar 1887–1919 (= Weimarer Ausgabe, im folgenden „WA" abgekürzt), 1. Abteilung, Bd. 40, S. 260 ff. Vgl. auch Jacques Le Rider: Goethe, die Französische Revolution und Napoleon, in: Der Europäer 7, Nr. 9/10 (2003), S. 17–24.

[303] Goethes Gespräche. Eine Sammlung zeitgenössischer Berichte aus seinem Umgang auf Grund der Ausgabe und des Nachlasses von Flodoard von Biedermann, ergänzt und hg. v. Wolfgang Herwig. Zürich, Stuttgart 1965–1984, Bd. 2: 1805–1817, Zürich, Stuttgart 1969, S. 190.

[304] Friedrich Nietzsche: Götzen-Dämmerung, in: Ders.: Sämtliche Werke. Kritische Studienausgabe in 15 Bänden, hg. v. Giorgio Colli u. Mazzino Montinari. München 1999, Bd. 6, S. 151. Zu Nietzsches Napoleon vgl. weiter unten die Analyse.

1808 verfaßt.[305] Goethe selbst hat aber erst 1824 auf Drängen des Kanzlers von Müller seinen Bericht über die *Unterredung mit Napoleon* aufgezeichnet. Die Details des Gesprächs sind bekannt: Napoleon sprach mit Goethe über Voltaires *Mahomet* und den *Werther*. Napoleon wies Goethe auf einen vermeintlichen Fehler im *Werther* hin, über den sich Goethe aber zeitlebens ausgeschwiegen hat.[306] Im Zusammenhang mit der Erörterung der Schicksalsdramen, die Napoleon ablehnte, fiel das berühmte Napoleon-Wort: „‚Was', sagte er, ‚will man jetzt mit dem Schicksal, die Politik ist das Schicksal'", was in diesem Kontext erst einmal nur als Kritik der Schicksalsdramen intendiert war, die (nach Napoleons Meinung) den Begriff des Schicksals zum Eskapismus aus politischen Realitäten und Handlungszwängen nutzten.[307] Napoleons Sentenz enthielt eine implizite Aufforderung zur Säkularisierung und Modernisierung des Schicksalsgedankens, erst einmal als dramenästhetischer Tip für die Bühne und nicht als rätselhafte Gnome.[308] Ob Napoleons einleitende Worte zur Begrüßung Goethes nun „Vous êtes un homme" oder die Abschiedsworte „Voilà un homme" waren, ist umstritten.[309] Die nach-

---

[305] Goethes Gespräche (Anm. 303), S. 333–336 (Kanzler von Müller), S. 336–339 (Talleyrand).

[306] Auf Eckermanns Nachfrage am 2. Januar 1824, ob es sich bei dem vermeintlichen „Fehler" um die Pistolenübergabe handele, hüllte sich Goethe in Schweigen (Johann Peter Eckermann: Gespräche mit Goethe in den letzten Jahren seines Lebens, in: Johann Wolfgang Goethe: Sämtliche Werke nach Epochen seines Schaffens [= Münchner Ausgabe, im folgenden „MA" zitiert], hg. v. Karl Richter in Zusammenarbeit mit Herbert G. Göpfert, Norbert Miller u. Gerhard Sauder. München 1985 ff., Bd. 19, hg. v. Heinz Schlaffer. München 1986, S. 490). Besonders stolz war Goethe darauf, daß Napoleon den *Werther* beim Ägyptenfeldzug mit in der Feldbibliothek hatte (Vgl. MA XIX, S. 314 f. [8. April 1829]).Vgl. hierzu Joachim Rickes: Ossian, Napoleon und der „Fehler" in Goethes „Werther", in: Wirkendes Wort 50 (2000), S. 347–357. Arthur Henkel: Wie Napoleon den „Werther" las, in: Heidelberger Jahrbücher 34 (1990), S. 1–17.

[307] Johann Wolfgang von Goethe: Unterredung mit Napoleon, in: Ders.: Werke. Hamburger Ausgabe in 14 Bänden (im folgenden „HA" abgekürzt), hg. v. Erich Trunz. München 1981, Bd. 10: Autobiographische Schriften II, textkritisch durchgesehen v. Lieselotte Blumenthal u. Waltraud Loos, kommentiert v. Waltraud Loos und Erich Trunz. München [10]1994, S. 546. Vgl. zu dieser Sentenz: Rita Bischof: „... die Politik ist das Schicksal". Napoleons Diktum und seine Wirkungsgeschichte, in: Napoleon kam nicht nur bis Waterloo (Anm. 3), S. 305–328.

[308] In den Gesprächen mit Eckermann affirmiert Goethe im März 1832 Napoleons Aussage: Die „tragische Schicksalsidee der Griechen" scheint ihm „veraltet, und überhaupt mit unseren religiösen Vorstellungen im Widerspruch. [...] Wir Neueren sagen jetzt besser mit Napoleon: die *Politik* ist das Schicksal." (MA XIX, S. 459 f.).

[309] Müllers Erinnerungen geben „Voilà un homme" als Abschiedsworte aus, Goethe selbst erinnert „Vous êtes un homme" als Begrüßung.

trägliche Auratisierung dieses Satzes zur *Ecce homo*-Geste scheint auf jeden Fall übertrieben.

Es handelte sich nicht um ein Gespräch von gleich zu gleich, wie dies die idealisierenden Schilderungen des späten 19. und frühen 20. Jahrhunderts interpretierten.[310] Während des ersten Teils des Gesprächs saß Napoleon und Goethe stand „in schicklicher Entfernung".[311] Der Kaiser frühstückte parallel, unterbrach das Gespräch mit Goethe, um sich mit Daru über Kontributionsangelegenheiten zu unterhalten. Die ganze Zeit hindurch war Daru anwesend, Talleyrand verließ zwischenzeitlich den Raum, dafür erschienen Berthier und Savary. Als Marschall Soult gemeldet wurde, mit dem sich Napoleon dann scherzend unterhielt, hatte Goethe Zeit genug, sich „im Zimmer umzusehen".[312] Die neuere Goethe-Philologie relativiert daher auch zu Recht die Auratisierungen des 19. Jahrhunderts.[313] Fink betont darüber hinaus, daß Napoleons Jovialität sich auch politischen Gründen verdankte.[314] Am 6. Oktober 1808 bei einem zweiten Treffen forderte Napoleon Goethe folgenlos zu einem Caesar-Drama auf, das in Paris aufgeführt werden sollte. Goethe erhielt am 14. Oktober 1808 das Kreuz der Ehrenlegion, auf das er zeitlebens sehr stolz war.

Zu Lebzeiten Napoleons finden sich kaum direkte Reflexe auf Napoleon im Werk Goethes. *Des Epimenides Erwachen* kritisiert allegorisch die Hybris des Eroberers, und auch im *Buch des Timur* des *West-östlichen Divan* kann man Napoleon-Allusionen entdecken.[315] Aber diese Ein-

---

[310] So etwa Andreas Fischer: Goethe und Napoleon. Frauenfeld 1899. Woldemar von Biedermann: Die Unterredung mit Napoleon, in: Ders.: Goethe-Forschungen, anderweite Folge. Leipzig 1899, S. 111–126. Fritz Strich: Goethe und Napoleon, in: Horen 5 (1928), S. 108–134.

[311] So Goethe selbst in der *Unterredung mit Napoleon*, HA X, S. 545.

[312] HA X, S. 546.

[313] Vor allem Gonthier-Louis Fink: Goethe und Napoleon, in: Goethe-Jahrbuch 106 (1990), S. 81–101. Aber auch schon aus landesgeschichtlicher Perspektive Hans Tümmler: Goethes „Unterredung mit Napoleon" im Rahmen der Weimarischen Politik auf dem Erfurter Fürstenkongress von 1808, in: Ders.: Das klassische Weimar und das große Zeitgeschehen. Historische Studien. Köln, Wien 1975, S. 61–90. Vgl. auch Rudolf Vierhaus: Goethe und Napoleon (Anm. 49).

[314] Fink interpretiert schlüssig Napoleons huldvolle Geste als Strategie, mit der er Goethe gegen das antinapoleonische Schrifttum mobilisieren wollte; vgl. Gonthier-Louis Fink: Goethe und Napoleon (Anm. 313), hier S. 86.

[315] Vgl. Holger Helbig: Goethe, Timur und Napoleon. Eine Lesart zum „Buch des Timur", in: Aurora 59 (1999), S. 1–30. Zur versteckten Kritik an der Befreiungskriegslyrik im *West-östlichen Divan* vgl. Achim Aurnhammer: Unzeitgemäße Zeitdichtung. Strukturale Intertextualität und latente Gegenwartsbezüge im „West-östlichen Divan", in: Prägnanter Moment. Studien zur deutschen Literatur der

arbeitungen bleiben randständig, wie auch das huldigende Gelegenheitsgedicht an Kaiserin Marie-Louise.[316] Ins Zentrum des Werks dringt die Gestalt Napoleons als Stoff direkt nicht vor. Hans Blumenberg hat für Goethes Arbeit am Mythos betont, wie bedeutend die Gestalt Napoleons im identifikatorischen Selbstvergleich für die Aktualisierung des Prometheus-Mythos bei Goethe geworden ist, und hat auf die camouflierte Wirkung Napoleons auf den *Faust II* hingewiesen. Aber dies blieben hermetische Wirkungen.[317] Jenseits solcher biographischer Mutmaßungen ist Napoleon als Figur im Werk Goethes kaum greifbar.

Wichtiger als Napoleon-Reminiszenzen in einzelnen Werken Goethes sind für die weitere Mythisierung Napoleons im Deutschland des 19. Jahrhunderts hingegen Goethes Äußerungen über Napoleon zwischen 1824 und 1832 in den Gesprächen mit Eckermann. Erst nach Napoleons Tod schaltet sich Goethe so in die Debatte ein. Mythische Muster als kompensatorisches, prophetisches Instrument und hermeneutische Hilfe sind zu diesem Zeitpunkt nicht mehr notwendig. Nach Napoleons Tod und nach der Übersetzung der Manzoni-Ode unterhielt sich Goethe immer wieder mit Eckermann über Napoleon, mit dessen Herrschaft er sich in der Lektüre von historiographischen Werken und Memoiren auseinandersetzte.[318] Goethe bezeichnete Napoleon bewundernd als „Kompendium der Welt“[319], insofern er die Möglichkeiten des einzelnen Men-

---

Aufklärung und Klassik. Festschrift für Hans-Jürgen Schings, hg. v. Peter-André Alt, Alexander Košenina, Hartmut Reinhardt u. Wolfgang Riedel. Würzburg 2002, S. 421–437.

[316] *Im Namen der Bürgerschaft von Karlsbad. Ihro der Kaiserin von Frankreich Majestät* (HA I, S. 261 f.).

[317] Hans Blumenberg: Arbeit am Mythos (Anm. 236). Blumenberg übernimmt Nietzsches Einschätzung von der überragenden Wichtigkeit Napoleons für Goethes Werk. Dabei tendiert das *Prometheus wird Napoleon, Napoleon Prometheus*-Kapitel gelegentlich jenseits einer literaturgeschichtlich fundierten Analyse in die biographische Spekulation.Vgl. auch Hans Robert Jauß: Eine doppelte Konjunktur. Goethe und Napoleon, Valéry und Blumenberg, in: Akzente 37 (1990), S. 216–219.

[318] „Überhaupt ist es mir angenehm, über Napoleon die entgegengesetztesten Meinungen zu hören“ (MA XIX, S. 637 [22. Januar 1830]). Goethe las unter anderem [Louis Antoine de Bourienne:] Mémoires de M. de Bourienne. Ministre d'Etat sur Napoléon, le directoire, le consulat, l'empire et la restauration. 11 Bde. Stuttgart 1829/30; [Hudson Lowe:] Mémorial de Hudson Lowe rélatif à la captivité de Napoléon à Sainte Hélène. Paris 1830; [Jean Rapp:] Mémoires du Géneral Rapp, Aide-de-camp de Napoléon. Écrits par lui-même et publiés par sa famille. Paris 1823; Walter Scott: The life of Napoleon Bonaparte, emperor of the French, with a preliminary view of the French Revolution, in nine volumes. Paris 1827; Louis Pierre Bignon: Histoire de France. Première époque: Depuis le 18 brumaire jusqu'à la paix de Tilsit (juillet 1807). Paris 1829.

[319] MA XIX, S. 159 (16. Februar 1826).

schen zur individuellen Machtentfaltung lehrbuchhaft vorexerziert hatte. Goethe analysierte weiterhin sein strategisches Geschick, sich den Egoismus der Menschen zu Nutzen zu machen.[320]

Goethes Charakteristiken weisen aber vor allem den Weg zu den Napoleonbeschreibungen im 19. Jahrhundert, weil sie Napoleon zu einem, dem Künstler vergleichbaren, Genie erheben. Mit Goethes Reflexionen wird Napoleon endgültig auch zu einer poetologischen Figur. Nach den Gesprächen mit Eckermann gewinnt die Mythisierung Napoleons in Deutschland so eine neue Dimension. Es geht nicht mehr um Prophetien im mythischen Muster und in der Poesie vorweggenommenen Enden der napoleonischen Geschichte, nicht mehr um die Analyse von Gesellschaftsformationen oder die rhetorische Abwehr eines Nationalfeindes, sondern Napoleon wird zum poetologischen Mythos, dessen Handeln zum Bild für das künstlerische Schaffen wird. Bei Grillparzer fungierte Napoleon als poetologische Sonde, mit der er die mangelnde Größe der eigenen Epigonalität ausmessen konnte. Bei Goethe ist Napoleon kein kontrastives Mittel zur poetologischen Selbstbestimmung, sondern wird über das *tertium comparationis* des „Genies" selbst identifikatorisch zum Künstler bestimmt, dessen Medium die Politik ist. Am 7. April 1829 gab Eckermann bei einem Gespräch über Napoleons Ägyptenfeldzug zu bedenken, wie erstaunlich es sei, daß Napoleon diese militärischen Leistungen trotz seiner Jugend und Unerfahrenheit vollbracht hätte. Darauf erwiderte Goethe:

> Das ist das angeborene des großen Talents. Napoleon behandelte die Welt wie Hummel seinen Flügel; Beides erscheint uns wunderbar, wir begreifen das Eine so wenig wie das Andere, und doch ist es so und geschieht vor unsern Augen. […] Er war immer in seinem Element und jedem Augenblick und jedem Zustande gewachsen, so wie es Hummeln gleichviel ist, ob er ein Adagio oder ein Allegro, ob er im Baß oder im Diskant spielt. Das ist die Fazilität, die sich überall findet, wo ein Talent vorhanden ist, in Künsten des Friedens wie des Krieges, am Klavier wie hinter Kanonen.[321]

Jugend und mangelnde Routine sind für Goethe keine Kriterien, um die Karriere Napoleons angemessen zu beurteilen. Er vergleicht ihn mit dem Komponisten und Pianisten Johann Nepomuk Hummel. Der 1778 geborene Hummel war 1804 als Nachfolger Joseph Haydns Kapellmeister

---

[320] „Allerdings, sagte Goethe, war seine Persönlichkeit eine überlegene. Die Hauptsache aber bestand darin, daß die Menschen gewiß waren, ihre Zwecke unter ihm zu erreichen. […] Napoleon kannte die Menschen zu gut, und er wußte von ihren Schwächen den gehörigen Gebrauch zu machen." (MA XIX, S. 308 [6. April 1829]).

[321] MA XIX, S. 313 (7. April 1829).

beim Fürsten Esterházy geworden, wechselte 1816 nach Stuttgart und schließlich 1819 nach Weimar. Er galt als einer der besten Pianisten seiner Zeit. In Goethes Aperçu wird die Welt zum Instrument des Künstlers Napoleon. Politik und Krieg werden in den Rang einer Kunst erhoben, die Napoleon nicht regelgerecht nach vorgestanzten Normen einübt, sondern mit einer angeborenen Leichtigkeit („Fazilität"), die seine nicht so begabte Umgebung nicht begreifen, sondern nur bestaunen kann.[322] „Am Klavier wie hinter Kanonen" läßt sich für Goethe Kunst beweisen. Napoleon als Künstler der Politik, dessen Instrument nicht das Klavier, sondern (in Goethes Vergleich) die „Welt" ist, erscheint in dieser Unterhaltung noch ein wenig wie das unproblematische Wunderkind, dessen heitere Kunst mit dem Begriff des „Talents" bemessen wird.

Aber in anderem Zusammenhang hat Goethe aus dem Wunderknaben ein „Genie" gemacht. Eckermann betonte in einem anderen Gespräch, daß Napoleons eigentliche Erfolge nur in seiner Jugend anzutreffen waren. In einem identifikatorischen Selbstvergleich wies Goethe ihn daraufhin zurecht, daß er seinen *Werther* schließlich auch in seiner Jugend geschrieben habe. Wieder wird die Kunst, in diesem Fall Literatur statt Musik, mit der Politik parallelisiert. Und Goethe erläutert Eckermann seine Analogie von Kunst und Politik über den Begriff der „Produktivität": „Jene göttliche Erleuchtung, wodurch das Außerordentliche entsteht, werden wir immer mit der Jugend und der Produktivität im Bunde finden, wie denn Napoleon einer der produktivsten Menschen war, die je gelebt haben."[323] „Produktivität" als das realisierte Vermögen, etwas eigenständig zu schaffen, wird hier zum Analogon von Kunst und Politik, von Reflexion und Handeln. Goethe führt dies weiter an Eckermann adressiert aus: „Ja, ja mein Guter, man braucht nicht bloß Gedichte und Schauspiele zu machen, um produktiv zu sein, es gibt auch eine *Produktivität der Taten*, und die in manchen Fällen noch um ein Bedeutendes höher steht."[324] Eckermann weist ihn darauf hin, daß Goethe hier „Produktivität" nenne, was man sonst als „Genie" bezeichnet. Und Goethe bestätigt dies:

---

[322] Im anderen Zusammenhang griff Goethe später noch einmal die Frage nach dem angeborenen Talent Napoleons auf und verglich ihn wieder mit Musikern (Mozart, Beethoven, Hummel). Das „Anstaunen" wird in diesem Fall auch rezeptionsästhetisch in den Blick genommen. „Doch wie wollte die Gottheit überall Wunder zu tun Gelegenheit finden, wenn sie es nicht zuweilen in außerordentlichen Individuen versuchte, die wir anstaunen und nicht begreifen woher sie kommen." (MA XIX, S. 408 [14. Februar 1831]).

[323] MA XIX, S. 605 f. (11. März 1828).

[324] MA XIX, S. 606 (11. März 1828).

Beides sind auch sehr nahe liegende Dinge, erwiderte Goethe. Denn was ist Genie anders, als jene produktive Kraft, wodurch Taten entstehen, die vor Gott und der Natur sich zeigen können, und die eben deswegen Folge haben und von Dauer sind. [...] Denn, wie gesagt, es gibt kein Genie ohne produktiv fortwirkende Kraft, und ferner: es kommt dabei gar nicht auf das Geschäft, die Kunst und das Metier an, das Einer treibt, es ist Alles dasselbige. [...] Es ist alles gleich und kommt bloß darauf an, ob der Gedanke, das Aperçu, die Tat lebendig sei und fortzuleben vermöge.[325]

Welchen Mediums sich das Genie bedient, ist hier zweitrangig: Sowohl der „Gedanke" eines Philosophen, das „Aperçu" einer Dichters oder die „Tat" eines Regenten können Ergebnisse der „produktiven Kraft" eines Genies sein. Genie wird hier beim alten Goethe Napoleon angemessen und das auf eine deutlich andere Art als noch im Sturm und Drang etwa der Prometheus-Gestalt. Genie definiert sich 1828 für Goethe auch ganz wesentlich über seine anhaltende Wirkung: Die Produktivität des Genies muß Dinge zeugen, die „Folge haben und von Dauer sind". Während das Originalgenie des Sturm und Drang sich vor allem aus dem aufmüpfigen ästhetischen wie sozialen Regelverstoß heraus definierte, wird jetzt die tiefgreifende und dauerhafte Wirkung der Produktivität zum Maßstab für das Genie. Napoleon als Künstler und Originalgenie übernimmt in den 1820er Jahren die Rolle, die in den frühen poetologischen Schriften Goethes ein Prometheus, Shakespeare oder Erwin von Steinbach eingenommen hatten. Beim frühen Goethe waren Figuren des Mythos (Prometheus) und Künstler des entfernten Mittelalters (Erwin von Steinbach) und der frühen Neuzeit (Shakespeare) zu poetologischen Mittlern geworden. Die historische Ferne prädestinierte diese Figuren zur massiven Gegenwartskritik des Sturm und Drang. Beim späten Goethe wird mit Napoleon hingegen kein Künstler aus fernen Zeiten, sondern ein Regent der unmittelbaren Vergangenheit zur poetologischen Figur erhoben. Das Genie wird so nicht mehr in mythische Fernen gerückt, sondern ist in der Realität der Zeitgeschichte greifbar und wird somit in die Gegenwart der Mitlebenden integriert und nicht ihr oppositionell entgegengestellt.

Gleichwohl ist dieses gegenwärtige Genie gegenüber seinen Mitlebenden deutlich ausgezeichnet. Die Ausnahmestellung Napoleons betont Goethe, indem er ihn zum „Halbgott" erhebt. Auch hier mag man wieder eine Prometheus-Reminiszenz sehen, die sich aber nicht nur in einem werkbiographischen Kontext Goethes bestimmen, sondern auch als Teil der allgemeinen Mythisierung Napoleons zu Prometheus begreifen läßt. Enthusiasmiert resümiert Goethe:

---

[325] MA XIX, S. 606 f. (11. März 1828).

Da war Napoleon ein Kerl! – Immer erleuchtet, immer klar und entschieden, und zu jeder Stunde mit der hinreichenden Energie begabt, um das, was er als vorteilhaft und notwendig erkannt hatte, sogleich ins Werk zu setzen. Sein Leben war das Schreiten eines Halbgottes von Schlacht zu Schlacht und von Sieg zu Sieg. Von ihm könnte man sehr wohl sagen, daß er sich in dem Zustande einer fortwährenden Erleuchtung befunden, weshalb auch sein Geschick ein glänzendes war, wie es die Welt vor ihm nicht sah und vielleicht auch nach ihm nicht sehen wird.[326]

Die Bestimmung als „Kerl“ macht Napoleon zu einem Kraftgenie, das nicht nur große Pläne hat, sondern sie auch in die Tat umsetzt. Die erfolgreiche Realisierung der großen Idee wird hier zum Maßstab für das eigentliche Genie. Die Stetigkeit dieses Erfolgs wird in der gedoppelten Geminatio „von Schlacht zu Schlacht und von Sieg zu Sieg“ verdeutlicht. Während der Sturm und Drang vor allem das scheiternde Genie umkreiste und der *Werther* geradezu eine Pathologie des Genies entwarf, bildet der späte Goethe an Napoleon die Poetologie eines „klar und entschiedenen“, handlungsfähigen Genies heraus. Die Außerordentlichkeit dieses Genies wird mit „dem Zustande einer fortwährenden Erleuchtung“ illustriert. „Erleuchtet“ war Napoleon für Goethe auch, weil sein Lebensweg nicht mehr nur rein rational erfaßbar war. Bereits im Vergleich Napoleons mit Hummel kam dies zum Ausdruck, wenn da vom „Staunen“ und nicht vom „Begreifen“ als angemessener Reaktion auf die Erscheinung Napoleons die Rede war.[327] An anderer Stelle rückt Goethe Napoleon um dieser Unbegreifbarkeit willen in den Bereich des Dämonischen. Goethe erläutert Eckermann am 2. März 1831 das Dämonische als dasjenige, „was durch Verstand und Vernunft nicht aufzulösen ist“, und er fügt ergänzend hinzu: „In meiner Natur liegt es nicht, aber ich bin ihm unterworfen.“[328] In *Dichtung und Wahrheit* wird die charismatische Wirkung dämonischer Persönlichkeiten noch genauer beschrieben und intensiviert: „Eine ungeheure Kraft geht von ihnen aus, und sie üben eine unglaubliche Gewalt über alle Geschöpfe, ja sogar über die Elemente, und wer kann sagen, wie weit sich eine solche Wirkung erstrecken wird?“[329] Als Eckermann mutmaßt, daß Napoleon dämonischer Art ge-

---

[326] MA XIX, S. 605 (11. März 1828).

[327] Ähnlich äußert sich Goethe am 17. Februar 1831: „Doch wie wollte die Gottheit überall Wunder zu tun Gelegenheit finden, wenn sie es nicht zuweilen in außerordentlichen Individuen versuchte, die wir anstaunen und nicht begreifen woher sie kommen.“ (MA XIX, S. 408).

[328] MA XIX, S. 424 (2. März 1831).

[329] HA X, S. 177. Zum Begriff des Dämonischen bei Goethe vgl. Hans-Georg Pott: Das Dämonische bei Goethe und Eichendorff, in: Goethe und die Romantik, hg. v. Gerard Kozielek. Breslau 1992 (Germanica Wratislaviensia, 95), S. 39–57.

wesen sei, bestätigt dies Goethe: „Er war es durchaus […] im höchsten Grade, so daß kaum ein Anderer ihm zu vergleichen ist. […] Dämonische Wesen solcher Art rechneten die Griechen unter die Halbgötter.“[330]

Napoleon als dämonisches Genie soll den Menschen ein Exempel von Größe sein. Hier nähert sich Goethe von anderer Seite her beinahe Grillparzers Argumentation an, wenn er spekuliert, daß „die Dämonen, um die Menschheit zu necken und zum Besten zu haben, mitunter einzelne Figuren hinstellen, die so anlockend sind, daß jeder nach ihnen strebt, und so groß, daß niemand sie erreicht. […] So steht Napoleon unerreichbar da“.[331] Die unerreichbare Größe ist hier nicht historisiert als vormodernes Relikt in einer anbrechenden Moderne wie bei Grillparzer, sondern als ein serieller Scherz der Götter verbildlicht. Goethe nennt neben Napoleon noch Raphael, Mozart und Shakespeare als Beispiele für unerreichbare Größe zu ihrer Zeit. Sie gaben der Welt ebenfalls eine Vorstellung von Größe, die so überwältigend war, daß es schließlich an der Zeit war, „daß sie gingen, damit auch anderen Leuten in dieser, auf eine lange Dauer berechneten, Welt noch etwas zu tun übrig bliebe“.[332] Goethe spricht nicht wie Grillparzer davon, daß mit Napoleons Tod Platz für das Mittelmaß gemacht würde, er nimmt schon wieder die nächste große dämonische Erscheinung in den Blick. Daß allerdings in dem Interregnum zwischen der Größe Napoleons und einer zu erwartenden noch anonymen großen Gestalt eine gewaltige Lücke klafft, artikuliert auch Goethe: „Es ist nur das Schlimme, daß ein Mann wie Napoleon nicht sobald wieder geboren wird, und ich fürchte fast, daß noch einige hunderttausend Menschen drauf gehen, ehe die Welt wieder zur Ruhe kommt.“[333]

Dieses Bewußtsein der Epochenschwelle bestimmt auch Goethes Interlinearübertragung von Manzonis *Il cinque Maggio*, auf die im folgenden im direkten Vergleich mit Fouqués Übersetzung eingegangen werden soll. Dabei werden einzelne Schlüsselstellen im Detail einander gegenübergestellt. Goethe antikisiert Manzonis kunstvolle Reimverschlingungen in die Reimlosigkeit, während Fouqué Manzonis Reime von Vers zwei und vier der jeweiligen Strophen übernimmt und vor allem auch

---

330 MA XIX, S. 424 (2. März 1831).

331 MA XIX, S. 338 (6. Dezember 1829). Napoleons Ende auf St. Helena erläutert Goethe an anderer Stelle als Werk der „Nemesis, die nicht um hin kann, in Erwägung der Größe des Helden, immer noch ein wenig galant zu sein“ (MA XIX, S. 355 [10. Februar 1830]).

332 MA XIX, S. 614 (11. März 1828).

333 MA XIX, S. 438 f. (21. März 1831)

die innere Verbindung der Doppelstrophen durch den Reim des jeweils sechsten Verses betont.[334] Fouqué und Goethe bemühen sich, Manzonis Settenario in einen drei- bis vierhebigen Jambus zu übertragen, bei Goethe mit mehr metrischer Freiheit als bei Fouqué.

Beide Dichter übersetzen den viel interpretierten Anfang des Gedichts im Passato remoto „Ei fu“ ins Präteritum als ein „Er war“ und setzen so die schwere metrische Doppelbetonung für wichtiger an als die korrekte Übertragung des Tempus. Erstaunlich scheint es, wenn Manzonis Antonomasie des „uom fatale“ (V. 8) von Goethe als „Schreckensmannes“ übertragen wird. Fouqué übersetzt hingegen „schicksalreichen Mannes“.[335] In Goethes Übertragung hält das lyrische Ich mehr Abstand zu seinem Thema als bei Fouqué, was deutlich wird, wenn man darauf achtet, daß „il mio genio“ (V. 14) des lyrischen Ichs bei Fouqué apostrophisch zu „meine Mus'“ wird, während Goethe das Possessivpronomen distanzierend durch den bestimmten Artikel ersetzt („die Muse“).

In der Übertragung der Strophen sieben und acht wird deutlich, daß Goethe Napoleons Ruhm ungeschmälerter darstellt als Fouqué. Manzoni beschreibt die Hybris Napoleons und sein Streben nach Unmöglichem: „E il giunge, e tiene un premio | Ch'era follia sperar“ (V. 41 f.). Fouqué betont die Selbstüberhebung Napoleons, indem er „follia“ korrekt mit „Wahnsinn“ ersetzt: „Griff er in Wirklichkeit den Kranz, | wo Traum nur Wahnsinn war.“ Goethe hingegen minimiert die Hybris Napoleons adverbial: „Und es [i. e. das Reich] erlangt, zum höchsten Lohn, | Den's thörig war zu hoffen.“ Die achte Strophe resümiert Napoleons Karriere:

Tutto ei provò: la gloria
Maggior dopo il periglio,
La fuga e la vittoria,
La reggia e il tristo esiglio:
Due volte nella polvere,
Due volte sull'altar.

Manzonis Komparativ (V. 44) betont den Ruhm Napoleons. Goethe übernimmt dies: „Das ward ihm all: der Ehrenruhm | Vergrössert nach

[334] Zur Form von Manzonis Napoleon-Gedicht vgl. Horst Rüdiger: Ein Versuch im Dienste der Weltliteratur-Idee. Goethes Übersetzung von Manzonis Ode „Il cinque Maggio“, in: Studi in onore di Lorenzo Bianchi. Bologna 1960, S. 383–406, hier S. 392.

[335] Manzonis Ode wird nach der Ausgabe von Chiari und Ghisalberti (Anm. 299) zitiert, Goethes und Fouqués Übertragungen nach der Übersetzungssammlung von 1828 (Anm. 300). Zu Goethes Übersetzung vgl. auch Hugo Blank: Goethe und Manzoni. Weimar und Mailand. Heidelberg 1988 (Studia Romanica, 70), S. 244–268.

Gefahren" (V. 43f.). Fouqué hingegen setzt Ruhm und Gefahren gleichrangig und vermindert so gegenüber Manzonis Original den rühmenden Charakter: „Er, reich erprüft durch Gloria, | Durch Kampfes Todumspannung" (V. 43f.). Die letzten beiden Verse der Strophe übersetzt Goethe: „Zweimal zum Staub zurückgedrängt | Und zweimal auf dem Altar." (V. 47f.) Bei Fouqué wird daraus: „Zweimal in Staub gestürzt, zweimal | ein Göz' auf dem Altar!" (V. 47f.) Beide Versionen übernehmen den Parallelismus, ohne ihn in eine korrekte Anapher zu übertragen. Goethe erhebt Napoleon „auf dem Altar" unkommentiert zum Gott seiner Epoche, Fouqué hingegen nimmt schon hier die christliche Perspektive ein und tadelt die blasphemische Vermessenheit, indem er hinzufügt „ein Göz' auf dem Altar". Bei Fouqué verstößt Napoleon so schon vor der eigentlich christlichen Wendung des Manzoni-Gedichts im Schlußteil gegen die christliche Weltordnung und wird als ein ketzerischer Aufrührer kritisiert. Bei Goethe hingegen bleibt es dem Leser überlassen zu urteilen, ob Napoleon rechtmäßig „auf dem Altar" seinen Platz eingenommen hatte. Fouqués Partizip „gestürzt" betont die Schwere der Niederlage Napoleons, während Goethes Partizip „zurückgedrängt" der Niederlage eher transitorischen Charakter verleiht.

Die zentrale neunte Strophe beginnt in der Endfassung mit „Ei si nomò" (V. 49). Goethe und Fouqué hingegen lag eine frühere Fassung vor mit „Egli apparì", daher übersetzen sie auch konsequent „Er trat hervor" (Goethe) und „Vor trat er" (Fouqué). Die Selbstnennung als göttliche Geste bleibt in dieser Fassung natürlich unberücksichtigt. Die neunte Strophe in der Endfassung lautet:

Ei si nomò: due secoli,
L'un contro l'altro armato,
Sommessi a lui si volsero,
Come aspettando il fato;
Ei fe' silenzio, ed arbitro
S'assise in mezzo a lor.

Napoleon ist hier nicht nur Mittler zwischen den „due secoli" des 18. Jahrhunderts des *ancien régime* und dem 19. Jahrhundert als Zeitalter des Liberalismus und Nationalismus, sondern er beherrscht und richtet sie. Beide in den Jahrhunderten ausgedrückte Weltanschauungen neigen sich ihm personalisiert zu, als erwarteten sie von ihm ein welthistorisches Urteil („come aspettando il fato"). Fouqué übersetzt „due secoli" korrekt, mildert allerdings den bewaffneten („armato") Kampf harmonisierend zum „Wechselstreit" ab: „Zwei Jahrhunderte, | Im Wechselstreit verharrend, | Sie neigten sich vor ihm, | Dem Schicksalspruch erstarrend"

(V. 49–52). Goethe hingegen enthistorisiert diesen Gedanken und paßt ihn seiner antikisierenden Tendenz an: „Gespaltne Welt, | Bewaffnet gegen einander, | Ergeben wandte sich zu ihm | Als lauschten sie dem Schicksal“ (V. 49–52). Aus einem welthistorischen Ablauf wird das statische Bild einer gespaltenen Welt. Fouqués romantische Version betont einerseits die historische Perspektive und spielt andererseits die Krisensituation zwischen Monarchie und Revolution restaurativ herunter. Goethes Übertragung hingegen entzeitlicht das Geschehen und verstärkt die antikisierte Krisensituation durch den attributiven Zusatz („gespaltne“), um so die heroische Erscheinung Napoleons vor dieser „gespaltnen Welt“ noch glänzender profilieren zu können.

Die 15. Strophe leitet den Schlußteil von Manzonis Ode ein. Den tief verzweifelten Napoleon vermag nur noch himmlische Hilfe zu retten: „Ma valida | Venne una man dal cielo | E in più spirabil aere | Pioetosa il trasportó“ (V. 87–90). Fouqué übersetzt wörtlich „eine Hand vom Himmel“, Goethe hingegen weicht dem christlichen „cielo“ aus und verallgemeinert etwas umständlich in die genitivische Formulierung „die Kraft | Der ewigen Hand von oben“. Die 16. Strophe führt die Epiphanie fort. Die „man dal cielo“ leitet Napoleon:

E l'avviò, pei floridi
Sentier della speranza,
Ai campi eterni, al premio
Che i desidèri avanza,
Dov'è silenzio e tenebre
La gloria che passò.

Das Gedicht verläßt hier den irdischen Raum und leitet den toten Napoleon ins christlich überformte ewige Leben, in dem der irdische Ruhm („gloria che passò“) nicht mehr zählt. Fouqué intensiviert die christliche Färbung der Strophe, in dem er die „campi eterni“ (V. 93) zu „ew'gen Gärten“ des Paradieses variiert, während Goethe wörtlich „zu ewigen Feldern“ überträgt, und damit die antike Reminiszenz der elysischen Gefilde aufruft, die der von Menelaos überwältigte Proteus in Homers *Odyssee* preist. Goethe mildert die letzten beiden Verse der Strophe ab zu einem relativierenden Vergleich: „Er sieht, wie auf Schweigen und Finsterniss, | Auf den Ruhm den er durchdrungen.“ (V. 95f.) Der Ruhm ist hier noch vorhanden, im Unterschied zu Fouqués Fassung, die durch illustrierende Partizipien den irdischen Ruhm demontiert: „Und ganz verfliegt in stumme Nacht | Ein Glanz, ihm hier verraucht“ (V. 95f.).

Die 17. Strophe integriert Napoleons irdische Ausnahmestellung in einen christlichen *ordo*. Während zu Beginn des Gedichts das lyrische

Ich noch „il mio genio“ (V. 14) mit dem „cantico | Che forse non morrà“ (V. 23 f.) beauftragte, wird jetzt die rühmende Verantwortung vom individuellen Dichter auf eine allgemeine „benefica | fede“ (V. 97 f.) übertragen, die Goethe mit „wohlthätige | Glaubenskraft“ übersetzt und Fouqué pietistisch zur „Selige[n], | Siegreiche[n] Glaubenswonne“ intensiviert. Diese christliche Glaubenskraft übernimmt bei Manzoni nun die Rolle der antiken Musen. Das lyrische Ich apostrophiert die Glaubenskraft wie in einem Musenanruf:

Scrivi ancor questo, allegrati;
ché più superba altezza
Al disonor del Golgota
Giammai non si chinò.

Die Größe Napoleons zeigt sich hier an der christlichen Demut, sich vor dem Kreuz von Golgatha zu beugen trotz seiner weltlich überragenden Stellung. Größe in Manzonis Gedicht meint ein Vermeiden von Superbia und Einfügen in christliche Hierarchien des Glaubens. Diese christliche Disziplinierung Napoleons unter das Kreuz läßt sich in keiner Übersetzung weg retuschieren. Gleichwohl schiebt Goethe noch selbst in diese religiöse Überformung eine Kritik am Christentum mit ein, wenn er übersetzt: „Sprich es aus: erfreue dich! | Dass stolz-höheres Wesen | sich dem berüchtigten Golgatha | Noch niemals niedergebeugt hat“ (V. 99–102). Aus dem „disonor del Golgota“, der die Schuld der Menschheit an Christi Tod bezeichnen soll, macht Goethe ein semantisch uneindeutigeres „berüchtigte[s] Golgatha“. Das Attribut „berüchtigt“ kann zwar immer noch auf die Schuld der Menschheit an Christi Tod zielen, bezieht aber zugleich die Möglichkeit ein, den Kreuzestod als den „berüchtigten“ Anfang einer den Menschen knebelnden, regressiven Religion zu interpretieren. Fouqué läßt solche Doppeldeutigkeiten nicht aufkommen, wenn er von „heil’ger Schmach auf Golgatha“ (V. 101) spricht und in diesem Oxymoron das „heilige“ Opfer Jesu mit der „Schmach“ der Menschheit verbindet.

Goethes Übersetzung antikisiert Manzonis christliche Ode. Seine Version dämmt die Kritik an Napoleon ein und stärkt die rühmenden Aspekte. Napoleon wird aus der historischen Situation des anbrechenden 19. Jahrhunderts in eine klassizistisch anmutende Zeitlosigkeit gehoben und zum antiken Heros auf elysischen Gefilden stilisiert. Er gleicht mehr einem Prometheus vor Zeus als einem Napoleon vor dem christlichen Gott. Die christliche Volte am Ende der Ode mildert Goethe deutlich ab. Fouqué hingegen stellt in seiner romantischen Übersetzung Napoleon in einen historischen Verlauf, der christlich überwölbt wird. Manzonis Kritik an der Superbia Napoleons wird betont, die rühmenden Aspekte abgeschwächt. Der christliche Schluß von Manzonis Ode wird bei Fouqué intensiviert und ein wenig auch ins Kitschige versüßlicht, wenn er etwa aus „fede“ eine verzückte „Glaubenswonne“ macht.

Gegenüber Goethes und Fouqués noch sehr genauen Übersetzungen von Manzonis Ode scheint Adelbert von Chamissos dramatische Szene *Der Tod Napoleons* erst einmal sehr wenig mit Manzonis Gedicht zu tun zu haben, wenn auch der Untertitel *Nach Alessandro Manzoni* einen direkten Hinweis gibt und das Motto der Szene Manzonis poetologische Selbstverpflichtung zur Unparteilichkeit übernimmt: „Vergin di servo encomio | E di codardo oltraggio“.[336] Hugo Blank widmet den deutschen Übersetzungen von Manzonis Ode zwar eine ausführliche Studie, erwähnt aber Chamissos originelle Dramatisierung nur am Rande. Blanks Aussage, daß „der Text der Szene [...] mit Manzoni nichts mehr zu tun“ hat, soll im folgenden widerlegt werden.[337] Die germanistische und komparatistische Forschung hat sich zwar gelegentlich Chamissos literarischen Übersetzungen zugewandt, dabei sich aber auf die Béranger-Übertragungen konzentriert.[338] Chamissos Auseinandersetzung mit Manzoni ist bisher unbeachtet geblieben.

Chamissos dramatische Szene im ungewöhnlichen jambischen, reimlosen Sechsheber zerfällt in drei Abschnitte. Die rahmenden Teile zeigen den sterbenden Napoleon auf St. Helena in Longwood, umgeben von General Montholon und Antommarchi, seinem Arzt. Ebenfalls anwesend, aber stumm sind General Bertrand mit seiner Frau und sechs Kindern, der Abt Vignali und der Kammerdiener Marchand mit sechs Bedienten und zwei englischen Offizieren. Diese Personnage entspricht den zeitgenössischen Berichten von Napoleons Tod, auf die Chamissos 1827

---

[336] Adelbert von Chamisso: Der Tod Napoleons. Nach Alessandro Manzoni, in: Ders.: Sämtliche Werke in zwei Bänden. Nach dem Text der Ausgaben letzter Hand und den Handschriften. Textredaktion Jost Perfahl. Bibliographie und Anmerkungen v. Volker Hoffmann, Bd. 1. München 1975, S. 497–499.

[337] Hugo Blank: Manzonis Napoleon-Ode in deutschen Übersetzungen (Anm. 277), S. 38.

[338] Werner Feudel: Chamisso als Mittler zwischen französischer und deutscher Literatur, in: Weimarer Beiträge 32 (1986), S. 753–765. Edward Mornin: Zur Behandlung fremdsprachiger Stoffe in den Gedichten Adelbert von Chamissos, in: Begegnung mit dem „Fremden“. Grenzen – Traditionen – Vergleiche. Akten des VIII. Internationalen Germanistenkongresses Tokyo 1990, hg. v. Eijiro Iwasaki, Bd. 10, München 1991, S. 15–22. Dietmar Rieger: Die Nachtigall mit der Adlerklaue (Anm. 271).

entstandener Text schon in reichem Maß zurückgreifen konnte.[339] Auch die Worte, die Chamisso Napoleon sprechen läßt, sind den zeitgenössischen Berichten entnommen. Bevor Napoleon am 5. Mai 1821 um 17.49 Uhr verstarb, soll er nach Montholon gemurmelt haben: „France, armée, tête d'armée, Joséphine", ein englischer Offizier überliefert: „Mon fils, la tête de l'armée, France". Nach Bertrand waren die letzten Worte: „qui recule, à la tête de l'armée", und Antommarchi berichtet lediglich: „tête ... armée". Marchand erinnert: „France ... mon fils ... armée".[340] Chamisso greift die verschiedenen Motive auf, kompiliert und läßt den sterbenden Napoleon sprechen: „Mein Heer! [...] Dem Adler folgt und mir; hinan! [...] Mein Frankreich grüßt und ... meinen Sohn."[341]

Die Mittelszene Chamissos wechselt aus der Realität St. Helenas in einen allegorischen Raum. Napoleon schickt das Gefolge weg, und ihm erscheinen in einer Sterbevision Europa, Geschichte und Poesie *in personam*. Sie tragen in verteilten Rollen Fragmente aus Manzonis Ode vor. Europa spricht zuerst und klagt Napoleon an, nicht für Frieden und Freiheit gekämpft zu haben:

> Es rangen zwei Weltalter um die Herrschaft, du
> Stiegst auf, du Schicksalsmächtiger, da war es still;
> Nicht Friede; schweigsam lagen sie zu Füßen dir;
> Du Franklin nicht, nicht Washington, du hast gebaut
> Vergänglich für die trunkne Lust des Augenblicks.[342]

Der Bezug zur neunten Strophe von Manzonis Ode ist deutlich: „Es rangen zwei Weltalter um die Herrschaft" übersetzt „due secoli, | L'un contro l'altro armato" (V. 49f.). Chamissos „Da war es still" überträgt „Ei fe'

---

[339] 1823 war Las Cases *Mémorial de Sainte-Hélène* erschienen und sollte einer der größten Bucherfolge des 19. Jahrhunderts werden. [Emmanuel Auguste Dieudonné Marius Joseph de Las Cases:] Le Mémorial de Sainte-Hélène. Première Édition intégrale et critique, établie et annotée par Marcel Dunan. 2 Bde. Paris 1983. Ebenfalls greifbar für Chamisso war: [Franceso Antommarchi:] Memoiren des F. Antommarchi oder die letzten Augenblicke Napoleons. Stuttgart, Tübingen 1825. [Charles Jean François Tristan de Montholon:] Mémoires pour servir à l'histoire de France, sous Napoléon. Écrits à Sainte-Hélène [sous sa dictée], par les généraux qui ont partagé sa captivité, et publiés sur les Manuscrits entièrement corrigés de la main de Napoléon. Paris 1823–25. Barry E. O'Meara: Napoléon en Exil ou l'écho de Ste.-Hélène. Paris 1824. Später erst veröffentlicht wurde [Henri Gratien Bertrand:] Cahiers de Sainte-Hélène. Journal du Général Bertrand. Manuscrit déchiffré et annoté par Paul Fleuriot de Langle. 2 Bde. Paris 1949–51.

[340] Vgl. die Nachweise bei Gérard Gengembre: Napoléon (Anm. 240), S. 98. Jean Tulard: Napoleon oder der Mythos des Retters (Anm. 12), S. 504.

[341] Adelbert von Chamisso: Der Tod Napoleons (Anm. 336), S. 498.

[342] Adelbert von Chamisso: Der Tod Napoleons (Anm. 336), S. 498.

silenzio" (V. 53). Die Apostrophe „du Schicksalsmächtiger" spielt auf das „Come aspettando il fato" (V. 52) an und greift die Antonomasie des „uom fatale" (V. 8) der zweiten Strophe auf. Aber im Unterschied zu Manzonis lyrischem Ich distanziert sich Chamissos Europa von Napoleon. Während Manzonis Napoleon zum Schiedsrichter („arbitro" [V. 53]) über die Zeitalter erhoben wird, klagt Europa Napoleons mangelnden Idealismus an. Die Ellipse „Nicht Friede" verhärtet Napoleons Herrschaft zu einem tyrannischen, auf Angst basierendem, kriegstreibenden System, das nicht Frieden, sondern lediglich Stille geschaffen hat. Napoleons Herrschaft wird mit der Epanalepse „Du Franklin nicht, nicht Washington" negativ von einer demokratischen Republik abgesetzt. Washington als einen Gegen-Napoleon aufzubauen, hatte schon Lord Byron in seiner *Ode to Napoleon* (1814) versucht.[343] Auf St. Helena bemühte sich Napoleon, sich retrospektiv als einen gekrönten Washington zu stilisieren und damit die monarchischen Tendenzen in einer republikanischen Rhetorik zu verharmlosen.[344] Insgesamt läßt Chamisso seine Europa-Allegorie so zwar Manzoni zitieren, aber deutlich zu einer Napoleon-Kritik variieren. Bitter seufzt Europa auf: „O hättest Freiheit du geschafft nach deiner Macht, | Noch ständen aufrecht deine Bilder".[345]

Als zweite allegorische Gestalt spricht die Geschichte. Sie scheint eher Grillparzers Epigonenbewußtsein zu formulieren als Manzonis rühmende Verse. Das Mittelmaß der nachnapoleonischen Zeit wird in den Blick genommen: „Standbilder eines Mannes stürzen Knaben um, | Umsonst bemüht, zu tilgen meines Griffels Spur | Zukünft'gem Alter, schwerem Urteil aufbewahrt."[346] Napoleons Größe und die Mediokrität seiner

---

[343] Die „additional Stanzas" der *Ode to Napoleon* suchen nach einer Ersatzgröße angesichts von Napoleons Ende und finden es in Washington:

> Where may the waried eye repose
> When gazing on the Great;
> Where neither gulity glory glows,
> Nor despicable state?
> Yes–once–the first–the last–the best–
> The Cincinnatus of the West,
> Whom envy dared not hate
> Bequeath'd the name of Washington
> To make man blush there was but one!

George Gordon Noel Lord Byron: Ode to Napoleon (Anm. 238), S. 266.

[344] Im *Mémorial de Sainte-Hélène* läßt Las Cases Napoleon sich retrospektiv als einen „Washington couronné" bezeichnen.

[345] Adelbert von Chamisso: Der Tod Napoleons (Anm. 336), S. 499.

[346] Adelbert von Chamisso: Der Tod Napoleons (Anm. 336), S. 499.

Nachfolger wird über die Metapher des Lebensalters illustriert. Dem „Mann“ Napoleon folgen die „Knaben“ der Restauration. Daß mit den „Standbildern“ der unmittelbaren Nachvergangenheit Napoleon aber nicht aus dem kollektiven Gedächtnis verschwindet, betont die allegorische Figur der Geschichte, indem sie das abschließende historische Urteil über Napoleon späteren Generationen auferlegt.

Zuletzt wendet sich die allegorische Gestalt der Poesie an den sterbenden Napoleon. Im Unterschied zur anklagenden Europa und zu der das abschließende Urteil vertagenden Geschichte stimmt die Poesie ein Loblied auf Napoleon an und tut dies mit Manzonis Worten:

> Zu schmähn, zu schmeicheln haben Knechte nur vermocht;
> Jungfräulich deines Namens ist annoch mein Mund,
> Hinfort geweiht zu ewigem Gesang, mein Held![347]

Chamissos Figur der Poesie distanziert sich von der Napoleon-Dichtung zu dessen Lebzeiten, wie dies Manzonis lyrisches Ich tat: „Vergin di servo encomio | E di codardo oltraggio“ (V. 19f.). Wie Manzoni einen „cantico | che forse non morrà“ (V. 23f.) anstimmen will, setzt Chamissos Poesie zu einem „ewigem Gesang“ an. Chamisso spitzt die rühmende Absicht gegenüber Manzoni aber noch zu, indem er die Poesie apostrophierend hinzufügen läßt „mein Held“.

Am Ende dieses allegorischen Intermezzos stirbt Napoleon, die Allegorien verschwinden, und Antommarchi ruft Montholon und seinem Gefolge unmittelbar nach Napoleons Verscheiden zu: „Weint! Das war er!“, was vielleicht die beste Übersetzung von Manzonis „Ei fu“ sein mag, weil hier die Unvermitteltheit des Passato remoto durch die dramatische Einbindung in die Sterbeszene Napoleons greifbar wird. Der deiktische Gestus („Das war er!“) verweist auf den Leichnam des eben noch Lebendigen. Körperlich noch anwesend, ist er schon Teil der Geschichte.

Manzonis Ode und seine deutschen Übersetzungen markieren den Schlußpunkt der Napoleon-Dichtung zu Lebzeiten. Deutlich distanziert sich Manzoni von den parteilichen „mille voci“ (V. 17), die vor 1821 in opportunistischer Abwehr oder schmeichelnder Absicht Napoleon literarisiert hätten. Grillparzer ließ die verschiedenen mythischen Muster, die Napoleon zu Lebzeiten angepaßt worden waren, in seinem Gedicht noch einmal Revue passieren, um sie aber dann als unpassend zu verabschieden. In Manzonis Ode gibt es ebenfalls nicht mehr diese mythischen Vergleiche als prophetische Hilfe oder hermeneutische Muster.

---

[347] Adelbert von Chamisso: Der Tod Napoleons (Anm. 336), S. 499.

Am Ende seines Lebens ist Napoleon selbst zu einem mythischen Muster geworden, das keiner erläuternden Vergleiche mehr bedarf. Manzoni bemüht sich, diesen neuen säkularen Mythos in ein christliches Weltbild einzupassen.

Während die Dichtung zu Lebzeiten versuchte, Napoleon mit Prometheus oder Attila zu vergleichen, um Napoleon zu erklären und mythisch zu entschlüsseln, wird die Dichtung des 19. und 20. Jahrhunderts immer öfter Napoleon bedichten, um damit ein zeitgenössisches Phänomen zu deuten. Napoleon wird so selbst zu einem hermeneutischen Muster und mythischen Schlüssel, wenn etwa Arnolt Bronnen in seinem Drama *N* (1935) zwar über Napoleon schreibt, aber Hitler meint.

II.
Erinnerte Größe in kleinen Zeiten
Napoleon in der deutschen Literatur
des 19. Jahrhunderts

„Toujours lui! Lui partout!“[1] Mit diesem Ausruf beschrieb Victor Hugo 1829 die poetische Allgegenwart Napoleons im frühen 19. Jahrhundert. Hugos Urteil trifft nicht nur auf die französische, sondern allgemein auf die europäische und so auch die deutsche Literatur des 19. Jahrhunderts zu. Heinrich Heine schilderte in *Deutschland. Ein Wintermärchen* die Bestattung Napoleons im Invalidendom 1840 als gespenstisches Erinnerungsritual an längst irreal gewordene Größe: „Die Menschen schauten so geisterhaft | In alter Erinnrung verloren – | Der imperiale Märchentraum | War wieder heraufbeschworen.“[2] Der *Retour des cendres* von St. Helena nach Europa vollzieht material eine längst verwirklichte Erinnerungsentwicklung nach:

Noch als Napoleon zwischen 1821 und 1840 auf St. Helena im fernen Atlantik begraben lag, arbeitete die europäische Literatur bereits stetig an seinem gegenwärtigen Mythos: Eine wahre Memoirenflut überschwemmte nach 1821 die europäische Literaturwelt. Das von Las Cases 1823 publizierte *Mémorial de Sainte-Hélène*, mit den politischen Bekenntnissen Napoleons, wurde zu einem der größten Bucherfolge des 19. Jahrhunderts. Napoleon stilisierte sich im *Mémorial* nachträglich zum großen Liberalen und gab damit dem deutschen Vormärz Argumente in die Hand, wie man mit Napoleon gegen die Restauration und für den Liberalismus optieren konnte.[3] Die Erinnerungen der letzten Begleiter Napoleons auf St. Helena (Antommarchi, Bertrand, Lowe, Maitland,

---

[1] Victor Hugo: Lui (1829), in: Ders.: Poésie I. Présentation et notes de Bernard Leuilliot. Paris 1972, S. 256.

[2] Heinrich Heine: Deutschland. Ein Wintermärchen, in: Ders.: Historisch-Kritische Gesamtausgabe der Werke, hg. v. Manfred Windfuhr, Bd. 4 bearbeitet v. Winfried Woesler. Hamburg 1985, S. 111.

[3] [Emmanuel Auguste Dieudonné Marius Joseph de Las Cases:] Le Mémorial de Sainte-Hélène. Première Édition intégrale et critique. Établie et annotée par Marck Dunan. 2 Bde., Paris 1983. Vgl. Didier Le Gall: Napoléon et le Mémorial de Sainte-Hélène. Analyse d'un disours. Paris 2003. Jean Tulard: Napoleon oder der Mythos

Montholon, O'Meara) avancierten ebenfalls zu Bestsellern.[4] Diese Texte fundieren den Mythos Napoleons im 19. Jahrhundert und bieten das Material zu einer christologisch überformten Märtyrergeschichte und politischen Legende vom Retter der Nation und der Revolution.[5] Für die deutsche Literatur werden neben dem *Mémorial* von Las Cases vor allem Ségurs Beschreibung des Rußlandfeldzugs und Walter Scotts Napoleon-Biographie zu maßgeblichen Erinnerungsbüchern.[6] Die Legende vom volkstümlichen Kaiser, wie sie Bérangers Lyrik popularisiert, findet über Chamissos Übersetzungen ebenfalls Eingang in die deutsche Literatur und begründet sowohl Napoleon als Vorbildfigur des Liberalismus als auch als populären Volkskaiser im grauen Mantel und „welthistorischem Hütchen".[7] Vermittelt über Nietzsche wirkte Stendhals postum erschienene *Vie de Napoléon* (1876) im späten 19. Jahrhundert auch verstärkt in Deutschland. Von Stendhal übernehmen auch deutsche Texte gern die Zweiteilung von Napoleons Biographie in eine idealistische Frühphase

---

des Retters. Eine Biographie. Aus dem Französischen v. Caroline Vollmann. Tübingen 1978, S. 506.

4 [Francesco Antommarchi:] Memoiren des F. Antommarchi oder die letzten Augenblicke Napoleons. Stuttgart, Tübingen 1825. [Henri Gratien Bertrand:] Cahiers de Sainte-Hélène. Journal du Général Bertrand. Manuscrit déchiffré et annoté par Paul Fleuriot de Langle. 2 Bde., Paris 1949–1951. [Hudson Lowe:] Mémorial de Hudson Lowe rélatif à la captivité de Napoléon à Sainte-Hélène. Paris 1830. [Frederick Lewis Maitland:] Narrative of the surrender of Buonaparte and of his residence on board H. M. S. Bellerophon. With a detail of the principal events that occures in that ship between the 24th of the May and 18th of the August, 1815. London 1826. [Charles Jean François Tristan de Montholon:] Mémoires pour servir à l'histoire de France, sous Napoléon. Écrits à Sainte-Hélène [sous sa dictée], par les généraux qui ont partagé sa captivité, et publiés sur les Manuscrits entièrement corrigés de la main de Napoléon. Paris 1823–1825. Barry E. O'Meara: Napoleón en exil ou l'écho de Ste.-Hélène. Paris 1824. Auch Weggefährten aus früheren Lebensabschnitten legten ihre Memoiren vor, etwa [Jean Rapp:] Mémoires du Général Rapp. Aide-de-camp de Napoléon. Écrits par lui–même et publiés par sa famille. Paris 1823.

5 Vgl. Sudhir Hazareesingh: The Legend of Napoleon. London 2004. Johannes Willms: Napoleon. Verbannung und Verklärung. München 2000. Natalie Petiteau: Napoléon. De la mythologie à l'histoire. Paris 1999. Philippe Gonnard: Les origines de la légende napoléonienne. L'œuvre historique de Napoléon à Sainte-Hélène. Genève 1976. Jules Dechamps: Sur la légende de Napoléon. Paris 1931. Jules Garsou: Les créateurs de la légende napoléonienne. Paris 1899.

6 Walter Scott: The Life of Napoleon Bonaparte, emperor of the French, with a preliminary view of the French Revolution, in nine volumes. Paris 1827. [Paul Philipp de Ségur:] Histoire de Napoléon et de la grande armée pendant l'année 1812, par le Comte de Ségur. Paris 1824.

7 Bei den Zeitungen widmen sich besonders die liberalen südwestdeutschen Blätter *(Mainzer Zeitung, Rheinische Blätter, Frankfurter Journal)* dem Thema Napoleon.

und eine Spätphase, die von Selbstüberhebung und cäsaristischem Verrat an den Idealen von ehedem gekennzeichnet ist.

„In alter Erinnrung verloren", setzt sich die deutsche Literatur im 19. Jahrhundert mit dem Mythos Napoleon auseinander, und sie tut dies kaum noch in nationaler Opposition. Napoleon wird in epigonalen Zeiten zur Chiffre für Größe schlechthin und fungiert oft als kontrapräsentischer Stellvertreter in einer Zeit der Lücke.[8] Als in Frankreich schließlich Napoleon III. auf der politischen Bühne erscheint, ruft *Napoléon le Petit*, wie Victor Hugo ihn abkanzelt, nur um so stärker die unerreichte Größe Napoleon I. in Erinnerung. Karl Marx spottet über den *18. Brumaire des Louis Bonaparte*, daß sich hier das Diktum beweise, daß alle großen Ereignisse der Weltgeschichte zweimal eintreten, zuerst als Tragödie und dann als Farce.[9] Zu analysieren, ob dieser Napoleon I. wirklich so groß und die eigene Zeit des 19. Jahrhunderts wirklich so klein ist, interessiert die Literatur nicht vorrangig. Sie ästhetisiert subjektive Wahrnehmungen, für die eine Sehnsucht nach erinnerter Größe und das Gefühl der eigenen Winzigkeit und Zerrissenheit konstitutiv sind. Jakob Burckhardts Sentenz, „Größe ist, was wir nicht sind"[10], kann als Leitsatz über der deutschen Napoleon-Literatur des 19. Jahrhunderts stehen.

Lange Zeit hat die deutsche Germanistik (des späten 19. und frühen 20. Jahrhunderts) die Begeisterung der deutschen Literatur für Napoleon nicht nur skeptisch als nationale Unzuverlässigkeit beäugt, sondern in manchen Fällen geradezu strategisch vernachlässigt. Die enthusiastische Erinnerung an Napoleon in der deutschen Literatur fand nur in einzelnen Fallstudien Beachtung, die es immer für nötig erachteten, ihr als exotisch und apart empfundenes Thema zu legitimieren.[11] Heinrich Heines Napoleon-Enthusiasmus wurde so zu einem literaturgeschichtlichen

---

[8] Während der Rheinkrise 1840 flaute die Emphase zwar vorübergehend ab und wich (vor allem in der politischen Rheinlyrik) national aggressiveren Tönen, aber die gleichzeitige Ergriffenheit angesichts des *Retour des cendres* relativiert auch wieder diese Gegenposition.

[9] Karl Marx: Der 18. Brumaire des Louis Bonaparte. Nachwort v. Herbert Marcuse. Frankfurt a.M. 1965. Hierzu vgl. Terrell Carver: Marx' „Eighteenth Brumaire of Louis Bonaparte". Democracy, Dictatorship, and the Politics of Class Struggle, in: Dictatorship in History and Theory. Bonapartism, Caesarism, and Totalitarism, hg. v. Peter Baehr u. Melvin Richter. Cambirdge 2004, S. 103–127.

[10] Jakob Burckhardt: Weltgeschichtliche Betrachtungen. Erläuterte Ausgabe hg. v. Rudolf Marx. Stuttgart 1978, S. 209.

[11] Vgl. etwa exemplarisch Eduard Niemeyer: Die Schwärmerei für Napoleon in der deutschen Dichtung, in: Archiv für Litteraturgeschichte 4 (1875), S. 507–517. Carl von Reinhardstoettner: Napoleon I. in der zeitgenössischen Dichtung, in: Ders.: Aufsätze und Abhandlungen, vornehmlich zur Litteraturgeschichte. Berlin 1887, S. 71–

Ausnahmefall deklariert, der er nie gewesen ist. Die Germanistik des späten 20. Jahrhunderts hat sich zwar in vereinzelten panoramatischen Studien der napoleonischen Gestalt in der deutschen Literatur bis 1830 gewidmet,[12] auch an Einzelstudien zu Heine, Grabbe und Hauff fehlt es nicht,[13] aber eine zusammenhängende Analyse über die 1840er Jahre hinaus liegt bisher nicht vor.[14]

Im folgenden soll daher die Auseinandersetzung mit Napoleon als eine Konstante der deutschen Literatur im 19. Jahrhundert sichtbar gemacht werden. Napoleon wird zum identifikatorischen Dichter-Mythos erhoben und zum Prototyp des selbstschöpferischen Genies erklärt, der sich seine eigenen Traditionen schafft. Mit Napoleon macht der Vormärz rhetorisch gegen die Restauration mobil, und der Bonapartismus begeistert sich ausgehend von Napoleons Reich für den Typus der traditionslosen Einherrschaft nach der Ablösung der Erbmonarchie.[15] Aber der literarische Bezug auf Napoleon erschöpft sich so gut wie nie in der politischen Agitation.[16] Die Begeisterung für den Ausnahmemenschen in mittelmäßiger Umgebung und das Gedenken an den Helden schlechthin übersteigt meist das konkrete politische Interesse und trägt oft kontemplative Züge. Viele Napoleon-Texte tragen in sich die Zerrissenheit der Zeit aus und formen Napoleon gleichzeitig sowohl als Bannerträger des politi-

---

109. Carl Voretzsch: Gaudys Kaiserlieder und die Napoleondichtung, in: Preußische Jahrbücher 95 (1899), S. 412–496.

[12] Jost Hermand: Napoleon im Biedermeier, in: Ders.: Von Mainz nach Weimar (1793–1919). Studien zur deutschen Literatur. Stuttgart 1969, S. 99–128. Paul Michael Lützeler: Napoleon-Legenden von Hölderlin bis Chateaubriand (1798–1848), in: Ders.: Geschichte in der Literatur. Studien zu Werken von Lessing bis Hebbel. München, Zürich 1987, S. 264–299. Ders.: The Image of Napoleon in European Romanticism, in: European Romanticism. Literary cross-currents, modes, and models, ed. by Gerhart Hoffmeister. Detroit 1990, S. 211–228. Wulf Wülfing: „Heiland" und „Höllensohn". Zum Napoleon-Mythos in Deutschland im 19. Jahrhundert, in: Mythos und Nation. Studien zur Entwicklung kollektiven Bewußtseins in der Neuzeit, hg. v. Helmut Berding. Frankfurt a. M. 1996, S. 164–184.

[13] Die Forschungen zu Heine, Grabbe und Hauff werden in den jeweiligen Kapiteln gewürdigt.

[14] Milian Schömanns schmale Arbeit genügt nicht mehr heutigen wissenschaftlichen Ansprüchen, wie bereits zuvor schon dargelegt (Milian Schömann: Napoleon in der deutschen Literatur. Berlin und Leipzig 1930).

[15] Zum Bonapartismus vgl. T. C. W. Blanning: The Bonapartes and Germany, in: Dictatorship in history and theory (Anm. 9), S. 53–66. Manfred Wüstemeyer: Demokratische Diktatur. Zum politischen System des Bonapartismus im Zweiten Empire. Köln 1986.

[16] Diese Vielgestaltigkeit des Mythos ermöglicht auch seine Langlebigkeit. Einzelne Bedeutungskomponenten können abgespalten werden, ohne den Mythos im ganzen zu demontieren.

schen Liberalismus als auch als Chiffre romantischer Sehnsucht aus. Die Rhein-Krise ruft 1840 zwar in der politischen Lyrik wieder napoleonkritische Töne hervor, und in mythenkonkurrierender Absicht werden deutsche Namen (wie Ulrich von Hutten) gegen Napoleon ins Spiel gebracht.[17] Aber jenseits dieser Baisse des Mythos im Hinblick auf die nationale Identitätsstiftung bleibt Napoleon weiterhin Thema und Problem der Dichtung als Gegengröße zum ästhetischen Epigonentum. Er fungiert weiterhin als poetologische Sonde, mit der die Literatur ihre subjektiv empfundene Unzulänglichkeit analysiert. Diese Persistenz einer affirmativen deutschen Napoleon-Literatur über die Epochenschwelle von 1848 hinaus ist bisher in der Forschung nicht berücksichtigt worden.

Napoleon wird im 19. Jahrhundert zum deutschen Erinnerungsort. Etienne François und Hagen Schulze haben in ihrem mehrbändigen Sammelwerk *Deutsche Erinnerungsorte* Napoleon dementsprechend ein Kapitel gewidmet.[18] Unter einem Erinnerungsort verstehen sie „langlebige, Generationen überdauernde Kristallisationspunkte kollektiver Erinnerung und Identität, die in gesellschaftliche, kulturelle und politische Üblichkeiten eingebunden sind und die sich in dem Maße verändern, in dem sich die Weise ihrer Wahrnehmung, Aneignung, Anwendung und Übertragung verändert."[19] In Anlehnung an Pierre Noras *lieux de mémoire* verstehen François und Schulze unter einem Erinnerungsort sowohl in einem materialen Sinn Denkmäler und Gedenkstätten, aber eben auch in einem symbolischen Sinn Feste, Embleme und Zeichen, sowie historische Figuren als auch traditionsbegründende Texte.[20]

Das besondere an Napoleon als spezifisch *deutschem* Erinnerungsort ist es, daß er sich nicht so sehr aus spezifisch staatlich lancierter Erinnerungspolitik herausbildet. So sehr die antinapoleonische Publizistik der Dichter in den Befreiungskriegen politisch als Propaganda gefördert wurde, so sehr verringert sich das politische Interesse in Deutschland an einer spezifisch nationalen Position zu Napoleon im 19. Jahrhundert. Be-

---

[17] Vgl. hierzu die Analyse am Ende des Kapitels II. 2 *(Wallfahrten und Wiedergänger. Platen, Immermann, Zedlitz und Gaudy am Grab auf St. Helena)*.

[18] Hagen Schulze: Napoleon, in: Ders., Etienne François (Hrsg.): Deutsche Erinnerungsorte. München 2001, Bd. 2, S. 23–46.

[19] Etienne François, Hagen Schulze: Einleitung, in: Dies. (Hrsg.): Deutsche Erinnerungsorte (Anm. 18), Bd. 1, S. 9–24, hier S. 18.

[20] Zu den Unterschieden zwischen Schulzes und Etiennes „Erinnerungsorten" und Noras „lieux de mémoire" vgl. Etienne François, Hagen Schulze: Einleitung (Anm. 19). Pierre Nora: Zwischen Geschichte und Gedächtnis. Aus dem Französischen v. Wolfgang Kaiser. Berlin 1990.

denklich schaut die Restauration noch auf revolutionäre Indienstnahmen Napoleons im Vormärz, und einige Napoleon-Enthusiasten wie Heinrich Heine oder Ernst Ortlepp fürchten dementsprechend zu Recht die Zensur. Preußische Schulbücher stellen Napoleon weiterhin als Schrecken der Ordnung dar. Aber nach 1848 geht das Bedürfnis nach einer staatlichen Reglementierung der Erinnerung an Napoleon deutlich zurück. Versuche nach 1870, Bismarck rhetorisch zu einem deutschen Gegen-Napoleon aufzubauen, bleiben vereinzelt.[21]

Napoleon als *deutscher* Erinnerungsort findet sich so eben nicht in öffentlichen Denkmälern oder Feiertagen repräsentiert,[22] denn da gehört er als historischer Kriegsgegner nicht hin. Gleichwohl ist der Haß nicht so stark, daß sich Napoleon als nationales Feindbild im kulturellen Gedächtnis festschreiben würde, dem antinapoleonische Denkmäler und Feiertage gewidmet würden.[23] Als (durch Feindschaft) nationale Identität stiftender politischer Mythos nimmt die Erinnerung an Napoleon an Bedeutung ab.[24] Eher läßt sich das Bestreben beobachten, aus preußisch-nationalem Interesse heraus Napoleon als politischen Mythos durch preußische Regenten zu ersetzen. Friedrich der Große und Luise von Preußen treten in eine nationale Mythen-Konkurrenz zu Napoleon, und im Luisen-Kult lassen sich Tendenzen sichtbar machen, den Napoleon-Mythos abzulösen.[25] Das literarische *Vaterland der Feinde* (Jeismann) schließt sich vor 1870 nicht mehr in einem negativ-integrativen Nationalismus gegen Napoleon zusammen, und es zollt nach dem deutschen Einigungsprozeß Napoleon als unfreiwilligem Nationalismus-Erwecker (in den Befreiungskriegen) eher zurückhaltenden Respekt als Haß.[26] Dabei ist hier durchaus ein Unterschied zwischen der fiktionalen Literatur und

---

[21] Vgl. hierzu Rolf Parr: „Zwei Seelen wohnen, ach! In meiner Brust". Strukturen und Funktionen der Mythisierung Bismarcks (1860–1918). München 1992.

[22] Zu solchen Medialisierungen des Erinnerns vgl.: Inszenierungen des Erinnerns, hg. v. Erika Fischer-Lichte u. Gertrud Lehnert. Berlin 2000.

[23] Schlachtentage, wie die der Völkerschlacht bei Leipzig, beschworen sehr viel mehr die nationale Einheit, als daß sie nachträglich einen antinapoleonischen Haß schürten.

[24] Zum nationale Identität stiftenden politischen Mythos vgl. Andreas Dörner: Politischer Mythos und symbolische Politik. Sinnstiftung durch symbolische Formen am Beispiel des Hermannsmythos. Opladen 1995.

[25] Vgl. Wulf Wülfing, Karin Bruns, Rolf Parr: Historische Mythologie der Deutschen 1798–1918. München 1991. Wulf Wülfing: Luise gegen Napoleon, Napoleon gegen Barbarossa. Zu einigen Positionen Heines in einem Jahrhundert der Mythenkonkurrenzen, in: Aufklärung und Skepsis. Internationaler Heine-Kongreß 1997 zum 200. Geburtstag, hg. v. Joseph A. Kruse, Bernd Witte u. Karin Füllner. Weimar 1998, S. 395–407.

[26] Vgl. dazu die Analyse in Kapitel II. 6 *(Schlachtengetöse und Sentimentalitäten.*

der borussisch-kleindeutschen Geschichtsschreibung festzustellen, die allerdings Napoleon als korsischen Aufrührer, antiabsolutistischen Unruhestifter und französischen Nationalfeind darstellt.[27]

So wird die affirmative Erinnerung an Napoleon im Deutschland des 19. Jahrhunderts nach dem ‚Aussterben' napoleonbegeisterter Veteranenvereine Sache der Kunst und ist dementsprechend vor allem eine bildungsbürgerliche Angelegenheit.[28] Die Literatur transportiert Napoleon aus dem kommunikativen Gedächtnis an dem staatlich offiziellen Desinteresse vorbei in das kulturelle Gedächtnis der Deutschen.[29] Die fiktionale Literatur ist im Falle Napoleons als deutscher Erinnerungsort in der zweiten Häfte des 19. Jahrhunderts nicht mehr nur ein Medium unter vielen für die Konstituierung des kulturellen Gedächtnisses an Napoleon, sondern ihr eigentlicher Ort.

Im frühen 19. Jahrhundert, der Zeit der Restauration und des Vormärz zwischen 1821 und 1848, spielen die Napoleon-Texte zumeist in der Gegenwart und präsentieren Erinnerungen an Napoleon und postume Wirkungen Napoleons auf die Gegenwart. So widmen sich die ersten drei Kapitel Texten, in denen gegenwärtige Vermittlerfiguren (Figuren, Erzähler oder ein lyrisches Ich) die napoleonlose Gegenwart mit der Erinnerung an Napoleon verbinden. In der Konfrontation der als mickrig empfundenen Gegenwart mit der groß erinnerten Vergangenheit insze-

---

Ausdifferenzierungen historischen Dichtens zwischen Vormärz und Realismus bei Rellstab, Stolle, Scherenberg und Griepenkerl).

[27] Vgl. etwa Heinrich von Treitschke: Frankreichs Staatsleben und der Bonapartismus. Das erste Kaiserreich, in: Ders.: Historische und politische Aufsätze, Bd. 3: Freiheit und Königthum. Leipzig ^{6}1903, S. 43–113. Weitere Hinweise auf Heinrich von Sybel und Ludwig Häußer bei Schulze: Napoleon (Anm. 18). Nach 1890 allerdings verschiebt sich außenpolitisch die deutsch-nationale Frontstellung von Frankreich auf England, und dies erlaubt neue Identifikationsmöglichkeiten mit Napoleon als Gegner und Opfer Englands. Viele St.-Helena-Dramen nach 1890 rechnen daher auch scharf mit den Engländern als „Gefängniswärtern" Napoleons ab.

[28] Zu den Veteranenvereinen vgl. Hagen Schulze: Napoleon (Anm. 18). Walther Klein: Der Napoleonkult in der Pfalz. München, Berlin 1943.

[29] Vgl. Jan Assmann: Das kulturelle Gedächtnis. Schrift, Erinnerung und politische Identität in frühen Hochkulturen. München 1992. Für Jan Assmann entsteht das kommunikative Gedächtnis vor allem durch mündliche Alltagsinteraktion. Es hat die Geschichtserfahrung der Zeitgenossen zum Inhalt und beschränkt sich daher auf einen begrenzten, „mitwandernden" Zeithorizont von 80–100 Jahren. Das kulturelle Gedächtnis hingegen ist an feste Objektivationen gebunden, ist gestiftet und zeremonialisiert und greift weit über den Zeitraum des kommunikativen Gedächtnisses hinaus. Vgl. auch Astrid Erll: Kollektives Gedächtnis und Erinnerungskulturen, in: Konzepte der Kulturwissenschaften. Theoretische Grundlagen – Ansätze – Perspektiven, hg. v. Ansgar Nünning u. Vera Nünning. Stuttgart, Weimar 2003, S. 156–185, hier S. 171 f.

nieren diese Texte an Napoleon das Empfinden der eigenen Zerrissenheit. Im ersten Kapitel zu Wilhelm Hauff (II. 1) wird mit dem *Bild des Kaisers* eine Erzählung analysiert, die in den 1820er Jahren spielt und konkurrente Napoleon-Erinnerungen unterschiedlicher Generationen und Parteien verhandelt. Dabei wird mit der Erinnerung an Napoleon auch eine poetologische Ortsbestimmung verbunden. Über das Gedächtnis an Napoleon definiert Hauff seine kritische Stellung zur Romantik. Das zweite Kapitel setzt sich mit lyrischen Wallfahrten zum Grab auf St. Helena und mit Gespenster-Gedichten auseinander, in denen der Geist Napoleons mit der Gegenwart konfrontiert wird. Platen, Immermann, Zedlitz und Gaudy formen in ihren Wiedergänger-Texten romantische Sehnsüchte in unromantischen Zeiten aus (II. 2). Das dritte Kapitel gilt Heinrich Heines Auseinandersetzung mit Napoleon. Auch Heines Napoleon-Schriften sind Erinnerungstexte, in denen aus der restaurativen Gegenwart heraus Kindheitserinnerungen an Napoleon imaginiert werden. Im Unterschied zur Heine-Philologie wird hier besonders Wert darauf gelegt, Heines Napoleon-Mythos auch intertextuell als eine verspätete Auseinandersetzung mit der Befreiungskriegsliteratur zu begreifen (II. 3). In den Texten dieser ersten drei Kapitel wird nie nur die Vergangenheit für sich betrachtet, sondern überhaupt erst aus dem retrospektiven Blick der Gegenwart heraus selbstreflexiv konstruiert.

Mit Grabbes Napoleon-Drama ändert sich die Blickrichtung. Hier wird Vergangenheit als Gegenwart inszeniert. Textimmanent wird hier kein Bezug mehr zur Gegenwart der 1830er Jahre hergestellt.[30] Vermittlerfiguren zwischen Vergangenheit und Gegenwart gibt es nicht mehr, das Drama spielt in der napoleonischen Vergangenheit des Jahres 1815. Grabbe fragt in seinem Drama eindringlich nach dem Subjekt der Geschichte und erörtert an der Gestalt Napoleons die Frage, ob Geschichte einen Sinn hat und wer diesen wie herstellt. (II. 4) Ein kurzes Kapitel erläutert Hebbels Auseinandersetzung mit dem Napoleon-Stoff (in Konkurrenz zu Grabbe) als dramatischen Plan, der nie ausgeführt wurde. In der Konfrontation der Person Napoleons mit der anhebenden Massengesellschaft läßt sich sowohl der Grund für Hebbels Interesse als auch sein Abrücken von seinem ursprünglichen Plan finden (II. 5).

Ab 1850/60 läßt sich in Deutschland eine beeindruckende Zunahme an Napoleon-Dramen und Schlachten-Romanen beobachten, die nur noch zum geringen Teil als ‚anspruchsvolle Höhenkamm-Literatur' konzipiert sind und sich zum erheblichen Teil der Trivialliteratur öffnen. Mit Jan

---

[30] Gleichwohl lassen sich in Grabbes Drama natürlich versteckte Hinweise auf die Juli-Revolution immer wieder nachweisen.

Assmanns Theorie vom kulturellen Gedächtnis, nach der sich ungefähr 40 Jahre nach einem zu erinnernden Phänomen das Erinnern qualitativ verändert, weil die Generation der Zeitzeugen allmählich aus dem öffentlichen Leben abtritt,[31] läßt sich diese Verschiebung der Napoleon-Literatur ins Sentimentale und Triviale auch erklären mit einer neuen Schriftstellergeneration, die nicht mehr aus eigenem Erinnern an die napoleonische Zeit heraus schreibt, sondern der transgenerationellen, verschriftlichten Gedächtnisvermittlung bedarf. Sie inszenieren Unmittelbarkeit, um die gefühlte Distanz zu kompensieren. Das sechste Kapitel befaßt sich mit dieser Napoleon-Literatur der *poetae minores*, um exemplarisch zu analysieren, wie biographisch nicht mehr involvierte Autoren sich dem Napoleon-Stoff nähern und ihn geschlechtsspezifisch zu Abenteuerromanen für heranwachsende Jungen oder zu süßlichen Napoleon-Dramen zubereiten, die das Schablonenhafte nicht scheuen und bekannte Posen und Zitate zu einem historischen Bilderbogen zusammensetzen. Viele dieser Dramen lehnen sich dabei an Alexandre Dumas' Drama *Napoléon Bonaparte* (1831) an.[32] Auch wenn diese Texte oft aus einem nationalen Impuls heraus geschrieben sind, so erscheint in keiner dieser Schriften Napoleon als Haßobjekt. Selbst die konservativsten Beispiele (Scherenberg) zollen Napoleon als militärischem Strategen und unfreiwilligem deutschen Nationeneiniger Respekt (II. 6).

Jenseits einer solchen Nonchalance und fernab von jeglichem Nationalismus, sondern mit größtem Pathos und identifikatorischem Ernst widmet sich hingegen Nietzsche Napoleon. Sein kulturkritisches Napoleon-Bild wird zum Prätext fast aller deutscher Napoleon-Texte des frühen 20. Jahrhunderts. Daher wird Nietzsches Auffassung von Napoleon als „höherem Menschen" und spätzeitlichem Künstler-Tyrannen hier auch ein Kapitel gewidmet, obwohl es sich natürlich nicht um fiktionale Napoleon-Literatur im engeren Sinne handelt. (II. 7) Mit Nietzsche wird auch in der deutschen Napoleon-Literatur das Problem der Gewalt zum Thema, wie es in anderen Ländern von Tolstois *Krieg und Frieden* oder von Buchanans *The Drama of Kings* reflektiert wurde.[33] Unmittelbar deutlich wird diese nietzscheanische Napoleon-Rezeption dann in den postnaturalistischen Napoleon-Dramen von Karl Bleibtreu und Carl

[31] Vgl. Jan Assmann: Das kulturelle Gedächtnis (Anm. 29).

[32] Alexandre Dumas: Napoléon Bonaparte, ou trente ans de l'histoire. Paris 1831.

[33] Leo Tolstoi: Krieg und Frieden. Die Urfassung, aus dem Russischen v. Dorothea Trottenberg. Mit einem Nachwort v. Thomas Grob. Frankfurt a. M. 2003. Robert W. Buchanan: The Drama of Kings. London 1871. Auch die italienisch-katholische Literatur reflektierte Napoleon vom Thema der Gewalt her; vgl. Francesco Barbi Cinti: Napoleone Primo e Pio Settimo. Ferrara 1890.

Hauptmann, deren Analyse den Teil zur deutschen Napoleon-Literatur im 19. Jahrhundert beschließt. An der Figur Napoleons problematisieren diese Texte die naturalistische Auffassung von der Determiniertheit des Menschen durch *race, milieu* und *histoire* (II. 8).

1. Napoleonisches Kaleidoskop Romantik-Kritik und novellistische Ekphrasis in Wilhelm Hauffs Erzählung *Das Bild des Kaisers* (1827)

Im Frühjahr des Jahres 1827 rezensierte Wilhelm Hauff in den *Blättern für literarische Unterhaltung* Walter Scotts monumentale siebenbändige Biographie *The Life of Napoleon Bonaparte.*[34] Neben großem Lob verteilte Hauff auch deutliche Kritik, wenn er sich Scotts Darstellung von Napoleons Italienfeldzug widmete:

> Man sieht, Scott kann sich, während er die Sitten und Taten des republikanischen Obergenerals beschreibt, nicht von dem Gedanken entwöhnen, daß es der Kaiser der Franzosen, der Mann des Jahrhunderts sei, den er vor sich hat. Buonaparte stellte sich zwar gleich in diesem ersten Feldzug über Turenne, er stellte sich beinah an die Seite Friedrichs des Großen; aber er ist *Buonaparte* und nicht – *Napoleon.* (Mögen diese beiden Namen jenen feinen Unterschied bezeichnen, den in demselben Mann ein Zeitraum von zehn Jahren hervorbrachte!) W. Scott aber läßt Napoleon diesen ersten Feldzug in Italien machen, und das ist es, worin er gefehlt hat. Daher kömmt es, daß wir auf so viele Andeutungen, Hinweisungen, beinahe Prophezeiungen stoßen, womit der Historiker antizipierte, was erst lange nachher sich ausbildete; wir möchten sagen, der jugendliche Sieger von Italien würde uns größer erscheinen, würden wir nicht immer daran erinnert, daß er das Embryo seiner künftigen Größe sei.[35]

Hauff äußert hier seinen Unmut über Scotts verzerrende Anachronismen und sein teleologisches Raunen. Es ist für Hauff ebenso historiographisch unredlich wie literarisch enttäuschend, den Sieger des Italienfeldzuges bereits als kommenden Kaiser zu auratisieren. Das Problem,

---

[34] Gleichzeitig mit dem englischen Original kam die erste deutsche Übersetzung in der von den Brüdern Franckh in Stuttgart veranstalteten Gesamtausgabe von Scotts Werk heraus: [Walter Scott:] Leben von Napoleon Bonaparte, Kaiser von Frankreich, mit einer Übersicht der französischen Revolution. Von Walter Scott. Aus dem Englischen übersetzt von General J. v. Theobald. Stuttgart 1827. Diese Übersetzung lag Hauff in Aushängebögen noch vor Erscheinen vor. – Dieses Kapitel zu Hauff beleiht meine Studie: Barbara Beßlich: Napoleonisches Kaleidoskop. Interkulturalität, frührealistische Romantik-Kritik und Intermedialität in WilhelmHauffs Erzählung „Das Bild des Kaisers“ (1827), in: Arcadia 41 (2006), S. 29–49.

[35] Wilhelm Hauff: Napoleons Leben von Sir Walter Scott, in: Ders.: Sämtliche Werke, hg. v. Helmut Koopmann, Uwe Schweikert u. Sibylle von Steinsdorff, Bd. 3. München 1970, S. 197.

wie in den 1820er Jahren noch retrospektiv Unvoreingenommenheit für den Revolutionsgeneral Bonaparte rekonstruiert werden könnte, scheint Hauff in den folgenden Monaten nicht mehr losgelassen zu haben, in denen er an seiner Napoleon-Novelle *Das Bild des Kaisers* arbeitete. In dieser Novelle porträtiert eine Figur, Freiherr von Thierberg, noch Mitte der 1820er Jahre den „jugendliche[n] Sieger von Italien", ohne bereits den Kaiser Napoleon mitzudenken, denn er weiß gar nicht, daß der beeindruckende junge Offizier, den er am St. Bernhard kennenlernte, Napoleon Bonaparte gewesen war. So führt Hauff in der Fiktionalität spielerisch gegen Scott eine Möglichkeit vor, dem teleologischen Blick auf Bonapartes Biographie auszuweichen.

Wilhelm Hauffs Erzählung *Das Bild des Kaisers* erschien Ende 1827 in Cottas *Taschenbuch für Damen. Auf das Jahr 1828.* Hauff präsentierte ein napoleonisches Kaleidoskop, in dem die unterschiedlichsten Meinungen über Bonaparte nebeneinander gesetzt werden und zusammen ein multiperspektivisches Bild des Kaisers ergeben. Napoleon selbst tritt nur in einem kurzen Augenblick der Erinnerung einer Figur in Erscheinung. Es geht in Hauffs Napoleon-Novelle nicht so sehr um Napoleons Leben und Werk selbst, sondern bereits um die Legendenbildung und um Napoleons Wirkung auf das deutsche kulturelle Leben der 1820er Jahre. Unterschiedliche Napoleon-Mythisierungen treten in den Gesprächen der Figuren zueinander in Konkurrenz. Dabei werden persönliche Erinnerungen des kommunikativen Gedächtnisses mit offiziellen Deutungsmustern des kulturellen Gedächtnisses konfrontiert.

Hauff verarbeitete in seiner Novelle zum einen eigene Erfahrungen, die er als Erzieher im Haus des napoleonbegeisterten Kriegsratspräsidenten Ernst Eugen Freiherr von Hügel 1824 bis 1826 gemacht hatte.[36] Hügel, der als württembergischer Offizier an Napoleons Feldzügen teilgenommen hatte, stand Pate für die Figur des Generals von Willi in der Erzählung. Sein Gegenspieler, der Napoleon-Hasser Thierberg, hat sein außerliterarisches Vorbild im Bremer Bürgermeister Johann Smidt, der die freie Stadt Bremen auf dem Wiener Kongreß vertrat. Literarisch knüpfte Hauff zum anderen an Ludwig Tiecks späte Novelle *Die Gesellschaft auf dem Lande* (1825) an: Wie bei Tieck wird in der Provinz abseits der großen Weltgeschichte eben diese in langen Gesprächen kontrovers verhandelt. Sowohl den Generationenkonflikt als auch den politischen Disput zwischen restaurativen und progressiven Meinungen konnte Hauff in Tiecks Novelle vorfinden.[37] Die Genese und Demontage von

[36] Zu Hauffs Biographie vgl. Ottmar Hinz: Wilhelm Hauff. Reinbek 1989.

[37] Bei Tiecks Novelle *Die Gemälde* (1823) nimmt *Das Bild des Kaisers* ebenfalls

Vorurteilen strukturiert beide Erzählungen leitmotivisch. Sowohl Tieck als auch Hauff experimentieren mit dem analytischen Erzählen, indem erst am Ende der Erzählung ein Rätsel der Vergangenheit (für den Leser etwas früher als für die beteiligten Figuren) aufgelöst wird. *Die Gesellschaft auf dem Lande* und *Das Bild des Kaisers* sind nicht nur beide in der literaturgeschichtlichen Grauzone zwischen Romantik und Realismus angesiedelt, sondern reflektieren ihr kritisches Verhältnis zur Romantik, indem sie poetologische und politische Fragen ineinander verschlingen. Wie auch der späte Tieck versucht Hauff, das unwahrscheinlich Wunderbare aus dem Bereich der Novelle herauszuhalten und grenzt die Novelle dementsprechend vom Märchen ab.[38]

Die Forschungsliteratur zu Hauffs letzter Novelle ist übersichtlich, denn lange blieben insgesamt Hauffs Novellen im Unterschied zu seinen Märchen vernachlässigt.[39] Jost Hermand ordnet Hauffs Erzählung in einem ideologiekritischen Überblick zu Napoleon im Biedermeier als Beispiel für mangelnde politische Bewußtseinsbildung ein.[40] Die neuere Forschung widmet sich vor allem der regionalgeschichtlichen Kontextualisierung der Erzählung, wobei Ulrich Kittstein betont, daß Hauff die politisch brisante Gegenwart im Württemberg der 1820er Jahre bewußt ausspare und eine biedermeierlich versöhnende Retrospektive entwerfe.[41] Stefan Neuhaus hingegen sieht in Hauffs Novelle jenseits des Bie-

---

inhaltliche Anleihen, insofern in beiden Erzählungen ein Bild indirekt eine Ehe stiftet, indem es den widerspenstigen Brautvater besänftigt.

[38] Während Hauffs Märchen sich oft der Novelle annähern, eignet Hauffs Novellen jedoch nichts Märchenhaftes.

[39] Erst in jüngster Zeit läßt sich wieder ein neues Interesse an Hauffs Romanen und Novellen beobachten; vgl. Alexander H. Traeber: „Sie errötete vor sich selbst …“. Funktion der Innerlichkeit in Wilhelm Hauffs historischem Roman- und Novellenschaffen, untersucht anhand von „Lichtenstein“, „Die letzten Ritter von Marienburg“, „Jud Süß“, „Das Bild des Kaisers“. Frankfurt a. M. 2003.

[40] Jost Hermand: Napoleon im Biedermeier (Anm. 12). Ungenau im Detail ist Joachim Horn: Der Dichter und die Lesewelt. Wilhelm Hauffs Werk als Epochenphänomen. Diss. Bremen 1981, S. 164–176.

[41] Ulrich Kittstein: „Vive l'Empereur!“ Napoleon und Württemberg in Wilhelm Hauffs Novelle „Das Bild des Kaisers“, in: Wilhelm Hauff. Aufsätze zu seinem poetischen Werk. Mit einer Bibliographie der Forschungsliteratur, hg. v. Ulrich Kittstein. St. Ingbert 2002 (Mannheimer Studien zur Literatur- und Kulturwissenschaft, 28), S. 147–167. Otto-Heinrich Elias: Das Bild des Kaisers. Literarischer und politischer Bonapartismus in Württemberg, in: Baden und Württemberg im Zeitalter Napoleons, hg. v. Württembergischen Landesmuseum Stuttgart. Stuttgart 1987, Bd. 2, S. 717–741. Vgl. auch schon Joseph Müller Diedensheim: Der Schauplatz von Wilhelm Hauffs letzter Novelle, in: Schwäbische Heimat 11 (1960), S. 121–126, und Rudolf Schönig: Politische Stimmungen und Strömungen in Schwaben vor hundert Jah-

dermeier schon Vorverweise auf realistisches Erzählen gegeben.[42] An diese These von Neuhaus soll im folgenden angeknüpft und analysiert werden, inwieweit Hauffs Novelle politische und poetologische Reflexionen miteinander verbindet. Die Figuren in Hauffs Novelle definieren sich nämlich nicht nur durch ihre Einstellung zu Napoleon,[43] sondern auch durch ihre Haltung zur Romantik.

Die Meinungen der Figuren zu Napoleon sind immer literarisch vermittelt, Hauffs Gesprächsnovelle versammelt deutsche Meinungen zu Napoleon, die sich zum großen Teil französischer Literatur verdanken. Eröffnet wird die Erzählung durch ein Motto Alphonse de Lamartines aus den *Nouvelles Méditations Poétiques* (1823).[44] General von Willi liest Ségurs pronapoleonische *Histoire de Napoléon et de la grande armée pendant l'année 1812* (1824) bereits zum sechsten Mal. Albert von Rantow argumentiert gegen Ségur und General von Willi mit der Gegenschrift des Gaspard Gourgaud, der im *Examen critique* (1825) versuchte, Ségur zu entkräften. Mit den Werken Walter Scotts scheinen alle Angehörigen der jungen Generation vertraut zu sein. Die junge Anna von Thierberg schwärmt für Bérangers Napoleon-Lieder. Annas Deklamation aus Delavignes *Nouvelles Messéniennes* (1822) löst schließlich die zentrale Diskussion über Napoleons vermeintliche Größe aus. Hauffs 1827 erschienene Novelle vermittelte seinen Leser somit auch indirekt eine kritische Revue aktueller französischer Napoleon-Literatur.

Hauff selbst hat den Plan zu seiner Novelle 1822 in einem Entwurf so zusammengefaßt: „Ein junger Mann aus Norddeutschl. kommt nach Schwaben in d. Familie eines Aristokraten d. eine Tochter hat die ver-

---

ren. Nach Wilhelm Hauffs Novelle „Das Bild des Kaisers", in: Der schwäbische Bund 1 (1919/20), S. 353–358.

[42] Stefan Neuhaus: Das Spiel mit dem Leser. Wilhelm Hauff: Werk und Wirkung. Göttingen 2002, S. 80–86. Neuhaus kann hier an Ergebnisse anknüpfen von Gerhard Kozielek: Das Bild des Kaisers. Wilhelm Hauffs letzte Novelle: Gestaltungsprinzip und zeitgenössische Erfahrung, in: Kwartalnik Neofilologiczny Warzawa 23 (1976), S. 393–403 (wieder in und zitiert nach: Ders.: Darstellung und Deutung. Aufsätze zur deutschen Literatur. Wroclaw 1988, S. 315–324). Ders.: Nachwort, in: Wilhelm Hauff: Das Bild des Kaisers. Novelle. Stuttgart 1977, S. 115–126.

[43] Vgl. in diesem Sinn etwa verkürzend Fritz Böttger: Nachwort, in: Wilhelm Hauff: Das Bild des Kaisers. Historische Novelle. Illustriert von Dieter Golitzsche. Berlin 1982, S. 133–138, hier S. 134.

[44] „Ne crains pas cependant, ombre encore inquiête | Que je vienne outrager ta majesté muette! | Non – la lyre aux tombeaux n'a jamais insulté" (640). Diese Verse eröffnen in einer Apostrophe an Napoleon die fünfte Strophe der *Bonaparte* betitelten *Méditation septième* aus den *Nouvelles Méditations Poétiques* (1823) Lamartines (Alphonse de Lamartine: Méditations. Introduction, note bibliographique, chronologie, relevé de variantes et notes par Fernand Letessier. Paris 1968, S. 162).

liebt ist in einen Demagogen der d. Sohn ist von einem Napoleonisten (alter Soldat als Diener)".[45] Aus diesem ersten Plan entstand dann seine Novelle, deren Inhalt man vielleicht knapp so zusammenfassen kann: Der 24jährige Preuße Albert von Rantow reist in den 1820er Jahren nach Schwaben, um dort, am unteren Neckar, seinen Onkel, den Freiherrn von Thierberg, und dessen Tochter Anna zu besuchen. Er lernt auch die Nachbarn Thierbergs kennen, General von Willi und dessen Sohn Robert, der Anna liebt. In langen Gesprächen erläutern die Figuren der Novelle ihre gegensätzlichen Meinungen über Napoleon. Der Napoleon-Hasser Thierberg mag seine Tochter nicht dem Sohn des Napoleon-Verehrers Willi zur Frau geben. Thierberg muß allerdings seine Vorurteile revidieren, als ihm bewußt wird, daß der von ihm verehrte junge französische Offizier, der ihn im Jahre 1800 am St. Bernhard aus der Hand französischer Marodeure rettete, just Napoleon *in personam* gewesen war. Dies wird ihm deutlich angesichts einer Kopie von Jacques-Louis Davids Gemälde *Bonaparte beim Übergang des Sankt Bernhards*.

Der Titel der Novelle verweist dabei nicht nur auf Davids Gemälde, sondern umreißt auch im übertragenen Sinn die unterschiedlichen Bilder, die sich die einzelnen Figuren der Novelle von Napoleon machen. Erst die Summe der gegensätzlichen Meinungen ergibt ein kaleidoskopisches Bild des Kaisers, das aber aus jeder Perspektive anders erscheint und sich jeweils neu zusammensetzt. Daß es ein zentrales Anliegen Hauffs war, diese Multiperspektivität darzustellen und nicht auktorial zu bewerten und zu ordnen, zeigt ein Brief Hauffs an Willibald Alexis, in dem er Alexis zum *Bild des Kaisers* erläutert: „Wenn Sie meine Novelle lesen, so bitte ich Sie, sehen Sie die Meinungen, die ausgesprochen werden, nicht als die meinigen, sondern als Farben der Personen an".[46] Insgesamt handelt Hauffs Erzählung davon, wie sich einzelne Personen von unterschiedlichen Dingen und Personen ein falsches Bild machen, das sie dann in einem mehr oder weniger schmerzlichen Erkenntnisprozeß revidieren müssen. Der Begriff des ‚Bildes' durchzieht die Novelle leitmotivisch: Das moderne Schloß Willis und die alte Burgruine Thierberg werden metaphorisch präsentiert als „Bilder der alten und neuen Zeit".[47] Der alte Thierberg erscheint dem jungen Rantow „wie ein wan-

---

[45] Dieses Exposé aus dem Nachlaß Hauffs ist abgedruckt bei Otto Güntter: Briefe, Gedichte und Entwürfe von Wilhelm Hauff, in: Rechenschaftsbericht des Schwäbischen Schillervereins 31 (1926/27), S. 64–163, hier S. 154.

[46] Brief Hauffs an Willibald Alexis vom 10. November 1827, in: Wilhelm Hauff: Werke, hg. v. Hermann Engelhard, Bd. 2: Novellen, Prosastücke, Briefe. Stuttgart 1962, S. 915.

[47] Wilhelm Hauff: Das Bild des Kaisers, in: Ders.: Sämtliche Werke (Anm. 35),

delndes Bild ‚der guten alten Zeit'“ (660), denn er hat diese Meinung unbesehen von seinem Vater übernommen, der oft urteilte, der alte Thierberg „war ein Bild der guten alten Zeit“ (665). Und Rantow gibt offen zu, daß er sich „aus dem, was Mutter und Vater [vom Onkel Thierberg] erzählten, ein Bild zusammen[setzte], das nun freilich nicht paßt“ (664). Anna rückt Rantows Vorurteile vom „Bild eines schwäbischen Landjunkers“ (665) zurecht, und erläutert ihm, daß Rantows preußischen Vorurteilen über die Schwaben diejenigen der Schwaben über die Pommern entsprächen. Die latent xenophoben Stereotypen erweisen sich als ebenso austauschbar wie falsch. Sobald der Begriff des ‚Bildes' in Hauffs Erzählung auftaucht, signalisiert er dem Leser, daß er hier aus der subjektiven Perspektive einer bestimmten Figur auf einen Sachverhalt blickt.

Hauffs Erzählung gliedert sich in zwölf Kapitel. Die Handlung erstreckt sich über einige Herbstwochen Mitte der 1820er Jahre.[48] Dabei zerfällt die Novelle in drei Teile. Die ersten vier Kapitel beschreiben (auf 22 Seiten) aus der Perspektive Albert von Rantows die Reise nach Schwaben und die Ankunft bei seinem Onkel in Thierberg am Neckar.[49] Diese vier Kapitel umfassen zwei Tage erzählte Zeit. Schon hier spielt Hauff mit dem zentralen Thema des Vorurteils und des vorschnellen Bildes, das sich der Preuße Albert von den Schwaben macht. Die zentralen Kapitel fünf bis neun dehnen die Zeit und beschreiben detailliert die Ereignisse und Gespräche des folgenden Tages (auf 36 Seiten). Der letzte Teil (Kapitel zehn bis zwölf) setzt mit einem Zeitsprung nach „mehrere[n] Wochen“ (699) wieder ein und rafft noch einmal (auf 24 Seiten) einige Tage beschleunigt zusammen, in denen der alte Thierberg erkennen muß, daß der von ihm verehrte junge Soldat mit dem von ihm gehaßten Napoleon identisch ist. Die drei Teile imitieren spielerisch unterschiedliche literarische Gattungen. Während der Erzähleinstieg einem Reiseroman nachgebildet ist, gestaltet sich der Hauptteil im Muster der Gesprächsnovellen Ludwig Tiecks, und der Schluß beschleunigt und ent-

---

Bd. 2, S. 671. Im folgenden wird *Das Bild des Kaisers* nach dieser Ausgabe mit eingeklammerten Seitenzahlen im fortlaufenden Text zitiert.

[48] Das genaue Jahr läßt sich nicht ermitteln. Die 1827 erschienene Erzählung setzt ein mit der Zeitangabe „vor einigen Jahren an einem der schönsten Tage des Septembers“ (640). Andererseits wird später in der Erzählung erwähnt, daß General von Willi die 1824 erschienenen Erinnerungen des Generals Ségur (Anm. 6) bereits „zum sechstenmal“ (674) liest. Anzunehmen wird also 1825 oder 1826 sein, auch wenn dies einen enormen Lese-Enthusiasmus Willis voraussetzt.

[49] Zu den Örtlichkeiten der Novelle vgl. Joseph Müller-Diedensheim: Der Schauplatz von Wilhelm Hauffs letzter Novelle (Anm. 41).

wirrt die Handlung nach der Manier einer Intrigenkomödie, in der die Anagnorisis (Thierberg erkennt Napoleon wieder) den Konflikt löst.

Im folgenden soll zuerst die Figurenkonstellation der Erzählung analysiert und gezeigt werden, welche Meinungen zu Napoleon wie gegeneinander in Opposition gebracht werden. Schon hier wird deutlich, daß Hauff politische und poetologische Positionen in ein Verhältnis setzt. Genauer soll diese literaturgeschichtliche Selbstreferenzialisierung in der poetologischen Lektüre der Weinberg-Szene vorgeführt werden. Hier wird die Romantik-Kritik Hauffs und sein skizzenhafter Entwurf eines Erzählens jenseits der Romantik deutlich. Abschließend wird Davids Gemälde mit der Erinnerung des alten Thierbergs an seine Napoleon-Begegnung konfrontiert. Hauff gestaltet Thierbergs Erinnerung als eine novellistische Ekphrasis, die Davids Gemälde in einen fiktionalen Rahmen stellt, die Bildbeschreibung dynamisiert und in einen erzählerischen Ablauf integriert.

Der 65jährige Witwer Freiherr von Thierberg lebt ganz in den Erinnerungen an alte Reichsrittertraditionen. Er ist Aristokrat und Anhänger eines feudalen Systems, das sich idealiter noch an den Zeiten vor dem absolutistischen Territorialstaat orientiert. Nicht von ungefähr erwartet Albert von Rantow, aus der halb verfallenen Burg Thierberg müsse „ein Sickingen, ein Götz" (652) hervortreten. Mit dem Namen Götz von Berlichingen wird eben jenes Reichsrittertum aufgerufen, welches das Ideal Thierbergs darstellt. Thierberg verklärt das Heilige Römische Reich deutscher Nation und blendet retrospektiv dessen maroden Zustand um 1800 geflissentlich aus der Erinnerung aus. Für die Gegenwart hat Thierberg nur Verachtung übrig: „Verdammt sei dieses Jahrhundert der Selbstsucht und Zwietracht" (660). Nach dem Reichsdeputationshauptschluß wurde Thierberg die Reichsunmittelbarkeit genommen, und er mußte sich dem neugegründeten Königreich Württemberg unterwerfen.[50] Durch die Mediatisierung verlor Thierberg einen großen Teil seines Besitzes und seiner Privilegien. Napoleonische Soldaten hatten ihm „an einem Tage alle Familienwappen von den Wänden gerissen, das Vieh geschätzt, Pferde weggeführt, die Braupfannen versiegelt und für Staatseigentum erklärt" (667). Einzig das Privileg, den Schulmeister zu bestimmen, ist ihm noch geblieben. In seiner Burg wurden Franzosen einquartiert, die „ungestraft stehlen durften" (667). Napoleon ist für Thierberg

[50] Zum landesgeschichtlichen Kontext und seiner Integration in Hauffs Novelle vgl. Otto-Heinrich Elias: Das Bild des Kaisers (Anm. 41); Ulrich Kittstein: „Vive l'Empereur!" (Anm. 41).

dementsprechend der „Urheber aller seiner Leiden“ (667). Seinen Unmut über die staatliche Modernisierung Deutschlands verdichtet Thierberg in einem personalisierten Haß. In Napoleon verkörpert sich für Thierberg nicht so sehr ein National-, sondern vielmehr ein Reichsfeind, und in diesem Reichsfeind inkarniert sich für Thierberg auch eine bekämpfte Moderne. In großem Ernst erklärt Thierberg: „Wenn *einer* ein Feind jenes Mannes [i. e. Napoleon] ist, so bin ich es; denn er hat uns und alles unglücklich gemacht, und das alte schöne Reich umgekehrt wie einen Handschuh“ (658).

Thierberg antagonistisch gegenübergestellt ist der ebenfalls verwitwete General von Willi. Willi ist etwas jünger als Thierberg („etwa zwischen fünfzig und sechzig Jahre alt“ [673]). Nachdem er auf deutscher Seite gegen Napoleon gekämpft hatte, scheint ihn Napoleon selbst „1809 beredet [zu] haben, unsern Dienst zu verlassen und in die Garde zu treten“ (668). Danach zog Willi mit Napoleon in den Rußlandfeldzug, wurde 1814 bei Chalons gefangengenommen und zog sich schließlich auf sein Gut im Neckartal zurück, wo er als Nachbar Thierbergs lebt. Er war mit einer Bürgerlichen verheiratet, was ihm der standesbewußte Thierberg übelnimmt. General von Willi gehört so sehr „der neueren Zeit an, als der Vater der alten“ (668), resümiert Anna. Willi als „eigensinniger Napoleonist“ (668) hat den Orden der Ehrenlegion erhalten und verehrt Napoleon als „Genie“ (712) und „größten Geist des Jahrhunderts“ (713). Die militärische Niederlage von 1815 versucht Willi, als Napoleons „Vertilgungkrieg gegen sich selbst“ (712) psychologisch zu plausibilisieren. Für den kleindeutsch-borussischen Nationalismus Rantows hat Willi nur Spott übrig. Beeindruckend demontiert Willi Rantows Illusion von der allgemeinen preußischen Erhebung 1813 gegen Napoleon. So wie Thierberg lebt auch Willi ganz in der, wenn auch umittelbareren, Vergangenheit. Als Rantow Willi fragt, was ihm denn von seiner Napoleon-Verehrung geblieben sei, entgegnet Willi: „Ein Endchen rotes Band und die Erinnerung“ (680).[51] Diese persönliche Erinnerung intensiviert er durch die Lektüre von historiographischen Werken, Memoiren und Napoleon-Lyrik.

Der Napoleon-Hasser Thierberg und der Napoleon-Verehrer Willi versuchen, wie in der Vergangenheit zu argumentieren, und fügen noch einmal die mythischen Muster zusammen, die Napoleon zu Lebzeiten angepaßt worden waren. Sie sprechen als überständige Vertreter einer alten Zeit. Willi sammelt einen hyperbolischen Katalog an antiken Ver-

[51] Mit dem „Endchen rote[n] Band[es]“ ist das Ordenszeichen der Ehrenlegion gemeint.

gleichsfiguren zusammen und erklärt Thierberg, Napoleon „hat sich seine Bahn so erhaben aufgerissen, als Alexander, er hat sie verfolgt, wie Cäsar, man hat ihm gedankt, wie dem Hannibal, auf jenem Felsen hat er gelebt, wie Seneca, und seine letzten Tage waren eines Sokrates würdig" (713). Diese altbekannten Muster setzen den aktiven Napoleon zu antiken Feldherren und den exilierten Napoleon zu antiken Philosophen in Beziehung, wobei Seneca mit Napoleon auch noch das Schicksal teilte, auf eine Insel verbannt zu sein (in Senecas Fall Napoleons Geburtsort Korsika). Anstatt diese rühmenden Vergleiche im einzelnen zu entkräften, antwortet Thierberg mit einem ähnlich stereotypen Katalog: „Was mich betrifft, so kömmt mir vor, als habe er seine Laufbahn eröffnet wie ein Aventurier, habe sie verfolgt, wie ein Räuber, habe mit dem Raub verfahren, wie ein verzweifelter Spieler, und habe geendet, wie ein – Komödiant!" (714) Thierbergs pejorative Absicht gesteht Napoleon nicht individuelle Vergleichsgrößen zu, sondern anonymisiert und verallgemeinert die Vergleiche. Er kriminalisiert und ridikülisiert Napoleon. Willi und Thierberg reden dabei aneinander vorbei. Die historischen Vergleiche und mythischen Muster erweisen sich zunehmend als inhaltsarme Kampfbegriffe, als Leerformeln, die sich gegenseitig aufheben. Solche historischen Anspielungen mögen zu Lebzeiten Napoleons noch ihre Funktion einer Prophezeiung oder propagandistischen Abwehr erfüllt haben, sind aber nach 1821 rhetorisch überflüssig geworden. Hauff demonstriert und demontiert so das alte Reden in mythischen Mustern über Napoleon, das mit dessen Tod endgültig an seine Grenzen gelangt war.

Gemeinsam ist Thierberg und Willi ein epigonales Bewußtsein. Ihr „ganzes Gespräch ist ein Triumphgesang der Vergangenheit und ein Fluch der Gegenwart" (690). Zwar trauern sie unterschiedlichen Dingen hinterher. Thierberg sehnt sich nach der vornapoleonischen Zeit, Willi nach den gemeinsamen Feldzügen mit Napoleon. Für beide bedeutet aber 1821 eine Zäsur, nach der nur noch Mittelmaß ersichtlich ist.[52] Thierberg verflucht das 19. Jahrhundert: „Verdammt diese Welt von Toren, welche Eigenliebe und Herrschsucht Größe nennt!" (660) Weniger echauffiert, aber nicht minder involviert, reflektiert Willi über die stetige Präsenz Napoleons im kulturellen Gedächtnis der Deutschen: „Es war ja

[52] Zu einer solchen literaturhistorischen Selbstreferenzialisierung von Hauffs Novelle in einer unbefriedigenden „Zwischenphase" vgl. Marianne Wünsch: Struktur der „dargestellten Welt" und narrativer Prozeß in erzählenden „Metatexten" des „Biedermeier", in: Zwischen Goethezeit und Realismus. Wandel und Spezifik in der Phase des Biedermeier, hg. v. Michael Titzmann. Tübingen 2002, S. 269–282.

nichts an seine Stelle getreten, was ihn hätte vergessen machen können." (713) Napoleons poetische Allgegenwärtigkeit im 19. Jahrhundert erklärt sich so auch als Stellvertreter-Dichtung. Die Lücke der mangelnden Größe füllt kompensatorisch für gegenwärtige Namen die Erinnerung an Napoleon. Die Deklamation aus Delavignes *Nouvelles Messéniennes* (1822) intensiviert diese epigonale Selbstbestimmung, wählt Willi doch jene Verse aus, in denen von den Siegern bei Waterloo die Rede ist als „vingt rois, dont la gloire muette N'eût jamais retenti chez la postérité" (710).[53] Allein der Sieg über Napoleon verschafft sonst vor der Weltgeschichte namenlos gebliebenen Fürsten Nachruhm. Das Bewußtsein, nur noch im Nacherleben von Größe situiert zu sein, spiegelt sich symbolisch auch in der herbstlichen Jahreszeit, in der die Novelle spielt. Nach 1821 ist für Thierberg und Willi der Herbst eines Zeitalters angebrochen.

General von Willis Sohn Robert, der Anna von Thierberg innig liebt, hat von seinem Vater die Begeisterungsfähigkeit für die Ideale der Französischen Revolution übernommen, formt sie aber weit radikaler aus als sein Vater und nationalisiert sie. General von Willi kann sich über die demokratischen Ansichten seines Sohnes nur wundern: „Er hat oft Stunden, wo es ihm töricht erscheint, daß er in meinem bequemen Schloß wohnt, und Nachbar Görge und Michel, die doch auch ‚deutsche Männer' sind, nur mit einer schlechten Hütte sich begnügen müssen. Das ist eine sonderbare Jugend, das nennen sie jetzt Freiheitssinn!" (684) Robert schwärmt für Freiheit und Gleichheit und ereifert sich für seine großdeutschen Ideale in einer solchen Intensität, daß man staatlicherseits auf ihn als sogenannten „Demagogen" aufmerksam wird.[54] Wegen Kontakten mit nationalistischen Burschenschaften wird er verhaftet und bleibt die Wochen, welche die Erzählung ausspart, in der Residenz in Haft. Roberts großdeutsche Begeisterung polt sich gegen Alberts kleindeutschen Preußen-Enthusiasmus. Von der alten Generation werden Roberts politische Ansichten als jugendliche Hitzköpfigkeit abgetan. Und die alte Generation scheint recht zu behalten, wenn Robert nach seiner Haft von seinem Radikalismus abläßt und sich zu Maß und Reform bekennt. Um dieser politischen Zähmung willen fällte die For-

---

[53] Casimir Jean François Delavigne: Le Départ (Première Messénienne des Sept Messéniennes nouvelles), in: Ders.: Messéniennes et Poésies diverses. O. O. ca. 1830, S. 80.

[54] Zur literaturgeschichtlichen Kontextualisierung dieses hier figurativ vermittelten Nationalismus vgl. Brent O. Peterson: German Nationalism after Napoleon. Caste and Regional Identities in Historical Fiction 1815–1830, in: The German Quarterly 68 (1995), S. 287–303.

schung auch lange ihr Urteil über Hauffs Novelle als biedermeierlich rückständig.[55] Solch Vereinseitigungen übersehen aber den Umstand, daß Robert auch strategisch seine Worte mildert, um seinen Schwiegervater *in spe* nicht weiter zu verärgern. Die Sympathie Hauffs für seinen revolutionsbegeisterten Landsmann Robert bleibt in allen Passagen der Erzählung deutlich, die eben auch durch diese elegante Schlußwendung die Klippen der Zensur umschiffte.

Robert von Willis moralischer Idealismus kritisiert Napoleons Pragmatismus. Robert differenziert daher sein Urteil über Napoleon. Auch wenn er militärisch überragend gewirkt habe, müsse er noch lange kein moralisch überzeugender Mensch gewesen sein: „Geben wir zu, daß ihm keiner seiner militärischen Gegner gewachsen war, so beweist dies noch immer nicht[!] für jene innere Größe, für jene moralische Erhabenheit, welche die Mitwelt mit sich fortreißt, ihr Jahrhundert bildet, und Segen noch auf die späte Nachwelt bringt. Napoleon war ein großer Soldat – aber kein großer Mensch." (712) Robert macht die moralische Integrität hier zum Garanten für jene dauerhafte Wirkung des produktiven Genies, die Goethe ohne moralische Zutat in den Gesprächen mit Eckermann Napoleon angemessen hatte.[56] Identifizieren kann sich der junge Robert von Willi allerdings mit dem ebenfalls jugendlichen Revolutionsgeneral Napoleon in den Italienfeldzügen, den er als „Wesen höherer Art" (714) von Napoleons späterer Karriere separiert.

Blickt man von der alten Generation weg, so erscheint dem Leser am deutlichsten gezeichnet der 24jährige Preuße Albert von Rantow, aus dessen beschränkter Perspektive das Geschehen personal erzählt wird. So wie in der alten Generation sich Thierberg und General von Willi gegenüberstehen, richtet Hauff in der jungen Generation Robert gegen

---

[55] Vgl. in diesem Sinn Gerhard Kozielek: Das Bild des Kaisers (Anm. 42); Jost Hermand: Napoleon im Biedermeier (Anm. 12). Auch Ulrich Kittstein: Das literarische Werk Wilhelm Hauffs im Kontext seiner Epoche, in: Wilhelm Hauff (Anm. 41), S. 9–43, hier S. 40, spricht von einer „oberflächlichen Harmonisierung".

[56] Vgl. Goethe über Napoleon: „Man braucht nicht bloß Gedichte und Schauspiele zu machen, um produktiv zu sein, es gibt auch eine *Produktivität der Taten*, die in manchen Fällen noch um ein Bedeutendes höher steht. […] Denn was ist Genie anders, als jene produktive Kraft, wodurch Taten entstehen, die vor Gott und der Natur sich zeigen können, und die eben deswegen Folge haben und von Dauer sind. […] Es kommt dabei gar nicht auf das Geschäft, die Kunst und das Metier an, das Einer treibt, es ist Alles dasselbige." (Johann Peter Eckermann: Gespräche mit Goethe in den letzten Jahren seines Schaffens [= Münchner Ausgabe], hg. v. Karl Richter in Zusammenarbeit mit Herbert G. Göpfert, Norbert Miller u. Gerhard Sauder. München 1985ff., Bd. 19, hg. v. Heinz Schlaffer. München 1986, S. 606f. [11. März 1828]).

Albert aus. Von Alberts Vorurteil über die Schwaben war schon die Rede. Es verdankt sich einem ebenso vehementen wie unreflektierten explizit preußisch-kleindeutschen Nationalismus, der ihn auch zum Napoleon-Hasser macht. Napoleon ist für Albert in erster Linie der Feind Preußens. Etwas großsprecherisch veranlagt schwärmt er von Preußen als dem „Sparta der neuen Zeit“ (657) und erklärt Napoleons Niederlage einvernehmlich in der ersten Person Plural zum eigenen Verdienst: „Wir haben uns an Napoleon hinlänglich gerächt; wir haben nicht nur Deutschland wieder frei gemacht, sondern ihn selbst entthront.“ (658) Sein Onkel Thierberg verweist ihm ironisch diese Anmaßung.[57]

Albert von Rantow ist aber nicht nur preußischer Kritiker Napoleons, sondern auch ein überschwenglicher Romantiker. Angesichts der verfallenen Burg Thierberg gerät er ins Schwärmen. Der Erzähler erläutert zu Beginn des dritten Kapitels historisch und geographisch genau, warum im Südwesten so viele alte Burgen (diese „häßlichen, alten Gemäuer“, wie sie Anna nennt) anzutreffen seien. Vor der rational-realistischen Erklärung des Erzählers und Annas pragmatischer Ironie hebt sich Rantows ästhetisierende Perspektive um so deutlicher ab:

„Ein häßliches Gemäuer nennen Sie diese alte Burg?“ rief der Gast; „kann man etwas Romantischeres sehen, als diese Türme mit Efeu bewachsen, diesen Torweg mit den alten Wappen, diese Zugbrücke, diese Wälle und Graben? Glaubt man nicht das Schloß Bradwardine oder irgendein anderes aus Scottischen Romanen zu sehen?“ (652)

Romantik erweist sich als eine Frage der Perspektive, das zu sehen, was man sehen will, und von dem man schon gelesen hat. Rantows belesener Blick erfaßt die Burg am Neckar nach literarischem Muster als das Schloß Bradwardine aus Walter Scotts Roman *Waverley* (1814). Alberts vulgarisierte Romantik ermöglicht keinen unmittelbaren und originellen Blick auf die Natur, sondern die Natur ist nur noch vermittelt durch Literarisierung erfaßbar.[58] Die „Waldeinsamkeit“ (652), die Albert meint wahrzunehmen, ist ebenfalls bloß erlesen.[59] Anna hat für solche Verklä-

---

[57] „‚So? Das seid *ihr* gewesen?‘ fragte der Oheim; ‚Gott weiß, ich tat bis jetzt sehr unrecht, daß ich dieses Ereignis der halben Million Soldaten zuschrieb, die man aus ganz Europa gegen ihn zusammenhetzte. Warst du vielleicht selbst mit dabei, Neffe? Du kannst wahrscheinlich als Augenzeuge reden?‘“ (658)

[58] Eine solche Vulgarisierung zeigt sich auch an Alberts Gebrauch des Begriffs „Genie“, das bei ihm aus den Höhen einer Autonomieästhetik zu einem lediglich modischen „Genie des Geschmackes“ (686) herabgezogen wird.

[59] Vgl. hierzu auch Walter Schmitz: Mutabor. Alterität und Lebenswechsel in den Märchen von Wilhelm Hauff, in: Schnittpunkt Romantik. Text- und Quellenstudien zur Literatur des 19. Jahrhunderts. Festschrift für Sibylle von Steinsdorff, hg. v. Wolf-

rungen nur ein müdes Lächeln übrig, denn sie sieht, was Rantow nicht erkennt, und desillusioniert Rantows romantische Schloßbetrachtung. Anna zieht Rantow mit einem Augenzwinkern aus der klischierten Poesie ins Leben zurück, als sie auf seine Mutmaßung, aus diesen Burgtoren müsse einem wahrhaftig ein Götz von Berlichingen entgegentreten, lakonisch entgegnet: „Für diesmal höchstens ein Thierberg“ (652). Anna verweist die Romantik zurück aus dem Leben in Literatur und Kunst, als sie über ihre Stammburg folgende Auskunft gibt:

„Dergleichen Türme und Zinnen liebe ich ungemein in einem Roman oder in Kupfer gestochen, aber zwischen diesen Mauern zu wohnen, so einsam, und winters, wenn der Wind um diese Türme heult und das Auge nichts Grünes mehr sieht, als jenen Eppich dort am Turm – Vetter! Mich friert schon jetzt wieder, wenn ich nur daran denke. Doch kommt, Herr *Ritter*, das Burgfräulein will Euch selbst einführen.“ (652)

Anna kennzeichnet Alberts romantische Pose als literarisches Spiel, indem sie ihn wörtlich nimmt und ihren Vetter „Ritter“ und sich selbst als „Burgfräulein“ tituliert. Daß Anna mit ihrem Spott über die Ritterromantik ihres Vetters nicht nur eine isolierte Figurenperspektive präsentiert, zeigen die darauffolgenden Erläuterungen des Erzählers, der auf den heftigen Zugwind, der durch schlecht verwahrte Fenster bläst, hinweist und Albert sein romantisches „Bild“ der Burg revidieren läßt.

Hauff demontiert so schrittweise Alberts romantisches Weltbild, und er tut dies narrativ besonders eindringlich, da er zumeist aus Alberts Perspektive personal erzählt und den Leser so gemeinsam mit Albert in weitere romantische Fallen tappen läßt. An seinem ersten Abend auf Burg Thierberg, als der Onkel sich in seine Gemächer zurückgezogen hat, inszeniert sich Albert ein romantisches Tableau: Mondschein über Wald und Weinberg, die verehrte Cousine Anna am Turmfenster und „aus der Ferne die gehaltenen Töne einer Flöte“, die sich synästhetisch „so sanft mit dem milden Schimmer des Mondes“ verbinden, daß Albert glaubt, „es seien *seine* Strahlen, die so melodisch sich auf die Erde niedersenkten“ (661). Als Anna mit einem Tuch in Richtung der Flötentöne winkt, keimt in Albert dann allerdings der Verdacht auf, daß er es hier nicht mit einer romantischen Kulisse für seine eigene Verliebtheit zu tun hat, sondern daß die Flöte Anna Nachricht von einem anderen Verehrer, nämlich Robert, gibt. Nach der ersten Nacht in Thierberg kommentiert der Erzähler Rantows enttäuschten Blick auf die verfallene Burg: „Das ro-

---

gang Bunzel. Tübingen 1997, S. 81–117, hier S. 93, der am Rande auch auf *Das Bild des Kaisers* eingeht.

mantische Interesse, das der erste Anblick dieser Burg für ihn gehabt hatte, verschwand vor dieser traurigen Wirklichkeit" (663). In Hauffs Erzählung hält so die romantische Perspektive der Realität nicht mehr stand.

Die selbstbewußte und humorvolle Anna von Thierberg ist vielleicht die außergewöhnlichste Gestalt in Hauffs Novelle. Stefan Neuhaus kennzeichnet Anna als die „positivste Figur und heimliche Heldin" Hauffs.[60] Sie hat im Unterschied zu den übrigen Figuren keinen direkten Gegenspieler und nimmt als einzige Frau, um die ein amouröser Wettbewerb entbrennt, eine Sonderstellung ein. Anna zeigt einerseits Verständnis für die feudale Verbitterung ihres Vaters und bemüht sich andererseits, den revolutionären Enthusiasmus Roberts zu dämpfen. Sie steht zwischen den ideologischen Fronten und hält es „bald mit dem Alten, bald mit der neuen Zeit" (682). Robert bezeichnet sie als ein politisches „Amphibion" (682). Obwohl sie einen reichsritterlichen Napoleon-Hasser zum Vater und einen vehementen demokratischen Napoleon-Kritiker als Verlobten hat, entpuppt sie sich als glühende Napoleon-Verehrerin und demonstriert so ihre politische Eigenständigkeit. Im Unterschied zu Robert hält sie Napoleon für einen „große[n] Mensch[en]" (659), obwohl er die angestammten Rechte ihrer Familie, auf die sie nicht ohne Adelsstolz blickt, so harsch beschnitten hat. Hauff läßt Robert Annas Napoleonismus als eine Religion beschreiben, wenn er davon berichtet, daß Anna den *Moniteur*, seit 1800 das Amtsblatt der Regierung Napoleons, „öfter gelesen [hat] als die Bibel" (682). Von Montholon, dem Generaladjutanten Napoleons, der auf St. Helena mit der Vollstreckung von Napoleons Testament betraut wurde, erhielt Anna ein Stück Stoff, das vom Sterbelager Napoleons stammen soll und das sie wie eine Reliquie in einem Ring trägt. Hauff illustriert mit solchen Details eine ins Religiöse dimensionierte Verehrung für Napoleon, die in Frankreich ihr Zentrum hatte, aber auch in Deutschland anzutreffen war.[61] Anna liest nicht wie der alte

[60] Stefan Neuhaus: Das Spiel mit dem Leser (Anm. 42), S. 85.

[61] Vgl. Walther Klein: Der Napoleonkult in der Pfalz (Anm. 28). Sowie [Anonymus:] Le Culte de Napoléon en Allemagne de 1815 à 1848, in: Revue des Études Napoléoniennes 6 (1917), S. 48–87. Roger Dufraisse: Temoignages sur le culte de Napoléon dans les pays de la rive gauche du Rhin, in: Jahrbuch für westdeutsche Landesgeschichte 2 (1976), S. 255–284. Jean-Marie Lucas-Dubreton: Le Culte de Napoléon 1815–1848. Paris 1960. Zum Kuriosum des Tags des „heiligen Napoleons" und zum „napoleonischen Katechismus" sowie zur romantisch christologischen Überhöhung Napoleons vgl. Sudhir Hazareesingh: The Saint-Napoleon. Celebrations of Sovereignty in nineteenth-century France. Cambridge 2004. Gérard Gengembre: Napoléon. La vie, la légende. Paris 2001, S. 170–173, 223 ff. Jacques-Olivier Boudon:

General militärgeschichtliche Werke zu Napoleon, sondern schwärmt für die Lyrik Bérangers und Delavignes. Mit Anna kommt so die liberale Legende vom volkstümlichen Kaiser Napoleon in die Erzählung, wie sie vor allem Bérangers Lyrik popularisierte.[62] Anna nimmt als einzige Frau unter vier Männern in der Novelle eine besondere Rolle ein, was nicht nur für ihr liberal-schwärmerisches Napoleonbild gilt, sondern auch für ihre Romantik-Kritik, die sie äußert, wenn sie Albert zurechtweist.

Daß Hauff mit seiner letzten Novelle nicht nur eine historische Napoleon-Erzählung schrieb, sondern in diese Erzählung eingeflochten auch literaturästhetische Reflexionen formulierte, wird an einer Passage besonders deutlich, die im folgenden genauer poetologisch analysiert werden soll. Wie schon beim Bild des Kaisers, das sich aus vielen unterschiedlichen Facetten kaleidoskopartig zusammensetzt, gibt Hauff auch bei den impliziten Poetiken seiner Erzählung keine direkte auktoriale Belehrung anbei, welcher Anschauung seiner Figuren zuzustimmen sei. Lediglich indirekte Hinweise deuten an, wo in der Schnittmenge dieser Überzeugungen die größte Plausibilität zu vermuten ist.

Das zehnte Kapitel eröffnet den Schlußteil der Erzählung und setzt „mehrere Wochen“ (699) nach Roberts Verhaftung mit einem Zeitsprung wieder ein. Albert von Rantow, Freiherr von Thierberg und seine Tochter Anna beobachten von einer Terrasse der Burg Thierberg aus die Weinlese in den tiefer gelegenen Rebhügeln gegenüber. Sie tun dies, so der Erzähler, „mit verschiedenen Empfindungen“ (699), die sich im folgenden zu unterschiedlichen poetologischen Programmen verdichten, und zugleich die Wirklichkeit perspektivisch relativieren. Alle drei nehmen einen erhöhten Standpunkt (auf dem Burgberg) ein und blicken hinab in das Neckartal. Das Objekt, an dem sich ihre skizzenhafte Kunsttheorie entfaltet, findet sich unterhalb von ihnen entfernt in deutlicher Distanz. Hauff läßt so seine drei Figuren die Position des olympischen Dichters auf dem Berg imitieren, wie sie in der poetologischen Lyrik des 19. Jahrhunderts gebräuchlich war, um die Trennung von erhaben-entrückter Kunst und bürgerlich-profanem Leben zu verbildlichen.[63]

Zuerst schildert Albert von Rantow sein Bild der Weinlese. Noch bevor er anfängt zu sprechen, signalisiert bereits das Medium seiner Beob-

---

Napoléon, grand homme ou demi-dieu? La mise en place d'une religion napoléonienne, in: Romantisme 100 (1998), S. 131–141.

[62] Zum Anteil Bérangers an der liberalen Napoleon-Legende vgl. Jean Touchard: La Gloire de Béranger. 2 Bde., Paris 1968.

[63] Vgl. hierzu Heinz Schlaffer: Das Dichtergedicht im 19. Jahrhundert. Topos und Ideologie, in: Jahrbuch der deutschen Schillergesellschaft 10 (1966), S. 297–335.

achtung die subjektive Verzerrung seiner Perspektive, denn er nimmt die Weinlese durch ein Opernglas wahr. Spätestens seit E. T. A. Hoffmanns Erzählung *Der Sandmann* galten Ferngläser als Chiffren für eine krisenhaft zugespitzte Romantik, welche die Wirklichkeit nur noch in einer entstellten Optik wahrnimmt. Bei E. T. A. Hoffmann erscheint ein solcher Subjektivismus bereits als ein selbstgefährdender, pathologischer Fall. Hauff zitiert dieses romantische Accessoire, das aber im Gesprächszusammenhang des *Bild des Kaisers* seine bedrohliche Seite verloren hat und zum romantischen Klischee verniedlicht wird. Wenn Rantow durch ein Opernglas die Weinlese betrachtet, die sich ihm als „Schauspiel" (699) darbietet, und er begeistert ist, „wie poetisch [...] ihm dieses lebhafte Gemälde" (699) erscheint, zeigt das nicht nur seinen ästhetisierend verzerrenden Abstand von der Realität, sondern zitiert noch einmal als fast verklungene Reminiszenz die romantische Sehnsucht nach der Einheit der Künste, die sich in der Verbindung von Theater („Schauspiel"), Musik („Opernglas"), bildender Kunst („Gemälde") und Poesie ausdrückt. Der Erzähler gibt zusätzlich durch das narrative Verfahren der erlebten Rede einen weiteren Hinweis darauf, daß im folgenden eine subjektive, romantische Perspektive vorgestellt wird.[64]

Zwar scheint es Albert so, als sehe er durch sein Opernglas realiter etwas, das „reizender [ist], als was die Kunst je erfunden" (699) hat. Aber im folgenden spekuliert er lediglich und konstruiert eine idyllische Szene, die sich weit von einer mimetischen Zeichnung der Weinlese entfernt. Seine Sprache decouvriert Alberts subjektive Interpretation als verfremdende Mutmaßung:

> „Siehe", sagte er zu Anna [...], „siehe, dort gegenüber jenen Alten mit den silbergrauen Haaren; wie viele solche Herbste mag er schon gesehen haben! Wahrlich ich könnte an der Gruppe um ihn her seine Lebensgeschichte studieren. Der blonde Knabe, der ihm eben die großen Traube brachte, ist wohl sein Enkel; den jungen Burschen, der mit der Pritsche die Mädchen neckt und durch seine Scherze von der Arbeit abhält, indem er sie anzutreiben scheint, halte ich für seinen jüngern Sohn; siehe, jenes Mädchen hat seinen Schlag derb erwidert, sie ist wohl das Liebchen des munteren Burschen, denn sie lachen alle und verspotten ihn. Dieser gebräunte, breite Mann von vierzig, der soeben den ungeheuern, mit Trauben gefüllten Korb auf seine Schultern hob, ist wohl der ältere Sohn und des blonden Knaben Vater. So hast du die vier Altersstufen, die sie wohl alle ohne viele Änderung durchlaufen mögen." (699 f.)

[64] In dieser Szene wird nur Alberts romantische Position auch mit erlebter Rede geschildert („Wie poetisch deuchte ihm dieses lebhafte Gemälde! Welch frische, natürliche Bilder zeigte ihm sein Opernglas!" [699]). Thierbergs und Annas Positionen werden ausschließlich in direkter Rede präsentiert.

Jeder Beobachtung folgt eine vage Interpretation, die entweder durch mutmaßende Verben oder durch Abtönungspartikel gekennzeichnet ist. Die Verben „scheinen" und „dafürhalten" sowie die Modalverben „mögen" und „können" kennzeichnen den unsicheren Realitätsstatus von Rantows romantischer Bildbeschreibung. Fünfmal verwendet er das Füllwort „wohl" und demonstriert damit überdeutlich die personale Färbung und hypothetische Konstellation seines Genrebildes. Die Arbeit ist in dieser Beschreibung in relativische Nebensätze verbannt und tritt hinter erahnte familiäre Bande und gemutmaßte amouröse Verwicklungen zurück, denen jeweils die Hauptsätze gelten. Diese Landidylle, die mögliche soziale Konflikte oder Armut ausblendet, verklärt die Arbeitswirklichkeit zu einer friedlichen und selbstzufriedenen Allegorie der vier Lebensalter. Daß diese Idylle auch in Zukunft „ohne viel Änderung" sich geschichtslos gleichbleiben wird, interpretiert Rantow nicht als lähmenden historischen Stillstand, sondern als paradiesisches Glücksversprechen.

Albert sieht nur die „wundervolle Poesie in diesem Treiben" (700) und ist blind für den Arbeitsalltag. Als er enthusiasmiert versucht, Teil dieser Poesie zu werden, scheitert er, weil er keine Ahnung hat, was eigentlich bei einer Weinlese zu tun ist.[65] Die Romantik wird in Hauffs figuraler Darstellung zur praktischen Lebensuntüchtigkeit, die sich zwar vage ihrer Realitätsfremdheit bewußt ist, diese aber offensiv wendet in eine romantische Außeralltäglichkeit, der es nicht auf den effizienten Traubenschnitt, sondern auf die Teilhabe an der verklärten Volkstümlichkeit ankommt. Rantow resümiert daher auch: „Mir scheint diese Weinlese ein fortdauernder Festtag der Natur, eine liebliche, verkörperte Poesie." (700) Eichendorffs Taugenichts, dem es „wie ein ewiger Sonntag im Gemüthe" war, hat in Albert von Rantow hier einen preußischen Geistesverwandten.[66] Aber während Eichendorff die Naivität seines Taugenichts konsequent durchexerziert, gestaltet sich Alberts romantische Perspektive bereits als bewußt eingenommene Pose in einer realistischen Umgebung. *Dem Bild des Kaisers* fehlt die märchenhafte Schwerelosigkeit von

[65] „Ich nahm in einem Ihrer Weinberge einem hübschen Mädchen das gebogene Messer ab und versprach, sie zu unterstützen; als ich die erste Traube abgeschnitten hatte und sie in das Körbchen legte, betrachtete das Mädchen nur den Stiel der Traube und sagte lächelnd: ‚*Er* hat wohl noch nicht oft Trauben geschnitten'; und siehe, ich hatte, statt schief zu schneiden, gerade geschnitten." (700)

[66] Joseph von Eichendorff: Aus dem Leben eines Taugenichts, in: Ders.: Historisch-Kritische Gesamtausgabe, begründet v. Wilhelm Kosch u. August Sauer, fortgeführt u. hg. v. Hermann Kunisch u. Helmut Koopmann. Tübingen 1984ff., Bd. V/1: Erzählungen, hg. v. Konrad Polheim. Tübingen 1998, S. 86.

Eichendorffs *Taugenichts*. Alberts Blick auf die Weinlese ist lediglich die eines *Taugenichts*-Lesers, der das erblicken möchte, von dem er gelesen hat.

Alberts Onkel erkennt dies und tritt den romantischen Verzerrungen Alberts knorrig entgegen. Während Albert „unverwandt und mit glänzenden Augen“ (699) auf die Weinlese sieht, blickt der alte Thierberg „gleichgültig hinab“ (700). Thierberg greift Alberts Stilisierung auf und erläutert ihm seine realistische Interpretation der Weinlese-Szene in den gegenüber liegenden Rebhügeln. Aus dem Glücksversprechen, das sich diese Idylle „ohne viel Änderung“ auch in künftigen Generationen perpetuiert, wird bei Thierberg ein Fluch: „Gewiß, ohne viel Änderung und ohne viel Vergnügen“ (700) lautet sein Urteil:

„Der Kleine dort wird jetzt bald in die Schule getrieben und von seinem Schulmeister täglich geprügelt, gerade wie vorzeiten sein Großvater. Der junge Bursche wird bald Soldat, oder auf ein paar Jahre Knecht in der Stadt. Kömmt er dann nach Hause, und der Vater ist tot, so bekommt er sein kleines Stückchen Erde und glaubt heiraten zu müssen: und hat er vier Kinder, so werden sie, wenn er auch einst stirbt, das armselige Erbe unter sich teilen, und gerade viermal ärmer sein, als er. So treibt es sich herauf und herab; zu dem Pulver, das sie heute verschießen, haben sie ein ganzes Jahr gespart, um doch auch *einen* Tag zu haben, an welchem sie sich betäuben können; und das nennen sie lustig sein! Das nennen die Städter ein Fest, ein malerisches Volksvergnügen!“ (700)

Während bei Albert die Arbeitswelt an den Rand gedrängt war, nimmt sie in Thierbergs Blick das Zentrum ein. Und diese Arbeitswelt bleibt sich bei genauem Hinschauen nicht wirklich gleich, sondern sie verschlechtert sich: „Viermal ärmer“ erscheint die Zukunft in Thierbergs ländlicher Verelendungstheorie, die Gewalt, Militär, Knechtschaft und Erbregelungen in Szene setzt. Die Liebe, die in Albert von Rantows Beschreibung im Mittelpunkt stand, wird bei Thierberg ganz an die Seite geschoben und ist nur noch als gesellschaftliche Usance vorhanden, wenn der Kleinbauer „glaubt heiraten zu müssen“. Nicht Herzensangelegenheiten, sondern wirtschaftliche und soziale Sachzwänge bestimmen die Abläufe in Thierbergs Weltverständnis. Während Alberts Interpretation sprachlich durch Abtönungspartikel in der Schwebe der Möglichkeitsebene gehalten war, gibt Thierberg seiner Interpretation durch indikativisches Futur realistisches Gewicht. Die momentane Freude an der Weinlese ist für Thierberg nicht Ausdruck eines allumgreifenden idyllischen Lebensgefühls, sondern lediglich ein einmaliges Narkotikum, das vom Elend des ärmlichen Alltags ablenken und „betäuben“ soll. Alberts Perspektive, die die Weinlese als ein „malerisches Volksvergnügen“ empfindet, wird zur Unwissenheit des Städters über die harten Realitäten des Landlebens abgestempelt. Aus Thierbergs realistischem Blick erscheint die Romantik als intellektuelles Bemühen einiger Städter, idyllische Volkstümlichkeit da zu inszenieren, wo Armut die Wirklichkeit bestimmt. All dies trägt Thierberg hart und mit klarem Blick vor, aber ohne ein Mitgefühl für die Situation der Landarbeiter zu äußern.

Ganz anders Anna, die als letzte spricht. Nach Alberts spätromantischer Verklärung und Thierbergs realistischer Härte interpretiert sie die Weinlese in einer Weise, die nicht nur das Elend registriert, sondern mitleidsvoll begleitet. Es wäre selbstverständlich anachronistisch, hier literaturhistorisch von einem naturalistischen Blick zu sprechen,[67] aber es ist bemerkenswert, daß Hauff hier nicht nur eine romantische und eine realistische Position *avant la lettre* einander gegenüberstellt, sondern die realistische Position mit schwermütigem Mitleid korrigieren läßt. Auch Anna kann wie ihr Vater keine bukolische Idylle erkennen. Wenn überhaupt Poesie in der Weinlese zu entdecken sei, dann eine „Poesie, die mir das Herz durchschneidet" (700). Anna erscheint die Weinlese der Bauern „wie ein Bild des Lebens" (700). Der Begriff des „Bildes" signalisiert wieder, daß im folgenden eine weitere subjektive Perspektive entworfen wird. Wie auch immer man Annas Ausführungen literaturgeschichtlich einordnet, der genaue Blick auf das soziale Elend hebt Hauffs Novelle deutlich aus einer biedermeierlichen Sphäre hinaus. Anna erläutert ihre Perspektive auf die Weinlese:

> „Unter langem Jammer und Ungemach *ein* Tag der Freude, der durch seine hellen freundlichen Strahlen das öde Dunkel umher nur deutlicher zeigt, aber nicht aufhellt! Oh, kenntest du erst das Leben dieser Armen näher! Wenn du sie beim ersten Erwachen des Frühlings sehen könntest! Jeder Winter verwüstet ihre steilen Gärten […]. Aber rastlos zieht jung und alt heraus. […] Und fällt nun der böse Tau oder eine kalte Nacht, wie schauerlich ist dann ihr Geschäft anzusehen. Alle, selbst die kleinsten Kinder, strömen noch vor Tag in den Weinberg. Dort legen sie alte Stücke von Kleidern und Tüchern unter die Rebstöcke und brennen sie an, daß der qualmende Rauch die zarte Pflanze schützen möchte. Wie arme Seelen, ins Fegefeuer verbannt, schleichen sie um die kleinen, zuckenden Feuer und durch die Schleier, die der Rauch um sie zieht. Die Kleinen rennen umher, sie können noch nicht berechnen, welches Unglück sie sehen, aber die Männer und Weiber wissen es wohl; es ist *eine* kühle Morgenstunde, die das Werk langer, mühesamer Wochen zerstört, und sie ohne Rettung noch tiefer in die Armut senkt." (700 f.)

Ausrufezeichen und pathetische Interjektionen illustrieren Annas Mitgefühl. Zahlreiche Adjektive verstärken die teilnahmsvolle Perspektive.

---

[67] Kozielek verwendet den Begriff des Naturalismus in diesem Zusammenhang etwas nonchalant; vgl. Kozielek (Anm. 42), S. 316.

Die Unentrinnbarkeit dieses sich jährlich wiederholenden Kreislaufs des Elends betont das generalisierende Attribut „jeder". Im Detail erläutert Anna ihrem Cousin aus der Stadt, welche Schritte notwendig sind, um schließlich im Herbst die Trauben ernten zu können: Die Erdabtragungen des Winters müssen ausgeglichen werden. Die Angst vor Frost, der die Triebe vernichten könnte, erwähnt sie und erklärt, welcher Aufwand mit den Feuern im Weinberg betrieben wird, um die Rebstöcke vor Kälte zu schützen. Sie geht dabei noch viel mehr auf Einzelheiten ein als ihr Vater, betont superlativisch, daß die Weinbergsarbeit „selbst die kleinsten Kinder" leisten müssen und daß dies nicht nur Tages-, sondern auch Nachtarbeit mit einschließt. Im Unterschied zur realistischen Perspektive Thierbergs jedoch poetisiert sie dieses exakt beschriebene Elend, wenn sie die um die Feuer laufenden Winzer vergleicht mit „Seelen, ins Fegefeuer verbannt". Der Weinberg wird so zum Ort der Buße für allerdings nicht erkennbare Sünden. Sie personifiziert und dämonisiert das Naturgeschehen, wenn sie vom „böse[n] Tau" spricht. Mit ihrem detaillierten, aber poetisch-mitleidsvollem Blick auf soziale Mißstände bildet Anna auch einen Ausgleich zwischen der subjektiven Verklärung Alberts und der teilnahmslosen Härte ihres Vaters.

Entgegen der in der älteren Forschung vorgelegten These, Hauff habe kein „kritisches ästhetisches Bewußtsein" entwickelt,[68] reflektiert Hauffs letzte Erzählung an der Schwelle zwischen Romantik und Realismus sehr genau verschiedene poetische Möglichkeiten jenseits einer subjektivistischen Dichtung. Daß eine solche ästhetische Ortsbestimmung bewußt vorgenommen wird, illustrieren die Begriffe „poetisch" und „Poesie", die diese Szene leitmotivisch begleiten und insgesamt fünfmal genannt werden. Damit gibt Hauff seinen Lesern Signale, diese Erzählpassage poetologisch zu deuten. Jenseits der Romantik werden mit Thierberg und Anna die sozialen und ökonomischen Bedingtheiten des Lebens detailgenau analysiert. Albert, der die gesamte Erzählung hindurch immer wieder vorgefaßte Meinungen und falsche „Bilder" revidieren muß, erweist sich auch hier mit seiner romantischen Verklärung als wirklichkeitsfremd. Annas mitleidsvollem Realismus, der am Ende dieses dialektischen Aufbaus die Quintessenz präsentiert, gilt Hauffs größte Sympathie.

Eine in die Erzählung eingeschachtelte Geschichte bildet Thierbergs Erinnerung an die Begegnung mit dem französischen Capitaine, die sich gegen Ende zugleich in eine Bildbeschreibung von Davids Gemälde ver-

---

[68] So etwa Fritz Martini: Wilhelm Hauff, in: Deutsche Dichter der Romantik. Ihr Leben und Werk, hg. v. Benno von Wiese. Berlin ^{2}1983, S. 532–562, hier S. 535.

wandelt.[69] *Das Bild des Kaisers* literarisiert so das vormals rhetorische Konzept der Ekphrasis.[70] Besonders an Hauffs novellistischer Ekphrasis ist, daß lediglich der Leser sie als eine Bildbeschreibung semantisieren kann; ihr Erzähler, Thierberg, weiß zu der Zeit noch von keinem Gemälde. Hauff läßt Thierberg keine Kunst beschreiben, sondern sein Erlebnis. So verwischt *Das Bild des Kaisers* auf der Figurenebene den manieristischen Charakter der Ekphrasis als vermittelter Kunst in der Kunst, als Kunst aus zweiter Hand. Hauff wählt dabei für seine novellistische Ekphrasis mit Davids Gemälde *Bonaparte beim Übergang des Sankt Bernhards* ein äußerst dynamisches Bild, das an sich schon Handlung vermittelt. Die Horazische (seit Lessing und Diderot in die Kritik geratene) Maxime des *ut pictura poesis* läßt sich dementsprechend spielerisch erfüllen, da Hauffs narrative Fiktionalisierung den energischen Charakter von Davids Bild medial sinnvoll in erzählte Handlung umsetzt. Aus dem räumlichen Nebeneinander des Reiters und seiner Soldaten schafft Hauff das zeitliche Nacheinander in einer Anekdote Thierbergs, in der der bildkünstlerisch abgebildete Moment das Ende der Erzählung markiert. Dabei wird Davids heroisches Herrscherporträt intimisiert und in einen privaten Augenblick eingebunden.

Das erzählte Bild wird von Hauff bewußt vorbereitet. Am Abend beim Nachhauseweg von Willis Schloß zu Thierbergs Burg erzählt Anna Albert von dem Plan, dem Napoleon-Enthusiasten General von Willi zum Geburtstag eine Kopie des „berühmten Bildes von David [zu schenken], das Buonaparte zu Pferd noch als *Konsul* vorstellt" (687). Eine solche Kopie hat sich Robert von Willi „durch einen Bekannten in Berlin" (687) verschafft. Nach Napoleons Niederlage hatte Blücher ein Exemplar von Davids Bild 1815 Friedrich Wilhelm III. mit nach Berlin gebracht. Seit 1816 war es in Charlottenburg ausgestellt, wo auch Hauff Davids Gemälde besichtigt hatte. Die Charlottenburger Fassung von Davids Gemälde zeigt Napoleon in einem roten Mantel auf einem sich aufbäumenden

[69] Zum Genre der novellistischen Ekphrasis und erzählten Bilder vgl. Bernard Dieterle: Erzählte Bilder. Zum narrativen Umgang mit Gemälden. Marburg 1988. Heide Eilert: Das Kunstzitat in der erzählenden Dichtung. Studien zur Literatur um 1900. Stuttgart 1991. Ursula Renner-Henke: „Die Zauberschrift der Bilder". Bildende Kunst in Hofmannsthals Texten. Freiburg 2000. Zum Verhältnis von Bild und Text in der Romantik vgl. Bild und Schrift in der Romantik, hg. v. Gerhard Neumann u. Günter Oesterle. Würzburg 1999 (Stiftung für Romantikforschung, 6).

[70] Vgl. hierzu: James A. W. Heffernan: The Museum of Words. The Poetics of Ekphrasis from Homer to Ashbery. Chicago, London 1993. Beschreibungskunst – Kunstbeschreibung. Ekphrasis von der Antike bis zur Gegenwart, hg. v. Gottfried Boehm u. Helmut Pfotenhauer. München 1995.

kastanienbraunen Pferd.[71] In seiner Rezension zu Walter Scotts Napoleon-Biographie echauffierte sich Hauff über Blüchers Kunstraub, den Napoleon ja selbst in Italien vorexerziert hatte:

Leider hat sich dieses Verfahren an Buonaparte selbst gerächt. Nicht nur das Geraubte nahm man wieder zurück, sondern auch manches Eigentum mußte folgen. Die Pferde der Viktoria stehen zwar wieder auf dem Brandenburger Tore, aber für uns war es kein erfreulicher Anblick, wenn wir, nicht weit von ihnen, jenes herrliche Bild des Malers David sahen, das den jugendlichen Sieger Italiens zu Pferd darstellt.[72]

Hauff weiß also aus eigener Anschauung, was für ein Bild er narrative Gestalt annehmen läßt. Seine Heldin Anna und er scheinen die gleiche Vorliebe für den Konsul Buonaparte gegenüber dem Kaiser Napoleon zu teilen. Anna betont ja, daß er auf dem Bild „noch als *Konsul*“ vorgestellt ist,[73] und sie erläutert mit einer ersten, flüchtigen Bildbeschreibung, warum ihr der Konsul mehr behagt als der Kaiser: „So nimmt er sich am besten aus, er ist noch jung, mager, und das interessante, feurige Gesicht unter dem Hut mit der dreifarbigen Feder, ist malerischer, eignet sich mehr für die Darstellung eines Helden, als wie er nachher abgebildet wird.“ (687) Bedeutsam für den späteren Erzählverlauf wird die „dreifarbige Feder“, die entgegen Davids Bild (dort trägt Napoleon die Trikoloren-Kokarde als Rosette am Zweispitz) hier als Wiedererkennungs-Zeichen für den Leser die Spur zur Enträtselung des Geschehens legt.[74]

Zurück auf Burg Thierberg angelangt, granteln Albert und der alte Thierberg gemeinsam wieder einmal über die Franzosen, und Thierberg steigert sich in den Ausruf: „Ich hasse sie alle, allesamt wie die Hölle!“ (690) Darauf fragt Anna „mit Bedeutung“: „Alle, Vater *alle*?“ und gibt ihrem Vater damit den Anstoß, zum wiederholten Mal, für den Leser allerdings zum ersten Mal, seine Erinnerung an ein Erlebnis aus dem Jahre 1800 zum Besten zu geben. Denn von seinem allgemeinen Franzosenhaß muß Thierberg einen Mann ausnehmen, „den ich täglich loben und preisen möchte. Hätte er nicht so verzweifelt gut französisch gespro-

[71] Zu den übrigen vier Versionen, die in der Farbe des Pferdes, der Farbe des Mantels und in Details des Mittelgrundes variieren, vgl. Jacques-Louis David 1748–1825. Musée du Louvre, Département des Peintures, Paris, Musée National du Château, Versailles, 26 octobre 1989 – 12 février 1990, hg. v. Antoine Schnapper. Paris 1989, S. 381–386.

[72] Wilhelm Hauff: Napoleons Leben von Sir Walter Scott (Anm. 35), S. 193. Zum Thema vgl. Paul Wescher: Kunstraub unter Napoleon. Berlin 1976.

[73] Kursivierung im Original.

[74] Die Kokarde wurde zwar ursprünglich aus Hahnenfedern (Coquarde) hergestellt, erscheint aber auf Davids Bild bereits als Bandschleife in Form einer Rosette.

chen, ich hätte geglaubt, es sei ein Engel vom Himmel." (690) Die plakative Metaphorik verteufelt Frankreich zur Hölle, in welcher der eine Franzose als „Engel vom Himmel" umso erstaunlicher wirkt. Thierbergs Erinnerung bildet – als knappe Binnenerzählung von zweieinhalb Seiten am Ende des achten Kapitels kurz nach der Mitte der Novelle – das heimliche Zentrum der Geschichte. Thierberg selbst markiert seinen Bericht als „wunderliche Geschichte" (690) und gibt damit zu erkennen, daß hier noch das ‚Wunderbare' greifbar ist, das in der Phantastik der Frühromantik einst den Alltag durchdrang. Bei Hauff ist das Wunderbare der Romantik nur noch in der Reminiszenz eines alten rückwärtsgewandten Aristokraten präsent.

Thierberg erzählt, daß er im Jahr 1800 mit seiner Frau nach Italien gereist war, als sie die Nachricht erreichte, daß Moreau für Frankreich gegen Deutschland ziehe. Daraufhin brach Thierberg allein mit seinem Diener sofort zurück nach Deutschland auf und wählte den Weg über den Großen St. Bernhard, wo er von fünf „zerlumpte[n] Kerls von der französischen Armee" (691) überfallen wurde. Die Soldaten nahmen ihnen Rock, Stiefel, Uhr, Börse und begannen, auch den Mantelsack zu untersuchen, „als eine schreckliche Stimme hinter uns *Halt* gebot" (691). Erst einmal nur akustisch wird der Retter aus der Not eingeführt und lediglich über die Wirkung, die er ausübt, beschrieben. Die Marodeure verwandeln sich beim Anblick des namenlosen französischen Offiziers, der „Halt" gebot, in vorbildlich disziplinierte Soldaten. „Wie vom Donner gerührt" (691) stehen sie „kerzendgerade und verlegen" (691) da und können ihren Raub nicht legitimieren.[75] Der französische Offizier erkundigt sich bei Thierberg, was geschehen sei, und ordnet wütend an, den Herrn und seinen Diener wieder anzukleiden, das Gepäck zu ordnen und sich *stante pede* bei der Truppe zu melden. Mit größter Dienstfertigkeit und Schnelligkeit wird dieser Befehl ausgeführt. Die Soldaten überschlagen sich förmlich darin, den Anweisungen zu folgen.[76] Thierberg ist gleichermaßen verwundert wie fasziniert von dieser Wirkung, die er mit den Begriffen „Disziplin" und „Gehorsam" (691) beschreibt. Um dieser Begriffe willen hat die Forschung moniert, daß Thierberg letztlich nur als alter Militarist den Drill an Napoleon gutheißt.[77] Eine solche Einschät-

---

[75] Thierbergs Diener bestätigt diesen Eindruck seines Herrn, wenn er äußert, „wie aus Stein gemeißelt standen sie vor dem Kapitän und schämten sich" (692).

[76] „Noch nie bin ich so schnell bedient worden; ein junger Kerl wollte mir gegen meinen Willen die Stiefel anziehen, und bat mich unter Tränen im Auge, es zu erlauben" (691), erinnert sich Thierberg.

[77] Vgl. Fritz Böttger: Nachwort (Anm. 43), S. 134ff.; Gerard Kozielek: Wilhelm Hauffs letzte Novelle (Anm. 42), S. 322.

zung läßt aber außer Acht, daß Thierberg mit den ihm zur Verfügung stehenden Begriffen etwas beschreibt, was man heute Charisma nennen würde. Hauff läßt Thierberg den anonymen Napoleon schildern, indem er seine charismatische Wirkung auf die Soldaten nachzeichnet. Diesem Charisma kann sich auch Thierberg nicht entziehen, der betont, daß der Offizier „trotz seinem schlechten Oberrock, sehr vornehm" (691) aussah. Charisma äußert sich nicht im offiziellen Rang oder der Kleidung, sondern wird sichtbar in einer charismatischen Situation und in der Wirkung, die es auszulösen vermag.[78]

Nachdem Thierberg und sein Diener wieder restituiert sind, entschuldigt sich der Offizier bei Thierberg für seine Landsleute, und Thierberg und er beginnen ein Gespräch über den Adel. Während Thierberg für den alten Reichsadel plädiert, spricht sich der französische Offizier für eine neue Aristokratie aus, die „nur aus kriegerischem Verdienst und Ruhm" (692) legitimiert sei. Zum Abschied schenkt Thierberg dem „guten Kapitän[]" (692) seine silberne Feldflasche und erhält von diesem eine kleine Tacitus-Ausgabe und eine von den „bunten Federn auf seinem Hut, womit sich damals die republikanischen Offiziere schmückten" (692). Die Feder, die Anna bei ihrer Bildbeschreibung Davids (entgegen der Bildrealität) erwähnte, taucht hier wieder auf, und markiert die analytische Spur zur Enträtselung der Identität des Offiziers.[79] Die Musik

---

[78] Hauff beschrieb dieses Charisma in seiner Scott-Rezension als „moralische Gewalt, die Napoleon ausübte. Dieser geheimnisvolle und mächtige Einfluß, der ihn zum Herrn seiner Armeen machte, zeigte sich schon in Italien" (Wilhelm Hauff: Napoleons Leben von Sir Walter Scott [Anm. 35], S. 197).

[79] Eine ähnliche, aber etwas verstecktere Spur legt Hauff mit einem gedoppelten St. Georgs-Vergleich: Der Diener Hanns erinnert sich an den unbekannten Offizier: „Augen hat er auf sie gemacht, wie der Lindwurm auf den Ritter Sankt Georg" (692 f.). Später wendet Thierberg denselben Vergleich (nur umgekehrt) auf Napoleon an, wenn er sich über General von Willis Napoleon-Verehrung echauffiert: „dieser General, der meinen Todfeind als Schutzpatron anbetet, und diesen Buonaparte für den heiligen Georg hält, der den Lindwurm des veralteten Jahrhunderts tötete" (704). Dieses doppelte Aufrufen St. Georgs, sowohl im Zusammenhang mit dem unbekannten Offizier als auch für Napoleon selbst, weist den Leser auf eine mögliche Identität der beiden hin. Napoleon mit dem heiligen Georg zu vergleichen, hat eine ikonographische Tradition, wenn Napoleon in Lithographien (etwa später bei Edouard Holliet) als christlicher Ritterheiliger dargestellt wurde; vgl. hierzu Michael Paul Driskel: As Befits a Legend. Building a Tomb for Napoleon, 1840–1861. Kent, London 1993, Abbildung 84. Jacques Presser: Napoleon. Das Leben und die Legende. Stuttgart 1977, S. 384. Napoleon wurde so zum säkularen Heilsbringer in der abendländisch-ritterlichen Tradition des *miles christianus* stilisiert; vgl. hierzu Martina Hansmann: Zum Verhältnis von Innovation und Tradition in Gros' „Napoleon auf dem Schlachtfeld bei Preußisch Eylau". Schilderung und Interpretation historischer Realität im Auftrag Napoleons, in: Bilder der Macht – Macht der Bilder. Zeit-

eines heranziehenden Regiments mahnt zum Aufbruch, den Thierberg folgendermaßen schildert:

> Die Bajonette des Regiments blitzten über den nächsten Hügel herab, und die Musiker begannen eben ihr ‚Allons enfants', als er aufs Pferd stieg; er gab mir noch einige Verhaltensregeln, drückte mir lächelnd die Hand, und unter dem ‚Marchons, ça ira!' setzte er den Berg hinan. Noch heute steht dieser liebenswürdige, interessante junge Mann vor meinen Augen, wie er den Fuß der Alpe hinanritt, der Wind in seinem Mantel, in seinen Federn wehte, und er grüßend noch einmal sein geistreiches Gesicht nach mir umwandte. (692)

Mit dieser Beschreibung tritt Davids Bild ins fiktionale Leben der Erzählung. Thierberg beginnt seine Schilderung mit dem Hintergrund des erinnerten poetischen Gemäldes. Auch bei David sieht man im Mittelgrund hinter dem „nächsten Hügel" schemenhaft „die Bajonette des Regiments", darüber hinaus bei David noch links eine Kanone und (in einigen Fassungen) die Trikolore am rechten unteren Bildrand.[80] David stellt dabei deutlich eine Opposition her zwischen der scharf gezeichneten Apotheose Napoleons im Vordergrund und der bloß skizzenhaft verschwommenen Artillerieeinheit im Mittelgrund. Hauff belebt die Szene zusätzlich akustisch, indem er die Soldaten im Hintergrund die Marseillaise anstimmen läßt. Bei David wie bei Hauff „setzte [Napoleon] den Berg hinan", der bei David symbolisch als ein Weg zum Ruhm mit den Namen Karls des Großen und Hannibals (in Stein gemeißelt) gepflastert ist. So wird die konkrete historische Situation in eine Ahnenreihe heroisch-militärischer Alpenüberquerungen integriert. Auch bei David verweht der Wind nicht nur Mähne und Schweif des Pferdes, sondern bläht auch den Mantel des Reiters den Berg hinan, parallel zur nach oben zeigenden rechten Hand Napoleons. Die Wendung des Reiters zum Betrachter interpretiert Hauff zum Abschied von Thierberg, dem der Offizier „noch einmal sein geistreiches Gesicht" zeigte. Die imperial-symbolische Geste zum Gipfel des Ruhms hinan wird so zur privaten Gebärde umgedeutet. Mit Thierberg steht dem Leser „dieser liebenswürdige, interessante junge Mann vor Augen", und er ist sich an diesem Punkt der Erzählung bereits sicher, daß es sich bei diesem „guten Kapitän" um den Napoleon von Davids Bild handeln muß. So gewinnt der Leser einen Wissensvorsprung vor den Figuren der Novelle.

Nach Thierbergs Erzählung spekulieren sein Diener Hanns und er

---

geschichte in Darstellungen des 19. Jahrhunderts, hg. v. Stefan Germer u. Michael F. Zimmermann. München, Berlin 1997 (Veröffentlichungen des Zentralinstituts für Kunstgeschichte, 12), S. 157–175, hier S. 172.

[80] In der Charlottenburger Version fehlt allerdings die Trikolore.

über das spätere Schicksal jenes Offiziers, von dem sie annehmen, daß er mittlerweile gestorben sei. Bedeutungsvoll jenseits der Figurenebene wird für den mittlerweile kundiger gewordenen Leser die Überlegung Thierbergs: „Vielleicht hat er sich auch vom Dienst zurückgezogen, als der Diktator sich zum Kaiser machte" (693). Mit dem überschüssigen Wissen gegenüber den Figuren vermag der Leser, dies auch als ein Urteil über den Kaiser Napoleon zu lesen, der sich mit der Krönung von seinen alten Idealen verabschiedet habe. Bonaparte, so die intendierte Deutung, habe sich in dem Moment „vom Dienst zurückgezogen", als der dynastische Ehrgeiz des Kaisers die Revolutionsbegeisterung des Generals verblassen ließ. Noch bevor Thierberg Davids Gemälde sieht und seinen Kapitän als Napoleon wiedererkennt, interpretiert die junge Generation die Kopie von Davids Bild. Der novellistischen Ekphrasis folgt so eine diskursive Bilddeutung. Robert von Willi ist entzückt über Davids Idee, das allegorische Reiterstandbild zu verlebendigen und zu dynamisieren: „Wie glücklich der Einfall, diesen hochstrebenden Mann nicht in der gebietenden Stellung des Obergenerals, sondern in einer Kraftäußerung aufzufassen, die einen mächtigen Willen, und doch eine so erhabene Ruhe in sich schließt." (717) Robert von Willi weist somit daraufhin, daß David aus dem traditionellen Typus des statischen barocken Reiterporträts ein Handlungsporträt geformt hat.[81] In Davids Bild entspricht die Position des Pferdes nicht mehr einer erlernten Levade, Pesade oder Courbette wie auf barocken Reiterbildnissen, sondern bedeutet ein ungestümes Aufbäumen gegen die Dressur. Napoleon wird so zum Bändiger der wilden Natur stilisiert; er steht als heldisches Genie in der schroff-einsamen Umgebung der Alpen. Die Artillerieeinheit im Mittelgrund verschwimmt gegen diesen einzelnen Heros ins schemenhafte. Der Preuße Albert von Rantow, der in Berlin Blüchers Kunstraub besichtigt hatte, muß Robert von Willis Begeisterung trotz seiner Abneigung gegen Napoleon zustimmen und ergänzt das Gespräch mit der bekannten Anekdote von den Instruktionen Napoleons an David: „Man sagt, David habe ihn malen wollen als Helden, den Degen in der Hand, auf dem Schlachtfelde; Buonaparte aber erwiderte die merkwürdigen Worte: ‚Nein! Mit dem Degen gewinnt man keine Schlachten; ich will *ruhig* gemalt sein – auf einem wilden Pferde'" (717).[82]

---

[81] Vgl. Rainer Schoch: Das Herrscherbildnis der Malerei des 19. Jahrhunderts. München 1975 (Studien zur Kunst des 19. Jahrhunderts, 23), S. 55. Werner Telesko: Napoleon Bonaparte. Der „moderne Held" und die bildende Kunst 1799–1815. Wien, Köln, Weimar 1998, S. 75 f.

[82] Hauff läßt hier Rantow wortgenau das Gespräch zwischen Künstler und Auf-

Thierbergs Wiedererkennen Napoleons dramenästhetisch als Anagnorisis zu interpretieren, legt der Erzähler selbst nah, wenn er eine „theatralische Wendung“ (718) des Geschehens ankündigt mit Thierbergs Auftritt vor dem Bild. Thierberg erkennt auf dem Gemälde sofort (nach immerhin etwa 25 Jahren) den Offizier vom St. Bernhard wieder. Um diesem Wiedererkennen Glaubwürdigkeit zu verleihen, läßt Hauff den Diener Hanns Thierbergs Eindruck bestätigen. General von Willi erklärt Thierberg, daß es sich bei diesem Reiter um Napoleon handelt. In Umkehr von Hauffs novellistischer Ekphrasis, die Davids Gemälde in eine Erzählung einer realen Erfahrung umformt, interpretiert Thierberg das Gemälde als seinem Erlebnis nachgeschaffen. Davids Bild scheint für Thierberg „meinen Gedanken nachgebildet, [...] aus meinem Herzen herausgestohlen“ (718). Thierbergs Wiedererkennen initiiert den komödiantischen Schlußtrubel, in dem Thierberg schließlich einer Ehe von Anna und Robert zustimmt. Dabei kommt dem Gemälde die Funktion eines Ehestifters zu. „Ihre Anna um diesen Napoleon“ (721), bittet General von Willi für seinen Sohn. Und Thierberg verlebendigt das Gemälde, indem er es direkt anspricht. Das Bild steht stellvertretend für Napoleon, den Thierberg apostrophiert. Den Ausschlag gibt schließlich der Diener Hanns, der Thierberg daran erinnert, daß er den französischen Offizier damals gebeten habe, „wenn Sie einst durch Schwaben kommen [...], so vergessen Sie nicht auf Thierberg einzusprechen, daß Sie mich nicht zu Ihrem ewigen Schuldner machen.“ (721) Auf diese Weise wird die Heiratseinwilligung zum Gastgeschenk an den posthum in Schwaben Einzug haltenden Napoleon.

Das Rätsel ist gelöst, Thierbergs Erinnerung an den unbekannten Offizier vom St. Bernhard mit Davids Napoleon-Gemälde in Deckung gebracht. Daß Thierbergs größte Bewunderung ausgerechnet jenem Mann galt, den er am meisten haßte, und daß er ihn just in der Pose erinnerte, die Davids berühmtes Gemälde darstellt, strapaziert den Zufall in Hauffs Novelle sehr. Aber handelt es sich deshalb um eine wunderbare Begebenheit im Sinne der Romantik? Albert, der Romantiker aus Passion, sieht dies natürlich so, wenn er von einem „Wunder“ (705) spricht, das notwendig wäre, um Thierberg zum Einlenken zu bewegen. Der Erzähler hingegen korrigiert die Einschätzung seiner Figur und kommentiert den

traggeber wiedergeben. David soll zu Napoleon gesagt habe: „Général, je veux vous peindre l'épée à la main“, worauf Napoleon geantwortet haben soll: „Non ce n'est pas avec l'épée qu'on gagne les batailles. Je veux être peint calme sur un cheval fougeux.“ (Rainer Schoch: Das Herrscherbildnis der Malerei des 19. Jahrhunderts [Anm. 81], S. 55).

erzählerischen Schlußgalopp als „sonderbare Fügung des Geschicks" (719). Sonderbar, aber möglich erscheint das Geschehen durchaus im Alltäglichen angesiedelt.[83] So distanziert sich auch der Schluß der Novelle von der Romantik, die im Verlauf der Erzählung immer mehr an Relevanz veloren hat.

Während die Napoleon-Literatur zu Lebzeiten durch eindeutige Werturteile geprägt ist, die entweder Napoleon vergöttlichen oder verteufeln, zeichnet sich Hauffs Erzählung *Das Bild des Kaisers* dadurch aus, daß sie in sich die Meinungen zum französischen Kaiser vervielfältigt und kaleidoskopartig zusammensetzt. Der narrative Perspektivismus Hauffs gestattet dabei verschiedene Sichtweisen auf Napoleon in ein und demselben Werk. Hauffs Erzählung inszeniert in sich die konkurrenten Mythisierungen, die zuvor verschiedene Texte gegeneinander setzten. Napoleon-Hasser und Napoleon-Verehrer beginnen einen Dialog. In der jungen Generation sind die politischen Haltungen zu Napoleon mit poetischen Programmen verknüpft. Während der preußische Anti-Napoleonist Albert von Rantow sich selbst als Romantiker bezeichnet, koppelt Anna von Thierberg ihre liberale Napoleon-Verehrung in der Tradition Bérangers mit einer massiven Romantik-Kritik. Im Verlauf der Erzählung wird Alberts Romantik als wirklichkeitsferne, selbstverliebte Pose demontiert. Mit der Verabschiedung der Romantik wird zugleich auch der aggressive Napoleon-Haß als eine anachronistisch überständige Haltung aus Befreiungskriegszeiten entpflichtet. Während die alte Generation ihr epigonales Bewußtsein pflegt und die 1820er Jahre als eine Zeit ohne Größe betrauert, beginnen Anna und Robert ihr gemeinsames Leben mit einem realistisch geklärten Blick jenseits der Romantik. Daß dieser Schluß nicht bruchlos in einer privat biedermeiderlichen Idylle aufgeht, zeigen neben den Hinweisen auf die „Demagogen"-Verfolgungen und der erzählerischen Sympathie für den revolutionären Robert

[83] Auch nicht sehr viel märchenhafter erscheint Napoleon bei Hauff in der *Geschichte Almansors*, einer in den Märchenalmanach *Der Scheich von Alexandria und seine Sklaven* eingeschachtelten Binnenerzählung. *Die Geschichte Almansors* erzählt von der Entführung Kairams/Almansors, des Sohns des Scheik Ali Banu, nach Frankreich. Aus der orientalischen Fremdperspektive erscheint „Frankistan" (Frankreich) als seltsames Land. Napoleon, der namentlich kein einziges Mal genannt wird, erweist sich als Retter Kairams, denn er erkennt ihn wieder aus seinem Ägyptenfeldzug. Napoleon wird wieder als volkstümlicher Kaiser und Petit-Caporal in der Tradition Bérangers beschrieben. Einzelne Handlungsmomente übernahm Hauff in diesem Märchen von Johann Peter Hebels Kalendergeschichte *Einer oder der andere* (1814). Vgl. hierzu Johannes Barth: Neue Erkenntnisse zu den Quellen von Wilhelm Hauffs Märchen, in: Wirkendes Wort 41 (1991), S. 170–183.

auch die detaillierten Schilderungen des sozialen Elends, die in die Erzählung integriert sind. Romantisch Wunderbares findet sich (jenseits der Projektionen Alberts) nur noch in der Erinnerung des alten Thierbergs an seine Napoleon-Begegnung im Jahre 1800, die am Schluß mit Davids Gemälde abgeglichen wird. Damit wird die Romantik aus dem Leben der Erzählung in der novellistischen Ekphrasis in eine abseitige Kunst in der Kunst gebannt, die nur noch mittelbar Einfluß auf die Realität nimmt.

2. Wallfahrten und Wiedergänger
Platen, Immermann, Zedlitz und Gaudy am Grab auf St. Helena

Die Napoleon-Lyrik der 1820er bis 1840er Jahre erhebt den toten Kaiser zum Märtyrer des Mittelmaßes und bedauert mit Empathie und Sentimentalität das Schicksal des im Exil Verstorbenen. Poetische Wallfahrten nach St. Helena suchen den Geist des untoten Napoleon auf, um gemeinsam mit diesem Wiedergänger einen kritischen Blick über das gegenwärtige Europa schweifen zu lassen. Während die Forschung zwar bisher die Napoleon-Verehrung in der Lyrik zwischen 1820 und 1848 partiell katalogisiert und auch die Anthologien mit Napoleon-Gedichten als Ausdruck dieser Hausse des Napoleon-Enthusiasmus ausgewertet hat,[84] sind die Form dieser Gedichte als poetische Wallfahrten zum Grab und als lyrische Gespräche mit dem untoten Napoleon bisher unberücksichtigt geblieben. Diese napoleonischen Totengespräche suchen nicht in der Tradition Lukians ein allgemeines Totenreich auf, sie spielen weder im antiken Hades noch in der christlichen Hölle. Vielmehr wird St. Helena selbst zu einem mythischen Zwischenreich stilisiert, zu einem individuellen Totenreich jenseits europäischer Realitäten gestaltet.[85] Mit der Rückkehr von Napoleons Asche 1840 nach Frankreich erreicht die Napoleon-Lyrik noch einmal einen quantitativen Höhepunkt.

Die Lyrik wählt in Rollengedichten dabei oft, inspiriert von Bérangers Gedichten, die Perspektive des alten Soldaten, um den Geist Napoleons zum Leben zu erwecken. In der Nostalgie von Napoleon-Veteranen erscheint der Geist des toten Napoleon als Projektion ihrer Sehnsucht nach vergangenen Heldenzeiten. Das lyrische Zwiegespräch mit dem untoten

[84] Vgl. Wulf Wülfing: Napoleon-Bibeln. Anthologien als Medien der Mythisierung von Figuren der Geschichte, in: Wege der Literaturwissenschaft, hg. v. Jutta Kolkenbrock-Netz. Bonn 1985, S. 184–204. Fritz L. Cohn: The Worship of Napoleon in German Poetry, in: Modern Language Quarterly 1 (1940), S. 539–549.

[85] Zum literarischen Totengespräch in Deutschland in der Tradition Lukians vgl. John Rutledge: The dialogue of the dead in 18th century Germany. Bern, Frankfurt a.M. 1974.

Napoleon sucht aber auch oft ein lyrisches Ich, das in der Rolle des jungen enthustiastischen Dichters in mageren Zeiten nach Orientierung und Größe sucht. Kritische Napoleon-Gedichte sind in dieser Zeit kaum mehr anzutreffen. Napoleon kann in der Lyrik dieser Zeit sowohl als Gegengröße zu einem allgemeinen kulturellen Epigonenbewußtsein eingesetzt werden, er kann aber auch konkreter in politische Dienste gegen die Restauration genommen werden. Inwiefern Napoleon im Kampf gegen die Restauration liberal funktionalisiert wird, wird im Kapitel zu Heine noch eingehender diskutiert werden. Hier sollen die poetischen Wallfahrten ans Grab von St. Helena und die lyrischen Gespräche mit napoleonischen Wiedergängern an einzelnen Gedichten und lyrischen Zyklen von August von Platen, Karl Immermann, Joseph Freiherr von Zedlitz und Franz Freiherr von Gaudy erörtert werden. Abschließend wird die Napoleon-Lyrik einiger 1848er analysiert.

August von Platens *Ode an Napoleon* entstand 1825. Während Platen noch zehn Jahre zuvor *An Buonaparte* (1815) eine wütende Befreiungskriegsanklage apostrophierte, hatte er 1818 mit der Ballade *Colombos Geist* bereits der welthistorischen Größe Napoleons lyrischen Zoll geleistet.[86] Die *Ode an Napoleon* stimmt nun in 28 alkäischen Strophen ein ungeschmälertes Ruhmeslied an.[87] Napoleon erscheint als Inkarnation der Freiheit und wird gegen den Vorwurf der Tyrannei verteidigt. In seiner Begeisterung vergöttlicht das lyrische Ich Napoleon:

> Regier in Frieden, rieten die Menschen dir,
> Ein Rat, wie wenn am Morgen des ersten Tags
> Das Nichts dem Schöpfer raten wollte:
> Schlaf und erschaffe die Welt doch ja nicht![88]

---

[86] Vgl. hierzu die Analyse im Kapitel I. 6 *(Von Elba nach St. Helena. Zu Lebzeiten entrückt [1814–1821])*. Weitere lyrisch affirmative Napoleon-Reminiszenzen finden sich bei Platen in der alkäischen Ode *Acqua Paolina* (1827) und in dem Gedicht *Die Wiege des Königs von Rom* (1828).

[87] Platens Ode läßt sich in fünf Teile gliedern: Die ersten zwei Strophen stellen die poetische Maxime vor, daß Dichter Helden zum Thema erheben, deren Größe die Welt mißachtet. Die dritte bis dreizehnte Strophe verteidigen den von der Gegenwart mißverstandenen Napoleon (im Sinne der zuvor aufgestellten Maxime) im Rückblick gegen den Vorwurf der Tyrannei. Die Strophen 14 bis 16 kontrastieren Napoleons heroische Vergangenheit mit einer trüben Gegenwartsdiagnose. Die Strophen 17 bis 22 schreiten noch einmal die Stationen des Kaisertums Napoleons ab mit der Hochzeit mit Marie Louise, der Geburt des Sohnes, dem Rußlandfeldzug und der Rückkehr von Elba. Die Strophen 23 bis 28 schildern in elegischem Ton Leben und Sterben auf St. Helena und problematisieren den Nachruhm Napoleons.

[88] August von Platen: Ode an Napoleon, vierte Strophe, in: Ders.: Werke, hg. v. Kurt Wölfel u. Jürgen Link, Bd. 1: Lyrik. München 1982, S. 492–495.

Napoleons Kriege werden mit der Weltschöpfung verglichen, bei der Napoleon die Rolle als Schöpfergott zugedacht ist. Napoleon vom Krieg abzuraten, wird als absurde Unverhältnismäßigkeit eingestuft. Der Abstand vom göttlichen Napoleon zu seiner Umgebung wird deutlich, wenn die Friedensmahner mit dem „Nichts" verglichen werden. Nicht die ethische Opposition von Gott und Teufel wird herangezogen, sondern der existentielle Abstand von göttlichem Sein und dem Nichts bildlich benutzt. Napoleon als gottgleicher Schöpfer steht ganz in der Tradition der Genieästhetik, die den Künstler als beinahe göttlichen „second maker" (Shaftesbury) fordert, der aus sich heraus ohne von außen verordnete Norm intuitiv ein Werk schafft. Napoleon wird zum Genie mit blutigen Mitteln stilisiert. Der Welt bleibt in Platens Gedicht gar nichts anderes übrig, als dem bellizistischen Gedanken dieses Genies zu folgen, „der aus der kühnen Jovisstirn dir | Göttlich und waffengeziert hervorsprang" (V. 47f.). Napoleon als Zeus gebiert seine zu Athene allegorisierten Kriege als göttliche Gedanken. Damit erlangt nicht nur der Schöpfer göttlichen Status, sondern sein Kriegswerk wird ebenfalls personifizierend vergöttlicht. Krieg wird zum Produkt göttlicher Kreativität verklärt. Das Gedicht legitimiert Napoleons Kriege als revolutionäre Befreiungskämpfe vom *ancien régime*.[89] Für Platen bezeichnet Napoleons Auftritt auf der weltgeschichtlichen Bühne den Moment, in dem „eine freie Heldenseele | Riesengedanken ans Licht der Welt bringt" (V. 51f.). Die Komposita „Heldenseele" und „Riesengedanken" markieren den monumentalischen Status von Napoleons Werk, das auch hier wieder in Spuren antiker Mythologie assoziierbar ist. Napoleon erscheint wie ein Prometheus, der den „Riesengedanken" der Zivilisation transportiert und verbreitet.

Napoleons Größe konturiert sich bei Platen vor einer vernichtenden Gegenwartsdiagnose. Die *Ode an Napoleon* ist zugleich ein Schmähgedicht auf die Restaurationszeit. Schon der hohe Ton der alkäischen Form steht in Opposition zum Mittelmaß der Gegenwart, die politisch als Zeit der restaurativen Unterdrückung gekennzeichnet wird.[90] Die Freiheitsbewegungen in Griechenland und Polen werden benannt und als Opfer der Restaurationspolitik markiert. Das lyrische Ich prophezeit in apokalyptischen Tönen den „baldigen Untergang | Der Staaten Abfaum [sic]" (V. 57f.). Die Gegenwart wird als „falsche Zeit" (V. 85) beschrieben. Die

---

[89] Napoleon wird dargestellt als derjenige, der „vernichtete | Was in Europa drohte mit altem Zwang!" (V. 33f.).

[90] Vgl. Peter Bumm: August Graf von Platen. Eine Biographie. Paderborn 1990, S. 375f.

anklagende, suggestiv formulierte Apostrophe an die gegenwärtige Welt, „Erde, wo ist dein Held?" (V. 89), veranschaulicht die Ödnis einer napoleonlosen Welt.

Die letzten sechs Strophen der Ode führen den Leser nach St. Helena und ans Grab Napoleons, wo in weicheren und melancholischen Tönen ein poetisches Trauergemälde entworfen wird. Während die Strophen zuvor gedanklich genau argumentierten, scharf Napoleons Politik verteidigten und die Restauration anklagten, tritt hier die rhetorisch-politische Struktur zurück für den Entwurf einer lyrischen Szenerie. Nymphen lokken Schiffer vor St. Helenas Küste „mit süßer Wehmut Klagegetön heran" (V. 102) und führen sie gemeinsam mit dem Leser an Napoleons Grab: „O kommt mit uns, und wandelt schweigend | Über dem Grabe der wüsten Insel!" (V. 103 f.) Dieser lyrischen Aufforderung zum Grabbesuch leisten in den nächsten Jahren mehrere Dichter Folge.[91] In einem regelrechten poetischen Gräbertourismus machen es sich in Deutschland in den nächsten Jahren Zedlitz, Immermann und Gaudy zur Aufgabe, das Grab auf St. Helena in poetischen Pilgerfahrten zu bedichten.

Eine solche Gräberpoesie steht zwar in der Tradition der englischen Vorromantik und der deutschen Empfindsamkeit,[92] aber konkretisiert die allgemeinen Meditationen über Tod, Sterben, Grab und Einsamkeit in dem exemplarischen Fall von Napoleons Leben und Sterben. Die Kulisse St. Helenas bildet den Ausgangspunkt für geschichtsphilosophische Reflexionen und Zeitkritik. Die ferne Insel im Atlantik wird dabei oft als romantischer geheimnisvoller Ort entworfen, dem das entzauberte, prosaische Europa gegenübersteht. Die Romantik bezeichnet in diesen Grabgesängen so immer das Abwesende, geographisch mit St. Helena die ferne Insel im Atlantik und zeitlich das Vergangene von Napoleons Leben und Werk. Es handelt sich nicht um romantische Gedichte, sondern um Lyrik, die die Romantik (verdinglicht im Grab auf St. Helena und verkörpert im Geist Napoleons) als das nicht mehr Erreichbare thematisiert.

1828 erschienen die *Todtenkränze* von Josef Christian Freiherr von Zedlitz.[93] Zedlitz führte seine Leser in dieser Kanzonensammlung zu den

---

[91] Vgl. Paul Holzhausen: Die deutsche Dichtung an Napoleons Grabe. O. O. 1921. Vgl. auch August Mahlmann: Die Insel Helena und ihr Grab, in: Dichter um Napoleon. Eine Auswahl der Napoleonpoesie, hg. u. eingeleitet v. Friedrich Wencker. Berlin 1913, S. 124.

[92] Zur traditionellen Gräberpoesie vgl. etwa Paul van Tieghem: La poésie de la nuit et des tombeaux. Les idylles des Gessner et le rêve pastorale. Paris 1948.

[93] Vgl. zu Zedlitz die biographische Skizze von Conrad Dieter von Zedlitz-Neu-

Gräbern unglücklicher Dichter (Byron, Tasso, Petrarca), tragisch Liebender (Romeo und Julia) und zu den Ruhestätten großer Helden der Geschichte (Wallenstein, Joseph II., Maximilian II., Napoleon). Zedlitz etablierte mit den *Todtenkränzen* die 13versige italienische Kanzone als elegische Strophe in der deutschen Lyrik.[94] Gemeinsam mit einem „Geist des Grabes" macht sich das lyrische Ich, ein verträumt-enthusiastischer Dichter, auf eine imaginative Reise. Der „Geist des Grabes" bemüht sich, den schwärmerischen Dichter vom Unglück der verstorbenen Figuren zu überzeugen. In einer lyrischen Wechselrede betont der Geist jeweils das (mehr oder minder gerechtfertigte) Unglück der Toten, während sich der Dichter auf das Glück und die Leistung zu Lebzeiten beruft und den Toten ein ehrenvolles Gedenken wünscht. Die Idee der Unsterblichkeit wird mit der Vorstellung von der Wandelbarkeit des Glücks konfrontiert. Das lyrische Ich kämpft gegen den Zynismus um die Legitimität seines idealistischen Enthusiasmus. Zedlitz formulierte mit seinen Gräberreisen den Wunsch, „Begeisterung für alles Edle und Hohe im Leben zu verherrlichen".[95]

Es ist bezeichnend, daß dieses „Edle und Hohe" für Zedlitz nicht mehr in der Gegenwart zu finden ist, sondern daß er sich genötigt sieht, seinen jungen Dichter in der Phantasie in die Vergangenheit zu schicken. Erst an Gräbern längst verstorbener Helden findet das lyrische Ich zu seiner gegenwärtigen Begeisterung. Inspiration ist nur noch aus dem Abwesenden zu importieren und nicht mehr anlaßlos im Künstler selbst zu stiften. Napoleon und Lord Byron sind die jüngst verstorbenen seiner Helden. Napoleons Tod markiert so die Schwelle von einer heroischen Vergangenheit zu einer prosaischen Gegenwart. Napoleon wird in Zedlitz' *Todtenkränzen* zum Inspirationsinstrument. An seinem Grab läßt sich die Begeisterung entzünden, die in der Gegenwart nicht mehr möglich ist. Nachdem das lyrische Ich und der „Geist des Grabes" in Böhmen Wallensteins Grab einen Besuch abgestattet haben und bevor sie nach Avignon zum Grab Petrarcas aufbrechen, umfaßt der dritte Teil eine poetische Pilgerfahrt nach St. Helena.[96]

kirch: Joseph Christian Freiherr von Zedlitz. Leben und Schaffen eines Schulkameraden Eichendorffs, in: Aurora 29 (1969), S. 70–91.

94 Gegenüber ihrer elfversigen Variante, die vor allem August Wilhelm Schlegel verwendet, hat sich diese 13versige Kanzone mit durchgehend weiblich schließenden jambischen Fünf- und Dreihebern aber nicht in Deutschland durchsetzen können.

95 Joseph Christian von Zedlitz: Todtenkränze. Canzonen. Wien 1828, S. 7.

96 Die 134 Kanzonen der *Todtenkränze* zerfallen in neun Teile. Die Canzonen eins bis acht stellen den Dichter und den Geist des Grabes vor und erzählen den Entschluß zur Gräberreise. Die Canzonen neun bis 19 führen nach Gitschin in Böhmen

Insgesamt 15 Kanzonen (20–34) gelten dem Andenken Napoleons.[97] Vier Kanzonen (20–23) beschreiben die mehrtägige Reise nach St. Helena. Auf einem Zaubermantel, der an Fausts und Mephistos Fahrten gemahnt, nähern sich der junge Dichter und der Geist des Grabes durch die Lüfte der Insel. Nächtens erreichen sie die Insel St. Helena, die unheimlich und düster beschrieben wird als Sühnemal, das Gott geschaffen hat als „ew'ges Zeichen, | Zum Ende aller Tage auszureichen!" (23, 12 f.) Die Kanzonen 24 und 25 beschreiben Napoleons Grab nach dem Gemälde von Horace Vernet.[98] Neben dem schmucklosen Grab, das nur von einem Schwert geziert wird, steht ein Lorbeerbaum, den der Blitz getroffen, aber nicht entwurzelt hat: „Doch ob versehrt auch, ist er nicht vernichtet, | Und helles Laub umlichtet | auch noch des Baumes abgebroch'ne Aeste" (24, V. 6 ff.). So wird der Baum zum Bild von Napoleons Schicksal, der zwar im Exil auf St. Helena sein Leben beschließen mußte, aber den auch dieses schmähliche Ende nicht aus seinem weltgeschichtlichen Platz entwurzeln konnte. Die Gegner Napoleons werden zwar mit den Naturkräften verglichen, aber diese in eine göttliche Schöpfung rückgebunden, wenn betont wird, daß Gottes Wille den Baum bestehen ließ. Die 25. Kanzone versammelt um das Grab, in barocker Bildtradition, mittlerweile wertlos gewordene Herrschaftsinsignien: Zerbrochene Kronen, ein Zepter, Hermelinschmuck am Boden und verblichener Purpur allegorisieren das Ende der weltlichen Herrschaft Napoleons.

Die Kanzonen 26 und 27 geben eine Apostrophe des lyrischen Ichs an den toten Napoleon wieder. Die zuvor beschriebene Umgebung interpretiert das lyrische Ich als unwürdigen Ort für einen einstigen Weltenherrscher. Die Einsamkeit und Ödnis St. Helenas vermitteln den Eindruck, daß Napoleon unbetrauert und halb vergessen hier liegt:

---

zu Wallensteins Grab. Die Canzonen 20–34 gelten Napoleons Grab auf St. Helena, die Canzonen 35–42 Laura und Petrarca in Avignon. Dem folgt in den Canzonen 43–53 eine Reise nach Verona zum Grab von Romeo und Julia. In Rom führt der Geist das lyrische Ich in den Strophen 54–76 zum Grab Torquato Tassos. Danach geht es (Canzonen 77–89) nach England zum Grab Lord Byrons und Lord Cannings. In den Canzonen 90–103 formuliert der Dichter eine selbstbewußte Antwort an den Geist des Grabes, daß sehr wohl von partiellem Glück des Nachruhms auszugehen sei. Der letzte Teil (Canzonen 104–134) führt nach Wien zu den Gräbern Josephs II., Zar Alexander I. und Maximilian II.

[97] Joseph Christian von Zedlitz: Todtenkränze (Anm. 95), S. 20–34. Es handelt sich um die Canzonen 20–34, die im folgenden eingeklammert mit Verszählung im Text zitiert werden.

[98] Zu Horace Vernets Napoleon-Bildern vgl. Horace Vernet (1789–1865), hg. v. d. Académie de France à Rome. École nationale supérieure des Beaux-Arts, Paris. Mars – Juillet 1980. Paris 1980.

„Verlassen liegst du hier, einsam begraben, | Kein Auge weint! – Soll nichts geliebt dich haben?" (26, V. 12 f.) Die asyndetische Reihung bildet die Einsamkeit grammatisch ab. Schon in E. T. A. Hoffmanns *Vision auf dem Schlachtfelde bei Dresden* (1814) wird Napoleon als der ungeliebte Tyrann geschildert, den die mangelnde Zuneigung und das fehlende Mitleid seiner Umgebung schließlich zur ewigen Verdammnis verurteilen.[99] Bei Zedlitz ist dies gemildert: Das lyrische Ich formuliert eine skeptische Frage, die die folgenden Kanzonen sehr viel ausgewogener als bei Hoffmann beantworten. Zwar intensiviert die 27. Kanzone noch einmal diese Zweifel, indem geschildert wird, daß diejenigen, die vor 1815 von Napoleons Herrschaft profitiert hätten, sowohl seine Verwandtschaft als auch seine Entourage, ihn auf St. Helena im Stich gelassen hätten. Aber die Anteilnahme des mitleidsvollen lyrischen Ichs kompensiert schon während dieser Vorwürfe den Undank der europäischen Welt.

Genau darauf macht in der 28. Kanzone der Geist des Grabes aufmerksam. Er sieht Tränen in den Augen des Dichters und versteht nicht, wie das lyrische Ich für Napoleon Trauer empfinden kann. Der Geist des Grabes hält dem jungen Dichter vor, wie die Menschheit heute Napoleon grolle, und er versucht, seine Begeisterung zu dämpfen, indem er ihn auf Napoleons schmähliches Ende verweist. Auf die Frage des Geistes, warum der Dichter trotz des allgemeinen Napoleon-Grolles für den Kaiser schwärmt, erteilt der Dichter in den Kanzonen 29 und 30 dem Geist eine Antwort, die die Napoleonbegeisterung als Reaktion auf einen allgemeinen Welt- und Gegenwartsekel formuliert. Der Dichter begeistert sich auch für Napoleon, „weil mich die Welt an dieses Todten Stätte | Anekelt, die erbärmliche, gemeine!" (29, 1 f.) Die Napoleon-Kritik der 1820er Jahre erscheint dem Dichter verlogen, da sie von den Personen geübt wird, die zuvor „wie Gewürm […] vor ihm gekrochen" (29, 3) seien. Gegenüber dieser kritisierten nachträglichen Abrechnung mit Napoleon stellt der Dichter seine Deutung von Napoleons Rolle im weltgeschichtlichen Verlauf vor:

29.

Ein Wetter – sprach ich – daß die Welt sich reine,
Ward er vom ew'gen Throne hergesendet,
Und wohl zu kennen war's, wem er ein Bote!
D'rum sollen, auf die Erde hingewendet
Das Anlitz, betend knien im Vereine,

---

[99] Vgl. hierzu die Analyse in Kapitel I. 4 *(Apokalypse 1813. E. T. A. Hoffmanns Erzählung „Die Vision auf dem Schlachtfelde bei Dresden")*.

Die ihm gezittert, als im Flammenrothe
Von Gottes Zorn er drohte!
Denn bis die Hand, die mächt'ger war als Menschenhände,
Dahin ihn streckte, sie, die ihn gerufen,
Nicht eher sank er von der Hoheit Stufen;
Wir aber prahlen nun mit seinem Ende! –
In Waffen bin ich gegen ihn gestanden,
D'rum mocht ich ihn nicht schmäh'n, als er in Banden!

Napoleon erscheint in heilsgeschichtlichen Dimensionen als Bote Gottes und wird zu einem reinigenden Gewitter verbildlicht. Diese Metaphorik erinnert an Grillparzers pathologischen „Fieber"-Vergleich und an die religiöse Verbildlichung zur „Geißel Gottes". Der kathartische Effekt legitimiert in jeder dieser Metaphern die momentane Unbill. „Wem er ein Bote" (29, 3) war, wird zwar durch Verschweigung betont, aber nicht konkret benannt. Dem Leser bleibt es auferlegt zu mutmaßen, daß Napoleon einer mittelmäßigen Welt zum Beweis von „Ganzheit, Hoheit, Größe" (Grillparzer) gesendet worden ist. Demut wird den ehemaligen Untertanen Napoleons abverlangt, da nicht sie, sondern Gott ihn besiegt habe. „Nicht eher sank er von der Hoheit Stufen" (29, 10), als bis ihn Gott abberief. Diese Argumentation beleiht in der christlichen Wendung Manzonis Ode *Il cinque Maggio.* Auch Manzonis Napoleon muß sich am Ende der christlichen Ordnung eingliedern, aber tut dies an der Spitze der Menschheit: „Chè più superba altezza | Al disonor de Golgata | Giammai non si chinò." Die biographische Auskunft des fiktionalen Dichters, daß er „in Waffen […] gegen ihn gestanden" (29, 12) ist, enthält eine Parallele zu Zedlitz' Leben, der ebenfalls 1809 bei Aspern und Wagram gegen Napoleon gekämpft hatte.[100] Der Dichter bricht nach dieser Überlegung einen Zweig vom Lorbeerbaum beim Grab als Souvenir ab und fordert den Geist auf, diesen unwirtlichen Ort zu verlassen. Er sehnt sich nach den Gräberbesuchen bei den Kriegsführern Wallenstein und Napoleon nach Frieden und privater Intimität. Die folgenden Kanzonen (32–34) bereiten so die poetische Wallfahrt zu den Gräbern der unglücklich Liebenden nach Avignon (Petrarca und Laura) und Verona (Romeo und Julia) vor.

Berühmt wurde Zedlitz freilich nicht mit den Napoleon-Kanzonen in den *Todtenkränzen*, sondern mit seiner Schauerballade *Die nächtliche Heerschau* (1829), einem im 19. Jahrhundert über Deutschland hinaus bekannten, von Karl Loewe vertonten, Gedicht, das eine Gespenster-Pa-

[100] Vgl. Conrad Dieter von Zedlitz-Neukirch: Joseph Christian Freiherr von Zedlitz (Anm. 93).

rade von toten napoleonischen Soldaten beschreibt, die zu Ehren ihres ebenfalls aus dem Grab erstandenen Kaisers stattfindet. Barthélemy und Méry übersetzten *Die nächtliche Heerschau* ins Französische. Théophile Gautier imitierte die Ballade in seinem Gedicht *Les vieux de la vieille*, und auch Victor Hugo ließ sich in seiner Napoleon-Ode *À l'arc de triomphe* von Zedlitz' Schauerballade inspirieren.[101] So beeinflußte nicht nur französische Napoleon-Lyrik die deutsche lyrische Auseinandersetzung mit Napoleon, sondern auch deutsche Balladen, wie Heines *Die Grenadiere* und Zedlitz' *Die nächtliche Heerschau* (die wiederum von Béranger beeinflußt waren), wirkten zurück nach Frankreich. In Zedlitz' Ballade trommelt auf den elysäischen Feldern ein Tambour die toten Grenadiere zu einer mitternächtlichen Heerschau aus dem Grab. Napoleon nimmt diese Parade ab, bleibt während des ganzen Gedichts namenlos und wird lediglich mit wenigen markanten Accessoires unverkennbar geschildert: „Er trägt ein kleines Hütchen | Er trägt ein einfach Kleid | Und einen kleinen Degen | Trägt er an seiner Seit."[102] Hier wird Napoleon ganz in der Tradition Heines und Bérangers als volkstümlicher Soldatenkaiser, als Petit Caporal der liberalen Napoleon-Legende dargestellt. Bereits der eine von Heines *Grenadieren* träumte von der Wiederkunft des Kaisers aus dem Grab.[103]

Zedlitz Ballade *Das Geisterschiff* (1832) variiert diese Wiedergänger-Motivik, indem geschildert wird, wie alljährlich am 5. Mai der tote Napoleon als Geist auf einem Schiff nach Frankreich segelt, um nach Spuren seiner irdischen Vergangenheit zu suchen.[104] Während es zwischen 1815

---

[101] Vgl. Oskar Hellmann: Joseph Christian Freiherr von Zedlitz. Ein Dichterbild aus dem vormärzlichen Österreich. Leipzig 1910. Fritz L. Cohn: The Worship of Napoleon in German Poetry (Anm. 84), hier S. 542. Eduard Niemeyer: Die Schwärmerei für Napoleon in der deutschen Literatur (Anm. 11).

[102] Joseph Christian von Zedlitz: Die nächtliche Heerschau, in: Ders.: Gedichte. Stuttgart 1859, S. 23.

[103] Vgl. hierzu die Analyse von Heines *Grenadieren* in Kapitel I. 6 *(Von Elba nach St. Helena. Zu Lebzeiten entrückt [1814–1821])*. Wilhelm Smets *Der alte Grenadier* (1830), in: Dichter um Napoleon (Anm. 91), S. 135ff. träumt ebenfalls von der Auferstehung Napoleons.

[104] Zedlitz' *Geisterschiff* inspirierte Moritz Gottlieb Saphirs *Des Hauses letzte Stunde*, Eduard Fincks *Die nächtliche Meerfahrt*, Heinrich Wilhelm August Stieglitz' *Das Grab auf St. Helena*, Theodor Drobischs *Sankt Helenas letzte Tage*, Ignaz Heinrich von Wessenbergs *Napoleons Ende zu St. Helena* und Friedrich Weyermüllers *Napoleon auf St. Helena*. Wessenberg hat sich intensiv mit Napoleon befaßt und mehrere Gedichte über ihn geschrieben, vgl. Ignaz Heinrich von Wessenberg: Napoleon, in: Ders.: Sämtliche Dichtungen, Bd. 5, Stuttgart, Tübingen 1837, S. 281; ders.: Napoleons Ende zu St. Helena; Die Napoleon zugedachte Ehre des Pantheons; Die Bildsäule Napoleons, in: s. o., Bd. 2, Tübingen 1834, S. 180ff.; ders.: Sanct Helena, in:

und 1821 immer wieder zu Gerüchten von Napoleons Flucht von St. Helena kam, so waren nach 1821 noch lange Zeit Stimmen zu hören, die den Tod Napoleons als Falschmeldung bestritten. Immer wieder wurde Napoleon vermeintlich an verschiedenen Orten gesichtet.[105] Auf solche Gerüchte reagieren die lyrischen Wiedergängertexte. Bérangers populäres Lied *Il n'est pas mort* verdichtet diese Motive am deutlichsten.[106] In der deutschen Lyrik wird der untote Napoleon sowohl als Wunschprojektion sterbender Soldaten personalisiert verfremdet (Heine) als auch in der Konfrontation mit anderen mythischen Untoten zum literarischen Leben wiedererweckt. In diesem Zusammenhang ist besonders Immermanns Gedichtzyklus *Das Grab auf St. Helena* zu nennen, der Napoleon und Barbarossa analogisiert.

Immermanns Gedichtzyklus *Das Grab auf St. Helena* entstand 1828 und enthält in der veröffentlichten Version vier Gedichte. Der Untertitel dieses Zyklus *Fragmente aus Fragmenten* signalisiert aber bereits, daß noch weitere Entwürfe für diese Sammlung vorliegen. Die von Robert Boxberger veranstaltete Gedichtausgabe versammelt vier zusätzliche Gedichte zu diesem Zyklus, die Immermann selbst nicht 1835 in den Gedichtband seiner Schriften aufnahm. Im folgenden wird sowohl auf die von Immermann autorisierten als auch auf die nachgelassenen Gedichte rekurriert. Zwei zusammengehörige jeweils sechs- und siebenstrophige Balladen eröffnen die Gedichtsammlung. Hier werden Napoleon und Barbarossa verglichen:

Der Kaiser Friedrich Rothbart
Sitzt tief in des Berges Kluft;
Hoch liegt auf nacktem Meerfels
Der Kaiser Napoleon.

Der Berg heißt Kyffhäuser
Der Berg in der güldenen Au;
Der Fels im wüsten Weltmeer,
Er heißet Sanct Helena.[107]

---

s. o., Bd. 4, Stuttgart, Tübingen 1834, S. 248; ders.: Napoleon; Beim Denkmal auf dem Schlachtfelde von Waterloo; Der Leiche Napoleons Rückkehr aus St. Helena; Napoleons Leichenfeier in: Ders.: Neueste Dichtungen. Stuttgart, Tübingen 1844, S. 239–241.

[105] Vgl. hierzu Gérard Gengembre: Napoléon (Anm. 61), S. 214–217. Bernard Ménager: Les Napoléon du peuple. Paris 1988, S. 27–32.

[106] Pierre-Jean de Béranger: Il n'est pas mort, in: Ders.: Œuvres complètes. Paris 1855, Bd. 3, S. 60 ff.

[107] Karl Immermann: Das Grab auf St. Helena. Fragmente aus Fragmenten (1828),

Mit dieser balladesken Eröffnung, bei der die Reimlosigkeit die Leseerwartung irritiert, werden die beiden toten Herrscher über ihre Ruhestätten vorgestellt, die über den topographischen Gegensatz („tief" im Berg und „hoch" auf dem Fels) illustriert werden. Während der Kyffhäuser aber noch in der lieblichen Umgebung der „güldenen Au" (1, 6) mitten im alten Reich angesiedelt ist, wird die Trostlosigkeit St. Helenas „im wüsten Weltmeer" (1, 7) fernab von Frankreich besonders betont. So ist es hier bereits möglich, Napoleon nicht nur als einen zweiten Barbarossa zu interpretieren, sondern sein Schicksal als eine Steigerung und typologische Überhöhung des mittelalterlichen untoten Regenten zu begreifen. Während die Befreiungskriegslyrik versuchte, sich Napoleon mit nationalistischem Abwehrzauber vom Leib zu dichten, integriert Immermann Napoleon durch diesen Barbarossa-Vergleich wieder in einen deutschen Mythen-Kanon. Napoleons Schicksal auf St. Helena steht nicht im Gegensatz zu Barbarossas Darben im Kyffhäuser, sondern wird parallelisiert. Dabei drückt Napoleons Schicksal das Leiden an der ereignislosen Gegenwart noch intensiver aus als die Qual Barbarossas. Nicht mehr nationale Selbstbestimmung steht im Vordergrund der Auseinandersetzung mit Napoleon, sondern Napoleon wird funktionalisiert für eine kulturelle Epochenanalyse jenseits nationaler Kategorien.

Die folgenden Strophen der ersten Ballade erzählen von der Ruhelosigkeit Barbarossas, der gramvoll fragt, ob es nicht Zeit zum Sterben sei. Er sehnt sich nach dem Tod. Während in der Kyffhäusersage Barbarossa dazu ausersehen ist wiederzukommen, um die alte Reichsherrlichkeit neu herzustellen, sehnt sich Immermanns Barbarossa nicht nach triumphalischer Wiederkehr glorreicher Zeiten, sondern danach, sterben zu können. Die zweite Ballade stellt gegen Barbarossa im Kyffhäuser Napoleon auf St. Helena, dessen Grab zwar nachts „zerbirst" (2, 4), aber dem es nicht möglich ist, die Felseninsel zu verlassen. Napoleon wird als schattenhafter Geist beschrieben, der zur Mitternacht „aus der geborstnen Felsgruft" (2, 5) emporsteigt, traurig über das Meer blickt und gegen ein Uhr wieder „seufzend, qualmüd" (2, 19) in seine Gruft zurückkehren muß. Die Ruhelosigkeit verbindet die beiden untoten Herrscher. Die Erlösungswahrscheinlichkeit trennt sie voneinander. Während Barbarossa Ruhe prophezeit wird, wenn vor dem Kyffhäuser einst „kein Stein

---

in: Ders.: Werke. Berlin o. J., Bd. 11: Gedichte, mit einer Einleitung und Anmerkungen v. Robert Boxberger, S. 151–156 und 319–328, hier 151. Immermanns heroisches Napoleon-Bild wurde von der älteren germanistischen Forschung des frühen 20. Jahrhunderts eher argwöhnisch als nationale Unzuverlässigkeit beäugt; vgl. Sigmund von Lempicki: Immermanns Weltanschauung. Berlin 1910, S. 103 f.

mehr" (2, 25) steht, so bleibt Napoleons Aussicht auf Erlösung ungewiß: „Wie lang der Andre umgeht, | Das frag ihn selber bei Nacht!" (2, 28)

Das dritte Gedicht des Zyklus entwirft eine Nacht auf St. Helena, in der ein lyrisches Ich sich in einem Kahn der Insel nähert, um den untoten Napoleon zu beobachten. Ähnlich wie der junge Dichter in Zedlitz' *Todtenkränzen* ist Immermanns lyrisches Ich voll ängstlich erregter Neugier. Das vierte Gedicht ist ein Rollengedicht, in dem der untote Napoleon zu dem nächtlichen Besucher spricht und ihm eine Botschaft nach Europa mitgibt. Napoleon spricht feierlich in reimlosen sechshebigen Jamben und erträumt sich eine Beerdigung in Frankreich. „Regierte Recht und gälte heil'ger Ehre Pflicht" (4, 3), so würde sein Sohn den Sarg nach Frankreich überführen.[108] Zwölf Jahre bevor 1840 Napoleons Asche feierlich von St. Helena nach Paris zurückgebracht wurde, formuliert Immermanns untoter Napoleon den Anspruch: „Durch alle Zeiten, merke dir's, fordr' ich mein Grab | In meinem Haus!" (4, 45 f.)

Die von Immermann unterdrückten Napoleon-Gedichte enthalten ein Zwiegespräch des neugierigen Poeten-Touristen mit dem Geist Napoleons. In dramatisierter Form spricht ein namenloser „Wanderer" mit dem „Geist" im Blankvers und erbittet von ihm die Lösung der „Räthsel unsrer Zeit".[109] Der napoleonische Geist bittet erst einmal um Aufklärung, wie es denn um diese Zeit bestellt sei. Darauf gibt der Wanderer seinen epigonalen Blick auf das napoleonlose Europa frei:

Heut gut, schlecht morgen, übermorgen gut.
Man streitet sich um nichts, verträgt sich auch
Um nichts. Im Grunde weiß kein Mensch, was er
Und was der Andre will. Die Zung' ist rasch,
Der Arm ist langsam, und die Weiber herrschen.
Bedeutend aber nennt man diese Zeit.[110]

Die Belanglosigkeit der Gegenwart spiegelt sich in dem Einerlei der Befindlichkeit. Ob es den Menschen schlecht oder gut geht, ob sie sich streiten oder vertragen, erscheint nebensächlich, da dies nur marginale Unterschiede in einer Zeit der Ereignislosigkeit markiert. Der Epoche fehlt es in dieser Diagnose an einem einheitlichen Richtungswillen, die Ausdifferenzierung verschiedener Strömungen wird als defizitär wahr-

---

[108] Immermann hat an anderer Stelle, wie auch Platen in seinem Gedicht *Die Wiege des Königs von Rom* (1828), Napoleons Sohn zum lyrischen Objekt gemacht in seinem Gedichtzyklus *Wiege und Traum* (1829), in: Ders.: Werke (Anm. 107), Bd. 11, S. 156–161.

[109] Karl Immermann: Das Grab auf St. Helena (Anm. 107), S. 323.

[110] Karl Immermann: Das Grab auf St. Helena (Anm. 107), S. 323.

genommen. Handlungsarmut korrespondiert mit Geschwätzigkeit, wenn der Befund lautet: „Die Zung' ist rasch, | der Arm ist langsam". Diese ereignislose sich selbst reflektierende, aber nicht verändernde Zeit wird pejorativ als weiblich und bedeutungslos gekennzeichnet. Im Umkehrschluß erscheint die kriegerische Vergangenheit als männliche Epoche. Der Gegenwart fehlt „jene Gluth, die mich einst aufgezehrt", weiß der napoleonische Geist bei Immermann.[111] Dementsprechend urteilt der napoleonische Geist: „Die Welt entbehrt des Herrn", und seine Lösung für das „Räthsel der Zeit" lautet: „Von allen Dingen, die Euch nöthig sind, | Ist der Despot das nöthigste".[112] Politische Diktatur als Heilmittel für das kulturell epigonale Gefühl der Belanglosigkeit ist hier Figurenrede eines zermürbten untoten Weltenherrschers.

Der verbitterte Geist Napoleons fordert Gott heraus, indem er seine Legitimation, ihn zu strafen, in Frage stellt: „Wer gab Dir, ungerechter Richter droben, | Die Macht mich zu zertrümmern, – zu zertrümmern | Um das Geschlecht?" Nicht nur schilt der Geist Gott ungerecht. Er fragt auch nach einer Instanz, die Gottes Handeln leitet. Die Nachfrage intensiviert sich: „Wie hast Du mich, den Halbgott, | Verwerfen dürfen um der Milben Glück?"[113] Diese prometheische Herausforderung Gottes, die ihre Verachtung für die epigonale Gegenwart zur Tiermetaphorik der milbenartigen Zeitgenossen verdichtet, empfindet der Wanderer als „ungeheuren Frevel", und auch der Himmel fühlt sich herausgefordert und reagiert mit einem Unwetter, um Napoleon zu disziplinieren. Die titanische Größe Napoleons wird aber daran deutlich, daß er sich nicht von diesem Gewitter einschüchtern läßt. Napoleon steht umlodert von Blitzen, „erschüttert nicht und ungebeugt". Fernab auf St. Helena demonstriert der untote Napoleon eine den Elementen und der göttlichen Ordnung trotzenden Größe, die allerdings im Atlantik exiliert ist. Gegenüber den Napoleon-Balladen zwischen 1814 und 1821, die auch bereits Napoleon den europäischen Zusammenhängen entrückten, verschärft sich hier noch der Gegensatz von epigonaler Zeitbestimmung und unerreichbarer Größe, da die Größe nicht nur geographisch entrückt scheint. Die Größe repräsentiert nicht mehr Napoleon selbst, sondern nur noch sein Geist, der nicht mehr zur Ruhe kommt. Ein Untoter vermag nur noch um Mitternacht für eine Stunde seine Größe gespensterhaft denjenigen demonstrieren, die ihn aufsuchen. Historische Größe wird so zu einem

[111] Karl Immermann: Das Grab auf St. Helena (Anm. 107), S. 323.
[112] Karl Immermann: Das Grab auf St. Helena (Anm. 107), S. 323.
[113] Karl Immermann: Das Grab auf St. Helena (Anm. 107), S. 325.

schemenhaften Traum verfremdet, der keinen Ort in der Realität mehr hat.

Auch Franz Freiherr von Gaudys *Kaiserlieder* suchen poetisch St. Helena auf. Die *Kaiserlieder* (1835) waren zu ihrer Zeit ein sehr populärer Gedichtzyklus, der ganz dem Leben und Nachruhm Napoleons gewidmet ist. 27 Gedichte schildern Napoleons Leben in Ausschnitten: Annähernd die Hälfte der Lieder rufen Lebensstationen Napoleons stellvertretend über Schlachten auf und sind auch nach ihnen benannt. Dem Ägypten- und dem Rußlandfeldzug sind mehrere zusammenhängende Lieder gewidmet, die kleine Binnenzyklen bilden. Dabei schwelgen besonders die Gedichte zum Ägyptenfeldzug im Exotismus orientalischer Pracht und entwerfen, in dem langen Gedicht *Buonaberdi*, eine eigene arabische Märchenwelt, bei der sich Gaudy von Barthélemys und Mérys Versepos *Napoléon en Egypte* (1828) inspirieren ließ.[114] Fußnoten, die Napoleon-Zitate oder Örtlichkeiten näher erläutern, geben dem Gedichtzyklus einen semiwissenschaftlichen Anspruch. Formal äußerst virtuos kombiniert Gaudy trochäische Langzeilen, die er von Wilhelm Müller übernimmt und an Ferdinand von Freiligrath weitergibt,[115] mit Schiller nachgebildeten Ottaverime und rezipiert von Zedlitz auch die Kanzone. Bérangers Napoleon-Lyrik, die Gaudy gemeinsam mit Chamisso ins Deutsche übertragen hatte, hat in der Präferenz für den liberal-volkstümlichen Napoleon Einfluß auf die *Kaiserlieder* genommen. Hoch zu veranschlagen für die Gestaltung der *Kaiserlieder* ist auch Gaudys Heine-Verehrung.[116]

Die rückhaltlose Napoleon-Bewunderung Gaudys ohne jegliche deutsch-nationale Reserve ist von der germanistischen Forschung des späten 19. und frühen 20. Jahrhunderts mit Befremden registriert und

---

[114] Auguste Marseille Barthélemy und Joseph Méry: Napoléon en Egypte. Poëme en huit chants. Stuttgart 1830. Gustav Schwab hatte dieses Epos noch 1828 ins Deutsche übersetzt. Mit Victor Hugos *Buonaberdi* hat Gaudys Gedicht hingegen bis auf den Titel wenig gemeinsam.

[115] Vgl. Hans-Wolf Jäger: Versepik, in: Zwischen Restauration und Revolution 1815–1848, hg. v. Gert Sautermeister u. Ulrich Schmid. München, Wien 1998 (Hansers Sozialgeschichte der deutschen Literatur vom 16. Jahrhundert bis zur Gegenwart, 5), S. 434–458, hier S. 448. Ferdinand Freiligrath beschrieb in seinen Gedichten *Der Biwak* und der *Der Scheik am Sinai* ebenfalls den Ägyptenfeldzug Napoleons. *Der Scheik am Sinai* verwendet achthebige, jambische Langverse. Vgl. Ferdinand Freiligrath: Werke, hg. v. Julius Schwering. Berlin o.J., Bd. 1, S. 51 f. *(Der Biwak)*, S. 73 f. *(Der Scheik am Sinai)*.

[116] Zu weiteren rezeptionsästhetischen Details vgl. Carl Voretzsch: Gaudys Kaiserlieder und die Napoleondichtung (Anm. 11).

als seltsame Verirrung eingeordnet worden.[117] Dabei ist Gaudys Begeisterung vielmehr ein typisches Beispiel für den regelrechten Napoleon-Kult, der gerade im Deutschland der 1820er und 1830er Jahre gepflegt wurde.[118] Die Napoleon-Verehrung konnte sich dabei, wie etwa bei Immermann, in einer Sehnsucht nach politisch unbestimmter Größe in einer kleinen Zeit erschöpfen. Napoleon stand dabei nicht in politischen Zusammenhängen und war auch nationalen Oppositionen enthoben; er repräsentierte schlechthin Größe in mageren Zeiten. Der Napoleon-Kult konnte aber auch politisch funktionalisiert werden und ausgehend von Bérangers und Heines liberaler Napoleon-Verehrung konkret im Vormärz gegen die politische Restauration gepolt werden. Dabei vernachlässigte eine solche Napoleon-Verehrung die dynastischen Tendenzen Napoleons und feierte ihn als einen Vollender und nicht als einen Gegner der Revolution. Dementsprechend fehlt in den *Kaiserliedern* auch ein Gedicht auf die Selbstkrönung Napoleons. Der Wandel vom Konsul auf Lebenszeit zum Kaiser wird stillschweigend umgangen.

Keinesfalls fehlen darf aber in einem solchen napoleonischen Zyklus ein St. Helena-Gedicht. Die Überfahrt wird mit einem Gedicht *(Northumberland)* gewürdigt, dem folgt ein *Sanct Helena* betiteltes Gedicht, das Napoleons letzten Lebensjahren gilt, und schließlich steht an vorletzter Stelle auch bei Gaudy die poetische Wallfahrt zum *Grab*. Ein Ossian-Zitat bildet das Motto dieses Gedichts und rückt die Stimmung sogleich ins unwirklich Vorzeitige einer Nebelwelt, die aber mit James Macphersons Ossian-Fiktion genauso konstruiert ist wie das Grab-Gedicht Gaudys. Anachronistische Schwermut in einer menschenlosen Natur entrückt das Gedicht aus konkreten zeitgeschichtlichen Bezügen. Bei Gaudy gibt es keine Gespräche mit dem untoten Napoleon, sondern an Stelle des Totengesprächs mit Napoleon tritt das Gespräch über Napoleon, das hier in menschenloser Umgebung die Natur selber anstimmt. In schweren achthebigen trochäischen paargereimten Langversen wird die trostlose, düstere und leere Natur St. Helenas metaphorisch belebt und personifiziert. Die Napoleon fehlende Trauergemeinde wird so stellvertretend von der Natur übernommen: „Bergesriesen" wachen am Grab anstelle alter Grenadiere, Blumen, deren Kelche „wie des Ehrenkreuzes Band" strahlen, erweisen dem Toten die letzte Ehre. Die

---

[117] Johannes Reiske: Franz Freiherr von Gaudy als Dichter. Berlin 1911, S. 38: Gaudys Begeisterung für Napoleon „freilich hören wir, wie Heines schmetternden Fanfaren, nur mit Befremden zu."

[118] Walther Klein: Der Napoleon-Kult in der Pfalz (Anm. 28). [Anonymus:]: Le culte de Napoléon en Allemagne de 1815 à 1848 (Anm. 61).

malerisch angedeuteten Personifizierungen intensivieren sich schließlich in fünf Trauerweiden, deren Blätterrauschen zum wechselnden Trauergesang verzaubert wird. Sie erscheinen als „Jungfrau'n mit gelöstem Haare" und stimmen einen dramatisierten Wechselsang an, der die trochäischen Langzeilen in vierhebige Kurzverse teilt, die im Kreuzreim weibliche und männliche Kadenzen wechseln. Die erste Trauerweide beginnt die Totenklage:

> Schleudert, Stürme, meine Ranken
> Nicht so rauschend durch die Luft!
> Schweigt! Der größte Held der Franken
> Träumt in dieser niedern Gruft.
> Wehet linder, wehet leiser!
> Dräuend aus des Grabes Nacht
> Steigt hervor der große Kaiser,
> Wenn er aus dem Traum erwacht.[119]

Der Tod wird zum Traum verklärt, aus dem Napoleon jederzeit erwachen kann. Vor einem solchen Erwachen warnt die Weide in einer imperativischen Apostrophe an den personifizierten Sturm. In parallel gefügten onomatopoetischen Wendungen („Wehet linder, wehet leiser") schmeichelt der Sang der Weide und versucht, dem möglichen Erwachen durch seine milden, fast an ein Wiegenlied gemahnenden Töne vorzubeugen. Genau dieses Erwachen aus dem Traum des Todes möchte die zweite Weide hingegen provozieren, indem sie die Stürme auffordert, noch stärker zu wüten. Das Erwachen des Kaisers wird zum größten Wunsch: „Weckt ihn auf! Er überhole | Wieder euern trägen Zug, | Schwinge sich von Pol zu Pole | Wie ein Gott im Siegesflug."[120] Der Wunsch nach einer Auferstehung Napoleons vollzieht sich nicht in christologischen, sondern in antiken Mustern. Napoleon, der als „Gott im Siegesflug" von „Pol zu Pole" ziehen soll, gleicht Phaëton: Der Sohn des Sonnengottes Helios hatte einmal von seinem Vater die Erlaubnis erhalten, den Sonnenwagen zu lenken, dabei aber die Erde in Brand gesetzt, weil die Sonnenrosse aus ihrem Gleis ausgebrochen waren. Zur Strafe wurde Phaëton von Zeus mit einem Blitzstrahl in den Eriadnos geschleudert. Phaëtons Schwestern, die Heliaden, wurden in Schwarzpappeln oder Erlen verwandelt, weil sie die Sonnenrosse angeschirrt hatten. Die Tränen, die sie über das Schicksal ihres Bruders vergossen, verwandelten sich in Bernstein. Die um Napoleon trauernden Weiden imitieren die antiken Heliaden, die um

---

[119] Franz Freiherr von Gaudy: Kaiserlieder, in: Ders.: Poetische und prosaische Werke. Neue Ausgabe, hg. v. Arthur Mueller. Berlin 1853, Bd. 4, S. 68.
[120] Franz Freiherr von Gaudy: Kaiserlieder (Anm. 119), S. 68.

ihren Bruder Phaëton weinen. Die Phaëton-Mythisierung für Napoleon impliziert wie die Prometheus-Mythisierung den jugendlichen Aufstand gegen die Vaterwelt und das Streben nach Autonomie. Dies ließ sich politisch deuten als Aufstand gegen den Absolutismus des *ancien régime.* Eine semantische Erweiterung gegenüber dem Prometheus-Mythos bedeutet das Scheitern am eigenen Ungestüm, wenn Phaeton die Sonnenrosse aus dem Gleis ausbrechen. Zudem ermöglichen die Heliaden im Phaëton-Mythos die Geschichte von rebellischem Aufruhr und väterlicher Bestrafung noch um die Trauer der nächsten Umgebung zu erweitern.

Die dritte Weide beklagt die Vergeblichkeit solcher Auferstehungswünsche und betont gleichzeitig, daß Napoleons Tod auf St. Helena seine Gegner verstummen ließ: „den Haß versöhnte | Seine Größe und sein Fall.“[121] Die vierte Weide wendet sich grimmig gegen die Briten, die Napoleons Gefangenschaft auf St. Helena verantworteten.[122] Die fünfte Weide beschreibt das schmucklose Grab Napoleons und ist die erste, die den toten Napoleon apostrophiert. Der fehlende Pomp wird hier nicht als Schande beschrieben, sondern als Napoleon angemessen, denn er erscheint hier nicht als Monarch, sondern als Soldat: Napoleon mag beruhigt sein, denn es liegt „mehr als Kron’ und Scepter werth, | Dir im Sarge doch zur Seite, – | Dein getreues Schlachtenschwert.“[123] Gegen die schmucklose Realität entwerfen die Weiden ein ideelles Grabmal. Die letzte Trauerstrophe stimmen sie gemeinsam an und imaginieren ein Mahnmal, das so groß ist, das es nicht „in Jahresfrist umschifft werden könnte“ und das mit „gigant’scher Schrift“ bedeckt ist. Daß es sich bei diesem Mahnmal um ein nicht-materielles handelt, lösen die letzten Verse: „Denn die Schrift ist die Geschichte, | Und das Erdenrund das Maal.“[124] Die Welt wird zum Denkmal Napoleons erhoben, das durch die Historie als solches entzifferbar wird.

Mit der Rückkehr von Napoleons Asche 1840 ist auch ein quantitativer Höhepunkt der Napoleon-Lyrik in Deutschland im 19. Jahrhundert benannt. Emanuel Geibel widmet sich *Napoleons Heimkehr* (1840), indem er Victor Hugos *Le retour de l’Empereur* übersetzt.[125] Heinrich Heine

---

[121] Franz Freiherr von Gaudy: Kaiserlieder (Anm. 119), S. 68.

[122] „Albion, jetzt athme freier | Denn verfolgt vom Völkerfluch | Bringt von seinem Horst der Geier | Dir des Feindes Leichentuch.“ (Franz Freiherr von Gaudy: Kaiserlieder [Anm. 119], S. 68).

[123] Franz Freiherr von Gaudy: Kaiserlieder (Anm. 119), S. 69.

[124] Franz Freiherr von Gaudy: Kaiserlieder (Anm. 119), S. 69.

[125] Emanuel Geibel: Napoleons Heimkehr, in: Ders.: Werke, hg. v. Wolfgang

beschreibt die Prozession zum Invalidendom in *Deutschland. Ein Wintermärchen.*[126] Der *Retour des cendres* erscheint bei Heine als gespenstische Erinnerung an längst irreal gewordene Größe: „Die Menschen schauten so geisterhaft | In alter Erinnrung verloren – | Der imperiale Märchentraum | War wieder heraufbeschworen."[127] Der „imperiale Märchentraum" wird auch in einer Reihe von Napoleon-Anthologien erinnert. Schon 1829 hatte Gottlieb Christian Friedrich Mohnike *Napoleon. Stimmen aus dem Norden und Süden* zusammengetragen.[128] Mohnike brachte Byrons und Manzonis Napoleon-Gedichte sowohl im Original als auch in Übersetzung, vernachlässigte aber französische Napoleon-Dichtung. Kritische Gedichte fehlen bei Mohnikes Sammlung nicht, die Universalität mit christlicher Distanz zu der napoleonischen Hybris vereint. 1837 hatte Niklas Müller, ein napoleonischer Veteran in seinem *Mainzer Liederbuch* Napoleon-Gedichte herausgegeben.[129]

1843 versammelte Ernst Ortlepp *Napoleonslieder*, und Eduard Brinkmeier stellte 1842 ein *Napoleons-Album* zusammen. Diese beiden Anthologien stehen in einem seit der Juli-Revolution verschärften System der Zensur und Polizeimaßnahmen unter erheblichem Legitimationsdruck. Ihre Herausgeber müssen der Metternich-Politik plausibel machen, wieso sie jetzt Napoleon-Texte veröffentlichen. Brinkmeier sichert sich im Vorwort gegen den Vorwurf ab, daß er hier einen Feind verherrliche. Gegen das Konzept nationaler Feindschaft setzt er die Vorstellung von historischer Größe, die jenseits nationaler Bezüglichkeiten angesiedelt sei. Dieses Entnationalisierungskonzept Brinkmeiers richtet sich nicht nur gegen eine mögliche Napoleon-Feindschaft der Deutschen, sondern versucht auch, einer französischen Vereinnahmung des Napoleon-Mythos vorzubauen. Die Heimholung von Napoleons Asche in den

---

Stammler. Kritisch durchgesehene u. erläuterte Ausgabe. Leipzig 1918, Bd. 3, S. 390f. Zum Thema vgl. Gilbert Martineau: Le Retour des Cendres. Paris 1990. Jean Tulard: Le retour des cendres, in: Les lieux de mémoires, hg. v. Pierre Nora, Bd. II, 3: La Nation. Paris 9186, S. 81–110.

[126] Zu weiteren lyrischen Verarbeitungen von Napoleons „Rückkehr" vgl. Fritz L. Cohn: The Worship of Napoleon in German Poetry (Anm. 84), S. 544.

[127] Heinrich Heine: Deutschland. Ein Wintermärchen (Anm. 2), S. 111.

[128] Napoleon. Stimmen aus dem Norden und Süden, hg. v. Gottlieb Christian Friedrich Mohnike. Stralsund 1829. Vgl. hierzu Wulf Wülfing: Europas Napoleon. Zu Texten französischer Autoren in deutschsprachigen Anthologien des 19. Jahrhunderts, in: Lendemains. Zeitschrift für Frankreichforschung + Französischstudium 30 (1983), S. 15–21.

[129] Niklas Müller (Hrsg.): Mainzer Liederbuch für die Veteranen der großen Napoleonsarmee von 1803 bis 1814. Mainz 1837.

Invalidendom zu Paris wird von Brinkmeier deutlich entmythisiert. Der Invalidendom wird nicht mit dem Kyffhäuser parallel gesetzt, Napoleon wird nicht zum französischen Barbarossa.[130] Im von Eduard Finck gedichteten Epilog des *Napoleons-Album* wird betont: „Denn das Denkmal seiner Thaten ist die ganze, weite Welt“ und nicht nur eine exklusiv französische Angelegenheit.[131] Ernst Ortlepps Anthologie teilt mit Brinkmeiers Sammlung die universale Absicht, steigert diese aber in religiöse Dimensionen, wenn er seine Napoleon-Anthologie als „Weltenbibel“ bezeichnet.[132] Ortlepp und Brinkmeier stehen beide in Konflikt mit dem Metternichsystem,[133] und ihre sich in den Anthologien ausdrückende Napoleon-Verehrung ist deutlich gegen die gegenwärtige repressive Politik gepolt.

Allgemein gilt im Vormärz Napoleon als Freiheitsbringer, aber es gibt auch prominente Gegenbeispiele. Herwegh wehrt sich gegen die deutsche Napoleon-Schwärmerei und plädiert für ein deutsches, statt französisches Vorbild im demokratischen Aufbruch: „Wie lang' mit Lorbeer überschütten | Wollt ihr die korsische Standarte? | Wann hängt einmal in deutschen Hütten | Der Hutten statt des Buonaparte?“[134] Solche nationale Abwehr, die versucht, Ulrich Hutten zum deutschen, napoleonischen Gegenmythos aufzubauen, ist aber die Ausnahme. Hoffmann von Fallersleben wendet sich zwar auch gegen die Napoleon-Verehrung, aber nicht aus nationalen Gründen, sondern weil er in Napoleon mehr den Tyrannen als den Revolutionsvollender erkennt: „Nun, er ruh' in Gottes Namen, | Und du Frankreich, freue dich! | Und wir alle jauchzen: Amen! | Wär's der letzte Wüterich!“[135]

---

[130] Das richtet sich implizit gegen Victor Hugos *Le retour de l'empereur*, das genau diese Barbarossa-Parallele aufruft.

[131] Napoleons-Album. Mit Illustrationen nach H. Vernet, V. Adam, A. Meyer, hg. v. Eduard Brinkmeier. Braunschweig 1842, S. 316.

[132] Napoleonlieder von Vict. Hugo, Baggesen, Rückert, Byron, Zedlitz, Barthelemy u.s.w. Zusammengestellt von Ernst Ortlepp. Seitenstück zu den Schillerliedern und Götheliedern. Ulm 1842, S. 10.

[133] Vgl. Wulf Wülfing: Napoleon-Bibeln (Anm. 84), S. 203f.

[134] Georg Herwegh: Usnau und St. Helena, in: Ders.: Gedichte eines Lebendigen, hg. u. erläutert v. Marcel Herwegh. Leipzig 1915, S. 53.

[135] August Heinrich Hoffmann von Fallersleben: Napoleons Asche, in: Ders.: Gedichte und Lieder, hg. v. Hermann Wendebourg u. Anneliese Geppert. Hamburg 1974, S. 282.

3. Erlesener und erinnerter Held der Kindheit Heines doppelter Blick auf Napoleon als Freiheitsbringer und Sehnsuchtschiffre

Die Forschung hat sich schwer getan mit Heines Napoleon-Begeisterung: Wie konnte dieser freiheitstrunkene Dichter zugleich ein glühender Anhänger desjenigen Mannes sein, der die demokratischen Errungenschaften der Französischen Revolution beschnitt und sich selbst zum Kaiser erhob?[136] Es wurde versucht, biographische Erklärungen vorzulegen von dem dankbaren Juden, dem durch die napoleonischen Reformen und den *Code civil* ein leichteres Leben in Deutschland ermöglicht wurde.[137] Dafür gibt es aber so gut wie keine plausiblen Belege.[138] Es wurde auch versucht, die ironischen Brechungen und parodistischen Elemente in Heines Napoleon-Mythisierungen stark zu machen und als inhaltliche Distanzierung zu werten. Die Napoleon-Begeisterung Heines wird in solchen Darstellungen oft als ein Schritt des Übergangs auf dem Weg vom romantischen Dichter zum politischen Schriftsteller dargestellt.[139] Daß aber Heines Napoleon-Bild immer bereits hoch fiktionalisiert, ästhetisch vermittelt und als ästhetisches Konstrukt selbstreflexiv ist, wird bei solchen Perspektiven oft ausgeblendet.[140] Heines Auseinandersetzung mit Napoleon findet nicht so sehr in expositorischen Texten, sondern im fiktionalen Genre seiner *Reisebilder* statt, und diesem Kunstcharakter von ‚Heines Napoleon' muß Rechnung getragen werden.

Daher soll hier gezeigt werden, inwiefern ‚Heines Napoleon' ein literarisches Phänomen ist, das durch Lektüre und Erinnerung mit der Erzählgegenwart verknüpft ist.[141] Heine weiß einerseits ganz genau Be-

---

[136] Vgl. etwa Joachim Müller: Heines Napoleondichtung, in: Wissenschaftliche Zeitschrift der Friedrich Schiller-Universität Jena, Gesellschafts- und Sprachwissenschaftliche Reihe 21 (1972), S. 235–243

[137] Paul Holzhausen: Heinrich Heine und Napoleon I. Frankfurt a.M. 1903.

[138] Vgl. Jeffrey L. Sammons: Heinrich Heine. Stuttgart 1991, S. 14. Itta Shedletzky: „Niemals von jüdischen Verhältnissen sprechen …". Zum jüdischen Subtext in Heines „Ideen. Das Buch Le Grand", in: Das Jerusalemer Heine-Symposium. Gedächtnis, Mythos, Modernität, hg. v. Klaus Briegleb u. Itta Shedletzky. Hamburg 2001, S. 49–64.

[139] Jost Hermand: „Ideen. Das Buch Le Grand". Das Wahre ist das Ganze, in: Ders.: Der frühe Heine. Ein Kommentar zu den „Reisebildern". München 1976, S. 102–118. Albrecht Betz: Ästhetik und Politik. Heinrich Heines Prosa. München 1971.

[140] Vgl. dagegen Markus Winkler: Heines Napoleon-Mythos, in: Aufklärung und Skepsis (Anm. 25), S. 379–394. Rolf Geißler: Heines Napoleon als Herausforderung unseres Denkens, in: Heine-Jahrbuch 29 (1990), S. 92–110.

[141] Allgemein auf den hoch fiktionalen Charakter von Heines *Reisebildern* weist nachdrücklich Jeffrey L. Sammons: Heinrich Heine (Anm. 138), hin.

scheid über die problematische Stellung Napoleons zu den Idealen der Revolution, und er kritisiert dies scharf. Andererseits hindert das ihn nicht daran, Napoleon als Helden und christologisch überformten Retter zu feiern. In seinen Schriften koppelt sich so seine literarische Napoleon-Darstellung immer mehr von der realen politischen Gestalt Napoleon Bonapartes ab und verselbständigt sich zu einem poetischen Konstrukt. In diesem poetischen Konstrukt steht Napoleon stellvertretend für ein unentfremdetes Dasein in modernen Zeiten. Inwiefern die Ironie bei Heines Rhetorik der literarischen Napoleon-Verehrung auch eine entscheidende Rolle spielt, soll im folgenden genauer an den *Reisebildern* erörtert werden. Zu diesem Zweck werden chronologisch die Napoleon-Abschnitte in der *Nordsee. Dritte Abtheilung* (1827), den *Ideen. Das Buch Le Grand* (1827), in der *Reise von München nach Genua* (1829) und in den *Englischen Fragmenten* (1831) betrachtet.[142] Zum Schluß soll noch ein kurzer Blick auf den späten Heine zeigen, wie Napoleon mehr und mehr aus den aktuellen Argumentationszusammenhängen verschwindet.

Heines *Reisebilder* lösen sich ständig vom Genre des verbürgten autobiographischen Reiseberichts und verbinden Faktisches und Fiktives, Authentisches und Kolportiertes, Briefe und Gespräche, Ironie und Pathos. Dabei politisieren sie nicht nur Poetisches, sondern umgekehrt poetisieren sie auch Politisches. Heines Reisen in Zeiten der Restauration sind Reisen in die Erinnerung an die Revolution und an Napoleon. Nicht mehr Natur- und Kunstbetrachtung stehen in Heines *Reisebildern* im Vordergrund, aber Napoleon wird oft einem erinnerten Kunstwerk vergleichbar dargestellt.

Heines Napoleon-Begeisterung in den *Reisebildern* ist bereits trotz allem Enthusiasmus eine vermittelte, und sie ist einer kunstvoll geschachtelten Poetik der Erinnerung verpflichtet. „In alter Erinnrung verloren", wie die Pariser bei dem *Retour des cendres*, ist auch der Ich-Erzähler der *Nordsee. Dritte Abtheilung*, wenn er sich seinem Idol über Lektüre nähert. Eine literaturkritische Revue von St. Helena-Memoiren eröffnet die Napoleon-Abschnitte in der *Nordsee*: Maitlands *Narrative of the surrender of Buonaparte and of his residence on board H. M. S. Bellerophon* folgt die Reverenz an das *Mémorial* von Las Cases.[143] O'Mearas *Napo-*

[142] Heines Napoleon-Ballade *Die Grenadiere* ist ja bereits an anderer Stelle analysiert worden; vgl. Kapitel I. 6 *(Von Elba nach St. Helena. Zu Lebzeiten entrückt [1814–1821])*.

[143] [Frederick Lewis Maitland:] Narrative of the surrender of Buonaparte and of his residence on board H. M. S. Bellerophon (Anm. 4). London 1826. [Emmanuel

leon en exil erwähnt Heine ebenso wie Antommarchis *Les derniers moments de Napoléon*.[144] Madame de Staëls *Dix années d'exil* wird ebenfalls noch zitiert, bevor das eigentliche Objekt der Kritik, Walter Scotts Napoleon-Biographie und Ségurs Bericht vom Rußlandfeldzug, in Angriff genommen wird.[145] Heines Meinung zu Scott hebt sich dabei vor allem ab vor einer Gegenüberstellung mit Byrons Napoleon-Skizzen.[146] Das Napoleon-Bild in der *Nordsee* entsteht so wesentlich in Auseinandersetzung mit verschriftlichten Erinnerungen an Napoleon. Während in Wilhelm Hauffs Novelle *Das Bild des Kaisers* die Figuren untereinander die Literatur über Napoleon diskutieren und damit Napoleon vielstimmig in einen kaleidoskopischen Diskurs der Erinnerung einbetten, übernimmt in der *Nordsee* ein einziger Erzähler allein diese Aufgabe. Wie für Hauff erweisen sich für Heine Scotts Biographie und Ségurs Schlachtenbegeisterung als die zentralen Texte.

Aus der Gegenwart der Nachlebenden blickt Heine zurück auf Napoleons Leben und beschreibt es als einen noch zu bergenden archäologischen Fund. Die zitierten Memoiren helfen dabei, ein Lebenswerk zu rekonstruieren, das zu Lebzeiten nur fragmentarisch erkennbar war. Somit ist Napoleons Leben hier bereits als Objekt wissenschaftlicher Kritik umrissen; allerdings nicht so sehr als Objekt historiographischer Kritik, sondern vielmehr als Objekt kunstwissenschaftlicher Kritik:

> Wir wissen von ihm, von seinem Leben und Streben, mehr als von den andern Großen dieser Erde, und täglich erfahren wir davon noch mehr und mehr. Wir sehen wie das verschüttete Götterbild langsam ausgegraben wird, und mit jeder Schaufel Erdschlamm, die man von ihm abnimmt, wächst unser freudiges Erstaunen über das Ebenmaaß und die Pracht der edlen Formen, die da hervortreten, und die Geistesblitze der Feinde, die das große Bild zerschmettern wollen, dienen nur dazu, es desto glanzvoller zu beleuchten.[147]

Auguste Dieudonné Marius Joseph de Las Cases:] Le Mémorial de Sainte-Hélène (Anm. 3).

[144] Barry E. O'Meara: Napoléon en exil ou l'écho de Ste.-Hélène (Anm. 4). [Francesco Antommarchi:] Memoiren des F. Antommarchi oder die letzten Augenblicke Napoleons (Anm. 4).

[145] Germaine de Staël: Dix années d'exil. Brüssel 1821. Walter Scott: Leben von Napoleon Bonaparte (Anm. 34). Paul Philippe de Ségur: Histoire de Napoléon et de la grande armée pendant l'année 1812 (Anm. 6).

[146] In den *Englischen Fragmenten* rechnet Heine dann ausführlich mit Scotts *The life of Napoleon Buonaparte* ab.

[147] Heinrich Heine: Reisebilder. Zweyter Theil. Die Nordsee. Dritte Abtheilung, in. Ders.: Historisch-Kritische Gesamtausgabe der Werke (Anm. 2), Bd. VI: Briefe aus Berlin, Über Polen, Reisebilder I/II (Prosa), bearbeitet v. Jost Hermand. Hamburg 1973, S. 159. Im Folgenden werden die *Reisebilder* nach dieser Ausgabe im fortlaufenden Text mit eingeklammerten Seitenzahlen zitiert.

Napoleon solchermaßen als archäologisch zu bergendes antikes Kunstwerk zu verbildlichen, veranschaulicht Heines extrem ästhetisierenden Zugang zum Phänomen Napoleon. Heine nimmt die Memoiren nicht als Quellen, um einen Fall der Geschichte zu rekonstruieren. Ihm ist die Erinnerungsliteratur auf Napoleon Mittel zum Zweck, ein Kunstwerk erkennbar werden zu lassen.

Heine betrachtet Napoleons Leben auch nach dem literarischen Muster der Tragödie, wobei das Exil auf St. Helena „den letzten Akt seines Lebens bildet, alle Räthsel der früheren Akte wunderbar löst, und wie es eine ächte Tragödie thun soll, die Gemüther erschüttert, reinigt und versöhnt" (158). Mit dieser Wirkungsästhetik wird der Reflexion über Napoleons Leben kathartische Wirkung zugesprochen. Mit diesen ganzen ästhetisierenden Verfremdungen wird deutlich, daß ‚Heines Napoleon' nicht mehr nur die historische Gestalt bezeichnet, sondern einen Mythos konstruiert, der die topische Rede der Napoleon-Literatur zu Lebzeiten zwar beleiht in einzelner Bildlichkeit, aber sehr viel deutlicher als diese selbstreflexiv die ästhetisierende Distanz solcher Mythisierungen analysiert. Napoleon ist bei Heine nicht mehr wie ein Gott, sondern wie die Statue eines Gottes; sein Leben wird als Tragödie begriffen. Napoleon wird in der Literatur selbst zur „Kunstfigur" erklärt, sein Leben als literarischer Stoff deklariert.[148] Die napoleonische Ära wird mit dem Terminus „erlebte Literatur" (162) aus der Sphäre der gegenwärtigen Realität in eine archaische Welt des Mythos katapultiert. Folgerichtig wird Ségurs Beschreibung des Rußlandfeldzugs zu einem homerischen „epische[n] Gedicht" (162) erklärt: Heine spricht von einem „Sagenkreis, woran die Nachwelt genug zu denken und zu singen hat, und worin, als dessen Mittelpunkt, das Leben des großen Kaisers, wie ein Riesenbaum, emporragt" (162). Napoleon wird mehr und mehr fiktionalisiert.[149] Diese archaischen Fiktionalisierungen analysiert Heine einerseits kritisch, andererseits schreibt er sich selbst in solche ästhetisierenden Traditionen ein, wenn er etwa in den *Ideen* Napoleons Einzug in Düsseldorf christologisch überformt.

Napoleon an die Seite gestellt als zweiter Held des ganzheitlichen Lebens in einer entfremdeten Welt ist in der *Nordsee* Goethe, der als sinn-

[148] Vgl. auch Jörg Träger: Napoleon, Trajan, Heine. Zur Malerei des Ersten Kaiserreichs in Frankreich, in: Jahres- und Tagesberichte der Görres-Gesellschaft (1987), S. 71–86, hier S. 73.

[149] Inwiefern dies auch für die Französische Revolution gilt, beleuchtet Jeffrey L. Sammons: Heinrich Heine. The Revolution as epic and tragedy, in: The internalized revolution. German reactions to the French revolution, 1789–1989, hg. v. Erhard Bahr u. Thomas P. Saine. New York 1992, S. 173–196.

licher Heide gefeiert wird. Auch in dieser Doppelung wird deutlich, daß ‚Heines Napoleon' nicht nur in zeitgeschichtlich-politischen Zusammenhängen gedacht ist, sondern eher aus poetologischen Kontexten heraus verstehbar wird. Napoleon wie Goethe inkarnieren in der *Nordsee* ein in die unmittelbare Vergangenheit projiziertes Wunschbild einer Zeit.[150] Das entbehrt in manchen Abschnitten nicht eines sentimentalischen Duktus; auch in dem triadischen Modell zeigt sich dies, das auf der einen Seite die Bewohner der Insel Norderney zu glücklichen ersten Menschen vor der Zivilisation stilisiert, dagegen eine enttäuschende überzivilisierte Gegenwart setzt, die wiederum überglänzt wird mit einem utopisch-idyllischen Modell ganzheitlichen Lebens (Goethe, Napoleon) in zerrissenen Zeiten.

Napoleon verkörpert für Heine eine verlorene Ganzheit in einer zerissenen und fragmentierten Welt.[151] Heine attestiert ihm die Fähigkeit zur unmittelbaren Erkenntnis und beschreibt dies hier mit Kantischen Termini.[152] Aber während Kant den „intuitiven Verstand" als gedankliches Korrektiv Gott vorbehält, überträgt Heine diese Fähigkeit aus der göttlichen Sphäre auf Napoleon. Napoleons Verstand wird im Unterschied zu seiner Umgebung beschrieben als einer, „der, wie er nicht wie der unsrige diskursiv, sondern intuitiv ist, vom synthetisch Allgemeinen der Anschauung eines Ganzen als solchen, zum Besonderen geht, das ist, von dem Ganzen zu den Theilen." (159) Der Hiat zwischen diesem napoleonischen intuitiven Verstand und dem geringeren diskursiven seiner Umwelt verdeutlicht Heine durch eine weitere Erläuterung: „Ja, was wir durch langsames analytisches Nachdenken und lange Schlußfolgerungen erkennen, das hatte jener Geist im selben Momente angeschaut und tief begriffen." (159) Damit schreibt Heine Napoleon in eine deutsche Tradition des Genies-Kults ein, denn schon Herder und Goethe hatten den Begriff des Genies mit dem des „Ganzen" und der intuitiven Totalität verbunden.[153] Napoleon als Sehnsuchts-Chiffre für erträumte Ganzheit

---

[150] Zur Gegenüberstellung von Goethe und Napoleon in der *Nordsee* vgl. Edward A. Zlotkowski: Heinrich Heines „Reisebilder". The Tendency of the Text and the Identity of the Age. Bonn 1980, S. 114–137. Ders.: Die Bedeutung Napoleons in Heines Reisebilder II, in: Études Germaniques 2 (1980), S. 145–162.

[151] Zur Zerrissenheit in der *Nordsee* vgl. Günter Oesterle: Integration und Konflikt. Die Prosa Heinrich Heines im Kontext oppositioneller Literatur der Restaurationsepoche. Stuttgart 1972, S. 33–38.

[152] Heine bezieht sich hier auf Kants Äußerung über die anschauende Urteilskraft in der *Kritik der Urteilskraft* (2. Teil, §77), die Heine aus Goethes Aufsatz über *Anschauende Urteilskraft* übernimmt.

[153] Vgl. Jochen Schmidt: Die Geschichte des Genie-Gedankens in der deutschen Literatur, Philosophie und Politik 1750–1945. Darmstadt [2]1988, Bd. 2, S. 76.

vereinigt für Heines Erzähler auch in seinem politischen Handeln diese Ganzheit, die sich als eine Vereinigung von Gegensätzen präsentiert: Napoleon agiert „nie ganz revoluzionär und nie ganz contrerevoluzionär, sondern immer im Sinne beider Ansichten, beider Prinzipien, beider Bestrebungen, die in ihm ihre Vereinigung fanden" (159 f.). Als Beherrscher der Antagonismen handelt Napoleon bei Heine daher „naturgemäß, einfach, groß" (160) und wird zum Wunschbild des noch Intakten, noch nicht Entfremdeten.

Während in der *Nordsee* Napoleon entrückt wird, indem er durch die Erinnerungen Dritter wahrgenommen und zum Kunstwerk ästhetisiert wird, ist Napoleon in den *Ideen* unerreichbar in der Erinnerung eines erwachsenen Ich-Erzählers an seine Kindheit eingekapselt. Die *Ideen* inszenieren sich als Produkt „erinnerungssüchtige[r] Stunden" (181).[154] Das nebelhaft-unwirkliche der Gestalt Napoleons, die in der *Nordsee* explizit ins Reich der Sagenwelt eingeordnet und ästhetisiert wurde, wird hier durch die erinnerte Kindperspektive noch weiter weg ins Unerreichbare und Märchenhafte entrückt. Die fiktive Autobiographie der *Ideen. Das Buch Le Grand* kreist um drei Themenbereiche. Gerahmt wird der Text von Kapiteln, die der Liebe gelten (Kapitel I–V, XVI–XX). Die Mitte des Textes widmet sich einerseits literarischen Fragen und der Rolle des Schriftstellers in der Gesellschaft (Kapitel XI–XV) und andererseits der Französischen Revolution und Napoleon (Kapitel VI–X). Damit schreitet der scheinbar assoziativ-unsystematische Text *Ideen. Das Buch Le Grand* exakt die Ideale seines Erzählers ab: „Liebe, Wahrheit, Freiheit und Krebssuppe" (183); lediglich die Krebssuppe taucht nicht mehr explizit wieder auf. Wenn man sie allerdings als Hinweis auf ein ironisch verfremdendes Erzählen nimmt, ist diese „Krebssuppe" als Signal satirischer Brechungen allgegenwärtig im Text.[155]

Der an eine schöne (und durch den Erzähler intellektuell arg strapazierte) Dame apostrophierte Bericht formt Erlebnisse Heines aus seiner

[154] Vgl. Christian Schärf: Die Selbstinszenierung des modernen Autors. Heinrich Heines „Ideen. Das Buch Le Grand", in: Literatur für Leser (1998), S. 301–311.

[155] Zur Gliederung des Textes vgl. Jürgen Jacobs: Zu Heines „Ideen. Das Buch Le Grand", in: Heine Jahrbuch 7 (1968), S. 3–11. Dierk Möller: Nachwort, in: Heinrich Heine: Ideen. Das Buch Le Grand. Stuttgart 1972, S. 75–96. Götz Großklaus: Heinrich Heine: Ideen. Das Buch Le Grand. Eine textsemantische Beschreibung, in: Zur Grundlegung der Literaturwissenschaft, hg. v. Siegfried J. Schmidt. München 1972, S. 169–196. Klaus Pabel: Heines „Reisebilder". Ästhetisches Bedürfnis und politisches Interesse am Ende der Kunstperiode. München 1977, S. 140 ff. Slobodan Grubaèiæ: Heines Erzählprosa. Versuch einer Analyse. Stuttgart 1975.

Düsseldorfer Kindheit ästhetisch um. Die Napoleon-Erinnerungen werde eingeleitet durch die Retrospektive auf den Zusammenbruch der feudalen Ordnung im Herzogtum Berg. Die Reiterstatue des Kurfürsten Jan Wilhelm bietet dem Erzähler den Anlaß, um mit den sozialen Ungerechtigkeiten des *ancien régime* abzurechnen. Wider Erwarten des kleinen Jungen, in dessen erlebende Perspektive sich das erzählende Ich versucht zurückzuversetzen, gehen die Welt und Düsseldorf trotz des abgedankten Kurfürsten nicht unter, sondern bestehen 1806 weiter unter der Regentschaft von Joachim Murat, Napoleons Schwager.

Der einquartierte französische Tambour Le Grand bringt dem Ich-Erzähler die Ideen der Französischen Revolution nonverbal, nur durch sein Trommeln bei; „apprendre par coeur" (190) ist die Devise für diese emotionale Aufnahme der Französischen Revolution. Der Tambour bereitet zwar das Erscheinen Napoleons vor, aber die in der Heine-Forschung vertretene These, daß der Tambour als Bild für Napoleon selbst zu lesen sei, kann hier nicht geteilt werden.[156] Der Tambour steht explizit für 1789 und die Befreiung vom *ancien régime*. Er vermittelt dem Erzähler das Konzept einer politisch engagierten Kunst, und er bringt dem kleinen Jungen auch die Marseillaise bei, die Napoleon nie gemocht hat. Die imperiale Gestalt Napoleons erscheint dann folgerichtig auch zeitlich nach der Gestalt des Tambours, die die Französische Revolution symbolisiert. Die Begeisterung für die Französische Revolution kann der Erzähler ungebrochener in seine Erwachsenenwelt transportieren als die kindliche Aufregung angesichts des Kaisers. Der erwachsene Erzähler trommelt in arroganter adliger Gesellschaft noch den von Le Grand erlernten Guillotinenmarsch.[157]

Der Ich-Erzähler spricht nicht über Napoleon als historisches Phänomen, sondern er inszeniert als erzählendes Ich eine Kindheitserinnerung. Napoleon wird nicht als Gegenstand des kulturellen Gedächtnisses ver-

---

[156] Vgl. Gerhard Höhn: Heine-Handbuch. Zeit, Person, Werk. Stuttgart, Weimar ²1997, S. 214. Wilhelm Gössmann: Die Verwandlung politischer Ideen in poetische Gestalten bei Heinrich Heine, in: „Stets wird die Wahrheit hadern mit dem Schönen". Festschrift für Manfred Windfuhr zum 60. Geburtstag, hg. v. Gertrud Cepl-Kaufmann. Köln, Weimar 1990, S. 131–144. Zu den napoleonischen Soldaten als Topos in der französischen Kultur des 19. Jahrhunderts vgl. Natalie Petiteau: Lendemains d'Empire. Les soldats de Napoléon dans la France du XIXe siècle. Paris 2003. Gérard de Puymège: Le soldat chauvin, in: Les lieux de mémoire, hg. v. Pierre Nora, Bd. II, 3: La nation. Paris 1986, S. 45–80.

[157] Vgl. in den *Ideen* Capitel VII, S. 191 f. Vgl. auch René Anglade: „Napoleon und die Französische Revolution stehen darin in Lebensgröße". L'Allemagne de la restauration dans le miroir de la révolution, in: Lectures d'une œuvre. „Reisebilder" de Heinrich Heine, coordonné par René Anglade. Paris 1998, S. 51–83.

handelt, sondern als Objekt privaten Erinnerns eingeführt. Diese individuelle Erinnerung ist topisch überformt, wenn der Erzähler den Düsseldorfer Hofgarten beinahe als *hortus conclusus* entwirft: „Denke ich an den großen Kaiser, so wird es in meinem Gedächtnisse wieder recht sommergrün und goldig, eine lange Lindenallee taucht blühend empor, auf den laubigen Zweigen sitzen singende Nachtigallen, der Wasserfall rauscht, auf runden Beeten stehen Blumen und bewegen traumhaft ihre schönen Häupter“ (193). Heines Napoleon-Betrachtung ist Gedächtniskunst, die den unschuldigen Kinderblick ikonographisch in die Nähe einer Mariendarstellung rückt. „In meinem Gedächtnisse“ entsteht ein *hortus conclusus* der Vergangenheit, den der Erzähler beschreibt als Puzzle idealisierter Erinnerungsfragmente.

Napoleons Ritt durch den Düsseldorfer Hofgarten am 3. November 1811 wird bei Heine zum Herrscheradvent und zur Kontrafaktur vom Einzug Christi in Jerusalem: „Aber, wie ward mir erst, als ich ihn selber sah, mit hochbegnadigten, eignen Augen, ihn selber, Hosiannah! Den Kaiser.“ (193) Bei seinem Ritt durch die Allee des Hofgartens setzt Napoleon nicht nur die „Polizeyverordnung, daß man bey fünf Thaler Strafe nicht mitten durch die Allee reiten dürfe“ (193), außer Kraft, er suspendiert auch die Ordnung der Jahres- und Tageszeiten. Menschliche und natürliche Gesetze beugen sich der Macht Napoleons. Obwohl Napoleons Einzug in Düsseldorf im November stattfand, erinnert der Erzähler „das grüne Laub“ (194); und obwohl Napoleon am hellichten Tag durch den Hofgarten reitet, erscheint am „blauen Himmel [...] sichtbar ein goldner Stern“ (194), der an den Stern von Bethlehem erinnert. Dieses rhetorische Aufgebot, das dazu dient, Napoleon zu vergöttlichen, wird gleichzeitig in seltsamer, aber typisch Heinescher Manier ironisch gebrochen, wenn berichtet wird, daß der kleine Junge sich wundert, daß der Kaiser keine fünf Taler Strafe zahlen muß für seinen ordnungswidrigen Ritt mitten durch die Allee. Dennoch relativiert die Ironie des Kinderblicks nicht die verehrende Haltung, wie dies gelegentlich in der Forschung angemerkt wurde.[158] Die Ironie illustriert lediglich den Hiat zwischen der außerordentlichen Erscheinung des Kaisers und der realistischen Umgebung, die von Polizeiverordnungen bestimmt ist. Märchenhaft und biblisch zugleich bricht in diese Realität das Außerordentliche ein.

Die Gestalt Napoleons selbst wird seltsam fragmentiert dargestellt. Diese fragmentierte Darstellung entspricht dem bloß diskursiven Verstand der Gegenwart, der bereits in der *Nordsee* der zeitgenössischen

[158] Vgl. den Überblick bei Jeffrey L. Sammons: Heinrich Heine (Anm. 138), S. 14f.

Umgebung Napoleons zugeordnet war. Allein Napoleon vermag, in der Gegenwart intuitiv eine Gesamtheit zu erfassen. Der Erzähler beschränkt sich in der Personenbeschreibung notgedrungen auf ein diskursives Nacheinander, das lediglich Bruchteile nebeneinanderstellt. Man erfährt als Leser einiges über Napoleons „sonnigmarmorne Hand" (194) und über sein Gesicht, das auch wieder in eine Schilderung des Auges, der Stirn und der Lippe aufgeteilt wird. Die Gesamterscheinung bleibt hinter diesen Erinnerungsfetzen schemenhaft unklar. Besonders auffällig sind die gehäuften Diminutive, die allerdings nicht direkt Napoleon als Person gelten, sondern seiner Kleidung und seinem Pferd: „Der Kaiser trug eine scheinlose grüne Uniform und das kleine, welthistorische Hütchen" (194), das bereits Bérangers Lyrik zum legendarischen Accessoire erhoben hatte. Das Pferd Napoleons wird beschrieben als ein „weißes Rößlein", „dieses Rößlein" und „Pferdchen" (194). Diese Verniedlichungen des Habits und des Pferdes kontrastieren deutlich mit der imperialen Macht Napoleons, die im folgenden sowohl in antiker als auch in alttestamentarischer Bildlichkeit beschrieben wird. Heine vermeidet aber (jenseits dieser Verniedlichungen der Kleidung) eine bemühte Volkstümlichkeit, wie sie etwa Hebel in seiner Kalendergeschichte *Kayser Napoleon und die Obstfrau von Brienne* durchexerzierte.[159] Napoleon mag aus dem Blick des Tambours volkstümlich beleuchtet werden, die Gestalt Napoleons selbst bleibt im Text von dieser Volkstümlichkeit unberührt. Geschildert wird lediglich ein Ritt durch die Allee des Hofgartens, und dieser Ritt wird dann zur Projektionsfläche für die nachträglichen Mythisierungen des erinnernden Erzählers.

Aber anders als in den mythischen Mustern, die Napoleon zu Lebzeiten in expliziten Vergleichen angepaßt worden waren, werden hier die Vergleichsnamen nicht mehr direkt genannt. Napoleon ist nicht mehr ausdrücklich wie Alexander oder Prometheus, vielmehr bleiben diese Vergleiche indirekt und müssen vom Leser geleistet werden. Der Text bietet lediglich Angebote, die der Leser sortieren kann. Napoleons Hand wird geschildert als eine „sonnigmarmorne Hand, eine mächtige Hand, eine von den beiden Händen, die das vielköpfige Ungeheuer der Anarchie gebändigt und den Völkerzweikampf geordnet hatten" (194). Napoleon wird so zum Herkules redivivus, welcher der Hydra der Revolution die Köpfe abschlägt.[160] Die Bildwelt der antiken Mythologie wird weiter-

---

[159] Vgl. die Analyse in Kapitel I. 1 *(Frühe Verehrung für den Revolutionsgeneral und Begeisterung für den Kaiser [1797–1811])*.

[160] Die zwiespältige Haltung Napoleons zur Revolution wird also bereits hier in den *Ideen. Das Buch Le Grand* und nicht erst in der *Reise von München nach Genua*

gezogen, wenn im folgenden Satz Napoleons Gesicht die Farbe von „marmornen Griechen- und Römerköpfen“ (194) attestiert wird. Zugleich beleiht die Beschreibung aber synkretistisch auch das Alte Testament: Auf Napoleons Gesicht, dessen Züge „edel gemessen, wie die der Antiken“ (194) war, „stand geschrieben: Du sollst keine Götter haben außer mir“ (194). Napoleons Gesicht wird metonymisch zu mosaischen Gesetzestafel, dessen erstes Gebot lautet: „Ich bin der HERR, dein Gott, der ich dich aus Ägyptenland, aus der Knechtschaft geführt habe. Du sollst keine anderen Götter haben neben mir.“ (2. Moses 20, 2–3).[161] Neben der Antike (Herkules), dem alten und dem neuen Testament fährt das achte Kapitel der *Ideen* auch noch aktuelle geschichtsphilosophische Rhetorik auf, um den erinnerten Kaiser zu verlebendigen. Hinter der Stirn des Kaisers verbergen sich die hegelianisch „schaffenden Gedanken, die großen Siebenmeilenstiefel-Gedanken, womit der Geist des Kaisers unsichtbar über die Welt hinschritt“ (194).[162] Und wie bereits in der *Nordsee* wird Napoleon im Unterschied zu seiner diskursiven Umgebung die intuitive Fähigkeit zugestanden, Sachverhalte unmittelbar und simultan zu erfassen: Napoleon sah „rasch auf einmal alle Dinge dieser Welt, während wir anderen sie nur nacheinander“ (194) sehen. Damit macht der Text noch einmal sein eigenes poetisches Verfahren der fragmentierten Beschreibung explizit. „Wir anderen“ und der Erzähler der *Ideen* können Napoleon nur „nacheinander“ und fragmentiert schildern.

festgehalten. Und schon in der *Nordsee. Dritte Abtheilung* wurde Napoleon ja bereits als Lenker revolutionärer und gegenrevolutionärer Elemente geschildert.

[161] Zum mythologischen Synkretismus Heines vgl. Wulf Wülfing: Zum Napoleon-Mythos in der deutschen Literatur des 19. Jahrhunderts, in: Mythos und Mythologie in der Literatur des 19. Jahrhunderts, hg. v. Helmut Koopmann. Frankfurt a. M. 1979, S. 81–108.

[162] Vgl. auch Heines Charakterisierung Napoleons als „Mann der Idee, der Idee gewordene Mensch“ in einem Brief vom 1. Mai 1827 an Karl August Varnhagen von Ense, in: Heinrich Heine: Werke, Briefwechsel, Lebenszeugnisse. Säkularausgabe, hg. von den Nationalen Forschungs- und Gedenkstätten der klassischen Literatur in Weimar und dem Centre National de la Recherche Scientifique in Paris. Berlin und Paris 1970ff., Bd. XX: Briefe 1815–1831, bearbeitet v. Fritz H. Eisner. Berlin, Paris 1970, S. 286. Inwiefern dieser Hegelianismus aber bloß für den Heineschen Napoleon gilt und nicht für den Gang der Geschichte nach Napoleons Tod, erläutert Jürgen Ferner: Versöhnung und Progression. Zum geschichtsphilosophischen Denken Heinrich Heines. Bielefeld 1994. Zum zyklischen Geschichtsdenken vgl. Andreas Böhn: Seelenwanderung und ewiges Widerholungsspiel. Zum Verhältnis zwischen linearer und zyklischer Zeit in Heines „Reisebildern“, in: Athenäum 4 (1994), S. 283–310. Alfred Opitz: Herzflüstern. Weltgeschichte und ironische Negation in Heines „Reisebildern“, in: Die Globalisierung im Spiegel der Reiseliteratur, hg. v. Ernst-Ullrich Pinkert. Kopenhagen, München 2000, S. 77–91.

Auffällig an dieser rhetorisch überfrachteten Schilderung Napoleons ist, daß sie kaum explizit mit politischen Inhalten verbunden wird. Allein das „vielköpfige Ungeheuer der Anarchie" (194) deutet auf Napoleons Verhältnis zur Revolution. Ansonsten bleibt die Darstellung Napoleons politisch vage. Seine große Macht wird dargestellt und vergöttlicht, und seine außenpolitische Kraft verdeutlicht in dem Bild, daß ein Pfiff von ihm das „heilige römische Reich" (194) zum Tanzen brächte. Aber im Verhältnis zur reichen rhetorischen Ausgestaltung Napoleons als Herkules, Christus und Jehova in Personalunion bleibt die politische Aktualisierung eher zurückhaltend. Diese politische Vagheit hebt ‚Heines Napoleon' aus dem zeitgeschichtlichen Alltag und auratisiert ihn zu einer Sehnsuchts-Chiffre jenseits politischer Konkretion. Für eine solche politische Aktualisierung ist in den *Ideen* der Tambour zuständig, der als Vermittler und Exeget dem kleinen Jungen Napoleon näherbringt und dies aber in einem revolutionsfreundlicheren Ton macht als der Erzähler Napoleon retrospektiv schildert.

Zu groß für diese Welt, bleibt der Einzug Napoleons in des Erzählers Heimat ein Einzug in die Durchschnittlichkeit, die zwar dem Kaiser huldigt, aber zwangsläufig unangemessen komisch angesichts dieser überwältigenden Größe wirken muß. Bewußt rahmt der Text den christologisch, herakleisch und mosaisch überhöhten Herrscher-Advent Napoleons durch den verzerrenden Kinderblick und auch durch den kritischen Blick auf die, die dem Kaiser zujubeln. Die angetrunkenen Stadtoriginale repräsentieren eine fragwürdige Napoleon-Begeisterung: „Neben mir drehte sich der tolle Aloisius und schnarrte die Namen seiner Generale, unferne brüllte der besoffene Gumpertz, und das Volk rief tausendstimmig: es lebe der Kaiser!" (194) Diese karnevalistische Rahmung entkräftet aber nicht die Napoleonbegeisterung des Erzählers. Heine selbst hat diese Poetik der komischen Rahmung des Erhabenen in den *Ideen* mit einem Napoleon-Bonmot bekräftigt: *„Du sublime au ridicule il n'y a qu'un pas"* (200); ein Satz, den Napoleon auf seiner Flucht aus Rußland am 10. Dezember 1812 gegenüber dem französischen Gesandten Dominique de Pradt in Warschau äußerte.[163] Mit dieser Formu-

[163] Zur Kontrastästhetik Heines vgl. Wolfgang Preisendanz: Der Funktionsübergang von Dichtung und Publizistik bei Heine, in: Die nicht mehr schönen Künste. Grenzphänomene des Ästhetischen, hg. v. Hans Robert Jauß. München 1968, S. 343–374. Jocelyne Kolb: The sublime, the ridiculous, and the Apple Tarts in Heine's „Ideen. Das Buch Le Grand", in: The German Quarterly 56 (1983), S. 28–38. Jost Schillemeit: Das Grauenhafte im lachenden Spiegel des Witzes. Zum historischen Kontext einer ästhetischen Idee in Heines „Buch Le Grand", in: Jahrbuch des Freien Deutschen Hochstifts (1975), S. 324–345.

lierung läßt sich zeitgeschichtlich der Abstand von der heroischen Epoche Napoleons zur epigonalen Gegenwart genauso bemessen wie poetologisch Heines Ironie-Konzept, das als ein kontrast-ästhetisches Programm der aufgesparten Pointe funktioniert. Heine faßt die zeitkritische Dimension dieses Satzes in eine Theater-Metaphorik: „Nach dem Abgang der Helden kommen die Clowns [...], nach den blutigen Revolutionsszenen und Kaiseraktionen kommen wieder herangewatschelt die dicken Bourbonen" (200).[164]

Das achte Kapitel der *Ideen* endet mit dem eben zitierten „tausendstimmigen" Ausruf des Volkes: Es lebe der Kaiser!" Das neunte Kapitel wird unmittelbar danach unvermittelt eröffnet mit dem Satz: „Der Kaiser ist tot." (195) Heine verdreht so die bekannte Formel „Der König ist tot. Es lebe der König", die den Fortbestand der Monarchie jenseits des Ablebens einzelner Amtsträger symbolisierte. Nach Napoleons Tod scheint eine solche Herrschaftskontinuität unmöglich geworden zu sein. Mit einem abrupten Zeitsprung in die Erzählgegenwart hinein wird die Erinnerung an die Kindheit mit Napoleon abgebrochen und in die epigonale Erwachsenenwelt geblickt. Aus dieser trüben Erzählgegenwart heraus rechnet der Text mit den Engländern als Gefängniswärtern Napoleons ab.

Heine verlagert St. Helena dabei gegen die geographische Realität aus dem Atlantik zu einer „öden Insel des indischen Meeres" (195). Olaf Hildebrand hat in diesem Zusammenhang darauf aufmerksam gemacht, daß Napoleon bei Heine somit Teil jener Indien-Romantik wird, die die *Ideen* mit der Erzählerfiktion des Grafen vom Ganges exponieren.[165] Es zeigt sich, daß die Napoleon-Begeisterung nicht einfach nur Symptom einer zunehmenden antiromantischen Politisierung Heines ist, sondern vielmehr Chiffre für eine romantische Sehnsucht nach einer Ganzheit und Größe, die nur noch in Kindheitserinnerungen rekonstruierbar ist.[166]

---

[164] Auch diese theatralische Rückkehr der Bourbonen illustriert Heines zyklisches Geschichtsdenken.

[165] Olaf Hildebrand: Emanzipation und Versöhnung. Aspekte des Sensualismus im Werk Heinrich Heines unter besonderer Berücksichtigung der „Reisebilder". Tübingen 2001, S. 114. Jeffrey L. Sammons: „Ideen. Das Buch Le Grand", in: Heinrich Heine, hg. v. Helmut Koopmann. Darmstadt 1975, S. 307–347.

[166] Vgl. auch den Sammelband: Heinrich Heine und die Romantik. Erträge eines Symposiums an der Pennsylvania State University (21.–23. September 1995), hg. v. Markus Winkler. Tübingen 1997. Gegen eine Integration von romantischen und politischen Elementen bei Heines Darstellung Napoleons wendet sich scharf Richard T. Gray: Romanticism and the discourse of the Revolution. Heine's „Ideen. Das Buch Le Grand" and the literature in the public sphere, in: Monatshefte für deutschsprachige Literatur und Kultur 81 (1989), S. 27–44.

Schon in den *Grenadieren* erschien Napoleon nur noch präsent in der Vision des trauernden Grenadiers. Der reale Napoleon tauchte auch in den *Grenadieren* nicht mehr auf, sondern ließ sich nur noch im Zwiegespräch der Grenadiere erinnern oder in einer Vision fiktionalisieren. Mit der Exilierung nach St. Helena wurde Napoleon bereits zu Lebzeiten in der Lyrik von Rückert, Platen und Heine aus der europäischen Realität in eine ferne unerreichbare Romantik entrückt.[167] Die lyrischen Wallfahrten nach St. Helena und die poetischen Gespräche mit dem Wiedergänger Napoleon stilisierten nach 1821 St. Helena zu einem mythischen Zwischenreich jenseits europäischer Realitäten, in dem die Romantik (verdinglicht im Grab auf St. Helena und verkörpert im Geist Napoleons) als das in der Wirklichkeit nicht mehr Erreichbare skizziert wurde.[168] Heines prosaische *Ideen* rezipieren diese lyrische Tradition. Auch bei Heine tauchen, wie einige Jahre später in Gaudys Gedichtzyklus *Kaiserlieder*, die „fünf Trauerweiden" am Grab Napoleons auf, und sie werden personifiziert als Heliaden, die aus Trauer über ihren Bruder Phaeton „gramvoll ihre grünen Haare herabhängen lassen" (195). Den Nachruhm Napoleons überantwortet der Erzähler an Klio, der Muse der Geschichte „mit dem gerechten Griffel" (195).[169]

In apokalyptischer Drohgebärde entwirft der Erzähler den Untergang Britanniens, das bestraft wird für die Gefangennahme Napoleons: „Einst aber wird dieses Lied hinüberklingen, und es giebt kein Brittanien mehr, zu Boden geworfen ist das Volk des Stolzes, Westminsters Grabmäler liegen zertrümmert, vergessen ist der königliche Staub, den sie verschlossen" (195). Heine übernimmt hier den apokalyptischen Ton der Befreiungskriegsliteratur und kehrt ihn gegen die ehemaligen Feinde Napoleons.[170] Ähnlich wie er den Barbarossa-Mythos in komischer Parodie in den *Grenadieren* auf Napoleon übertrug und somit die nationalistische Spitze dieses Mythos *ad absurdum* führte, so wendet er die apokalyptischen Töne der antinapoleonischen Literatur nun gegen die Feinde

---

[167] Vgl. hierzu die Analyse im Kapitel I. 6 *(Von Elba nach St. Helena. Zu Lebzeiten entrückt [1814–1821])*.

[168] Vgl. hierzu die Analyse im Kapitel II. 2 *(Wallfahrten und Wiedergänger. Platen, Immermann, Zedlitz und Gaudy am Grab auf St. Helena)*.

[169] Auch dieses Bild hat Gaudy in seinen *Kaiserliedern* übernommen. Dort imaginieren die personifizierten Trauerweiden in ihrem Wechselsang ein Mahnmal, das mit einer „gigant'schen Schrift" bedeckt ist, die folgendermaßen ausgedeutet wird: „Denn die Schrift ist die Geschichte, | Und das Erdenrund das Maal." (Franz Freiherr von Gaudy: Kaiserlieder [Anm. 119], S. 69).

[170] Zur Apokalypse als Bildspender und Deutungsvorlage der Literatur der Befreiungskriege vgl. die Analyse im Kapitel I. 4 *(Apokalypse 1813. E. T. A. Hoffmanns Erzählung „Die Vision auf dem Schlachtfelde bei Dresden")*.

Napoleons. Wenn in der Befreiungskriegslyrik nach apokalyptischer Tradition die „Hure Babylon“ mit Paris und das „neue Jerusalem“ mit Berlin in Zusammenhang gebracht wurde, so arbeitet auch Heine mit invertierten Metonymien, in denen die Orte mit Heil oder Unglück verbunden werden. Während Britannien also Zerstörung prophezeit wird, wird St. Helena zum Ort des Heils und als „neues Jerusalem“ stilisiert: „Und Sankt Helena ist das heilige Grab, wohin die Völker des Orients und Occidents wallfahrten in buntbewimpelten Schiffen, und ihr Herz stärken durch große Erinnerung an die Thaten“ (195) Napoleons. Auch hier wieder dient die „große Erinnerung“ als Kraftspender für die kleine Gegenwart.

Heine überbietet in Umkehr der apokalyptischen Verdammungen der Befreiungskriege nicht nur deren Schmähungen, sondern hebt Napoleon explizit zum „weltlichen Heiland[.]“ (195). Napoleon als säkularer Religionsstifter verfügt bei Heine in Fortführung der Bildlichkeit über seinen eigenen Pontius Pilatus, denn die Formulierung „gelitten unter Hudson Lowe“ (195) beleiht bewußt das christliche Glaubensbekenntnis mit der Formel „gelitten unter Pontius Pilatus“. Die Erinnerungen von Napoleons Begleitern auf St. Helena werden zu biblischen Schriften erhoben mit der Formulierung „wie es geschrieben steht in den Evangelien Las Cases, O'Meara und Antommarchi“ (195).[171] Diese Redewendungen haben bei den Zeitgenossen Proteste und den Vorwurf der Blasphemie ausgelöst.[172] Die Heine-Forschung diskutierte kontrovers, wie ernst diese Formulierung von Napoleon als dem „weltlichen Heiland“ zu nehmen sei.[173] Meines Erachtens ist dabei bisher nicht berücksichtigt worden, daß Heine hier auch nachträglich der antinapoleonischen Befreiungskriegsliteratur eine Antwort erteilt und mit deren religiöser Bildlichkeit rhetorisch arbeitet und sie *ad absurdum* führt. Über eine solche Motivation, die antinapoleonische Literatur mit ihren eigenen Mitteln zu bekämpfen, äußerte sich der späte Heine retrospektiv:

> Ich ging auf Universitäten wo ich noch 1818, ja noch mehrere Jahre später in den Kneipen der Burschenschaft die Schandlieder auf Napoleon brüllen hörte. Sobald ich meiner Kräfte bewußt wurde, stimmte ich einen andern Gesang an, der im Anfang viel Verblüffung, viel Greinen, viel Schimpfen bey den altdeutschen Rotten erregte, aber am Ende die denkende Masse bezwang, die bald sogar begeistert

---

[171] Zu diesen Erinnerungen vgl. auch die Analyse von Chamissos dramatischer Szene *Der Tod Napoleons* in Kapitel I. 7 *(Der 5. Mai 1821. Ende der Geschichte und Beginn des Epigonentums)*.

[172] Vgl. Paul Holzhausen: Heinrich Heine und Napoleon (Anm. 137), S. 118.

[173] Vgl. Gerhard Höhn: Heine-Handbuch (Anm. 156), S. 216f.

einstimmte, so daß Napoleon jenseits des Rheines wenigstens im Reiche des Gedankens rehabilitirt.[174]

Bereits der Titel *Das Buch Le Grand* imitiert Titel biblischer Bücher (etwa das *Buch Hiob*). *Das Buch Le Grand* ist ein napoleonisches Bekenntnisbuch, das sich in seiner religiösen Bildlichkeit gegen antinapoleonische Bekenntnisbücher polt, wie Ernst Moritz Arndts *Katechismus für den teutschen Soldaten* und Heinrich von Kleists *Katechismus der Deutschen*, die ebenfalls ihre religiöse Überhöhung politischer Belange im Titel führen.[175] Besonders deutlich wird diese Antwort auf die Befreiungskriegsliteratur auch am Ende des neunten Kapitels, wenn das traurige Ende von Gegnern Napoleons als göttliches Zeichen interpretiert wird: „Seltsam! Die drey größten Widersacher des Kaisers hat schon ein schreckliches Schicksal getroffen: Londonderry hat sich die Kehle abgeschnitten, Ludwig XVIII. ist auf seinem Throne verfault, und Professor Saalfeld ist noch immer Professor in Göttingen." (195) In einer ironisch zugespitzten Antiklimax beginnt die Argumentation mit einem Judas-Schicksal, um in einem Professoren-Leben zu enden. Mit diesen absurden Deuteleien, die überall Zusammenhänge wittern, macht sich Heine auch lustig über die Bereitschaft der Zeitgenossen der Befreiungskriege, in Napoleon den Antichristen der Apokalypse zu entdecken oder seltsame Namensentsprechungen etwa mit aller Macht suchen und finden zu wollen.[176]

Während die *Ideen* sich weit entfernt hatten von dem klassischen Genre der Reiseliteratur und eigentlich ein „Reisebild ohne Reise" ablieferten,[177] nähert sich die *Reise von München nach Genua* (1830) wieder dem konventionellen Reisebericht an. Gleichwohl hat man es auch hier mit einem hoch fiktionalen Text zu tun, der Authentizität zu suggerieren vermag.[178] Wenn Heine beispielsweise einen beschriebenen Besuch in

---

[174] Heinrich Heine: Bruchstück *Rehabilitation Napoleons*, in: Ders.: Historisch-Kritische Gesamtausgabe (Anm. 2), Bd. XV: Geständnisse, Memoiren und Kleinere autobiographische Schriften, bearbeitet v. Gerd Heinemann. Hamburg 1982, S. 180.

[175] Vgl. hierzu die Analyse in Kapitel I. 2 *(Vom Revolutionsbändiger zum Nationalfeind. Frontverschiebungen in der Publizistik [1799–1815])*.

[176] Vgl. etwa den im Kapitel I. 4 *(Apokalypse 1813. E. T. A. Hoffmanns Erzählung „Die Vision auf dem Schlachtfelde bei Dresden")* zitierten Brief von Friedrich Meier an Wilhelm von Gerlach, in dem erzählt wird von der manischen Bereitschaft, in Napoleon der Namensähnlichkeit wegen den König der Heuschrecken und Engel des Abgrundes Apollyon wieder zu entdecken (vgl. Offenbarung 9, 11).

[177] Gerhard Höhn: Heine-Handbuch (Anm. 156), S. 210.

[178] Vgl. Maria-Christina Boerner: „Je ne fais que rêver Italie". Heinrich Heines Verfahren der Fiktionalisierung in den italienischen „Reisebildern", in: Germanisch-

Marengo zum Anlaß nimmt, sich Napoleon zuzuwenden, so muß mit den Ergebnissen der Heine-Forschung daran erinnert werden, daß Heine bei seiner Italien-Reise mit Sicherheit nicht in Marengo gewesen war.[179]

In der *Reise von München nach Genua* macht Heine den Napoleon-Mythos nicht nur selbstreflexiv, wie dies schon in der *Nordsee* und in den *Ideen* der Fall war; er geht noch einen Schritt weiter und benennt explizit diese selbstreflexive Mythisierung. Der Erzähler prophezeit angesichts eines Standbildes von Napoleon in Mailand Napoleons Mythisierung. Wieder ist nicht der historische Napoleon direkt der Ausgangspunkt dieser Überlegung, sondern bereits eine ästhetisch-künstlerische Aneignung historischer Realität. Das Standbild löst die Erinnerung an Napoleon aus und inspiriert den Erzähler zu folgender Überlegung: „Die Zeit, unfähig solch Bild zu zerstören, wird es in sagenhafte Nebel zu hüllen suchen, und seine ungeheure Geschichte wird endlich ein Mythos".[180] Um diese Mythisierung exemplarisch zu illustrieren, läßt der Erzähler einen Prometheus-Vergleich folgen, der freilich nicht neu ist:

> Vielleicht, nach Jahrtausenden, wird ein spitzfindiger Schulmeister, in einer grundgelehrten Dissertazion, unumstößlich beweisen: daß der Napoleon Bonaparte ganz identisch sey mit jenem andern Titane, der den Göttern das Licht raubte und für dieses Vergehen auf einem einsamen Felsen, mitten im Meere, angeschmiedet wurde, preisgegeben einem Geyer, der täglich sein Herz zerfleischte. (67)

Auch wenn Heine mit der Prometheus-Bildlichkeit ein mythisches Muster aufgreift, das bereits positiv Vincenzo Monti 1797 für Napoleon als den prometheischen Rebell gegen das *ancien régime* verwendet hatte[181] und das Lord Byron in seiner *Ode to Napoleon* 1814 mit dem Bezug auf den bestraften Prometheus populär machte,[182] so erfüllt der Verweis hier doch eine gänzlich andere Funktion. Denn während die Literatur zu Lebzeiten Napoleon mythische Muster anmaß als topische Vergleiche,

---

Romanische Monatsschrift 53 (2003), S. 205–219. Stefan Woltersdorff: Konkurrierende Wahrnehmungsmuster in Heinrich Heines „Reisebildern" aus Italien, in: Recherches germaniques 30 (2000), S. 17–45.

179 Vgl. Jeffrey L. Sammons: Heinrich Heine (Anm. 138), S. 57.

180 Heinrich Heine: Reisebilder. Dritter Theil, Reise von München nach Genua, in: Ders.: Historisch-Kritische Gesamtausgabe der Werke (Anm. 2), Bd. VII/1: Reisebilder III/IV. Text, bearbeitet v. Alfred Opitz. Hamburg 1986, S. 67. Im folgenden werden die *Reisebilder* nach dieser Ausgabe im fortlaufenden Text mit eingeklammerten Seitenzahlen zitiert.

181 Vgl. die Analyse in Kapitel I. 1 *(Frühe Verehrung für den Revolutionsgeneral und Begeisterung für den Kaiser [1797–1811])*.

182 Vgl. die Analyse in Kapitel I. 5 *(Zweiter Pharao und falscher Prometheus. Lyrischer Abwehrzauber zu nationalem Zweck [1809–1815])*.

die sich hyperbolisch überschlugen, so projiziert Heine in die Zukunft eine Archaisierung von Geschichte in einen Mythos.[183] Das meint etwas anderes als Mythisierung als rhetorisches Mittel, um ein Phänomen der Gegenwart zu erklären. Die mythischen Muster der Napoleon-Literatur zwischen 1799 und 1821 bemaßen eine Gestalt der Gegenwart. Heine spielt hier mit einem Mythos-Begriff, der auf die zeitliche Ferne einer nicht mehr greifbaren Vergangenheit angewiesen ist. Das Phänomen Napoleon entweicht immer mehr aus der aktuellen Realität und wird qua Mythisierung noch weiter entrückt.

Daß Heines Begeisterung für Napoleon sich nicht als rein politische Äußerung verstehen läßt, macht Heine in der *Reise von München nach Genua* unmißverständlich klar, wenn er mit den politischen Phasen von Napoleons Herrscherleben abrechnet und seinem Mißfallen gegenüber Napoleons Verrat an den Idealen der Französischen Revolution Ausdruck verleiht:

> Ich bitte dich, lieber Leser, halte mich nicht für einen unbedingten Bonapartisten […]. Unbedingt liebe ich ihn nur bis zum achtzehnten Brumaire – da verrieth er die Freyheit. Und er that dies nicht aus Nothwendigkeit, sondern aus geheimer Vorliebe für Aristokratismus. Napoleon Bonaparte war ein Aristokrat, ein adeliger Feind der bürgerlichen Gleichheit. (68)

So scharf Heine hier auch mit der Politik des realen Napoleon Bonaparte ins Gericht geht, so wenig beeinflußt dies seine Konstruktion eines selbstreflexiven Napoleon-Mythos, in dem Napoleon sich von der historischen Realität löst und zu einer kulturkritischen Chiffre wird:

Heine unterscheidet zwischen der Politik des historischen Napoleons und der Idealfigur seiner eigenen Poetik, in der Napoleon die verlorene Ganzheit in einer zerrissenen Welt symbolisiert: „Meine Huldigung gilt nicht den Handlungen, sondern nur dem Genius des Mannes.“ (68) In einer Apostrophe an den Leser, die die Wichtigkeit dieser poetologischen Selbstverständigung betont, erläutert der Erzähler, daß es ihm bei seiner Napoleon-Verehrung nicht um die reale Geschichte geht, sondern um ein Ideal, das die Geschichte lediglich selektiv beleiht: „Lieber Leser! Wir wollen uns hier ein für allemal verständigen. Ich preise nie die That,

[183] Zu Heines Umgang mit dem Mythos allgemein vgl. Markus Winkler: Mythisches Denken zwischen Romantik und Realismus. Zur Erfahrung kultureller Fremdheit im Werk Heinrich Heines. Tübingen 1995. Markus Küppers: Heinrich Heines Arbeit am Mythos. Münster, New York 1994. Andreas Anglet: „Ideenassoziation“ und Mythentravestie. Heinrich Heines mythologische Archive, in: Mythen in Kunst und Literatur. Tradition und kulturelle Repräsentation, hg. v. Annette Simonis u. Linda Simonis. Köln, Weimar, Wien 2004, S. 104–124.

sondern nur den menschlichen Geist, die That ist nur dessen Gewand, und die Geschichte ist nichts anders als die alte Garderobe des menschlichen Geistes." (68)

Je weiter die Zeit fortschreitet, desto schwieriger wird es, dieses poetische Ideal gegenwärtig zu halten. Bereits in der *Reise von München nach Genua* echauffiert sich der Reisegefährte des Erzählers: „Wer denkt jetzt noch an Marengo!" (71) In den *Englischen Fragmenten* beschreibt Heine den Gesichtsausdruck Napoleons als unzeitgemäß. Er berichtet von der „tragischen Ruhe und antiken Gemessenheit jener Gesichtszüge, die gegen die modern aufgeregten, pittoresken Tagesgesichter so schauerlich erhaben kontrastieren, und etwas herabgestiegen Göttliches beurkunden" (225). Diese Unzeitgemäßheit gilt in den *Englischen Fragmenten* 1831 als Größenbeweis Napoleons und Makel der eigenen Gegenwart.[184] Gleichwohl handelt es sich nicht mehr um eine prospektiv-prophetische Unzeitgemäßheit wie noch in der *Nordsee*, sondern um eine retrospektive nach antiken Mustern.[185] Der Erzähler der *Englischen Fragmente* reflektiert dieses Zurückweichen Napoleons aus der Gegenwart. Als er sich noch einmal erinnert an Napoleon in Düsseldorf hoch zu Roß, „jeder Zoll ein Gott" (261), erscheint ihm diese Erinnerung auf einmal als fragwürdig. Das im kommunikativen Gedächtnis weiter transportierte Erlebnis scheint nicht mehr in die Gegenwart der 1830er Jahre zu passen:

> Manchmal überschleicht mich geheimer Zweifel, ob ich ihn wirklich selbst gesehn, ob wir wirklich seine Zeitgenossen waren, und es ist mir dann als ob sein Bild, losgerissen aus dem kleinen Rahmen der Gegenwart, immer stolzer und herrischer zurückweiche in vergangenheitliche Dämmerung. Sein Name schon klingt uns wie eine Kunde der Vorwelt, und eben so antik und heroisch wie die Namen Alexander und Cäsar. (262)

Heines Erzähler traut der eigenen Kindheitserinnerung nicht mehr und bezweifelt ihre Authentizität. Napoleon wird Teil einer verschwommenen Vergangenheit, in der Alexander, Cäsar und Napoleon gleich vergangen und entfernt erscheinen. Stilisierte der topische Alexander- und Cäsar-Vergleich zu Lebzeiten Napoleon affirmativ als aus der Gegenwart

---

[184] Vgl. zu den *Englischen Fragmenten* Stefan Neuhaus: Warum sollen keine Poeten nach London fahren? Zur Intention literarischer Reiseberichte am Beispiel von Heines „Englischen Fragmenten", in: Heine-Jahrbuch 36 (1997), S. 22–39.

[185] Ergänzt wird diese Stilisierung der Außerordentlichkeit Napoleons in den *Englischen Fragmenten* durch einen weiteren literarischen Vergleich. Dem Erzähler scheint Napoleon auf St. Helena wie Gulliver im Reich der Liliputaner, die „nicht wissen, was sie mit dem großen Gefangenen anfangen sollen" (227). Das Exil auf St. Helena wird so zur Gesellschaftssatire nach Jonathan Swift literarisiert.

herausragend, so katapultiert derselbe Vergleich ihn *post mortem* in eine Vergangenheit, die mit der Gegenwart nichts mehr zu schaffen hat. Aus einem metaphorischen Kompliment wird so ein Vehikel der Bedeutungslosigkeit für die Gegenwart. Napoleon ist der Gegenwart genauso entschwunden und für ihre Belange gleich irrelevant wie Alexander und Cäsar.

Beim späten Heine wird diese Tendenz zur anachronistisch, rückwärtsgewandten Stilisierung Napoleons noch deutlicher ausgeprägt, jetzt allerdings durchaus mit kritischem Vorzeichen.[186] Napoleon erscheint in einigen späteren Texten als tragischer Held der Vormoderne, dessen Kraft aus archaischen Quellen schöpfte, aber dessen Schwäche auch dieser Unzeitgemäßheit geschuldet war.[187] In dem Bruchstück *Napoleon als Heros* von 1852/53 urteilt Heine: „Napoleon erscheint uns manchmal wie ein Phantom aus jener ältern Zeit, das mit der unsrigen nichts gemein hat [...]. Er siegte manchmal weil die Leute ihn nicht begriffen, und er unterlag zuletzt weil er ebenfalls nicht verstand was die Menschen und die Zeit überhaupt begehrte."[188] Als „Phantom aus jener ältern Zeit" entrückt Napoleon beim späten Heine immer mehr in unerreichbare Fernen der Geschichte. Zwischenzeitlich hatte Heine Napoleon noch mit der Elle des Saint-Simonismus gemessen und sein Kaisertum zum saint-simonistischen „Cäsartum" erklärt und damit modernisiert und neuen politischen Gegebenheiten angeschmiegt.[189] Aber solche bemühten Aktualisierun-

---

[186] Zu Napoleon beim späten Heine vgl. Volkmar Hansen: Johannes der Täufer. Heines bedingter Bonapartismus, in: Der späte Heine 1848–1856. Literatur – Politik – Religion, hg. v. Wilhelm Gössmann u. Joseph A. Kruse. Hamburg 1982, S. 69–96. Christoph auf der Horst: Heinrich Heine und die Geschichte Frankreichs. Stuttgart, Weimar 2000, S. 301 ff.

[187] Hier sind das Bruchstück *Napoleons Heldenthum* (1840/41), der Artikel XLIV der *Lutetia* (1842) und das Bruchstück *Napoleon als Heros* (1852/53) zu nennen.

[188] Heinrich Heine: Napoleon als Heros, in. Ders.: Historisch-Kritische Gesamtausgabe der Werke (Anm. 2), Bd. XV (Anm. 174), S. 176 f.

[189] „Wie Cäsar der bloßen Herrschergewalt seinen Namen gab, so giebt Napoleon seinen Namen einem neuen Cäsarthume, wozu nur derjenige berechtigt ist, der die höchste Fähigkeit und den besten Willen besitzt.

In gewisser Hinsicht war Napoleon ein saint-simonistischer Kaiser; wie er selbst vermöge seiner geistigen Superiorität zur Obergewalt befugt war, so beförderte er nur die Herrschaft der Kapazitäten, und erzielte die physische und moralische Wohlfahrt der zahlreichern und ärmern Klassen". (Heinrich Heine: Französische Zustände. Aus der Normandie, Dieppe, 20. August 1832, in: Ders.: Historisch-Kritische Gesamtausgabe [Anm. 2], Bd. XII/1: Französische Maler. Französische Zustände. Über die französische Bühne. Text, bearbeitet v. Jean-René Derré u. Christian Giesen. Hamburg 1980, S. 217. Zu Heines Verhältnis zum Saint-Simonismus vgl. Johann Dvorák: Ästhetik und politische Ökonomie. Heinrich Heine, Karl Marx und der

gen konnten auch nicht das Abgleiten des poetisierten Napoleons in Vorvergangenheiten verhindern. Während beim frühen Heine die Unzeitgemäßheit als mythisches Ideal eines ganzheitlichen Menschen entworfen wurde und utopische Kraft hatte, erscheint der unzeitgemäße Napoleon 1852/53 als derjenige, dem der Blick für die Zukunft der technischen Zivilisation fehlte. Napoleon, so heißt es,

> wußte schließlich nichts von unserer modernen Zeit und diese begriff auch ihn nicht [...]. Er begriff weder die Macht des Gedankens noch des Dampfes, k⟨eine⟩ Zukunftideen, nur Canonen begriff er und Dominazion, das Vorhandene rekonstituirte er, ein modernes Mittelalter mit Pairs.[190]
> [...]
> Es ist merkwürdig, daß Napoleon auch in diesem Fall nur die Vergangenheit begriff und für die Zukunft weder Ohr noch Auge hatte. [...] Ja, Napoleon besaß Scharfblick nur für Auffassung der Gegenwart oder Würdigung der Vergangenheit, und er war stockblind für jede Erscheinung, worin sich die Zukunft ankündigte. Er stand auf dem Balkon seines Schlosses zu Saint-Cloud, als das erste Dampfschiff dort auf der Seine vorüberfuhr, und er merkte nicht im mindesten die weltumgestaltende Bedeutung dieses Phänomens![191]

Aus „Napoleon, dem neuen Manne, dem Manne der neuen Zeit", wie Heine ihn noch in der *Nordsee. Dritte Abtheilung* nannte,[192] ist ein Relikt der Vormoderne geworden, der auch nicht mehr qua Lektüre oder Kindheitserinnerung aktualisiert werden kann. Am Ende von Heines Leben steht so der Name Napoleon nicht mehr für eine poetisierte Utopie, sondern fungiert als Chiffre für ferne, vormoderne Zeiten. Bezeichnenderweise trägt ein spätes Napoleon-Bruchstück Heines den Titel *Napoleon als gespenstische vampirische Erscheinung*, und es schließt mit der bangen Frage: „Hat er existirt?"[193] Während Béranger nach 1821 noch lyrisch

---

Saint-Simonismus, in: „Die Emanzipation des Volkes war die Aufgabe unseres Lebens". Beiträge der Heinrich Heine-Forschung anläßlich seines zweihundertsten Geburtstages 1997, hg. v. Wolfgang Beutin. Hamburg 2000, S. 89–104. Walter Grab: Heinrich Heine als politischer Dichter. Frankfurt a. M. 1992, S. 53–67. Wolfgang Preisendanz: Heine, Saint-Simonismus und Kunstautonomie, in: Art social und art industriel. Funktionen der Kunst im Zeitalter des Industrialismus, hg. v. Helmut Pfeiffer, Hans Robert Jauß u. Françoise Gaillard. München 1987, S. 153–169.

[190] Heinrich Heine: Napoleon als gespenstische vampirische Erscheinung, in: Ders.: Historisch-Kritische Gesamtausgabe (Anm. 2), Bd. XV (Anm. 174), S. 176.

[191] Heinrich Heine: Artikel XLIV der Lutezia in: Ders.: Historisch-Kritische Gesamtausgabe (Anm. 2), Bd. XIV/1: Lutezia II. Text. Apparat, 43.–58. Artikel, bearbeitet v. Volkmar Hansen. Hamburg 1990, S. 17.

[192] Heinrich Heine: Nordsee. Dritte Abtheilung (Anm. 180), S. 161.

[193] Heinrich Heine: Napoleon als gespenstische vampirische Erscheinung (Anm. 190), S. 176.

deklarierte *Il n'est pas mort* und damit den Tod Napoleons leugnete, um seine gegenwärtige Kraft zu verdeutlichen, fragt Heine in den 1850er Jahren bereits, ob Napoleon eine reale Gestalt der Zeitgeschichte gewesen ist. Damit ist ein allererster vorsichtiger Schritt getan zu den parahistorischen Texten des 20. Jahrhunderts, die Napoleons Geschichte gegen die Realität anders erzählen oder Napoleon in die Gegenwart des 20. Jahrhunderts katapultieren.[194] Napoleon ist 1853 für Heine so weit aus den aktuellen zeitpolitischen Zusammenhängen entrückt, daß seine historische Existenz unwirklich erscheint und bezweifelbar wird.

4. Mensch, Masse, Volk
Wer macht Geschichte in Grabbes Drama *Napoleon oder die hundert Tage* (1831)?

Im Unterschied zu den erzählenden Texten von Hauff und Heine und im Unterschied auch zu den lyrischen Wallfahrten von Platen, Zedlitz, Gaudy und Immermann, die alle Napoleon nicht direkt literarisieren, sondern in Poetiken der Erinnerungen einschachteln, setzen die Napoleon-Dramen des 19. Jahrhunderts Napoleon direkt in Literatur und lassen den Kaiser selbst sprechen. Die Napoleon-Dramen literarisieren nicht das Gedenken an Napoleon, sondern nehmen direkt und ohne vermittelnde Instanzen Napoleons Leben in den Blick. Sie inszenieren Napoleon als Gegenwart. Vielleicht war es diese Unmittelbarkeit, vor der lange Zeit viele Schriftsteller beklommen zurückschreckten. Und vielleicht war es daher auch nicht nur der Zensur geschuldet, daß Grillparzer den Napoleon-Stoff verschlüsselte in seinem *König Ottokars Glück und Ende.*[195] Selbstverständlich fehlt es im 19. Jahrhundert nicht an Napoleon-

---

[194] Vgl. in dieser Hinsicht die Dramen von Walter Hasenclever *(Napoleon greift ein)* und Georg Kaiser *(Napoleon in New Orleans)* und die Analyse in Kapitel III. 2 *(Vom unpolitischen Dämon zur politischen Abwehrchiffre. Napoleon-Dramen zwischen Expressionismus und Exil)*.

[195] Auf eine Interpretation von *Königs Ottokar Glück und Ende* wird hier verzichtet, da zum einen die verschlüsselten Napoleon-Dramen bereits mit Zacharias Werners *Attila*, Theodor Körners *Zriny* und Adolph Müllners *König Yngurd* behandelt wurden (vgl. die Analyse in Kapitel I. 3 [*Dramatische Verhüllungen des Schicksals. Attila, Soliman, Yngurd und „Noch Jemand" [1808–1817]*]). Zum anderen erschöpft sich *Königs Ottokars Glück und Ende* bei weitem nicht in den Napoleon-Bezügen und scheint mir nicht als ein regelrechtes Napoleon-Drama einordbar. Vgl. hierzu Jürgen Kost: Zwischen Napoleon, Metternich und habsburgischem Mythos. Überlegungen zum Gegenwartsbezug des Geschichtsdramas am Beispiel von Grillparzers „König Ottokar", in: Jahrbuch der Grillparzer-Gesellschaft 20 (1997–2002), S. 125–158. Konrad Schaum: Grillparzers „König Ottokars Glück und Ende". Historische Tragödie und Zeitkritik, in: Jahrbuch der Grillparzer-Gesellschaft 15 (1983), S. 51–

Dramen in Deutschland: Neben kitschig-süßlichen Josephinendramen[196] stehen etliche St. Helena-Tragödien[197], und die Dramen, in denen Napoleon als Nebenfigur auftritt, sind kaum zu zählen.[198] Ein eigenes Genre bilden die nationalstereotypen, vaterländisch inspirierten Dramolette, in denen Königin Luise und Napoleon aufeinandertreffen. Luise als Märtyrerin wurde zum Symbol für die Wiedergeburt Preußens.[199] Aber Auf-

---

63. Harald Steinhagen: Grillparzers „König Ottokar“. Drama, Geschichte und Zeitgeschichte, in: Jahrbuch der deutschen Schillergesellschaft 14 (1970), S. 456–487. Mark G. Ward: Some Notes on Grillparzer's „König Ottokar“ and the „entfernte Ähnlichkeit“, in: German Life and Letters 34 (1981), S. 214–222.

[196] Karl von Heigel: Josephine. Schauspiel in fünf Aufzügen. (1882) München 1893. Hermann Bahr: Josephine. Ein Spiel in vier Akten. Berlin 1899. Carry Brachvogel u. Oskar Mysing: Der kommende Mann. Komödie in vier Akten. Berlin 1901. S. Aschner: Josephine. Historisches Dramolett. Diessen 1902. Andere Liebschaften dramatisieren: Richard Voß: Wehe den Besiegten. Drama in drei Aufzügen. Leipzig 1888. Karl Biesendahl: Der Stern des Korsen. Tragödie in fünf Akten. Berlin 1890. Paul von Ebart: Edmée. Schauspiel in fünf Aufzügen mit freier Benutzung eines Mallingschen Romans. Gotha 1900. Ferdinand Bonn u. Thilo von Trotha: Edles Blut. Historienbild in drei Aufzügen. Berlin 1901. Vgl. hierzu Hermann Gaethgens: Napoleon I. im deutschen Drama. Liebesdramen. Frankfurt a. M. 1903.

[197] C. G. Kahlbau: Napoleon auf St. Helena. Historisch-romantisches Drama in fünf Aufzügen. Tangermünde 1855. Robert Griepenkerl: Auf Sanct Helena. Drama in drei Aufzügen. Hamburg 1862. Hermann Unbescheid: Bonapartes Tod. Melodramatische Dichtung. Musik von Otto Müller. Leipzig 1888. Michael Emirow: Napoleons Ende. Drama in fünf Akten. Wien 1900. Arnold Ott: St. Helena. Schauspiel. Zürich 1904.

[198] Hier sei nur hingewiesen auf Karl Bleibtreu: Weltgericht. Tragödie in fünf Akten zur Jahrhundertfeier der großen Revolution. Leipzig 1888. Otto Sievers: Waterloo. Historie in fünf Aufzügen. Braunschweig 1890. Otto von der Pfordten: „1812“. Historisches Drama in fünf Aufzügen. Heidelberg 1897. Vgl. hierzu Hermann Gaethgens zu Ysentorff: Napoleon I. im deutschen Drama. Ein Beitrag zur Technik des historischen Dramas. Frankfurt a. M. 1903.

[199] Hans von der Marck: Königin Luise oder der Frieden zu Tilsit. Ein dramatisches Geschichtsbild für die deutsche Jugend – in drei Aufzügen. Nürnberg 1892. Fritz Volger: Königin Luise oder der Genius Preußens. Dramatisches Bild in einem Akt. Landsberg 1883. Karl Schulz: Königin Luise. Zeitbild in fünf Aufzügen. Halle 1874. Gustav Körner: Luise, Königin von Preußen. Geschichtliches Schauspiel in vier Aufzügen und einem Melodrama. Berlin 1888. Fritz Schwaller: Königin Luise. Ein Drama für die Volksbühne. Stuttgart 1891. Bernhard Liebermann: Königin Luise von Preußen. Ein Charakter- und Lebensbild in dramatischer Darstellung als christlich-patriotisches Volksschauspiel in fünf Aufzügen. Judenbach 1893. Mathilde von Gellhorn, geb. von Kleist: Königin Luise. Vaterländisches Festspiel in sieben Bildern. Naumburg 1895. Albert Gemoll: Königin Luise. Ein vaterländisches Bühnenspiel. Breslau 1892. Johanna Baltz: Die Königin Luise. Vaterländische Dichtung. Ein Vorspiel, sieben lebende Bilder. Wesel 1894. Zum Wechselspiel vom napoleonischen Mythos und Luisen-Mythos in der historischen Mythologie der Deutschen vgl. Wulf

stieg und Fall Napoleons im 19. Jahrhundert als dramatisierte Geschichte zu fassen, wagten nur wenige.[200]

Die meisten Napoleon-Dramen stammen aus der zweiten Hälfte des 19. Jahrhunderts. Vor 1850 gibt es vergleichsweise wenig Napoleon-Dramen. Bei den meisten von ihnen handelt es sich um St. Helena-Dramen, die zwar Napoleon vergegenwärtigen, aber nur einen örtlich fernen Napoleon im Atlantik, nicht den Napoleon in Europa. Fast als Monolith steht so Grabbes theatralisches Experiment seines *Napoleon oder die hundert Tage* von 1831 da. Schon von Jugend an war Grabbe von Napoleon fasziniert. Überliefert ist die Kindheitserinnerung, daß Grabbe mit Veitsbohnen die napoleonischen Kriege nachgestellt habe: Eine besonders dicke Bohne diente ihm als „Schwerenotskerl" Napoleon.[201] Grabbe teilte mit Grillparzer das epigonale Gefühl in einer napoleonlosen Welt und stilisierte Napoleons rebellische Selbstschöpfung zu einem Vorbild für das poetische Genie.[202] In der theoretischen Schrift *Etwas über den Briefwechsel zwischen Schiller und Goethe* (1830) faßt Grabbe seine Überzeugung in ein bibliographisches Bild: „Mit Napoleons Ende ward es mit der Welt, als wäre sie ein ausgelesenes Buch, und wir ständen, aus ihr hinausgeworfen, als die Leser davor, repetirten und überlegten das Geschehene."[203] Napoleons Ende scheint hier für Grabbe ein Ende der

Wülfing, Karin Bruns, Rolf Parr: Historische Mythologie der Deutschen, 1789–1918. München 1991; und aus der älteren Forschung: Eduard Belling: Die Königin Luise in der Dichtung. Eine Sammlung aus den in älterer und neuerer Zeit verfaßten Dichtungen. Berlin 1886. Hermann Dreyhaus: Die Königin Luise in der Dichtung ihrer Zeit. Berlin 1926.

[200] Luise Gutbier: Napoleon I. Dramatisches Lebensbild in elf Bildern. Berlin ^{2}1904. Otto Harnack: Napoleon. Dramatisches Gedicht in Vorspiel und fünf Akten. Dorpat u. Fellin 1881. Friedrich Karl Schubert: Napoleon I. oder Eines großen Schicksals Flut und Ebbe. Charakterbild in fünf Aufzügen. München 1882. Ludwig Dreyer: Napoleon Bonaparte. Historisches Zeit- und Charaktergemälde in fünf Akten. Elmshorn 1882. Gustav Felix: Moskau 1812. Schauspiel in fünf Aufzügen. Berlin 1886. Paul Friedrich: Napoleon. Heroische Trilogie. Berlin 1902.

[201] Vgl. Karl Ziegler: Grabbe's Leben und Charakter. Hamburg 1855, S. 23f.

[202] Vgl. Manfred Schneider: Grabbe und der Dichter-Mythos, in: Christian Dietrich Grabbe (1801–1836). Ein Symposium, im Auftrag der Grabbe-Gesellschaft hg. v. Werner Broer u. Detlev Kopp unter Mitwirkung v. Michael Vogt. Tübingen 1987, S. 43–56. Jürgen Link: „Betrachte ... die Menschen als erste vom Dampf getriebene Maschinen ...". Grabbe und die Kollektivsymbolik seiner Zeit, in: Christian Dietrich Grabbe (s.o.), S. 58–75. Friedrich Sengle: Das historische Drama in Deutschland. Geschichte eines literarischen Mythos. Stuttgart ^{2}1969, S. 166.

[203] Christian Dietrich Grabbe: Etwas über den Briefwechsel zwischen Schiller und Goethe, in: Ders.: Werke und Briefe. Historisch-Kritische Gesamtausgabe in sechs Bänden, hg. v. d. Akademie der Wissenschaften in Göttingen, bearbeitet v. Alfred Bergmann. Emsdetten 1960–1973, Bd. 4, S. 93.

Sinnhaftigkeit von Geschichte zu signalisieren, zumindest drängt sich nach Napoleons Tod der Sinn der Geschichte nicht mehr unmittelbar auf, sondern muß im Prozeß des „Repetierens“ und „Überlegens“ erst neu konstruiert werden. Mit Napoleons Ende scheint ein teleologisches Geschichtsmodell *ad absurdum* geführt zu sein. Vielmehr werden auf einmal Kreisstrukturen plausibler, – angesichts der Rückkehr der Bourbonen und der Restauration. Ob Geschichte einen Sinn hat, wer diesen konstituiert, wer Geschichte macht, der Einzelne oder die Masse, Völker oder deren Regenten, die Umstände oder der Wille eines Individuums – all diesen Fragen widmet sich Grabbe detailliert in seinem Drama *Napoleon oder die hundert Tage*. Grabbe fahndet nach dem Subjekt der Geschichte und erörtert sowohl soziale Klassen und nationale Gruppen als auch große Individuen und ein numinoses Schicksal als historische Handlungsträger.

Quellen Grabbes waren neben dem *Mémorial* von Las Cases, Bouriennes *Mémoires* und Walter Scotts *The Life of Napoleon Bonaparte* vor allem Carl Venturinis *Chronik des neunzehnten Jahrhunderts.*[204] Zwar erklärt Grabbe in seinem Vorwort, daß er sein Drama vor der Julirevolution beendet habe, aber die Forschung hat nachgewiesen, daß Grabbe nach der Juli-Revolution noch Änderungen vorgenommen hat.[205] Besonders in den raunenden Vorverweisen auf Louis-Philippe als Bürgerkönig schlagen sich solche geschichtsphilosophischen Retuschen nieder.[206] Die Juli-Revolution ließ Grabbe wieder zweifeln daran, was nun das Bleibende war für die Geschichte des 19. Jahrhunderts: Napoleon oder die Re-

---

[204] Daneben sind noch zu nennen: Pierre Alexandre Édouard Fleury de Chaboulon: Denkwürdigkeiten über Napoleons Privatleben, Rückkehr und Regierung im Jahre 1815. Leipzig ²1821. Christoph Girtanner: Historische Nachrichten und politische Betrachtungen über die französische Revolution. 17 Bde. Berlin 1791–1803. Adolf Christian Heinrich Henke: Darstellung des Feldzuges der Verbündeten gegen Napoleon im Jahr 1815. Erlangen 1816. Zu den Quellen Grabbes vgl. Alfred Bergmann: Quellen des Grabbeschen „Napoleon“. Detmold 1969. Reinhard Hennig: Grabbes „Napoleon“ und Venturinis Chronik von 1815. Ein Vergleich, in: Amsterdamer Beiträge zur neueren Germanistik 5 (1976), S. 1–24.

[205] Seit Anfang August 1829 plante Grabbe ein Napoleon-Drama, im August 1830 war das Drama fertig, aber bei seiner Abschrift fügte er noch etliche Ergänzungen ein. Im Januar 1831 ging das Drama in den Druck.

[206] In der ersten Szene des ersten Aufzugs feiert das Volk Louis-Philippe mit dem Ruf „Hoch Orleans, einst König“, in: Christian Dietrich Grabbe: Napoleon oder die hundert Tage, in: Ders.: Werke und Briefe (Anm. 203), Bd. 2, S. 335. *Napoleon oder die hundert Tage* werden im folgenden nach dieser Ausgabe im fortlaufenden Text mit eingeklammerten Aufzug-, Szenen- und Seitenzahlen zitiert.

volution. In einem Brief erläutert Grabbe dementsprechend: Napoleon „ist kleiner als die Revolution, und im Grunde ist er nur das Fähnlein an deren Maste, – nicht Er, die Revolution lebt noch in Europa. [...] Nicht Er, seine Geschichte ist groß."[207] Die anfängliche Begeisterung für die Juli-Revolution wich jedoch bald einer erneuten Desillusionierung. Und auch diese Enttäuschung zeigt sich in Grabbes Drama, wenn die Figuren ihre Abscheu vor der schalen Gegenwart formulieren.

Grabbes Drama spiegelt die neue Unübersichtlichkeit einer heraufziehenden Massengesellschaft auch formal wider. Die diskontinuierliche Form wird zur literarischen Strategie und fungiert als Bedeutungsträger.[208] Die Massen- und Schlachtszenen sprengen bisher übliche Formen und dehnen die Grenzen der Aufführbarkeit gewaltig.[209] Von einer Einheit der Handlung, der Zeit oder des Ortes kann keine Rede mehr sein. Einzelne Episoden bleiben in diesem offenen Drama isoliert und werden nicht mehr in eine lineare Handlung eingebunden. 170 Sprechrollen verteilen sich in 25 Szenen auf 20 Schauplätze. Die Handlung erstreckt sich über mehrere Monate im Jahr 1815, von der Rückkehr Napoleons von Elba bis zu seiner Niederlage bei Waterloo. Zwar weist das Drama nach klassischem Schema fünf Akte auf, die aber ganz untypisch in zwei Hälften zerfallen: Zum einen wird Napoleons Wirkung in Frankreich in den ersten drei Akten dargestellt, der vierte und fünfte Akt gelten hingegen vornehmlich außenpolitischen Belangen, wechseln auf die Schlachtfelder von Ligny und Waterloo und bringen mit den Preußen eine neue Handlungseinheit ins dramatische Geschehen. Auf ein „Sozial- oder Revolutionsdrama" folgt eine „Schlachtdrama".[210] Während im ersten Teil Napoleon sich selbst zum Titanen erhebt, demontiert der zweite Teil

[207] Brief Grabbes vom 14. Juli 1830 an Georg Ferdinand Kettembeil, in: Christian Dietrich Grabbe: Werke und Briefe (Anm. 203), Bd. 5, S. 306.

[208] Vgl. Edward McInnes: Grabbe und das Geschichtsdrama, in: Grabbe-Jahrbuch 1 (1982), S. 17–24. Volker Klotz: Radikaldramatik. Szenische Vor-Avantgarde. Von Holberg zu Nestroy, von Kleist zu Grabbe. Bielefeld 1996.

[209] Vgl. Carl Wiemer: Der Paria als Unmensch. Grabbe – Genealoge des Anti-Humanitarismus. Bielefeld 1997, S. 81–103. Rainer Lewandowski: Sehnsucht, Verzweiflung und Unspielbarkeit. Überlegungen zur Dramaturgie Grabbes am Beispiel von „Napoleon oder die hundert Tage", in: Grabbe-Jahrbuch 7 (1989), S. 68–81. Gérard Schneilin: Grabbes drei letzte Stücke: „Napoleon oder die hundert Tage", „Hannibal" und „Die Hermannsschlacht" als Modelle zur Umformung des politischen Theaters im 19. Jahrhundert, in: Aspekte des politischen Theaters und Dramas von Calderón bis Georg Seidel, hg. v. Horst Turk u. Jean-Marie Valentin. Bern 1996, S. 159–179.

[210] So die Begriffe von Detlev Kopp: Geschichte und Gesellschaft in den Dramen Christian Dietrich Grabbes. Frankfurt a.M. 1982, S. 148.

sukzessive diese Selbsterhöhung als subjektive Größenphantasie. Auch sozial vervielfältigt sich die Personnage und reicht von Ludwig XVIII. und den Anhängern der Bourbonen über Bürger, Soldaten bis hin zum als solchen deklarierten „Pöbel“. Eine ästhetische Geschlossenheit suggerierende gebundene Sprache wäre dieser fragmentierten Welt nicht angemessen. Dementsprechend läßt Grabbes Prosa-Drama die soziale Vielfältigkeit auch sprachlich in diversifizierten Soziolekten deutlich werden.

Napoleon selbst entwirft sich als Held von titanischen Dimensionen, der der Geschichte seinen Willen aufzwingen kann. Auf Elba stilisiert er sich als denjenigen, der als einziger der Revolution Einhalt gebieten konnte. Aber diese titanischen Selbstaussagen werden durch zahlreiche Gegenaussagen Dritter skeptisch gebrochen und als fast pathologische Zeichen einer verzerrten Realitätswahrnehmung erkennbar. Wenn Napoleon auf Elba bekennt: „Mit mir ging die Sonne unter, die diese Planeten im Schwunge erhielt“ (I/4, 353), so ist diese monomanische Selbstvergöttlichung gleichzeitig fast komisch relativiert, wenn man diesen Gott im Exil vor Selbstmitleid vergehen sieht: „Wie undankbar die Welt, das elende, schlechte Scheusal!“ (I/4, 349) Napoleon erklärt sich bei Grabbe selbst, die ehemalige Propaganda seines Italienfeldzuges aufgreifend, zum „andere[n] Prometheus, den Geier im Herzen. Hingeschmiedet, nicht von der Kraft und Gewalt, sondern von der Überzahl der Schwachen und Elenden“ (I/4, 350).[211] Der rebellische Gestus dieses „anderen Prometheus“ gilt nicht mehr einer göttlichen Macht, sondern der gesichtslosen Masse, der „Überzahl der Schwachen und Elenden“. So steht Grabbes Napoleon als „anderer Prometheus“ der Moderne kulturkritisch gegen eine anonyme Massengesellschaft. Diese Verachtung Napoleons für seine mediokre Umgebung gestaltet Grabbe extensiv aus und zitiert dabei Grillparzers *Napoleon*-Gedicht. Wenn Grillparzers lyrisches Ich resümiert: „Er war zu groß, weil seine Zeit zu klein!“,[212] so macht Grabbe diesen Gedanken zu einer Selbstaussage seines sich selbst überschätzenden Napoleons: „Ist die Canaille es wert? Ist sie nicht zu klein,

[211] Vgl. schon den Prometheus-Vergleich für Napoleon bei Vincenzo Monti 1797; siehe hierzu die Analyse in Kapitel I. 1 *(Frühe Verehrung für den Revolutionsgeneral und Begeisterung für den Kaiser [1797–1811])*.

[212] Franz Grillparzer: Napoleon. Geschrieben im Jahre 1821, in: Ders.: Sämtliche Werke. Historisch-Kritische Gesamtausgabe, hg. v. August Sauer u. Reinhold Backmann. Wien 1909–1948, 1. Abteilung, Bd. 10: Gedichte. Erster Teil. Wien 1932, S. 61. Zu diesem Gedicht vgl. die Analyse im Kapitel I. 7 *(Der 5. Mai 1821. Ende der Geschichte und Beginn des Epigonentums)*.

um Größe zu fassen? Weil sie so niedrig war, ward ich so riesenhaft." (I/4, 349) Napoleons Größe ist selbst aus seiner Perspektive nicht mehr absolut, sondern nur noch relativ erklärbar.

Grabbes Napoleon verachtet das Volk, das er als „Canaille" bezeichnet. Hortense erkennt sehr wohl den Opportunismus und die persönliche Eitelkeit, die Napoleon zu seinen militärischen Taten treibt; und Hortense ist es auch, die die angebliche weltgeschichtliche Notwendigkeit von Napoleons militärischem Vorgehen als subjektive Willkür entlarvt.[213] Aber Napoleon antwortet auf solche Skepsis mit tautologischen, egotheistischen Selbsterhöhungen: „Ich bin Ich, das heißt Napoleon Bonaparte, der sich in zwei Jahren Selbst erschuf" (III/3, 390). Eine solche Selbstvergöttlichung ist zugleich Zeugnis für das Verschwinden einer allgemein verbindlichen, objektiven Sinnstiftung. Napoleon kann sich zum Sinnträger von Geschichte aufschwingen, weil er auf ein Wertvakuum stößt.[214]

Napoleon attestiert sich selbst Genie,[215] aber da ist er im Drama, das einen regelrechten Wettstreit um legitimes Genie inszeniert, nicht der Einzige.[216] Napoleon bekommt Konkurrenz von weiteren Genie-Anmaßungen. Auch der Anarchist Jouve wird von seiner prospektiven Geliebten als „Genie" tituliert, wobei hier der Begriff der Autonomieästhetik zum erotischen Kompliment schrumpft.[217] Fouché nennt Carnot spöttisch ein „kindliches Genie" (II/5, 373) und zielt damit auf Carnots Naivität, die Fouchés und Napoleons Intrigen nicht begreift. Weiterhin muß Napoleon deutlich machen, daß Bertrand mitnichten ein Genie ist, wie Hortense mutmaßt. Als Napoleon seinen getreuen Generaladjutanten

---

[213] Napoleon konzediert: „Jetzt hätt' ich indes gern Frieden – doch groß und klein ist gegen mich, und ich muß kämpfen", worauf Hortense dies lakonisch kommentiert: „Du mußt – ja, weil du willst." (III/ 3, 395) Zu Napoleons Egoismus vgl. auch Grabbe in einem Brief an Kettembeil (Anm. 207): „Napoleon ist übrigens eine so große Aufgabe nicht. Er ist ein Kerl, den sein Egoismus dahin trieb, seine Zeit zu benutzen, – außer eigennützigen Zwecken, hat er schon als Corse, als Halbfranzose nie gewußt, wohin er eigentlich strebte."

[214] Vgl. Heidemarie Oehm: Geschichte und Individualität in Grabbes Drama „Napoleon oder die hundert Tage", in: Wirkendes Wort 42 (1992), S. 43–55.

[215] Zu Bertrand spricht Napoleon: „Ich will dir es sagen: alle die Leute mit all ihren Generalen, den alten, tollen Blücher vielleicht ausgenommen, beben nicht vor Frankreich, wie es jetzt ist, sondern vor meinem Genie." (III/3, 391)

[216] Zum Genie-Begriff bei Grabbe vgl. Jochen Schmidt: Die Geschichte des Genie-Gedankens in der deutschen Literatur, Philosophie und Politik 1750–1945 (Anm. 153) Bd. 2, S. 68–74.

[217] Die namenlos bleibende Dame demonstriert die Vulgarisierung und erotische Tönung des Genie-Begriffs, wenn sie begeistert Jouve zuhaucht: „Sie sind ein Genie, mein Herr, und ihre Hände sind sehr kräftig." (IV/1, 397).

mit Befehlen überhäuft, gibt Hortense zu Bedenken: Wenn Bertrand all dies richtig ausführe, „so ist er ein Genie, fast größer als du selbst!“ (IV/2, 401) Einer solchen Inflation von Genies gebietet Napoleon Einhalt, indem er allgemeines ‚Talent‘ von seiner ‚Tatkraft‘ unterscheidet: „Käm’ es auf das bloße Talent, und nicht auf die Tatkraft an, durch welche es in Bewegung gesetzt wird, so wäre Berthier statt meiner Kaiser der Franzosen.“ (IV/2, 401) Genie wird so für Grabbes Napoleon eine Sache der Entschlußkraft und des Handelns in einer Zeit der entscheidungsunfähigen Mittelmäßigkeit. Genie tendiert bei Grabbe zum Dezisionismus.

Grabbes Napoleon weiß, seine Umgebung eine zeitlang zu beherrschen, weil er ihr immer um den entscheidenden Moment voraus ist. Napoleon ist schneller als die anderen, und ihm ist dieser zeitliche Vorsprung möglich durch die wesentliche Beherrschung und Manipulation der Medien.[218] Napoleon ist schneller als die Zeitungen, die von seiner Rückkehr berichten, schneller als die Boten, welche die Bourbonen informieren, und schneller als die Telegraphen, die zudem gezielt falsche Informationen lancieren, um die Bourbonen in trügerischer Sicherheit zu wähnen. Als Napoleon in die Tuilerien zurückkehrt, wischt er in einer symbolischen Handlung Ludwig XVIII. Bücher vom Tisch und ersetzt diese durch Depeschen. Diese neuen Medien des Herrschers entsprechen seinem Ideal der Schnelligkeit. Napoleons Sprache paßt sich dieser Schnelligkeit an und verknappt sich im Herrschen auf imperativische Ellipsen.[219] Gleichwohl ist dieses nur die öffentliche Sprache Napoleons. Nicht zum Herrschen und Handeln gedrängt, in der monologischen Selbstaussprache, öffnet sich Napoleons Sprache zu großen Hypotaxen, die gelegentlich beinahe in versifiziertes Maß changieren.[220]

Napoleon selbst ist nur in sieben von 25 Szenen anwesend, daher wird es dem Zuschauer nicht nur möglich, sondern er ist geradezu gezwungen, Napoleons Selbstdefinitionen mit Fremdeinschätzungen zu vergleichen.

---

[218] Zu Grabbes Drama aus mediengeschichtlicher Perspektive vgl. Carl Wiemer: Palimpsest des Posthistoire. Grabbes Seismographie der neuen Medien in „Napoleon oder die hundert Tage“ und „Scherz, Ironie und tiefere Bedeutung“, in: Christian Dietrich Grabbe – ein Dramatiker der Moderne, hg. v. Detlev Kopp. Bielefeld 1996, S. 21–46.

[219] Vgl. Jürgen Fohrmann: Die Ellipse des Helden (mit Bezug auf Christian Dietrich Grabbes „Napoleon oder die hundert Tage“), in: Grabbes Welttheater. Christian Dietrich Grabbe zum 200. Geburtstag, hg. v. Detlev Kopp u. Michael Vogt. Bielefeld 2001 (Vormärz-Studien, 7), S. 119–137.

[220] So etwa Napoleons mythisch überformte Apostrophe an Amphitrite auf Elba, die den ersten Aufzug beschließt.

Und diese Fremdaussagen demontieren sukzessive die Selbstmythisierung Napoleons.[221] Zwar zeigt Grabbe auch die treuen Grenadiere Napoleons und das von Napoleon begeisterte Volk, er demonstriert aber auch, daß das Volk ihn fälschlicherweise als zurückgekommenen Revolutionär feiert. Außerdem wird das Volk als wankelmütig dargestellt. Napoleons getreue Grenadiere benutzen verräterische Bilder, um Napoleons Rückkehr zu beschreiben. So zeichnet ihn Chassecoeur als Ikarus, der zur Sonne auffliegt (I/1, 328). Den Sturz des Ikarus erwähnt er zwar nicht, aber der Zuschauer assoziiert ihn unwillkürlich. Der Revolutionär Carnot hält ihn für einen „asiatischen Despoten" (II/5, 373), die bourbonische Herzogin von Angoulême wirft ihm ethisches Versagen vor. Ohne die Bereitschaft der Bourgeoisie, Napoleon aus Kalkül gegen die Bourbonen zu unterstützen, hätte sich Grabbes Napoleon nicht wieder zur Herrschaft aufschwingen können.[222]

Napoleon verfügt nicht über einen einzelnen klassischen Antagonisten, sondern kämpft an mehreren Fronten nicht nur gegen den anonymen Gang der Geschichte, sondern personalisiert gegen verschiedene Vertreter unterschiedlicher historischer Parteien und Zeiten. Der Chronologie der Geschichte entsprechend wird Napoleon zu Beginn mit der Vergangenheit des *ancien régimes* konfrontiert, in der Mitte des Dramas werden die Revolution und Napoleon einander gegenübergestellt, und das Ende von Grabbes Schauspiel stellt Napoleons Franzosen und Blüchers Preußen nebeneinander; dabei scheinen die Preußen einen zukünftigen Abschnitt der Geschichte zu repräsentieren. So durchläuft das Drama im Spiegel der 100 Tage-Herrschaft verzerrt einen sehr viel größeren Zeitraum und repetiert in sich noch einmal die Geschichte der letzten 50 Jahre.

In den ersten beiden Aufzügen wird Napoleon gegen die Vergangenheit der Bourbonen aufgebaut. Von diesen scheint die fromme Herzogin von Angoulême ihm intellektuell noch am ehesten gewachsen. Adels-

---

[221] Vgl. Harro Müller: Subjekt und Geschichte. Reflexionen zu Grabbes Napoleon-Drama, in: Christian Dietrich Grabbe (1801–1836). (Anm. 202), S. 96–113, hier S. 106. Raleigh G. Whitinger, John L. Plews: The Anti-Heroic Consistency of C. D. Grabbe's Historical Drama. Poetological discourse and Intertextuality in „Gothland", „Hohenstaufen", and „Napoleon", in: Colloquia Germanica 29 (1996), S. 39–60.

[222] Vgl. hierzu Hans Wißkirchen: Die Gegenwart in der Vergangenheit. Grabbes Hohenstaufendramen zwischen Stoffzwang und Autorintention, in: Literatur für Leser (1989), S. 126–142, hier S. 134. Raimar Zons: „… die ganze Welt, schauen Sie hier, wie sie rollt und lebt". Über Grabbes „Napoleon", in: Grabbe-Jahrbuch 4 (1985), S. 9–27.

stolz spricht sie zwar Napoleon die historische Größe ab, aber sie ist im Kreis der schwachen Bourbonen die einzige, die die Nachricht von Napoleons Landung bei Toulon richtig einschätzt. Die träge und begriffsstutzig gezeichneten Bourbonen gehen lieber Wildbret speisen, als sich militärisch gegen Napoleon zu rüsten. Wütend versucht die Angoulême, die Royalisten aus ihrer Borniertheit zu wecken und warnt hellsichtig vor der vermeintlichen Treue Neys: „O hättet ihr selbst Mut, ihr bedürftet des Elsasser Sergeanten nicht." (II/4, 366) Sie erkennt die Schwäche der eigenen Partei („Wie schwach wir, daß wir ihn bestechen!" [II/4, 366]) und beweist als einzige dadurch Stärke und eine Napoleon beinah ebenbürtige Willenskraft,[223] wenn sie versucht, ihre Umgebung zu mobilisieren: „O Waffen, Waffen, Waffen! – Sturmglocken geläutet – Alles, alles aufgeboten, in der Kirche wie auf dem Schlachtfelde! – Gelandet – – Weh' mein Herz" (II/4, 364). In ihrer Erregung steigert sich die Angoulême auch in eine ähnlich elliptisch-imperativische Sprache, wie Grabbe sie Napoleon sprechen läßt.[224] Gleichwohl wird ihr als Frau kein Gehör geschenkt, und sie taucht später im Drama nicht mehr auf.[225] Allein Napoleon erkennt sie als gleichrangigen Gegner an, wenn er ihr – als Kompliment – mutige Männlichkeit attestiert: „Sie ist der einzige bourbonische Sprößling, der Hosen zu tragen verdiente." (III/3, 389)

Im dritten und vierten Aufzug wird Napoleons Einzug in Paris konfrontiert mit Volksszenen, die in sich Phasen der Revolution widerspiegeln. Während zu Beginn des dritten Aufzugs ein materialistisch-behäbiger Schneidermeister eine bürgerliche, auf Besitzstandswahrung ausgelegte Revolution in ihrer frühen Phase verkörpert, tritt mit Jouve die Anarchie auf den dramatisch-weltgeschichtlichen Plan. Mit dieser Allegorisierung der Revolution knüpft Grabbe auch an barocke Traditionen an. Während der Schneidermeister auf seinen bürgerlich-kapitalistischen Gewinn bedacht ist, feiert Jouve massenpsychologisch choreographierte, sadistische Gewaltorgien, die in der Destruktion von

[223] Zur napoleonischen Willenskraft und ihrer ideologischen Nähe zu Schopenhauer, Stirner und Nietzsche vgl. Herbert Kaiser: Hundert Tage Napoleon oder Das goldene Zeitalter der Willensherrschaft. Zu Grabbes „Napoleon oder die hundert Tage", in: Geschichte als Schauspiel. Deutsche Geschichtsdramen. Interpretationen, hg. v. Walter Hinck. Frankfurt a.M. 1981, S. 197–209. Ders.: Zur Bedeutung des Willens im Drama Grabbes, in: Grabbe und die Dramatiker seiner Zeit. Beiträge zum II. Internationalen Grabbe-Symposium 1989, hg. v. Detlev Kopp u. Michael Vogt. Tübingen 1990, S. 217–231.

[224] Vgl. Jürgen Fohrmann: Die Ellipse des Helden (Anm. 219).

[225] Zu solchen geschlechtsspezifischen Darstellungen vgl. Yvonne Arnhold: „Das Weib sieht tief, der Mann sieht weit". Frauenbilder in den Dramen von Christian Dietrich Grabbe. Bielefeld 1994.

institutionalisierter Herrschaft ihren Zweck erfüllt sehen. Sowohl der Schneidermeister als auch Jouve verachten das Volk.[226] Dem zeitlichen Ablauf der Französischen Revolution nachempfunden, überwindet die in Jouve angedeutete Jakobinerherrschaft den Konvent eines Schneidermeisters. So wie die Revolution ihre Kinder frißt, tötet Jouve den Schneidermeister und empfiehlt dem Volk: „Hacket dem verräterischen Schneider die Finger ab, und steckt sie in den Mund als Zigarren der Nation!" (III/1, 381)

Trotz einer großen Abscheu vor den lustvoll inszenierten Grausamkeiten Jouves, zollen die alten napoleonischen Grenadiere Chassecoeur und Vitry der in Jouve verkörperten radikalen Revolution Respekt. Denn sie sehen, daß erst die Träger der blutigen Revolution Napoleon ermöglichten: „Den Kaiser und uns hat die Revolution gemacht, diese aber machten die Revolution und den Kaiser." (III/1, 382) Dabei ist Jouves Revolutionsenthusiasmus nicht so sehr politisch konkretisiert, sondern erschöpft sich in massenpsychologisch wirksamen Aufpeitschungen der Menge, die ihrer Lust an Gewalt und Zerstörung frönen. Auch dieses scheinen Chassecoeur und Vitry mitzudenken, wenn sie Jouve widerwillig und leicht angeekelt würdigen. Jouve selbst ist davon überzeugt, daß die anarchische Kraft seiner Revolution auch Napoleons momentane Rückkehr überstehen wird. Für Jouve ist Napoleon eine beeindruckende Episode einer Weltgeschichte, die aber schließlich strukturiert wird von Revolutionen, die den Kaiser hinwegwischen: „Die Jakobinermützen überdauern am Ende doch alles" (III/1, 384), ist sich Jouve sicher. Auch dies läßt sich als ein Vorverweis Grabbes auf die Juli-Revolution von 1830 verstehen. Aber Jouve geht keineswegs von einer linearen Geschichtsentwicklung aus, sondern er sieht einen ewigen Kreislauf von Revolution und monarchischer Herrschaft.[227] Seiner weiblichen Eroberung erklärt er so die zyklische Geschichte: „Auf das Ende, Madame, folgt stets wieder ein Anfang." (IV/1, 398)

Außenpolitisch-militärisch ist Napoleon schließlich im vierten und fünften Akt Blücher entgegengesetzt, dem mit der bedeutungsschwangeren Parole „Vorwärts Preußen" die letzten Worte des Dramas zufallen. Diese Heroisierung Blüchers und Preußens, und vor allem die Feier einer männerbündischen Kampfgemeinschaft in den Feldlager-Szenen, evo-

---

[226] So bekennt der Schneidermeister: „Sie [i.e. das Volk] wissen nicht, was sie wollen, und werden nehmen, was sie bekommen." (III/1, 379) Als Jouve sich den Weg bahnen will, ruft er empört aus: „Volk! Weiter nichts? Auseinander der Dreck" (IV/1, 396).

[227] Vgl. Harro Müller: Subjekt und Geschichte (Anm. 202).

zierte im 20. Jahrhundert die nationalsozialistische Begeisterung für Grabbes Drama.[228] Die formierte-hierarische Gemeinschaft der Soldaten ist bei Grabbe deutlich gegen die anarchische Masse der Zivilbevölkerung in Paris gepolt und ideologisiert Machtverhältnisse. Innenpolitisches Chaos kontrastiert mit der militärischen Ordnung im Kampf der Nationen. Der Krieg scheint bei Grabbe die geordnetere Lebensform als das Zivilleben abzugeben und wird zum idealen Gegenentwurf zum bürgerlichen Dasein. Sobald die strukturlose Masse durch einen Führer in eine hierarische Ordnung gebracht wird, changiert sie bei Grabbe zum romantischen Ideal selbstloser Gemeinschaft, die noch deutlich mehr verklärt wird als der einzelne Führer, der dies bewerkstelligt. Wirtschaftliche Belange und egoistisches Besitzstandsdenken, die die städtische Gesellschaft in Paris prägten, scheinen in der militärischen Gemeinschaft auf dem Schlachtfeld keinen Platz mehr zu finden.[229]

Das Feldlager als Lebensform und Ausnahmezustand in Permanenz scheint auf preußischer Seite noch heldenhafter gezeichnet als auf französischer. Im Moment der Schlacht entsteht eine utopisch überformte Gemeinschaft, die aus Zerstörung erwächst.[230] Ein preußischer Jäger formuliert dann auch den Unterschied zwischen dem Egoismus Napoleons und dem stilisierten Altruismus der Preußen und ihres Königs: „Ja,

---

[228] Vgl. als Zeugnis solcher nationalsozialistischer Vereinnahmung Grabbes: Joseph Bergenthal (Hrsg.): Festschrift zur Grabbe-Woche 1936 anläßlich der hundertsten Wiederkehr von Christian Dietrich Grabbes Todestag. Bochum 1936. Ders. (Hrsg.): Detmolder Grabbe-Tage. Im Auftrage des Gauleiters und Reichsstatthalters Alfred Meyer hg. v. Reichspropagandaamt Westfalen-Nord in Verbindung mit der Grabbe-Gesellschaft. Münster 1938. Heinz Kindermann (Hrsg.): Was ist mir näher als das Vaterland? Detmold 1939. Johann Bertram: Grabbe im deutschen Schicksalskampf, in: Jahrbuch der Grabbe-Gesellschaft 3 (1940), S. 51–74. Hanns Johst, der Präsident der Reichsschrifttumskammer, hatte bereits 1917 ein expressionistisches Grabbe-Drama verfaßt mit dem sprechenden Titel *Der Einsame*. Zur Aufarbeitung der nationalsozialistischen Grabbe-Begeisterung vgl. Grabbe im Dritten Reich. Zum nationalsozialistischen Grabbe-Kult, hg. v. Werner Broer u. Detlev Kopp. Bielefeld 1986. Werner Broer: Die Grabbe-Gesellschaft im Dritten Reich, in: Grabbe-Jahrbuch 6 (1987), S. 65–78. Lothar Ehrlich: Eine „völkische Wiedergeburt". Zur faschistischen Grabbe-Rezeption, in: Traditionen und Traditionssuche des deutschen Faschismus, hg. v. Günter Hartung u. Hubert Orlowski. Halle 1983, S. 146–165. Dietmar Goltschnigg: Zur Ideologisierung der Literaturwissenschaft – am Beispiel Grabbes, in: Wirkendes Wort 28 (1978), S. 232–242.

[229] Vgl. Heidemarie Oehm: Gemeinschaft und Gesellschaft in Grabbes Geschichtsdramen, in: Grabbes Welttheater (Anm. 219), S. 137–162.

[230] Zu dieser Dialektik von Zerstörung und utopischer Gemeinschaft, die ein Heros ermöglicht, vgl. Manfred Schneider: Destruktion und utopische Gemeinschaft. Zur Thematik und Dramaturgie des Heroischen im Werk Christian Dietrich Grabbes. Frankfurt a.M. 1973.

Napoleon ist auch groß, ist riesengroß, – aber er ist es nur für sich, und ist darum der Feind des übrigen Menschengeschlechtes, – unser König ist es für alle.“ (IV/5, 412) Napoleons Größe erscheint so isoliert, die der Preußen gemeinschaftsstiftend. Allerdings erreichen die Preußen diese von Grabbe stilisierte innere Einigkeit erst durch die außenpolitische Bedrohung. So provoziert Napoleon unbeabsichtigt die ideale Gemeinschaft seiner Feinde. In der gemeinsamen Konstruktion eines Feindbildes schaffen sich Grabbes Preußen eine nationale Identität.[231] Das hatte schon in den Befreiungskriegen funktioniert, an die sich die preußischen Soldaten nostalgisch zurückerinnern.[232] Die napoleonlose Welt bedeutet auch für die Feinde Napoleons wieder Ödnis und Zerrissenheit: Zu Befreiungskriegszeiten bildeten alle „Berliner und Schlesier, Pommer und Märker“ in Abwehr des übermächtigen Feindes eine „freudige, aber übergewaltige Glut, sowie es hieß ‚Auf den Feind!‘ – Jetzt ist’s ziemlich anders“ (IV/5, 411).[233]

Blücher ist bei Grabbe keineswegs ein Anhänger absolutistischer Traditionen, sondern ein Kämpfer für sein Volk. In Blüchers Verständnis agieren Völker als Subjekte der Geschichte, die sich in formierten Kampfgemeinschaften gegeneinander stellen. Als sich ein Anhänger Ludwig XVIII. Blücher als Überläufer andienen möchte, weist ihn Blücher scharf zurück: „Wenn wir kämpfen, so kämpfen wir just für dieses Land mit der von ihnen geachteten, lobenswürdigen, loyalen Nation [...], aber Gott soll uns behüten, daß wir für ihren Sire Louis dix-huit, [...] nur an ein Degengehenk faßten“ (IV/5, 415f.). Für Blücher machen Völker Geschichte, und dies präsentiert das Drama als moderne, gegen den Absolutismus und das Gottesgnadentum gepolte Auffassung.

Auf dem Schlachtfeld von Ligny schafft es Napoleon, noch einmal Blücher zu schlagen. Noch während der Schlacht schickt Napoleon nach seinem altbewährten Rezept der Übereilung Estafetten nach Paris mit der

---

[231] Zum Verhältnis von Feindbild und nationaler Identität vgl. Michael Jeismann: Das Vaterland der Feinde. Studien zum nationalen Feindbegriff und Selbstverständnis in Deutschland und Frankreich 1792–1918. Stuttgart 1992. Norbert Otto Eke: Signaturen der Revolution. Frankreich – Deutschland: Deutsche Zeitgenossenschaft und deutsches Drama zur Französischen Revolution um 1800. München 1997.

[232] „Es war doch eine wundervolle, alles entflammende Zeit“ erinnert sich der erste Jäger, und der zweite Jäger ergänzt: „Ja, das ganze Heer war wie elektrisch“ (IV/5, 410f.).

[233] Zu dieser Leere nach den Befreiungskriegen vgl. Raimar Zons und Klaus Lindemann: Die Schlacht im Theater – vor und nach den „Befreiungskriegen“. Kleists „Hermannsschlacht“ und Grabbes „Napoleon“, in: Grabbe-Jahrbuch 7 (1988), S. 35–77.

Nachricht seines Sieges. Angesichts des Schlachtfeldes fragt Napoleon nach dem Verursacher dieses Krieges und wirft damit die Frage auf, wer denn nun Geschichte macht: „Ist's nun meine Schuld, daß ich mit einem unermeßlichen, weit und weiter sich ausdehnenden Flammendiadem, wie dieses, meine Stirn schmücken muß? Oder ist es das trübselige Fünkchen, die elende Ächtungsakte von Wien, welche diesen Weltbrand veranlaßt?" (IV/6, 423) Eine Antwort bleibt er jedoch noch schuldig. Nach Ligny ist Napoleon siegesgewiß und glaubt, seinen einstigen Siegeszug wiederholen zu können.[234] Aber er sieht sich in Waterloo eines Besseren belehrt. Vergebens bemüht sich Napoleon noch einmal, durch Schnelligkeit zu siegen. Er gibt die Parole aus: „Die Zeit drängt, und was ihr an Länge fehlt, müssen wir durch Schnelle und Stärke ersetzen" (V/5, 449). Aber Wellington kontert: „Doch darum nur so mehr Ruhe und Ausdauer – das Ungeheure überstürzt am leichtesten" (V/4, 445).

Die Preußen besiegen schließlich gemeinsam mit den Engländern Napoleon und zwingen ihn damit, seine subjektiven Größenphantasien mit der eigenen Niederlage zu konfrontieren. Hatte er sich auf Elba noch als Macher von Geschichte stilisiert, muß er nach Waterloo seine Überzeugungen revidieren und das Illusionäre seiner Größe eingestehen: „Es ist aus – wir haben seit Elba etwa hundert Tage groß geträumt" (V/7, 457). Napoleons Titanismus gerinnt zum Wunschtraum, entpuppt sich als autosuggestive Selbstüberschätzung. Napoleon zwingt der Geschichte nicht mehr seinen Willen auf, sondern erwacht aus dem Traum der Allmacht in die Realität der Desillusionierung und anhebenden Restauration.[235] Mit einem geschichtsphilosophischen Monolog, den er laut Regieanweisung doppeldeutig *„zurückblickend"* (V/7, 457) spricht, läßt Grabbe Napoleon Abschied von der Weltgeschichte nehmen. Dieser Abschied fällt verbittert aus:

---

[234] „Das Tor Europas ist erbrochen und ich stürme hindurch bis –" (IV/ 6, 423). Die Aposiopese illustriert allerdings, daß Napoleon sich noch nicht traut, die Konsequenz einer solchen Wiederholung, einen zweiten Rußlandfeldzug, laut einzugestehen.

[235] Vgl. Raleigh G. Whitinger: Illusionäre Größe. Zu den poetologischen Elementen in Grabbes „Napoleon oder die hundert Tage" und „Hannibal", in: Analogon Rationis. Festschrift für Gerwin Marahrens zum 65. Geburtstag, hg. v. Marianne Henn u. Christoph Lorey. Edmonton 1994, S. 313–330. Dieter Liewerschiedt: „... seine Trommeln tönen vielen Eseln noch zu laut." Grabbes „Napoleon" oder die ästhetische Einheit, in: Grabbe-Jahrbuch 8 (1989), S. 57–67. Edward McInnes: „Die wunderlose Welt der Geschichte". Grabbe and the Development of the Historical Drama in the Nineteenth Century, in: German Life and Letters 32 (1979), S. 104–113.

Da stürzen die feindlichen Truppen siegjubelnd heran, wähnen die Tyrannei vertrieben, den ewigen Frieden erobert, die goldne Zeit rückgeführt zu haben – Die Armen! Statt eines großen Tyrannen, wie sie mich zu nennen belieben, werden sie bald lauter kleine besitzen, – statt ihnen ewigen Frieden zu geben, wird man sie in einen ewigen Geistesschlaf einzulullen versuchen, – statt der goldnen Zeit, wird eine sehr irdene, zerbröckliche kommen, voll Halbheit, albernen Lugs und Tandes, – von gewaltigen Schlachttaten und Heroen wird man freilich nichts hören, desto mehr aber von diplomatischen Assembleen, Konvenienzbesuchen hoher Häupter, von Komödianten, Geigenspielern und Opernhuren – – bis der Weltgeist ersteht, an die Schleusen rührt, hinter denen die Wogen der Revolution und meines Kaisertumes lauern, und sie von ihnen aufbrechen läßt, daß die Lücke gefüllt werde, welche nach meinem Austritt zurückbleibt. (V/7, 457 f.)

In Napoleons bellizistischem Weltbild erscheint Kants „ewiger Frieden" nicht als Utopie, sondern als Drohung ewiger Langeweile. Krieg als Kinesis kontrastiert mit dem Frieden als „ewige[m] Geistesschlaf". Mit Napoleons Sturz kündigt sich erst einmal eine Abstiegsgeschichte nach dem Muster Hesiods von einem goldenen Zeitalter zu einem „irdenen" an. Während die Sieger von Waterloo meinen, Geschichte rückgängig machen und den *status quo ante* 1789 wiederherstellen zu können, proklamiert Napoleon eine Verfallsgeschichte. Diese Dekadenz kennzeichnet Grabbes Napoleon als Phase der Uneigentlichkeit, in der statt Authentizität bloße Inszenierung von Geschichte stattfindet. „Komödianten, Geigenspieler[.] und Opernhuren" suggerieren Relevanz. Abstieg bedeutet weiterhin Ausdifferenzierung von Herrschaft, wenn einem „großen Tyrannen" „lauter kleine" folgen. Statt antikisierten „Heroen" bestimmen „Halbheit, alberne[r] Lug[.] und Tand[.]" die Welt. Hier greift Grabbe wieder auf Grillparzers *Napoleon*-Gedicht zurück, das ähnlich pessimistisch prophezeit: „Der Zeiten Schoß, | Er bring' uns fürder Mäkler, Schreiber, Pfaffen, | die Welt hat nichts mit Großem mehr zu schaffen."[236]

Der Schluß von Napoleons verbittertem Abschiedsmonolog biegt diese Abstiegsbewegung in einen Kreislauf um, der hier als Drohung fungiert. Für diese Drohung einer erneuten Revolution und eines erneuten Kaisertumes bemüht Grabbes Napoleon den „Weltgeist" Hegels. Aber auch dieses Herbeizitieren eines teleologischen Geschichtsmodells vermag nicht darüber hinwegzutäuschen, daß eine erneute Revolution kein Voranschreiten der Weltgeschichte mehr bedeuten kann, sondern lediglich den Beginn eines erneuten Zirkelschlusses, eine Wiederholung des

---

[236] Franz Grillparzer: Napoleon, in: Ders.: Sämtliche Werke. Historisch-Kritische Gesamtausgabe, hg. v. August Sauer u. Reinhold Backmann. Wien 1909–1948, 1. Abteilung, Bd. 10: Gedichte. Erster Teil. Wien 1932, S. 59–61; vgl. hierzu die Analyse in Kapitel I. 7 *(Der 5. Mai 1821. Ende der Geschichte und Beginn des Epigonentums).*

ewig Gleichen.[237] Napoleon selbst, der zugleich (laut Regieanweisung) *„zurückblickend"* und von der Zukunft spricht, verdeutlicht in seinem Monolog performativ die Kreisstruktur der Geschichte.

All dies ist Figurenrede Napoleons, der sich selbst aus der Galerie der „Komödianten, Geigenspieler[.] und Opernhuren" herausnimmt. Aber auch Napoleons Herrschaft wird als bloßes theatralisches Spiel wahrgenommen. Jouve erkennt hellsichtig den bloß inszenierten Charakter der liberalen Verfassungsproklamation Napoleons und beschreibt die Veranstaltung als „Komödie – Es wird nächstens schwer halten Theaterprinzessinnen von echten zu unterscheiden" (IV/1, 398).[238] Grabbes Napoleon ist Teil des sinnlosen Kreislaufes von vergeblichen Bemächtigungsversuchen gegenüber der Geschichte. Napoleon kann nicht nur sein Ende nicht verhindern, sondern er vervielfältigt schon in seiner eigenen Herrschaft diverse Wiederholungen: Die Rückkehr von Elba wiederholt Napoleons Lebensgang aus der Peripherie einer Mittelmeerinsel (Korsika) ins Zentrum der Macht, und als Napoleon bei Waterloo keinen Rat mehr aus der militärischen Situation weiß, probiert er es (allerdings vergeblich) mit einer Wiederholung: „Ich erneue die Tage von Lodi" (V/5, 449f.).

Die 100 Tage-Herrschaft demonstriert in der Darstellung Grabbes, daß die Vorstellung von der Machbarkeit von Geschichte und Verfügbarkeit des Schicksals lediglich wirkmächtige Illusionen sind.[239] Grabbes Figuren stehen in einer kontingenten Welt. In einer Welt ohne Sinn wird auch Napoleon zum Komödianten. Napoleon mag sich egotheistisch zum Subjekt von Geschichte aufgeschwungen haben, gleichwohl belehrt ihn Waterloo eines Besseren. Ob aber, wie dies Blücher mit seinem „Vorwärts Preußen" suggeriert, Völker Geschichte machen, läßt das Drama unbeantwortet. Die sozial-disparaten Kräfte, die in den anarchischen

---

[237] Vgl. Klaus Lindemann, Raimar Zons: La marmotte. Über Grabbes „Napoleon oder die hundert Tage", in: Grabbes Gegenentwürfe. Neue Deutungen seiner Dramen. Zum 150. Todesjahr Christian Dietrich Grabbes, hg. v. Winfried Freund. München 1986, S. 59–81.

[238] Inwiefern die Sinnlosigkeit von Geschichte bei Grabbe die Tragödie problematisch werden läßt, erläutert: Jürgen Kost: „s'ist ja doch alles Komödie". Zum Problematischwerden der Tragödiendramaturgie in Grabbes „Napoleon", in: Aspekte des Geschichtsdramas. Von Aischylos bis Volker Braun, hg. v. Wolfgang Düsing. Tübingen, Basel 1998, S. 95–110. Bei Kost erscheint Grabbe so als Vorläufer von Dürrenmatts grotesken Komödien in einer absurden Welt.

[239] Vgl. hierzu Jürgen Schröder: Geschichte als heroische Kontrastwelt. Grabbes „Napoleon und die hundert Tage", in: Ders.: Geschichtsdramen. Die „deutsche Misere" – von Goethes „Götz" bis Heiner Müllers „Germania"? Eine Vorlesung. Tübingen 1994, S. 137–160.

Szenen um Jouve Gestalt gewinnen, lassen zumindest daran zweifeln, daß ein Volk sich geschlossen zum Subjekt der Geschichte aufschwingt. Allein im Moment der Schlacht scheint sich eine nationale Handlungseinheit zu formieren, aber sie bleibt utopisch, weil dilatorisch auf den Moment der Schlacht begrenzt.

Angesichts der Zwecklosigkeit, Geschichte machen zu wollen, begreifen Grabbes Figuren Geschichte mehr und mehr fatalistisch als ein Spiel. Die erste Szene des Dramas zeichnet Napoleon als Glücksspieler der Geschichte, wenn der napoleonische Soldat Vitry erläutert: „Ja, ja, Vater Veilchen spielte um die Welt, und wir waren seine Croupiers.“ (I/1, 323) In einer nicht planbaren Welt erlangt der Zufall eine immer größere Bedeutung. Daher ist bedeutsam, daß Geschichte nicht nur schlechthin als Spiel, sondern als „Glücksspiel“ präsentiert wird, in dem der Zufall, und nicht die Strategie eines Spielers, die zentrale Rolle übernimmt. In der letzten Szene des Dramas bekennt Napoleon (an die Metaphorik der ersten Szene anknüpfend): „General, mein Glück fällt – Ich falle nicht“ (V/7, 458).[240] Je mehr der Zufall in einer kontingenten Welt zu regieren scheint, desto fatalistischer verhalten sich die Figuren. Bereits in der anspielungsreichen ersten Szene des Dramas bekennt Vitry: „Den einen trägt, den andern ersäuft die Woge des Geschicks. Das Herz nur frisch, es ist die Fischblase, und hebt uns, wenn wir wollen, bis wir krepieren, sei es so oder so.“ (I/1, 328)

Wenn auch die Geschichte selbst nicht mehr von Individuen beherrschbar erscheint, so entbrennt um so schärfer der Kampf um die Deutungshoheit der Geschichte. Je sinnloser sich die Totalität der Geschichte präsentiert, desto wichtiger wird die nachträgliche Sinngebung des Sinnlosen. Aus Akteuren der Geschichte werden Kommentatoren, die Sinn dort fingieren, wo er sich nicht von selbst erklärt.[241] Die erste Szene von Grabbes Drama präsentiert daher auch konkurrierende Darstellungen von unmittelbarer Zeitgeschichte in unterschiedlichen Medien. Unter den Arkaden des Palais Royal präsentiert der Ausrufer einer

[240] Bereits in der ersten Szene antizipiert ein Fenstersturz eines Glückspielers den Fall Napoleons. Vitry kommentiert dies: „Aus dem zweiten Stock stürzt einer aufs Pflaster, und sein Gehirn beschmutzt die Kleider der Umstehenden. Wohl ein Spieler, der sein Alles verloren hat.“ Und Chassecoeur überlegt: „Oder den die Mitspieler aus dem Fenster geworfen haben, weil er betrogen oder zu viel gewonnen hat.“ (I/1, 324) All dies vermag der aufmerksame Zuschauer bereits auf Napoleon zu beziehen und zu überlegen, ob Napoleons Fall dem Zufall oder der Stärke seiner Gegner zu verdanken ist.

[241] Vgl. Kurt Jauslin: Das ausgelesene Buch der Welt. Grabbes groteske „Vieh=(lo-so)=Vieh“ der Geschichte, in: Grabbes Welttheater (Anm. 219), S. 163–192.

Bildergalerie Gemälde der Bourbonen. Ihm zur Seite steht eine Ausrufer einer Tiermenagerie, der satirisch den Ausrufer der Bildergalerie imitiert und in einer kabarettistisch verzerrten Spiegelung die Bourbonen zu einem Zoo der Anachronismen schrumpfen läßt. Im Gesang des Savoyardenknaben wird der jahreszeitliche Kreislauf der Geschichte beschworen. Ein Ausrufer eines Guckkastens zeigt Bilderfolgen von Napoleons Rußlandfeldzug, deren Wahrhaftigkeit die Napoleon-Gardisten Chassecoeur und Vitry bestreiten, die als Augenzeugen wiederum Authentizität für ihre Perspektive beanspruchen. Entscheidend ist nicht mehr die Frage, wer macht Geschichte, sondern, welche Deutung von Geschichte setzt sich durch? Wo Handlungsmonopole nicht mehr zu erkennen sind, werden Sinnstiftungsmonopole zum neuen Ziel.

Aus dem Zukunftsprojekt einer Geschichte, die zu machen ist, wird das retrospektive Vorhaben, Geschehenes zu deuten. Große Geschichte wird so zur Kompensation für kleines gegenwärtiges Leben. Chassecoeur äußert seine Abscheu vor der Gegenwart, die ihn in Erinnerungen leben läßt: „Ach, es kommt einem jetzt auf der Welt so erbärmlich vor, als wäre man schon sechsmal dagewesen und sechsmal gerädert worden." (I/1, 330) Die Selbstdefinition ergibt sich aus der Vergangenheit, die Gegenwart bietet keine verläßliche Orientierung. „Wer ich bin oder sein soll", weiß Chassecoeur nicht; „aber wer ich *war*, das kann ich Ihnen sagen *(sich stolz aufrichtend)*: ein kaiserlicher Gardegrenadier" (I/1, 337). Gegenwärtig hält Chassecoeur seine Erinnerungen über seine Narben, die er nach Schlachten benennt.[242] Napoleon auf Elba formuliert das epigonale Programm, dem sich auch Grabbes Mitwelt wider Willen verschrieben weiß: „Ha! Statt an Taten zehrt man jetzt an Erinnerungen!" (I/4, 349) Grabbes Gegenwart wird zu einer Zeit der „Lücke", wie sie sein Napoleon in seinem Abschiedsmonolog formuliert hatte. In solchen „Lücken" scheint die Zeit auch anders zu funktionieren und wieder aus einer historisch gegliederten Zeit in ein naturhaftes Einerlei zurückzufallen. Grabbe selbst versucht, sich aus dieser Leere zu katapultieren, indem er sein „Napoleon"-Drama schreibt und sich in der literarisierten Erinnerung Größe vor Augen hält. Aber damit produziert er einen Teil jener handlungsunfähigen Reflexion, die sein Napoleon verachtet, wenn er Ludwig XVIII. Bücher vom Tisch fegt.

[242] Vgl. Norbert Otto Eke: „Alle Ehre deiner Narbe". Die Spur des Körpers im Werk Grabbes, in: Grabbes Welttheater (Anm. 219), S. 71–101.

5. Aporien der Größe oder warum Hebbel kein Napoleon-Drama schrieb

Grabbes Intimfeind Hebbel beschäftigte sich lange Zeit mit dem Napoleon-Stoff und erwog, ein Napoleon-Drama zu schreiben.[243] In seinen Tagebüchern finden sich zwischen 1837 und 1863 immer wieder Eintragungen zum Thema Napoleon als poetischem Stoff. An Elise Lensing schrieb Hebbel 1837: „Ich lese jetzt fast nichts, als über Napoleon."[244] Hebbel las die St. Helena-Memoiren von Napoleons Entourage, die Erinnerungen Antommarchis, Montholons und Maitlands, natürlich das *Mémorial* von Las Cases und auch Walter Scotts *The Life of Napoleon Bonaparte.* Die Begeisterung für Napoleon als literarisches Sujet vermittelten ihm Heines *Reisebilder.* Etwas spöttisch vermerkt das *Tagebuch* am 19. Oktober 1836: „Über Nacht habe ich geträumt, Napoleon zu sehen; ich fragte ihn, was er zum 2. Theil von Heines Reisebildern sage".[245]

Anders als Grabbe, der sich in seinen Briefen napoleonisch stilisierte und Napoleon zu seinem privaten Dichter-Mythos erhob,[246] betont Hebbel zu Beginn seiner Beschäftigung mit Napoleon die Differenz zwischen sich und Napoleon als das, was ihn für die Gegenwart interessant macht: „Das ist doch ein Mensch, mit dem man sich kaum verwandt fühlt." (654) Dieser Ausnahmecharakter prädestiniert Napoleon für den jungen Hebbel zum dramatischen Stoff. Allerdings bräuchte es hierfür auch einen

---

[243] Hebbels Ausfälle gegenüber Grabbe zeugen von einer Angst vor Ähnlichkeit in Biographie und Werk; vgl. Hebbel über Grabbe in einem Brief an Friedrich von Uechtritz vom 19. März 1855: „Welch ein Knäuel von Sittenlosigkeit und Bildungsunfähigkeit war dieser Grabbe; welch ein entsetzliches Experiment der Natur!" (Grabbe in Berichten seiner Zeitgenossen, hg. v. Alfred Bergmann. Stuttgart 1968, S. 184). – Zu Napoleon im Werk Hebbels vgl. Dieter Stegherr: „Weck ihn auf, Poet!" Friedrich Hebbel und Napoleon, in: Horizonte. Zeitschrift für Literatur 9 (1985), S. 34–36. Rudolf Griem: Hebbel und Napoleon, in: Schleswig-Holsteinische Schulzeitung 83 (1935), S. 783–784. Louis Brun: Hebbel et Napoléon, in: Revue Germanique 23 (1932), S. 209–218. Otto Brües: Hebbel und Napoleon. Ein Versuch über das Hebbelsche Drama, in: Das Nationaltheater. Zweimonatshefte des Bühnenvolksbundes 2 (1930), S. 348–360. Karl Lelbach: Napoleon in der Auffassung und in den Versuchen künstlerischer Gestaltung im Drama bei Grillparzer, Grabbe und Hebbel. Bonn 1914.

[244] Friedrich Hebbel: Werke, hg. v. Gerhard Fricke, Werner Keller u. Karl Pörnbacher. München 1964, Bd. 2, S. 654. Im folgenden werden die in diesem Band zusammengefaßten Äußerungen Hebbels zu seinem napoleonischen Dramenplan im fortlaufenden Text mit eingeklammerten Seitenzahlen zitiert.

[245] Friedrich Hebbel: Sämtliche Werke. Historisch-Kritische Ausgabe besorgt v. Richard Maria Werner. Berlin 1901–1913. Zweite Abteilung: Tagebücher, Bd. 1: 1835–1836. Hamburg 1903, S. 76 (19. Oktober 1836).

[246] Manfred Schneider: Grabbe und der Dichter-Mythos (Anm. 202), Detlev Kopp: „Toll will ich eintreten und vernünftig enden." Grabbes forcierter Eintritt in die Literatur, in: Grabbes Welttheater (Anm. 219), S. 205–225.

Ausnahmedichter, und in einem Brief an Elise Lensing vom 20. September 1837 seufzte Hebbel dementsprechend, als er die Möglichkeit eines Napoleon-Dramas erörterte: „Eine ungeheure Aufgabe für einen Dichter, die französische Revolution mit ihrer Armee von Göttern und Halbgöttern dramatisch zu gestalten: wer daran denken dürfte! Ach, was ist man, wenn man kein Shakespeare ist“ (655).

Sicher ist sich Hebbel auf jeden Fall, daß Grabbe nicht der Ausnahme-Dichter für ein Napoleon-Drama ist. Mit der gewohnten Schärfe gegenüber literarischen Konkurrenten in seinen Tagebüchern unterzieht Hebbel Grabbes Drama einer vernichtenden Kritik.[247] Vor allem das Schlachtenpanorama im vierten und fünften Akt von *Napoleon oder die hundert Tage* findet keine Gnade. Dabei legt Hebbels Verriß unabsichtlich wesentliche Stärken von Grabbes Drama offen. Am 6. Juli 1837 notiert Hebbel in sein Tagebuch:

> *Grabbes Napoleon*: Es ist, als ob ein Unteroffizier die große Armee kommandierte: man hört überall Lärm genug, man erfährt nur gelegentlich, daß der Lärm auch etwas bedeute. Ich kann die Unmöglichkeit, einen Stoff, der der nächsten Vergangenheit angehört, durch einen großen Dichter gehörig behandelt zu sehen, nicht finden, aber ich finde allerdings, daß ein solcher Stoff nicht in den *Schacher* der *Halben* paßt. [...] Übrigens ist der Grabbesche Napoleon nicht einmal eine Figur; das ganze Stück kommt mir vor, wie ein Schachspiel. (655)

Ausgerechnet Grabbes titanisches Ausholen zum *„Schacher* der *Halben“* zu degradieren, zeugt von eleganter Bosheit. Der „Lärm“, den Hebbel bei Grabbe hört, läßt sich zum einen wörtlich beziehen auf die Massenszenen und den allgegenwärtigen Kanonendonner, die die Akustik des Dramas ins Unspielbare treiben.[248] Zum anderen läßt sich der „Lärm“ auch metaphorisch auf die sich überschlagenden Ereignisse und den aktionistischen Trubel in Grabbes Drama beziehen. Hebbels abfällig intonierter Nachsatz (daß man nur gelegentlich erfahre, „daß der Lärm auch etwas bedeute“) weist hingegen auf eine Stärke von Grabbes Drama hin, das ja die zunehmende Kontingenz des Geschehens in seinen Szenen-Folgen verdeutlichte. Der Lärm „bedeutet“ eben auch nur „gelegentlich“ etwas und schöpft seine Bedeutung im wesentlichen aus der nachträglichen Sinngebung ihrer Akteure, die zugleich als Kommentatoren ihrer Geschichte auftreten. Aus sich selbst heraus vermag die Geschichte bei

---

[247] Zu Hebbels Tagebüchern vgl.: Studien zu Hebbels Tagebüchern, hg. v. Günter Häntzschel. München 1994. Peter Michelsen: Friedrich Hebbels Tagebücher, in: Friedrich Hebbel, hg. v. Helmut Kreuzer. Darmstadt 1989, S. 196–207.

[248] Vgl. Rainer Lewandowski: Sehnsucht, Verzweiflung und Unspielbarkeit (Anm. 209).

Grabbe keinen Sinn mehr zu stiften. Daß der Schlachtenlärm zum Schluß seines Dramas überwog, ist in Grabbes Dramenästhetik auch nur konsequent, da allein noch im Moment der Schlacht so etwas wie eine utopische Gemeinschaft in entfremdeten Zeiten heraufbeschworen werden kann. Hebbels Vorwurf, daß der „Grabbesche Napoleon nicht einmal eine Figur" sei, bezieht sich auch auf den rein öffentlichen Charakter von Grabbes Napoleon. Napoleon bei Grabbe ist nicht privat gezeichnet. Aber auch dies ist in Grabbes Dramenästhetik konsequent, die eine Welt zeigt, die von Politik überwuchert ist und in der es keinen privaten Fluchtraum mehr gibt. Wie ein „Schachspiel" kann Hebbel *Napoleon oder die hundert Tage* insofern vorkommen, als jeder in diesem Drama strategisch versucht, Geschichte zu planen. Nur erweisen sich diese Planungsversuche letzthin als erfolglos. Es wäre ein Spiel ohne Gewinner.

Für Hebbel ist Napoleon nicht der von der kontingenten Geschichte Getriebene, sondern ihr Beherrscher. Was bei Grabbe sich als illusionäre Größenphantasie entpuppt, wird bei Hebbel noch einmal als eingelöste Realität gefaßt. Während Grabbes Napoleon sich durch Schnelligkeit und Hast auszeichnete, betont Hebbel die überlegene Ruhe, die Grillparzer Napoleon erst im Grab attestierte.[249] Hebbel bewundert „diese ruhige Größe in jedem Moment, die sich nie vergißt; dieser Durchblick, der allen Kombinationen des Lebens gewachsen ist – man trifft es in der Geschichte nicht zum zweiten Mal." (654f.) Damit schreibt sich Hebbel in eine Traditionslinie ein, die Heine eröffnet hatte, als er Napoleon in der *Nordsee. Dritte Abtheilung* mit Kantischen Termini den ‚intuitiven Verstand' attestiert hatte.[250] „Allen Kombinationen des Lebens gewachsen", personifiziert Napoleon für Hebbel die Beherrschung einer sich ausdifferenzierenden Moderne, die in Hebbels Gegenwart sich zunehmend als nicht mehr im ganzen versteh- und beherrschbar offenbart. Und wie bei Heine, der in seiner Ästhetik der fragmentierten Napoleon-Beschreibung in den *Ideen. Das Buch Le Grand* den bloß diskursiven Verstand der Gegenwart performativ vorführte, betont auch Hebbel die Schwierigkeit für die Zeitgenossen, sich über die letzten Absichten Napoleons schlüssig zu werden: „Ich bin auch völlig überzeugt, daß all

[249] Vgl. Franz Grillparzer: Napoleon: „So stehst du still, du unruhvolles Herz, | Und bist gegangen zu der stillen Erde? | Was fünfzig Jahr, voll Hoheit und Beschwerde, | Voll Helden-Lust nicht gab und Helden-Schmerz, | Ist dir geworden in der stillen Erde, | Ein Sohn des Schicksals stiegest du hinab, | Verhüllt wie deine Mutter, sei dein Grab. | […] Schlaf wohl! Und Ruhe sei mit deinem Tod, | Ob du die Ruhe gleich der Welt gebrochen." (Erste und letzte Strophe [Anm. 236]).

[250] Vgl. die Analyse in Kapitel II. 3 *(Erlesener und erinnerter Held der Kindheit. Heines doppelter Blick auf Napoleon als Freiheitsbringer und Sehnsuchtschiffre)*.

seinen riesenhaften Plänen und Unternehmungen eine letzte Intention zum Grunde lag, die niemand ahnt, weil niemand groß genug ist, daran zu glauben." (655)

Trotz (und gerade wegen) dieser Schwierigkeit, Napoleons Größe dramatisch zu fassen, fühlt sich Hebbel herausgefordert und formuliert in seinem Tagebuch einen an sich selbst adressierten Appell:

Weck ihn auf, Poet, wenn du kannst, ihn selbst, den Mann, dessen Worte Schlachten waren und dessen Schlachten *Worte* […]. Napoleon, als darzustellender Charakter an sich betrachtet, will nur durch ein Gewitter von Taten gezeichnet sein; mit Worten muß der Dichter so sparsam sein, daß er ihn kaum befehlen lassen darf. (656)

Die Antimetabole der ‚Wortschlachten' ästhetisiert Napoleons Kriege zu poetischen Gebilden. In einem Drama „mit Worten […] sparsam" zu sein, um einen Charakter darzustellen, ist ein innovatives Unterfangen, wobei Hebbel hier in Grabbes elliptisch sprechendem Napoleon ein ungeliebtes Vorbild fände.[251] Rhetorisch holt Hebbel Napoleon in die Nähe des poetischen Genies und formt ihn sukzessive zu einem Dichter-Mythos um. In einem Tagebuch-Eintrag von 1840 vergleicht er Napoleon dementsprechend mit Shakespeare: „Diejenigen, die sagen: Napoleon war klug genug, andere zu nutzen, könnten ebenso gut sagen: Shakespeare wußte die vorhandenen Wörter der Sprache: Liebe, und, so pp [sic!] klug genug zu mischen, so daß ein Macbeth entstand." (659) Napoleon wird zum Genie der Tat, dessen Material Herrschaftsbeziehungen sind, die dem Wortmaterial des Dichters vergleichbar werden. Das Produkt des poetischen Genies ist Literatur (Macbeth), das Produkt des politischen Genies ist Macht.[252] Solche (über Shakespeare als Stellvertreter

[251] Zum verkürzten Sprechen von Grabbes Napoleon vgl. Jürgen Fohrmann: Die Ellipse des Helden (Anm. 219).

[252] Hebbel hat den Napoleon-Shakespeare-Vergleich des Tagebuchs auch zu einem Gedicht in elegischem Versmaß umgeformt:

Napoleon

Nennt doch den Korsen nicht groß! Er wußte die Menschen zu brauchen,
Wies Jedwedem den Platz, welcher ihm eignete, an,
Knüpfte, was rings geschah, mit klugem Geiste zusammen,
Nützte es listig und hieb endlich darein mit dem Schwert.

Freilich, was rühmt man den Shakespeare! Er reihte Buchstab' an Buchstab',
Setzte am richtigen Ort Komma und Kolon und Punkt,
Mischte das Alphabet, wie And're, nur etwas geschickter,
Bis ein Macbeth, ein Lear oder ein Hamlet entstand.

zielenden) indirekten Selbstvergleiche drücken den versteckten Wunsch nach vergleichbarer Wirkungsmächtigkeit und Tatkraft aus. Während der identifikatorische Vergleich mit Napoleon beim späten Goethe ein Zeichen von dichterischem Selbstbewußtsein war,[253] formuliert er bei Hebbel einen kompensatorischen Wunsch. Bemerkenswert sind die häufig im Tagebuch festgehaltenen Traumbegegnungen mit Napoleon: Ob nun biographisch verbürgt oder ästhetisch fiktionalisiert, belegen sie die enorme Gegenwärtigkeit von Napoleon als Gegengröße zum literarischen Alltagsgeschäft. Hebbel identifiziert sich in Träumen nicht mit Napoleon; er schlägt nicht seine Schlachten, sondern er steht Napoleon im Traum gegenüber als Zuschauer oder in dienender Position.[254]

Napoleon zu dramatisieren, bedeutet für Hebbel, einen Stoff der Zeitgeschichte zu wählen, der mit seinen Wirkungen noch in die Gegenwart hinein reicht. Insofern könnte es sich nicht um ein im klassischen Sinne historisches Drama aus einer fernen Vergangenheit handeln: „Ein Drama, welches Napoleon zum Gegenstand hat, muß sich gewissermaßen Vergangenheit, Gegenwart und Zukunft zugleich zur Aufgabe setzen, muß ihn durch die Vergangenheit motivieren und die Zukunft durch ihn." (656) Hebbel sieht die Schwierigkeit eines solchen Unterfangens, hält es aber in den späten 1830er Jahren für möglich.[255] Am 6. März 1838 notiert Hebbel im Tagebuch einen ersten Entwurf:

In: Friedrich Hebbel: Sämtliche Werke (Anm. 245), Erste Abteilung, Bd. 6: Dramen VI. Demetrius (1864) – Gedichte I. Gesamt-Ausgabe. 1857. – Gedichte II. Aus dem Nachlaß 1857–1863. Berlin 1902, S. 368. – Zu solchen nachträglichen Lyrisierungen von Tagebuch-Aphorismen vgl. Günter Häntzschel: Friedrich Hebbel. Tagebuch und Lyrik. Zur epigrammatischen Struktur seiner Lyrik, in: Gefühl und Reflexion. Studien zu Friedrich Hebbels Lyrik, hg. v. Günter Häntzschel. Neuried 1998, S. 65–75.

[253] Vgl. hierzu die Analyse in Kapitel I. 7 *(Der 5. Mai 1821. Ende der Geschichte und Beginn des Epigonentums)*. Hans Blumenberg: Arbeit am Mythos. Frankfurt a.M. 1979.

[254] „Über Nacht träumte mir: ich wohnte Napoleons Abdankung bei." (Friedrich Hebbel: Tagebücher, Bd. 1 [Anm. 245] S. 297 [29. November 1838]); „Über Nacht, im Traum, war ich Napoleons Kammerdiener." (Friedrich Hebbel: Tagebücher, Bd. 1 [Anm. 245], S. 230 [27. März 1838]); „Neulich sah ich im Traum Napoleon. Er ritt mir finster und bleich an einem stürmischen Herbst-Nachmittag schnell vorüber" (Friedrich Hebbel: Tagebücher, Bd. 1 [Anm. 245], S. 227 [19. März 1838]).

[255] Am 6. Juli 1837 fragt er sich im Tagebuch: „Einen Charakter der jüngsten Vergangenheit (z.B. Napoleon) dramatisch zu gestalten: ist es bloß schwer, oder unmöglich?" und antwortet einige Zeilen später darauf: „Ich kann die Unmöglichkeit, einen Stoff, der der nächsten Vergangenheit angehört, durch einen großen Dichter gehörig behandelt zu sehen, nicht finden" (655 f.).

Napoleon könnte allerdings der Held einer echten Tragödie sein. Der Dichter müßte ihm alle die großen, auf das Heil der Menschheit abzielenden Tendenzen, deren er auf St. Helena gedachte, unterlegen und ihn nur den einen Fehler begehen lassen, daß er sich die Kraft zutraut, alles durch sich selbst, durch seine eigne Person, ohne Mitwirkung, ja Mitwissen, anderer ausführen zu können. Dieser Fehler wäre ganz in seiner großen Individualität begründet und jedenfalls der Fehler eines Gottes; dennoch aber wäre er, besonders in unserer Zeit, wo weniger der einzelne, als die Masse, sich geltend macht, hinreichend, ihn zu stürzen. (658)

„Übertriebenes Selbstvertrauen“ (658) als *hamartia* eines göttlichen Helden im Massenzeitalter scheint der dramatische Zugang Hebbels zum Napoleon-Stoff zu sein. Das Drama eines sich titanisch selbst überschätzenden Napoleons, der an der Übergewalt der revolutionären und nationalen Massen zerbricht und dem anonymen Gang der Geschichte nicht standhalten kann, ist allerdings bereits geschrieben mit Grabbes *Napoleon oder die hundert Tage.* Hebbel scheint also noch auf etwas anderes abzuzielen, denn er reflektiert eine reale Alternative für seinen Napoleon, die Grabbes Napoleon nie besaß. Hätte Napoleon sich also anders verhalten, guten Rat von außen eingeholt, er hätte bei Hebbel eine Erfolgschance gehabt. So scheint die Geschichte Napoleons bei Hebbel weniger ausweglos als bei Grabbe. Vielleicht war es auch gerade diese Auswegmöglichkeit, die Hebbel letztlich vor einem Napoleon-Drama zurückschrecken ließ, denn seine Dramen wählen sonst immer die schier ausweglose Situation eines Menschen zum Ausgangspunkt.[256] Die Geschichte erscheint bei Hebbel in seinen Napoleon-Fragmenten bei allen Einschränkungen noch eher planbar und machbar als bei Grabbe. Hebbel versucht so, auch wider besseren Wissens, „das kämpfende und untergehende Individuum als Triebkraft des geschichtlichen Prozesses wenigstens für das eigene Denken zu retten“.[257]

Napoleons Fehler der Selbstüberschätzung wäre bei Hebbel der Fehler einer „großen Individualität“, der „Fehler eines Gottes“, der seine ungöttliche Umgebung falsch beurteilt. Hebbel macht dieses Verhältnis von Individualität und Masse, und vor allem die Mißinterpretation dieses Verhältnisses zum zentralen dramatischen Konflikt. Dementsprechend hält er am 23. November 1838 im Tagebuch fest: „Napoleons größter Irrtum war, daß er die Menschen nur als Massen, nicht als Individualitäten sah, und daß er auch, wenn eine Individualität sich bei ihm geltend zu

[256] Vgl. hierzu Jürgen Schröder: Das Opfer und die Sieger. Hebbels „Agnes Bernauer. Ein deutsches Trauerspiel“, in: Ders.: Geschichtsdramen (Anm. 239), S. 217–239.

[257] Vgl. Hartmut Reinhardt: Apologie der Tragödie. Studien zur Dramatik Friedrich Hebbels. Tübingen 1989, S. 32.

machen wußte, in ihr nur die Kraft, nicht aber ihre eigentümliche Richtung, ehrte und nutzte." (659) Die Menschen „nur als Massen, nicht als Individualitäten" zu begreifen, impliziert bei Hebbel, den Menschen eine moralische Kraft abzusprechen. Hebbels Napoleon bestreitet die Möglichkeit des Idealismus für irgend jemand anderen als sich selbst. Und dies erscheint Hebbel als zentraler Denkfehler: „ist dies doch der größte Fortschritt der neueren Zeit, daß der Mensch sich jetzt nicht bloß wohl befinden, sondern auch gelten will." (659) Die Emanzipation aus einem Materialismus der kreatürlichen Bedürfnisbefriedigung hin zu idealistischen Zielen wäre so die dramatische Kontrastwelt, vor der sich Napoleons Hybris bei Hebbel absetzt.

Napoleons mangelnder Idealismus wird schließlich aber auch zum Hindernis für eine weitere Ausarbeitung des Dramenplans. Bereits 1837 hatte Hebbel den intellektuellen „Durchblick, der allen Kombinationen des Lebens gewachsen ist" (655), bei Napoleon diagnostiziert. Aber während ihm 1837 diese gedankliche Schärfe noch als ein positives Merkmal der Größe erscheint, wandelt sich die Einschätzung dieser Überlegenheit des Verstandes ins Negative. Napoleons Größe resultiert für Hebbel aus seiner intellektuellen Dominanz. Aber gerade diese rationale Superiorität macht ihn ästhetisch für Hebbel zunehmend uninteressant. Im Februar 1859 reflektiert er im Tagebuch: „Warum sind Charaktere, wie die von Napoleon und Friedrich, unpoetisch? Weil sie nicht idealisiert werden können. Warum können sie nicht idealisiert werden? Weil sie nur durch den Verstand groß sind und weil der Verstand der gerade Gegensatz des Ideals ist." (661) Zu vernünftig für die Welt des Dramas, wird Napoleon von Hebbel als dramatisches Projekt fallen gelassen.[258] Gleichwohl finden sich in Hebbels Dramen Napoleon-Reminiszenzen. Neben der Gestalt des Herodes in *Herodes und Mariamne* (1848) ist hier vor allem an Holofernes in *Judith* (1840) zu denken. Holofernes erweist sich als ähnlich beratungsresistent wie Hebbels Napoleon. Auch er sieht in seinen Gegnern lediglich Massen und keine Individualitäten mit idealistischer Energie. Er wirkt in einem „Gewitter von Taten", das sich Hebbel für Napoleon vorgestellt hatte. Seine Hybris, die sich im Bewußtsein der Gottähnlichkeit ausdrückt, macht ihn einsam und läßt ihn Situationen mißinterpretieren.[259]

[258] Vgl. auch Hebbels Tagebucheintrag vom 27. Juli 1854: „In Napoleons Charakter liegt etwas so Unüberwindlich-Nüchternes, daß ich zweifle, ob ein dramatischer Dichter künftiger Jahrhunderte ihm den mangelnden ideellen Gehalt auch nur wird *leihen* können." (660f.)

[259] Zur Figur des Holofernes vgl. Ludger Lütkehaus: Opfer der Zeit. Hebbels „Judith" und „Genoveva". Heidelberg 1985, S. 31–53.

6. Schlachtengetöse und Sentimentalitäten
Ausdifferenzierungen historischen Dichtens zwischen Vormärz und Realismus bei Rellstab, Stolle, Scherenberg und Griepenkerl

Mit zunehmendem zeitlichen Abstand wird der Napoleon-Stoff zugänglich für militärische Abenteuerromane auf der einen Seite und sentimentalische Dramen auf der anderen. Napoleon ist zwar noch Teil des mündlich zwischen den Generationen vermittelten kommunikativen Gedächtnisses der Deutschen, wird aber in diesen neuen Texten nicht mehr von gleichaltrigen Zeitgenossen Napoleons bedichtet, sondern von Autoren, die Kinder waren zur Zeit der napoleonischen Herrschaft. Die Texte dieser Autoren behandeln Napoleon als historischen Stoff, der nicht mehr durch vermittelnde Erinnerungsinstanzen mit der Gegenwart verknüpft wird (wie bei Hauff oder Heine), sondern in der Form historischer Dichtung als Gegenwart inszeniert wird. Diese Texte erzählen, dramatisieren und lyrisieren Napoleons wiedererkennbare Geschichte auch zu einer unterhaltenden Lektüre. Die zeitliche Ferne enttabuisiert den Stoff zusehends, macht ihn auch für poetische Zugriffe jenseits eines hohen Stils zugänglich und öffnet die Schleusen zu literarischen Trivialisierungen, die den Stoff auch auf geschlechterspezifisch aufgefächerte Leserkreise ausdifferenzieren.[260]

Die historischen Romane von Ludwig Rellstab und Ferdinand Stolle (sowie die Epen von Christian Friedrich Scherenberg) konzentrieren sich auf Militaria, feiern den heldischen Kampf junger Teilnehmer des Rußlandfeldzuges und der Befreiungskriege und richten den Napoleon-Stoff auf den Lesehunger heranwachsender Jungen zu. Scherenbergs Schlachtenepen sind zudem *ad usum delphini* zur militärischen Initiation preußischer Prinzen ausgerichtet.[261] Zwischen 1830 und 1855 etabliert sich der Kriegsroman aus Befreiungskriegstagen als patriotische Abenteuergeschichte.[262] Zeitlich etwas verschoben dazu läßt sich ab 1860 die auffäl-

---

[260] Zum Napoleon-Kitsch im 19. Jahrhundert vgl. J. Adolf Schmoll gen. Eisenwerth: Der heroisierte, der vergottete, der verborgene Kaiser. Zum Napoleon-Mythos in der französischen Kunst, Kleinkunst und Trivialkunst, in: Mythos und Mythologie in der Literatur des 19. Jahrhunderts (Anm. 161), S. 108–122. Bernhard Barth: Mythos Napoleon. Die Napoleon-Legende in Deutschland, in: Biedermeiers Glück und Ende. Die gestörte Idylle 1815–1848, hg. v. Hans Ottomeyer. München 1987, S. 452f.

[261] Christian Friedrich Scherenbergs Seeschlachtenepos *Abukir. Die Schlacht am Nil*. Berlin 1855, trägt die (unpaginierte) Widmung: „Seiner königlichen Hoheit dem Prinzen Adalbert von Preußen, Admiral der Preußischen Küsten und Ober-Befehlshaber der Marine als Ausdruck tiefster Verehrung".

[262] Im Jahr 1831 erscheint Carl Spindlers Roman *Der Invalide*, der die Zeit von der Revolution bis Waterloo beschreibt (Carl Spindler: Der Invalide. Stuttgart 1831). Es

lige Zunahme von Napoleon-Dramen und -Romanen beobachten, die den Stoff sentimental aufarbeiten und sich oft in süßlicher Weise dem Thema Napoleon und die Frauen annehmen.[263] Neben diesen Liebesdramen stehen auch St. Helena-Tragödien, die nah am Kitsch den gebrochenen Herrscher im Exil zeigen.[264] Im folgenden soll exemplarisch aus diesem umfangreichen gattungsübergreifendem Korpus chronologisch erst auf die Romane von Rellstab und Stolle eingegangen werden, kurz werden dann die Schlachten-Epen von Scherenberg vorgestellt, um mit der Analyse von Griepenkerls St. Helena-Tragödie zu schließen.

Die militärische Detailfreudigkeit, der sentimentale Tonfall und der patriotische Zugriff bedeuten noch keine politisch definitiv restaurative Zuschreibung dieser Texte. Vor 1848 zeigen vor allem die Romane von Stolle, wie mit Napoleon neue Freiheitshoffnungen geschürt werden können. Nach 1848 hingegen wird der Napoleon-Stoff bei Scherenberg

---

folgt Ludwig Rellstab: 1812. Ein historischer Roman. Leipzig 1834. Es folgen darauf die Romane von Ferdinand Stolle: 1813. Ein historischer Roman. Leipzig 1838. Ders.: Elba und Waterloo. Ein historischer Roman. Fortsetzung von 1813. Leipzig 1838. Ders.: Der neue Cäsar. Ein Seitenstück zu „1813" und „Elba und Waterloo". Leipzig 1841. Ders.: Napoleon in Ägypten. Historisch-romantisches Gemälde. Leipzig 1843. Ders.: Boulogne und Austerlitz. Historischer Roman. Tabor 1848 (Album. Bibliothek freisinniger Originalromane der beliebtesten deutschen Schriftsteller, 6). Ders.: Die Granitkolonne von Marengo. Historischer Roman. Plauen 1855. Neben und nach Rellstab und Stolle widmen sich noch folgende historische Romane Napoleon zu: Friedrich Wilhelm Ladislaus Tarnowski: Napoleon und die Philadelphen. Ein Roman aus den Kriegsjahren 1806 bis 1809, 3 Bde. Braunschweig 1841; J. N. Gaede: Napoleons Geschäftsträgerin oder Die Geheimnisse von Danzig. Ein geschichtlicher Roman in Form eines Quodlibets von Skizzen aus den Jahren 1795 bis 1813. Berlin 1846; Anton Gross-Hoffinger: Der Roman Napoleon's. Bilder und Scenen aus dem Leben und seiner Zeit, 3 Bde. Dresden 1848; Karl Johann Braun von Braunthal: Napoleon I. in Wien. Historischer Roman. Wien 1860. Max Ring: Der Sohn Napoleons. Geschichtliches Lebensbild, 2 Bde. Berlin 1861; Bernd von Guseck: König Murat's Ende. Historischer Roman, 3 Bde. Leipzig 1866; Eduard Schmidt-Weißenfels: Der 18. Brumaire. Historischer Roman. Berlin 1869; Paul Lippert: Napoleon I. und sein Capua in Berlin, 2 Bde. Berlin 1870.

[263] Vgl. die in Anm. 196 aufgelisteten Josephine-Dramen. Und Napoleon-Romane: Luise Mühlbach [i.e. Clara Mundt]: Napoleon und Deutschland, 19 Bde. Berlin 1858–66. Eduard Maria Oettinger: Gräfin Kielmannsegge und Kaiser Napoleon Buonaparte I. Geschichtlicher Memoiren-Roman, 4 Bde. Brünn 1864–66; Julius Bacher: Napoleons letzte Liebe. Historischer Roman in zwei Abtheilungen. Berlin 1868; Mathilda Malling: Ein Roman vom Ersten Konsul. Halle 1895. Dies.: Die Frau Gouverneurin von Paris. Ein Kulturbild vom französischen Kaiserhofe aus dem Jahre 1807. Berlin 1896. Dies.: Napoleon Bonaparte und seine Geliebte. Ein Roman aus der Zeit des Ersten Konsuls. Berlin 1918. Oscar Mysing: Die Feindin Napoleons. Roman von 1799. Berlin 1897.

[264] Vgl. die in Anm. 197 aufgelisteten St. Helena-Dramen.

und Griepenkerl restaurativ gezähmt und bei Scherenberg explizit auf preußisch-konservative Zwecke zugeschnitten. In keinem dieser national enthusiasmierten Texte, ob restaurativ oder revolutionsfreundlich, erscheint Napoleon als Haßobjekt. Jenseits der Zeitgenossenschaft der Befreiungskriege wird aus dem Nationalfeind Napoleon derjenige, der überhaupt erst das Nationalbewußtsein der Deutschen erweckte. Und dieser maieutischen Funktion Napoleons bei der Installation des integralen Nationalismus als fester politischer Größe im 19. Jahrhundert zollen alle hier besprochenen Texte gleichermaßen Respekt.

Ludwig Rellstabs historischer Roman *1812* erschien 1834. Rellstabs Roman über den Rußlandfeldzug wurde in mehrere Sprachen übersetzt und erschien 1923 in 34. Auflage. Tolstoi konnte hier für *Krieg und Frieden* einen deutschen Vorläufer finden, der ähnlich wie Tolstoi nicht den Kaiser direkt beschreibt, sondern ein Gesellschaftspanorama zur Zeit des Rußlandfeldzugs entwirft.[265] Die Geschichte Napoleons bildet hier den Hintergrund für private Schicksale mittlerer Helden, die in die große Geschichte involviert werden. Ségurs *Histoire de Napoléon et de la grande armée pendant l'année 1812* ist für Rellstab literarisches Vorbild, dem er sich verpflichtet weiß.[266] Mit einer „Zueignung an die Fürsten Europas" versehen, schildert Rellstabs Roman das Schicksal zweier junger Deutscher im Rußlandfeldzug, erst in Napoleons Heer und schließlich als dessen Gegner. Napoleon erscheint dabei als zugleich weit entfernte und doch immer anwesende Macht, die das Geschehen lenkt. Rellstab verbindet einen mit seinen Helden mitfühlenden Patriotismus mit einer ehrfürchtigen Napoleon-Bewunderung. Napoleons Fall wird so gleichzeitig begrüßt und bedauert. Rellstab beschreibt dieses gemischte Gefühl gegenüber Napoleon anschaulich beim Einzug des Kaisers in Dresden im Mai 1812 noch vor dem Rußlandfeldzug: Dresden erwartete den Kaiser

[265] Zu Napoleon in *Krieg und Frieden* vgl. Dimitri Sorokine: Napoléon dans la littérature russe. Paris 1974, S. 257–305. Molly W. Wesling: Napoleon in Russian Cultural Mythology. Frankfurt a.M. 2001. Vesselina Remenkova: Die Darstellung der Napoleonischen Kriege in „Krieg und Frieden" von Leo Tolstoi und „Vor dem Sturm" von Theodor Fontane. Frankfurt a.M. 1987.

[266] Vgl. Rellstab im Vorwort zur vierten Auflage: „Wie Ségur's wunderwürdige, wenngleich geschichtlich oft nicht getreue Darstellung des russischen Feldzugs dem Verfasser oftmals zum Vorbilde gedient hat; wie er der Schilderung dieses Meisters mit Absicht bisweilen fast wörtlich gefolgt ist, liegt so offen da, daß er es kaum zu gestehen braucht." (Ludwig Rellstab: 1812. Ein historischer Roman. Leipzig [6]1892, S. VI.) Im folgenden wird Rellstabs Roman im fortlaufenden Text eingeklammert mit Band- und Seitenangabe zitiert. Vgl. [Paul Philippe de Ségur:] Histoire de Napoléon et de la grande armée pendant l'année 1812, par le Comte de Ségur (Anm. 6).

„in einer feierlichen Spannung, die fast an ein gewisses Grauen grenzte. […] Dieses Gefühl knüpfte sich an die Empfindung des Schreckens, des Hasses, oder der Bewunderung, welche der außerordentliche Mann seinem ganzen Zeitalter einflößte; Empfindungen, die bei dem einen oder dem andern einzeln vorwalteten, vielleicht aber bei den meisten zu gleichen Theilen gemischt waren." (I/104)

Uneingeschränkte Begeisterung für Napoleon unterlegt Rellstab seinen polnischen Figuren. Der unter Napoleon gegen Rußland zu Felde ziehende Rasinski verehrt Napoleon als Befreier Polens. Napoleons Charisma wird von ihm vergöttlicht, wenn er die Begeisterung des Heers für Napoleon beschreibt: „Sie gehorchen ihm und glauben an ihn wie an einen Gott, dem der Mensch sich beugt, auch ohne ihn zu begreifen!" (I/362) Genau diese Selbsterhöhung Napoleons läßt Rellstab durch den Brand Moskaus schicksalsverhangen bestrafen. Napoleons Niederlage wird als Fügung begriffen, die den Befreiungskrieg ermöglicht: „Nie hat sich ein Verhängnis grausenvoller gestaltet, nie wurde Ueberhebung des einzelnen gegen die Allmacht der Schickung durch eine ähnliche Nemesis heimgesucht." (I/XIV) Diese „Allmacht der Schickung" ist bei Rellstab aber nicht mehr der theistisch eingreifende christliche Gott, sondern numinoser die Dynamik einer Weltgeschichte, deren Ablauf für den Einzelnen nicht mehr unbedingt einsehbar ist.[267] Denn die Subjekte der Geschichte sind in Rellstabs Roman nicht mehr Individuen, sondern Völker.[268] Napoleon mag gegen diese Prinzip als Individuum rebellieren, aber er wird an der Beresina eines Besseren belehrt.

Der Sinn des napoleonischen Untergangs in Rußland ist es (so suggeriert Rellstab), den Befreiungskrieg vorzubereiten, der in raunenden Vorverweisen bereits in den vorbereitenden Frühlingstagen in Dresden erahnbar wird. Rellstab erläutert in seiner „Zueignung" diese geschichtsphilosophische Kausalitätskonstruktion in bildreicher Sprache: „Doch über den Wüsten von blutgetränkter Asche, über den Schneefeldern voll erstarrter Leichen ging eine große leuchtende Sonne des Segens aller Völker auf. Wen durchzittert nicht eine heilige Begeisterung, wenn er an diese Tage denkt? Die Tage des Erwachens, des erhebenden Kampfes, der reichsten Verheißungen!" (I/XIV) Napoleon ist so nicht nur in sich heroisch, sondern bereitet den Deutschen eine heroische Zeit vor.

---

[267] Vgl. Hermann J. Sottong: Transformation und Reaktion. Historisches Erzählen von der Goethezeit zum Realismus. München 1992, S. 204f.

[268] Rasinski erläutert im Einvernehmen mit dem Erzähler seine Auffassung: „Das Los der Völker […] geht dem Los der einzelnen vor. […] Dieser harten Notwendigkeit können wir nicht entweichen" (I/216).

Schon bei Rellstab gab es detailverliebte Schlachtschilderungen, die sehr genau Kanonendonner, Pulverdampf, Pferde, geographische Einzelheiten und Gefechtstechniken berücksichtigen. Bei Ferdinand Stolle, der seinen Roman *1813* als Fortsetzung von Rellstabs *1812* begriff, nehmen diese militärischen Details noch weiter zu. Diese Freude an heroischen Schlachtschilderungen und heldenhaften Zweikämpfen prädestinieren Stolles Romane zur pubertären Lektüre abenteuerbegeisterter Jungen. Genau mit dieser Leserschaft konnten die Romane bei ihren Neudrukken im ersten Drittel des 20. Jahrhunderts auch rechnen.[269] Stolle montierte in seinen Roman zahlreiche Auszüge aus Memoiren von Zeitgenossen ein und verband so unterhaltende Absicht mit historischer Didaktik, die den Anspruch hatte, in der Fiktion Fakten zu vermitteln.[270] Solche sichtbare Gelehrsamkeit übernimmt Stolle von Scott und Alexis, adaptiert aber nicht deren exzessive Fußnotenpraxis.[271] Rellstabs und Stolles Romane präsentieren jeweils ungefähr ein Jahr (1812/1813) erzählter Zeit. Mit diesem Ausschnittcharakter unterscheiden sie sich von anderen historischen Romanen, die ganze Lebensgeschichten entfalten.

Stolles *1813* erschien 1838 zum 25. Jahrestag der Befreiungskriege.

[269] Stolles Romane wurden in Amerika nachgedruckt, Übersetzungen ins Englische, Französische und Niederländische verbreiteten sein Werk in Europa. Im 20. Jahrhundert gab Friedrich Wencker-Wildberg in Deutschland die Romane Stolles neu heraus. Wencker-Wildberg interessierte 1938 freilich mehr die nationale als die liberale Begeisterung in Stolles Romanen.

[270] Besonders die bereits 1816 veröffentlichten Aufzeichnungen des Freiherrn von Odeleben, der als Adjutant Napoleons die Schlachten des Jahres 1813 mitgeschlagen hatte, zieht Stolle ausführlich zu Rate. Vgl. [Ernst Otto Innocenz von Odeleben:] Napoleons Feldzug in Sachsen im Jahr 1813. Eine treue Skizze dieses Krieges, des französischen Kaisers und seiner Umgebungen, entworfen von einem Augenzeugen in Napoleons Hauptquartier, O. v. O., Dresden 1816. Zur Vermittlung und Verschränkung von Historie und Dichtung im historischen Roman des 19. Jahrhunderts vgl. Michael Limlei: Geschichte als Ort der Bewährung. Menschenbild und Gesellschaftsverständnis in den deutschen historischen Romanen (1820–1890). Frankfurt a. M. 1988, S. 25.

[271] Zur Fußnotenpraxis im historischen Roman vgl. Hugo Aust: Dichter-Kommentar. Am Beispiel der Fußnoten- und Anmerkungspraxis im historischen Roman, in: Kommentierungsverfahren und Kommentarformen. Hamburger Kolloquium der Arbeitsgemeinschaft für germanistische Edition 4.–7. März 1992, hg. v. Gunter Martens. Tübingen 1993, S. 93–98. Zu Alexis und Napoleon vgl. Alain Ruiz: Das Bild Napoleons in Willibald Alexis' Jugenderinnerungen und Reiseberichten über Frankreich (bis 1829), in: Willibald Alexis (1798–1871). Ein Autor des Vor- und Nachmärz, hg. v. Wolfgang Beutin u. Peter Stein. Bielefeld 2000, S. 247–273. Wolfgang Beutin: Willibald Alexis: Ruhe ist die erste Bürgerpflicht (1852). Eine „Zeit, die nicht mehr ist, in ihren großen Lineamenten", in: Romane und Erzählungen des Bürgerlichen Realismus. Neue Interpretationen, hg. v. Horst Denkler. Stuttgart 1980, S. 65–79, hier S. 73.

Trotz der patriotischen Verpflichtung des Romans handelt es sich nicht um einen antinapoleonischen Text.[272] Die erste Hälfte des Romans spielt in Paris zwischen Dezember 1812 und März 1813 und illustriert die Rückkehr Napoleons aus Rußland, gespiegelt in der Reaktion der Franzosen, die kapitelweise aufgefächert werden nach ihrer politischen Ausrichtung. Die Kritik, die Stolle dabei am französischen Spitzelwesen übt, läßt sich auch als versteckter Hieb gegen die politischen Zustände in Deutschland im Jahr 1838 lesen. Stolle, der die freisinnige Zeitschrift *Der Dorfbarbier* 1844 gründete und später mit Ernst Keil die der 1848er Revolution verpflichtete *Gartenlaube* aus der publizistischen Taufe hob, flocht so in seine Napoleon-Romane auch Kritik an der Restauration mit ein. Die deutlichste Sympathie und den größten Raum erlangen in der Pariser Kapiteln von *1813* die napoleonbegeisterten Bürger, allerdings auch ein republikanischer Amerikaner, Georg Falkland, der die Größe Napoleons anerkennt, aber sein Kaisertum kritisiert. Wie man zugleich Napoleonist, Anhänger der Französischen Revolution und preußenbegeistert sein kann, demonstriert Stolle an der Straßburgerin Viktorine, die ihren Napoleonenthusiasmus von einem alten Elsässer erlernte, der zugleich Respekt vor den Preußen äußerte. Viktorine als nationale Mittlerfigur zwischen Frankreich und Deutschland gibt die Worte ihres alten Lehrers wieder:

‚Wie!‘ rief er, ‚den Napoleon schmähen? Ihn einen Mörder der Freiheit nennen? Oh, die Freiheit war lange tot, als der erste Held der Weltgeschichte sich mit kühner, kräftiger Hand des Ruders bemächtigte, damit das Schiff nicht strandete und erbärmlich zugrunde ging. Ich sah es deutlich in den Büchern der Vorsehung geschrieben, es mußte ein außerordentlicher Abgesandter kommen, der die Welt wieder in ihre Achse schob, und die Götter schickten einen aus ihrer Mitte, einen – Napoleon […].‘[273]

Napoleon als Abgesandter der Götter wird in dem nacherzählten Monolog des alten Elsässers mit seinem Kaisertum nicht zum Beender republikanischer Freiheit, sondern zu einem weltgeschichtlich notwendigen Kapitel, das die Welt erst fähig macht für die Republik. Auch hier läßt Stolle aus der Fiktionalität heraus Prophetien für eine deutsche Zukunft weit nach 1813 sprechen: „Der vernünftige Republikaner wird Napoleon gern

[272] Ein solitäres Gegenstück wäre Karl Frenzels Roman *Lucifer* (1873), der Napoleon teufelsgleich darstellt: Karl Frenzel: Lucifer. Ein Roman aus der Napoleonischen Zeit. Leipzig 1873.

[273] Ferdinand Stolle: 1813. Geschichtlicher Roman aus den Befreiungskriegen, hg. v. Friedrich Wencker-Wildberg. Berlin 1938, S. 82. Im folgenden wird *1813* in dieser Ausgabe im fortlaufenden Text mit eingeklammerten Seitenzahlen zitiert.

und freudig anerkennen, selbst wenn es dem großen Mann gelingen sollte, eine Universalmonarchie zu gründen; er vergibt deshalb seinem republikanischen Glaubensbekenntnis nichts. Die einstige Republik bleibt darum unverloren, sie wird nur nähergerückt." (83) Der Befreiungskrieg wird so nicht so sehr als ein Kampf gegen Napoleon dargestellt, sondern vor allem als ein Kampf, in dem sich die Deutschen von absolutistischen Fesseln befreien. Die historisch erzählte Herrschaft Napoleons besitzt bei Stolle prognostische Wirkung: Der Roman der Befreiungskriege entpuppt sich als eine analytisch aufgeschlüsselte Vorgeschichte zur eigenen Gegenwart des Vormärz. Stolle nutzt den nationalen Stoff der Befreiungskriege für liberale Inhalte und macht aus dem Nationalfeind Napoleon den Wegbereiter für die 1848er Revolution.

Ähnlich militärisch begeistert, aber politisch dem freisinnigen Stolle ganz entgegengesetzt faßt Scherenberg den napoleonischen Stoff. Christian Friedrich Scherenberg erhielt nach einem bewegten Leben als Schauspieler eine Anstellung im preußischen Kriegsministerium, die er wohl dem beherzt patriotischen Zugriff seines Schlachtenepos *Ligny* (1849) verdankte.[274] Scherenberg, seit 1841 Mitglied im literarischen Verein *Tunnel über der Spree*, ließ *Ligny* weitere militärische Epen folgen: 1849 erschien *Waterloo. Ein vaterländisches Gedicht* (als Fortsetzung von *Ligny*) und 1855 *Abukir. Die Schlacht am Nil.*[275] Die Schlacht wird in diesen Texten zum Ort heldenmütiger Selbstaufopferung inszeniert, in der gleichrangige Gegner homerische Kämpfe austragen. *Waterloo* ist „Preußens Fahnen!" gewidmet, und doch handelt es sich nicht um einen antinapoleonischen Text.[276] Im klassizistisch geformten Blankvers durchschreitet das Epos die Tage der Schlacht als Zeit edler Selbsterhöhung. Scherenbergs Epen unterscheiden sich deutlich von den Pamphleten der Befreiungskriege. Nicht jugendlich erhitzt, sondern mit rückblickender Bedachtsamkeit widmet sich der 1798 geborene Scherenberg 1849 der

---

[274] Christian Friedrich Scherenberg: Ligny. Berlin [4]1870. Zur Rezeption von *Ligny* in militärischen Kreisen (Nostitz wollte Scherenberg vor lauter Begeisterung eine Vase schenken) vgl. Ernst Klein: C. F. Scherenbergs Epen. Marburg 1914, S. 27f.

[275] Zur Biographie Scherenbergs vgl. knapp Willi Plankl: Christian Friedrich Scherenberg, in: Deutsche Schriftsteller im Porträt 4: Das 19. Jahrhundert, hg. v. Hiltrud Häntzschel. München 1981, S. 154f. Napoleon als Gestalt eines Versepos widmen sich in der zweiten Hälfte des 19. Jahrhunderts im deutschsprachigen Raum auch noch Constantin von Wurzbach: Der Page des Kaisers. Ein Gedicht von der Treue. Düsseldorf 1854; Ernst Gelpke: Napoleon. Ein dramatisches Gedicht. Bern 1854.

[276] Vgl. Hans-Wolf Jäger: Versepik (Anm. 115), S. 450.

Schlacht von Waterloo. Fontane urteilte über Scherenbergs Erinnerungs-Epos: „Er erntet von seiner Vergangenheit."[277]

In der Retrospektive wird Napoleon nicht nur militärisches Geschick zugestanden, sondern ihm kommt die Rolle des unfreiwilligen Nationeneinigers zu. Während Stolle Napoleon zum Wegbereiter des Liberalismus stilisierte, inszenieren Scherenbergs Epen Napoleon zum Schrittmacher des deutschen Nationalismus. Erst in der Mobilisierung gegen den von Elba zurückgekehrten Napoleon steht Deutschland als „Ein Mann | Das Volk und eine Burg das Land!"[278] In der Formierung gegen Napoleon scheint Deutschland kurze Zeit jene nationale Einigkeit erreicht zu haben, die es nach 1815 wieder verlor. Scherenberg antizipiert dabei ein rhetorisches Muster, das 1914 in der kulturkriegerischen Mobilisierung Deutschlands Konjunktur haben wird: Durch den Krieg, so das Deutungsmuster, wird aus dem Volk der Dichter und Denker endlich eines der Tat.[279] Vom Geist zur Macht lautet dabei die Devise:

> Aufhebt im Süd das Land der deutschen Sonne
> Sein alt romantisch Haupt der ewg'gen Jugend;
> In jeder neuen Falte neuer Reiz,
> Umschlei'rt von Abendduft: Erinnerung;
> Aufsteht das Land der Kaiser und der Minnen.
> Der Hohenstaufen, Welfen, Wittelsbacher,
> Das Sänger-, Burgen- und das Rebenland. (4)

„Erinnerung" an eine große politische Vergangenheit mischt sich mit in die Gegenwart überlieferten kulturellen Leistungen. Aber all dies wird erst durch die Bedrohung von außen handlungsfähig. Ein weiteres kommt hinzu: Ein großer Gegner nobilitiert die eigene militärische Leistung. Dementsprechend wird Napoleon als großer Feldherr hier gezeichnet, den die Preußen nicht so sehr durch strategische Klugheit als vielmehr durch patriotischen Zusammenhalt besiegt haben, ein Zusammenhalt, den sie allerdings wieder Napoleon verdanken. Den Moment, in dem Napoleon die nicht mehr erwarteten Preußen am Horizont erkennen muß, gestaltet das Epos spannungssteigernd durch dramatische He-

---

[277] Theodor Fontane: Christian Friedrich Scherenberg, in: Ders.: Sämtliche Werke, hg. v. Edgar Groß. München 1959–1975, Bd. XXI/1: Literarische Essays und Studien, Erster Teil, hg. v. Kurt Schreinert. München 1963, S. 53–64, hier S. 54.

[278] Christian Friedrich Scherenberg: Waterloo. Ein vaterländisches Gedicht. Berlin 1849, S. 3. Im folgenden werden Zitate aus *Waterloo* im fortlaufenden Text mit eingeklammerten Seitenzahlen zitiert.

[279] Vgl. hierzu Barbara Beßlich: Wege in den ‚Kulturkrieg'. Zivilisationskritik in Deutschland 1890–1914. Darmstadt 2000, S. 7 ff.

mistichomythien, die die Verse elliptisch fragmentieren und die Beschleunigung der Ereignisse in der zerfetzten Syntax abbilden:

„Ein Punct – ein Strich –
Gewölk – Was ist's?"
„Ich glaube – Grouchy" – stottert
Sein Herzog von Dalmatien –
„Oder" – spricht
Der Kaiser –
„Preußen!" spricht ein eben ein-
gebrachter preußischer Husar. (46)

Napoleon wird zum edlen Feind aufgebaut. Die Feindschaft zu Frankreich wird nicht als historisch entwickelt, sondern als naturgegeben gefaßt. Frankreich und Preußen stehen sich gegenüber, „Titan der eine und Gigant der Andre, | Naturfeind sich in jedem Tropfen Lebens, | Wie die Dämonen Blutschuld und Blutrache." (10) Aber auch diese biologisierte und existentialisierte Feindschaft ändert nichts an dem Respekt vor diesem Feind, dessen Gegnerschaft zur eigenen Identitätsfindung notwendig scheint.[280]

Den Moment bei der Schlacht von Waterloo, in dem Napoleon seiner baldigen Niederlage gegenwärtig wird, beschreibt Scherenberg introspektiv als Selbsterkenntnis einer endgültigen Abdankung von der welthistorischen Relevanz:

Hingekettet auf Belle-Alliance der kaiserliche
Tyrtäus – Alle seine goldnen Siege
Hing er verzweifelnd an das eherne
Gewicht der einen Stunde von Saint-Jean
Aus ist sein Lied – der Schatten blieb. –
Und wie
Auf das geätzte weiße Blatt vortritt
Urplötzlich lesbar die verborgne Schrift,
Herausgehetzt tritt die verhehlte Seele
Ihm in das Angesicht: Du bist gewesen! –
Du und dein Heer. – Der feuchten See entstieg
Nichts als ein flüchtig Meteor, getragen
Nur noch von schwanker Säule günst'ger Winde.
Dein Stern, der alte Glaube ist dahin
In Feind und Freund, im nächsten, in Dir selbst.
Du bist entgöttert, Gott; fühl deinen Menschen! (59f.)

[280] Vgl. hierzu Michael Jeismann: Das Vaterland der Feinde (Anm. 231).

Scherenberg beschreibt Napoleon mit der Nennung von Tyrtäus als einen zum Kampf und zum Durchhalten motivierenden antiken Dichter. So wie Tyrtäus die Spartaner im zweiten Messenischen Krieg ermutigte, bemüht sich auch Scherenbergs Napoleon um anhaltende Triebkraft, allerdings vergeblich. Das Ende des Erfolgs wird in das Bild vom beendeten „Lied“ gefaßt, auch hier zieht sich die Metaphorik von Napoleon als Herrschaftsdichter weiter. Die Erkenntnis der Niederlage als desillusionierende Selbsterkenntnis wird rhetorisch durch die metaphorische Dissoziation von Seele und Angesicht verbildlicht, die wiederum durch den seltsamen Vergleich der „lesbar“ werdenden „verborgenen Schrift“ mit dem Bereich der Poesie assoziierbar wird.[281] In einer vom lyrischen Ich fingierten Selbstansprache erkennt Napoleon die Flüchtigkeit seines Erfolges im konventionellen Bild des „Meteors“. Der Mißerfolg resultiert hier auch aus dem schwindenden Glauben an sich selbst. „In [sich] selbst“ glaubt Napoleon nicht mehr an einen Sieg und wohnt somit seiner eigenen „Entgötterung“ bei, die freilich nicht ganz konsequent vollzogen wird, da der Entgötterte noch als Gott apostrophiert wird.

Das Verhältnis der Garde zu Napoleon wird erotisch bebildert als Liebesbegegnung zwischen der weiblichen Garde und ihrem Feldherrn: „Aufschließt die Phalanx ihm ihr ehern Tor | Legt sich um ihren Kaiser liebeseng | Und mauerfest“ (60). Großen Respekt zollt das Epos der untergehenden, aber sich nicht ergebenden Garde und feiert diese todesfreudige Loyalität als militärische Tugend. Am Ende von Scherenbergs *Waterloo* bleibt ein sich nach St. Helena verabschiedender Napoleon zurück, „begrabend seiner Seele unlöschbaren | Brand in die Kühle eines Oceans, | Allein mit seiner eigenen Geschichte, | Ein letzter Mensch noch überm Chaos seiner | Gewes'nen Welt.“ (75) Einsamkeit als irdische Strafe für Hybris klingt in diesen Formulierungen mit; aber Scherenberg erzählt die Schlacht von Waterloo nicht nur als Exempel von *Superbia*, die von Gott bestraft wird, sondern er versteht sein Epos als politische Geschichtsdidaktik, die Preußen für einen möglichen zweiten Napoleon wappnen soll:

> Wenn Götter strafen, weine der Mensch und lerne,
> Nicht Fabel ist es, nur – Vergangenheit
> Und was geschah, kann wiederum geschehen.

[281] Zur eigenwilligen Metaphorik Scherenbergs vgl. Friedrich Sengle: Biedermeierzeit. Deutsche Literatur im Spannungsfeld zwischen Restauration und Revolution 1815–1848, Bd. II: Die Formenwelt. Stuttgart 1972, S. 692ff.

Historia magistra vitae soll Preußen in der Kenntnis seiner hier gesperrt hervorgehobenen „Vergangenheit“ zu einer siegreichen Zukunft führen. Diese der erdichteten „Fabel“ entgegengesetzte reale „Vergangenheit“ macht auf der letzten Seite von Scherenbergs Epos noch einmal den Unterschied zum homerischen Vorbild deutlich. In realistischer Absicht wählt Scherenberg einen Stoff der jüngsten Geschichte zur Poetisierung, um auf die politische Realität zurückzuwirken. Entgegen von Jakob Burckhardts Annahme, daß Geschichte „nicht so wohl klug (für ein andermal) als weise (für immer)“ mache,[282] zieht Scherenberg die napoleonische Zeit als reflexives Trainingsfeld für weitere und besser zu schlagende Schlachten Preußens heran.

Robert Griepenkerls Schauspiel *Auf St. Helena* erschien 1861. Das Prosadrama in drei Aufzügen spielt im August des Jahres 1819 und zeigt wenige Tage aus Napoleons Gefangenschaft. Dabei spielt das Drama auf einen bei Montholon überlieferten Fluchtplan Napoleons an,[283] formt ihn aber in eigener sentimentaler Weise aus. Das große Herrscherschicksal ist gespiegelt in der Gefangenschaft von „Tobias, einem Negersklaven“,[284] der auf St. Helena inhaftiert ist und sich nach seinem Sohn sehnt. Statt selbst zu fliehen, verhilft Napoleon Tobias zur Flucht und wird so zu einem (ästhetisch etwas irritierenden) Ausbund an christlichem Edelmut. Der der Sprache kaum mächtige Tobias wird zum vorzivilisatorischen Gegenbild zu Napoleon, der dessen europäische Herrschaft aus außereuropäischer Perspektive relativiert.

Auch die naive Betty, Tochter des Handelsmannes Balcombe, die bei Napoleon um Tobias' Freiheit bittet, trägt zu dieser nachträglichen Nivellierung von Napoleons Machtposition bei. Sie sieht die aufgeschlagenen Landkarten, auf denen Napoleon auf St. Helena seine längst geschlagenen europäischen Schlachten nachzeichnet und versteht den Sinn dieses Unterfangens nicht. In ihrer Einfalt erläutert sie dem Zuschauer als ‚reiner Tor‘ die Unmaßgeblichkeit dieses Treibens: „Sicher ein Spiel wie das langweilige Schach [...]. Ein Kinderspiel kann's doch nicht sein – es muß was Großes sein. Das sagen sie vom Schachspiel auch, und das ist doch so langweilig.“ (5) Auf St. Helena jenseits europäischer Realitäten

---

282 Jakob Burckhardt: Weltgeschichtliche Betrachtungen (Anm. 10), S. 10.

283 Vgl. Ludwig Büttner: Robert Griepenkerl. Das Schicksal eines freien deutschen Schriftstellers. Nürnberg 1980, S. 142.

284 So die Erläuterung der *dramatis personae*, zitiert nach: Robert Griepenkerl: Auf St. Helena (Anm. 197), unpaginiert. Im folgenden wird Griepenkerls Drama im fortlaufenden Text in eingeklammerten Seitenzahlen zitiert.

schrumpft die politische Allmacht zum langweiligen Spiel, das nicht einmal mehr einem einfältigen Mädchen Respekt abnötigt. Griepenkerl referiert mit Bettys Aussage auch auf den *ennui* als Krankheit des 19. Jahrhunderts. Griepenkerls Schauspiel inszeniert in barocker Manier die Nichtigkeit irdischen Treibens, hier allerdings nicht nur vor dem göttlichen Gericht im Jenseits, sondern auch säkularisiert aus außereuropäischer Perspektive.

Napoleon reflektiert über die Geschichte des Tobias in literarischen und historischen Mustern. Er betrachtet Tobias' Schicksal, das „eines Lafontaine würdig wäre! [...] Wäre dieser Tobias ein Brutus – er hätte sich den Tod gegeben; ein Aesop – er säße im Rathe des Gouverneurs; ein Christ – er trüge seine Ketten und segnete sie im Angesicht Gottes. Der Schwarze kümmert sich um Alles das nicht; er krümmt sich und arbeitet in seiner Unschuld fort." (10) Griepenkerls Napoleon mißt sich hier nicht direkt selbst topische Vergleichsketten an, sondern wählt den Umweg über das Parallelschicksal des Sklaven Tobias. „Eines Lafontaine würdig" erweist sich die fabelartige Geschichte vom Hochmut, der vor dem Fall kommt. Im Selbstmord des Brutus zitiert Griepenkerls Napoleon die enttäuscht-arroganten Vorwürfe von Zeitgenossen wie Byron, die von Napoleon in Gefangenschaft den stolzen Selbstmord forderten, damit sein Leben würdig abgeschlossen wäre.[285] Mit Aesop wird das Schicksal eines Sklaven aufgerufen, der sich aus der Gefangenschaft zum Berater des Königs emporgearbeitet hat. Die Demut des Christen, der seine Gefangenschaft als gottgegebenes Schicksal und auferlegte Buße erträgt, vermag Napoleon sich in diesem Moment noch nicht selbst zuzusprechen. Aber genau diese christliche Läuterung der Demut und Barmherzigkeit durchläuft Napoleon in der Konfrontation mit Tobias' Schicksal.

Den ostentativen Kitsch nicht scheuend, geht Griepenkerls Napoleon bei dem Sklaven Tobias in die Schule der Demut und lernt von ihm die Trauer: „Du kannst weinen, schwarzer Mann? *(Tobias in's Ohr flüsternd)* Lehre mich das." (13) Betonte Hebbel noch die kühle Nüchternheit von Napoleon als poetische Herausforderung,[286] so öffnet Griepenkerls

---

[285] Vgl. Lord Byron in der elften Strophe seiner abrechnenden *Ode to Napoleon Bonaparte*: „If thou hadst died as honour dies, | Some new Napoleon might arise, | To shame the world again – | But who would soar the solar height | To set in such a starless night?" (George Gordon Noel Lord Byron: Ode to Napoleon, in: Ders.: The Complete Poetical Works, vol. III, ed. by Jerome J. Mc Gann. Oxford 1981, S. 259–266).

[286] Vgl. die Analyse in Kapitel II. 5 *(Aporien der Größe oder warum Hebbel kein Napoleon-Drama schrieb)*.

Napoleon sich der Sentimentalität. Durch die Konfrontation mit dem unverbildeten edlen Wilden, den Griepenkerl als literarhistorische Reminiszenz in seinem Tobias aufruft, wendet sich dieser Napoleon mehr und mehr von der europäischen Politik als eitlem Tand ab. In großem Pathos und gefühliger Geste verwehrt Napoleon seiner Umgebung politische Erwägungen, „wenn die ewige Mission des menschlichen Herzens erfüllt wird. Hier gilt nicht Europa, nicht Asien, nicht Amerika – hier gilt Gott, der Allgegenwärtige“ (13). Griepenkerl diszipliniert seinen Napoleon so restaurativ unter ein christliches Gesetz der Reue, nach dem er sich selbst opfert und dem Mitmenschen Tobias die Flucht und die Freiheit ermöglicht. Dabei ist noch in dieser letzten Unterwerfungsgeste die vergangene Allmachtsphantasie gegenwärtig, wenn Napoleon Tobias gottgleich die Freiheit schenkt.

Griepenkerls restauratives Schauspiel, das sich in die barocke Tradition stoizistischer Märtyrerdramen einschreibt, gewinnt seine eigentümlichsten Züge aus der außereuropäischen Perspektive, die diesem Napoleon seine christliche Wendung erst ermöglicht. Der Blick von der vorzivilisatorisch inszenierten Ferne auf Europa relativiert die einstige Herrschaft. Zum Märtyrer von St. Helena kann Napoleon erst werden, als er sich mit dem „Negersklaven Tobias“ vergleicht und die christliche Nächstenliebe für sich entdeckt. In einem reflexiven Monolog findet Griepenkerls Napoleon aus der europäischen Einsamkeit zu einer außereuropäisch gestifteten *caritas*:

> Napoleon und Tobias! Nicht Napoleon allein! Nein, Tobias und Napoleon! Welche Pole! Hätten sie, als ich mächtig war, in Europa gesagt – und heute – zusammengewirbelt wie zwei Schneeflocken. – Ich bin nicht allein! – Gehört dieser Schwarze zu mir und bannt mich in seinen Vorstellungskreis – wie viele Andere hätten zu mir gehört, vor denen ich hinflog wie ein Meteor, das ist und – nicht ist. […] Seit den Pyramiden nistete eine Sphinx in meiner Brust: ich zögerte, ihr Rätsel zu lösen – und diese Lösung war – Tobias! Der andere Mensch! Mein Bruder! – Ich bin nicht allein! – Hätte es nie sein sollen! So allein! (22)

Elf Ausrufe und durch viele Gedankenstriche fragmentiertes emphatisches Sprechen in Ellipsen führen Griepenkerls Napoleon zur Lehre vom „anderen Menschen“, die christliche Gemeinschaft verspricht und retrospektiv die europäische Herrschaft als fehlgeleitetes Irren in Einsamkeit verurteilt. Während Napoleon mit dieser Erkenntnis als Märtyrer auf St. Helena büßend verbleibt, führt ein neuer Napoleon diese Kunde weiter in die Welt: Denn Tobias ist von Napoleon mit seinem eigenen Namen in einer Taufe versehen worden. Der befreite schwarze Sklave als Träger von Napoleons Namen und Botschaft steht am Ende dieses Dramas.

7. „Weltverfluchter“ und höherer Mensch Nietzsches Napoleon als spätzeitlicher Künstler-Tyrann

Resa von Schirnhofer promenierte an einem Frühjahrsmorgen des Jahres 1884 am Strand von Nizza, begleitet von Friedrich Nietzsche, der ihr das *Mémorial* von Las Cases sowie die Memoiren der Madame de Rémusat zur Lektüre empfahl und begann

> von Napoleon zu sprechen, der einzigen geschichtlichen Persönlichkeit, die ihn zu faszinieren schien, und von der er mir so gern in größter Bewunderung erzählte, wie von einem Übergangstypus zum Übermenschen. Er erwähnte auch mir gegenüber, daß sein eigener Puls dieselbe Langsamkeit aufweise, wie jener Napoleon's mit nur 60 Pulsschlägen in der Minute.[287]

Nietzsches identifikatorische Vergleiche mit Napoleon gingen in diesen Wochen noch über den Blutdruck hinaus und schienen lebensweltliche Konsequenzen zu verlangen, denn Nietzsche las 1884 das Korsika-Buch von Ferdinand Gregorovius nicht allein aus landeskundlicher Neugier, sondern erwog ernsthaft einen Umzug nach Korsika, um in der Atmosphäre von Napoleons Geburtsort arbeiten zu können. Nietzsches Selbstvergleich mit Napoleon löste den mit Columbus ab;[288] aus dem kritischen Entdecker neuer philosophischer Welten wurde ein Eroberer weltanschaulicher Gestade. Gerade waren die ersten Teile von *Also sprach Zarathustra* erschienen, und Nietzsche arbeitete am vierten Teil des *Zarathustra*: Der „Übermensch“ nahm literarische Formen an.

Ob man so weit gehen sollte, wie ein Nietzsche-Biograph, der feststellt: „Napoleon *ist,* was er, Nietzsche, *werden* will“[289], mag dahingestellt bleiben. Aber bei jemanden, der wie Nietzsche das Leben als Kunst inszenierte und in seiner Kunst das Wechselspiel von Lebensverstricktheit und Abstandnahme, von Pathos und Distanz reflektierte,[290] mögen solche

---

[287] So Resa von Schirnhofer in ihren Aufzeichnungen über ihre Begegnungen mit Nietzsche; Resa von Schirnhofer: Vom Menschen Nietzsche (1938), in: Zeitschrift für philosophische Forschung 22 (1968), S. 250–260 und 441–457, hier S. 255.

[288] Zur Bedeutung von Columbus für Nietzsche vgl. Peter Gasser: „Columbus novus“. Zum rhetorischen Impetus von Nietzsches Philosophie, in: Nietzsche-Studien 24 (1995), S. 137–161. Duncan Large: Nietzsche and the figure of Columbus, in: Nietzsche-Studien 24 (1995), S. 162–183.

[289] So Werner Ross: Der ängstliche Adler. Friedrich Nietzsches Leben. Stuttgart 1980, S. 728. Vgl. auch Curt Janz: Friedrich Nietzsche. Biographie. 3 Bde. München 1978, Bd. 2, S. 274.

[290] Vgl. Alexander Nehamas: Nietzsche. Leben als Literatur. Göttingen 1991. Günter Figal: Nietzsche. Eine philosophische Einführung. Stuttgart 2001, S. 28–33. Volker Gerhardt: Pathos und Distanz. Studien zur Philosophie Friedrich Nietzsches. Stuttgart 1988.

Äußerungen nicht bloß von biographischem Spezialinteresse sein.[291] Fest steht auf jeden Fall, daß Napoleon Spuren in Nietzsches Werk hinterlassen hat, und dies nicht erst 1884.

Nietzsche beschäftigte sich in den 1880er Jahren intensiv mit dem Leben Napoleons und las zu diesem Zweck nicht nur das *Mémorial* von Las Cases und die Memoiren von Madame de Rémusat, die er Resa von Schirnhofer zur Lektüre empfahl, sondern er studierte gewissenhaft Stendhals *Vie de Napoléon*, die Memoiren von Talleyrand, die geschichtswissenschaftlichen Studien von Michelet und Taine und deren Rezeption bei Jules Barbey d'Aurevilly.[292] In Auseinandersetzung mit Napoleon entwickelte Nietzsche sein Konzept des „höheren Menschen", den er im *Zarathustra* als Vorbereiter des Übermenschen vorstellte. Im folgenden soll daher Nietzsches Blick auf Napoleon als unzeitgemäßes Genie und aristokratischer Typus analysiert werden, der gegen Rousseau als ein wahrer *Retour à la nature* gefeiert wird. Weiterhin gilt die Aufmerksamkeit der geschichtsphilosophischen Stilisierung Napoleons zum Spätzeit-Tyrannen, einem Deutungsmuster, das ein problematisches Fortleben im 20. Jahrhundert hatte. Dem gedanklichen Zusammenschluß von Napoleon und Goethe soll ebenso nachgegangen werden wie dem Konzept von der napoleonischen Vermännlichung Europas.

Am Anfang aber steht die Analyse eines unbeachtet gebliebenen Gedichts des jungen Nietzsche, der im Jahr 1863 *Zur Feier des fünfzigjährigen Gedenktages der Schlacht bei Leipzig* ein Napoleon-Poem schrieb mit dem Titel *Ueber fünfzig Jahre*. Möglicherweise wurde der junge Nietzsche über Ernst Ortlepp, der 1843 die *Napoleonlieder* herausgegeben hatte, mit der Napoleon-Literatur des frühen 19. Jahrhunderts ge-

---

[291] Vgl. Theo Meyer: Nietzsche. Kunstauffassung und Lebensbegriff. Tübingen 1991, S. 628 ff.

[292] [Emmanuel Auguste Dieudonné Marius Joseph de Las Cases:] Le Mémorial de Sainte-Hélène (Anm. 3). [Claire Elisabeth Jeanne de Rémusat:] Mémoires de Madame de Rémusat 1802–1808, publiés par Paul de Rémusat. 3 Bde., Paris [3]1880. Stendhal: Napoléon. 2 Bde. Paris 1930. [Charles Maurice de Talleyrand:] Mémoires du Prince de Talleyrand, publiés avec un préface et des notes par le Duc de Broglie. Paris 1891. Jules Michelet: Le peuple. Paris 1846. Hippolyte Taine: Les origines de la France contemporaine. 6 Bde., Paris 1876–1894, Bd. 5: Le Régime moderne. Paris 1891. Jules Barbey d'Aurevilly: Les œuvres et les hommes. Paris 1860 ff., Bd. VIII: Sensations d'histoire. Paris 1887. Zum Briefwechsel zwischen Taine und Nietzsche über Napoleon vgl. Urs Marti: „Der große Pöbel- und Sklavenaufstand". Nietzsches Auseinandersetzung mit Revolution und Demokratie. Stuttgart, Weimar 1993, S. 237–240.

nauer bekannt.[293] Nietzsches Gedicht schildert, wie Napoleon in der Nacht nach der verlorenen Völkerschlacht bei Leipzig einen prophetischen Traum der deutschen Reichseinigung in „ueber fünfzig Jahren" träumt, der ihn verzweifeln läßt. 15 Strophen à acht kreuzgereimten Versen im vier- bis fünfhebigen Jambus nehmen einen balladesken Ton an und wechseln zwischen erzählerischem Bericht und der träumerischen Selbstaussprache Napoleons als Rollenrede. Eine zweite Fassung des Gedichts glättet metrische Unregelmäßigkeiten. Hier wird bewußt die etwas holperige erste Fassung herangezogen, da in ihr der Einfluß Grabbes auf den jungen Nietzsche deutlich zu erkennen ist. In der zweiten Fassung sind die Grabbe-Zitate getilgt. Napoleon wird in dem gesamten Gedicht nicht namentlich genannt. Auch Grillparzers Totenklage und Manzonis Ode verfahren antonomastisch, geben aber mit dem Gedichttitel ihr Thema gleich zu erkennen.[294] Nietzsches Gedichttitel liefert nur indirekt Hinweise auf das Thema: *„Ueber fünfzig Jahre". Zur Feier des fünfzigjährigen Gedenktages der Schlacht bei Leipzig* enthält keinen Hymnus auf die Befreiungskriege, den man vielleicht erwarten könnte, sondern eine Auseinandersetzung mit dem Verlierer der Schlacht.

Das Gedicht gliedert sich symmetrisch in vier Teile: Die Strophen eins bis vier schildern Napoleon träumend am Lagerfeuer auf dem Schlachtfeld. Die Strophen vier bis acht geben die Traumrede Napoleons wieder, bei der unklar bleibt, ob er sie im Schlaf spricht oder ob es sich um einen introspektiven Wechsel in die Traumwelt handelt. Die Strophen neun bis zwölf wechseln wieder in die Außenperspektive und zeigen, wie Napoleon der Traum quält und wie im Morgengrauen metaphorisch das nationale Erwachen der Sieger antizipiert wird. Die abschließenden Strophen zwölf bis 15 lassen Napoleon in der Realität des anbrechenden Tages zu seiner Umgebung sprechen, von dem Traum erzählen und ihn deuten. Die prophezeite deutsche Reichseinigung wird nur von Napoleon dargestellt und nicht weiter von einem lyrischen Ich kommentiert. Aus Napoleons Perspektive erscheint diese Zukunft im Banne des Nationalismus als ein Fluch.

---

[293] Ernst Ortlepp: Napoleonlieder (Anm. 132). Zu Ortlepps Anthologie vgl. die Analyse in Kapitel II. 2 *(Wallfahrten und Wiedergänger. Platen, Immermann, Zedlitz und Gaudy am Grab auf St. Helena)*. Zum umstrittenen Einfluß Ernst Ortlepps auf den jungen Nietzsche in Pforta vgl. Hermann Josef Schmidt: Der alte Ortlepp war's wohl doch, oder Für mehr Mut, Kompetenz und Redlichkeit in der Nietzscheinterpretation. Aschaffenburg 2001. Und die Gegenposition vertreten durch Hans Gerald Hödl: Der alte Ortlepp war es übrigens nicht … Philologie für Spurenleser, in: Nietzsche-Studien 27 (1998), S. 440–445.

[294] Franz Grillparzer: Napoleon (Anm. 236).

Napoleons Traumrede blickt in die Zukunft Deutschlands und Europas nach der Herrschaft Napoleons. Die pessimistische historische Prognose von Nietzsches träumendem Napoleon, die im folgenden zitiert wird, nimmt deutlich Anleihen bei Grillparzer und Grabbe:

Doch jene, jene, die dem goldnen Traum
Ein furchtbar blutig Opfer jetzt gebracht,
Die um den trügrisch schönen Freiheitsbaum
Gekämpft drei Tage lang die Völkerschlacht:
Sie wähnten, den Tyrannen zu verjagen –
Und tausend kleine blieben noch zurück –
Nun jauchzen sie, daß sie die Schlacht geschlagen,
Nun kehre Friede, kehre Völkerglück.

Ja, freilich! Stumm wird's sein nun lange Zeit,
Und die Geschichte kann sich schlafen legen:
Der Dichter und der Philosophen Streit
Kann sich behaglich wieder pflegen.
Von Assembléen, Convenienzbesuchen,
Von Komoedianten – o du schöne Welt,
O Völkerglück, genährt mit süßem Kuchen,
Bezahlt mit der Versprechung baarem Geld!

Und wenn nach fünfzig Jahren man berauscht
Von seiner Ahnen Thaten spricht und schwärmt:
Da sitzt wohl mancher einsam, denkt und lauscht,
Ob man auch handelt, nicht blos lärmt.
Und auch im Traume faßt er nach dem Schwert
Und fragt: Wer ist's, wer hat's verschuldet,
Daß man in Worten, kaum in Worten ehrt,
Was jener Männer stolze Kraft erduldet.

Man wird mich hassen – oder wird man's nicht?
Und wird man auch den Haß verlernen?
Ich werde sein – was anders? – ein Gedicht
Von einem Helden aus der Vorzeit Fernen.
Ich war es, Deutschland und der Welt
Und Gottes Geißel, und der Völker Fluch –
Nicht ein gebackner junger Modeheld –
Ein Weltverfluchter und der Welt ein Fluch!"[295]

Die Befreiungskriege mit ihrem nationalen Furor entpuppen sich für Nietzsches träumenden Napoleon als „trügrisch" (35) und fragwürdiges

[295] Friedrich Nietzsche: „Ueber fünfzig Jahre." Zur Feier des fünfzigjährigen Gedenktages der Schlacht bei Leipzig, in: Ders.: Jugendschriften 1861–1864, hg. v. Hans Joachim Mette. München 1934, Bd. 2, S. 273–276, hier S. 274 f. (5.–8. Strophe).

historisches Projekt. „Wahn“, „Traum“ und „Trug“ kennzeichnen in der fünften Strophe den Nationalismus als phantasmagorisches Konstrukt, das nicht Selbstbefreiung bedeutet, sondern selbstverschuldete Tyrannenvervielfältigung. Hier beleiht Nietzsche den Abschiedsmonolog von Grabbes Napoleon, der prophezeit: „Statt eines großen Tyrannen, wie sie mich zu nennen belieben, werden sie bald lauter kleine besitzen“.[296] Die sechste Strophe bewertet den nach Napoleons Sturz eingekehrten Frieden als ereignislose Zeit, die als historische Lücke erkennbar wird. Die Friedenszeit als tatenlosen „Geistesschlaf“ darzustellen, geht wieder auf eine Formulierung Grabbes zurück,[297] die Nietzsche zur Allegorie der sich schlafen legenden Geschichte umformt. Einer bellizistischen Epoche folgt eine kulturell bestimmte; dieser Wechsel vom Krieg zur Kultur, personifiziert vom Soldaten zum „Dichter“ und „Philosophen“, wird als Abstieg in die Niederungen des bloß „behaglich“ (V. 44) Philisterhaften gekennzeichnet. Statt Geschichte zu machen, wird sie disputiert. Der antibürgerliche Affekt, der Krieg als Kinesis feiert und die Zivilisation als materialistische Spielerei verdammt, verdichtet sich in den letzten Versen der sechsten Strophe (V. 45–48), die wörtlich an Grabbe anknüpft.[298] Die Verachtung für eine bräsige, auf Genuß fixierte Gesellschaft entlädt sich in dem als Anadiplose angeordneten zynischen Ausruf „o du schöne Welt, | O Völkerglück“ (V. 46f.). Sehnsucht nach „Thaten“ (V. 50) (in einer Zeit, die, indem sie „blos lärmt“ [V. 52)], Handlungen lediglich simuliert) bleibt ohne Folgen. Deutschland wird in Zeiten des Friedens zu einem Schauplatz des alexandrinischen Geredes, des dekadenten Genusses „süsse[r] Kuchen“ (V. 47) und des Kapitalismus (V. 48). Der Napoleon des jungen Nietzsche antizipiert in seiner prophetischen Traumrede den Blick auf die „letzten Menschen“, die Zarathustra anklagt.

Die Traumrede reflektiert Napoleons Rolle im kulturellen Gedächtnis

---

[296] Christian Dietrich Grabbe: Napoleon oder die hundert Tage (Anm. 206), S. 457. Vgl. hierzu die Analyse in Kapitel II. 4 *(Mensch, Masse, Volk. Wer macht Geschichte in Grabbes Drama „Napoleon oder die hundert Tage“ (1831)?)*.

[297] „Statt ihnen ewigen Frieden zu geben, wird man sie in einen ewigen Geistesschlaf einzulullen versuchen“ (Christian Dietrich Grabbe: Napoleon oder die hundert Tage [Anm. 206], S. 457).

[298] „Von diplomatischen Assembleen, Konvenienzbesuchen hoher Häupter, von Komödianten, Geigenspielern und Opernhuren“ (Christian Dietrich Grabbe: Napoleon oder die hundert Tage [Anm. 206], S. 457). Die zweite Fassung von Nietzsches Gedicht ersetzt die Grabbe zitierenden Verse 45–48 folgendermaßen: „‚Auf bringt die Becher, auf, laßt froh uns schwärmen‘ | So ruft wohl mancher und das Auge blinkt | Voll wilder Lust – ‚was sollen wir uns härmen: | Die neue Zeit uns heilverkündend winkt.‘ (Friedrich Nietzsche: Über fünfzig Jahre, in: Ders.: Jugendschriften [Anm. 295)], S. 278).

der Deutschen in Zeiten einer solchen Unerheblichkeit. Drei suchende Fragen (V. 57–59) bestimmen das legendarisch verehrende Napoleonbild des Vormärz nicht als Resultat historischer Reflexion oder politischer Absichten, sondern als Zeichen von Schwäche, die nicht mehr zum elementaren „Haß" fähig ist. Ausdruck solcher Mittelbarkeit und Uneigentlichkeit ist die Ästhetisierung. Napoleon wird nicht mehr unmittelbar gehaßt, sondern im ästhetischen Medium reflektiert. Diese Metamorphose wird rhetorisch direkt abgebildet. Napoleon wird nicht bloß Thema eines Poems, sondern er selbst wird „was anders? – ein Gedicht" (V. 59). Die Formulierung vom Gedicht „von einem Helden aus der Vorzeit Fernen" (V. 60) erinnert an Heines mythische Entrückung Napoleons in den *Englischen Fragmenten.*[299] Eine solche ästhetisch manipulierte historische Abstandnahme empört Nietzsches Napoleon, der allerdings ja selbst in seiner Rollenrede eines Napoleon-Gedichts Teil einer solchen Poetisierung ist. Das Gedicht vollzieht so die Ästhetisierung, die seine Figur anklagt. Gegen die geschmähte Poetisierung als literarische Distanz behauptet Nietzsches Napoleon seine unmittelbare Realität im Leben: „Ich war es" (V. 61). Die archaische Kraft seiner Existenz verbildlicht die Formulierung der „Gottes Geißel" (V. 62), die sowohl die Attila-Vergleiche Zacharias Werners, Ernst Moritz Arndts und Madame de Staëls aufgreift, als auch an die Warnungen Fichtes vor diesem Vergleich als Zeichen drohenden Fatalismus erinnert.[300] In Opposition zu dem „gebackne[n] junge[n] Modeheld[en]" (V. 63) stellt sich Nietzsches Napoleon 1863 als ein „Weltverfluchter" (V. 64) dar und betont in diesem Syntagma seine einsame Opposition zu der mittelmäßigen Sphäre der Allzuvielen.

Vieles, was dieses frühe Gedicht andeutet, findet sich im späteren Werk Nietzsches weiter gedacht, variiert und ausformuliert. Napoleon ist von Anbeginn für Nietzsche der schlechthin Unzeitgemäße, der Tatmensch, der in modernen Zeiten anhaltender Reflexion handelt und nicht reflektiert. Er steht in keinen festen Traditionen, sondern bricht mit ihnen und schafft sich seine eigenen. In der *Geburt der Tragödie aus dem Geiste der Musik* erläutert Nietzsche an Goethes Wort von Napoleons „Productivi-

---

[299] Vgl. die Analyse in Kapitel II. 3 *(Erlesener und erinnerter Held der Kindheit. Heines doppelter Blick auf Napoleon als Freiheitsbringer und Sehnsuchtschiffre)*.

[300] Vgl. hierzu die Analysen in den Kapiteln I. 2 *(Vom Revolutionsbändiger zum Nationalfeind. Frontverschiebungen in der Publizistik [1799–1815])* und I. 3 *(Dramatische Verhüllungen des Schicksals. Attila, Soliman, Yngurd und „Noch Jemand" [1808–1817])*.

tät der Thaten“[301], „dass der nicht theoretische Mensch für den modernen Menschen etwas Unglaubwürdiges und Staunenerregendes ist“.[302] Ein nachgelassenes Fragment erklärt Napoleon in diesem handlungsbejahenden, praktischen Sinn zum „Freithäter“ (KSA/N 9, 128) als neologistisches Gegenstück zum „Freidenker“ und „Freigeist“. Napoleon als ungegängelter „Freithäter“ erscheint als Erbe der Antike und als anachronistischer Renaissancefürst. Aus diesem Zusammenprall des unzeitgemäßen Menschen mit seiner durchschnittlichen Zeit ergibt sich das Phänomen eines „Heroen-Cultus“, den Nietzsche in der *Morgenröthe* (1880/81) strikt ablehnt. Napoleons unzeitgemäße Erscheinung gibt „die romantische dem Geiste der Aufklärung fremde Prostration vor dem ‚Genie‘ und dem ‚Heros‘ unserem Jahrhundert in die Seele“ (KSA 3, 222), und dies bezeugt gleichermaßen die Größe des Genies wie die Kleinheit des Jahrhunderts. So erscheint Napoleon bei Nietzsche geradezu als historische Ursache der kritisch analysierten Genie-Verehrung des 19. Jahrhunderts.[303] Ausgehend von Thomas Carlyles *On Heroes, Hero-worship and the Heroic in History*, der Napoleon in seine Heldengalerie aufgenommen hatte,[304] wendet sich der frühe Nietzsche vehement gegen eine solche Idealisierung historischer Größe, die vor lauter kniefälliger Begeisterung die verehrte Person so weit aus der Realität entferne, „dass er sie nicht mehr scharf sehen kann – und nun deutet er, was er noch sieht, in's ‚Schöne‘ um“ (KSA 3, 221).

---

[301] Johann Peter Eckermann: Gespräche mit Goethe in den letzten Jahren seines Lebens (Anm. 56), S. 605 f. (11. März 1828).

[302] Friedrich Nietzsche: Die Geburt der Tragödie aus dem Geiste der Musik, in: Ders.: Kritische Studienausgabe in 15 Bänden, hg. v. Giorgio Colli u. Mazzino Montinari. München 1988, Bd. 1, S. 117. Im folgenden wird Nietzsches Werk nach dieser Ausgabe mit der üblichen Sigle „KSA“, Band- und Seitenzahl eingeklammert im fortlaufenden Text zitiert. Texte und Fragmente aus dem Nachlaß werden zusätzlich mit einem „N“ versehen.

[303] Vgl. hierzu Jochen Schmidt: Die Geschichte des Genie-Gedankens in der deutschen Literatur, Philosophie und Politik 1750–1945 (Anm. 153), Bd. 2, S. 166 f. Gregory Moore: Hysteria and Histronicis. Nietzsche, Wagner and the pathology of Genius, in: Nietzsche-Studien 30 (2001), S. 246–266. – Ein nachgelassenes Fragment aus dem Jahr 1880 erklärt diese Napoleon-Begeisterung auch als eine Sehnsucht nach Sicherheit in unruhigen Zeiten: „Man glaubte an Napoleon, weil man einen Helfer und Beruhiger nöthig hatte“ (KSA/N 9, 165).

[304] Vgl. Thomas Carlyle: On Heroes, Hero-worship and the Heroic in History (1841). Notes and introduction by Michael K. Goldberg. Berkeley 1993. Daß auch Carlyles Helden, entgegen Nietzsches Kritik, nicht absolut frei sind und nicht ins unscharf idealisierte Geschichte autonom gestalten, betont: Jens Nordalm: Der gegängelte Held. „Heroenkult“ im 19. Jahrhundert am Beispiel Thomas Carlyles und Heinrich von Treitschkes, in: Historische Zeitschrift 276 (2003), S. 647–675.

Nietzsche sieht, bei aller Verehrung, dennoch „scharf" und seziert gerade in den nachgelassenen Fragmenten sehr genau die psychologischen Schwächen und historischen Bedingungen Napoleons, die Techniken der Macht: Er konstatiert bei ihm die mangelnde Fähigkeit, Niederlagen durchzustehen;[305] und er registriert Napoleons Ärger, wenn jemand „die Fähigkeit zu urtheilen in Bezug auf ihn übte" (KSA/N 9, 211). Der Herrschaftsalltag zeigte für Nietzsche bei Napoleon Verbrauchsspuren: Napoleon „war durch die Mittel, die er anwenden mußte, corrumpiert worden und hatte die noblesse des Charakters verloren" (KSA/N 10, 251). Schließlich kategorisiert er ihn zum Genie „ohne innere Vollendung".[306] Das soziale Marschgepäck des Parvenus beobachtet Nietzsche bei Napoleon in seinem wenig königlichen Gang (KSA 3, 525). Nietzsche begreift Napoleon als Schauspieler (KSA/N 11, 254), der seine Herrschaft massenwirksam inszeniert, und nimmt es Napoleon regelrecht und anhaltend übel, daß er den deutschen Nationalismus in den Befreiungskriegen provozierte (KSA/N 12, 471). All diese kleineren und größeren Detailbeobachtungen nivellieren nicht Nietzsches grundsätzliche Bewunderung Napoleons. Aber sie distanzieren ihn von der Art des „Heroen-Cultus", die er bei Carlyle kritisiert.[307]

Resa von Schirnhofers Eindruck, daß Nietzsche von Napoleon „wie von einem Übergangstypus zum Übermenschen" sprach, ist so falsch nicht.[308] In der Abhandlung *Zur Genealogie der Moral* findet sich die Bestimmung: „Napoleon, diese Synthesis von Unmensch und Übermensch" (KSA 5, 288), die den zusammengesetzten und vorbereitenden Charakter Napoleons beschreibt. Eine solche rhetorische Finte, die Napoleon in doppelter und antithetischer Manier an die Grenzen des Menschlichen rückte, konnte Nietzsche bei Madame de Staël oder Jakob Burckhardt vorformuliert finden. Madame de Staël kategorisierte Napoleon „plus ou

---

305 „Napoleons schwache Seite: er konnte nicht den Gedanken der Niederlage irgendworin ertragen. Weil seine Seele ohne Adel war und er die großen Gefühle nicht kannte, welche über ein großes Geschick hinausgehen, wendete er seine Gedanken von dieser schwachen Partie von sich ab" (KSA/N 9, 199).

306 „Die Bösen, das sind namentlich die, welche als Könige usw. das falsche Bild des mächtigsten Menschen geben, auf Macht von Heeren, Beamten gestützt (selbst Genie's ohne innere Vollendung wie Friedrich der Große und Napoleon), welche die Frage wozu? entstehen lassen." (KSA/N 11, 83).

307 Nietzsches kritische Äußerungen finden kaum Beachtung in Ernst Bertrams Napoleon-Kapitel seiner Nietzsche-Monographie; vgl. Ernst Bertram: Nietzsche. Versuch einer Mythologie. Achte um einen Anhang erweiterte Auflage. Mit einem Nachwort v. Hartmut Buchner. Bonn 1965, S. 211–224.

308 Vgl. Resa von Schirnhofer: Vom Menschen Nietzsche (Anm. 287).

moins qu'un homme“, und auch Burckhardt faßte ihn „mehr oder weniger als ein Mensch“.[309] Nietzsches „Synthesis von Unmensch und Übermensch“ erläutert genauer ein nachgelassenes Fragment, das aus dem Umkreis der *Genealogie der Moral* stammt: „Der Mensch ist das Unthier und Überthier; der höhere Mensch ist der Unmensch und Übermensch: so gehört es zusammen.“ (KSA/N 12, 426) Divinisierung und Animalisierung treten in ein unaufgelöstes Spannungsverhältnis, das die Zwitterstellung des „höheren Menschen“ fixiert. Nietzsche begreift Napoleon als Typus des „höheren Menschen“, der den Übermenschen vorbereitet und zugleich „furchtbar[.] und entzückend[.]“ (KSA 5, 288) ist.[310] Der vierte Teil von *Also sprach Zarathustra*, der in der Zeit entstand, als Nietzsche mit Resa von Schirnhofer am Strand von Nizza über Napoleon sprach, enthält die Rede Zarathustras *Vom höheren Menschen*.[311] Der höhere Mensch ist dort (ästhetisiert von Nietzsche „comme poète-philosophe“[312]) das Produkt einer säkularisierten Spätzeit, dessen Aufgabe es ist, nach Gottes Tod die Ankunft des Übermenschen zu ermöglichen.[313] Die deutsche Napoleon-Literatur nach Nietzsche vernachlässigte allerdings oft die Unterscheidung zwischen „höherem Menschen“ und Übermenschen und stellte Napoleon Nietzsche zuspitzend, vereinfachend und auch verfälschend direkt als Übermenschen dar, so Karl

[309] Germaine de Staël: Considérations sur les principaux événements de la Révolution Française. Paris 1818, Bd. 2, S. 197. Jakob Burckhardts Vorlesung über die Geschichte des Revolutionszeitalters. In den Nachschriften seiner Zuhörer. Rekonstruktion des gesprochenen Wortlautes von Ernst Ziegler. Basel 1974, S. 306.

[310] Vgl. auch das Fragment von 1887: „Napoleon: die nothwendige Zusammengehörigkeit des höheren und des furchtbaren Menschen begriffen.“ (KSA/N 12, 456) Vgl. auch Urs Marti: „Der große Pöbel- und Sklavenaufstand“ (Anm. 292), S. 236–268.

[311] Ein nachgelassenes Fragment aus dem Sommer 1884 bringt Napoleon und Zarathustra namentlich zusammen: „Bei Menschen wie Napoleon ist jedes Absehen von sich eine Gefahr und Einbuße: sie müssen ihr Herz verschlossen halten – ebenso der Philosoph. Zarathustra.“(KSA/N 11, 187).

[312] Brief Nietzsches an Heinrich Köselitz vom 14. März 1885, in: Friedrich Nietzsche: Briefwechsel. Kritische Gesamtausgabe, hg. v. Giorgio Colli u. Mazzino Montinari. Dritte Abteilung, Bd. 3: Friedrich Nietzsche: Briefe Januar 1885 – Dezember 1886. Berlin, New York 1982, S. 21. Zur Zwitterstellung des *Zarathustra* „comme poète-philosophe“ vgl. Anke Bennholdt-Thommsen: Nietzsches „Also sprach Zarathustra“ als literarisches Phänomen. Frankfurt a. M. 1974.

[313] „Nun aber starb dieser Gott! Ihr höheren Menschen, dieser Gott war eure größte Gefahr. Seit er im Grabe liegt, seid ihr erst wieder auferstanden. Nun kommt der grosse Mittag, nun erst wird der höhere Mensch – Herr! […] Ihr höheren Menschen! Nun erst kreisst der Berg der Menschen-Zukunft. Gott starb: nun wollen wir, – dass der Übermensch lebe.“ (KSA 4, 357)

Bleibtreu in seinem Napoleon-Drama, das in der ersten Fassung noch *Schicksal* (1888) betitelt war, und in der dritten und letzten Überarbeitung schlicht *Der Uebermensch* (1896) hieß.[314]

Gegen Rousseau entwirft Nietzsche seinen Napoleon als „ein Stück ‚Rückkehr zur Natur', so wie ich sie verstehe" (KSA 6, 150).[315] Eine solche Naturalisierung meint eben gerade nicht eine Rückkehr zum ursprünglich guten Menschen, sondern eine Naturhaftigkeit jenseits der Moralität. Napoleon dient Nietzsche in diesem ideengeschichtlichen Disput über die Jahrhundertschwelle mit Rousseau als historisches Fallbeispiel. Er zieht ihn heran, um seine Lehre zu bebildern, verständlich zu machen. „Um es in einem Gleichniss zu sagen" (KSA 6, 150), wird Napoleon als Beispiel für wahrhafte Natur ohne moralische Skrupel angegeben. Dieses rhetorische Modell der Anschaulichmachung im historischen Beispiel Napoleon kehrt immer wieder. Es ist aber nicht deutlich zu entscheiden, ob Nietzsche seine Konzepte nachträglich (in Napoleon) konkretisiert oder ob umgekehrt erst in Auseinandersetzung mit dem historisch konkreten Fall (Napoleons) das Konzept des „höheren Menschen" oder der wahren, antirousseauistischen Rückkehr zur Natur entstehen. Auffällig bleibt, daß Nietzsche „das Abstrakteste immer wieder zu einer Person zusammenrinnt" (KSA 1, 815), und diese Person ist in den 1880er Jahren allzu oft Napoleon.

Neben Napoleon als Mensch von antiken Dimensionen steht innerhalb des 19. Jahrhunderts für Nietzsche allenfalls noch Goethe, und Nietzsche denkt die Beiden so persuasiv zusammen, daß in seiner Nachfolge eine mythisierende Literatur entsteht, die den großen Politiker und den großen Dichter zu einer ideengeschichtlichen Symbiose verschmilzt und deren Begegnung zur weltgeschichtlichen Sternstunde des 19. Jahrhunderts stilisiert.[316] Noch Hans Blumenbergs *Arbeit am Mythos* steht im Bann von Nietzsches Stilisierung dieser Begegnung; denn wenn Blumenberg Goethes *Faust II* als Arbeit am prometheischen Mythos Napoleon begreift, so kann er sich dabei auf Nietzsche berufen, der in *Jenseits von Gut und Böse* (1884/85) das Ereignis beschreibt, „um dessentwillen er

[314] Karl Bleibtreu: Schicksal. Schauspiel in fünf Akten. Leipzig 1888. Ders.: Der Uebermensch. Charakterbild in fünf Akten. Berlin 1896; vgl. die Analyse in Kapitel II. 8 *(Im Bannkreis Nietzsches. Karl Bleibtreus „Uebermensch" und Carl Hauptmanns „Bürger Bonaparte" jenseits des Naturalismus)*.

[315] Vgl. auch KSA/N 12, 402 f.

[316] Andreas Fischer: Goethe und Napoleon. Frauenfeld ²1900. Fritz Strich: Goethe und Napoleon, in: Horen 8 (1925), S. 108–134. Edwin Redslob: Goethes Begegnung mit Napoleon. Baden-Baden 1954. Peter Berglar: Goethe und Napoleon. Die Faszination des Geistes durch die Macht. Darmstadt 1968.

seinen Faust, ja das ganze Problem ‚Mensch‘ umgedacht hat, [...] das Erscheinen Napoleon's“ (KSA 5, 185).[317] Nietzsche sieht eine Wahlverwandtschaft im Wirklichkeitsbezug von Napoleon und Goethe, die sich gleichermaßen dem Leben als Ganzheit zu- und von wattigen Fortschritts-Idealen der Aufklärung abwenden. Für Nietzsche hatte Goethe „kein grösseres Erlebnis als jenes ens realissimum genannt Napoleon“ (KSA 6, 151).[318] Wie Nietzsche Napoleon nicht in französisch-nationalen Bezügen denkt, so ordnet er auch Goethe stets nach europäischen Maßstäben. Goethe und Napoleon erscheinen gleichermaßen als Überwindung eines aufklärerischen 18. Jahrhunderts, als Erben der Antike und Renaissance zugleich und als Gegner des nationalen Furors.

Die Beiordnung zu Goethe erklärt sich auch aus der Gestaltung Napoleons zum Künstler-Tyrannen. Schon früh reflektiert Nietzsche über den „gemischte[n] unreine[n] Charakter des Künstler[s]“ (KSA/N 9, 115), den er bei Napoleon gegeben sieht. „Dante, Michel Angelo, Napoleon“ (KSA/N 12, 224) werden (Hippolyte Taine folgend) in eine Reihe gesetzt.[319] Mit dem Künstler verbindet Napoleon für Nietzsche das „‚interesselose[.]‘ Arbeiten an seinem Marmor, mag dabei von Menschen geopfert werden, was nur möglich“ (KSA/N 12, 24). Fixierung auf das zu vollbringende Werk, Rücksichtslosigkeit und Bedenkenlosigkeit der angewandten Mittel zum Erfolg zeichnen den Künstler-Tyrannen mit Willen zur Macht aus. „Das Genie soll Herr sein“ (KSA/N 11, 79), lautet das Motto für einen solchen Künstler-Tyrannen. Später vergleicht Nietzsche Napoleon mit Cesare Borgia und erblickt in deren beider Immoralität die Grundlage ihres Erfolgs.[320] Napoleons „Verachtung der ‚christlichen Tugenden‘ und der ganzen moralischen Hypokrisie“ (KSA/N 11, 60) wird zur Basis seiner Herrschaft erklärt, die ihre eigenen Werte selbstschöpferisch setzt. Napoleon als Künstler-Tyrann in der Tradition der Renaissance wird in die Nähe des Verbrechers gerückt. Der Verbrecher ist für Nietzsche der „Typus des starken Menschen unter ungünstigen Bedingungen“ (KSA 6, 146) der ihn vergeblich disziplinierenden Gesell-

---

317 Vgl. auch KSA/N 11, 453.

318 Vgl. Eckhard Heftrich: Nietzsches Goethe, in: Ders.: Nietzsches tragische Größe. Frankfurt a. M. 2000, S. 103–124. Margot Fleischer: Der „Sinn der Erde“ und die Entzauberung des Übermenschen. Eine Auseinandersetzung mit Nietzsche. Darmstadt 1993, S. 190 ff.

319 Aber während bei Taine der Vergleich mit der Renaissance Napoleon nicht zum Besten gereicht, formt Nietzsche diesen Vergleich positiv um.

320 Vgl. Bruce Detwiler: Nietzsche and the Politics of Aristocratic Radicalism. Chicago 1990, S. 49 f.

schaft.[321] Napoleon erweist sich als ein solcher Typus, dem es aber gelingt, der Gesellschaft seinen Willen aufzuzwingen.

Napoleon verkörpert für Nietzsche einen aristokratischen Typus, der in der Moderne zum seltenen Anachronismus geworden ist. In der Abhandlung *Zur Genealogie der Moral* (1887) sakralisiert er Napoleons welthistorischen Auftritt. Napoleons Herrschaft als letztes Aufbegehren gegen die egalitäre Massengesellschaft begriffen, wird rhetorisch als Kontrafaktur der Menschwerdung Gottes ausgeformt und so zu einem letzten elitären Rettungsversuch der Menschheit vor einem Dasein als dumpfes Herdenvieh stilisiert:

> Das antike Ideal selbst trat leibhaft und mit unerhörter Pracht vor Auge und Gewissen der Menschheit, – und noch einmal, stärker, einfacher, eindringlicher als je erscholl, gegenüber der alten Lügen-Losung des Ressentiments vom Vorrecht der Meisten, gegenüber dem Willen zur Niederung, zur Erniedrigung, zur Ausgleichung, zum Abwärts und Abendwärts des Menschen die furchtbare und entzückende Gegenlosung vom Vorrecht der Wenigsten! Wie ein letzter Fingerzeig zum andren Wege erschien Napoleon, jener einzelnste und spätestgeborene Mensch, den es jemals gab, und in ihm das fleischgewordene Problem des vornehmen Ideals an sich (KSA 5, 287 f.).

„Leibhaft“ und „fleischgeworden“ „erschien“ in entgötterten Zeiten Napoleon als Katalysator eines aristokratischen Radikalismus, der das „Vorrecht der Wenigsten“ gegen die Massenkultur in Anschlag bringt. Die Sonderstellung Napoleons als geistesaristokratischer Heilsbringer innerhalb der demokratischen Moderne wird sprachlich durch die Superlative „einzelst“ und „spätestgeboren“ betont. Napoleon als aristokratisches Genie ist auch noch einmal spät Thema in der *Götzendämmerung* (1888). Dort bestimmt Nietzsche das Verhältnis des Genies zu seiner Zeit am Beispiel Napoleons. Der Erfolg Napoleons wird aus der Differenz zu seiner Umgebung erklärt und diese Differenz verzeitlicht: „weil Napoleon anders war, Erbe einer stärkeren, längeren, älteren Civilisation als die, welche in Frankreich in Dampf und Stücke gieng, war er allein hier Herr.“ (KSA 6, 145) Das Modell ‚großer Mann in kleiner Zeit‘ wird hier in der *Götzendämmerung* in eine Abstiegsgeschichte eingebunden. Das Genie führt nicht etwa durch seine eigene Kraft seine Umgebung aus den Krisenzeiten hinaus, sondern beschleunigt den drohenden Verfall. Während seiner Herrschaft mag der Eindruck einer weltgeschichtlichen Richtungsänderung vorherrschen, aber nach seinem Abtreten dynamisiert

[321] Vgl. Friedrich Balke: Die Figuren des Verbrechers in Nietzsches Biopolitik, in: Nietzsche-Studien 32 (2003), S. 171–205.

sich der Abstieg. Nach den genialen Herrschern folgt „Erschöpfung jeder Art, die Sterilität […] auf dem Fusse. Der grosse Mensch ist ein Ende." (KSA 6, 146) Die Erscheinung von Napoleon als „grossem Menschen" weist somit das 19. Jahrhundert als eine geschichtliche Endzeit aus; dies ist eine Überlegung, an die Otto Weininger in *Geschlecht und Charakter* anknüpfen wird.[322]

Das Spätzeitliche von Napoleons weltgeschichtlichem Auftritt reflektierte bereits 1881/82 *Die fröhliche Wissenschaft*. Dort fächert Nietzsche Merkmale kultureller Spätzeiten auf und nennt neben der Korruption, dem Sittenverfall, Aberglauben, der „Erschlaffung" und der Bosheit vor allem die politische Erscheinung eines Endzeit-Diktators: „der Cäsar, der Schluss-Tyrann, der dem ermüdeten Ringen um Alleinherrschaft eine Ende macht, indem er die Müdigkeit für sich arbeiten läßt" (KSA 3, 397).[323] Dieser „Schluß-Tyrann", der sich den politisch maroden Zustand zunutze macht, trifft zugleich auf eine Zeit kultureller Verfeinerung.[324] Zur Zeit des politischen Chaos, dessen sich der Diktator bemächtigt, scheint die reflexive Kunst einem Höhepunkt zuzutreiben. Napoleon ist für Nietzsche ein solcher Schluss-Tyrann in „Herbstzeiten eines Volkes" (KSA 3, 398). Mit dieser jahreszeitlichen Metaphorik, die ein historisches Kreislaufdenken impliziert, schafft Nietzsche eine geschichtsphilosophische Vorlage, die im 20. Jahrhundert Oswald Spengler in seinem *Untergang des Abendlandes* aufnehmen wird. Auch Spengler wird an der Gestalt Napoleons seinen Typus eines spätzeitlichen Cäsaren in einem geschichtsphilosophischen Zyklus entwickeln und sich hierbei auf Nietzsche berufen.[325]

In herbstlichen Zeiten drohender Erschlaffung und Dekadenz trans-

---

[322] „Der große Feldherr, der große Politiker, sie steigen aus dem Chaos der Verhältnisse empor wie der Vogel Phönix, um zu verschwinden wie dieser. […] Die Werke des Tatmenschen gehen denn auch meist mit seinem Tode, oft schon früher, und nie sehr viel später, spurlos zugrunde" (Otto Weininger: Geschlecht und Charakter. Eine prinzipielle Untersuchung. Wien, Lepizig [19]1920, S. 172).

[323] Zum „Korruptions"-Aphorismus aus der *fröhlichen Wissenschaft* vgl. Renate Reschke: „Korruption". Ein kulturkritischer Begriff Friedrich Nietzsches zwischen Geschichtsphilosophie und Ästhetik, in: Nietzsche-Studien 21 (1992), S. 137–162.

[324] Man muß mit Henning Ottmann darauf hinweisen, daß Nietzsches Bild des Cäsaren sich vom zeitgenössischen Cäsarismus als konkreter Herrschaftsform unterscheidet und vager verbleibt. Vgl. Henning Ottmann: Philosophie und Politik bei Nietzsche. Berlin, New York [2]1999, S. 274.

[325] Vgl. Oswald Spengler: Der Untergang des Abendlandes. Umrisse einer Morphologie der Weltgeschichte. Ungekürzte Sonderausgabe in einem Band. München 1981, S. 1097 f. Zum an Napoleon typisierten Begriff des Cäsarismus vgl. Dieter Groh: Cäsarismus, Napoleonismus, Bonapartismus, Führer, Chef, Imperialismus, in: Geschichtliche Grundbegriffe. Historisches Lexikon zur politisch-sozialen Sprache in

portiert Napoleon für Nietzsche die Hoffnung auf eine „Vermännlichung Europa's“ (KSA 3, 609).[326] Während die Französische Revolution als weibliche Erscheinung des „blumichten Herzens-Austausch[s]“ (KSA 3, 609) und demokratische „Orgie der Mittelmäßigkeit“ (KSA/N 12, 403) und des Friedens begriffen wird, eröffnet Napoleon das männliche „klassische Zeitalter des Kriegs“ (KSA 3, 610).[327] Bereits Karl Marx hatte Napoleons Krieg in Permanenz geschichtsphilosophisch registriert, allerdings begriff Marx Napoleons Kriege als außenpolitische Fortführung der Revolution mit anderen Mitteln.[328] Nietzsche hingegen bringt Napoleons Kriege in direkte Opposition zur Revolution. Dabei geht es Nietzsche nicht nur um den Krieg als eine mit Waffengewalt ausgetragene Auseinandersetzung zwischen größeren Gruppen, sondern um den „Krieg“ als Metapher für eine agonale Lebenseinstellung, die die Bürgerlichkeit als selbstzufriedene Mattigkeit verachtet.[329] Nietzsche geht scharf mit der bürgerlichen Gesellschaft ins Gericht, benutzt eine chauvinistisch eingefärbte Sprache, aber diese virile Aggressivität polt sich gleichzeitig vehement gegen den Nationalismus, der hier lediglich als vorübergehender „Gegen-Choc gegen Napoleon und […] ohne Napo-

---

Deutschland, hg. v. Otto Brunner, Werner Conze u. Reinhart Koselleck. Stuttgart 1972, Bd. 1, S. 726–771.

[326] Bemerkenswerterweise knüpft Otto Weininger nicht an Nietzsches Hoffnung auf eine napoleonische Vermännlichung Europas an, im Gegenteil: Weininger rückt Napoleon als Politiker (und für Politik hegt er kulturkritische Verachtung) in die Nähe der Prostituierten, denn schließlich ist Napoleon „irgendwie Volkstribun, und im Tribunat steckt ein Element der Prostitution“ (S. 292). Weininger versucht, das Genie moralisch rein zu halten: „Verlogenheit aber ist unvereinbar mit Genialität“ (S. 293). Er behält es den Künstlern vor und konzipiert als Schriftsteller *pro domo* ein deutliches Gefälle zwischen dem Künstler und dem Herrscher: „Der Titel des Genius ist nur den großen Künstlern und den großen Philosophen […] zu vindizieren. Weder der ‚große Mann der Tat‘ noch der ‚große Mann der Wissenschaft‘ haben auf ihn Anspruch.“ (Otto Weininger: Geschlecht und Charakter [Anm. 322] S. 292f. und 171).

[327] Der einzige welthistorische Zweck der Französischen Revolution scheint für Nietzsche ihre Vorgeschichte zur napoleonischen Zeit zu sein: „Die Revolution ermöglichte Napoleon: das ist ihre Rechtfertigung. Um einen ähnlichen Preis würde man den anarchistischen Einsturz unserer ganzen Civilisation wünschen müssen.“ (KSA/N 12, 471). Zu Nietzsches Urteil über die Französische Revolution vgl. Adrian del Caro: The hermeneutics of idealism. Nietzsche versus the French Revolution, in: Nietzsche-Studien 22 (1993), S. 158–164. Urs Marti: „Der große Pöbel- und Sklavenaufstand“ (Anm. 292).

[328] Zur Napoleon-Auffassung von Karl Marx vgl. Michael Freund: Napoleon und die Deutschen. Despot oder Held der Freiheit? München 1969, S. 156–179.

[329] Vgl. Thomas L. Pangle: The „Warrior Spirit“ as an Inlet to the Political Philosophy of Nietzsche's „Zarathustra“, in: Nietzsche-Studien 15 (1986), S. 140–179.

leon nicht vorhanden“ (KSA 3, 610) definiert wird.[330] Napoleon ist es nach Nietzsches Meinung zu verdanken,

dass der Mann in Europa wieder Herr über den Kaufmann und Philister geworden ist; vielleicht sogar über „das Weib“, das durch das Christenthum und den schwärmerischen Geist des achtzehnten Jahrhunderts, noch mehr durch die „modernen Ideen“, verhätschelt worden ist. Napoleon, der in den modernen Ideen und geradewegs in der Civilisation Etwas wie eine persönliche Feindin sah, hat mit dieser Feindschaft sich als einer der grössten Fortsetzer der Renaissance bewährt: er hat ein ganzes Stück antiken Wesens, das entscheidende vielleicht, das Stück Granit, wieder heraufgebracht. Und wer weiss, ob nicht dies Stück antiken Wesens auch endlich wieder über die nationale Bewegung Herr werden wird und sich im bejahenden Sinne zum Erben und Fortsetzer Napoleon's machen muss: – der das Eine Europa wollte, wie man weiss, und dies als Herrin der Erde.– (KSA 3, 610)

Napoleon wird hier in einem kulturkritischen Rundumschlag zum Gegner einer Moderne ausgestaltet, die sich durch Kapitalismus und Spießbürgerlichkeit auszeichnet, einem die ursprünglichen Bedürfnisse knebelnden Christentum verpflichtet ist und in der Tradition der Aufklärung die Geschichte als Fortschritt denkt. Napoleon als Gegner einer als weiblich markierten Zivilisation darzustellen, bedeutet einerseits eine Verzeichnung der historischen Tatsachen, die Napoleon gerade als Boten des modernen, bürokratischen, durchorganisierten Staatensystems zeigen. Napoleon hat die staatliche Modernisierung in Deutschland eingeleitet, als deren Gegner ihn Nietzsche darstellt. Andererseits gibt Nietzsche hier Zivilisationskritikern des 20. Jahrhunderts rhetorische Munition in die Hand, wie man mit Napoleon gegen die zivilisatorische Moderne zu Felde ziehen kann. „Das Stück Granit“ (als Bild für agonale Unerbittlichkeit), mit dem Napoleon bei Nietzsche gegen eine verweichlichte Zeit antritt, wird zum argumentativen Waffenarsenal der konservativen Revolution.[331] Daß Nietzsche Napoleon allerdings geradezu als verhinderten Überwinder des Nationalismus darstellt, wird bei der konservativen Rezeption von Nietzsches Napoleon im 20. Jahrhundert zumeist stillschweigend vernachlässigt. Die expansiven Sehnsüchte verlagern sich bei Nietzsche von der Kategorie der Nation auf die Europas. Wie das vom

[330] Diese napoleonische Bedingung des geschmähten Nationalismus läßt sich auch gegen Napoleon als Schuldvorwurf wenden, wie das ein nachgelassenes Fragment unternimmt: „Napoleon ermöglichte den Nationalismus: das ist dessen Einschränkung.“ (KSA/N 12, 471)

[331] Zur Rolle Nietzsches in der konservativen Revolution vgl. Stefan Breuer: Nietzsche-Translationen. Typen der Nietzsche-Rezeption in der deutschen Rechten, in: Widersprüche. Zur frühen Nietzsche-Rezeption, hg. im Auftrag der Stiftung Weimarer Klassik v. Andreas Schirner u. Rüdiger Schmidt. Weimar 2000, S. 271–290.

Nationalismus befreite einige Europa allerdings „Herrin der Erde" werden soll, läßt Nietzsche offen. Sein planetarischer Imperialismus bleibt politisch äußerst vage und unkonkret.[332]

Ecce homo (1888), Nietzsches letztes Werk, greift noch einmal das Thema des frühen Gedichts *In fünfzig Jahren* auf. Während in dem frühen Gedicht von 1863 Napoleon in seiner prognostischen Rede den die Nation begründenden Nationalismus als Alptraum prophezeit, rekapituliert *Ecce homo* nach der deutschen Reichseinigung von 1870/71 die letzten siebzig Jahre als ein nationalistisches Vergehen der Deutschen an Napoleon:

Die Deutschen haben endlich, als auf der Brücke zwischen zwei décadence-Jahrhunderten eine force majeure von Genie und Wille sichtbar wurde, stark genug, aus Europa eine Einheit, eine politische und wirtschaftliche Einheit, zum Zweck der Erdregierung zu schaffen, mit ihren „Freiheits-Kriegen" Europa um den Sinn, um das Wunder von Sinn in der Existenz Napoleon's gebracht, – sie haben damit Alles, was kam, was heute da ist, auf dem Gewissen, diese culturwidrigste Krankheit und Unvernunft, die es giebt, den Nationalismus, diese névrose nationale, an der Europa krank ist, diese Verewigung der Kleinstaaterei Europa's, der kleinen Politik: sie haben Europa selbst um seinen Sinn, um seine Vernunft – sie haben es in eine Sackgasse gebracht. – Weiss Jemand ausser mir einen Weg aus dieser Sackgasse? (KSA 6, 360)

Napoleon als „force majeure von Genie und Willen" wird retrospektiv zum „Wunder von Sinn" deklariert, das eine alternative Geschichte jenseits des Nationalismus eröffnet hätte. Napoleon wird beim späten Nietzsche so zur Projektionsfläche für parahistorische Größenphantasien jenseits der „Kleinstaaterei Europa's". Solche alternativen „was wäre wenn"-Spiele führt das 20. Jahrhundert fort.[333] Und noch ein weiteres transportiert Nietzsche ins 20. Jahrhundert: die Sehnsucht nach einem neuen Napoleon, für dessen Ermöglichung kaum ein Opfer zu groß erscheint: „die Revolution ermöglichte Napoleon: das ist ihre

---

[332] Vgl. Urs Marti: Europa, in: Nietzsche-Handbuch. Leben – Werk – Wirkung, hg. v. Henning Ottmann. Stuttgart, Weimar 2000, S. 221 f. Zum Begriff des planetarischen Imperialismus vgl. Stefan Breuer: Grundpositionen der deutschen Rechten (1871–1945). Tübingen 1999, S. 57–62.

[333] Vgl. hierzu die Analyse der Dramen von Walter Hasenclever *(Napoleon greift ein)* und Georg Kaiser *(Napoleon in New Orleans)* in Kapitel III. 2 *(Vom unpolitischen Dämon zur politischen Chiffre. Napoleon-Dramen zwischen Expressionismus und Exil)*. Diese Dramen können ihrerseits an englischsprachige parahistorische Literatur anknüpfen: George Macauley Trevelyan: If Napoleon had won the Battle of Waterloo (1907), in: If it happened Otherwise, ed. by J. C. Squire. New York 1931, S. 299–341. H. A. L. Fisher: If Napoleon had escaped to America, in: If it happened Otherwise (s. o.), S. 113–142.

Rechtfertigung. Um einen ähnlichen Preis würde man den anarchistischen Einsturz unserer ganzen Civilisation wünschen müssen“ (KSA/N 12, 471).

8. Im Bannkreis Nietzsches Karl Bleibtreus *Uebermensch* und Carl Hauptmanns *Bürger Bonaparte* jenseits des Naturalismus

Als die Naturalisten in den 1890er Jahren anfingen, Nietzsche zu lesen und einige vormalige Salonsozialisten sich in begeisterte Sozialaristokraten verwandelten,[334] wurde auch Napoleon aus einer postnaturalistisch, nietzscheanisch zugeschärften Perspektive wieder zum bevorzugten Stoff der Schriftsteller, an dem sie ihre Skepsis gegenüber der sozialen, historischen und biologischen Bedingtheit des Menschen reflektierten und zugleich ihrer Sehnsucht nach individualistischer Beherrschung dieser Abhängigkeiten Ausdruck verliehen. Im folgenden sei an zwei Napoleon-Dramen vormaliger Naturalisten dieses Wechselspiel von nietzscheanischem *Zarathustra*-Pathos und tragischem Scheitern an den überindividuellen Umständen analysiert. Während Karl Bleibtreus napoleonischer *Uebermensch* Nietzsche sozialdarwinistisch und gewaltanbetend vulgarisiert, wendet Carl Hauptmanns *Bürger Bonaparte* den psychologischen Blick träumerisch nach innen und erforscht dessen *états d'âmes*. In beiden Dramen entbehrt Napoleon eines Antagonisten, und beide Schauspiele tendieren zur epischen Breite, die mehrere Jahre in einer dramatischen Szenenfolge reiht.[335]

Karl Bleibtreus Werk kreist um die Person Napoleons. Der Sohn des Schlachtenmalers Georg Bleibtreu ist in den Literaturgeschichten vor allem als Autor der naturalistischen Programmschrift *Revolution der Literatur* (1886) und der Novellensammlung *Schlechte Gesellschaft* (1885) präsent, die dem Naturalismus einerseits Prostitution und soziales Elend als Themen erschlossen und zugleich den genialen Individualmenschen gegen dieses Elend des Milieus profilierten. Gemeinsam mit Michael Georg Conrad gab Bleibtreu die naturalistische Zeitschrift *Die Gesellschaft* heraus.

Den Zeitgenossen allerdings war Bleibtreu vor allem als äußerst produktiver Napoleon-Schriftsteller ein Begriff, der sich in historischen Er-

---

[334] Zu solchen naturalistischen Nietzsche-Lektüren vgl. Nietzsche und die deutsche Literatur, hg. v. Bruno Hillebrand. 2 Bde., Tübingen 1978.

[335] Zu solchen dramatischen Aspekten des Napoleonstoffes vgl. Samuel Lublinski: Napoleon als dramatisches Problem, in: Bühne und Welt 7 (1905), S. 971–975.

zählungen,[336] essayistischen Studien,[337] militärgeschichtlichen Arbeiten[338] und auch als Literatur-Kritiker mit *Napoleon in dichterischer Gestaltung* beschäftigte.[339] In all diesen Texten wird Napoleon als nietzscheanischer Held einer Gegenwelt zum spießbürgerlichen Alltag gefeiert. Die Begeisterung für den Krieg verquickt sich mit einer sich übermenschlich gebärenden Grausamkeitsanbetung, die in der Schlacht ihren Vollzug inszeniert. Hier ist die Prostration vor dem Genie Napoleon vollzogen, von der sich Nietzsche in der *Morgenröthe* deutlich distanzierte.[340] Am eigentümlichsten mutet heute wohl der Groß-Essay *Der Genie-Kaiser und die Welt* an, in dem Bleibtreu Napoleon zum imperialistischen Herrscher-Genie stilisiert, dessen Gewalt gefeiert wird.[341] Aus Bleibtreus umfangreichen Napoleon-Œuvre wurde zur exemplarischen Analyse das Drama *Der Übermensch* ausgewählt, weil sich hieran besonders gut Bleibtreus vulgarisierende Nietzsche-Rezeption jenseits des Naturalismus illustrieren läßt. Naturalistisch mag man Bleibtreus Drama vielleicht noch seiner antibürgerlichen Stoßrichtung und rebellischen Gebärde wegen nennen. Aber das Wissen um Pauperisierung und Entfremdung in der Gegenwart treibt Bleibtreu nicht zur engagierten Sozialkritik und Analyse des Milieus, sondern zur Idolisierung des historischen Ausnahmemenschen nach nietzscheanischen Maßgaben. Bleibtreus Napoleon ist nicht determiniert durch seine Herkunft und durch das ihn umgebende Milieu. *Der*

---

336 Karl Bleibtreu: Wer weiß es? Erinnerungen eines französischen Offiziers unter Napoleon I. Berlin 1884. Ders.: Deutsche Waffen in Spanien. Berlin 1885. Ders.: Napoleon, der Tyrann der Welt. Historische Erzählung. Berlin 1910. Ders.: Kein Glück. Zwei Erzählungen aus napoleonischer Zeit. Stuttgart 1911.

337 Karl Bleibtreu: Heroica. Berlin 1859. Ders.: Napoleon bei Leipzig. Eine Studie. Berlin 1885. Ders.: Das Geheimnis von Wagram und andere Studien. Dresden 1887. Ders.: Der Imperator Napoleon 1814. Jena [3]1896. Ders.: Napoleon I. Dresden und Leipzig 1889. Ders.: Der russische Feldzug. Leipzig 1893. Ders.: Englands große Waterloolüge. Zu den Jahrhunderttagen von 1815. Berlin und Leipzig 1915.

338 Karl Bleibtreu: Kritische Beiträge zu Napoleon's Feldzügen. Wien 1903. Ders.: Aspern und Wagram in neuer Beleuchtung, nebst neuen Verlustdetails der Napoleon'schen Kriege. Wien 1902. Ders.: Napoleon'sche und Moltke'sche Strategie. Wien 1902. Ders.: Geschichte und Geist der Europäischen Kriege und [von] Friedrich den Großen und Napoleon. Kritische Historie. Leipzig 1893.

339 Karl Bleibtreu: Napoleon in dichterischer Gestaltung, in: Nord und Süd 33 (1909) 129, S. 552–555. Ders.: Zur Aufführung von Grabbes Napoleon, in: Bühne und Welt 1 (1899), S. 69–73.

340 Vgl. die Analyse im Kapitel II. 7 *(„Weltverfluchter" und höherer Mensch. Nietzsches Napoleon als spätzeitlicher Künstler-Tyrann)*.

341 Karl Bleibtreu: Der Genie-Kaiser und die Welt. Zur Centenarfeier der Krönung Napoleons. Berlin 1905. Vgl. hierzu Jochen Schmidt: Die Geschichte des Genie-Gedankens in der deutschen Literatur, Philosophie und Politik 1750–1945 (Anm. 153), Bd. 2, S. 182ff.

Uebermensch illustriert die subkutane Sehnsucht des Naturalismus, die erkannten biologischen, sozialen und historischen Bedingtheiten des Menschen zu überwinden.

Karl Bleibtreus Prosa-Drama *Der Uebermensch* präsentiert in fünf Akten Ausschnitte von Napoleons Leben zwischen 1795 und 1809.[342] Dieses *Charakterbild* ist zugleich ein Josephinen-Drama, das Napoleons Untergang mit der Trennung von Josephine kausal verknüpft. Der Weg zur dramatischen Katastrophe ist unausweichlich mit dem Entschluß zur Ehe-Scheidung verbunden. Napoleon verdankt Josephine hier auch seinen Aufstieg, als sie ihm den Oberbefehl über den Italienfeldzug verschafft. Josephines Gestalt wird zum dramatischen Zentrum, das steigende und fallende Handlung initiiert und begleitet. Während Grabbe seinen Napoleon als rein öffentlichen Menschen darstellte und in einen geschichtlichen Raum stellte, der keine Privatheit mehr kannte, konzentriert sich Bleibtreu sowohl auf den öffentlichen als auch auf den privaten Napoleon.[343] Bleibtreus Napoleon ist der Politiker in privaten geschlossenen Räumen auf dem Weg in den Krieg, Grabbes Napoleon präsentiert sich als Soldat im Krieg auf öffentlichen Plätzen und in der Schlacht. Während bei Grabbe Napoleon nur in einigen Szenen anwesend war,[344] beherrscht Bleibtreus Napoleon die Bühne in beinahe jeder Szene.

Mit dem Verrat an Josephine zeigt Bleibtreu einerseits die moralische Skrupellosigkeit Napoleons als Bedingung seiner historischen Größe wie seines Verhängnis. Der Napoleon dieses Dramas wird zum Bannerträger

---

342 Zu den früheren Fassungen des Dramas vgl. Karl Biesendahl: Karl Bleibtreu. Leipzig 1891. Hans Merian: Bleibtreu als Dramatiker. Ein Wort an die deutschen Bühnenleiter. Leipzig 1892. Paul Holzhausen: Napoleon im deutschen Epos und Drama, in: Zeiten und Völker 8 (1911), S. 142–146, hier S. 145f. Teile des Dramas und frühere Fassungen waren an der „Deutschen Bühne“ in Berlin und in München am Hoftheater von Ernst von Possart aufgeführt worden. Bleibtreu hatte die „Deutsche Bühne“ in Berlin 1890 als Gegengewicht zu Otto Brahms „Freie Bühne“ mit begründet. Die „Deutsche Bühne“ sollte vor allem das historische Drama gegenüber dem Gegenwartsstück wieder zur Geltung bringen.

343 Vgl. ähnlich Hermann Bahr: Josephine (Anm. 196). Bei Bahr führt dieser Blick ins Boudoir allerdings zu einer Demontage von Napoleons historischer Größe. Er erscheint hier vor allem als eifersüchtiger Liebhaber, der seine Leidenschaften nicht zu zügeln weiß. Vgl. hierzu Friedrich Rosenthal: Napoleon im Drama und auf dem Theater, in: Der Gral 27 (1932/33), S. 722–728. Eine ähnliche, aber sehr viel strategischer angelegte Entlarvung von historischer Größe als falscher Erhabenheit unternimmt George Bernhard Shaw in seinem Napoleon-Drama; George Bernhard Shaw: Der Mann des Schicksals. Komödie in einem Akt, in: Ders.: Lustspiele. Frankfurt a.M. 1962, S. 91–147.

344 Diesem Beispiel folgt auch Paul Friedrich: Napoleon. Heroische Trilogie. Berlin 1902.

eines trivialisierten, sozialdarwinistisch zugeschärften Nietzsche. Bleibtreu distanziert sich von der liberalen napoleonischen Vorbildfigur des Vormärz und knüpft an neuere Traditionen jenseits von Gut und Böse an. Die volkstümliche Napoleon-Legende, wie sie etwa Balzac einen Veteranen in seinem Roman *Le Médecin de Campagne* erzählen läßt, ist für Bleibtreu nicht mehr zeitgemäß.[345] Bleibtreu hat dies in einer Vorbemerkung zu seinem Drama erläutert: „Den Heros der Napoleonlegende will ein Modernfühlender nicht mehr. Wir wollen den Uebermenschen in seiner Realität sehen".[346] Zum Uebermenschen in seiner Realität gehört die Vereinigung schärfster Gegensätze, „das Höchste und Niedrigste" (3) in einer Person zusammen gespannt, und auch die politische Rücksichtslosigkeit, die Bleibtreu in den Begriff des „Machiavellismus" (3) faßt. Die antithetische Spannung vom Höchsten und Niedrigsten zwingt Bleibtreu in ein dramatisches Nacheinander vom Höchsten zum Niedrigsten und zeigt, wie Napoleon zum „Gewaltthäter im altrömischen Stil" (4) wird, der größenwahnsinnig nur noch sich selbst als Maßstab gelten läßt: „maßlos rast der Uebermensch, nur seinem Phantom der Weltherrschaft nach" (5).

Bleibtreu, einer der Berliner Vorkämpfer des Naturalismus, reklamiert für sein Drama „statt des gespreizten Kothurnstils der Epigonen [...] realistische Redeweise auf Historisches übertragen" (7). Bleibtreus Formulierung von einer „realistischen Redeweise" erweist sich allerdings als mißverständlich, versucht doch sein Napoleon, bilderreich und poetisch verdichtet wie Zarathustra zu sprechen:

> Die Sündfluth der Revolution hat Schlamm zurückgelassen, wimmelnd von häßlichem Gewürm! Auf dem Grabe der Titanen tobt sich ein Veitstanz der Albernheit aus. Diese Unmänner, an denen nichts groß ist als ihr Knochengerüst, nichts schön als ihre Larve – diese parfürmierten Nichse [sic!], Wachs in der Hand der Weiber! O, die kennen das Geheimniß der Haare Simsons! (22)

Die biblischen Bilder und antiken Reminiszenzen übernimmt dieser Napoleon ebenso von Nietzsches Zarathustra wie den emphatisch-elliptischen Stil, die Misogynie und die Verachtung für die Revolution als Veranstaltung des Mittelmaßes, das hier im animalischen Bild des „Ge-

[345] Honoré de Balzac: Napoléon. Son histoire, racontée par un vieux soldat. München 1974. Zu dieser Balzacschen Figurenkonstellation der napoleonischen Legende aus dem Blick des Veteranen vgl. Alex Lascar: Les soldats de la République dans le roman balzacien, in: L'année balzacienne 11 (1990), S. 129–149.

[346] Karl Bleibtreu: Historische Bemerkung, in: Ders.: Der Übermensch (Anm. 314), S. 3–8, hier S. 4. Im folgenden wird Bleibtreus Drama im fortlaufenden Text mit eingeklammerten Seitenzahlen zitiert.

würms“ gefaßt wird. Die „Unmänner“ zitieren Nietzsches „Unmenschen“ (KSA/N 12, 426). Bleibtreus Napoleon haßt die Revolution wie Nietzsche und befindet: „In Revolutionen schwimmt nur der Abschaum obenauf“ (23). In Napoleons Beschreibung der korrupten, postrevolutionären Gesellschaft spiegelt Bleibtreu die gegenwärtige Verachtung für eine gründerzeitlich-bürgerliche Saturiertheit.

Bleibtreus Napoleon vergleicht sich mit Columbus (auch das wieder eine Reverenz an Nietzsche) und wird vom Schauspieler Talma als neuer Cäsar erkannt. Talma erläutert das Drama hindurch die Posenhaftigkeit von Napoleons Herrschaft und enttarnt so den Schauspieler-Herrscher mit seinem auf Wirkung angelegten Politik-Spektakel.[347] Napoleons Ehrgeiz kennt keine menschliche Rücksichtnahme und begreift Politik als Rechenexempel.[348] Als Talleyrand ihn wegen seiner unbedingten Radikalität mit Robespierre vergleicht, erweitert Napoleon selbst diesen Vergleich zu einem Robespierre „zu Pferde“ (48), der die Terrorherrschaft aus taktischen Gründen von innen nach außen militärisch in europäische Kriege umleitet. Maßlos expansiv denkt dieser Napoleon über nationale Bezüge hinaus („Die Erde ist mein Vaterland“ [51]) und steigert sich in monomanischen Größenwahn: „Die Welt bin ich“ (55), eine Sentenz, die den Satz von Louis XIV („L'etat c'est moi“) aus staatlichen Bezügen ins Planetarische ausweitet. Bleibtreus Napoleon scheint beim Imperialismus des späten 19. Jahrhunderts im Kampf um einen „Platz an der Sonne“ in die Schule gegangen zu sein und ruft seinen Soldaten zu: „Euer Sturmmarsch soll das Jahrhundert über den Haufen rennen. Auf der Adler zur Sonne der Weltherrschaft!“ (81)

Talleyrand erkennt in diesem Napoleon den „Landsmann Machiavellis“ (61), aber es handelt sich um einen höchst unvollkommenen Machiavellisten, den die Hybris die Staatsklugheit hintanstellen läßt. Mit Nietzsche verachtet Bleibtreus Napoleon die Gleichheit und interpretiert die Freiheit als die Ungebundenheit des genialen Ausnahmemenschen. Gleichheit kann nur unterhalb seiner Herrschaft toleriert werden, insofern sie ihn nicht einbezieht: „Gleichheit, ja, die geb' ich euch. Alle sind gleich … vor Mir.“ (68) Aus Nietzsches „force majeure von Genie und Wille“ (KSA 6, 360) wird bei Bleibtreu ein sozialdarwinistischer Prahlhans, der aus der evolutionsbiologischen Formel *survival of the fittest* einen gesellschaftlichen Kampf um politische Stärke entwickelt: „Ich

[347] Auch Nietzsche analysierte bereits die schauspielerischen Elemente in Napoleons Herrschaft; vgl. KSA/N 9, 11und 149.

[348] „Menschen sind Zahlen. Wer nicht so und soviel Menschen auszugeben hat, wird nichts Großes herausrechnen.“ (48)

bin anders wie die andern, und ihre Gesetze sind für mich nicht da. Selbstwiderspruch – das ist das einzige Unrecht, das Recht des Stärkeren die einzige Moral." (79)

Bleibtreu treibt seinen Napoleon im fünften Akt mit rhetorischem Bombast in den Wahnsinn einer Selbstvergottung, die sich nach Unsterblichkeit sehnt: „Ich bin Karl der Große, Karl der Große ... und Mein ist das Reich und die Kraft und die Herrlichkeit. [...] Kommt mir doch nicht mit eurem leeren Donner! Mein ist der Blitz und der schlägt ein!" (115). Parallel zu Napoleons Untergang entrollt sich als Subtext unter dieser Biographie Nietzsches Weg in den Wahnsinn. Der Schluß des Dramas erscheint zugleich als ein offensichtliches Napoleon- und ein verstecktes Nietzsche-Drama. Mit zunehmendem Realitätsschwund läßt Bleibtreu Napoleon Versatzstücke von Herrscher-Maximen formulieren, die wie eine wilhelminische Blütenlese aus Nietzsches Schriften klingt. Napoleon plädiert für eine Umwertung aller Werte[349] und fordert eine kühle Herrschaft jenseits von Gut und Böse.[350] Er verkündet den Nihilismus und Gottes Tod und sagt sich von seinem Gewissen als christliche Heuchelei los.[351] Am Ende des Dramas steht die Gewißheit seines Untergangs, der ihm von einer Wahrsagerin 1809 prophezeit wird.

Der dramatische Untergang dieses kraftgenialischen Übermenschen Napoleon impliziert aber nicht eine durchdringende Kritik Bleibtreus an seinem Studienobjekt. Die Faszination für diesen hybriden, sich selbst vergottenden Napoleon überwiegt die Skepsis gegenüber der „Riesenselbstsucht des Weltumwälzers" (3). Die Begeisterung für das Extreme und Radikale gilt bei Bleibtreu gerade der Kombination von Größe und Wahnsinn. Er sieht in Napoleon, wie „das Höchste und Niedrigste sich kosmisch paarte" (3). Der tragische Untergang resultiert aus einer Hybris, die sich bei Bleibtreu als Wille zum Übermenschen liest: „Der Uebermensch stürzt, weil er kein Mensch mehr sein will." (4) Bleibtreus napoleonischer *Uebermensch* illustriert die Sehnsucht nach Beherrschung der Verhältnisse in Zeiten positivistischer Desillusion. Gerade weil der Naturalismus mit Hippolyte Taine und Auguste Comte den Menschen als fremdbestimmtes Produkt seiner Gene und seiner Umwelt

---

349 „Die Natur ist zu ruhig. Man muß sie umwälzen, um sie zu erneuern. Ich bin das Mittel, die Welt gewaltsam vorwärts zu treiben." (119)

350 „Schwäche ist Verbrechen. Die Größe ist fühllos wie die Notwendigkeit. Sie weiß nichts von schwächlicher Schonung, sie gründet ihr Reich durch wilde unbeugsame Strenge." (119)

351 „Napoleon steht in den Blättern der Geschichte. Wenn meine Wohnung im Nichts, mein Name haucht ewiges Leben. [...] Eines Gewissens bedarf ich nicht." (121 f.)

erkannte, erwuchs bei Bleibtreu – als deutschem Naturalisten der ersten Stunde – das Verlangen, den Menschen wieder aus diesen engen Grenzen zu befreien. Das war für ihn am Ausgang des 19. Jahrhunderts in der Lektüre von *Also sprach Zarathustra* rezeptiv und in der eigenen historischen Dichtung retrospektiv möglich, in der Auseinandersetzung mit Napoleon als nietzscheanischem Gegenmodell zum fremdbestimmten Dasein. An der Gestalt Napoleons entwickelt Bleibtreu seine Skepsis gegenüber Taines Lehre von der Bedingtheit des Menschen durch *race, milieu* und *histoire.* Bereits 1893 erklärt er in dem naturalistischen Organ *Die Gesellschaft* dementsprechend: Taine gelang es nicht, „das Entstehen des Genies nachweisbar aus Vererbung und Milieu klarzulegen. Weshalb eine resolute bigotte Korsin und ein schwacher leichtsinniger Papa unter einer Menge liederlicher unfähiger anmaßender Söhne und Töchter einen Genie- und Willensriesen, den wahren Übermenschen, erzeugten […], das ist und bleibt rätselhaft.“[352]

Während Gerhart Hauptmann in seinem *Festspiel in deutschen Reimen* (1913) zum hundertsten Jahrestag der Befreiungskriege Napoleon noch einmal aus nationaler Perspektive als Gegner Preußens stilisierte und dem kriegerischen Napoleon eine allegorische „Athene Deutschland“ gegenüberstellte,[353] schuf sein heute weniger bekannter älterer Dichter-Bruder, Carl Hauptmann, im Jahr 1911 ein umfangreiches zweiteiliges Napoleon-Drama.[354] Der erste Teil, *Bürger Bonaparte,* berichtet in einem Vorspiel und fünf Akten von Napoleons Aufstieg bis zur Kaiserkrönung 1804. Der zweite Teil, *Kaiser Napoleon*, widmet sich symmetrisch dazu ebenfalls in fünf Akten und einem Nachspiel der folgenden Zeit bis zu

[352] Karl Bleibtreu: Taine, in: Die Gesellschaft 9 (1893), S. 899 f., wieder abgedruckt und zitiert nach: Theorie des Naturalismus, hg. v. Theo Meyer. Stuttgart 1973, S. 97 f., hier S. 98.

[353] Gerhart Hauptmann: Festspiel in deutschen Reimen. Berlin 1913. Vgl. hierzu Peter Sprengel: Die inszenierte Nation. Deutsche Festspiele 1813–1913. Tübingen 1991. Klaus Sauer, German Werth: Lorbeer und Palme. Patriotismus in deutschen Festspielen. München 1971. Ein weiteres Befreiungskriegsdrama bot zum 100. Jahrestag ein anderer vormaliger Naturalist: Max Halbe: Freiheit. Ein Schauspiel von 1812. Drei Akte. München 1912.

[354] Carl Hauptmann: Napoleon Bonaparte. 2 Bde. Bd. 1: Bürger Bonaparte. Schauspiel, Bd. 2: Kaiser Napoleon. Schauspiel. München 1911. Im folgenden wird Hauptmanns Drama im fortlaufenden Text mit eingeklammerten römischen Band- und arabischen Seitenzahlen zitiert. Zu Carl Hauptmann vgl. Eberhard u. Elfriede Berger: Carl Hauptmann. Chronik zu Leben und Werk. Stuttgart 2001. Heinrich Minden: Carl Hauptmann und das Theater. Kastellaun 1976.

Napoleons Tod auf St. Helena 1821.[355] Der Anspruch, das gesamte Leben Napoleons dramatisch zu fassen, sprengt bis dahin übliche Dimensionen. 260 Sprechrollen in 37 unterschiedlichen Bildern ließen die drei Einheiten weit hinter sich und stellten Grabbes dramatisches Experiment *Napoleon oder die hundert Tage* noch in den Schatten.

Auch Hauptmanns Bonaparte übt wie Bleibtreus Napoleon eine Dekadenz-Kritik am postrevolutionären Frankreich, welche die Unzufriedenheit mit der eigenen Zeit widerspiegelt: „Das ist ja ein lächerliches, gemeines Dasein, was ich jetzt in diesem grossen Babel in diesem blutleeren Frankreich führe" (I, 27). Das Direktorium wird aus Bonapartes Perspektive zur kritisierten Intellekuellen-Herrschaft: „Wortmenschen spielen dort Regierer ... nicht Männer, Maulwürfe ... gemeine Neider ... Advokaten, die jedem Sieger misstraun" (I, 54). Von seiner Umgebung wird Bonaparte zum prometheischen Menschenbildner stilisiert,[356] der an seiner Leidenschaft für eine liederlich gezeichnete Jospehine nahezu innerlich verbrennt. Selbst seine Gegner gestehen zu, Napoleon „hat ein Feuer in seiner Seele brennen" (I, 93). Das Charisma Bonapartes wird als übermenschliche Zauberei reflektiert: „Man kann es sich wirklich nicht erklären, ob ihn der Himmel oder die Hölle gesandt hat ... aber die Soldaten sind richtig wie behext ... wenn er ihnen in der Schlacht zuruft, das soll klingen wie lockende Vogelrufe" (I, 95). Aus der Perspektive seiner Gegner erscheint Napoleons Faszination nicht wirklich rational erklärbar. Napoleon selbst weiß, seine politischen Mittel geschickt und manipulativ einzusetzen. Die Freiheit wird von ihm als Lockmittel funktionalisiert.[357]

Von Nietzsche übernimmt Hauptmanns Bonaparte seine geistesaristokratische Haltung, die sich vom Mittelmaß und der Mehrheit distanziert und die Renaissance zur vorbildlichen Epoche erklärt: „Aristokratie hiess zu Andrea Dorias Zeiten der gemeinen Menge gegenüber wirklich Freiheit des Blicks, Hoheit der Gesittung" (I, 110). Nietzsches Gefälle vom höheren Menschen zu den bloßen „Herdentieren" wird bei Hauptmann in die Formulierung vom napoleonischen „Elementarmensch über Puppen" (II, 221) gefaßt. Hauptmanns Bonaparte erklärt sich zum Nihi-

---

[355] Der erste Teil nennt seinen Protagonisten in den einzelnen Szenen seiner militärischen Karriere folgend „Kapitän Bonaparte" (Vorspiel), „General Bonaparte" (erster Akt) und „Obergeneral Bonaparte" (zweiter bis fünfter Akt). Der zweite Teil gibt in den *dramatis personae* durchweg den „Kaiser Napoleon" an.

[356] Aus der Perspektive einer Nebenfigur erscheint Napoleon in Italien als „Genius der Freiheit" und beweist, „dass er unwiderstehlich ist ... der ihnen allen wie aus einer Seele den Feuerodem neu einblies" (I, 65).

[357] „Die Macht ist unser ... und die Freiheit unser, die alle Völker lockt" (I, 102).

listen, der die Suche nach metaphysischer Orientierung als vergebliches Unterfangen klassifiziert. Im vierten Akt des *Bürger Bonaparte* erläutert Bonaparte Bourienne seine Vorstellung von historischer Größe, die keiner religiösen Verankerung bedarf: „Aller Glaube ist Aberglaube ... der Mensch ist dazu verflucht, ewig in der Welt nur flüchtigen Halt zu greifen wie ein Vogel in einer Wasserwüste." (I, 149) Wo hinterweltliche Werte nicht mehr anerkannt werden, schält sich für diesen Bonaparte der Willen zur Macht als real-pragmatische Orientierung heraus: „Macht über die Menschen ist des Rätsels einzige Lösung" (I, 149). Dieser nietzscheanisch inspirierte Bonaparte scheut sich nicht, den Weg jenseits von Gut und Böse zu betreten, wenn er denn Erfolg verspricht: „Ganz gewiß sind wir Hochverräter ... aber solche Worte sind nur gut für Bücher und für die Rednerbühne" (I, 200). Während Bleibtreu seinen Napoleon identifikatorisch zu einem nietzscheanischen Übermenschen stilisierte, ist bei Hauptmann eine größere Distanz zu diesem sich übermenschlich gebärenden Bonaparte spürbar, der auf St. Helena elend siechend dargestellt wird.[358]

Carl Hauptmanns Bonaparte stemmt sich vehement gegen die Vorstellung, daß der Mensch durch *race, milieu* und *moment* (Taine) determiniert sei. Gegen die naturalistische Grundannahme von der biologischen, sozialen und historischen Bedingtheit des Menschen behauptet Bonaparte die Dominanz der inneren Welt. Die Mitglieder des Direktoriums sind für ihn „Männer ohne Einbildungskraft ... ohne eine Welt innen ... denn das ist es, dass die Menschen sich unterscheiden nicht durch die Welt, die sie um sich haben, nur durch die Welt, die sie in sich haben und die andere zu ihnen verlockt" (I, 150). Seine „Welt innen" macht Bonaparte zwar charismatisch groß nach außen, aber diese „Welt innen" bereitet ihm auch große Probleme. Er versucht, permanent im Grübeln seine „Welt innen" zu erforschen. Er erscheint als „geharnischte Seele" (I, 93) zwischen Tatkraft und Reflexion hin- und hergerissen.[359] Damit beschreitet

---

[358] Zu Hauptmanns durchaus kritischer Nietzsche-Lektüre vgl. Carl Hauptmann: Aus meinem Tagebuch. Berlin 1909, S. 238 f. Hauptmanns demonstrative Abkehr von Nietzsche entbehrt dabei nicht der angestrengten Autosuggestion. Inwiefern Carl Hauptmann in Napoleon auch den beneideten Bruder Gerhart mit abbildete, reflektiert Jean Joffen: Das letzte Geheimnis. Eine psychologische Studie über die Brüder Gerhart und Carl Hauptmann. Bern 1972, S. 224 f.

[359] Vgl. dazu auch Walter Goldstein: Carl Hauptmann. Eine Werkdeutung. Breslau 1931, Neudruck: Hildesheim, New York 1972, S. 171 f. Einen ähnlichen impressionistischen Träumer, der gleichwohl in der Tradition Nietzsches steht, gestaltet auch das Napoleon-Drama von Emil Ludwig: Napoleon. Drama in fünf Akten. Berlin 1906.

Carl Hauptmanns Bonaparte den Weg von den naturalistisch erforschten *états de choses* zu den postnaturalistisch erahnten *états d'ames*, welche die Naturalismus-Kritiker zum neuen poetischen Feld erklärten.[360] Im Unterschied zu Bleibtreus bramarbasierendem und kraftgenialischem Napoleon ist Hauptmanns Bonaparte trotz seines nietzscheanischen Willens zur Macht ein impressionistischer Seelenzergliederer, der permanent eine psychologische Introspektion betreibt:

Stärkster Ausdruck dieser psychologischen Zwiesprache mit sich selbst ist die Figur des „bleichen Menschen". Hauptmanns Bonaparte wird heimgesucht von einem „bleichen Menschen", einer Figur, die nur für ihn hör- und sichtbar ist und als personifiziertes schlechtes Gewissen und lebende Geschichtsprognose mit ihm über die Legitimität seines Handelns debattiert.[361] Der „bleiche Mensch" erscheint insgesamt vier Mal, drei Mal im ersten Teil des Dramas und einmal im zweiten Teil. Seine Gestalt, *„barfuss, mit einer Kette geschlossen an Händen und Füssen wie ein Verbrecher"* (I, 48), nimmt Bonapartes Schicksal als Gefangener auf St. Helena vorweg. Auf St. Helena wird Napoleon selbst dann von einem englischen Bewacher als „der bleiche Sträfling" (II, 234) bezeichnet, was die Identität der beiden Figuren auch sprachlich betont. Bonapartes schlechtes Gewissen ist nicht mehr integrierter Teil seiner selbst, sondern er spaltet es von sich ab zu einer ihn heimsuchenden Gestalt, die ihn zu Beginn seiner Karriere noch einige Male mit seinen Rechtsbrüchen konfrontiert, die ihn aber nach seiner Kaiserkrönung kaum noch zu erreichen vermag. Hauptmann psychologisiert so die Gewissenserforschung Bonapartes zu einer figural aufgespaltenen Selbstbegegnung.

Für das gegenwärtige Europa hat Hauptmanns Bonaparte nur Verachtung übrig. Aber im Unterschied etwa zu August von Platens Napoleon, der im Zwiegespräch mit *Colombos Geist* (1818) von Hegel inspiriert den welthistorischen Blick gen Westen und damit auf Amerika als Zukunftshoffnung richtet,[362] blickt Hauptmanns Bonaparte – und das ist neu – hoffnungsvoll nach Osten. „Dort im Osten wohnen die Völker, die noch von Ahnungen ausgefüllt sind … die noch Scheu haben … die noch an-

---

360 Hermann Bahr hatte der deutschen Literatur diese von Paul Bourget aufgestellte Forderung vermittelt.

361 Hauptmanns „bleicher Mensch" erinnert an Balzacs „homme rouge", der im *Médecin de Campagne* in der Erzählung des Veteranen Napoleon sein Schicksal weissagt; vgl. Honoré de Balzac: Napoléon (Anm. 345). Zum „bleichen Menschen" vgl. auch Otto Harnack: Zur Geschichte der deutschen Napoleondichtung, in: Der Greif 1 (1914), S. 223–227, hier S. 225 ff.

362 Vgl. hierzu die Analyse in Kapitel I. 6 *(Von Elba nach St. Helena. Zu Lebzeiten entrückt [1814–1821])*.

beten" (I, 151). Die Vorstellung vom *Recht der jungen Völker*, die ethnischen Gruppen menschliche Lebensalter metaphorisch anmaß, wird im 20. Jahrhundert rhetorische Karriere machen. Sowohl Oswald Spengler als auch Arthur Moeller van den Bruck werden nach dem Ersten Weltkrieg zivilisationskritisch mit dem „Lebensalter" von Völkern für das Recht des „jungen" deutschen Nationalsstaats argumentieren.[363] In Carl Hauptmanns Vorkriegs-Drama weist dieser welthistorische Ausblick nach Osten nicht mehr auf die Hoffnung auf eine zivilisatorische Weiterentwicklung, sondern auf die regressive Sehnsucht nach Ursprünglichkeit. Napoleon steht hier nicht mehr an der Spitze eines imaginierten Fortschrittsgedankens, sondern wird zur Symbolfigur des Atavismus.

[363] Arthur Moeller van den Bruck: Das Recht der jungen Völker. München 1919. Oswald Spengler: Der Untergang des Abendlandes (Anm. 325).

III.
Der deutsche Napoleon
Charismatische Variationen und politische Indienstnahmen (1900–1945)

Das 20. Jahrhundert wird zur Ära des ‚deutschen Napoleon'. Schon nach 1821 war im 19. Jahrhundert Napoleon nur noch selten in der deutschen Literatur als der Nationalfeind interpretiert worden. Mit Napoleon erinnerte das 19. Jahrhundert eine entschwundene Größe, die sich bereits nationalen Zuweisungen entzog und epigonale Sehnsüchte verdichtete. Identifikatorisch war Napoleon im 19. Jahrhundert bereits als selbstschöpfendes Genie zum poetologischen Vorbild der Dichter geworden. Eine vulgarisierende Nietzsche-Rezeption vermeinte in Napoleon den historisch realisierten „Übermenschen" zu erkennen. Im 20. Jahrhundert wird Napoleon nun sukzessive in eine nationale Mythologie der Deutschen eingebunden.[1]

Da sich zur Jahrhundertwende erst einmal keine Herrschergestalten zum unmittelbaren Vergleich anbieten, wird in einer verzwickten rhetorischen Übertragung Napoleon als Figur mit dem deutschen Volk analogisiert. Dies wird dadurch möglich, daß Völker als Subjekte der Geschichte vorgestellt werden, denen rhetorisch menschliche Eigenschaften zugesprochen werden.[2] Die Anthropomorphisierung des deutschen Volkes ermöglicht dann den Vergleich Napoleons mit „den Deutschen". Bereits Grabbe hatte in seinem Napoleon-Drama 1831 eindringlich die Frage nach dem Subjekt der Geschichte gestellt und (neben dem Schicksal und dem Zufall) das einzelne Individuum, soziale Gruppen oder nationale Zusammenschlüsse als mögliche Handlungsträger vorgestellt. Im 20. Jahrhundert vereindeutigt sich die bei Grabbe vor-

---

[1] Während Wulf Wülfing in der *Historischen Mythologie der Deutschen* seinen Abschnitt zu Napoleon 1843 enden läßt (Wulf Wülfing, Karin Bruns, Rolf Parr: Historische Mythologie der Deutschen 1798–1918. München 1991, S. 18–58), wird hier das frühe 20. Jahrhundert als eine der intensivsten Phasen der deutschen Auseinandersetzung mit Napoleon begriffen.

[2] Zum Fortleben dieser Denkfigur im neuen Nationalismus vgl. Ulrich Herbert: Werner Best. Biographische Studien über Radikalismus, Weltanschauung und Vernunft 1903–1989. Bonn ²1996, S. 59f.

gestellte Problematik: Viele Napoleon-Schriften des frühen 20. Jahrhunderts parallelisieren nicht etwa das Schicksal Frankreichs im frühen 19. Jahrhundert mit dem Schicksal Deutschlands im frühen 20. Jahrhundert, sondern sprechen explizit von einer „Wesensgleiche von Napoleon und den Deutschen" und erklären: „Napoleon gehört den Deutschen."[3] Kritiker dieser deutschen Vereinnahmung amüsieren sich in den 1920er Jahren bereits darüber, wie die Zeitgenossen „Napoleon I. als Nationalhelden der Deutschen" darstellten.[4] So können viele Napoleon-Schriften des 20. Jahrhunderts das Paradox durchexerzieren, zugleich deutschnational, frankreichkritisch und napoleonbegeistert zu sein.

Die antienglische Stimmung in der deutschen Außenpolitik seit 1890 trug nicht zuletzt dazu bei, daß Napoleon nicht mehr nur in der Belletristik, sondern allgemeiner in der Öffentlichkeit zum positiv besetzten Thema wurde. Napoleons Konflikt mit England wurde zum historischen Muster, in das sich das wilhelminische Deutschland einspiegelte. Der gemeinsame Gegner ermöglichte affirmative Analogien: So wie Napoleon einst durch die Kontinentalsperre von England blockiert wurde, so fühlte sich das zweite deutsche Reich in seinem Weltmachtstreben und der Flottenrivalität ebenfalls von England ausgebremst. Maximilian Yorck von Wartenburgs enthusiastische Schrift *Napoleon als Feldherr*, die enorm erfolgreich war und rasch hintereinander drei Auflagen erlebte, ist ein Indiz für diese zunehmend identifikatorische Auseinandersetzung des wilhelminischen Deutschland mit Napoleon.[5]

Auch die deutsche Historiographie blickte mit wachsender Begeisterung auf Napoleon und betonte Napoleons Gegnerschaft zu England als das Zentrum seiner Politik. Hatte sich Sybel noch ablehnend gegenüber Napoleon geäußert und Treitschke sich über Napoleons „eingefleischte Verlogenheit" echauffiert,[6] zeichnete Max Lenz in seiner populären Napoleon-Biographie von 1905 bereits einen heldenhaften Napoleon, der keineswegs ein gigantomanischer Eroberer gewesen sei,[7] sondern ein

---

[3] Berthold Vallentin: Napoleon und die Deutschen. Berlin 1926, S. 9f.

[4] So Werner Hegemann: Napoleon oder Kniefall vor dem Heros. Hellerau 1927, unpaginierte Widmungsseite.

[5] Maximilian Yorck von Wartenburg: Napoleon als Feldherr. Berlin [3]1904.

[6] Heinrich von Sybel: Geschichte der Revolutionszeit, wohlfeile Ausgabe in 10 Bde., Stuttgart 1900, Bd. 10, S. 211 ff. Heinrich von Treitschke: Frankreichs Staatsleben und der Bonapartismus, in: Ders.: Historische und politische Aufsätze, Bd. 3: Freiheit und Königtum. Leipzig [6]1903, S. 95.

[7] Max Lenz berief sich hierbei auf Leopold von Ranke: Recension der Recension Dunckers; eine ungedruckte Replik Rankes, mitgeteilt von Paul Hinneberg, in: Forschungen zur Brandenburgischen und Preußischen Geschichte V (1892), S. 276–278.

Vorkämpfer Europas gegen England.[8] Max Lenzens von Ranke inspirierte Interpretation machte Schule und zog eine Reihe populärer Biographien nach sich, welche die antienglische Ausrichtung weiter verschärften.[9]

Besonders betont werden muß auch, daß in der Publizistik des Ersten Weltkriegs schließlich Napoleon als symbolische Figur des Gegners erstaunlich oft ausgespart wird. In der antifranzösischen Abteilung des Kulturkriegs wetterte man zwar gegen die Ideen von 1789, gegen Liberalismus und westliche Demokratie,[10] aber Napoleon wurde fast immer von diesen französischen Feindzeichnungen ausgenommen. Das ließ sich etwa bewerkstelligen, indem man Napoleon als Korsen interpretierte. Oder man betonte wieder die Feindschaft zu England und nahm Napoleon hierfür als Muster.[11] So pointierte Gustav Stresemann in seiner Rede *Napoleon und wir* im Preußischen Abgeordnetenhaus 1917: „Die Weltgeschichte liebt Wiederholungen. Wie einst Napoleon, so kämpfen wir heute für die Freiheit der Meere."[12] Der Versuch, Hindenburg als Feldherrn des Weltkriegs nationalstereotyp gegen Napoleon auszuspielen, blieb vereinzelt.[13] Typischer ist da eher eine Kulturkriegsschrift Erich von Kahlers mit dem aussagekräftigen Titel *Der vorige, der heutige und der künftige Feind*, in der Kahler beleuchtet, daß es nach Napoleon mit den Franzosen bergab gegangen sei.[14] Bei Kahler wird die Vorstellung virulent, daß Heroismus phasenweise in einem bestimmten Kulturkreis anzutreffen sei. Napoleon, so wird es auch später Friedrich Sieburg aufgreifen, habe gewissermaßen den Stab des Heroismus weltgeschichtlich an Deutschland weitergegeben.[15] Oswald Spengler läutet mit der Er-

---

[8] Max Lenz: Napoleon. Bielefeld, Leipzig ²1908 (Monographien zur Weltgeschichte, 24).

[9] Gustav Roloff: Napoleon I. Berlin 1900 (Vorkämpfer des Jahrhunderts, 3). Theodor Bitterauf: Napoleon I. Leipzig 1908 (Aus Natur und Geisteswelt, 195). Otto Brandt: England und die napoleonische Weltpolitik 1800–1803. Heidelberg ²1916.

[10] Vgl. hierzu Barbara Beßlich: Wege in den ‚Kulturkrieg'. Zivilisationskritik in Deutschland 1890–1914. Darmstadt 2000.

[11] So bei Max Lenz: Napoleons Kampf gegen England im Lichte der Gegenwart, in: Velhagen & Klasings Monatshefte 29 (1914/1915) Heft 2, S. 528–536.

[12] Gustav Stresemann: Napoleon und wir, in: Ders.: Reden und Schriften. Politik, Geschichte, Literatur 1897–1926. Dresden 1926, Bd. 2, S. 329–350, hier S. 348.

[13] Carl Leyst: Hindenburg oder Napoleon. Die Offenbarung unserer Kraft. Berlin 1917.

[14] Erich von Kahler: Der vorige, der heutige und der künftige Feind. Heidelberg ²1915, S. 4.

[15] Friedrich Sieburg: Unter dem Triumphbogen, in: Ders.: Blick durchs Fenster. Aus 10 Jahren England und Frankreich. Frankfurt a. M. 1939, S. 46–64, hier S. 47 f. Vgl. auch Manfred Gangl: Friedrich Sieburg zwischen Kulturkonservativismus und

scheinung Napoleons dann den Untergang des Abendlandes ein. Nach Napoleon prognostiziert Spengler weitere gewaltherrscherliche Cäsaren der zivilisatorischen Endphase des Abendlandes.

Eine ähnliche Ästhetik der napoleonischen Lücke wie im Kulturkrieg fällt auf bei der literarischen Beschwörung der Befreiungskriege, um nationalen Zusammenhalt in Zeiten der Not zu demonstrieren. In den Dramen und Filmen über die Befreiungskriege ist fast immer nur Frankreich als Feindbild herausziseliert, Napoleon als teuflischer Gegner, wie ihn die Befreiungskriegspublizistik gezeichnet hatte, wird kaum mehr faßbar. Während der Nationalismus der Befreiungskriege sich im „Vaterland der Feinde" (Jeismann) überhaupt erst in der publizistischen Konfrontation mit Napoleon herausbildete, wird bei den 100-Jahr-Feiern der Befreiungskriege 1913 Napoleon regelrecht zur Leerstelle.[16] Die meisten Befreiungskriegsdramen des 20. Jahrhunderts sind keine Napoleon-Dramen.[17]

Trotz Frankreich als Kriegsgegner und trotz des Versailler Vertrags und der Rheinlandbesetzung erlebt der deutsche Napoleon-Mythos in der Weimarer Republik seine vielleicht intensivste und grellste Ausprägung.[18] Alles Kontemplative, was noch vielen Napoleon-Reflexionen des 19. Jahrhunderts zu eigen war, scheint steilen Weltanschauungsexaltationen gewichen zu sein, die mehr und mehr appellativ mit ihren Napoleon-

Nationalsozialismus, in: Welche Modernität? Intellektuellendiskurse zwischen Deutschland und Frankreich im Spannungsfeld nationaler und europäischer Identitätsbilder, hg. v. Wolfgang Eßbach. Berlin 2000, S. 263–290.

[16] Zur Aussparung Napoleons in den Befreiungskriegsfeiern vgl. Roger Dufraisse: Die Deutschen und Napoleon im 20. Jahrhundert, in: Historische Zeitschrift 252 (1991), S. 587–625.

[17] Eine Ausnahme stellt Walter von Molos Drama *Friedrich Staps* (1918) dar, das aber auch nicht die deutschen Befreiungskriege direkt, sondern den Attentatsversuch des Österreichers Friedrich Staps auf Napoleon im Jahre 1809 thematisierte, ein Sujet, das 1910 bereits Arthur Schnitzler für *Der junge Medardus* ausgewählt hatte. Während es Schnitzler eher um die Desillusion von heldischen Lebensentwürfen geht (und Napoleon in dem Drama gar nicht auftritt), beschwört Molos Staps-Drama allerdings mit diesem Drama über die feindliche Zeichnung Napoleons einen deutschen Nationalismus. Schnitzlers Drama wurde von Michael Curtiz (damals noch Mihály Kertesz) 1923 verfilmt. Vgl. Walter von Molo: Friedrich Staps. Ein deutsches Volksstück in vier Aufzügen. München 1918. Arthur Schnitzler: Der junge Medardus, in: Ders.: Die Dramatischen Werke, Bd. 2. Frankfurt a. M. 1962, S. 27–215. Zur Verfilmung von Michael Curtiz vgl. Holger Bachmann: Arthur Schnitzler und Michael Curtiz. „Der junge Medardus" auf der Bühne und im Kino. Essen 2003 (Theater – Film und Fernsehen in der Blauen Eule, 7).

[18] Die Rheinlandbesetzung und der Einmarsch ins Ruhrgebiet lösten zwar massive antifranzösische Stimmungen und Stellungnahmen aus, aber auch dies wieder, ohne Napoleon in dieses Feindbild einzubeziehen.

Texten einen Ruf nach dem Retter formulieren. Die Annäherung von Frankreich und Deutschland in der Briand-Stresemann-Politik förderte diese literarische Hausse.[19] Napoleon schien in der Weimarer Republik omnipräsent. Er wird gleichermaßen von vormaligen Expressionisten dämonisiert wie vom George-Kreis heroisiert, von Emil Ludwig zum ersten Demokraten Paneuropas erklärt und in konservativ-revolutionären Kreisen zum idealen Vorbild des starken Mannes erhoben, der ersehnte Retter aus der demokratischen Krise.[20] Es entbrennt eine regelrechte literarische Debatte um die Zugehörigkeit oder Frontstellung Napoleons zur Moderne. Während Emil Ludwig mit Napoleon für die Weimarer Republik wirbt, wird Napoleon gleichzeitig zum heldischen Gegner der Moderne im George-Kreis. Literarische Texte zu Napoleon sind in den 1920er Jahren so gut wie immer Selbstkritiken der Moderne, die über Napoleon sich in ihrem Verhältnis zur Moderne definieren. Daß auch der Nationalsozialismus und Hitler mit der napoleonischen Elle gemessen wurden, mag heute weder historisch noch politisch korrekt erscheinen.[21] Aber die Zeitgenossen verglichen derart intensiv, daß diese Analogien von erheblichem kulturgeschichtlichen Aussagewert sind. Deutsche Napoleon-Literatur ist nach 1933 immer auch Literatur über Hitler.[22] Das letzte Flugblatt der „Weißen Rose" versuchte, die Deutschen zum Widerstand zu mobilisieren, indem es Hitler mit Napoleon verglich.[23]

---

[19] Zu Stresemanns Napoleon-Begeisterung vgl. bereits dessen Rede *Napoleon und wir* (Anm. 12) von 1917, in der Stresemann Napoleon und Deutschland als Außenseiter mit Verwaltungsgenie und Organisationsfähigkeit parallelisiert, die beide ungerechten Vorwürfen des Auslands ausgesetzt gewesen seien und sich in der Frontstellung gegen England glichen.

[20] Vgl. zum politischen Schrifttum auch Gerhard Bauer: Der große Schatten. Der Mythos Napoleons und sein Einfluß auf cäsaristische Strömungen in Deutschland und Frankreich mit besonderer Berücksichtigung der Zeit zwischen den beiden Weltkriegen, hg. v. Thomas Specht. Erlangen 1998. Heinz Sproll: Französische Revolution und Napoleonische Zeit in der historisch-politischen Kultur der Weimarer Republik. Geschichtswissenschaft und Geschichtsunterricht 1918–1933. München 1992.

[21] Einen einsamen etwas nonchalanten Versuch unternimmt in den 1980er Jahren Desmond Seward: Napoleon and Hitler. A comparative biography. London 1988.

[22] Vgl. hierzu die Analyse in Kapitel III. 5 *(Hitler und Napoleon. Literarische Vergleiche in unterschiedlicher Absicht)*.

[23] „Studentinnen! Studenten! Auf uns sieht das deutsche Volk! Von uns erwartet es wie 1813 die Brechung des napoleonischen, so 1943 die Brechung des nationalsozialistischen Terrors aus der Macht des Geistes", zitiert nach: Heinz Huber, Arthur Müller (Hrsg.): Das Dritte Reich. Seine Geschichte in Texten, Bildern und Dokumenten, Bd. 2. München, Wien, Basel 1966, S. 706 u. 712. Wie auch in fiktionalen Texten über Napoleon zum Widerstand gegen Hitler aufgefordert wird, wird in

Während es zur Stellung Napoleons in der deutschen Historiographie und Populärkultur des 20. Jahrhundert einzelne Vorstudien gibt,[24] steht man beim Thema Napoleon in der deutschen Literatur des 20. Jahrhunderts vor einem erstaunlichen Forschungsdefizit.[25] Milian Schömanns 1930 erschienene Studie widmet dem 20. Jahrhundert gerade noch 18 Seiten,[26] vereinzelte Arbeiten zu Napoleon in der Exildramatik liegen vor.[27] Aber die anderen Gattungen, und zumal die populären literari-

---

einem eigenen Kapitel analysiert; vgl. hierzu Kapitel III. 5 c) *(In Tyrannos. Literarischer Protest im antinapoleonischen Gewand)*.

[24] Heinz-Otto Sieburg: Napoleon in der deutschen Geschichtsschreibung des 19. und 20. Jahrhunderts, in: Geschichte in Wissenschaft und Unterricht 21 (1970), S. 470–486. Hans Schmidt: Napoleon in der deutschen Geschichtsschreibung, in: Francia 14 (1986), S. 531–560. Roger Dufraisse: Die Deutschen und Napoleon im 20. Jahrhundert (Anm. 16). Gerhard Bauer: Der große Schatten (Anm. 20). Hagen Schulze: Napoleon, in: Deutsche Erinnerungsorte, hg. v. Etienne François u. Hagen Schulze. München 2001, Bd. 2, S. 28–46.

[25] Wülfing zieht in seinen Studien meist schon 1848 eine deutliche Grenze und geht in einigen Arbeiten bis an die Jahrhundertschwelle. Das 20. Jahrhundert bleibt aber ausgespart; vgl. etwa Wulf Wülfing: „Eine der größten Verwirklichungen des Individuums im okzidentalen Sinn". Zum Napoleon-Mythos von Goethe bis Hofmannsthal als einem Weg aus der Provinzialität, in: Internationalität nationaler Literaturen. Beiträge zum ersten Symposium des Göttinger Sonderforschungsbereichs 529, hg. v. Udo Schöning. Göttingen 2000, S. 222–238. Wülfings Titel-Zitat ist einer kleinen Studie von Hofmannsthal entnommen; vgl. Hugo von Hofmannsthal: Napoleon. Zum 5. Mai 1821, in: Ders.: Gesammelte Werke in Einzelausgaben, Prosa IV. Frankfurt a.M. 1966, S. 56–64, hier S. 59. Hofmannsthals letzter Werkplan befaßte sich mit dem Herzog von Reichstadt, Napoleons Sohn.

[26] Milian Schömann: Napoleon in der deutschen Literatur. Berlin 1930, S. 64–82. Eckart Kleßmanns so verdienstvoller 22seitiger Überblick über *Das Bild Napoleons in der deutschen Literatur* (Stuttgart 1995 [Akademie der Wissenschaften und der Literatur, Mainz) widmet dem 20. Jahrhundert vier Seiten und berücksichtigt hierbei Georg Heym und Fritz von Unruh. Etwas umfänglicher ist Kleßmanns Blick auf das 20. Jahrhundert im Abschlußkapitel seiner Monographie *Napoleon. Ein Charakterbild*. Weimar 2000, S. 143–149, S. 153–156.

[27] Tom Kuhn: „Napoleon greift daneben". Antifaschistische Dramen im Umgang mit der Geschichte, in: Exiltheater und Exildramatik 1933–1945. Tagung der Hamburger Arbeitsstelle für deutsche Exilliteratur 1990, hg. v. Edita Koch u. Fritjof Trapp unter Mitarbeit v. Anne-Marie Brenker. Maintal 1991 (Exil – Forschung, Erkenntnisse, Ergebnisse, 2), S. 251–267. Frithjof Trapp: Napoleon redivivus: Zu Walter Hasenclevers „Abenteuer in sieben Bildern" „Napoleon greift ein", in: German Life and Letters 45 (1992), S. 212–215. Nur als Quellensammlung nützlich, in der Analyse hingegen holzschnittartig marxistisch: Bernd Temann: Napoleon I. und seine Zeit im bürgerlichen deutschen Drama seit 1918. Kritische Untersuchungen zur gesellschaftlichen und historischen Konfliktgestaltung in der spätbürgerlichen dramatischen Literatur. Diss. masch. Jena 1974. Die Diplomarbeit von Herbert Schrittesser: Napoleon Bonaparte im Drama der Zwischenkriegszeit. Dipl.phil.masch. Klagenfurt 1988, umfaßt hingegen nur ein schmales Textkorpus.

schen Biographien zu Napoleon, blieben in der Germanistik bisher vernachlässigt. Wenn geschichtswissenschaftliche Arbeiten die fiktionale Literatur zu Napoleon berücksichtigen, stützen sie sich, mangels Alternative, immer auf Schömanns überholte schmale Studie. Und es fällt auf, daß für diesen Zeitraum nicht auf größere, zusammenhängende Arbeiten zurückgegriffen werden kann wie beim frühen 19. Jahrhundert. Das hat nichts mit der Quellenlage zu tun, denn die literarischen deutschen Napoleon-Texte nehmen im 20. Jahrhundert deutlich zu.[28] Was Heinz-Otto Sieburg für die deutsche Historiographie feststellt: „Gerade in der Zwischenkriegszeit gelangte der deutsche Napoleonkult zu seinem Gipfel",[29] trifft quantitativ auch für die fiktionale Literatur zu. Hagen Schulze betont, „daß die Napoleonliteratur der Zwischenkriegszeit nicht in erster Linie von Historikern stammt, sondern von Dramatikern, Schriftstellern, Außenseitern."[30] Eben diese bisher von der Germanistik vernachlässigten Texte literaturwissenschaftlich zu untersuchen, soll im folgenden unternommen werden.

Begonnen wird mit der Napoleon-Lyrik des frühen 20. Jahrhunderts. Georg Heyms expressionistische Napoleon-Manie versucht, sich mit Napoleon aus der wilhelminischen Langeweile heraus zu katapultieren

[28] Vgl. die Quantifizierungen bei Roger Dufraisse: Die Deutschen und Napoleon im 20. Jahrhundert (Anm. 16), S. 591 f. Um nur anzudeuten, wie omnipräsent Napoleon in Deutschland war, seien hier (ohne Anspruch auf Vollständigkeit) einige dramatische Texte aufgeführt, die in der folgenden Analyse nur am Rande berücksichtigt werden konnten: Julius Berstl: Napoleon der andere. Lustspiel in drei Akten. Berlin 1930. Felix Dhünen: Traumspiel um St. Helena. Berlin 1935. Georg Hermann Franke: Sieg. Frankfurt a. M. 1923. Hanns Gobsch: Das letzte Jahr. Wien 1943. Franz Hauptmann: Die Entscheidung. Spiel aus dem Leben eines großen Mannes. Wien o. J. Fritz Herrmann: Capitaine Canon. Schauspiel in drei Akten. Berlin 1931. F. Walther Ilges: Die Laterne. Ein Schattenspiel. Köln 1925. Walther Gottfried Klucke: Begegnung in Dresden. Schauspiel in drei Aufzügen. Berlin o. J. Hermann Luedke: Des Kaisers Hochzeitsfrack. Zürich o. J. Walter Marschall: Des Kaisers Schatten. Schauspiel in fünf Akten. Berlin 1935. Rudolf Presber: Die Nacht mit dem Kaiser. Komödie in vier Akten. Berlin 1935. Hermann Rossmann: Die große Armee. Drama in fünf Akten. München o. J. Friedrich Rostosky: Gefangener Englands. Heroische Komödie in fünf Aufzügen. Berlin o. J. Willi Schäferdieck: Wer ist mit im Spiel? Komödie einer Republik. Rösrath 1936. Wilhelm von Scholz: Die Feinde. München 1928. Wilhelm Speyer: Stern und Dämon. Eine dramatische Dichtung in 18 Bildern. Berlin o. J. Anton Strambowski: Frauen um Napoleon. Schauspiel in einem Vorspiel und sieben Bildern. Wien o. J. Stefan Zweig: Das Lamm der Armen. Tragikomödie in drei Akten. Leipzig 1929.

[29] Heinz-Otto Sieburg: Napoleon in der deutschen Geschichtsschreibung des 19. und 20. Jahrhunderts (Anm. 24), S. 478. Vgl. auch Roger Dufraisse: Deutschland und Napoleon im 20. Jahrhundert (Anm. 16), S. 601.

[30] Hagen Schulze: Napoleon (Anm. 24), S. 43.

und in der napoleonischen Projektion eine elementare Kinesis zu beschwören. Georg Heym begeistert sich für Napoleon als Repräsentanten des Außeralltäglichen und Extremen. Napoleon wird hier zum Katalysator für heroischen Vitalismus. Heym separiert ihn deutlich von einer wilhelminisch-bürgerlichen Heldenverehrung, und damit wird Napoleon literarisch wieder avantgarde-tauglich. Im Sonett-Zyklus *Mont St. Jean* wird die Schlacht zum Moment intensivierten Lebens stilisiert. Heym probt in seinen Napoleon-Texten bereits die Kriegs-Beschwörung. Auch Gertrud Kolmars Gedichtzyklus *Napoleon und Marie* offenbart in der forcierten Opfergebärde und Selbstpreisgabe eine tiefe Sehnsucht nach Heroismus und intensiver Teilhabe an einer großen Zeit. Kolmar spiegelt diese vitalistische Sehnsucht ins Private und blickt aus dem Boudoir auf die große Politik (III. 1).

Das zweite Kapitel möchte die Entwicklung des deutschen Napoleon-Mythos vom unpolitischen Dämon zur politischen Abwehr-Chiffre in Dramen deutscher Expressionisten nachzeichnen, die zum Teil ihre Napoleon-Texte nach der Epoche des Expressionismus schreiben, und mit ihnen ihre expressionistische Vergangenheit kritisch reflektieren. Während Hermann Essigs frühexpressionistisches Drama noch unpolitisch düster Napoleon in eine apokalyptische Traumwelt taucht, verschärfen die Dramen von Fritz von Unruh und Walter Hasenclever aus den 1920er Jahren den gegenwartspolitischen Bezug und nehmen mit ihren Napoleon-Dramen kritisch Stellung zur Führersehnsucht und demokratischen Krise in der Weimarer Republik. Unruh schreibt ein verfassungsrechtliches Schlüssel-Drama, und Hasenclever versucht, die anachronistische Untauglichkeit von Napoleon als Symbolfigur für das 20. Jahrhundert zu komisieren. Georg Kaiser nutzt schließlich in seinem Exildrama von 1941 die Napoleonbegeisterung, um die ideologische Verführbarkeit und latente Fanatisierbarkeit des Menschen zu demonstrieren. (III. 2)

Im George-Kreis gehört Napoleon zur Riege der großen „Täter" der Weltgeschichte, die wie Alexander, Cäsar oder Friedrich II. (der Staufer) das besondere Interesse auf sich ziehen. Neben Napoleon-Reminiszenzen in Georges Gedichten gilt es hier vor allem Ludwig Derleths, Friedrich Gundolfs und Berthold Vallentins ekstatischer Napoleon-Begeisterung nachzuspüren. Die Napoleon-Texte des George-Kreises schreiben mit Napoleon gegen eine zivilisatorische Moderne an und katapultieren sich aus der Gegenwart in einen stilisierten Heroismus. Diese radikalen Zeitabsagen beschwören den starken Mann und beziehen unterschwellig ihre Napoleonen immer auch auf George. Diese Napoleonisierungen Georges veranschaulichen, wie die im Kreis ehemals so klar gezogenen Grenzen zwischen Kunst und Politik rhetorisch zunehmend verwischt werden. Napoleon wird zum zivilisationskritischen Argument gegen den Untergang des Abendlandes und für einen heroischen Neubeginn. Vallentins Napoleon-Lyrik konkretisiert in Napoleon den von George beschworenen Führer in Zeiten der Wirren. Vallentin formuliert darüber hinaus die prospektive Sehnsucht nach einem neuen Napoleon und deklariert die völkerpsychologische „Wesengleiche" von Napoleon und den Deutschen. (III. 3)

Daß Napoleon-Texte auch genutzt wurden, um für die Weimarer Republik und die zivilisatorische Moderne Stellung zu beziehen, soll an der ‚historischen Belletristik' von Emil Ludwig und Werner Hegemann demonstriert werden. Ludwigs und Hegemanns populäre Geschichtsvermittlung, die mit einem demokratischen Bekenntnis gekoppelt war, rief die Abwehr der konservativen Historiker der Weimarer Republik auf den Plan. Während Ludwig in napoleonischer Begeisterung versuchte, Napoleon zum demokratischen und friedliebenden Vorbild für ein Paneuropa zu stilisieren, demontierte Hegemann die deutsche Napoleon-Verehrung und probte den Titanensturz. Hegemann fragt kritisch, ob Napoleon den Typ des erhofften starken Mannes verkörpert, und versucht engagiert, die politische Gefahr solcher rituellen Beschwörungen zu verdeutlichen. (III. 4)

Nach 1933 nutzten die Schriftsteller den Napoleon-Stoff, um über Hitler zu schreiben. Und sie taten dies in unterschiedlicher Absicht. Während sich Thomas Mann, Arnold Zweig und Joseph Roth vehement gegen die Vergleichbarkeit aussprachen und in ihren Napoleon-Texten die Unterschiede betonten, nutzten die nationalsozialistischen Napoleon-Biographien von Rudolf Hohlbaum, Wulf Bley und Philipp Bouhler den Stoff, um Hitlerantizipationen zu stilisieren. Napoleon wird hier zum Vorkämpfer gegen die Demokratie, zum Stifter einer Ordnung der Ungleichheit, der den Nationalsozialisten für ihre Anthropologie der Härte und Unbedingtheit eine abendländische Tradition vermitteln sollte. Zudem wird der napoleonische Untergang zum Lehrstück für die nationalsozialistische Herrschaftsbehauptung umgeschrieben. Der vormalige Nationalsozialist Arnolt Bronnen schrieb ein Napoleon-Drama, um mit Hitler abzurechnen.

Am Schluß der Analyse stehen zwei Napoleon-Texte, die literarischen Protest gegen den Nationalsozialismus im antinapoleonischen Gewand formulieren. Ferdinand Bruckners *Heroische Komödie* spiegelt in Germaine de Staëls publizistischen Kampf gegen Napoleon die eigene Situation des Exil-Schriftstellers im Engagement gegen Hitler ein; und Heinrich Franks Erzählung *Der Oberst* nutzt 1943 den Napoleon-Stoff, um historisch kaum ummäntelt den Tyrannenmord zu legitimieren. (III. 5)

1. Im Kampf gegen die wilhelminische Langeweile Beschwörung napoleonischer Kinesis in der Lyrik des frühen 20. Jahrhunderts

Im Drama des frühen Expressionismus wird Napoleon entidealisiert, aber nicht entmythisiert. Er wird zum Mythos mit negativem Vorzeichen.[31] Die expressionistische Lyrik hingegen hält noch ungebrochener als die Dramatik an einer Napoleonbegeisterung fest, die sich allerdings deutlich gegen eine bürgerliche Napoleonverehrung ausrichtet. In Konkurrenz zu einer wilhelminischen Heldenverehrung, die den unproblematisch starken Heros umkreist, gestalten die frühexpressionistische Lyrik von Georg Heym und die Verse Gertrud Kolmars Napoleon zum selbstzerstörerischen und scheiternden Helden, der an sich selbst zugrunde geht. Napoleon interessiert als Ausnahmegestalt, die Alltäglichkeit und Normalität suspendiert. Er wird zum Anti-Bürger *par exellence* stilisiert. Daß er dabei mit gesellschaftlichen, politischen und moralischen Normen bricht und 1815 schließlich scheitert, macht ihn erst wirklich „heldenfähig" im expressionistischen Sinn. Den Expressionismus interessiert der hybride, der Macht verfallene Napoleon, der sich in seiner Selbstüberschätzung aus dem *juste milieu* katapultiert in einen Vitalismus der Extreme. Der Grad dieses Extremismus wird dabei schwerer gewichtet als sein Erfolg. Umgekehrt spräche historischer Erfolg für eine

---

[31] Vgl. hierzu die Analyse im Kapitel III. 2 a) *(Die Dämonie der Macht. Essigs Schauspiel „Napoleons Aufstieg" [1903–05])*. Die expressionistische Essayistik nimmt sich auch dem Thema Napoleon an. Während Werner Hirsch Napoleons Größe relativiert und Walter Serner regelrecht zum Titanensturz aufruft, nähert sich Emil Lucka der Psychologie Napoleons zwischen Schicksalsmensch und Verbrecher an. Vgl. darüber hinaus auch Paul Frémaux: Aus Napoleons letzten Tagen, in: Pan 2 (1911/12), S. 1128–1134. N.N.: Napoleons Anschläge gegen Indien, in: Die Aktion 2 (1912), S. 41 f. Erhard Buschbeck: Napoleon, in: Der Ruf. Ein Flugblatt an junge Menschen 3 (1912/13), S. 14 ff. N.N.: Der Herr von Paris und anderes, in: Der lose Vogel (1913), S. 324–329. Antoine Huré: L'intrigue de Napoléon, in: Der Mistral 1 (1915), S. 1. Walter Serner: Goethe und Napoleon, in: Sirius. Monatsschrift für Literatur und Kunst 1 (1915/16), S. 11 ff. Emil Lucka: Die Psychologie Napoleons, in: Die Weissen Blätter 3/I (1916), S. 139–157. Franz Blei: Die Grenze der Diplomatie, in: Summa 1 (1917), S. 146–151. Arthur Drey: Napoleon, in: Die Erhebung 1 (1919), S. 25 f. Werner Hirsch: Napoleon Bonaparte. Zur hundertjährigen Wiederkehr seines Todestages. in: Der Kritiker 3 (1921), S. 1–4. C. F. W. Behl: „Napoleon", in: Der Kritiker 4 (1922), S. 8 f. In der Epik des Expressionismus erscheint 1915 in einer satirischen Erzählung Carl Sternheims ein Koch mit Namen Napoleon, dessen Vita in verzerrender Perspektive mit dem Leben des Kaisers verbunden wird. Arnolt Bronnen tauchte *Napoleons Fall* 1924 novellistisch in libidinös-erotische Verstrickungen. Vgl. Carl Sternheim: Napoleon. Eine Erzählung. Leipzig ^{2}1918. Arnolt Bronnen: Napoleons Fall. Berlin 1924.

Mehrheitsfähigkeit, der man als spießbürgerliches *on dit* im Expressionismus zu entkommen sucht. Die expressionistische Lyrik gestaltet Napoleon als Exzentriker, der außerhalb der Gesellschaft steht, die er unterjocht. Die Expressionisten fasziniert darüber hinaus die napoleonische Zeit als eine gefährliche und ereignisreiche, die sie mit der als langweilig und seicht empfundenen Friedenszeit des Wilhelminismus kontrastieren. Napoleon verkörpert eine kinetische Kraft, die man in der Gegenwart schmerzlich vermißt.

a) Von Endzeitstimmung gerahmter Heroismus
Gegenwartswut und napoleonische Träume in Heyms Sonettzyklus „Mont St. Jean" (1910)

Am 16. Oktober 1911 notierte Georg Heym in seinem Tagebuch Lesefrüchte aus Montholons St. Helena-Erinnerungen und knüpft daran Reflexionen über Napoleons Größe an, die in einem pathetischen napoleonischen Glaubensbekenntnis gipfeln: „Wenn jemand beten wollte, zu wem könnte er beten, wenn nicht zu diesem Helden."[32] Im Wintersemester 1911/12 besuchte Heym an der Universität Berlin Hans Delbrücks Vorlesung über die „Weltgeschichte 4. Teil, von 1789 bis 1862" und vertiefte seine historischen Kenntnisse über die napoleonische Epoche. Die Bereitschaft zur „Prostration vor dem Genie", die Nietzsche noch an Carlyles Napoleon-Enthusiasmus gegeißelt hatte,[33] nimmt bei Heym – in Konfrontation zur wilhelminischen Heldenverehrung – manische Züge an. Heym träumte sich regelrecht in eine napoleonische Vergangenheit des Wagemuts,[34] die ihm die inspirative Begeisterung vermitteln soll, welche die wilhelminische Gegenwart nicht zu stiften vermag:

Warum war die Natur so verrückt, mich nicht unter *Napoleon* geboren *werden* zu lassen? Götter, mit welcher Begeisterung ich das „vive l'empereur" geschrieen hätte. Ich wäre wahrhaftig nicht wie Kleist, oder das Schwein Göthe, der überhaupt nichts gemacht hat, ruhig in Preußen sitzen geblieben. Das erste wäre, daß

[32] Georg Heym: Dichtungen und Schriften. Gesamtausgabe, hg. v. Karl Ludwig Schneider, Bd. 3: Tagebücher, Träume, Briefe, unter Mithilfe v. Paul Raabe u. Erwin Loewenson bearbeitet v. Karl Ludwig Schneider. Hamburg, München 1960, S. 169. Im folgenden wird im fortlaufenden Text aus dieser Heym-Ausgabe mit der römischen gezählten Band- und arabisch gezählten Seitenangabe zitiert.

[33] Vgl. die Analyse in Kapitel II. 7 *(„Weltverfluchter" und höherer Mensch. Nietzsches Napoleon als spätzeitlicher Künstler-Tyrann)*.

[34] Heyms Traumaufzeichnungen vermerken, wie einige Jahrzehnte zuvor auch Hebbels Tagebücher (vgl. hierzu die Analyse in Kapitel II. 5 [*Aporien der Größe oder warum Hebbel kein Napoleon-Drama schrieb*]), Traumbegegnungen mit Napoleon (III, 180f.)

ich aus Preußen weggemacht hätte und meinetwegen Officier in einem französischen Reiterregiment geworden wäre. – Könnte ich doch immerzu in Begeisterung sein, was würde ich leisten. (III, 169f.)

Deutlich wird in diesem parahistorischen Wunschtraum, daß nicht so sehr die haßerfüllte, antinapoleonische Haltung Kleists den jungen Heym empört, sondern vielmehr die lethargische Indifferenz, die er beim „Schwein Göthe" meint feststellen zu können, „der überhaupt nichts gemacht hat". Sehnsucht nach einem Pathos der Identifikation und des unbedingten Engagements spricht aus Heyms Bekenntnis. Die Abkehr von Goethe als bürgerlichem Idol und die Hinwendung zu brüchigeren Dichtergestalten wie Hölderlin oder Grabbe als traditionsstiftenden Figuren vollzieht sich bei Heym deutlich auch über die Auseinandersetzung mit Napoleon.[35]

Heym, der sich in seiner Gegenwart zu diesem „überhaupt nichts" machen zu können, verurteilt sieht, knüpft an seine virtuellen Zeitreisen auch die Hoffnung auf poetische Produktion. Eine große Zeit, so die Vorstellung, ermöglicht große Dichtung.[36] Da die wilhelminische Gegenwart partout nicht die erträumte Größe zu geben bereit ist, wendet Heym

---

[35] Zur Bedeutung Hölderlins für Heym vgl. Alain Faure: Georg Heyms Hölderlin-Bild, in: Cahiers d'études germaniques 32 (1997), S. 71–83. Carl Schmitt hat diesen Rezeptionswandel, der sowohl für den Expressionismus als auch für den George-Kreis Gültigkeit beanspruchen konnte, retrospektiv folgendermaßen beschrieben: „‚Jugend ohne Goethe' (Max Kommerell), das war für uns seit 1910 in concreto Jugend mit Hölderlin, d.h. der Übergang vom optimistisch-ironisch-neutralisierenden Genialismus zum pessimistisch-aktiv-tragischen Genialismus. Es blieb im genialischen Rahmen, ja, vertiefte ihn noch in unendliche Tiefen." (Carl Schmitt: Glossarium. Aufzeichnungen der Jahre 1947–1951, hg. v. Eberhard Freiherr von Medem. Berlin 1991, S. 152). Zu diesem Rezeptionswandel vgl. auch Reinhard Mehring: Hölderlin oder Goethe? Martin Heidegger und Thomas Mann als ideenpolitische Antipoden, in: Politisches Denken. Jahrbuch 2002, S. 79–96.

[36] Auch die Französische Revolution wird zur heldischen Epoche bei Heym, der sich in *Danton*- und *Robespierre*-Gedichten mit dieser vornapoleonischen Zeit auseinandersetzt. Während die Napoleon-Gedichte Heyms bisher in der germanistischen Forschung vernachlässigt wurden, fand Heyms Auseinandersetzung mit der Französischen Revolution mehr Beachtung; vgl. Ingo Breuer: Die Sprachgebärde des expressionistischen Genies. Über Georg Heyms Inszenierung der „Revolution", in: Geste und Gebärde. Beiträge zu Text und Kultur der Klassischen Moderne, hg. v. Isolde Schiffermüller. Innsbruck, Wien, München 2001, S. 66–88. Hans Wolf Jäger: Zwischen Décadence und Expressionismus. „Revolution" bei Schnitzler, Heym, Heinrich Mann und Klabund, in: Schreckensmythen, Hoffnungsbilder. Die Französische Revolution in der deutschen Literatur, hg. v. Harro Zimmermann. Frankfurt a.M. 1989, S. 222–250. Maurice Godé: „Si l'on construisait à nouveau des barricades". L'image de la Révolution française dans les écrits de Georg Heym, in: Germanica 6 (1989), S. 87–101.

auch in seiner Dichtung den Blick zurück und schafft Napoleon-Texte, welche die Vergangenheit beschwören. Neben dem Sonett-Zyklus *Mont St. Jean* (1910), der in Anlehnung an Grabbe Napoleon bei der Schlacht von Waterloo zeigt, schreibt Heym ein *Marengo* (1910)- und ein *St. Helena* (1904)-Gedicht und arbeitet an einem (in zwei Fassungen vorliegenden) Fragment gebliebenen Napoleon-Drama *Der Tod des Helden* (1908/10).[37] In diesem Dramen-Fragment lassen sich auch bei Heym zeittypische zivilisationskritische anti-englische Impulse festmachen, wenn er Hudson Lowe als pingeligen Kapitalisten zeichnet.

Marengo und *Mont St. Jean* inszenieren Schlachten, die als Momente intensivierten Lebens gestaltet werden. Napoleon interessiert als Feldherr und nicht als Politiker. Eine solche (nationale Antipathien hintanstellende) Begeisterung für das kriegerische Genie Napoleon konnte Heym bereits in einem zeitgenössischen Bestseller von Maximilian Yorck von Wartenburg rezipieren.[38] In seinen retrospektiven Schlachtenpanoramen spiegelt Heym jene Sehnsucht nach dem Krieg als Erlösung aus der Langeweile ein, die dem 1911 entstandenen berühmten Gedicht *Der Krieg* seine prophetische Kraft zuteil werden ließ. In der Prosa-Skizze *Eine Fratze* (1911) gestaltet Heym diese Gleichzeitigkeit von *ennui* und Sehnsucht nach Krieg:

> Unsere Krankheit ist grenzenlose Langeweile. [...]
> Unsere Krankheit ist, in dem Ende eines Welttages zu leben, in einem Abend, der so stickig war, daß man den Dunst seiner Fäulnis kaum noch ertragen kann.
> Begeisterung, Größe, Heroismus. Früher sah die Welt manchmal die Schatten dieser Götter am Horizont. Heute sind sie Theaterpuppen. Der Krieg ist aus der Welt gekommen, der ewige Friede hat ihn erbärmlich beerbt. (II, 173)

Was in *Mont St. Jean* noch an den historischen Augenblick der Schlacht von Waterloo gekoppelt ist, löst sich in *Der Krieg* von einer konkreten Situation. Eingeübt hatte Heym diese Kriegsbeschwörung in der Auseinandersetzung mit Napoleon.

Hier soll exemplarisch in der Analyse von Heyms Sonett-Zyklus *Mont St. Jean* verdeutlicht werden, wie Heym Napoleon als träumerisch-gebrochenen Helden gestaltet und andererseits die Wut auf die eigene Zeit

---

[37] Zum Dramen-Fragment *Der Tod des Helden* vgl. die gründliche Analyse bei Bernd Seiler: Historische Dichtungen Georg Heyms. Analyse und Kommentar. München 1972, S. 142–151. Allerdings berücksichtigt Seiler zu wenig den intertextuellen Bezug zwischen Heyms Dramen-Fragment und Chamissos dramatischer Szene *Der Tod Napoleons*, die mit ihren allegorischen Gestalten einen direkten Prätext für Heym darstellt. Zu Chamissos dramatischer Szene vgl. die Analyse im Kapitel I. 8 *(Der 5. Mai 1821. Ende der Geschichte und Beginn des Epigonentums)*.

[38] Maximilian Yorck von Wartenburg: Napoleon als Feldherr (Anm. 5).

zuschärft. Die inständige Retrospektive bereitet dabei die apokalyptische Kriegsvision vor. Grabbes *Napoleon oder die hundert Tage* wird für die expressionistische Beschäftigung mit Napoleon zum zentralen Prätext. Das hat nicht nur mit dem Drama selbst zu tun,[39] sondern bezieht auch Grabbes ‚verkrachte' Biographie mit ein: An den gesellschaftlichen Außenseiter Grabbe, der nicht bürgerlich reüssierte, sondern in Trunksucht und Armut endete, knüpft Heym begeistert an, gerade auch in Opposition zu dem saturierten, in die Gesellschaft integrierten, bürgerlichen „Schwein Göthe".

Mont St. Jean umfaßt sechs Sonette,[40] die im Unterschied zur dramatischen Vorlage Grabbes die Gegenwart Heyms mit einbeziehen und als apokalyptische Kontrastwelt zum Heroismus von ehedem gestalten. Grabbes Drama hatte Vergangenheit als Gegenwart inszeniert. Heyms Gedichtzyklus stellt die heroische Vergangenheit in einen trüben gegenwärtigen Rahmen. Das erste und das sechste Sonett vermitteln zwischen der napoleonischen Vergangenheit und der dekadenten Gegenwart. Das erste Sonett entwirft eine Topographie der Erinnerung und zeichnet das Schlachtfeld des Mont St. Jean in der Gegenwart des Dichters nach:

Armselger Hügel. In dem brachen Feld
Der Krähen Horst, die in den Lüften schrein.
Der Abend fällt auf totes Land. Allein
Ein Bauer, der noch spät die Flur bestellt.

Des Pfluges Huf wühlt sich den Schollen ein.
Er reißt ein schwarzes Schädelstück ans Licht.
Der Bauer stößt es fort. Er bückt sich nicht.
Er kennt des Ackers Früchte: das Gebein.

Die Straße zieht durch Belgiens Ebnen weit,
Verliert im Dunste sich, wo ferne raucht
Der Kohlenessen Wald, der Feuer speit

[39] Im Tagebuch begeistert sich Heym am 20. Januar 1907 für Grabbes Napoleon-Drama: „Es nimmt sich dumm aus, wenn ich's schreibe, schadet aber nichts, es ist zu gewaltig, ich lese es eben zum dritten Mal. Wo ist ein Drama in der Weltgeschichte, das einen so mitrisse und mit Wut und Ekel gegen die Dummheit erfüllte, als diese Szene, wo Napoleon zusammenbricht." (III, 81) Heym zielt hier auf den Abschiedsmonolog Napoleons bei Grabbe, in dem Napoleon die Heraufkunft des Mittelmaßes verbittert prognostiziert; vgl. hierzu die Analyse in Kapitel II. 4 *(Mensch, Masse, Volk. Wer macht Geschichte in Grabbes Drama „Napoleon oder die hundert Tage" [1831]?).*

[40] Alle Sonette sind im fünfhebigen Jambus gefaßt, die Quartette sind jeweils durch umfassende Reime verbunden, das Sextett ist durch Terzinenreime (cdc | dcd) in sich geschlossen. Die Anzahl der Reime variiert, und auch die weiblichen und männlichen Kadenzen sind unterschiedlich verteilt.

Die ganze Nacht. Der Brüssler Eilzug faucht,
Durchrast den Abend und die Dunkelheit,
Die aus den Ebnen ihre Nebel haucht. (I, 42)

Das Oktett beschreibt das ehemalige Schlachtfeld des Mont St. Jean als Acker. Der harte elliptische Zeilenstil und die durchweg männlichen Kadenzen verstärken den abweisenden Eindruck dieser Landschaftsskizze. Wie weit diese topographische Schilderung sich zeitlich von der Schlacht von Waterloo entfernt, ist im ersten Quartett noch unklar. Erst das zweite Quartett macht mit dem „schwarze[n] Schädelstück" (V. 6) als Überrest eines toten Soldaten erste Mutmaßungen über die Art und Tiefe der Vergangenheit möglich. Das Sextett schließlich vereindeutigt die zeitliche Bestimmung: „Belgien[.]" (V. 9) gibt es als Staat erst seit 1831, die „Kohlenessen" (V. 11) verweisen auf Industrie, und schließlich gibt im letzten Terzett „Der Brüssler Eilzug" (V. 12) Aufschluß über den technischen Stand der Gegenwart.[41]

Gegenläufig zu dieser sukzessiven historischen Vereindeutigung entwirft das Oktett eine zeitlose apokalyptische Vision, die als Bildarrangement wohl nicht zufällig Pieter Bruegels *Landschaft mit dem Sturz des Ikarus* (1555) gleicht. In Bruegels Gemälde ist wie in Heyms Gedicht der eigentliche Held (Ikarus/Napoleon) kaum erkennbar. Im Vordergrund steht ein pflügender Bauer, und bei Heym erinnert ein Schädelstück am unteren Bildrand an Adam als ersten Menschen, der hier nicht in Opposition zu Christus als neuem Menschen, sondern zum stürzenden Ikarus beziehungsweise zum scheiternden Napoleon gebracht wird. Die Gegenwart dieses Oktetts ist öde und vom Tod bestimmt. Nicht nur das Feld liegt „brach" (V. 1), sondern der Acker selbst wird personifizierend zum „tote[n] Land" (V. 3) bestimmt. Der gegenwärtige Acker bringt nicht mehr nahrungsspendendes Getreide, sondern seine „Früchte [sind] das Gebein" (V. 8). Die Natur ist so bereits im Oktett nur noch als eine todbringende zu erkennen, auch die Krähen (V. 2) als Aasvögel intensivieren diesen Eindruck. Der „Armselge[.] Hügel" (V. 1) läßt den Leser Golgatha und damit Napoleon als säkularisierte Christusgestalt assoziieren. Im Sextett schließlich ist die lebendige Natur nur noch uneigentlich in der Genitivmetapher „Der Kohlenessen Wald" (V. 11) greifbar. In den beiden Terzetten agieren keine Menschen mehr, sondern lediglich Indu-

[41] Syntax und Versstruktur gehen im Sextett auseinander: Mehrere Enjambements (V. 10/11, 11/12) verbinden die Verse und zeichnen mit dieser komplexeren Struktur auch die Ausdifferenzierung der modernen technischen Gegenwart formal nach.

strie und Technik („Eilzug“) bringen Dynamik in diese trübe Dunkelheit.

Aus dieser toten Gegenwart wechselt der Zyklus übergangslos und mit bewußt harter Fügung im zweiten Sonett in die präsentisch beschriebene Schlacht von Waterloo 1815. Gegenüber der Leblosigkeit des ersten Sonetts wird hier der Krieg als Zeit intensivierten und dynamisierten Lebens entworfen. Aus der Perspektive der französischen Kürassiere heraus verknappt sich die Sprache in emphatische Ausrufe, die dreimal – anaphorisch angeordnet – ein enthusiastisches „Vive l'empereur“ (V. 5, 9, 12) anstimmen und gipfeln in fünf Interjektionen, die in Kontrast zu dem grammatisch vollständigen Zeilenstil in der zweiten Strophe des ersten Sonetts die Sprache fragmentarisch aufbrechen: „O Kaiserreich, Franzosen. | O Waterloo. O Glück. O Schlachtentosen. | O Tag, der uns den großen Sieg gewinnt.“ (V. 6–8) Das Personalpronomen „uns“ bezieht den Leser einvernehmlich in die französische Perspektive ein. Allerdings antizipiert das Ende des zweiten Sonetts bereits den Ausgang der Schlacht, denn „Tot sind die Reiter. Und ihr Platz ist leer.“ (V. 14)

Das dritte Sonett schließt unmittelbar an diese Situation an, und blendet nur ganz kurz auf den hier erstmals genannten „Kaiser“ (V. 1), der seine Garde an die Front schickt. Dieser heroischen Garde gelten das dritte und das vierte Sonett. Die Garde als das „vom Blut geschweißte[.] Korps“ (V. 5) wird ganz nach Grabbes Heroisierung der Kampfgemeinschaft als utopisches Modell idealisiert. Auch Heines *Grenadiere* scheinen als Prätext durch, wenn Heym im vierten Sonett zwei alte Gardisten einen volkstümlich-balladesken Dialog über ihre gemeinsame Schlachtenerfahrung in Rußland anstimmen läßt.[42] Heyms Sprache wird hier sehr viel weicher, mehr weibliche Kadenzen geben den Versen einen melodiöseren Klang, und die Apostrophe eines grammatisch nicht faßbaren lyrischen Ichs an die Garde offenbart das identifikatorisch-nostalgische Mitgefühl.[43]

Erst das fünfte Sonett nimmt (nach langer spannungssteigernder Vorbereitung) Napoleon selbst in den Blick, der auch hier wieder nur antonomastisch als „der Kaiser“ (V. 1) bezeichnet wird. Napoleon wird von Heym in dem Moment gezeichnet, als ihm die unwiderrufliche Niederlage bewußt wird:

---

[42] Zu Heines *Grenadieren* vgl. die Analyse in Kapitel I. 6 *(Von Elba nach St. Helena. Zu Lebzeiten entrückt [1814–1821])*.

[43] „Ihr Garden, ihr vom Blut geschweißtes Korps. | Die einst Ägypten und Marengo sahn. | – Jena und Austerlitz heißt eure Bahn – Ihr gehet ein nun durch des Todes Tor.“ (I, drittes Sonett, V. 5–8).

Der Kaiser reitet, in die Stirn gedrückt
Den schwarzen Hut, den hohen Mantelkragen
In Nacht und Regen frierend hochgeschlagen.
Er reitet schweigend, auf das Pferd gebückt.

Man ruft ihn an. Er hört es nicht. Entrückt,
In sich verkrochen, wälzt er die Gedanken,
Die wie ein Meer von Leere vor ihm schwanken.
Nichts mehr. Zu Ende. Und der Kaiser nickt.

Er sinkt in Halbschlaf. Und der Regen singt
In Träume ihn. O ferne Jugendzeit,
O Frühling Korsikas. Das Glöckchen klingt

Der Herden in den grünen Almen weit.
Der kleine Hirte in die Wiese sinkt,
Die Augen schließt er zu vor Freudigkeit. (I, 45)

Äußerlich ist Napoleon im ersten Quartett nur über seine Kleidung beschrieben, die ihn mit dem „in die Stirn gedrückt[en] | […] schwarzen Hut“ (V. 1f.) und dem „hohen [hochgeschlagenen] Mantelkragen“ (V. 2) eher verdeckt als erkennbar macht. Allein das Partizip „frierend“ (V. 3) und die „gebückt[e]“ (V. 4) Haltung deuten auf Napoleons Gemütszustand hin,[44] der dann im zweiten Quartett genauer beschrieben wird. Die zweite Strophe blendet von der Außenperspektive über in eine Introspektion Napoleons, der hier als geistesabwesender Träumer geschildert wird.[45] „Entrückt, | In sich verkrochen“ (V. 5f.) macht Napoleon mit sich seinen Rückzug von der Weltgeschichte aus. Der Vergleich von den „Gedanken, | Die wie ein Meer von Leere vor ihm schwanken“ (V. 6f.), verdeutlicht die naturgewaltige Bannkraft dieses Entschlusses, der dann elliptisch verhärtet im achten Vers in drei verknappten Sätzen präsentiert wird. Das Nicken des Kaisers bekräftigt die Erkenntnis der welthistorischen Niederlage.

---

[44] Ein wenig erinnert Napoleons „auf das Pferd gebückt[e]“ (V. 4) Haltung auch an Heines Beschreibung von Napoleons Ritt durch den Düsseldorfer Hofgarten: „Nachlässig, fast hängend saß der Kaiser“ (Heinrich Heine: Ideen. Das Buch Le Grand, in: Ders.: Historisch-Kritische Gesamtausgabe der Werke, hg. v. Manfred Windfuhr, Bd. VI: Briefe aus Berlin, Über Polen, Reisebilder I/II (Prosa), bearbeitet v. Jost Hermand. Hamburg 1973, S. 194. Vgl. hierzu die Analyse in Kapitel II. 3 *(Erlesener und erinnerter Held der Kindheit. Heines doppelter Blick auf Napoleon als Freiheitsbringer und Sehnsuchtschiffre)*.

[45] Hierin ähnelt Heyms Napoleon dem von Carl Hauptmanns Drama, das etwa zur selben Zeit wie Heyms Gedicht-Zyklus entstand; vgl. hierzu die Analyse im Kapitel II. 8 *(Im Bannkreis Nietzsches. Karl Bleibtreus „Uebermensch“ und Carl Hauptmanns „Bürger Bonaparte“ jenseits des Naturalismus)*.

Das Sextett läßt der innerlichen Kapitulation eine idyllische Traumsequenz folgen,[46] die fast als Vision eines Sterbenden überformt ist. Der im „Halbschlaf" (V. 9) träumende Napoleon versetzt sich aus der gegenwärtigen dunklen Kälte der Niederlage in eine lichte Kindheit auf Korsika. Der „kleine Hirte" (V. 12) mag als Bild für die sehnsuchtsvolle Erinnerung an die eigene Kindheit genommen werden. Diese friedliche, taghelle ländliche Frühlingsszene kontrastiert scharf mit dem dunklen, nächtlichen Schlachtfeld. Während die Kürassiere im zweiten Sonett ihre Ausrufe der gegenwärtigen Schlacht widmeten,[47] katapultiert sich Napoleon über die Ausrufe „O ferne Jugendzeit, | O Frühling Korsikas" (V. 10f.) in die Vergangenheit. Am Ende dieses Sonetts scheint Napoleon bereits von der weltgeschichtlichen Bühne abgetreten zu sein.

Im Unterschied zu Grabbe schweigt Heyms Napoleon angesichts der Niederlage, und doch rezipiert Heym den düsteren prophetischen napoleonischen Abschiedsmonolog bei Grabbe, indem er ihn im sechsten Sonett Gestalt werden läßt. Die Bitterkeit von Grabbes Napoleon überträgt sich so auf das lyrische Ich,[48] das in der Perspektive auf die Gegner Napoleons eine zynisch-verächtliche und drastische Sprache anstimmt. Aus dem Blick des Nachgeborenen erscheinen die Sieger der Schlacht von Waterloo karikierend verzerrt:

Indes wie zwei verliebte Päderasten
Die alten Burschen um den Hals sich fallen.
Und rings um sie die Freudenschüsse knallen.
Nun ward es Ostern nach dem langen Fasten.

Nun ist er fort. Nun kommt die große Zeit.
Und Wellesley und Blücher fangen an,
Mit Fleisch und Wein schlägt voll sich Mann für Mann.
Der eine frißt, indes der andere speit.

Ein großer Sieg. Da wird noch von gesprochen,
Bei Kind und Enkel. Was ward da gefressen.
Ganz Flandern lebte davon viele Wochen.

[46] Bereits Nietzsche hatte 1863 in seinem Gedicht *Zur Feier des fünfzigjährigen Gedenktages der Schlacht bei Leipzig* Napoleon als visionären Träumer nach einer verlorenen Schlacht gezeigt; vgl. hierzu die Analyse in Kapitel II. 7 *(„Weltverfluchter" und höherer Mensch. Nietzsches Napoleon als spätzeitlicher Künstler-Tyrann).*

[47] „O Waterloo, O Glück. O Schlachtentosen. | O Tag, der uns den großen Sieg gewinnt." (I, 43, V. 3f.)

[48] Napoleon wird bei Heym so rein gehalten von ‚nachtretender' Bitterkeit, die man vielleicht im trotzigen Monolog von Grabbes Napoleon mithören kann.

Die große Zeit ist da. Auf zu Kongressen!
Nach Wien und Karlsbad heißt es nun gekrochen,
Des großen Tages Frucht nicht zu vergessen. (I, 45 f.)

Das adversative „Indes“ leitet über vom Niedergang napoleonischer Größe zur Auferstehung der Mittelmäßigkeit, die durch die plakativ-autosuggestive gehäufte Nennung von Größe („große Zeit“ [V. 5], „großer Sieg“ [V. 9], „große Zeit“ [V. 11], „großen Tages“ [V. 14]) nur um so unerheblicher wirkt. Der Epochenwandel wird durch die dreimalige Setzung des Temporaladverbs „nun“ (V. 4, 5) betont. Apokalyptisch überformt nimmt die Freude der Sieger orgiastische Züge an, die als exzessive Todsünden beschrieben werden. Völlerei und sexuelle Abnormität werden zu einem restaurativen Bacchanal gestaltet. Auch bei Grabbes napoleonischem Schlußmonolog gab es den verächtlichen Blick auf das unerhebliche, bloß tändelnde Mittelmaß, aber die dekadent-sündhafte Zuspitzung spielte bei ihm nur am Rande eine Rolle.[49] Hier legt Heym den Akzent anders und betont den Endzeitcharakter der nachnapoleonischen Zeit. Das 19. Jahrhundert wird zum apokalyptischen Panoptikum arrangiert, in dem das „große Fressen“ zelebriert wird. Blücher und Wellington als „zwei verliebte Päderasten“ (V. 1) zu schildern, verdeutlicht den Abscheu vor der Zeit der Restauration besonders drastisch. Die „Heilige Allianz“ wird hier zur sündhaften Veranstaltung, die nicht mehr Maß zu halten versteht. Das letzte Terzett eröffnet die Perspektive auf die Restauration als Vorgeschichte der Gegenwart Heyms. Nicht nur der Wiener Kongreß, auch die Karlsbader Beschlüsse von 1819 werden zitiert. So erscheint die nachnapoleonische Zeit vornehmlich als eine repressive, die permanent versucht, sich Größe einzureden, und doch nur im dekadent-sündhaften Mittelmaß versumpft. Im Blick auf die nachnapoleonische Zeit schreibt Heym anachronistisch verschoben seinen Haß auf das wilhelminische Bürgertum mit ein.

[49] Nur die „Opernhuren“ geben bei Grabbe den Blick auf ein napoleonloses Sündenbabel frei. Im Vordergrund steht die Tyrannenvervielfältigung und die dumpfe Ereignislosigkeit: „Statt eines großen Tyrannen, wie sie mich zu nennen belieben, werden sie bald lauter kleine besitzen, – statt ihnen ewigen Frieden zu geben, wird man sie in einen ewigen Geistesschlaf einzulullen versuchen, – statt der goldnen Zeit, wird eine sehr irdene, zerbröckliche kommen, voll Halbheit, albernen Lugs und Tandes, – von gewaltigen Schlachttaten und Heroen wird man freilich nichts hören, desto mehr aber von diplomatischen Assembleen, Konvenienzbesuchen hoher Häupter, von Komödianten, Geigenspielern und Opernhuren“ (Christian Dietrich Grabbe: Napoleon oder die hundert Tage, in: Ders.: Werke und Briefe. Historisch-Kritische Gesamtausgabe in sechs Bänden, hg. v. d. Akademie der Wissenschaften in Göttingen, bearbeitet v. Alfred Bergmann. Emsdetten 1960–1973, Bd. 2, S. 457 f.).

b) Verhinderte Feindin
Eros und Selbstbehauptung in Kolmars Gedichtzyklus „Napoleon und Marie"

Der Gedichtzyklus *Napoleon und Marie* der jungen Gertrud Kolmar zeichnet in 19 Gedichten die beginnende Beziehung zwischen Napoleon und der polnischen Gräfin Marie Walewska im Jahr 1807 nach.[50] Napoleon kommt bei Kolmar nicht zu Wort, lediglich seine verhinderte Feindin Marie äußert sich jeweils retrospektiv über Etappen der Begegnung.[51] Aus der Perspektive Maries zeigen die Rollengedichte sowohl die Einflußnahme des polnischen Adels bei der beginnenden Affäre als auch Maries anfängliches Widerstreben. Politischer Abscheu schlägt in erotische Faszination um gegenüber Napoleons „Lippen, die vernichteten, mich küßten".[52] Maries anfänglichem Adelsstolz gegenüber dem „Emporkömmling" Bonaparte soll hier in der Analyse besonders Rechnung getragen werden. Die psychologische Introspektion zeigt Widersprüche zwischen erotischer Neigung und politischer Pflicht und offenbart in der übertriebenen Opfergebärde und Selbstpreisgabe die Sehnsucht nach Heroismus und einer intensiveren Teilhabe an einer großen Zeit, wenn Kolmar sie ausrufen läßt: „O, ein Mann sein! Ja, ein Held!"[53]

---

[50] Die Entstehungszeit des Zyklus ist umstritten. Während Johanna Woltmann den Zyklus auf 1912 datiert, plädiert der Kommentar der Göttinger Kolmar-Ausgabe für 1920/21 als Entstehungzeit. Vgl. Johanna Woltmann: Gertrud Kolmar. Leben und Werk. Göttingen 1995, S. 68. Gertrud Kolmar: Das lyrische Werk, hg. v. Regine Nörtemann, Bd. III: Anhang und Kommentar. Göttingen 2003, S. 122. Für 1921 spräche neben den graphologischen Argumenten, die Nörtemann anführt, auch noch der 100. Todestag Napoleons, der ihm in der deutschen Presse eine weitere thematische Hausse verschaffte.

[51] Der Zyklus legt einen ersten Schwerpunkt auf die schwierige Annäherung *(Die Alte hat das Kästchen heimlich hergestellt, Murat, Das Zeichen, Stolz, Im Morgen)*, berichtet im folgenden von der Liebe in stürmischen Zeiten *(Geschichte, Das Schwertlied, Die Sterne)*, lenkt die Aufmerksamkeit auf Nebenfiguren *(Junot, Rustan)* und blendet zum Schluß in düsteren prognostischen Bildern auf Napoleons Fall *(Nichts, Irgendwo in Rußland)*.

[52] Gertrud Kolmar: Im Morgen, in: Dies.: Napoleon und Marie, in: Dies.: Das lyrische Werk, Bd. I: Frühe Gedichte, hg. v. Regina Nörtemann. Göttingen 2003, S. 210. Im Folgenden wird *Napoleon und Marie* nach dieser Ausgabe im fortlaufenden Text zitiert, mit dem Gedichttitel und der Seitenzahl.

[53] *Das Schwertlied*, S. 213. Zu dieser weiblichen Selbstpreisgabe und Opferbereitschaft bei Kolmar vgl. Marion Brandt: „Opfre ich mich auf schäumender Altars Stufe". Über das Bild des Opfers im Werk von Gertrud Kolmar (1894–1943), in: Jüdische Kultur und Weiblichkeit in der Moderne, hg. v. Inge Stephan. Köln 1994, S. 173–185. Amy Colin: Macht, Opfer, Selbstzerstörung. Jüdisches Frauenschicksal in Gertrud Kolmars „Nacht", in: Brücken über dem Abgrund. Auseinandersetzung mit jüdischer Leidenserfahrung, Antisemitismus und Exil. Festschrift für Harry Zohn, hg. v. Amy

Die Faszination für Napoleon als heroisch-lyrischen Stoff teilt Kolmar in dieser expressionistischen Zeit mit Georg Heym, dessen Sonettzyklus *Mont St. Jean* die Schlacht von Waterloo als Abschied von einem heldischen Zeitalter inszeniert. Bereits die 15jährige Gertrud Kolmar schrieb 1910 ein gefühliges *St. Helena*-Gedicht.[54] Während Heym allerdings das Schlachtfeld als poetischen Ort wählt, spiegelt Kolmar – sowohl im *St. Helena*-Gedicht als auch im Zyklus *Napoleon und Marie* – die vitalistische Sehnsucht in mageren Zeiten ins Private. Aber Maries Blick aus dem Boudoir auf die Politik illustriert zugleich eine Zeit umfassender Politisierung, in welcher der polnische Adel außerhalb politischer Institutionen qua lancierter Erotik versucht, Einfluß auf den Kaiser auszuüben.

Der Gedichtzyklus *Napoleon und Marie* bildet den Übergang von Kolmars (oft noch) in Form und Inhalt konventionellen lyrischen Anfängen zum eigenwilligen Werk der 1920er und 1930er Jahre, das durch suggestive Metaphorik und hymnische Klänge gekennzeichnet ist.[55] Mit *Napoleon und Marie* wendet sich Kolmar ab von autobiographisch inspirierter Lyrik und hin zu historischen Themen. Aber während Kolmar in ihrer späteren Auseinandersetzung mit Robespierre das Politische direkt in den Blick nimmt, überlagert in *Napoleon und Marie* das Private das Politische, das lediglich aus der intimen Perspektive Maries schemenhaft erkennbar wird.[56] *Napoleon und Marie* beginnt als kämpferische Ausein-

---

Colin. München 1994, S. 199–223. Barbara Dicks: Ich bin nur ein Ackerstrauß und halte mich selbst in Händen. Entwürfe von Weiblichkeit bei Gertrud Kolmar. Trier 2003.

[54] Vgl. Gertrud Kolmar: St. Helena, in: Dies.: Das lyrische Werk (Anm. 50), Bd. III, S. 8.

[55] Zur Poetik Kolmars vgl. Bernd Witte: „Und wir, wir sind geworden durch den Galgen und durch das Rad!" Die jüdische Lyrikerin Gertrud Kolmar (1894–1943), in: „Manche Worte strahlen". Deutsch-jüdische Dichterinnen des 20. Jahrhunderts, hg. v. Norbert Oellers. Erkelenz 1999, S. 43–60. Gert Mattenklott: Gertrud Kolmar. Versuch eines Porträts, in: Gertrud Kolmar. La Straniera. Rom 1999 (Pro forma, 1), S. 67–89. Chryssoula Kambas (Hg.): Lyrische Bildnisse. Beiträge zur Dichtung und Biographie von Gertrud Kolmar. Bielefeld 1998. Ludwig Völker: Formstrukturen als Sinnstrukturen. Der Zyklus als poetische Form im Werk Gertrud Kolmars, in: Vom Gedicht zum Zyklus. Vom Zyklus zum Werk. Strategien der Kontinuität in der modernen und zeitgenössischen Lyrik, hg. v. Jacques Lajarrige. Innsbruck, Wien, München 2000, S. 98–121.

[56] Zur Bedeutung Robespierres für Kolmar vgl. Sigrid Bauschinger: Vindication through suffering. Gertrud Kolmar's cycle of poems „Robespierre", in: Transforming the center, eroding the margins. Essays on ethnic and cultural boundaries in German-speaking countries, hg. v. Dagmar C. G. Lorenz u. Renate S. Posthofen. Columbia 1998, S. 44–61. Justus Fetscher: „Les peuples meurent, pour que Dieu vive". Gertrud Kolmar's consecration of the protagonists in the drama of the French revolution, in:

andersetzung mit dem Usurpator Napoleon und mündet in schwelgerische Liebeslyrik. Teils fingieren die Gedichte lyrisierte Tagebuchaufzeichnungen, teils nehmen die Gedichte balladenhafte Züge an. Äußerst virtuos kombiniert Kolmar unterschiedliche Strophenformen und arrangiert im jähen Wechsel träumerische Terzinen *(Im Morgen)* mit kämpferischen Strophen *(Das Schwertlied)*, die inhaltlich zwar pronapoleonisch orientiert sind, aber im enthusiastischen Arrangement in der Schuld von Theodor Körners Befreiungskriegslyrik stehen und somit in sich den Zwiespalt von liebender Hingabe und politischer Selbstbehauptung austragen.[57]

Mit der Begegnung von Marie Walewska und Napoleon wählt Kolmar ein beliebtes literarisches Sujet.[58] Die junge polnische Gräfin lernte Napoleon 1807 in Warschau kennen und begann nach anfänglichem Widerstreben eine Affäre mit dem Kaiser. Die Polen erhofften vom Kaiser die Schaffung eines unabhängigen polnischen Staates und versuchten, über Marie Walewska Einfluß auf Napoleon auszuüben. Napoleon war hingegen nicht an einem unabhängigen Königreich Polen interessiert.[59] Die Liebesbeziehung zwischen Napoleon und Maria Walewska währt et-

---

War, violence and the modern condition, hg. v. Bernd Hüppauf. Berlin 1997, S. 317–342. Barbara Breysach: „Du mußt dich wandeln!" Gertrud Kolmars Gedichtzyklus „Robespierre" zur Diskussion gestellt, in: Apokalyptische Visionen in der deutschen Literatur, hg. v. Johanna Jablowska. Lódz 1996, S. 180–192. Abraham Huss: Zum Bild von Robespierre bei Gertrud Kolmar, in: Widerstehen im Wort. Studien zu den Dichtungen Gertrud Kolmars, hg. v. Karin Lorenz-Lindemann. Göttingen 1996, S. 88–104.

[57] Kolmars *Schwertlied* alludiert bereits im Titel Theodor Körners *Schwertlied.* Zum genaueren intertextuellen Verhältnis der beiden Gedichte vgl. die Analyse in diesem Abschnitt weiter unten.

[58] Vgl. die frühere dramatische Bearbeitung von Karl Biesendahl: Der Stern des Korsen. Tragödie in fünf Akten. Berlin 1890 und die späteren von Willy Rath: Maria Walewska. Ein unhistorisches Kammerspiel in drei Akten. Berlin 1931. Anton Strambowski: Die Walewska. Drei Akte mit Vorspiel. Leipzig 1948. Die spätere Hollywood-Verfilmung der amourösen Episode, *Marie Walewska* (Originaltitel: *Conquest* [1937]) erlangte wegen der Besetzung der Marie mit Greta Garbo Berühmtheit. Vgl. Christian Viviani: Napoléon vu, entrevu et fantasmé par Hollywood, in: Napoleon & le Cinéma. Un siècle d'images. Ouvrages publié avec le concours de la Direction Régionale des Affaires de Corse, de la Collectivité Territoriale de Corse, du Conseil Général des Hauts-de-Seine et de la municipalité d'Ajaccio. Ajaccio 1998, S. 125–135, hier S. 132 ff. Bereits 1920 gab es einen deutschen Film zu Napoleon und Marie mit dem Titel *Gräfin Walewska. Napoleons Liebe* von Otto Rippert, mit Rudolf Lettinger als Napoleon. Vgl. hierzu Hervé Dumont: Filmographie raisonnée, in: Napoléon & le Cinéma (s. o.), S. 151–359, hier S. 170. Ob Gertrud Kolmar diesen Film zufälligerweise kannte, konnte nicht ermittelt werden.

[59] Vgl. etwa Georges Lefebvre: Napoleon, hg. v. Peter Schöttler, mit einem Nachwort v. Daniel Schönpflug. Stuttgart 2003, S. 228 f.

wa drei Jahre. 1808 trafen die beiden in Paris zusammen, 1809 in Österreich. 1810 gebar Maria Napoleon einen Sohn.[60] In den folgenden eineinhalb Jahren lebte Maria Walewska in Frankreich, kehrte 1812 nach Polen zurück, um beim Rußlandfeldzug in der Nähe Napoleons zu sein. Aber sie bekam ihn kaum noch zu Gesicht. Noch 1814 besuchte sie ihn auf Elba. 1816 heiratete Maria Walewska den Grafen Ornano und starb 1817 im Alter von 31 Jahren.

Quellen Kolmars waren wohl die Memoiren von Napoleons Kammerdiener und Frédéric Massons Arbeiten über *Napoléon et les Femmes*.[61] Masson vermittelt in seiner Darstellung den Eindruck, daß Marie Walewska die Affäre mit Napoleon vor allem aus politischem Kalkül eingegangen sei, um dem polnischen Volk zu dienen.[62] Aus diesen Studien nimmt Kolmar die Anekdote, Napoleon habe Marie eine Perlenkette zukommen lassen mit der Botschaft, daß ein Anlegen und Berühren dieser Kette das Einverständnis zur Liebesaffäre signalisiere. Um diese Situation kreisen die ersten drei Gedichte des Zyklus. Das erste, vier Strophen umfassende, Gedicht *(Die Alte hat das Kästchen heimlich hergestellt)* zeigt Marie in der Situation, als ihr soeben die Schmuckkassette überbracht worden ist. Während die erste Strophe den Blick auf die Überbringerin richtet *(Die Alte)* und die letzte Strophe auf Maries Ehemann überblendet, geben die mittleren Strophen Maries Gedanken angesichts des Geschenks des Kaisers wieder:

Auf samtnem Grund ein zartes zwiegeschlung'nes Band:
Ich liebe Perlen sehr. Ich lieb' ihr weiches Rinnen.
Sie flossen fein und leicht durch meine weiße Hand,
Sie rieselten herab wie köstlich kühler Sand
Und krochen träge hin wie kleine Spinnen.

---

[60] Dieser Sohn Napoleons, Alexander Walewski, avanciert 1856 im Zweiten Kaiserreich zum Außenminister in Frankreich.

[61] Beide Werke lagen in deutscher Übersetzung vor: [Louis Constant Wairy:] Napoleon I nach den Memoiren seines Kammerdieners Constant, übertragen v. Oskar Marschall von Bieberstein. 3 Bde. Leipzig 1904. Friedrich Masson: Napoleon I und die Frauen, übertragen v. Oscar Marschall von Bieberstein. Berlin o. J. Der Kommentar der Göttinger Kolmar-Ausgabe verweist darüber hinaus auch noch auf Tighe Hopkins: The Women Napoleon loved. Leipzig 1910.

[62] Zur historischen Gestalt der Maria Walewska vgl. Marian Brandys: Maria Walewska, Napoleons große Liebe. Eine historische Biographie. Frankfurt a. M. 1996. Claude Dufresne: Marie Walewska, l'épouse de Napoléon Ier. Paris 2000. Christine Sutherland: Maria Walewska. Geliebte Napoleons, Gräfin Ornano. München 1981. Gertrude Aretz: Napoleon und Gräfin Walewska. Wien, Leipzig, Olten 1936. Stefan Gläser: Frauen um Napoleon. Regensburg 2001.

Dann möcht' ich träumen, denn ich lächelte: „Despot!
Du sendest mir die Tränen, die dein Schwert vergossen."
Das rote Sammetkissen schien mir blutig rot.
Ich lächelte im Traum; auch ich war ja bedroht:
Glänzt so das Blut, das deiner Gier geflossen?"[63]

Die sowohl durch Kreuzreime als auch durch umfassende Reime in einander verschlungenen Langverse mit sechs- und fünfhebigen Jamben imitieren in ihrer regelmäßig fließenden Struktur das beschriebene „zwiegeschlung'ne[] Band" (V. 6) der Perlenkette, das Marie gleichermaßen fasziniert und schaudern läßt. Der Vergleich der Perlen mit „träge hin [kriechenden] kleine[n] Spinnen" (V. 10) relativiert die Affirmation des zuvor geäußerten Vergleichs („wie köstlich kühler Sand" [V. 9]) und arbeitet die zwiespältigen Eindrücke Maries plastisch heraus. Die Verführung wird als Gefahr erkennbar. Die Apostrophe Maries an Napoleon (V. 11 f.) greift die konventionelle Trope der Perlen für Tränen auf und verwandelt sie zu „Tränen, die dein Schwert vergossen" (V. 12). Das Liebeswerben Napoleons wird so von Marie in Kriegsmetaphorik eingebunden, die noch verstärkt wird, wenn das „rote Sammetkissen [ihr] blutig rot" (V. 13) erscheint, und damit das Blut der Kriegsopfer Napoleons assoziativ aufruft. Die resümierende Frage: „Glänzt so das Blut, das deiner Gier geflossen?" (V. 15) zeigt bereits hier eine Marie Walewska, die sich durch die künstlich gestellte rhetorische Frage autosuggestiv aus der Bannkraft der Verführung zu befreien sucht. Die letzten Verse des ersten Gedichts zeigen Maries beginnende Selbstentfremdung, wenn sie sich „selbst den Tag nicht mehr im Spiegel an[sah]" (V. 19).

Gleichwohl weiß sich Marie, noch einmal zur Räson zu rufen und bäumt sich gegen die imperatorische Gebärde des werbenden Napoleon auf. Das dritte Gedicht, *Das Zeichen*, das mit 175 Versen das längste des Zyklus darstellt, gibt den Blick auf Maries innerlichen Kampf frei. Während das erste Gedicht mit seinen vier gleich gebauten, fünfversigen Strophen (im regelmäßig ausschwingenden, zumeist sechshebigen jambischen Metrum) noch die äußerliche Ruhe des Geschehens wiedergab, zeigt *Das Zeichen* mit seiner unregelmäßigen, reimlosen Strophik (und zu fünf Hebungen verknappten Versen) bereits die innere Aufgewühltheit der Sprecherin an. Marschall Duroc teilt Marie mit, der Kaiser erwarte, daß Marie ihre „rechte Hand zum Herzen" auf die Perlenkette lege, zum *Zeichen* ihres liebenden Einverständnisses.[64] Empört weist Marie dieses Ansinnen zurück und präsentiert sich in einem in Anführungs-

[63] *Die Alte hat das Kästchen heimlich hergestellt*, S. 201.
[64] *Das Zeichen*, S. 203.

zeichen gesetzten Monolog, der mit seinem Blankvers die lyrische Szene dramatisiert, als aristokratische Feindin des Parvenus Bonaparte:

Und ich riß aus samt'nem Schrein die Kette,
Seine Kette, Seine schöne Gabe,
Warf sie wild, gleich gift'ger, ekler Natter
In den Winkel. „Mag ein Dieb sie finden!
Denn die Frauen Polens, edle Frauen
– Mag ihr Sinn auch tanzen – nein, sie gleichen
Nimmer noch den Dirnen Deiner Hauptstadt,
Die zu kaufen sind um Perlenschnüre!
Ob der Herr der Christenheit dich salbte,
Ob vor Deinem kleinen schwarzen Hute
Uralt gold'ner Kronen Glanz erblaßte,
Ob dir tausend gunstbegier'ge Schreiber
Tausend Reihen hoher Ahnen malen –
Als Napoleon bleibst du Bonaparte:
Erbe und Genoß der Königsschlächter,
Pöbelliebling, Held der Soldateska,
Roher Kriegsmann stets von nied'ren Sitten,
Ohne Maß und Feinheit, ohne Anstand:
Nein, dem stolzen Adel der Laczinski
Und dem alten Adel der Walewski
Darf dein neues Blut sich nie vermischen!"[65]

In der Wut Maries spiegelt sich nicht nur die Empörung wider, mit dem Schmuck für anstehende Liebesdienste bezahlt worden zu sein, sondern auch ein aristokratisches Bewußtsein. Dieser von Kolmar gestaltete antinapoleonische Affekt konnte bei der historischen Maria Walewska auch auf das historisch verbürgte Detail referieren, daß Marie auf einer Romreise 1804/05 eine der glühendsten Feindinnen Napoleons, Madame de Staël, kennengelernt hatte.[66] Während zu Beginn der Apostrophe an Napoleon Marie nationalstereotyp die „Frauen Polens" (V. 14) gegen die französischen „Dirnen Deiner Hauptstadt" (V. 16) ausspielt, offenbaren die folgenden Reflexionen Maries politische Überzeugung. Weder die Kaiserkrönung 1804, bei welcher der Papst liturgisch assistierte, noch kunstpolitisch-genealogische Stiftungen Napoleons können Marie beeindrucken. Denn selbst, wenn ihm „tausend gunstbegier'ge Schreiber | Tausend Reihen hoher Ahnen malen" (V. 21 f.), vermögen diese nachträglichen Traditionserfindungen für Marie nicht über Napoleons bürgerliche Abstammung hinwegzutäuschen. Die zweifach-parallele Ver-

[65] *Das Zeichen*, S. 203.
[66] Vgl. Stefan Gläser: Frauen um Napoleon (Anm. 62), S. 217.

wendung des Zahladjektivs „tausend" (V. 21, 22) illustriert die gewaltige (aber dennoch für Marie aussichtslose) Anstrengung Napoleons, sich eine eigene dynastische Tradition zu schaffen.

Marie geht es dabei nicht nur um eine Standeszugehörigkeit qua Geburt, sondern konkreter um das ideologische Verhältnis zur Revolution. Sie sieht Napoleon, der beim Direktorium in militärischen Diensten stand, als „Erbe und Genoß der Königsschlächter" (V. 24); schließlich hatte Napoleon 1795 auch den Royalistenaufstand der Pariser Sektionen im Auftrag des Direktoriums niedergeschlagen. Die mögliche Hoffnung auf eine Befreiung Polens ist für sie nicht stark genug, diese antirepublikanischen Aversionen auszuräumen. Die antirevolutionäre Gesinnung überwiegt nationale Sehnsüchte. Für die volkstümliche Ausrichtung dieses Kaisertums und die militärisch fundierte Basis dieser Herrschaft hat Marie kein Verständnis und beschimpft Napoleon dementsprechend als „Pöbelliebling, Held der Soldateska" (V. 25). Das Accessoire des volkstümlich stilisierten Kaisers, sein „kleine[r] schwarze[r] Hut[]" (V. 19), löst für Marie nicht die traditional-monarchischen Herrscherinsignien „Uralt gold'ner Kronen" (V. 20) ab. Die Selbstkrönung hebelt nicht die Legitimität des Gottesgnadentums aus. Die mangelnde Ebenbürtigkeit wird sentenzhaft zusammengefaßt in dem rhetorischen Ausspielen des bürgerlichen Nachnamens gegen die kaiserliche Selbstbezeichnung: „Als Napoleon bleibst du Bonaparte" (V. 23).

Aber Maries Widerstreben kann nicht autonom bestehen, da sie vom polnischen Adel unter Druck gesetzt wird, aus patriotischer Verpflichtung heraus dem Drängen Napoleons nachzugeben. An der Spitze dieser aristokratischen Plädoyers für die Liaison mit dem bürgerlichen Parvenu steht Maries Ehemann, Graf Anastasius Colonna-Walewski, den sie distanziert-verachtungsvoll als den „Greis" (V. 40) tituliert.[67] Marie fühlt sich von diesen Erwartungen bedrängt und überformt die Soirée, von der Napoleon und der polnische Adel das erotische Einverständnis erhoffen, projektiv zum Leichenschmaus ihrer Ehre. Die anderen Gäste verwandeln sich in ihrem Blick expressionistisch verzerrt zu grotesken, voyeuristischen Schattengestalten: „An langer Tafel schmausten | Farb'ge Schemen, grinsende Gespenster." (V. 57) Kolmar, die sonst in ihrem Dichten vom zeitgleichen Expressionismus relativ unberührt scheint und eher an die französischen Symbolisten anknüpft, benutzt hier

[67] Graf Anastasius Colonna-Walewski war zu diesem von Kolmar in den Blick genommenen Zeitpunkt 72 Jahre alt, seine Frau in dritter Ehe, Marie Walewska, 21 Jahre jung.

expressionistische Bildlichkeit, um den Moment größter Identitätsunsicherheit poetisch zu gestalten.[68]

Marschall Duroc redet beständig auf sie ein und versucht als Franzose, sie an ihr polnisches Pflichtgefühl zu erinnern. Das Gedicht gibt Durocs Worte in direkter Rede wieder: „Fühlt Ihr nicht ein Herz, seid Frau, seid Polin – | Und er kommt, um Polen zu erlösen" (V. 84 f.). Im Moment dieser äußeren Bedrängnis trifft Marie dann Napoleons Blick, dem sie sich kaum entziehen kann und der ihren Widerstand aufweicht. In ihrer Identität unsicher gemacht, gibt sie schließlich das erwartete *Zeichen* und beobachtet sich dabei, als ob jemand anderes als sie selbst hier handelt.[69] Diese Ich-Dissoziation, in der Handeln und Handlungsbeobachtung parallel und unabhängig von einander abzulaufen scheinen, tauchen den Beginn der Affäre in ein Licht der Fremdbestimmung. Die verhinderte Feindin Marie Walewska vermag die Selbstbehauptung nicht mehr aufrechtzuerhalten und gibt mit dem geforderten *Zeichen* das Signal zur Selbstaufgabe im Eros.

Diese Selbstaufgabe wird vom polnischen Adel als das gemäße Opfer für das eigene Volk beschrieben. Das Gedicht *Geschichte* schildert den Besuch einer polnischen Abordnung an Marie, die sie mit einem Schreiben an ihre patriotische Pflicht mahnt und dies in alttestamentarischen Bildern, die zwar auch die historische Authentizität des Gedichtzyklus' verstärken,[70] aber vor allem auf Kolmars spätere Lyrik vorausdeuten, die um die jüdische Identität und Selbstvergewisserung kreist. In der Aufforderung der polnischen Aristokraten gegenüber Marie antizipiert Kolmar ihre spätere Auseinandersetzung mit jüdischer Opferbereitschaft und weiblicher Identitätssuche in der Selbstaufgabe[71]:

---

[68] Auch später wird die Gespenstermetaphorik für die aristokratische Festgesellschaft weitergeführt: „Um mich neckten sich die flachen Schatten | [...] Lauter zischelten die bunten Schemen, | Streckten Finger aus mit scharfen Nägeln, | Witterten mir nach mit spitzen Nasen, | Ließen Spott auf mich herniedersausen, | Fein, gleich dünnen Geißeln. Ich empfand sie." (V. 110 u. 126–130).

[69] „Und ich sah – und konnte nicht erschrecken, | Eine Hand sich stetig sacht erheben, | Wie aus Marmor, groß, fast übermächtig – | [...] | Zögernd blickt ich auf mich selbst hernieder. | Und ich sah, und konnte nicht begreifen, | Leis am Tischtuch eine Hand sich heben, | Zart und zitternd und der meinen ähnlich, | Sah für ewig, ewig in Sekunden | Meine Hand auf meinem Herzen liegen – – | | Dieses ist das Zeichen, daß ich liebe." (V. 152–154 u. 169–175).

[70] Bei Friedrich Masson: Napoleon I und die Frauen (Anm. 61), S. 152 f., wird der Brief der provisorischen Regierung Polens an Marie Walewska zitiert, in dem bereits der Vergleich mit Ahasver und Esther als drohende Mahnung vorkommt.

[71] Vgl. hierzu mit kritischer Verve Monika Shafi: Gertrud Kolmar. Eine Einführung in das Werk. München 1995, S. 21.

Es haben Männer mir den Brief geschrieben
Und Männer schildern Ahasvers Gebot;
Wie dächten sie an stolzer Frauen Lieben,
Was wissen sie von scheuer Frauen Not?

„Sie haßte ihn und schürte seine Triebe,
Sag': als sie schaudernd hinsank – war das Glück?
Nein, ihres Volkes Qual galt ihre Liebe,
Und ihres Volkes Rettung war ihr Glück."

Ich wusch wie Esther mein Gesicht in Tränen
Und lächelte dem Sieger schmerzlich zu.
Ach, meinem Herzen weint' ich meine Tränen,
Und meinem Lande lächelte ich zu.[72]

Während die Verse 4–8 und 13–15 Maries Reflexionen wiedergeben, zitieren die zwischen geschalteten Verse 9–12 den Brief der polnischen Aristokraten. Die wiederholt zu „Männer[n]" (V. 5, 6) anonymisierten und damit auf ihr Geschlecht reduzierten polnischen Gesandten werden von Marie als verständnislose Aristokraten geschildert. „Ahasvers Gebot" (V. 6) referiert auf die im alttestamentarischen *Buch Ester* erzählte Geschichte von Esther, der jüdischen Pflegetochter des Mardochai, die als Gemahlin des persischen Königs Ahasverus (Xerxes) einen Mordanschlag des Wesirs Haman gegen die Juden vereitelt. Einen ähnlichen Einfluß wie den Esthers auf Ahasversus erhoffen sich die Polen von Marie auf Napoleon. Über Marie verlangen sie nach einem amourös vermitteltem Zugang zum Machthaber. Marie nimmt diese Zuschreibung an und stilisiert sich zur nationalen Märtyrerin und identifiziert sich mit der jüdischen Opfergestalt Esther, die für ihr Volk ihr Leben riskiert, indem sie ungerufen vor den König Ahasverus tritt, um für ihr Volk zu bitten (Ester 4, 11).[73]

Daß diese Opfergebärde von Kolmar allerdings nicht bruchlos gestaltet wird, zeigt das *Schwertlied*, das unmittelbar auf *Geschichte* folgt, in dem der polnische Adel von Marie selbstlose Opferbereitschaft gefordert hat. Drei siebenversige Strophen verweisen bereits formal auf die Befreiungskriegslyrik. Sowohl Schenkendorfs *Jägerlied* als auch Körners *Lied des Lützowschen Jäger-Corps bei Einweihung der Fahnen* wählten mit der sogenannten Lutherstrophe die siebenversige Form. Kolmar wählt ebenfalls eine siebenversige Strophe und intensiviert mit dem Titel

[72] *Geschichte*, S. 212.

[73] Kolmar hat später, um 1937, ein Gedicht *Esther* geschrieben (Kolmar: Das Lyrische Werk [Anm. 50], Bd. II, S. 499), das Esther als jüdische Opfer- und Außenseitergestalt perspektiviert und als Identifikationsfigur problematisiert.

Das Schwertlied den kommunikativen intertextuellen Bezug zu Körners *Schwertlied.*[74] Während die metrische Bezugnahme auf eine strukturale Intertextualität verweist, die mit Formen des Prätextes spielt,[75] intensiviert der Titel *Das Schwertlied* den intertextuellen Bezug kommunikativ und auch dialogisch: Denn Kolmar antwortet mit ihrem weiblichen *Schwertlied* kritisch auf Körners männlich-heldischen Entwurf. In Strophen und Titeln der deutschen Befreiungskriegslyrik gestaltet sich hier eine Liebe zu Napoleon als privater polnischer Befreiungskrieg und als Wunsch nach Teilhabe am welthistorischen Geschehen:

Gießt mir Kugeln! Schleift den Degen!
O, ein Mann sein! Ja, ein Held!
Jubelnd einem Los entgegen,
Das ihn krönt, der trotzt und fällt.
Ach, was biegt statt bricht,
Kennt das Wehren nicht,
Nur sein Liebstes wirft es schutzlos in die Welt.

Laßt mich denn zur Lohe fliegen,
Die verbrennt, was sie begehrt,
Kann ich sinken, niemals siegen,
Schmelzt mich tief in euer Schwert!
Seinen ersten Schlag
Weiht dem bessern Tag,
Da ein neues Volk die junge Freiheit ehrt![76]

---

[74] Unter Kommunikativität wird hier mit der von Ulrich Broich und Manfred Pfister skizzierten Intertextualitätstheorie der Grad der Bewußtheit des intertextuellen Bezugs beim Autor wie beim Rezipienten gefaßt. Vgl. Ulrich Broich, Manfred Pfister (Hg.): Intertextualität. Formen, Funktionen, anglistische Fallstudien. Tübingen 1985 (Konzepte der Sprach- und Literaturwissenschaft, 35).

[75] Solche strukturalen Bezugnahmen auf die Befreiungskriegslyrik untersucht für Goethes *West-östlichen Divan* Achim Aurnhammer: Unzeitgemäße Zeitdichtung. Strukturale Intertextualität und latente Gegenwartsbezüge im „West-östlichen Divan", in: Prägnanter Moment. Studien zur deutschen Literatur der Aufklärung und Klassik. Festschrift für Hans-Jürgen Schings, hg. v. Peter-André Alt, Alexander Košenina, Hartmut Reinhardt u. Wolfgang Riedel. Würzburg 2002, S. 421–437. Während Goethe der Befreiungskriegslyrik als Zeitgenosse antwortet, schaltet sich Kolmar über ein Jahrhundert hinweg in der Form der historischen Dichtung in eine intertextuelle Situation ein. Sie läßt im 20. Jahrhundert ex post Marie als Zeitgenossin Körners sprechen.

[76] *Das Schwertlied*, S. 213. Kolmars Strophenform ist ungewöhnlich und erinnert zwar in der Reimfolge und dem zu Beginn vierhebigen Trochäus an eine bekannte Kirchenliedstrophe (Vgl. Horst J. Frank: Handbuch der deutschen Strophenformen. Tübingen, Basel ²1993, Nr. 7.11, S. 555 f.), aber die Variation der Reimzahl im Abgesang zu drei- und sechshebigen Trochäen unterscheidet sie wieder deutlich von dieser im Barock vor allem genutzten Strophe.

Die Bereitschaft, die Mätresse Napoleons zu werden, wird als militärische Mobilisierung beschrieben und als Anteil am männlichen Kampf mit dem Schwert, wenn Marie die polnischen Gesandten metaphorisch auffordert: „Schmelzt mich tief in euer Schwert!" (V. 11) Da ihr Wunsch nach gleichberechtigter Teilnahme an ihrem Geschlecht scheitert und sich in dem elliptischen Ausruf „O, ein Mann sein! Ja, ein Held!" (V. 2) erschöpft, begnügt sie sich mit diesem erotischen Auftrag. Damit erweitert sich allerdings die Auseinandersetzung der Polen mit Napoleon aus dem militärischen und politischen Bereich in umfassendere Gefilde. Marie stilisiert sich mit diesem Lied zur polnischen Partisanin, die ihre Weiblichkeit, die „biegt statt bricht" (V. 5), als Rüstzeug mitbringt. Die Mehrdeutigkeit und Ambiguität dieses erotischen Kampfes als Wechselspiel von politischer Pflicht und amouröser Neigung illustriert auch die Metapher der „Lohe" (V. 8), die sowohl als Bild für Napoleon, der vernichtet, was er begehrt, als auch als Bild für den polnischen Befreiungskampf genommen werden kann, der Maries Beitrag fordert ohne Rücksichten auf ihre Empfindlichkeiten.

Körners *Schwertlied* gestaltet einen Dialog des lyrischen Ichs mit seinem als Braut stilisierten Schwert,[77] Kolmars *Schwertlied* stilisiert die Bereitschaft zur Liaison mit Napoleon als weiblichen Befreiungskrieg für Polen. Beide lyrischen Texte verbinden so Liebe und Krieg metaphorisch. Während Körner mit seiner lyrischen Apostrophe den Krieg zur Liebesbegegnung des lyrischen Ichs mit seinem Schwert verbildlicht, metaphorisiert Kolmar gegenläufig die Liebesbegegnung zum Teil eines militärischen Kampfes mit dem Schwert.[78] Körners lyrisches Ich personifiziert sein Schwert zur Braut, Kolmars Marie verdinglicht ihre Liebe zum Teil eines Schwertes im Befreiungskampf der Polen. Körner gestaltet so den Krieg zum Schauplatz der Liebe, Kolmar hingegen die Erotik als militärischen Kampf. Wenn man Kolmars *Schwertlied* auch als dialogische Antwort auf Körners *Schwertlied* begreift, ergänzt und korrigiert Kolmar Körners heldisch-männlichen Entwurf mit einem weiblichen Ge-

---

[77] Theodor Körner: Schwertlied, in: Ders.: Sämmtliche Werke. Ausgabe in einem Band. Leipzig o. J., S. 31 ff. Körner inszeniert in seinem *Schwertlied* einen Dialog zwischen dem lyrischen Ich und seinem verweiblichten Schwert. Die Schlacht wird als Hochzeit des lyrischen Ichs mit seinem Schwert ersehnt; vgl. Strophe fünf: „Zur Brautnachts-Morgenröthe | Ruft festlich die Trompete; | Wenn die Kanonen schrei'n, | Hol' ich das Liebchen ein. | Hurrah!" (S. 32). Zu solchen Männlichkeitsentwürfen in Texten des Befreiungskrieges vgl. Karen Hagemann: „Mannlicher Muth und teutsche Treue!" Nation, Militär und Geschlecht zur Zeit der antinapoleonischen Kriege Preußens. Paderborn, München, Wien, Zürich 2002 (Krieg in der Geschichte, 8).

[78] „Schmelzt mich tief in euer Schwert!" (V. 11)

genmodell. In der Gestalt der Maria Walewska wird eine Sehnsucht nach Heroismus greifbar, der sich doppelt ausrichtet. Zum einem arbeitet sich dieses Verlangen nach Größe an der Gestalt Napoleons selbst ab, und zum anderen stilisiert Kolmars Marie sich selbst zur polnischen Befreiungskämpferin, die allerdings in diesem amourösen Kampf gegen Napoleon hoffnungslos unterliegen wird.

2. Vom unpolitischen Dämon zur politischen Abwehr-Chiffre Napoleon-Dramen zwischen Expressionismus und Exil[79]

Um Kontinuität wie Diskontinuität in der Mythisierung Napoleons im 20. Jahrhundert zu klären, wird im folgenden ein Bogen von der expressionistischen Auseinandersetzung mit Napoleon zu Napoleon in der Exil-Literatur gespannt. Dies geschieht in der Analyse von Napoleon-Dramen deutscher Expressionisten. Die dramatischen Texte von Hermann Essig, Fritz von Unruh, Walter Hasenclever und Georg Kaiser repräsentieren exemplarisch die Entwicklung vom unpolitisch frühexpressionistischen Napoleon-Mythos hin zum zeitpolitisch aktualisierten Napoleon-Mythos der Exil-Literatur. „Napoleon-Dramen deutscher Expressionisten" ist dabei nicht gleichbedeutend mit „expressionistischen Napoleon-Dramen". Denn Unruh, Hasenclever und Kaiser schrieben ihre Texte nach der Epoche des Expressionismus, reflektieren aber gleichwohl die expressionistische Vergangenheit.

Für die Dichter im Exil bot der Napoleon-Stoff eine zweifache Möglichkeit, die zeitgeschichtliche Situation zu reflektieren. Zum einen präfigurierte der nach St. Helena verbannte Napoleon die eigene Exil-Situation. Zum anderen lieferte Napoleon als sich selbst zum Kaiser krönender Diktator die Vorlage, sich mit Hitlers nationalsozialistischer Herrschaft in kaum verschlüsselter Form auseinanderzusetzen, wie dies etwa Joseph Roth 1936 in seinem Roman *Die hundert Tage,* Ferdinand Bruckner 1936 in *Napoleon der Erste* und 1942 in der *Heroischen Komödie* oder Arnold Zweig 1938 in seinem Drama *Bonaparte in Jaffa* unternehmen.[80] Die (Anti-)Napoleon-Texte von Roth, Bruckner und Zweig

[79] Dieses Kapitel beleiht die Studie: Barbara Beßlich: L'Empereur zwischen Expressionismus und Exil. Napoleon-Dramen von Hermann Essig, Fritz von Unruh, Walter Hasenclever und Georg Kaiser. In: Jahrbuch der deutschen Schillergesellschaft 46 (2002), S. 250–278.

[80] Joseph Roth: Die hundert Tage (1936), in: Ders.: Werke, Bd. 5: Romane und Erzählungen 1930–1936. Hg. und mit einem Nachwort v. Fritz Hackert. Köln 1990, S. 677–848. Arnold Zweig: Bonaparte in Jaffa. (1939), in: Ders.: Ausgewählte Werke in Einzelausgaben, Bd. XIII: Dramen. Berlin 1963, S. 487–567. Ferdinand Bruckner: Napoleon der Erste. Komödie, in: Ders.: Schauspiele nach historischen Stoffen. Köln,

werden später in der Analyse berücksichtigt,[81] da in ihnen die Reflexion der expressionistischen Vergangenheit nicht eine derart große Rolle spielt wie im Exil-Drama Georg Kaisers.

a) Die Dämonie der Macht
Essigs Schauspiel „Napoleons Aufstieg" (1903–05)

Der literarhistorisch vernachlässigte Hermann Essig (1878–1918) steht am Anfang der dramatischen Beschäftigung der Expressionisten mit Napoleon.[82] Lange vor dem Ersten Weltkrieg und bevor Essig 1913 und 1914 jeweils den Kleist-Preis erhielt, befaßte er sich mit dem Napoleon-Stoff und arbeitete an seinem Drama *Napoleons Aufstieg* von 1903 bis 1905. Erschienen ist das Werk allerdings erst 1912 im „Verlag Der Sturm". Essigs Bemühungen, das Drama 1907 am Deutschen Theater auf den Spielplan zu bringen, scheiterten.

Napoleons Aufstieg ist ein *Schauspiel in vier Aufzügen*. Die Vieraktigkeit ist wohl Büchners *Dantons Tod* geschuldet, wie überhaupt Essigs Drama als mehr oder minder „inhomogene Mischung aus Shakespeare, Schiller, Büchner und Grabbe" erscheint.[83] Von Grabbes *Napoleon oder die hundert Tage* übernimmt Essig die Zeichnung Napoleons als einsamen Protagonisten, der auf der Höhe der Macht, bar aller Gegenspie-

---

Berlin 1956, S. 339–422. Ders.: Heroische Komödie in drei Akten, in: Ders.: Schauspiele nach historischen Stoffen (s. o.), S. 285–367. Außerdem könnte man noch Ernst Tollers Komödie *Nie wieder Friede!* (1936) und Mostars nach 1945 erschienenes Schauspiel nennen: Ernst Toller: Nie wieder Friede! Komödie, in: Ders.: Gesammelte Werke, hg. v. John M. Spalek u. Wolfgang Frühwald, Bd. 3: Politisches Theater und Dramen im Exil (1927–1939). München 1978, S. 185–243. Herrmann Mostar: Putsch in Paris. Ein Schauspiel in fünf Akten. Frankfurt a. M. 1947.

[81] Vgl. die Analyse in Kapitel III. 5 *(Hitler und Napoleon. Literarische Vergleiche in unterschiedlicher Absicht)*.

[82] Der 1878 in Schwaben geborene Essig war mit Herwarth Walden bekannt und gehörte zum Kreis der „Sturm"-Künstler. Sein 1919 postum erschienener Schlüsselroman *Taifun* satirisiert den „Sturm"-Kreis und entlarvt Spießertendenzen bei den gegen das Spießertum eingeschworenen Künstlern in einer, wie Kasimir Edschmid urteilt, „in Deutschland kaum gekannten Kühnheit der Form". Zitiert nach Rolf-Bernhard Essig: *Nachwort*, in: Hermann Essig: Der Taifun. Hg. und mit einem Nachwort v. Rolf-Bernhard Essig. Bonn 1997, S. 326–339, hier S. 336.

[83] Rolf-Bernhard Essig: Hermann Essig 1878–1918. Vom Volksstück zum Großstadtroman – ein schwäbischer Schriftsteller im Berliner Expressionismus. Ausstellung der Staatsbibliothek zu Berlin – Preußischer Kulturbesitz 26. Juni 1993 bis 7. August 1993. Wiesbaden 1993 (Ausstellungskataloge, Staatsbibliothek Preußischer Kulturbesitz; NF 5), S. 19. Vgl. auch Annemarie Pinto: Hermann Essig. Studien zu seiner Person und seinem Werk. Bern 1976, S. 35–38, die in der Analyse von *Napoleons Aufstieg* allerdings sehr knapp, schematisch und im wesentlichen auf eine strukturierende Inhaltsangabe beschränkt bleibt.

ler, zwischen Hybris und metaphysischer Sehnsucht hin- und hergerissen ist. Shakespeares Einfluß zeigt sich im eigentümlichen Realitätsstatus des Dramas: Geister, Traumvisionen und der Tod höchstselbst bevölkern die Bühne. Sie verlagern das Schauspiel so weg von der Gattung des Geschichtsdramas und subjektivieren es. Schiller schließlich vermittelte den traditionellen Blankvers,[84] der mit der bemerkenswert ‚expressionistisch' aufgeladenen Sprache kontrastiert, die von Neologismen, Inversionen, grammatischen und syntaktischen Brüchen strotzt. In der Hermetik und Gebundenheit der Sprache wird der antinaturalistische Reflex Essigs deutlich. Ein neuer Stilwille kommt vor allem in den visionären Bildern und in den ersten Szenen des Schauspiels zum Ausdruck. Diese Gleichzeitigkeit von innovativem Impetus und kryptischem Stil hat wohl Milian Schömann im Blick, wenn er Essigs Stil charakterisiert als „wirren Wirbel ekstatischer Schreie und dumpfbrütender Weltverachtung".[85] Schauplatzwechsel innerhalb der Akte fragmentieren das Dramengeschehen und lösen die Geschlossenheit der Akte sukzessive auf. Die Einheit des Ortes und der Zeit sind aufgebrochen, verschiedene Handlungsebenen laufen nebeneinander her und überlagern sich.

Zur Handlung: Der Titel, *Napoleons Aufstieg*, signalisiert einen Gegensatz zu Grabbe, der Napoleon am Ende, zwischen Elba und Waterloo, 1814/15 darstellt. Essig dramatisiert Napoleons Aufstieg, um in ihm bereits den Untergang zu antizipieren. Heinrich Mann wird 1919 in seinem Napoleon-Drama *Der Weg zur Macht* ähnlich verfahren, wenn er den karrierefixierten Bonaparte 1795 als skrupellosen Machtspekulanten mit kritischem Furor zeichnet.[86] Essig greift für seine demontierende Ab-

---

[84] An Schiller gemahnt ein wenig auch die Idylle in Ettenheim, bevor Napoleon das Liebesglück des Herzogs und seiner Verlobten Charlotte stört. Man mag hier an Max und Thekla im *Wallenstein* denken.

[85] Milian Schömann: Napoleon in der deutschen Literatur (Anm. 26), S. 67.

[86] Heinrich Mann: Der Weg zur Macht. Drama in drei Akten. München 1919. Heinrich Manns Bonaparte geht gezwungenermaßen kompromittierende Kompromisse ein und erkennt dies auch. So bekennt er gegenüber Talma: „Der Weg zur Macht ist besudelt, die Schuhe bleiben nicht sauber. Aber gehen wir Guten ihn nicht, die Schlechten rutschen sogar auf den Knien hin." (S. 137) Vgl. auch Heinrich Manns essayistische Bilanz von 1921, in der er Napoleon als bürgerlichen Parvenu skizziert, der (ganz nach dem Muster von Stendhals Napoleon-Biographie) seine frühen Ideale im politischen Betrieb verraten habe; Heinrich Mann: Der bürgerliche Held (1921), in: Ders.: Sieben Jahre. Chronik der Gedanken und Vorgänge. Berlin, Wien, Leipzig 1929, S. 29–34. Zu Heinrich Manns Napoleon-Drama vgl. knapp Wolfram Schütte: Das dramatische Schaffen Heinrich Manns, in: Heinrich Mann, hg. v. Heinz Ludwig Arnold. München 1986 (Text und Kritik, Sonderband), S. 112–121, hier S. 117ff. Später wird Heinrich Mann Napoleon hingegen wieder affirmativ in seine Europa-Konzeption einbinden.

sicht auf die Ermordung des Herzogs von Enghien zurück: Am 9. März 1804 hatte Konsul Bonaparte eine royalistische Verschwörung aufgedeckt und dies genutzt, um den ins badische Ettenheim emigrierten Herzog von Enghien völkerrechtswidrig als angebliches Haupt des Aufstands nach Vincennes zu überführen. Dort wurde Enghien am 20. März 1804 auf Geheiß Bonapartes von einem Militärgericht zum Tode verurteilt und in der Nacht zum 21. März 1804 füsiliert. Anschließend wurde das 1802 auf Lebenszeit erweiterte Konsulat Bonapartes in das Kaisertum Napoleons I. umgewandelt, vorgeblich zum Schutz vor weiteren royalistischen Verschwörungen.[87] Die Ermordung des Herzogs signalisiert den Willen zu Macht jenseits moralischer Skrupel, das Überschreiten bis dahin geltender ethischer Grenzen und die Hybris des sich selbst krönenden Kaisers. Essig interessiert dieser Vorgang nicht politisch als ein Aufbegehren gegen die Prinzipien der Französischen Revolution, sondern moralisch als das Abgleiten in eine dämonische Faszination der Macht.

Enghien erscheint als Lichtgestalt, ohne politisch zu argumentieren und als Royalist kaum konturiert. Dafür beeindruckt er um so mehr durch Redlichkeit. Sprachlich wird er von der dunklen Welt Napoleons abgesetzt, indem er mit seiner Verlobten in Ettenheim in Reimpaarversen spricht. Eine direkte Konfrontation mit Napoleon findet nicht statt. Dennoch werden Napoleon und Enghien als Parallelfiguren entworfen, beide isoliert, beide in problematischen Liebesbeziehungen, die sie für die Politik und die Faszination der Macht hintanzustellen bereit sind. Enghien bleibt aber schemenhafter als Napoleon, wie eine positive Spiegelfigur. Napoleon dagegen erscheint als Dämon. Der Verschwörer Cadoudal warnt vor Napoleon in einer entsprechenden Distinktion: „Der kleine Corse ist ein Fallensteller, | er ist kein Träumer, der die Zeit verpaßt, | ein Dämon ist er."[88] Napoleon geht mit dem Tod einen Pakt ein, einen faustischen Teufelspakt, bei dem es für den Zuschauer unklar bleibt, inwiefern es sich hierbei um einen Traum oder eine Vision Napoleons handelt oder ob das Geschehen real zu nehmen ist.

Essig holt Napoleon vom Sockel einer wilhelminischen Heldenverehrung. Ihn interessiert nicht der große Feldherr und Stratege, sondern der der Macht verfallene Napoleon. Die Dämonie der Macht erzeugt

[87] Zum historischen Hintergrund vgl. etwa Roger Dufraisse: Napoleon. Revolutionär und Monarch. Eine Biographie. München 1994. Maurice Schuman: Qui a tué le duc d'Enghien? Précédé d'une introduction de Jean Tulard. Paris 1984.

[88] Hermann Essig: Napoleons Aufstieg. Schauspiel in vier Aufzügen. Berlin o.J. [1912], S. 78.

Leiden, die Napoleon zum Melancholiker verwandeln, der auf das Getriebensein zu immer größeren Taten mit Todessehnsucht antwortet:

> Die Sonne muß dort täglich untergehn,
> wer ahnet es, daß ich so traurig bin,
> so traurig, daß ich wonnetrunken wär,
> mit ihr ins Weltall auf ewig sinken.
> Wie herrlich wär, so furchtbar untergehn.[89]

Essig zeichnet Napoleon nicht als stark und eigenständig oder gar unabhängigen Tatmenschen, sondern als einen Grübler, der seine Introspektion beschreibt als einen Gang „verhalt'nen Schritts" ins „nischelnde Gewölb", wobei das „nischelnde Gewölb" als Metapher für das Gehirn zu lesen ist.[90] Lebenserfahrung bedeutet für Essigs Napoleon Grenzerfahrung. Er sucht die Extreme und flieht die Mediokrität: „Der gold'ne Mittelweg ist Tod im Leben."[91] Napoleon schwankt zwischen den Extremen der Melancholie und dem aufbrausenden Größenwahn. Hierin ähnelt Essigs Napoleon ein wenig Georg Büchners *Lenz*. Der expressionistische Napoleon orientiert sich im rebellischen Gestus, der religiöse Aufmüpfigkeit als Bild für eine poetische Revolution gebraucht, am Sturm und Drang und zitiert Prometheus als Vorbild. Essig kann dabei an eine Tradition der Napoleon-Mythisierung anknüpfen. Lord Byron verglich den nach Elba verbannten Napoleon 1814 mit dem an den Kaukasus geschmiedeten Prometheus.[92] Ernst Moritz Arndt höhnte ebenfalls im Bild des gefesselten Titanen über Napoleon auf St. Helena und machte überdies den Unterschied zwischen dem mythischen Prometheus und der napoleonischen Kopie pejorativ deutlich.[93] Doch Essig wählt nicht den bestraften, sondern den aufbegehrenden Prometheus zum Vorbild und entscheidet sich so für eine andere mythische Traditionslinie:

> Ich stoß ein Loch in diesen alten Himmel,
> er ist nicht mehr das Dach der Menschenhütten,
> ich reiß ihn nieder, setze mich dafür

[89] Hermann Essig: Napoleons Aufstieg (Anm. 88), S. 87.

[90] Ebd.

[91] A. a. O., S. 121.

[92] Vgl. George Gordon Noel Lord Byron: Ode to Napoleon Bonaparte (1814), in: Ders.: The Complete Poetical Works, vol. III, edited by Jerome J. McGann. Oxford 1981, S. 259–266.

[93] Vgl. Ernst Moritz Arndt: An Napoleons Verehrer, in: Napoleonlieder von Victor Hugo, Baggesen, Rückert, Byron, Zedlitz, Barthelemy usw. Zusammengestellt von Ernst Ortlepp. Seitenstück zu den Schillerliedern und Goetheliedern. Ulm 1834, S. 180–182.

> hin vor die Welt, sie soll sich rücklings beugen
> und den Koloß mit Schaudern nur erblicken.[94]

Goethes Hymne scheint hier unverkennbar als Prätext durch. Der Himmel ist zwar nicht mehr possessiv Zeus zugesprochen („Bedecke deinen Himmel, Zeus“, in Goethes Rollengedicht),[95] sondern hat sich anonymisiert, die deiktische Distanz zu „diese[m] alten Himmel“ ist geblieben. „Meine Hütte“ aus Goethes *Prometheus* als Metonymie für einen persönlichen, autonomen, menschlichen Verfügungsbezirk jenseits göttlichen Zugriffs verallgemeinert Essig zu „Menschenhütten“. Das „Sitzen“ als Zeichen größtmöglichen Selbstbewußtseins gegenüber dem Respekt bezeugenden Stehen oder dem demütigen Knien ist ebenfalls Goethes Prometheus geschuldet: „Hier sitz' ich, forme Menschen | Nach meinem Bilde“. Gleichwohl bleibt ein wichtiger Unterschied zu Goethes *Prometheus* festzuhalten, der sich sehnt nach seinen, die Versgrenze überschreitenden „Knabenmorgen|blütenträumen“. Essigs Napoleon fühlt keine Nostalgie, sondern verschärft seine Metaphysik-Kritik offensiv: „Die Zeit ist um, wo Himmel Freude regnet, | wo man gemütlich von der Bläue plaudert, | das war einmal in frühern Kindheitstagen.“[96] Er antwortet auf den entgötterten Himmel mit Selbstvergottung. Monomanisch schwärmt er für das neue Selbstgefühl, „weil ich mich selbst verliere, | vor Größe, denn der Weltraum ist der Stoff, | der eine Faser meines Leibes füllt.“[97] Diesen Trieb zur Größe kategorisiert Napoleon selbst als „dämon'schen Drang“,[98] der ihn mögliche Gewissensqualen des politischen Mordes wegen hintan stellen und den Tod als Hilfe anrufen läßt: „Drum Tod komm nur, du mußt mich weiterführen.“[99]

Der Tod ist auch in der letzten Szene des Schauspiels gegenwärtig, die nach einer zeitlichen Aussparung von acht Monaten Napoleons Krönung am 2. Dezember 1804 dramatisiert. Mit Papst und Chor, in der Anordnung nach Louis Davids Bild von der Krönung Napoleons gehalten, erweckt die Szene in Notre-Dame den Eindruck eines historischen Dramas ganz nach der geschichtlichen Realität gestaltet. Essig alludiert hier die Gattung des Historiendramas, um es sogleich wieder zu verfremden. Als nämlich Napoleon die letzten Worte des Dramas gesprochen hat und

---

94 Hermann Essig: Napoleons Aufstieg (Anm. 88), S. 122.

95 Johann Wolfgang Goethe: Prometheus (1774), in: Ders.: Werke. Hamburger Ausgabe. Bd. 1; textkritisch durchgesehen und kommentiert von Erich Trunz. München, 15. Auflage 1981, S. 44 ff.

96 Hermann Essig: Napoleons Aufstieg (Anm. 88), S. 122.

97 Ebd.

98 Ebd.

99 A. a. O., S. 123.

Notre-Dame verläßt, folgen zwei stumme Auftritte, die mit zwei knappen Regieanweisungen entworfen werden:

> Einzelne betende und trauernde Frauen nahen sich langsam dem Altar. Die noch leise nachbrummende Orgel verstummt und die Register werden abgestellt. [...] Der Tod erscheint in riesenhafter Gestalt aus dem Hintergrund, er geht lächelnd mitten durch die knieenden Gestalten und spielt mit der Krone in seiner Hand. Unter dem Schluchzen der Frauen fällt der Vorhang.[100]

Jenseits der Sprache wird abschließend verdeutlicht, wem Napoleon seinen Aufstieg verdankt und wohin er führen wird. Der Tod in „riesenhafter Gestalt" erscheint als Regisseur der Politik des neuen Kaisers. Die Krone in seiner Hand signalisiert es. Die „trauernden Frauen" verweisen auf den Tribut, den der eigentliche Herrscher hinter Napoleon einfordern wird. Sie betrauern wohl die künftigen Kriegsopfer, vielleicht auch noch Enghien. Vor diesem Schluß pervertiert sich die scheinbar historische Krönungsszene zur schwarzen Messe.

Essig verfremdet die napoleonische Zeit visionär in eine düstere Traumwelt mit einer pathetisch hermetischen Sprache. Sein Napoleon ist ein Melancholiker voller Hybris, kein strahlender Held, sondern ein brüchig gestalteter, todessehnsüchtiger Flüchtling der Mittelmäßigkeit. In seinem rebellisch-prometheischen Gestus beleiht er den Sturm und Drang und metaphorisiert religiösen Aufruhr zum Generationenkonflikt. All dies bleibt frühexpressionistisch unpolitisch: Essig interessieren moralische Oppositionen, die er mit neuem Pathos füllen kann, nicht politische Debatten zwischen Republikanern, Bourbonen und Napoleon.

b) Napoleon als Hüter der Verfassung
Fritz von Unruhs verfassungsrechtliches Schlüssel-Drama „Bonaparte" (1927)

Fritz von Unruh (1885–1970) wählte 24 Jahre später 1927 dasselbe Sujet, die Ermordung des Herzogs von Enghien, für sein ebenfalls vieraktiges Schauspiel *Bonaparte,* das am Deutschen Theater in Berlin unter der Regie von Max Reinhardt uraufgeführt wurde.[101] Im Gegensatz zu Essigs

---

[100] A. a. O., S. 165.

[101] Arnolt Bronnen wählte 1935–38 ebenfalls die Ermordung des Herzogs von Enghien zum Thema eines Dramas und stilisierte das nach 1945 zum Akt des literarischen Widerstands. Arnolt Bronnen: N., in: Ders.: Werke. Mit Zeugnissen zur Entstehung und Wirkung hg. v. Friedbert Aspetsberger. Bd. 4. Klagenfurt 1989, S. 95–194. Vgl. dazu die Analyse in Kapitel III. 5 c) *(In Tyrannos. Literarischer Protest im antinapoleonischen Gewand: Arnolt Bronnen, Ferdinand Bruckner, Heinrich Frank).* Friedbert Aspetsberger: „arnolt bronnen". Biographie. Wien, Köln, Weimar 1995 (Literatur in der Geschichte, Geschichte in der Literatur, 34), S. 648–654.

versifiziertem Drama ist Unruhs Prosa-Schauspiel um zeitliche Dichte bemüht und hält die Einheit von Zeit und Handlung ein: Das Drama setzt am Nachmittag des 20. März 1804 um 15 Uhr ein und erstreckt sich 12 Stunden bis zur Ermordung des Herzogs von Enghien um 3 Uhr früh. Allein der Schauplatzwechsel von den Tuilerien nach Malmaison und Vincennes lockert die dramatische Tektonik ein wenig auf; aber die lokale Einheit innerhalb der Akte bleibt gewahrt. Teichoskopien und Botenberichte ermöglichen einen geschlossenen und gedrängten Eindruck.

Die Handlung setzt ein, als Enghien in die Tuilerien gebracht wird. Alle Beteiligten werden im ersten figurenreichen Akt exponiert. Die Handlung vollzieht sich rasch, bisweilen hektisch. Hiermit kontrastiert der figurenarme zweite Akt, der nach Malmasion in das Schlafzimmer der liederlich und flatterhaft konzipierten Josephine wechselt. Dort sieht der Zuschauer den privaten, anachronistisch lebensphilosophisch-rauschhaft gezeichneten Napoleon. Der dritte Akt in Vincennes bildet den dramatischen Höhepunkt: Der Republikaner Hulin versucht, Enghien für ein Attentat auf Napoleon zu instrumentalisieren. Napoleon trifft, entgegen den historischen Tatsachen, nachts in Vincennes ein und steht Enghien gegenüber. Unruh schafft sich so gegen die geschichtliche Realität eine dramatische Möglichkeit, Napoleon und Enghien im Dialog zu konfrontieren. Der adelsstolze Enghien verhält sich realitätsblind, borniert und reaktionär und wird von Napoleon leicht rhetorisch überwunden. Während Enghien bei Essig eine politisch unklare Lichtgestalt verkörpert, verwandelt Unruh Enghien zum hochmütigen Royalisten. Das geplante Attentat wird vereitelt. Als sich Hulin daraufhin dennoch bemüht, den republikanischen Staatsstreich in Gang zu setzen, erliegen die übrigen Republikaner dem Charisma Napoleons.[102] Der vierte Akt präsentiert die Exekution Enghiens in einer Teichoskopie und schließt damit, daß Napoleon, als er zum Volk sprechen will, verlacht wird.[103]

Während Essig die Affäre um Enghien nicht in politischer Hinsicht als

[102] „Hat er euch verzaubert?“ ruft Hulin entsetzt, als die ehemaligen Kämpfer für die republikanische Freiheit bekennen: „Wer diesem wunderbaren Manne die Krone versagt, verweigert sie sich selbst.“ (Fritz von Unruh: Bonaparte. Ein Schauspiel, in: Ders.: Sämtliche Werke. Endgültige Ausgabe hg. v. Hanns Martin Elster und Bodo Rollka. Bd. 2, Berlin 1987, S. 124f.)

[103] Die letzten Worte des Schauspiels spricht Talleyrand: „Merken wir uns das Datum: am 21. März, 3 Uhr früh, hat Bonaparte aufgehört, über Frankreich zu regieren.“ (A.a.O., S. 159) Dieser Schlußsatz ist doppeldeutig: Er bezeichnet das Ende der Republik unter der Leitung des Bürgers Bonaparte und avisiert damit den Wechsel zur Monarchie Napoleons. Gleichzeitig wird damit aber auch das Ende von Napoleon Bonapartes Legitimität als Herrscher angesprochen.

ein Aufeinandertreffen monarchistischer, republikanischer und diktatorialer Argumente interessiert, rückt bei Unruh die Frage nach der Regierbarkeit einer Demokratie durch einen zur Diktatur neigenden Einzelnen in den Vordergrund der dramatischen Aufmerksamkeit. Damit reagiert Unruh auf staatsrechtliche und weltanschauliche Diskussionen der Weimarer Republik. In mancher Hinsicht erscheint Unruhs *Bonaparte* als ein verfassungsrechtliches Schlüsseldrama, das politische Probleme der Gegenwart im historischen Gewand verhandelt. Mit Abstand am negativsten wird die bourbonische Option Enghiens dargestellt. Eine Rückkehr zur Monarchie schließt Unruhs Drama aus, mit deutlichem Bezug zur Gegenwart.

Sympathieträger sind die beiden Republikaner Hulin und Carnot, die zwei Varianten des Republikanismus verkörpern. Hulin ist überzeugt von der Notwendigkeit der reinen Republik mit Gewaltenteilung und einer nicht übermäßig starken Exekutive. Er warnt vor der sich ankündigenden Kaiserkrönung, man „muß die Stimme der Freiheit erheben, ehe sie wieder erstickt wird von neuem, verfluchten Cäsarengetrommel!“[104] Der Begriff des Cäsaren zielt hier nicht auf die konkrete historische Person des Gaius Julius Cäsar, sondern auf die unpersönliche Herrschaftstitulatur der Spätantike. Den Cäsaren als Herrschertypus hatte Oswald Spengler in seinem *Untergang des Abendlandes* 1918 wieder in die aktuelle politische Diskussion gebracht. Spengler etikettierte die letzte Phase einer Kultur als „Zivilisation“, und er nahm an, daß sich das Abendland des 20. Jahrhunderts in dieser Endphase befinde, bereit dazu, sich cäsaristischen und imperalistischen Modellen zu öffnen: „Damit ist der Eintritt in das Zeitalter der Riesenkämpfe vollzogen, in dem wir uns heute befinden. Es ist *der Übergang vom Napoleonismus zum Cäsarismus.*“[105] Gegen solche Überlegungen läßt Unruh Hulin vehement ankämpfen. Hulin plädiert für eine mächtige Legislative und die Kontrollierbarkeit der Exekutive. Als sich abzeichnet, daß Napoleon den Weg zur Krönung be-

[104] A. a. O., S. 23, vgl. auch S. 18, als Talleyrand zu Bonapartes Auftritt sagt: „So zu seinen Römern kam Augustus.“ Oder Hulin, S. 24: „Nennt's Freiheit, wenn er morgen euch […] cäsarisch anbläst und die Toga rafft – wo ihm ein Sterblicher gegenübertritt!“

[105] Oswald Spengler: Der Untergang des Abendlandes. Umrisse einer Morphologie der Weltgeschichte. Ungekürzte Sonderausgabe in einem Band. München 1981, S. 1081. Die zivilisatorische Endzeit zeichnet sich für Spengler aus durch Rationalisierung, Bürokratie, Bedeutungszuwachs der Technik, Urbanisierung und Vermassung, durch eine Hausse der Wissenschaft und eine Baisse der Religion, durch depravierten Liberalismus, Kapitalismus und durch labile demokratische Herrschaftsformen, die dazu tendierten, in diktatorische Modelle umzuschlagen.

schreiten wird, prophezeit Hulin apokalyptisch: „Schwarze Engel des Untergangs! Posaunen! Weltgericht! – Asien.“[106]

Carnot ist ebenfalls Republikaner, aber er plädiert für eine starke Exekutive, und er verehrt Napoleon. Republikanismus, Demokratie und ein charismatischer Führer sind für Carnot nicht nur miteinander vereinbar, sondern bilden sein Ideal.[107] Carnot warnt Napoleon mit Worten, die auch direkt auf die späte Weimarer Repulik beziehbar sind, daß man um seine Krönungspläne wisse: „Es gibt eine Republik! Aber keinen Republikaner!“[108] Carnot mißbilligt die Ermordung des Herzogs von Enghien. Und auch die Krönung ist für ihn als Republikaner indiskutabel. Gleichwohl kann er Bonaparte nicht seinen staatsbürgerlichen Respekt versagen. Seine Qualitäten als charismatischer Führer überzeugen ihn. Als Bonaparte pathetisch verkündet: „Durch meine Augen schafft [die Freiheit] Planeten. […] Durch meine Hände gründet sie sich Städte. Mit meinen Schritten segnet sie! In meinem Herzen atmend ist sie!“, nimmt Carnot diese possessive Egozentrik nicht für Hybris, sondern für Freiheitsliebe. Begeistert spricht er zu Hulin gewandt: „Den soll ich hassen und nicht lieben dürfen?“[109] Carnot stilisiert Bonaparte zum Garanten und Vollstrecker der Freiheit.

Damit läßt Unruh Carnot ein Verhältnis zwischen dem Staatsoberhaupt und der Republik beschreiben, wie es Carl Schmitt mit dem Begriff vom Reichspräsidenten als *Hüter der Verfassung* in der staatsrechtlichen Diskussion der späten Weimarer Republik charakterisiert.[110] Der Reichspräsident, mit Artikel 48 der Weimarer Verfassung zum Diktator auf Zeit einsetzbar, beweist im Ausnahmezustand, von wo aus das Wesen des Staates gedacht wird. Schmitts Diktum aus der *Politischen Theologie* von 1922, „das Normale beweist nichts, die Ausnahme beweist alles; sie bestätigt nicht nur die Regel, die Regel lebt überhaupt nur von der Ausnahme“[111], scheint Unruh in seinem *Bonaparte* dramatisiert zu haben.

---

[106] Fritz von Unruh: Bonaparte (Anm. 102), S. 153. Auf einer textinternen Ebene verweist dies auf Napoleons Niedergang nach dem Rußlandfeldzug 1812. Aber der Ausruf „Asien“ spielt daneben auch wieder auf Spengler an, der prognostizierte, daß dem Untergang des Abendlandes der Aufstieg der asiatischen Völker, speziell Rußlands, folgen würde.

[107] Carnot fordert Hulin in einem Konfliktdialog auf: „Carnot: Nenne mir den, der mehr ist als er [i. e. Bonaparte]? | Hulin: Die Freiheit ist mehr! | Carnot: Einer muß sein, in dem sie mächtig ist!“ (Fritz von Unruh: Bonaparte [Anm. 102], S. 153).

[108] A. a. O., S. 102.

[109] A. a. O., S. 123.

[110] Carl Schmitt: Der Hüter der Verfassung. München und Leipzig 1931.

[111] Carl Schmitt: Politische Theologie – Vier Kapitel zur Lehre von der Souveränität. München und Leipzig 1922, S. 22. Vgl. hierzu Heinrich Oberreuter: Die Norm als

Der Ausnahmezustand nimmt in der Staatsaffäre um Enghien Gestalt an, und der Konsul Bonaparte beweist im Ausnahmezustand, bei wem die Macht zentriert ist, indem er als Souverän über den Ausnahmezustand entscheidet. Nach Schmitt ist es möglich, daß die Gesamtheit eines Volkes in einer einzigen charismatischen Persönlichkeit repräsentiert wird. Demokratie und Diktatur widersprechen sich für Schmitt nicht, sondern sind so miteinander vereinbar.

Sprecher Schmittscher Positionen ist bei Unruh bis zu einem gewissen Punkt Carnot und selbstverständlich Bonaparte. Bonapartes Krönungsabsichten im Verstoß gegen die Konsularverfassung scheinen so, wie Unruh sie darstellt, Schmitts Bemühen in *Legalität und Legitimität* zu antizipieren. Schmitt postulierte, es sei legitim, den Grundrechtsteil der Verfassung zu retten, indem man den organisatorischen Teil opfere.[112] Damit stand das Verhältnis der Staatsorgane zueinander zur Disposition; der Reichspräsident konnte sich gleichwohl weiter *Hüter der Verfassung* nennen, weil er ja deren Grundrechtsteil schützte, indem er den anderen suspendierte, so Schmitts Argumentation. Explizit formuliert das Schmitt zeitlich nach Unruhs Drama. Die staatsrechtliche Auseinandersetzung um die Ausnahmegewalt des Reichspräsidenten war aber schon lange im Gange. Spätestens mit Richard Graus Studie von 1922 war es üblich, von der „Diktatur" oder der „Diktaturgewalt" des Reichspräsidenten zu sprechen.[113]

Bonaparte wird darüber hinaus als Dezisionist gezeichnet, der die Entschlußfreudigkeit zum Wert an sich erklärt.[114] Der Fatalismus, mit dem Unruh Bonaparte ausstattet, ist sowohl Erbe des historischen Napoleons und seiner Berufung auf das Schicksal als auch wieder Spenglers Zivili-

---

Ausnahme. Zum Verfall des Weimarer Verfassungssystems, in: Geschichte in Wissenschaft und Unterricht 35 (1984), S. 299–323.

[112] In der Staatskrise der frühen 1930er Jahre erklärte Schmitt, die Weimarer Verfassung zerfalle in zwei Teile und zwar in einen organisatorischen und einen, der die Grundrechte betrifft. Während der Grundrechtsteil wertbestimmt und substanzhaft sei und weiterhin Gültigkeit beanspruche, habe sich der organisatorische Teil, der formal und wertneutral sei, selbst außer Kraft gesetzt. Vgl. Dieter Grimm: Verfassungserfüllung – Verfassungsbewahrung – Verfassungsauflösung. Positionen der Staatsrechtslehre in der Staatskrise der Weimarer Republik, in: Die deutsche Staatskrise 1930–1933. Handlungsspielräume und Alternativen, hg. v. Heinrich August Winkler unter Mitarbeit von Elisabeth Müller-Luckner. München 1992 (Schriften des Historischen Kollegs, Kolloquien, 26), S. 183–199, besonders S. 193 ff.

[113] Vgl. Richard Grau: Die Diktaturgewalt des Reichspräsidenten und der Landesregierungen aufgrund des Artikels 48 der Reichsverfassung. Berlin 1922.

[114] „Sein! Das ist die Entscheidung, für sie will ich alle Gewalt der Erde!" (Fritz von Unruh: Bonaparte [Anm. 102], S. 72).

sationsfatalismus geschuldet. Unruhs Bonaparte erweist sich als Virtuose der Macht, bei dem die Macht nicht Dämonie ausstrahlt wie bei Essig, sondern mit Kalkül zu tun hat: „Fühlen, glauben", verweist er als der Macht inkompatibel, „Herrschen heißt rechnen",[115] lautet sein *Credo.* Diesem rationalen Herrschaftsverständnis opponiert die Zeichnung des privaten Bonapartes, der rauschhaftes Leben als höchstes Ziel setzt und dessen größtes Schreckgespenst männliche Impotenz darstellt. In den Entscheidungsmonolog, wie weiter mit Enghien zu verfahren sei, schieben sich Versagensängste:

Ich horche in mich hinein! Ich höre nichts! Meldet sich in mir kein Leben mehr? Mir fällt nichts ein? Nein – uah, quake wie ein Frosch! Doppelkinn! Gedärme, schlaff, schwammig! Gestern, nach drei Tanzschritten mußte ich pausieren. Schon ausgepumpt? Nein! Erst bei fünfzig! Ich fühle keinen Puls? Das Blut zäh! Ah ...! Impotent?![116]

Angst vor dem Tod verquickt sich bei ihm mit der Angst, nicht in Nachfahren weiterleben zu können. Im Gespräch mit seinem Bruder Lucien deutet Bonaparte an, daß diese Todesfurcht sein eigentlicher Handlungsantrieb ist.[117] Die Angst vor dem Tod läßt Bonaparte das Leben mystifizieren. In der politischen Debatte mit dem Kriegsgericht entpolitisiert er den Sturm auf die Bastille zur vitalistischen Befreiung zum Leben selbst: „Hatte euer 14. Juli keinen anderen Sinn?" fragt er die Richter. „Ich wähnte, ihr hättet aus dem Rippengitter eures alten Adam freigebogen den – Hauch!" Diese schöpfungsgeschichtliche Metapher für eine politische Rebellion ist den Militärrichtern unverständlich, und sie müssen nachfragen: „Welchen Hauch?", woraufhin Bonaparte zu einer lebensphilosophischen Hymne anhebt, es sei der Hauch „durch den wir leben! [...] Er, der unfaßliche Odem, vor dem ich schaudere."[118] Diese Lebensemphase wirkt wie ein expressionistisches Relikt. Ein Rückblick auf den Expressionismus spiegelt sich auch in die Rede Napoleons an seine alten

---

115 A. a. O., S. 70.

116 A. a. O., S. 75. Die Angst vor der Impotenz zieht sich leitmotivisch durch das Drama. Als Hulin etwa im staatsrechtlichen Sinn ohne Hintergedanken über die „leidenschaftlichste Impotenz" spekuliert, löst das bei Bonaparte einen Wutanfall aus. Er „hört im Rasieren auf, plötzlich rast er gegen Hulin vor, mitten im Lauf stockt er, bezwingt sich und fängt an, sich wie toll einzuseifen." (Regieanweisung, S. 148)

117 „Bonaparte: War es das, was Alexander bis nach Indien trieb? Angst vor der Fratze, vor dem Phantom? | Lucien: Phantom? | Bonaparte: Es frißt den Atem fort wie Krebs. | Lucien: Meinst du den Tod?" A. a. O., S. 131.

118 A. a. O., S. 119. Der Bastillestürmer Guitton vermag nach diesem wenig konkreten Lobpreis auf das Dasein nur noch zu stammeln: „Aber – das ist doch viel zu weit gegriffen," und der Zuschauer wird ihm wahrscheinlich zustimmen (ebd.).

Offiziere ein. Sowohl die Aufbruchsbegeisterung ohne eigentliches Ziel als auch der Haß auf die satte und behagliche Selbstzufriedenheit des *juste milieu* zitieren die expressionistische Situation um 1910:

Die Erde war zu klein für unser Stürmen! Jeder Pfeil klirrte über uns hinaus! Seid ihr schon Vierziger und schwer? Dickblütig? Alte Mönche! Wenn ihr in euern Kasernen einen besseren Freiheitsmost trinkt, va bene! Finito! Und ich will mich umtun nach neuer, ganz junger, ganz reiner Mannschaft![119]

Napoleons Verweis auf die gemeinsame Kampfesvergangenheit wirkt. Die ehemaligen Revolutionäre fallen von Hulin ab und wenden sich Bonaparte zu. Bonaparte beschreibt diese erwachende Begeisterung und den neuen Kampfeszorn als eine zweite Menschenschöpfung und setzt sich damit – wie bei Essig – mit Prometheus gleich.[120] Dieser übermenschliche Rang ist nicht nur Selbstzuschreibung, sondern wird von der Umgebung ebenfalls wahrgenommen.[121] Aber daß Bonaparte seine charismatischen und rhetorischen Fähigkeiten mißbraucht, ruft Hulin in Erinnerung: „Sie brachten es fertig, ergrauten Bastillestürmern die Freiheit aus dem Kopf zu schwatzen!" hält er Bonaparte vor, worauf dieser zynisch erwidert: „Was waren sie denn vorher? Ausgespuckte Zitronen. Jetzt ist wieder Wille zum Gesicht in ihnen!"[122]

Ina Götz hat in einer ideologiekritischen Analyse des *Bonaparte* Fritz von Unruh ein „dubioses Demokratieverständnis" attestiert und aus der Darstellung Carnots gefolgert, daß „Unruhs Geschichtsbegriff [...] a priori monarchistisch ist", und das formuliert Götz als schweren Vorwurf.[123] Götz übersieht dabei erstens, daß es sich bei Carnots Plädoyer für den charismatischen Führer um Figurenrede und nicht um die Meinung des Autors handelt und vernachlässigt die perspektivische Brechung. Zweitens formuliert Carnot mitnichten monarchistische Sehn-

---

119 A.a.O., S. 122.

120 „Unter Helmen und Mützen, aus formlosen Klumpen Fleisch mit Freßwerkzeug und Nasen bilden sich Gesichter? Es steigt in die Augen auf! Schafft sich Köpfe und Stirnen, rätselhaft! [...] Und nur solang ich bin – seid Ihr!" A. a. O., S. 123.

121 Josephine bekennt Lucien: „Immer schweift er, ich weiß nicht in welchen Höhen! Oft denk ich: Er ist kein Mensch." A. a. O., S. 141.

122 A.a.O., S. 147.

123 Ina Götz: Tradition und Utopie in den Dramen Fritz von Unruhs. Bonn 1975 (Abhandlungen zur Kunst-, Musik- und Literaturwissenschaft, 175), S. 230f. Ähnlich ideologisch vereinseitigend urteilt auch Bernhard Temann: Napoleon I. und seine Zeit im bürgerlichen deutschen Drama seit 1918 (Anm. 27). Vgl. dagegen Eckart Kleßmann: Das Bild Napoleons in der deutschen Literatur (Anm. 26), S. 22, der aus anderen Gründen Unruhs Drama ablehnt. Kleßmann erscheint Unruhs Napoleon als mißlungene expressionistische Karikatur.

süchte, sondern in seinem republikanischen Bekenntnis zu Bonaparte spiegelt sich die staatsrechtliche Diskussion der Weimarer Republik um die Stellung des Reichspräsidenten. Man mag dies vielleicht ‚ersatzmonarchistisch' nennen, doch im Kern geht es um etwas anderes, nämlich um die Vereinbarkeit von Republik und neuen, zur Diktatur drängenden politischen Kräften. Enghien, der eigentliche Vertreter der Erbmonarchie, spielt in Unruhs Drama die kläglichste Rolle von allen. Unruhs Demokratieverständnis „dubios" zu nennen, ist drittens anachronistisch am Bonner Grundgesetz gemessen, das Unruh 1927 nicht kennen und als Maßstab nehmen konnte. Die Weimarer Reichsverfassung stand Ende der 1920er Jahre nicht nur bei rechten Kreisen zur Disposition, sondern galt allgemein als verbesserungsfähig und -bedürftig.

Im Unterschied zu Götz erscheint mir Unruhs Drama sehr hellsichtig, die aktuelle politische Diskussion, die mehr Fragen aufwarf als Antworten geben konnte, in die historische Situation des Jahres 1804 zu spiegeln. Die Sympathien sind dabei gleichmäßig auf die rein republikanisch, verfassungskonforme Auffassung Hulins und die über eine Verfassungsänderung spekulierende Haltung Carnots verteilt. Dem sich im Ausnahmezustand zum Souverän aufspielenden Bonaparte wird zwar Charisma zugesprochen, seine Instrumentalisierung des Ausnahmezustands aber als zynisch entlarvt.

Gegenüber Essig läßt sich bei Unruh eine deutliche Politisierung des Napoleon-Stoffs konstatieren.[124] Es geht nicht mehr wie im frühexpressionistischen Drama Essigs um allgemeine moralische Probleme, sondern die einzelnen dramatischen Figuren werden geradezu als Bannerträger politischer Positionen vorgeführt. Bei Unruh läßt sich die Politisierung des Expressionismus seit dem Ersten Weltkrieg deutlich machen. Die Prosa-Sprache wirkt gegenüber Essig versachlicht, expressionistische Relikte eines hohen Pathos finden sich in den Monologen des Charismatikers Napoleon, der als Virtuose der Macht dargestellt wird – nicht dämonisch, sondern rechnend. Die vitalistische Sehnsucht erfüllt nicht mehr, wie bei Essig, das gesamte Wirken Napoleons, sondern ist ins Private zurückgedrängt.

---

[124] Ähnlich wie Unruh zeigt auch Bernhard Blumes Drama *Bonaparte* (1926) wieder den politischen Napoleon. Bei Blume aber schiebt sich in seinen neusachlichen Blick auf Napoleon vor allem das Erlebnis des Kriegs in den Vordergrund, denn hier erscheint Napoleon vor allem als der Kriegsverursacher, der Leid und Elend über die Menschen bringt (Bernhard Blume: Bonaparte. Ein Stück in 5 Akten. München 1926).

c) Moderne Herrschaft und historische Größe zwischen Mussolini, Stresemann und dem Massenmörder Hasenclevers Komödie „Napoleon greift ein" (1929)

Mit Walter Hasenclevers (1890–1940) *Abenteuer in sieben Bildern* von 1929 wechselt die dramatische Beschäftigung der Expressionisten mit Napoleon das Genre. *Napoleon greift ein* ist eine Prosa-Komödie, die im Wortwitz und in dem Spiel mit Pointen ein wenig an Curt Goetz erinnert. Hugo von Hofmannsthal hatte seinen Weg zur Komödie retrospektiv mit Novalis erklärt: „Nach einem unglücklichen Krieg müssen Komödien geschrieben werden."[125] Auch Hasenclever schrieb nach dem Ersten Weltkrieg Lustspiele, die aber bewußt nicht von der Nachkriegswirklichkeit ablenken, sondern sie zu ihrem eigentlichen Thema machen. Wilhelm Kühlmann klassifiziert dieses *Abenteuer* als „humoristische Persiflage", in der „Hasenclevers Phantasie [...] Kapriolen [schlägt]. Von teutonischem Bierernst ist nichts mehr zu spüren."[126] Hasenclever orientiert sich in seinen Komödien an Molière und Courteline. Im deutschen Sprachraum läßt er Carl Sternheim als Vorbild gelten.[127] Zwar hatte schon Hermann Bahr 1898 mit seinem Drama *Josephine* versucht, den Napoleon-Stoff auch von seiner komödiantischen Seite her zu packen, aber hier verblieben der Konflikt und seine lustspielhaften Elemente im Privaten. Nicht so bei Hasenclever, der seine *Komödie als Zeitkritik* begriffen wissen wollte.[128] Hasenclever hat den Inhalt seines dramatischen *Abenteuers* wie folgt zusammengefaßt:

> Ich lasse Napoleon aus dem Wachsfigurenkabinett des Musée Grevin in Paris nach einem Gespräch mit dem Frauenmörder Landru in unsere Zeit zurückkehren, um seinen vor hundert Jahren gefaßten Plan der Vereinigung der europäischen Staaten zu verwirklichen. Aber er muß einsehen, daß heute ein Napoleon kein militärisches Genie mehr sein kann, sondern, daß die Napoleone unserer Zeit die gro-

[125] Hugo von Hofmannsthal: Die Ironie der Dinge, in: Ders.: Prosa, Bd. IV, Frankfurt a.M. 1955, S. 40ff.

[126] Wilhelm Kühlmann: Napoleon greift ein. Walter Hasenclevers Dramen in einer verdienstvollen Ausgabe. In: Frankfurter Allgemeine Zeitung vom 22. August 1992, Nr. 195 (Bilder und Zeiten).

[127] Vgl. Walter Hasenclever (1890–1940). Zusammen mit Christoph Brauer, Mathias Hinrichs, Bert Kasties, Barbara Schommers-Kretschmer und Marlene Wruk hg. v. Dieter Breuer. Aachen 1990, S. 96f.

[128] Vgl. das Interview einige Tage vor der Premiere im Berliner Theater in der Stresemannstraße: Walter Hasenclever/Kurt Pinthus: Komödie als Zeitkritik. Zwiegespräch mit Walter Hasenclever im Berl. Rundfunk 20. April 1930 abds., in: Ders.: Sämtliche Werke, hg. v. Dieter Breuer u. Bernd Witte, Bd. 5: Kleine Schriften, bearbeitet v. Christoph Brauer, Corinna Bürgerhausen, Klaus Makowiak, Jörg Schläger u. Annelie Zurhelle. Mainz 1997, S. 332–345.

ßen Finanzspekulanten sind. So bleibt ihm, der auf dieser Welt keine praktischen Möglichkeiten mehr findet, nur eins übrig: seine eigene Rolle im Tonfilm zu spielen.[129]

Napoleon ist als Wachsfigur konserviert und ersteht zum neuen Leben im Jahre 1929. Er erfährt aus den Reaktionen der Museumsbesucher, daß er zum „Ideal einer spießbürgerlichen Gesellschaft" degeneriert ist.[130] Damit greift Hasenclever den ikonoklastischen Umgang mit der Figur Napoleons im Frühexpressionismus auf. Sowohl Georg Heym in seinem Sonett-Zyklus *Mont St. Jean* als auch Hermann Essig in seinem Schauspiel *Napoleons Aufstieg* hatten sich zu Beginn des 20. Jahrhunderts gegen die wilhelminische Vereinnahmung Napoleons als bürgerlichen Heros eingesetzt. Essig holte Napoleon gänzlich vom musealen Sockel der Sonntagsreden und dämonisierte ihn zum Stellvertreter des Todes, Heym versuchte, die historische Größe im expressionistischen Sinn umzudefinieren, brüchiger zu gestalten und Napoleon als den großen Einsamen, den von der Gesellschaft Ausgestoßenen, zu entwerfen.

Gleichwohl blieb Napoleon neben diesen dichterischen Neudefinitionen Gegenstand einer bürgerlichen Verehrung. Und als solcher hat er Patina angesetzt, und seine historische Größe verblaßt im Musée Grevin vor dem Reiz der aktuellen Verbrechen Landrus.[131] Die weiblichen Museumsbesucher interessieren sich weit mehr für den zeitgenössischen Frauenmörder als für den historischen Kaiser. Ähnlich wie in Musils *Mann ohne Eigenschaften* der Massenmörder Moosbrugger die Aporien der Zeit illustriert und dabei eine große erotische Attraktion für Clarisse besitzt, fasziniert Landru in Hasenclevers *Abenteuer* die Museumsbesucher. Landru erklärt Napoleon diese veränderten Wertmaßstäbe der neuen Zeit als das Resultat einer Massengesellschaft, die mit neuen Medien die Aktualität an sich und das Verbrechen als eigenen Reiz begreift, insofern sie mit Außeralltäglichkeit verknüpft sind.[132]

Diese neue Zeit will Napoleon kennenlernen, und zu diesem Zweck wird er zeitgemäß ausgestattet mit den Utensilien der benachbarten

---

129 A. a. O., S. 340.

130 Walter Hasenclever: Napoleon greift ein. Ein Abenteuer in sieben Bildern, in: Ders.: Gedichte, Dramen, Prosa. Unter Benutzung des Nachlasses hg. u. eingeleitet v. Kurt Pinthus. Hamburg 1963, S. 296.

131 Hasenclever nimmt hier den 1922 zum Tode verurteilten Frauenmörder Henri Desire Landru zum Vorbild für seine Figur.

132 „Unter uns, Sire: die Mädchen haben recht. Das Interesse für große Männer ist vorbei. Man will keine Genies mehr. Heutzutage regiert der Rekord, die Sensation, die Freude am Sinnlosen. Die Zeit war nie so günstig für Verbrecher." (Walter Hasenclever: Napoleon greift ein [Anm. 130], S. 296).

Wachsfiguren-Politiker. Unter der Anleitung des Frauenmörders erfolgt die symbolische Einkleidung mit der Hose Mussolinis, der Krawatte des amerikanischen Präsidenten, dem Cut Stresemanns, der Aktenmappe Kelloggs und dem Hut Briands. Obwohl Napoleon Mussolini als Komödianten und billige Kopie seiner selbst charakterisiert, akzeptiert er die Ausstaffierung. Zu diesem eklektischen Sammelsurium bemerkt Landru: „Der Rock paßt Ihnen ausgezeichnet. Halb Mussolini, halb Stresemann: das ist die Politik der Zukunft."[133] Wenn auch zahlenmäßig die Accessoires der parlamentarischen Demokratie überwiegen, übernimmt der Faschismus doch die Grundausstattung des politisch modernisierten Napoleon.[134]

In Mussolinis Hose und Stresemanns Cut torpediert Napoleon eine Konferenz des Völkerbundes. Aufgrund seines parvenuhaften Auftretens hält man ihn dort für den Gesandten der sowjetrussischen Delegation, für einen „Bolschewik[en]".[135] Im Habitus des Revolutionärs verschreckt Napoleon die Diplomaten, deren Auswechselbarkeit durch ihre Namen signalisiert wird: Alfa, Beta, Gamma, Delta, Epsilon und Zeta sind nichts weiter als Buchstaben im Alphabet der Diplomatie. Sie agieren opportunistisch und sind sogleich bereit, auf das erpresserische Ultimatum des Amerikaners Morris einzugehen. Morris will die Europäer zu einer politischen Vereinigung zwingen. Hasenclever hat diesen Passus Kurt Pinthus erläutert:

> In meiner Komödie werden […] die vereinigten Staaten von Europa gegründet; nur leider ganz anders, als die Idealisten es sich vorstellen. Ich zeige eine Konferenz des Völkerbundes, in der unter der Diktatur der amerikanischen Banken Europa wirklich zu dem einheitlichen politisch-sozialen Gebilde gemacht wird, was es, meiner Ansicht nach, in verkappter Form heute schon ist, nämlich zu einer Wirtschaftsfiliale amerikanischer Finanzgruppen.[136]

Hasenclevers Kapitalismuskritik repetiert alte Nationalstereotypen, die im Ersten Weltkrieg auf England projiziert waren, wenn etwa Werner

---

133 A. a. O., S. 299.

134 „Ihre unteren Partien sind bedeckt. Der Faschismus hat seine Schuldigkeit getan." (Ebd.). Dieser Faschismus im demokratisch-diplomatischen Gewand scheint beinahe den Tag von Potsdam zu antizipieren, an dem sich Hitler im Cut statt in der Uniform den Anschein bürgerlicher Zähmbarkeit gab. Zu Mussolinis Napoleon-Begeisterung, die ihn sogar ein Napoleon-Drama verfassen ließ, vgl. die Einleitung zu Kapitel III. 5 *(Hitler und Napoleon. Literarische Vergleiche in unterschiedlicher Absicht)*.

135 A. a. O., S. 302.

136 A. a. O., S. 339 f.

Sombart von deutschen Helden und britischen Händlern sprach.[137] Die USA haben Englands Rolle übernommen, oder wie es Napoleon bei Hasenclever formuliert: „Was England war, ist heute Amerika."[138] Die Alternative zu diesem negativ beleuchteten großkapitalistischen Amerikanismus sind keineswegs die europäischen Formen der Demokratie und des Parlamentarismus, über deren Erfolglosigkeit sich Hasenclever gegenüber Pinthus echauffiert: „Die Ohnmacht des heutigen parlamentarischen Systems und die Kompromißwirtschaft der Parteiführer, ihre Freude am Gerede und ihre Unfähigkeit"[139], so Hasenclever im Interview, lassen Napoleons klägliche politischen Modernisierungsversuche seiner selbst nicht in einem gänzlich unsympathischen Licht leuchten. Die ihm in den Mund gelegte Demokratieschelte ist nicht so weit von Hasenclevers Parlamentarismuskritik entfernt. Es scheint hinter der figuralen Rede eine wenig die Meinung Hasenclevers durchzuschimmern, wenn er Napoleon urteilen läßt: „Die Demokratie wird die Völker zugrunde richten. Der Parlamentarismus ist der größte Schwindel, mit dem ohnmächtige Parteigünstlinge die Entwicklung Europas hemmen." Und den zu Buchstaben degradierten Diplomaten ruft er zu: „Sie sind der beste Beweis, meine Herren."[140]

Hasenclever verwahrte sich brieflich gegen den Vorwurf, daß er in seiner Komödie „aus Napoleon eine lächerliche Figur gemacht habe; ganz im Gegenteil: die Satire richtet sich nicht gegen Napoleon, sondern gegen die heutige Zeit."[141] Hasenclever polemisiert gegen den amerikanischen Kapitalismus, gegen den italienischen Faschismus, aber auch gegen die europäischen Demokratien, und gerade die deutsche, der Gegenwart. Eine wirkliche Alternative zu den kritisierten Staatsformen präsentiert er nicht. Tom Kuhn hat daher Hasenclevers Komödie „das am wenigsten

---

137 Werner Sombart: Helden und Händler. Patriotische Besinnungen. München, Leipzig 1915. Zur zivilisationskritischen Vorgeschichte solcher Nationalstereotypen vgl. Barbara Beßlich: Wege in den ‚Kulturkrieg' (Anm. 10).

138 Walter Hasenclever: Napoleon greift ein (Anm. 130), S. 329. Zum Amerika-Bild der Zeit vgl. Andreas Schüler: Erfindergeist und Technikkritik. Der Beitrag Amerikas zur Modernisierung und die Technikdebatte seit 1900. Stuttgart 1990. Und für die Zeit vor 1914 Alexander Schmidt: Reisen in die Moderne. Der Amerika-Diskurs des deutschen Bürgertums vor dem Ersten Weltkrieg im europäischen Vergleich. Berlin 1997.

139 Walter Hasenclever: Komödie als Zeitkritik (Anm. 128), S. 340.

140 Walter Hasenclever: Napoleon greift ein (Anm. 130), S. 309.

141 Brief Walter Hasenclevers an Dr. Sulzbach vom Ullstein-Verlag vom 6. Juni 1931. Zitiert nach Bert Kasties: Walter Hasenclever. Eine Biographie der deutschen Moderne. Tübingen 1994 (Studien und Texte zur Sozialgeschichte der Literatur, 46), S. 262.

vertiefte Geschichtsverständnis" der Napoleon-Dramen des 20. Jahrhunderts attestiert und resümiert: „Napoleon greift daneben."[142] Und auch Frithjof Trapp zweifelt, ob Hasenclevers politische „Diagnose uns auch heute noch überzeugt".[143]

Im Aufzeigen von politisch vorbildlichen Modellen mag Hasenclevers Dramolett defizitär sein, gleichwohl beleuchtet es politische Herrschaftsstrategien des 20. Jahrhunderts von ihrer charismatischen Wirkung her, die sich einer Massengesellschaft verdankt, die auf Verbrechen nicht mit moralischer Empörung, sondern mit gesteigerter Faszination antwortet. So verliebt sich die Mätresse des amerikanischen Gesandten Morris, eine Schauspielerin mit Namen Josephine Delmars, nicht trotz einer mutmaßlichen kriminellen Vergangenheit in den unerkannten Napoleon, sondern im Gegenteil gerade wegen der angenommenen Verbrechen. Sie hält ihn für einen Hochstapler, der gerade die Gefängnismauern hinter sich gelassen hat.

Eine Beziehung zwischen Napoleon und Josephine bahnt sich an, und in der *Ménage à trois* von Morris, Josephine Delmars und Napoleon wird das Dreiecksverhältnis von Barras, Josephine Beauharnais und Napoleon zitiert. Barras, der Präsident des Convents und Haupt des Direktoriums, war mit Josephine Beauharnais liiert gewesen und hatte Bonaparte zum Italienfeldzug abgeordnet.[144] Bei Hasenclever dient dieses historische Zitat dazu, die Unterschiede der Epochen und ihres jeweiligen Politikverständnisses schärfer zu konturieren. Während Napoleon 1796 noch in der Lage war, seinen Förderer Barras politisch-militärisch auszuhebeln, gelingt ihm das mit Morris 1929 nicht mehr. Morris hatte ursprünglich, wie Barras, Napoleon als militärischen Helfer vorgesehen. Aber Napoleon erweist sich, trotz Mussolinis Hose, als unzeitgemäß, indem er auf Idealen und einem Glauben an die eigene Sache beharrt, worauf Morris ihm entgegenhält: „Es gibt keinen Glauben. Es gibt nur noch Werte."[145] Idealismus verwässert zur Wertphilosophie, Religion verdünnt sich zur Weltanschauung.

---

[142] Tom Kuhn: „Napoleon greift daneben" (Anm. 27), hier S. 256.

[143] Frithjof Trapp: Napoleon redivivus (Anm. 27), hier S. 215.

[144] Karl Bleibtreu hat diesen historischen Moment in seinem Napoleon-Drama mit dem nietzscheanischen Titel *Der Übermensch* 1896 literarisiert. Vgl. hierzu die Analyse in Kapitel II. 8 *(Im Bannkreis Nietzsches. Karl Bleibtreus „Uebermensch" und Carl Hauptmann „Bürger Bonaparte" jenseits des Naturalismus)*. Die Situation wird ebenfalls bei Bahr gezeichnet. Vgl. Karl Bleibtreu: Der Übermensch. Charakterbild in fünf Akten. Berlin 1896, und Hermann Bahr: Josephine. Ein Spiel in vier Akten. Berlin 1898.

[145] Walter Hasenclever: Napoleon greift ein (Anm. 130), S. 320.

Eine Gestalt wie Napoleon hat in der heutigen Politik, so suggeriert Hasenclevers Drama, keine Chance mehr. Sie scheitert am Pathos der Kälte und Sachlichkeit, das Morris als neues Grundprinzip ausgibt, wenn er aufstöhnt: „Wann lernen diese Leute endlich, sachlich zu sein!“[146] In dieser Kombination von Sachlichkeit und Begeisterung für die Jugend als Wert an sich[147] erweist sich Morris nicht nur als ein am Fordismus orientierter amerikanischer Großkapitalist, der er auch ist,[148] sondern auch geprägt von der Semantik einer konservativ-revolutionären bis völkischen Sprache, die eine jugendliche „Generation der Sachlichkeit“ zum neuen Leitbild erhob.[149]

Napoleon dagegen pflegt eine heroische Sprache des letzten Jahrhunderts, die Josephine erstaunen läßt: „Sie reden wie ein Heldendarsteller“, als welcher Napoleon schließlich auch reüssiert.[150] Wegen seiner enormen Ähnlichkeit mit sich selbst wird Napoleon als sein eigener Darsteller an der Seite von Josephine Delmars als Josephine Beauharnais in einem Historienfilm engagiert. Als Schauspieler, nicht als Politiker, eignet ihm Charisma, wenn die Statisten angesichts Napoleons unwillkürlich Haltung annehmen. Er wird aber nicht als Original bewundert, sondern nur noch in der Reproduktion von historischer Größe anerkannt. Authentische historische Größe wird zur technischen Reproduktion ihrer selbst trivialisiert, aber als solche erst registriert vom Publikum. Größe bedarf der medialen Vermittlung, ohne sie ist Größe 1929 nicht mehr erfahrbar. Dennoch endet auch Napoleons Filmkarriere mit einer Niederlage, denn bei den Dreharbeiten erfährt er von der Untreue der historischen Josephine, worauf er im Affekt die Darstellerin der Josephine zu ermorden versucht. Der Versuch mißlingt, aber verliebt in das Verbrechen und seine sexuelle Attraktion, erwacht Jospehine nach dem Würgeversuch mit dem masochistischen Seufzer: „Ach, war das schön!“[151]

---

[146] A. a. O., S. 303.

[147] Morris beklagt die Überalterung der europäischen Politik: „Europa besteht aus lauter Geheimräten. Das Durchschnittsalter eurer Parlamentarier ist zwischen fünfzig und sechzig. Die Greise regieren, und die Jugend verkümmert.“ A. a. O., S. 303.

[148] Auf den Zusammenhang mit dem Fordismus verweist Ania Wilder: Die Komödien Walter Hasenclevers. Ein Beitrag zur Literatur der Zwanziger Jahre. Frankfurt a. M. 1983, S. 92.

[149] Ulrich Herbert: Generation der Sachlichkeit. Die völkische Studentenbewegung der frühen zwanziger Jahre in Deutschland, in: Zivilisation und Barbarei. Die widersprüchlichen Potentiale der Moderne. Detlev Peukert zum Gedenken, hg. v. Frank Bajohr, Werner Lohe u. Uwe Lohalm. Hamburg 1991 (Hamburger Beiträge zur Sozial- und Zeitgeschichte, 27), S. 115–144.

[150] Walter Hasenclever: Napoleon greift ein (Anm. 130), S. 318.

[151] A. a. O., S. 326.

Napoleon wird nach dem Mordversuch in die Psychiatrie eingeliefert, wo er unter den Schizophrenen, die sich für Jesus oder Mohammed halten, nicht weiter auffällt. Jenseits der Komik vermittelt die Handlung: Ausnahmegestalten werden außerhalb der Gesellschaft kaserniert, für wahnsinnig erklärt und nicht mehr in ihrer Authentizität erkannt. Historische Größe wird zur Abnormität pathologisiert. Man entläßt Napoleon schließlich, um sich den Eklat eines Gerichtsprozesses wegen Mordversuchs an der berühmten Schauspielerin zu ersparen, und Napoleon geht, vom Drang zum 20. Jahrhundert geheilt, reumütig in sein Wachsfigurenkabinett zurück, bereit, aus der Gegenwart für immer in die Historie einzukehren.[152] Hasenclever bekräftigt so seine Auffassung von Napoleon als unzeitgemäßer Gestalt, die nur noch für das Museum taugt. Ergebnis von Napoleons Ausflug in die Gegenwart der 1920er Jahre ist verstärktes erotisches Interesse bei den Damen, aber nicht, weil diese den Reiz historischer Größe wieder entdeckt hätten, sondern weil sie meinen, in der Wachsfigur den Schauspieler des Napoleon zu erkennen, der einen Mordversuch aus Leidenschaft unternahm. Diese Kombination von Sexualität und Verbrechen trägt ihm das Ruhmesurteil der Museumsbesucherin ein: „Er war doch ein großer Mann."[153]

Hasenclever komisiert den Napoleon-Stoff. Der explizit politische Zeitbezug, den Unruh in *Bonaparte* gestaltete, bleibt erhalten, verliert aber an Schwere und Pathos. Napoleon als der Unzeitgemäße *par excellence* ermöglicht die Komödie als Zeitkritik. Als Gestalt des späten 18. und frühen 19. Jahrhunderts evoziert Napoleon einen befremdeten Blick auf das 20. Jahrhundert, das als eine Epoche der Massengesellschaft, Kälte, Sachlichkeit und technisierten Maschinenwelt kritisch beleuchtet wird. Historische Größe wird als unzeitgemäßes Relikt gewertet.

d) Der vertauschte Kaiser und der „Don Quichote des totalen Krieges"[154] Georg Kaisers Tragikomödie „Napoleon in New Orleans" (1941)

Georg Kaiser (1878–1945) begann *Napoleon in New Orleans,* eine Tragikomödie in neun Bildern, 1938 noch in Deutschland und beendete seine Dichtung im Schweizer Exil in Engelberg bei Zürich 1941.[155] Er selbst

---

[152] Vgl. Christa Spreizer: From Expressionism to Exile. The works of Walter Hasenclever (1890–1940). Rochester 1999, S. 133.

[153] Walter Hasenclever: Napoleon greift ein (Anm. 130), S. 330.

[154] Brief Georg Kaisers an Robert S. Pirk aus dem Dezember 1941, in dem er die Figur des Baron Dergan aus *Napoleon in New Orleans* als „Don Quichote des totalen Krieges" bezeichnet. In: Georg Kaiser: Briefe, hg. v. Gesa M. Valk, mit einer Einleitung v. Walther Huder. Frankfurt a. M. 1980, S. 683.

[155] Vgl. Hans-Jörg Knobloch: Zur Datierung der Komödien Georg Kaisers, in:

hielt das Prosa-Drama für eines seiner besten Schauspiele, „das wahrste Werk, das über diese Zeit geschrieben werden konnte. Es ist meine Heldentat des Geistes."[156] Wolfgang Paulsen stimmt ihm zu und nennt *Napoleon in New Orleans* „die vielleicht gelungenste Komödie" Kaisers.[157] Kaiser hoffte vergeblich, daß Piscator das Drama in seinem New Yorker Dramatic Workshop aufführen werde. Die Uraufführung fand dann erst postum nach dem Krieg 1950 im Badischen Staatstheater Karlsruhe statt.[158]

Die Handlung geht von der Legende aus, daß Napoleon von St. Helena entführt worden sei und in Amerika den Rest seines Lebens gefristet habe: Bei Georg Kaiser werden im Frühjahr 1821 in New Orleans der französische Emigrant Baron Dergan, ein fanatischer Bonapartist, und seine Tochter Gloria von einer amerikanischen Gaunerbande getäuscht. Die Halunken versorgen den reichen Dergan mit gefälschten napoleonischen Souvenirs. Dergan spinnt den Plan, einen falschen Napoleon nach St. Helena zu schiffen, den echten Napoleon von dort zu befreien und heimlich nach New Orleans zu bringen. Der Halunke Youyou verkleidet sich daraufhin als Napoleon, die übrigen mimen sein Gefolge, und sie halten Einzug beim Baron. Dergan plant und finanziert mit seinem Vermögen einen gigantischen Feldzug Napoleons. Der nur an Geld, nicht am Krieg interessierte Napoleon-Youyou vertröstet Dergan und seine Schlachtpläne mit dem Hinweis auf den Tauschhelden in St. Helena, der für ihn dort unerkannt sein Leben friste, das man nicht gefährden dürfe. Die Gangster genießen den Luxus, Napoleon-Youyou heiratet die Tochter Dergans. Als aber schließlich die Nachricht von des Imperators Tod am 5. Mai 1821 nach New Orleans vordringt, haben die Halunken keine Entschuldigung mehr für ihr militärisches Zögern. Glorias Schwangerschaft gibt ihnen die Möglichkeit, den Schwindel auffliegen zu lassen, ohne daß sie mit einer Verfolgung rechnen müßten, da sie Der-

---

Zeitschrift für deutsche Philologie 109 (1990), S. 217–238, der *Napoleon in New Orleans* nicht berücksichtigt.

[156] Brief Georg Kaisers an Julius Marx vom 19. Dezember 1941, in: Georg Kaiser: Briefe (Anm. 154) S. 691. Kaiser hat sich noch in einem weiteren Exildrama mit der Gestalt Napoleons befaßt. Auf die Analyse des Dramas *Pferdewechsel* (1938) wird hier verzichtet und verwiesen auf Brian J. Kenworthy: Die Dramen 1928–1945. Apotheose der Subjektivität, in: Georg Kaiser, hg. v. Armin Arnold. Stuttgart 1980, S. 126–140, hier S. 133f. Vgl. auch schon ders.: Georg Kaiser. Oxford 1957, S. 135–138 und zu *Napoleon in New Orleans* S. 138ff.

[157] Wolfgang Paulsen: Georg Kaiser. Die Perspektiven seines Werks. Tübingen 1960, S. 71.

[158] Vgl. Walther Huder: Die politischen und sozialen Themen der Exil-Dramatik Georg Kaisers, in: Sinn und Form 13/II (1961), S. 596–614, hier S. 610.

gans Angst vor der Schande schützt. Die Komödienhandlung kippt ins Tragische, als Dergan entsetzt über diesen Lebensschwindel, der seine Tochter ins Unglück gestürzt hat, im letzten Bild über sich und Gloria das Haus in Brand steckt. Im Unterschied zu Hasenclevers Komödie ist bei Kaiser ein befreiendes Lachen nicht möglich. Das buchstäblich im Halse steckenbleibende Lachen erzeugt nicht nur der katastrophische Schluß, sondern auch der Charakter Dergans, der über die Groteske hinaus verzeichnet wird.

Kaiser führt hinter der Maske des Schwindels hypothetische Geschichte vor, wie er es schon in *Die jüdische Witwe* (1911) und *Der gerettete Alkibiades* (1920) unternommen hat. Wäre Napoleon wirklich nach New Orleans gebracht worden, Dergan hätte für ihn einen Weltkrieg angezettelt. Dieses parahistorische Denkspiel mit historischen Konjunktiven lenkt den Blick weg von Napoleon und hin zu Ermöglichern von Macht. Napoleon kommt in diesem Drama als Figur nicht vor. Youyou mimt seine imperialen Gebärden zwar mit einiger Begabung, aber der Fokus liegt nicht so sehr auf dem Herrscher, als vielmehr auf der verheerenden Wirkung, die er auf Dergan und Gloria ausübt.[159] Georg Kaiser inszeniert Leichtgläubigkeit und politische Verführbarkeit. Der Schwindel ist an jedem Punkt durchschaubar, aber Dergan will glauben. Youyou spielt bewußt mit dem Feuer, als er auf Ähnlichkeiten und Doppelgänger zu sprechen kommt:

Napoleon-Youyou:	Dann gibt es heitere Verwechslungen. Man ist nicht, wer man scheint – und wird für den gehalten, der man nicht ist. Können Sie sich solches Spiel mit falschen Rollen ausdenken?
Dergan:	Es ist ein Stoff, der auch abgründig sein kann.
Napoleon-Youyou:	Die Götter lachen.
Dergan:	Und die Menschen weinen.[160]

Kleists *Amphitryon* dient hier als Prätext und gibt ein Signal, daß dieses Drama keine reine ‚Verlachkomödie' sein wird, sondern ein „Stoff, der auch abgründig sein kann", indem der Genasführte bis an den Rand seines Selbstverständnisses getrieben wird. Wie sehr der Schwindel auf Dergans Bereitschaft zum Betrogenwerden aufbaut, deutet Youyou an, wenn er als falscher Napoleon Dergan ins Gesicht sagt: „Nur solche Männer

[159] Kaiser „wählte zur Darstellung der Diktatur den Diktator Napoleon. Aber er verwendet diese Figur nur mittelbar, er zeigt Reflexe auf Napoleon." (Wilhelm Steffens: Georg Kaiser. Velber 1969, S. 124f.) So auch schon Paulsen (Anm. 157), S. 71.

[160] Georg Kaiser: Napoleon in New Orleans. Tragikomödie in neun Bildern, in: Ders.: Werke, hg. v. Walther Huder. Bd. 3: Stücke 1928–1943. Frankfurt a.M. 1970, S. 588.

dürfen um mich sein, für die der Kaiser die Welt ist. Dann ist die Welt des Kaisers."[161] Erst der Wille zur Geschichte macht Geschichte möglich und sei es auch hier als Fälschung.[162]

Empfindet man zu Beginn Mitleid mit Dergan und Verachtung für die Halunken, so wechseln die Wertungen im Verlauf des Dramas. Youyou erkennt in seinem Spiel Napoleons den verbrecherischen Charakter jeglicher Herrschaft, die er als Schmierenkomödie charakterisiert[163] und die sich vom Verbrechen lediglich durch staatliche Legitimierung unterscheide.[164] Waren die Halunken eingangs nur auf schnelles Geld aus, beginnen sie im Besitz des Geldes über die gerechte Verteilung öffentlicher Gelder zu reflektieren. Mit Brecht'schem Gestus räsonniert Youyou: „Es ist doch komisch, wie leicht das Geld fließt, wenn es sich um Beschaffung von Waffen handelt. [...] Wenn dir aber einfallen sollte dasselbe Geld oder nur den nötigen Bruchteil davon für die öffentliche Verteilung von Brot zu fordern, so würde dasselbe Geld sofort von der Bildfläche verschwinden."[165]

Umgekehrt wird Dergan immer negativer gezeichnet. Die Halunken erkennen das politisch-religiöse Verhältnis, das Dergan zu Napoleon aufbaut, indem sie Napoleon aus Dergans Perspektive als „Schlachtengott" und „Gott Napoleon" kategorisieren.[166] Dergans Sprache ist anachronistisch mit nationalsozialistischen Termini versetzt, wenn er Napoleon-Youyou von der Notwendigkeit eines Kriegs zu überzeugen versucht.[167] Dergan redet sich in eine kriegseuphorische Trance, in der der Krieg sich

---

[161] A. a. O., S. 589.

[162] Leise Zweifel an der Wahrscheinlichkeit dieser Episode vertreibt sich Dergan mit abstrusen materialen „Beweisen", die wiederum gefälscht sind: „Es könnte alles nur ein Traum – ein wunderschöner Traum gewesen sein, wenn nicht der [falsche] Hut die [falsche] Wirklichkeit – die wunderbare Wirklichkeit bezeugte." A. a. O., S. 591.

[163] „Wenn ihr das für Kunst haltet, was ich hier vormache, so habt ihr von der Kunst nicht die geringste Ahnung. Das ist eine Rolle, die dem jämmerlichsten Komödianten gelingt. Eben weil sie so jämmerlich ist. Sie setzt sich aus den minderwertigsten Bestandteilen zusammen. Rohheit, Gemeinheit, Wortbruch, die Niedertracht in jeder Form, Neid, Haß, Verrat, Mord offen und geheim – ich will nicht mehr aufzählen." A. a. O., S. 594.

[164] Youyou spricht nicht mehr die derbe Sprache der Halunken und tritt aus seiner Rolle heraus wie in einer Ansprache an das Publikum. Der verfremdende Effekt erinnert an Brecht: „Die Macht braucht Mörder, Schurken, Gauner. Sie ist ein Tausendfuß und jeder Fuß ist ein Verbrechen – eins immer schamloser als das andre ausgeführt – bis man die Macht hat. Bis man Imperator ist." Ebd.

[165] A. a. O., S. 602 f.

[166] A. a. O., S. 579.

[167] „Eines Tages bricht der Sturm los. Sie, Sire, verlassen dies Asyl und treten an

selbst Zweck genug ist und als eigentlicher Antrieb von Dergans Handeln hervortritt. Die selbstqäulerische Lust am Untertanen-Dasein gemahnt an Heinrich Mann. Blinder Militarismus und bedingungslose Opferbereitschaft kennzeichnen Dergans Appell an Napoleon-Youyou:

Verteilen Sie die Waffen, die unersetzlich sind – bevor sie rosten. Die Zeit ist reif – es kann nicht länger dauern, daß Sie zögern. Erheben sie den Arm zum kühnen Gruß – und grüßen Sie die Völker Amerikas, das nun erfährt: der Kaiser – für den ein anderer auf Sankt Helena sich opfert – ist in Amerika zu neuem Kampf bereit. Nun opfre sich Amerika für seinen Ruhm. Schlagt seine Schlachten, Söhne ihr der neuen Welt – sucht seinen Sieg und keinen andren Ruhm. Die blanken Waffen klirren – unsre Waffen. Sire. Erteilen Sie den Befehl. Dann werden Frauen in Büscheln Blumen bringen, um die Gewehre – unsre Gewehre zu umwinden. [...] Ich reiße selbst das weite Tor auf, um ihre Scharen einzulassen – zum Herrn der Waffen, der heute seinen Marsch beginnt die Erde zu erobern![168]

Planetarischer Imperialismus und die absolute Hingabe zum „Herrn der Waffen" lassen Dergan bei Bekanntwerden des Todes des vermeintlich falschen Napoleon auf St. Helena jubeln: „Des Führers harrt man. Sire – Sie sind es, dem man folgt."[169] Daß die unwillkürliche Assoziation zur nationalsozialistischen Parole „Führer befiehl – wir folgen Dir" intendiert sein mag, bekräftigt ein Brief Kaisers, in dem er Dergan als „Don Quichote des totalen Krieges" bezeichnet und charakterisiert als „ein[en] Mann, der völlig blind ist oder geblendet von seinem Wahn, der im Krieg und Schlachtfeld den Sinn der Menschenerde findet. Ein Wahn, aus dem es dann ein furchtbares Erwachen gibt."[170] Dergan ist schließlich nicht nur Betrogener, sondern auch Betrüger der nachfolgenden Generation, wenn er seine Tochter als Spiegelfigur benutzt:[171] Indem er ihr einredet, Napoleon werde bald in New Orleans erscheinen, glaubt er es auch selbst. Das Sprechen wird zum performativen Akt der Selbstüberzeugung. Dergan und Gloria zitieren literaturgeschichtlich die Konstel-

die Spitze der Bewegung. Es wird ein einziger Schrei aus Millionen Kehlen sein, der Sie begrüßt." (A. a. O., S. 599).

[168] A. a. O., S. 622. Ob man so weit gehen sollte, den „kühnen Gruß" des Arms als „deutschen Gruß" zu deuten, mag dahin gestellt bleiben.

[169] A. a. O., S. 629.

[170] Brief Georg Kaisers an Julius Marx vom 19. Dezember 1941, in: Georg Kaiser: Briefe (Anm. 154), S. 691. Kaiser empfand *Napoleon in New Orleans* „wichtig als Kampfmittel gegen den Militärfaschismus" (Brief Georg Kaisers an Caesar von Arx vom 12. April 1942, in: Georg Kaiser: Briefe [Anm. 154], S. 728.)

[171] Dergan sagt zu Gloria: „Im vorgehaltenen Spiegel meines Irrtums seh' ich mich. Du bist der Spiegel." (Georg Kaiser: Napoleon in New Orleans [Anm. 160], S. 632).

lation der zerbrochenen Familie des Bürgerlichen Trauerspiels.[172] Politisch konfigurieren sie unterschiedliche Stufen der politischen Verführbarkeit. Während Dergan die volle Verantwortlichkeit für sein Tun zugesprochen wird, kann Gloria in ihrer Naivität und dem Gehorsam dem Vater gegenüber keine volle Eigenverantwortlichkeit zugemessen werden. Sie gehört einer verlorenen Generation an, die bereits ganz im Wahn ihres Vaters erzogen wurde.

Im dilatorischen Moment der Selbsterkenntnis tritt Dergan aus seiner Rolle heraus und spricht gleichsam ans Publikum gewandt: „Wer so geirrt wie ich, ist auf dem Grund des Irrtums angelangt. Er könnte sich zum Widerstand erheben und ungebärdig rufen: irrt ihr nicht. Die Gnade sollte ihm nicht vorenthalten sein."[173] Das Stichwort „Widerstand" signalisiert dem Leser, die textinterne Ebene zu verlassen und Dergans Irrtum auf den „Irrtum" des deutschen Volkes zu übertragen. Auf der Möglichkeitsebene wird der politische Widerstand als Ausweg erwogen. Aber die Selbsterkenntnis ist nur vorübergehend. Das Abgleiten in den militärischen Wahn und die totalitäre Begeisterung metaphorisiert Dergan zur „Brandstiftung", die er real vollzieht, als er sein Haus in Flammen aufgehen läßt.

Napoleon in New Orleans rechnet politisch mit der Disposition zum Totalitarismus ab, poetologisch bilanziert Kaisers Tragikomödie in ncun Bildern die eigene expressionistische Vergangenheit. Horst Spittler hat *Napoleon in New Orleans* in diesem Sinn überzeugend als „Zurücknahme des expressionistischen Verkündigungsdramas" interpretiert.[174] Kaiser hatte in *Die Bürger von Calais* (1917) den neuen Menschen mit allem ihm zu Gebote stehenden Pathos begrüßt. Dieser neue Mensch zeichnete sich vor allem durch jene Opferbereitschaft aus, die in *Napoleon in New Orleans* in ihrer Pervertierung vorgeführt wird.[175] In völliger Verblendung stirbt Dergan, zitiert den Tod Eustaches in *Die Bürger von Calais*

---

[172] Über das Schicksal der abwesenden Mutter Glorias erfährt der Zuschauer nichts.

[173] Georg Kaiser: Napoleon in New Orleans (Anm. 160), S. 633.

[174] Horst Spittler: Georg Kaisers Tragikomödie „Napoleon in New Orleans" als Zurücknahme des expressionistischen Verkündigungsdramas, in: Literatur für Leser (1988), S. 78–83.

[175] Dergan ist nicht in der Lage, sich seine Niederlage auf Dauer einzugestehen und verlagert blitzschnell seine Hoffnungen von Napoleon auf Amerika. Während das von ihm in Brand gesetzte Haus über ihm zusammenstürzt, verkündet er, der es nun eigentlich besser wissen müßte: „Die neue Erde für ein neues Menschentum, das sich vom Blutstrom aller Völker speist: Amerika!" (Georg Kaiser: Napoleon in New Orleans [Anm. 160], S. 634).

und führt die expressionistische Vision vom neuen Menschen als politisch gefährliche Selbsttäuschung *ad absurdum*.

War Napoleon bei Hermann Essig 1903–05 vor dem expressionistischen Jahrzehnt noch ein unpolitischer Dämon, enthistorisiert und Geistergestalten ausgeliefert, so schärft Fritz von Unruh 1927 die politische Potenz des Napoleon-Stoffs zur Frage nach der Regierbarkeit einer Republik durch einen charismatischen Führer zu. Sowohl bei Essig wie bei Unruh erscheint Napoleon als tragische Figur, bei Essig zwischen Melancholie und Größenwahn zerrissen, bei Unruh zwischen rationalem Herrschaftsverständnis und lebensphilosophischem Hunger ausgespannt. Walter Hasenclever und Georg Kaiser vertiefen den zeitgeschichtlichen Bezug und fassen den Napoleon-Stoff als Komödie. Hasenclevers Abenteuer führt Napoleon 1929 als naiv unzeitgemäße Gestalt vor, die zwischen dem amerikanischen Kapitalismus, Mussolinis Faschismus und Landrus Sexualverbrechen kapitulieren muß. Kaisers Tragikomödie verlagert 1941 das Interesse weg von der Gestalt Napoleons und blickt vor allem auf die Wirkung, die er auslöst. Menschliche Deformationen in der politischen Verführung zur Diktatur schildert Kaiser mit deutlichem Bezug auf die nationalsozialistische Gegenwart und rechnet gleichzeitig mit der Vision des Expressionismus vom neuen Menschen als politisch gefährliche Illusion ab.

Die mythische Funktion des Napoleon-Stoffs hatte sich bei den Expressionisten in der ersten Hälfte des 20. Jahrhunderts stark verändert. Napoleon galt nicht mehr als nationaler Abwehr-Mythos, der eine außenpolitische Gefahr umriß. Der Mythos Napoleon wurde entnationalisiert und stand nicht mehr für eine Bedrohung von außen. Mit dieser Entnationalisierung ging im Frühexpressionismus, etwa bei Georg Heym und Hermann Essig, auch eine Entpolitisierung einher. Napoleon faszinierte als jemand, der außerhalb der gesellschaftlichen Norm stand, als die große Ausnahmegestalt, die mit bürgerlichen Verhaltensregeln brach. Nach dem Ersten Weltkrieg lud sich der Napoleon-Stoff wieder politisch auf und wurde zur Folie für deutsche, innenpolitische Problemkonstellationen. Aus dem Franzosen Napoleon wurde jenseits nationaler Zuschreibungen der Idealtyp des charismatischen Herrschers. Die Stilisierung Napoleons zum poetischen Genie geriet dagegen in den Hintergrund. Auch der Feldherr interessierte nicht mehr. An seine Stelle trat der charismatische Diktator, der vor allem von seiner Wirkung her beleuchtet wurde. Die Faszination für den Ausnahmemenschen Napoleon, die bei Georg Heym und Hermann Essig das Interesse an politischen Details überwogen hatte, wich Ende der 1920er Jahre Zweifeln an der Rechtmäßigkeit solcher Herrschaft. Fritz von Unruh und Georg Kaiser moralisierten den Napoleon-Mythos und befragten mit ihm charismatische Herrschaft auf ihre ethische Legitimität hin. In Werken der Exil-Literatur bot der Napoleon-Mythos die Möglichkeit, verschlüsselt und zugleich für jeden dechiffrierbar über die nationalsozialistische Diktatur zu schreiben. Inwieweit Napoleon für einen solchen zeitgeschichtlichen Bezug taugte und nicht die zeitgenössischen Diktaturen aus ganz anderen, unvergleichbaren Konstellationen entstanden waren, problematisierte Walter Hasenclever, der in seinem Drama Napoleon des 20. Jahrhunderts verwies.

3. Hodierno Heroi
Vages Charisma und völkerpsychologische Konkretionen im George-Kreis

Hodierno Heroi, „dem heutigen Helden", ist die Napoleon-Monographie Berthold Vallentins aus dem Jahr 1923 gewidmet.[176] Diese antonomastische, ins Lateinische hermetisierte Widmung läßt die Frage, wer denn dieser heutige Held sei, beredt unbeantwortet und illustriert exemplarisch den Umgang mit der Figur Napoleons im George-Kreis. Vallentin schreibt als Mitglied des George-Kreises sein Napoleon-Buch nicht aus antiquarischem Interesse,[177] sondern bezieht den napoleonischen *heros hesternus* einerseits auf George, Vallentins persönlichen *heros hodiernus*, und öffnet gleichzeitig in der strategischen Vagheit solcher Formeln dem Leser andere Möglichkeiten, *in politicis* weitere gegenwärtige Napoleonen zu suchen und zu finden. Im folgenden soll die Napoleon-Mythisierung des George-Kreises einerseits vor dem Hintergrund der heroischen Biographik des Kreises betrachtet werden und andererseits gezeigt werden, wie Berthold Vallentin selbst, in seinem Essay-Band *Napoleon und die Deutschen* (1926), die konsequente Vagheit seiner Monographie (1922) vernachlässigt zu Gunsten völkerpsychologischer Zuspitzungen und politischer Konkretisierungen, die George andererseits so nicht teilte.[178] Zu Beginn steht ein Blick auf Georges Napoleon-Bild im Gedicht

---

[176] Berthold Vallentin: Napoleon. Berlin 1923, unpaginierte Widmungsseite nach der Titelei.

[177] Zu Berthold Vallentin (1877–1933) als Mitglied des Berliner Kreises um Stefan George vgl. die (nicht namentlich gezeichnete) Einleitung in: Berthold Vallentin: Gespräche mit Stefan George 1902–1931. Amsterdam 1961, S. 5–12. Michael Winkler: George-Kreis. Stuttgart 1972, S. 67 ff. Michael Landmann: Berthold Vallentin, in: Ders.: Figuren um Stefan George. Zehn Porträts. Bd. 1, Amsterdam 1982, S. 52–65.

[178] Zur historischen Biographik des George-Kreises vgl. Geschichtsbilder im George-Kreis. Wege zur Wissenschaft, hg. v. Barbara Schlieben, Olaf Schneider, Ker-

und im Gespräch. Die Napoleon-Bezüge in Ernst Bertrams *Nietzsche-Mythologie* (1918) und Friedrich Gundolfs *Caesar*-Monographie (1924) werden dann kurz berücksichtigt,[179] um schließlich ausführlicher die charismatischen Aktualisierungen und völkerpsychologischen Umschriften exemplarisch bei Berthold Vallentin zu beobachten. Vallentin widmet sich Napoleon sowohl im Gedichtband *Heroische Masken* als auch in Essays und in seiner umfangreichen Monographie zu.

In Stefan Georges Gedichtband *Der siebente Ring* (1907), der den Übergang vom ästhetizistischen Frühwerk zum zeitkritischen Spätwerk Georges markiert, findet sich (im Abschnitt *Tafeln*) ein Gedicht über *Die Schwesterstädte* Weimar und Jena, das eine Topographie deutscher Bedeutsamkeit entwirft. Eine erste Strophe wendet sich Weimar als Stadt Goethes und Nietzsches zu, die zweite (im folgenden zitierte) Strophe gilt Jena. Das lyrische Ich apostrophiert hier nicht etwa metonymisch für die Stadt einzelne Dichter oder Wissenschaftler; nicht der Jenaer Romantik oder Philosophie gilt die Aufmerksamkeit, sondern dem Sieger der Schlacht bei Jena und Auerstedt, dessen Name aber verschwiegen wird. Daß nur der Eingeweihte, der erst einmal die unbenannten *Schwesterstädte* als Weimar und Jena erkennen muß, bevor er den Napoleon-Bezug entziffern kann, solche Verweise zu dechiffrieren vermag, entspricht der hermetischen Kreis-Politik[180]:

---

stin Schulmeyer. Göttingen 2004. Helmut Scheuer: „Dichter und Helden". Zur Biographik des George-Kreises, in: Stefan George. Werk und Wirkung seit dem „Siebenten Ring", hg. v. Wolfgang Braungart, Ute Oelmann, Bernhard Böschenstein. Tübingen 2001, S. 300–314.

[179] Nur am Rande erwähnt sei darüber hinaus hier die Dissertation von Johann Anton: Die Wandlung des Napoleonbildes in den deutschen Biographien. Diss.phil.masch. Kiel vom 27.3.1925; zu Anton als Mitglied des George-Kreises vgl. Wolfgang Graf Vitzthum: Rechts- und Staatswissenschaften aus dem Geiste Stefan Georges? Über Johann Anton, Berthold Schenk Graf von Stauffenberg und Karl Josef Partsch, in: Wissenschaftler im George-Kreis, hg. v. Bernhard Böschenstein, Jürgen Egyptien, Bertram Schefold u. Wolfgang Graf Vitzthum. Berlin, New York 2005, S. 83–113. Zu Gundolfs *Caesar* vgl. Ulrich Raulff: Eine Figur des Imaginären. Friedrich Gundolf und Caesars magischer Name, in: Frankfurter Allgemeine Zeitung vom 11. Juli 1992. Klaus Reichert: Gundolfs Geschichtsschreibung als Lebenswissenschaft, in: Geschichtsbilder im George-Kreis (Anm. 178), S. 303–315. Und zu Bertrams *Nietzsche* Rainer Kolk: Nietzsche, George, Deutschland. Dokumente zu Ernst Bertrams frühen Publikationen, in: Stefan George. Werk und Wirkung seit dem „Siebenten Ring" (Anm. 178), S. 315–334. Heinz Raschel: Das Nietzsche-Bild im George-Kreis. Ein Beitrag zur Geschichte der deutschen Mythologeme. Berlin 1984. Auch Max Kommerell nimmt Napoleon in die gegenwartskritische Pflicht; Max Kommerell: Gespräche aus der Zeit der deutschen Wiedergeburt. Berlin 1929.

[180] Vgl. hierzu das programmatische Gedicht für eine solche Exklusivität aus dem

Und hier drohst du herab vom bergeszacken
Der lezte grosse Stern der zeitenbiege ...
Die schmach, die von dir kam – dein fuss im nacken
War mehr uns wert als manche matten siege.[181]

Napoleon hatte die Schlacht bei Jena und Auerstedt, die im Jahr 1806 die vernichtende preußische Niederlage besiegelte, von einem Jenaer Hügel beobachtet.[182] In diese historische Situation spiegelt sich das lyrische Ich ein, auf den „bergeszacken“ (V. 5) blickend, und signalisiert mit dem deiktischen Lokaladverb „hier“ (V. 5) und dem präsentischen Tempus („drohst“ [V. 5]) die Gegenwärtigkeit dieser politischen Vergangenheit. Die antonomastische Apostrophe Napoleons als „Der lezte grosse Stern der zeitenbiege“ (V. 6) verdeutlicht die an Nietzsche orientierte Stilisierung Napoleons zum spätzeitlichen Tyrannen. Der Neologismus der „zeitenbiege“ markiert die napoleonische Zeit als Epochenschwelle, die eine heroische Vergangenheit von einer trüben Gegenwart scheidet. Napoleon gehört als „der lezte“ noch dieser Vormoderne an und führt doch schon in die epigonalen Seichtheiten des 19. Jahrhunderts, das bloß noch, alliterativ hervorgehoben, „manche matten siege“ (V. 8) präsentiert. Auch dies ließ sich bei Nietzsche vorexerziert finden, wenn dort Napoleons Größe den nach ihm einsetzenden Verfall nur noch beschleunigt.[183] Die nationale Opposition zu Napoleon und die preußische Niederlage wird zwar als „schmach“ (V. 7) gekennzeichnet, aber sogleich funktional aufgewertet. Von Napoleon besiegt worden zu sein, „war mehr uns wert als manche matten siege“ (V. 8). Der „Wert“ dieser Niederlage erschöpft sich bei diesem Gedicht nicht in der Erweckung eines nationalen Befreiungskriegs, wie es etwa die borussischen Napoleon-Epen Scherenbergs

---

Stern des Bundes: Hier schließt das Tor. schickt Unbereite fort, in: Ders.: Sämtliche Werke in 18 Bänden, hg. v. d. Stefan George-Stiftung. Stuttgart 1982ff., Bd. 8: Der Stern des Bundes. Stuttgart 1993, S. 100.

[181] Stefan George: Die Schwesterstädte, in: Ders.: Sämtliche Werke in 18 Bänden (Anm. 180), Bd. 6/7: Der Siebente Ring. Stuttgart 1986, S. 180.

[182] Vgl. auch den Kommentar zum *Siebenten Ring* (Anm. 181), S. 234. Ernst Morwitz: Kommentar zu den Werken Stefan Georges. München, Düsseldorf 1960, S. 331.

[183] Auf geniale Herrscher, wie Napoleon, folgt für Nietzsche „Erschöpfung jeder Art, die Sterilität [...] auf dem Fusse. Der grosse Mensch ist ein Ende.“ (Friedrich Nietzsche: Sämtliche Werke. Kritische Studienausgabe in 15 Bänden, hg. v. Giorgio Colli u. Mazzino Montinari. München, Berlin, New York ^{2}1988, Bd. 6: Götzen-Dämmerung, S. 146). Zur Nietzsche-Rezeption bei George und im George-Kreis vgl. Peter Trawny: George dichtet Nietzsche. Überlegungen zur Nietzsche-Rezeption Stefan Georges und seines Kreises, in: George-Jahrbuch 3 (2000/2001), S. 34–68. Frank Weber: Die Bedeutung Nietzsches für Stefan George und seinen Kreis. Frankfurt a. M. 1989. Heinz Raschel: Das Nietzsche-Bild im George-Kreis (Anm. 178).

im 19. Jahrhundert nahelegten.[184] Der napoleonische „fuss im nacken" zielt vielmehr auf die enthusiastische Unterwerfung unter eine charismatische Größe, der man ohne Mühe Ehrfurcht zu zollen bereit ist. Während Scherenberg Napoleon als Katalysator des deutschen Nationalismus schätzte, stilisiert George Napoleon zum anachronistischen Beweis antiker Größenfähigkeit in der Moderne.

Auch in einem Fragment gebliebenen *Bismarck*-Gedicht Georges, das ursprünglich für die programmatischen *Zeitgedichte* des *Siebenten Rings* bestimmt war, findet sich ein Napoleon-Bezug. In einer kritischen Apostrophe an den als *Der Preusse* titulierten Bismarck stellt das lyrische Ich Bismarck ein unerreichtes Vorbild gegenüber: „Nie war dir schritt noch regung die das blut | Uns höher trieb nie wort das niederzwang | Uns staunend noch vorm korsischen kometen ...".[185] In der konventionellen Antonomasie vom „korsischen kometen" erscheint Napoleon hier gleichzeitig als Gradmesser für inspirative Begeisterung, die „höher"treibt, und charismatische Herrschergewalt, die „nieder"zwingt. Bismarck versagt bei George vor diesem napoleonischen Anspruch.[186] Aus Georges Retrospektive auf Bismarck wird deutlich, daß Napoleons Herrschaft zwar als Muster für deutsche Verhältnisse zitiert wird, aber nicht eigentlich als bonapartistisches Modell durchgespielt wird. Denn Bismarck als weisungsgebundener Reichskanzler begründet keine eigene Dynastie und arbeitet auch nicht mit den populistischen Mitteln des Volkskaisertums eines Napoleon I. oder Napoleon III.; Georges Gedicht mißt Bismarck nicht mit der Elle des Bonapartismus als politische Doktrin, sondern mit dem Maß des Napoleonismus, dem es um die persönliche Verehrung Napoleon I. geht, ohne damit eine Aktualisierung politischer Herrschaftsformen des Empire zu verbinden.[187]

---

[184] Vgl. hierzu die Analyse im Kapitel II. 6 *(Schlachtengetöse und Sentimentalitäten. Ausdifferenzierungen historischen Dichtens zwischen Vormärz und Realismus bei Rellstab, Stolle, Scherenberg und Griepenkerl).*

[185] Zitat nach Abdruck des Fragments in der Analyse von Achim Aurnhammer: ‚Der Preusse'. Zum Zeitbezug der ‚Zeitgedichte' Stefan Georges im Spiegel der Bismarck-Lyrik, in: Stefan George. Werk und Wirkung seit dem „Siebenten Ring" (Anm. 178), S. 173–196, hier S. 186.

[186] Zum literarischen Vergleich von Bismarck und Napoleon vgl. Rolf Parr: „Zwei Seelen wohnen, ach! in meiner Brust!" Strukturen und Funktionen der Mythisierung Bismarcks (1860–1918). München 1992, S. 145–152. Achim Aurnhammer: ‚Der Preusse' (Anm. 185), S. 191 f., der ein lyrisches *Totengespräch* Fritz Mauthners anführt, in dem sich Bismarck und Napoleon gegenüberstehen: Fritz Mauthner: Bismarck. Ein Totengespräch, in: Bismarck in der deutschen Dichtung, hg. v. Karl Leopold Mayer [Nowawes]. Berlin o. J. [1914], S. 271–286.

[187] Zum Unterschied von Napoleonismus als Verehrung der Person Napoleon I.

Nach dem *Siebenten Ring* äußerte sich George über Napoleon vor allem in Gesprächen mit Vallentin, der ihn bei der Abfassung seiner Napoleon-Monographie um Rat fragte. Im Unterschied zu Vallentin, der (wie weiter unten zu zeigen sein wird) Napoleon als verhinderten Deutschen völkerpsychologisch vereinnahmte, wehrte sich George massiv gegen politische Funktionalisierungen Napoleons zu deutsch-nationalem Zweck. George argumentiert mentalitätsgeschichtlich, daß „Napoleon nur in Frankreich habe herankommen können", denn „nur bei den Franzosen sei es möglich, [...] mit dem einen Begriff, la gloire, zu wirken".[188] Zwar konstatiert George, wie viele andere auch in dieser Zeit, daß das gegenwärtige Verhältnis Deutschlands zu England eine Parallele zum Verhältnis des napoleonischen Frankreichs zu England zulasse (V, 7.2.1922, 61), aber diese außenpolitisch-bilateralen Parallelen verleiten ihn nicht zu retrospektiven Germanisierungen der Gestalt Napoleons. Im Gespräch bemerkt George, daß sowohl Vallentins Buch als damit auch sein napoleonisches Thema „nicht deutsch [sei], nicht französisch und nicht italienisch, sondern eine Sache, die die Welt angehe" (V, 6.11.1922, 67). Dies ist nicht nur als eine thematische Aufwertung zu verstehen, sondern auch als eine Absage an nationale Vereinseitigungen. Von dieser universalhistorischen Auratisierung Georges wird Vallentins nationalstereotype Aneignung abweichen.

Stendhals heroisierende Napoleon-Begeisterung wurde George erst durch Vallentin bekannt, und er zeigte sich im Gespräch „verwundert und wollte nicht glauben, dass, wie ich behauptete, schon Stendhal das Heroische in Napoleon gesehen habe" (V, 16.12.1919, 46). George erklärte dagegen Nietzsches Napoleon-Enthusiasmus zu seinem eigentlichen Vorbild und relativierte die Bedeutung Stendhals und Burckhardts,[189] denen er zwar würdigend „sécheresse" (V, 16.12.1919, 46) attestierte, aber im übrigen mangelnden Sinn für die „kräftigeren, ur-

---

und dem Bonapartismus als politischer Bewegung, die versucht, das Empire als politische Herrschaftsform zu reinstallieren im 19. Jahrhundert vgl. Frédéric Bluche: Le Bonapartisme. Aux origines de la droite autoritaire (1800–1850). Paris 1980. Neuerdings sind wieder Proteste gegen eine solche scharfe Trennung von Napoleonismus und Bonapartismus angemeldet worden bei Sudhir Hazareesingh: The Legend of Napoleon. London 2004, S. 5f.

[188] Berthold Vallentin: Gespräche mit Stefan George (Anm. 177), Aufzeichnung vom 7. Februar 1922, S. 61. Im Folgenden wird aus Vallentins *Gesprächen mit Stefan George* im fortlaufenden Text mit der Sigle „V", dem Datum und der Seitenzahl zitiert.

[189] Daß Nietzsches Napoleon-Begeisterung sich aber zu großen Teilen von Stendhal erst herleiten läßt, versucht George zu vernachlässigen. Zum Einfluß Stendhals auf Nietzsches Blick auf die französische Geschichte vgl. Urs Martti: „Der große

sprünglicheren Bildungen" (V, 16.12.1919, 47) bescheinigte.[190] Von Nietzsche übernahm George auch die Überzeugung, daß Goethe um der Erscheinung Napoleons willen „seinen Faust, ja das ganze Problem ‚Mensch' umgedacht hat".[191] Dieses Zitat aus *Jenseits von Gut und Böse* schrieb George für Vallentin unter einen Autographen Napoleons, der in Vallentins Wohnung einen Ehrenplatz fand und in einem einzigen Rahmen die Hausgötter Napoleon, Goethe, Nietzsche und George vereinte.[192] Noch im Jahr 1933 soll George bei einem Gespräch über Napoleon und die Befreiungskriege zu Hildebrandt geäußert haben: „Die Preußen wären auch gescheiter gewesen, wenn sie mit Napoleon gegangen wären – dann hätten sie das Ganze geerbt."[193] „Das Ganze" zielt auf *la gloire* und die Teilhabe an der napoleonischen Größe, die George hier für wichtiger erachtet als die nationale Selbstbehauptung in den Befreiungskriegen.

Napoleon war oft kontroverses Gesprächsthema im Kreis.[194] Unter den Münchner Kosmikern zeichnete sich vor allem Ludwig Derleth durch eine manische Napoleon-Verehrung aus, die sich mit einem derart mili-

Pöbel- und Sklavenaufstand". Nietzsches Auseinandersetzung mit Revolution und Demokratie. Stuttgart, Weimar 1993, S. 236–268.

[190] Vallentin versucht, in diesem Gespräch Stendhal zu verteidigen und argumentiert mit der *Chartreuse de Parme*, die „ein heroisches, ein unbedingtes, ein unmittelbares menschliches Dasein mitten in die bedingte und zweideutige Welt des Polizeistaates gesetzt und daraus entwickelt" habe. Stendhal sei, so Vallentin, „der einzige gewesen, der bisher Napoleon heroisch gesehen und die Darstellung des heroischen Menschen Napoleon gefördert habe" (V, 16.12.1919, 47). Mit seiner glühenden Verteidigung erreicht er immerhin die Aussicht auf nochmalige Stendhal-Lektüre Georges: „Der Meister erklärte, er müsse sich daraufhin noch einmal das Napoleonbuch von Stendhal ansehen." (Ebd.) Neben Stendhal pries Vallentin später noch Faures Heroismus-Begeisterung; vgl. Élie Faure: Napoléon. Paris 1921.

[191] Friedrich Nietzsche: Sämtliche Werke (Anm. 183), Bd. 5: Jenseits von Gut und Böse, S. 185.

[192] Vgl. Robert Boehringer: Mein Bild von Stefan George. Düsseldorf, München 1968, S. 135. Michael Landmann: Berthold Vallentin (Anm. 177), S. 58.

[193] Kurt Hildebrandt: Erinnerungen an Stefan George und seinen Kreis. Bonn 1965, S. 228.

[194] Vgl. die Erinnerung Hildebrandts an eine Diskussion vor dem Ersten Weltkrieg, bei der George Napoleon als Gewährsmann gegen bürgerliche Sekurität stilisiert: „Heute geht das Gespräch über Napoleon, in dem Wolters den Unterwerfer der Masse, den Bändiger des Chaos sieht. Vallentin bezweifelt Wolters historische Ausführung. George will auch das revolutionäre Pathos nicht missen und summt die Marseillaise vor sich hin. Schädlich sei die Sorge um unbedingte Sicherheit, der preußische Schutzmann." (Kurt Hildebrandt: Erinnerungen an Stefan George und seinen Kreis [Anm. 193], S. 72).

tanten Christentum verband, daß er in der Schwabinger Bohème auch unter dem Spottnamen „Jesus Bonaparte" bekannt war.[195] Friedrich Wolters würdigte Derleth: „Alles an ihm war napoleonisch, ekklesiastisch, Befehls- und Priesterheischen seine Rede."[196] Das identifikatorische Pathos Derleths übertrug sich auf sein Werk. Viktor Mann, der jüngste Bruder von Thomas Mann, erinnerte sich an Derleths prophetische Proklamationen: „Während seiner Zeit im ‚Schwabinger Ursumpf' verkündete er den kommenden Christus-Napoleon, der Kreuz und Schwert im Banner tragen werde."[197] Derleths apokalyptische *Proklamationen* (1904), die Thomas Mann in seiner Prosa-Skizze *Beim Propheten* (1905) ironisierte,[198] forderten eine napoleonisch-christliche Diktatur, eine geistesaristokratische „Levée en masse pour l'élite".[199] Mit Napoleon verkündete Derleth einen zivilisationskritischen Krieg gegen die Moderne, genauer: gegen Wissenschaft und Rationalität und für Heiligkeit und Heroismus, gegen Halbherzigkeit und für den Rigorismus, gegen Demokratie und für den Gehorsam, gegen „weibisch" konnotierten Luxus und für homosoziale Askese, gegen die Massengesellschaft und für eine christlich-soldatische Gemeinschaft, gegen den Kapitalismus und die Technik und für die selbst gewählte Armut jenseits vom „Reich des Marktes und der Maschine".[200] Das war ebenso bizarr wie unkonkret, und es blieb den Zeitgenossen überlassen zu rätseln, wie real Derleth mit seiner dichterischen Vision auf eine wirkliche Ordensstiftung zielte. Die messianisch-napoleonischen *Proklamationen* schimmerten in einem ästhetisch-fundamentalistischen Zwielicht von Fiktion und Wirklichkeit.[201] Napoleon bot dabei für Derleth eine antimodernistische Argumentationshilfe, um die fundamentalistische Zeitabsage umzubiegen in einen interventionistischen Kampfaufruf.

Aber nicht nur bei den Münchner Kosmikern stand Napoleon auf dem

---

[195] Helmut Kreuzer: Die Bohème. Beiträge zu ihrer Beschreibung. Stuttgart 1968, S. 334.

[196] Friedrich Wolters: Stefan George und die Blätter für die Kunst. Deutsche Geistesgeschichte seit 1890. Berlin 1930, S. 237.

[197] Viktor Mann: Wir waren fünf. Konstanz 1949, S. 98.

[198] Vgl. auch Barbara Neymeyr: Militanter Messianismus. Thomas Manns Erzählung „Beim Propheten" im kulturhistorischen Kontext, in: Literaturwissenschaftliches Jahrbuch 45 (2004), S. 179–198.

[199] Ludwig Derleth: Proklamationen, in: Ders.: Das Werk. In Verbindung mit Christine Derleth, hg. v. Dominik Jost. Bd. 1, Bellnhausen 1971, S. 86.

[200] Ludwig Derleth: Proklamationen (Anm. 199), Zitat S. 80, vgl. auch S. 47–56. Vgl. hierzu auch Barbara Beßlich: Wege in den ‚Kulturkrieg' (Anm. 10), S. 135ff.

[201] Vgl. Stefan Breuer: Ästhetischer Fundamentalismus. Stefan George und der deutsche Antimodernismus. Darmstadt 1995, S. 121.

zivilisationskritischen Programm. Kurt Hildebrandt berichtet von einer Zusammenkunft in Schönhausen im Jahr 1904, bei der sowohl der nachmalige Expressionist und Napoleon-Dichter Georg Kaiser als auch Vallentin zugegen waren, und Vallentin las zu diesem Anlaß eine *Der Kaiser* betitelte napoleonische Huldigung.[202] Gegenüber Georges hermetischen Napoleon-Bezügen im Gedicht und seinen privatim im Gespräch geäußerten Meinungen veröffentlicht und präzisiert die heroische Biographik des Kreises im 20. Jahrhundert napoleonische Traditionsstiftungen.

Die Monographien des George-Kreises wenden sich dem genialen Einzelmenschen zu, der seine Epoche prägt. Als Mythographien im 20. Jahrhundert schreiben sie gegen die Nivellierung des Individuums in der Massengesellschaft Heldengeschichten, die ihre Themen enthistorisieren. Die Sehnsucht nach ganzheitlichen Persönlichkeiten in fragmentierten Zeiten findet ihren Ausdruck in Texten, die sich mit ihren charismatischen Helden aus der Gegenwart herausträumen. Dabei sind diese Mythographien nicht auf Identifikation auf gleicher Augenhöhe angelegt, sondern inszenieren einen ehrfurchtsvollen Abstand zwischen dem Autor und dem Leser auf der einen Seite und ihrem Thema auf der anderen. Die Mythographien des George-Kreises verlangen bewundernde Demut, nicht identifikatorische Neugier.[203] Dabei betonen sie einerseits das Schicksalhafte und Dämonische der heroischen Gestalten und arbeiten andererseits ihre jeweilige Opposition zur eigenen Umwelt heraus. Diese Biographien tendieren oft ins Hagiographische und feiern ihre Helden als überzeitliche Vorbildfiguren.[204] Trotz der retrospektiven und gleichzeitig enthistorisierenden Tendenzen stehen diese Monographien nicht antiquarisch-absichtslos in der Gegenwart der Weimarer Republik; vielmehr geben sie dem „Bedürfnis nach dem starken Mann", das Gundolf 1924 beschrieb, in retrospektiven Heldengeschichten Ausdruck.[205]

Friedrich Gundolf unterteilte die Biographien des Kreises nach ihren

---

[202] Kurt Hildebrandt: Erinnerungen an Stefan George und seinen Kreis (Anm. 193), S. 29. Der Napoleon-Enthusiasmus näherte so auch Zeitgenossen unterschiedlicher literarischer Ausrichtung einander an. Zu Georg Kaisers Napoleon-Dramen vgl. die Analyse in Kapitel III. 2. d) *(Der vertauschte Kaiser und der „Don Quichote des totalen Krieges". Georg Kaisers Tragikomödie „Napoleon in New Orleans" [1941])*.

[203] Vgl. Helmut Scheuer: Biographie. Studien zur Funktion und zum Wandel einer literarischen Gattung vom 18. Jahrhundert bis zur Gegenwart. Stuttgart 1979, S. 112–151. Ulrich Raulff: Wäre ich Schriftsteller und tot … Vorläufige Gedanken über Biographik und Existenz, in: Literatur und Kulturwissenschaften. Positionen, Theorien, Modelle, hg. v. Hartmut Böhme u. Klaus R. Scherpe. Reinbek 1996, S. 187–204.

[204] Vgl. Michael Winkler: George-Kreis (Anm. 177), S. 93–100.

[205] Zitat aus Friedrich Gundolf: Cäsar. Geschichte seines Ruhms. Berlin 1924, S. 7.

Sujets in „Seher"- und „Täter"-Texte, und schrieb somit einerseits die traditionelle Dichotomie von Kunst und Politik fest. Er sprach von „weltbauende[m] Täterdrang" und „weltschauende[m] Bildnerdrang" und zählte zu den „Sehern" Dante, Shakespeare, Goethe und zu den „Tätern" Alexander, Caesar und Napoleon.[206] Andererseits weichen gerade auch die „Seher"-Monographien des Kreises immer wieder diese Dichotomie von Kunst und Politik auf, da sie permanent ihre „Seher" metaphorisch auf „Täter" beziehen. So taucht gerade auch in den Monographien zu Dichtern und Philosophen immer wieder Napoleon als nebulöse Vergleichsgröße auf:

Ernst Bertrams *Nietzsche*-Monographie enthält ein umfangreiches Napoleon-Kapitel, das Nietzsches Verhältnis zu Napoleon in eine unkritische Verehrung umschreibt, die der „Prostration vor dem Genie" entsprach, dem sich Nietzsche doch mit Spitze gegen Carlyle so strikt verweigert hatte.[207] In Edgar Salins Monographie über *Jakob Burckhardt und Nietzsche* (1938) wird der unterschiedliche Umgang mit Napoleon zum Maßstab für die Zeitkritik.[208] Friedrich Gundolfs Bibliothek umfaßte eine stattliche Napoleon-Abteilung, die sowohl Schriften Napoleons[209], Erinnerungen von Zeitgenossen[210], geschichtswissenschaftliche

---

[206] Friedrich Gundolf: Dichter und Helden, in: Ders.: Dichter und Helden. Heidelberg 1921, S. 23–58, hier S. 52.

[207] In der *Morgenröthe* reflektiert Nietzsche über Napoleon: „Ja vielleicht ist gerade er es, der die romantische dem Geiste der Aufklärung fremde Prostration vor dem ‚Genie' und dem ‚Heros' unserem Jahrhundert in die Seele gegeben hat, er, von dem ein Byron sich nicht zu sagen schämte, er sei ein ‚Wurm gegen solch ein Wesen'. (Die Formeln einer solchen Prostration sind von jenem alten anmaasslichen Wirr- und Murrkopfe, Thomas Carlyle, gefunden worden, der ein langes Leben darauf verwendet hat, die Vernunft seiner Engländer romantisch zu machen: umsonst!") (Friedrich Nietzsche: Sämtliche Werke [Anm. 183], Bd. 3: Morgenröthe, S. 222). Vgl. hierzu die Analyse in Kapitel II. 7 *(„Weltverfluchter" und höherer Mensch. Nietzsches Napoleon als spätzeitlicher Künstler-Tyrann)*. Ernst Bertram: Nietzsche. Versuch einer Mythologie. Achte um einen Anhang erweiterte Auflage. Mit einem Nachwort v. Hartmut Buchner. Bonn 1965, S. 211–224.

[208] Edgar Salin: Jakob Burckhardt und Nietzsche. Heidelberg ²1948.

[209] Napoléon Bonaparte: Œuvres complètes. 4 Bde., Stuttgart 1822. Ders.: Mémoires pour servir à l'histoire de France. 4 Bde., Berlin, Paris 1823–1824. Ders.: Mémoires pour servir à l'histoire de France. Notes et mélanges. 6 Bde., Frankfurt, Berlin, Paris 1823–1825. Die Napoleon-Bibliothek Gundolfs ist dokumentiert bei Michael Thimann: Caesars Schatten. Die Bibliothek von Friedrich Gundolf. Rekonstruktion und Wissenschaftsgeschichte. Heidelberg 2003, S. 218ff.

[210] Lucien Bonaparte: Denkwürdigkeiten. Dresden 1821. Ders.: Révolution de Brumaire. Brüssel 1845. [Pierre Alexandre Édouard Fleury de Chabulon:] Fleury von Chabulon: Denkwürdigkeiten über Napoleons Privatleben, Rückkehr und Regierung im Jahre 1815. Leipzig 1820. [Anonymus:] Geheime Nachrichten über Napo-

Forschungsliteratur[211] und literarische Verarbeitungen[212] enthielt. Besonders interessierte Gundolf Napoleon I. und Napoleon III. Beschäftigung mit Caesar.[213] In seiner *Caesar*-Monographie erscheint am Ende Napoleon als ein Caesar der Neuzeit am Horizont:

In Napoleon vereinen sich erstlich und endlich die Suche des heroischen Altertums als einer wirklichen erreichbaren Lebensform wie sie dem Humanismus vorschwebte, der Herrschersinn der europäischen Despoten von Friedrich dem Staufer über Karl V. bis zu Ludwig XIV. und Friedrich dem Zollern, das Menschheits- und Volksgefühl der Aufklärung von Rousseau bis zur Revolution. Wie das römische Volk seine Macht und Majestät dem Cäsar übertragen hatte, so war Napoleon eine Zeitlang der Träger erst der französischen Volkheit, dann fast der europäischen Menschheit in dem Sinn wie Rousseau und die Revolution sie gemeint, und war dabei ein antikischer Held in dem Sinn wie Petrarca ihn geträumt, und ein Macht-Mensch des modernen Staats: in ihm gipfeln die europäischen Tendenzen eines halben Jahrtausends.[214]

---

leon Bonaparte. Von einem Manne, der ihn seit funfzehn Jahren nicht verlassen hat. Leipzig 1815.

[211] P. M. Laurent de l'Ardèche: Histoire de l'Empereur Napoléon. Paris 1839. Salomon Hahndorf: Anekdoten und Charakterzüge Napoleons. Kassel 1849. Friedrich M. Kircheisen: Napoleon I. und das Zeitalter der Befreiungskriege in Bildern. München, Berlin 1914. Archibald P. Rosebery: Napoleon I. am Schluß seines Lebens. Leipzig 1901.

[212] Auguste Marseille Barthélemy, Joseph Méry: Napoléon en Égypte. Poëme en huit chants par Barthélemy et Méry. Traduit en vers allemands par Gustav Schwab. Stuttgart, Tübingen 1829. Gustav Schwab: Napoleon in Ägypten. Gedicht in acht Gesängen von Barthélemy und Méry. Metrisch übersetzt von Gustav Schwab. Stuttgart, Tübingen 1829. Eduard Brinkmeier (Hg.): Napoleons Album. Braunschweig 1842. Friedrich Wencker (Hg.): Dichter um Napoleon. Eine Auswahl der Napoleonpoesie. Berlin 1913. Christian Dietrich Grabbe: Napoleon oder die hundert Tage. Frankfurt 1831. Carl Sternheim: Napoleon. Eine Novelle. Leipzig 1915. Auch Germanistisches war vorhanden: Andreas Fischer: Goethe und Napoleon. Eine Studie. Frauenfeld 1899.

[213] In Gundolfs Bibliothek finden sich: Napoléon Bonaparte: Précis des Guerres de César. Ecrit par M. Marchand à l'Ile St. Hélène sous la dictée de l'Empereur. Suivi de plusieurs fragments inédits. Paris 1835. Ders.: Übersicht der Kriege Caesars von Napoleon. Vom Kaiser auf St. Helena dictirt, niedergeschrieben von Marchand. Nebst mehreren bisher noch ungedruckten Fragmenten von Napoleon. Aus dem Französischen. Stuttgart 1836. Napoleon Bonaparte [Napoleon III.]: Histoire de Jules César, 2 Bde., Paris 1865/66. Ders.: Geschichte Julius Cäsars. Vom Verfasser autorisirte Übersetzung. 2 Bde., Wien 1865/66. Zu Napoleon III. und seiner Beschäftigung mit Cäsar finden sich in Gundolfs Bibliothek: Ernst Bernhardi: Betrachtungen über Napoleons III. Geschichte Julius Caesars. Krefeld 1872. Admée Barthélemy Gayet de Céséna: Les Césars et les Napoléons. Paris 1856. Karl Adolf Constantin Höfler: Kritik der Geschichte des Julius Caesar von Napoleon III. Prag 1866.

[214] Friedrich Gundolf: Caesar (Anm. 205), S. 263f. Vgl. auch Ders.: Caesar im 19. Jahrhundert. Berlin 1926.

Napoleon wird bei Gundolf zu einer Figur, der es gelingt, abendländische Heroen-Traditionen zu absorbieren und zu aktualisieren. Napoleon als jemand, der nationale Bezüge übersteigt, zur europäischen Leitfigur avanciert und dabei die Antike und die Französische Revolution amalgamiert, ist dabei mehr als ein politisches Herrschervorbild. Namen wie Rousseau und Petrarca bezeugen einen größeren weltanschaulichen Traditionsrahmen. „Erstlich und endlich" steht Napoleon für Gundolf als neuzeitlicher Größenbeweis schlechthin. Daß Gundolf dabei auch unterschwellig Napoleon auf die Gestalt Georges bezieht und damit den Poeten und den Politiker metaphorisch einander nähert, illustriert ein Brief Gundolfs, in dem er napoleonische Sentenzen als George entsprechende Worte liest.[215] Gundolf bezieht den „Täter" Napoleon auf den „Seher" George und vermischt so rhetorisch die Sphären der Politik und der Kunst.

George hatte solchen napoleonischen Interpretationen seiner selbst Vorschub geleistet, denn als in seiner Gegenwart einmal erzählt wurde, Napoleon habe gesagt: „J'aime le pouvoir comme artiste", „da entfuhr ihm: ‚J'aime l'art comme pouvoir.'"[216] Friedrich Wolters schrieb diese spontan geformte Antimetabole Georges dann in eine offizielle Charakteristik von Georges Kreispolitik und weltanschaulichem Wirkungswillen um: George „trieb die Kunst als Macht, wie einst Napoleon die Macht als Kunst".[217] Diese Napoleonisierungen Georges verwischen rhetorisch immer mehr die ehemals im George-Kreis so klar gezogenen Grenzen zwischen hehrer Kunst und kruder Politik.

Der Napoleon-Spezialist schlechthin des George-Kreises war Berthold Vallentin (1877–1933). Michael Landmann erinnert sich: „Vallentins Be-

[215] „Ein merkwürdiges Büchlein ist erschienen, Worte Napoleons – es steht sehr viel ‚Meister'liches darin, wenig ‚gescheite Sachen' aber eine eminente phantastische Gegenwart der inneren Wirklichkeiten." Brief Gundolfs an George vom 13. September 1906, in: Stefan George – Friedrich Gundolf: Briefwechsel, hg. v. Robert Boehringer u. Georg Peter Landmann. München, Düsseldorf 1962, S. 176. Mit dem „Büchlein" meint Gundolf Napoleon I: Berühmte Aussprüche und Worte von Corsica bis St. Helena. Gesammelt u. hg. v. Robert Rehlen. Leipzig 1906. Zum Verhältnis Gundolfs zu George vgl. Wolfgang Braungart: Gundolfs George, in: Germanisch-Romanische Monatsschrift 74 (1993), S. 417–442. Peter-André Alt: Zwischen Wissenschaft und Dichterverehrung. Friedrich Gundolf in seinen Briefen und Briefwechseln, in: Zeitschrift für deutsche Philologie 106 (1987), S. 251–281. Ernst Osterkamp: Friedrich Gundolf zwischen Kunst und Wissenschaft. Zur Problematik eines Germanisten aus dem George-Kreis, in: Literaturwissenschaft und Geistesgeschichte 1910 bis 1925, hg. v. Christoph König u. Eberhard Lämmert. Frankfurt a. M. 1993, S. 177–198.

[216] Robert Boehringer: Mein Bild von Stefan George (Anm. 192), S. 46.

[217] Friedrich Wolters: Stefan George und die Blätter für die Kunst (Anm. 196), S. 549f.

ziehung zu Napoleon war – ähnlich der Gundolfs zu Cäsar – Besessenheit. Er fühlte das Erbe und den Auftrag Napoleons in seinem Blut kreisen."[218] Der Jurist jüdischer Herkunft, der später als Richter in Spremberg und Rechtsanwalt in Berlin arbeitete, hatte als Student in Berlin bei Kurt Breysig Geschichte gehört und war über Breysig mit Friedrich Wolters zum Berliner Kreis um Stefan George gestoßen.[219] Im *Jahrbuch für die geistige Bewegung* hub Vallentin zu umgreifenden zivilisationskritischen Jeremiaden gegen die Moderne an.[220] In den *Blättern für die Kunst* erschienen von Vallentin 1914 *Die Zwiesprachen vom Kaiser* und 1919 *Neue Zwiegespräche vom Kaiser*, kleine lyrisch-dramatische Szenen um Napoleon, die Vallentin 1927 unter dem Titel *Heroische Masken* als selbständige Schrift herausgab. In diesen Texten spricht ein georgianischer Napoleon Zeitdiagnosen, die der Leser leicht auch auf die eigene Gegenwart beziehen konnte. Diesen Napoleon-Schriften ist die inständige Sehnsucht nach einer Wiederkehr eingeschrieben, die sich am deutlichsten zeigt in einem (dem zweiten Teil der *Heroischen Masken* vorangesetzten) Gedicht, das in einem großen Konditionalgefüge die Wiederkehr Napoleons heraufbeschwört:

> Käme Er heute herauf noch einmal seiner legionen
> Wallenden mantel herum um seine schultern gehisst –
>
> [...]
>
> Dann ja dann wäre uns auch der tag wäre uns auch das siegel
> Dunkeler zeiten gelöst und wir erkennten den fug
> Unsres bezweifelten seins und hätten wieder die mitte
> Hätten wieder das maass hätten wieder den mann.[221]

---

[218] Michael Landmann: Berthold Vallentin (Anm. 177), S. 56.

[219] Zu den jüdischen Mitgliedern des George-Kreises vgl. Rainer Kolk: „Verkannte brüder, entjudete juden". George-Kreis, deutsch-jüdisches Bürgertum und die politische Rechte 1918–1933, in: „Verkannte Brüder"? Stefan George und das deutsch-jüdische Bürgertum zwischen Jahrhundertwende und Emigration, hg. v. Gert Mattenklott. Hildesheim 2001 (Haskala, 22), S. 55–68. Carola Groppe: „Das Wunder der Verwandlung". Die jüdischen Mitglieder im George-Kreis zwischen Jahrhundertwende, Nationalsozialismus und Exil, in: Exul poeta. Leben und Werk Karl Wolfskehls. Beiträge zum Symposium anläßlich des 50. Todestages, Auckland, 31. August – 2. September 1998, hg. v. Friedrich Voit u. August Obermayer. Dunedin 1999, S. 7–46.

[220] Berthold Vallentin: Zur Kritik des Fortschritts, in: Jahrbuch für die geistige Bewegung 1 (1910), S. 49–63. Ders.: Zur Kritik von Presse und Theater, in: Jahrbuch für die geistige Bewegung 2 (1911), S. 36–76. Ders.: Napoleon und die geistige Bewegung, in: Jahrbuch für die geistige Bewegung 3 (1912), S. 134–138, wieder abgedruckt in: Ders.: Napoleon und die Deutschen (Anm. 3), S. 38–43.

[221] Berthold Vallentin: Heroische Masken. Berlin 1927, S. 51.

Den unsicheren Realitätsstatus dieser Projektion illustriert der Potentialis dieses Wenn-dann-Gefüges, und die antikisierende Form der Distichen rückt die Wahrscheinlichkeit der Realisierung dieses Wunschtraum zusätzlich in größere Entfernung. Während die ersten acht Verse die Wiederkehr Napoleons beschwören, beschreiben die letzten vier Verse konjunktivisch die mögliche Konsequenz einer solchen Erscheinung: Eine Wiederkehr Napoleons bedeutete in diesen Versen die Rettung aus nur undeutlich erkennbaren „dunkele[n] zeiten" (V. 10). Während Heinrich Heine retrospektiv den Einzug Napoleons in Düsseldorf als Kindheitserinnerung zum Herrscheradvent inszenierte,[222] erträumt Vallentin prospektiv den „tag" (V. 9) einer Wiederkunft, die Rettung aus Sinnlosigkeit und Desorientierung verspricht. Ein napoleonischer Herrscher garantiert für das (im einvernehmlichen „wir" sprechende) lyrische Ich Identitätsgewißheit und Sinnstiftung. Ein gegenwärtiger Napoleon vermittelt Selbsterkenntnis und Einblick in „den fug | Unsres bezweifelten seins" (V. 10f.).[223] Eine Wiederkehr Napoleons verbürgte für Vallentin „mitte" (V. 11), „maass" (V. 12) und „mann" (V. 12), drei alliterativ verbundene Metaphern für Ordnung in einer Zeit des Chaos.

Die Sehnsucht nach dem „maass" und dem führenden „mann" teilt Vallentins Gedicht mit Georges poetologischem Gedicht *Der Dichter in Zeiten der Wirren*, das den Dichter als Führer eines noch zu installierenden Führers beschwört. George prophezeit „den einzigen der hilft den Mann".[224] Bei George ist die Identität dieser Retters ungeklärt.[225] Vallentin schreibt Georges vage Prophezeiung auf Napoleon um. In den *Heroischen Masken* läßt er Napoleon sprechen und gestaltet dies implizit

---

[222] Vgl. die Analyse in Kapitel II. 3 *(Erlesener und erinnerter Held der Kindheit. Heines doppelter Blick auf Napoleon als Freiheitsbringer und Sehnsuchtschiffre)*.

[223] Der altertümliche „fug" mag als Verhärtung von „Fügung" und Gegenbegriff zu „Un-Fug", im Sinne von ernsthafter, sinnhafter „Ordnung" genommen werden, wie es heute noch in der Formel „mit Fug und Recht" gebräuchlich ist.

[224] Stefan George: Der Dichter in Zeiten der Wirren, in: Ders.: Sämtliche Werke (Anm. 180), Bd. 9: Das Neue Reich. Stuttgart 2001, S. 30. Georges Gedicht ist etwa in derselben Zeit, kurz nach dem Ersten Weltkrieg, entstanden wie Vallentins *Neue Zwiegespräche vom Kaiser*, die erstmals abgedruckt wurden in: Blätter für die Kunst 11/12 (1919), S. 157–174.

[225] Die vagen Formeln Georges, die den beschworenen rettenden Mann schemenhaft erscheinen ließen, machten es den Nationalsozialisten leicht, dieses Gedicht als die Prophezeiung Hitlers zu interpretieren. Zu solchen Um- und Mißinterpretationen vgl. Barbara Beßlich: Vates in Vastitate. Poetologie, Prophetie und Politik in Stefan Georges „Der Dichter in Zeiten der Wirren", in: Poetologische Lyrik von Klopstock bis Grünbein. Gedichte und Interpretationen, hg. v. Olaf Hildebrand. Köln, Weimar, Wien 2003, S. 198–219.

als Fortsetzung von Georges Herrscher-Prophezeiung. Napoleon löst hier ein, was Georges *Dichter in Zeiten der Wirren* beschwört. Vallentins Napoleon erklärt:

Es geht den kampf nicht mehr
Um wer den staat bestimmt das steuer lenkt
Wer mitisst an den krippen kärgliche
Um reiche atzung tauscht ob jedem gleich
Das seine zubemessen wird und nicht
Der einzle *[sic]* aus gesetzter ordnung sich
Erheben soll. Das alles ist verjährt.
Ein neues kam ein letztes: einer kommt
Der mensch der seine ewigen rechte will:
Nicht mitzuleben nur den brüdern gleich
Und frei mit seinem platz an ihrem tisch
Und seinem recht an ihrem bett und stroh
Nein sich zu setzen für das würdelos
Entfesselte gewühl als das geschlecht
Von anbeginn der leib gewordne sinn
Das maass und bild gewachsen in die zeit
Das wandellose – gegen alles was
Für trüb und misslich ordnung machen will
Aus trüb und misslich als ein mittleres:
Gestückte regel und verklebt gesetz
Recht nur für heute morgen unrecht schon
Und unrecht immer da die grosse inbrunst
Des lebens es mit seiner pergamentnen
Kadaver schauerlicher last begräbt.
Gen das komm ich der kampf geht heute an:[226]

Dieser Ausschnitt aus einem napoleonischen Monolog bei Vallentin schließt direkt an die letzte Strophe vom *Dichter in Zeiten der Wirren* an. In demselben fünfhebig, reimlosen Jambus wie in Georges Gedicht wird hier ein poetisiertes Herrschaftskonzept vorgestellt, das Georges vage Prophezeiungen anachronistisch in Napoleons Kaiserreich konkretisiert.[227] Vallentins Napoleon hat bereits das postrevolutionäre Chaos

[226] Berthold Vallentin: Heroische Masken (Anm. 221), S. 69. Die Verszählung wurde mit *IV Der Anbruch* (S. 66) begonnen.

[227] Gundolf spottete über solche rückwärtigen Orientierungen, „daß die meisten Freunde nicht ganz in Georges Reich stünden, sondern mit einem Fuß noch in einem älteren Reiche; [...] Vallentin noch im Napoleonischen (aber, wie er mit freundlicher Bosheit ergänzte, im II. Kaiserreich des III. Napoleon, im großstädtischen Genießen.)“ (Kurt Hildebrandt: Erinnerungen an Stefan George und seinen Kreis [Anm. 193], S. 89). Gundolfs kleine Spitzen gab Vallentin in seinen Aufzeichnungen mit gleicher Schärfe zurück. Latente Eifersucht auf das jeweilige Verhältnis zu

überwunden, in dem Vallentin 1919 diese Verse schreibt. Die *Zeiten der Wirren* sind vorbei. „Es geht nicht mehr den Kampf" (V. 77) um die Rettung aus dem Chaos: Machtkämpfe (V. 78), Scharmützel um Pfründe und wirtschaftliche Vorteile (V. 79f.) sowie der Disput über revolutionäre Gleichheit der Menschen und die demokratische oder diktatorische Form der Herrschaft (V. 82f.) sind beendet. Resümierend hält dieser Napoleon fest: „Das alles ist verjährt." (V. 83)

In seltsam selbstdistanzierter Weise beschreibt Vallentins Napoleon sich im folgenden (V. 84–94) in der dritten Person Singular als den neuen auserwählten Herrscher. Gleichzeitig kündigen diese Verse auch ein neues Menschentum an, das in Napoleon seinen hervorragendsten Repräsentanten gefunden hat. Christologische Assoziationen schwingen mit in der Ankündigung des Herrscheradvents: „einer kommt" (V. 84). Dieser (durch die Er-Perspektive) künstlich objektivierte Herrscher wendet sich gegen die Vorstellung von der Gleichheit der Menschen (V. 86f.) und skizziert eine von der Masse bewußt distanzierte Herrschaft, die sich nicht populistisch anbiedert (V. 87f.). Jenseits dieser Negativbestimmungen versteht sich diese Herrschaft positiv als überzeitlich konzipiert: Die „ewigen rechte" (V. 85) sind keineswegs naturrechtlich begründete universale Menschenrechte, sondern elitäre Ansprüche des „einzle[n]" (V. 82) seiner Umgebung gegenüber. Diese napoleonische Herrschaft à la Vallentin setzt nicht auf demokratische Teilhabe, sondern auf *Herrschaft und Dienst*, auf autoritäre Führerschaft, welche die Beherrschten entmenschlicht zum „würdelos| Entfesselte[n] gewühl" (V. 89f.). Gegen die perhorreszierte Masse entwirft Napoleon die eigene Existenz als Beginn eines neuen Menschentums, als Begründer eines neuen „geschlecht[s]" (V. 90), das Sinnhaftigkeit verkörpert. In Zeiten der beschleunigten Veränderungen, der rasanten Modernisierung verheißt die Begründung einer solchen Herrschaft Dauer und Orientierung. Statik wird als Ideal der „wandellos[igkeit]" (V. 93) begriffen. Dieses neue Lebensideal definiert sich vor allem in Frontstellung gegen Ausgleich und Kompromiß. Der Begriff des „mittlere[n]" (V. 95) läßt sich dabei sowohl qualitativ abwertend auf Durchschnittlichkeit als auch auf das moderierende Mittlertum zwischen den Extremen als einer ausgleichenden Haltung beziehen. Dagegen fordert Vallentins Napoleon unausgesprochen den Mut zum Extremen. „Gestückte regel und verklebt gesetz" (V. 96) verbildlichen die kritisierte fragmentierte Ordnung, die aus Kompromissen entstanden ist und der idealisierten Ganzheit widerspricht. Die „ewi-

---

George und auch der unausgesprochene Wettbewerb um die beste Mythographie des Kreises sprechen aus solchen Äußerungen.

gen rechte" (V. 85) ersetzen das bisherige „Recht nur für heute" (V. 97). Menschliche Codices erscheinen hier als dilatorisches Flickwerk. Vitalistisch spielen die Verse das nicht schriftlich fixierte „ewige recht" gegen die „pergamentnen | Kadaver" (V. 99 f.) der Gesetzestexte aus.

In seiner *Napoleon*-Monographie versucht Vallentin einen Gegenentwurf zu einer Geschichtsschreibung, die Napoleon aus seiner Zeit heraus erklärt und soziale und politische Strukturen betont. Die Exponenten einer solchen gesellschaftsgeschichtlich orientierten Historiographie werden von Vallentin nicht namentlich gewürdigt, sondern nur anonym verfemt.[228] Gegen solche, die Bedeutung des Individuums relativierenden, Tendenzen will Vallentin umgekehrt das Individuum sichtbar machen, dessen Kraft erst dem Zeitalter seine Strukturen aufgezwungen habe: „Was hier zu geben versucht wird, ist der höchstmenschliche Gehalt, die heroische Gestalt Napoleons, wie sie war und lebte."[229] Vallentins Versuch, einen napoleonischen „Wesenskern" von zeitbedingten Ummantelungen freizulegen, zieht zwangsläufig eine Enthistorisierung der napoleonischen Gestalt nach sich.

Quellenkritik interessiert Vallentin nicht. Seine *Napoleon*-Monographie ist fußnotenfrei und kontextualisiert die präsentierten Zitate nicht. Auch Daten und historische Fakten erwartet man vergebens. Die positivistische Praxis etikettiert Vallentin als einen Teil „der bürgerlichen Welt, die schlechthin des napoleonischen Wesens Widerwelt ist" (N, 3).[230] In diesem Sinn handelt es sich nicht um eine Biographie, sondern eher

---

[228] Alphonse Aulard etwa hatte 1901 in seiner *Histoire politique de la Révolution française* nicht mehr den Kaiser und Feldherren fokussiert, sondern Strukturen skizziert, die Napoleons Handeln bedingen. Später wird ihm in dieser Tendenz Georges Lefebvre folgen, dessen *Napoleon* (1935) keine Biographie darstellt, sondern eine Gesellschaftsgeschichte der napoleonischen Epoche. Vgl. Alphonse Aulard: Histoire politique de la Révolution française. Origines et développement de la démocratie et de la république (1789–1804). Paris 1901. Ders.: Napoléon Ier et le monopole universitaire. Origines et fonctionnement de l'université impériale. Paris 1911. Georges Lefebvre: Napoleon (Anm. 59).

[229] Berthold Vallentin: Napoleon (Anm. 176), S. 7. Im folgenden wird diese Monographie im fortlaufenden Text mit der Sigle „N" und eingeklammerten Seitenzahlen zitiert. Zur Kontextualisierung dieser Gestaltmonographien des George-Kreises vgl. Annette Simonis: Gestalttheorie von Goethe bis Benjamin. Diskursgeschichte einer deutschen Denkfigur. Köln, Weimar 2001.

[230] Süffisant urteilte Friedrich Sieburg über Vallentins prononciert antibürgerliche Vereinnahmung Napoleons: „Nie ist ein bürgerlicherer Satz aus einer deutschen Feder geflossen, denn hier wird das professorale Primat des ‚Mehrwissens' durch den Anspruch ersetzt, zu den im innersten Kreis eingeweihten ‚Bescheidwissern' zu gehören." (Friedrich Sieburg: Napoleon. Die hundert Tage. Stuttgart 1956, S. 435).

um eine „Wesensschau", die ihr Thema auch nicht chronologisch angeht, sondern in konzentrischen Kreisen umringt.[231] Es geht Vallentin nicht um Entstehungsbedingungen und Einflüsse, sondern um Überzeitliches, Einmaliges und nicht Relativierbares. Er macht aber gleichzeitig deutlich, daß diese seine antihistoristische Absicht sich gegenwärtigen Interessen verdankt, denn er will mit einer solchen Gestalt-Monographie der Gegenwart klar machen, daß der Mensch nicht schlechthin von Strukturen determiniert sei:

> Was die Seele der Zeit braucht, ist das sichtbare, nährende Dasein von Mensch und Dingen, nicht ihr zweifelhafter Bewegungsfluss. Dass Napoleon so oder so geworden, so oder so durch Umstände und Menschen bedingt ist, vermag ihr nichts zu geben; aber die Gestalt und das Wesen dieser grossen Existenz ist geradezu das nächste Bedürfnis geworden für eine in blosse Beziehungen zerfahrende und erstarrende Welt. (N, 2)

Vallentins Enthistorisierung begibt sich also durchaus in einen gegenwartspraktischen Dienst. Seine Sichtbarmachung der Gestalt Napoleons soll der richtungslosen Gegenwart ein Beispiel geben für eine zukünftige Orientierung an menschlich großen Gestalten. Gerade weil Napoleon so anders ist als alles Gegenwärtige, vermag er zum weltanschaulichen Brevier für die Zukunft werden.

In diesem Zusammenhang ficht Vallentin unausgesprochen einen weltanschaulichen Kampf gegen Oswald Spenglers *Untergang des Abendlandes* aus, der Napoleon dort in nietzscheanischer Tradition als „Schluss-Tyrannen" und Endzeitcäsar dargestellt hatte.[232] Mit Napoleon beginnt bei Spengler die Zivilisation als Endphase einer Kultur und damit der Untergang des Abendlandes.[233] Auch George hatte in nietzscheanischer Tradition im *Siebenten Ring* Napoleon als „lezte[n] grosse[n] stern der zeitenbiege" vor dem Epigonentum des 19. Jahrhunderts dargestellt.[234] Aber bei George gab es nicht die Gewißheit eines unwiederbringlichen Untergangs des Abendlandes, sondern vielmehr die Hoffnung, nach dieser seichten Epoche wieder neue Größe begründen zu können. Bei Spengler ist Napoleon der Anfang vom Ende, bei Vallentin

[231] Die *Napoleon*-Monographie gliedert sich in sechs Bücher (I. Tat und Erleben, II. Geschichte und Gegenwart, III. Antike und Klassizismus, IV. Gefühle und Triebe, V. Gott und Glaube, VI. Kunst), die nicht aufeinander aufbauen, sondern jeweils neu ansetzen und versuchen, „Mann, Gestalt und Tat" (N, 3) zu interpretieren.

[232] Nietzsche spricht in *Die fröhliche Wissenschaft* in diesem Sinn vom „Schluss-Tyrann" (Friedrich Nietzsche: Sämtliche Werke [Anm. 183], Bd. 3, S. 297).

[233] Oswald Spengler: Der Untergang des Abendlandes (Anm. 105), S. 1081 ff.

[234] Vgl. das weiter oben zitierte Gedicht *Schwesterstädte* (Anm. 181).

wird er zur Verheißung eines neuen Anfangs.[235] Vallentins *Napoleon*-Monographie antwortet so auf Spengler, ohne diesen namentlich zu nennen. Napoleon ist für Vallentin „ein unauslöschlicher Protest gegen die Macht der Zivilisation. [...] Er stellt inmitten der modernen Zivilisation wieder die Gestalt des heroischen Täters [...] auf“ (N, 525). Diese Formulierungen hatte Vallentin mit George diskutiert und abgestimmt.[236] So wird Napoleons Existenz am Ende von Vallentins umfangreicher Monographie zum Versprechen für eine heroische Zukunft: „St. Helena ist in Wahrheit nicht Untergang, sondern ein Aufgang: der Aufgang eines neuen Numen, das die Welt in einer dem bürgerlichen, mechanisierenden Geist entgegengesetzten Richtung fortbewegt“ (N, 525 f.). Napoleon wird zum zivilisationskritischen Argument gegen den Untergang des Abendlandes und für einen heroischen Neubeginn.

Berthold Vallentin schrieb nicht nur die lyrisch-*Heroischen Masken* und seine umfangreiche Napoleon-Monographie, die sich als Mythographie im georgianischen Duktus zu erkennen gab, er veröffentlichte auch 1926 die Essay-Sammlung *Napoleon und die Deutschen*, die gegen Frankreich gerichtet unumwunden erklärte: „Napoleon gehört den Deutschen.“[237] So seltsam diese Formulierung von der „Wesensgleiche zwischen Napoleon und den Deutschen“ (9) heute klingen mag, so hatte sie 1926 bereits eine rhetorische Tradition, die in Deutungsmustern der zivilisationskritischen Publizistik des Ersten Weltkriegs bestand. Die Schriften des ‚Kulturkriegs‘ richteten ihre Modernekritik zwar nationalstereotyp gegen die Kriegsgegner aus, aber nahmen – ohne zu zögern – einzelne große Persönlichkeiten der Feindesnation von dieser Gegnerschaft aus, indem sie diese als verhinderte Deutsche darstellten. So erklärte der Philosoph

[235] Zur Spengler-Kritik im George-Kreis vgl. Stefan Breuer: Retter des Abendlandes. Spenglerkritik von rechts, in: Jahrbuch zur Kultur und Literatur der Weimarer Republik 9 (2004), S. 165–193. Breuer berücksichtigt in seiner Anm. 57 auch Vallentins Spengler-Kritik.

[236] „Der Meister erzählte, dass er inzwischen mein Schlusswort gelesen habe und die Art, wie ich Spengler erwähnte, möglich fände“ (V, 27.10.1922, 66). Geschmeichelt haben dürfte Vallentin auch folgende Einschätzung Georges, wenn sie auch nicht der Realität entsprach. George prognostizierte (wohl in tröstender Absicht) Vallentins *Napoleon*, daß er „erst später – vielleicht in fünf Jahren einmal – wirke, wenn irgendein Ereignis eintrete, das plötzlich das Buch in allgemeine Sicht bringe und alle Welt darauf aufmerksam mache. Ein solches Buch habe eben eine andere Wirkungs- und Verbreitungskraft als etwa Spengler, der schnell aufgetaucht, aber auch schnell verpufft sei.“ (V, 26.4.1924, 73 f.).

[237] Berthold Vallentin: Napoleon und die Deutschen (Anm. 3), S. 10. Im folgenden wird diese Schrift im fortlaufenden Text mit eingeklammerten Seitenzahlen zitiert.

Hermann Cohen etwa kurzerhand in seiner kulturkriegerischen Schrift *Deutschtum und Judentum*: „Dante und Shakespeare bleiben unsere eigenen Penaten".[238] Ähnlich verfährt Vallentin und entwirft eine völkerpsychologische Wahlverwandtschaft von Napoleon und den Deutschen, die nicht nur französische Ansprüche stillschweigend umgeht, sondern schroff zurückweist. Wenn sich die zeitgenössische französische Literatur über die Wertschätzung Napoleons bei den Deutschen wundere, so habe dieses französische Erstaunen „seinen Ursprung in einer zwiefachen Verkennung, in der Napoleons und der Deutschen. Beide sind in ihrem substanziellen Grunde für die Franzosen notwendig unbegreiflich" (9). Vallentin behauptet so ein deutsches Monopol auf die Napoleon-Interpretation und demonstriert, wie man nach dem Ersten Weltkrieg zugleich frankreichkritisch und napoleonbegeistert sein kann.[239]

Wenn Vallentin von einer „Wesensgleiche zwischen Napoleon und den Deutschen" (9) spricht, vergleicht er eine einzelne Persönlichkeit mit einer Nation. Bei diesem rhetorischen Vorgang werden sukzessive einzelne menschliche Charakteristika auf eine konstruierte Gemeinschaft übertragen. Deutschland (als gedankliches Konstrukt) wird anthropomorphisiert und als vermenschlichtes Subjekt von Geschichte greifbar gemacht. Was macht für Vallentin die „Wesengleiche" zwischen Napoleon und den Deutschen aus? Äußerliches Zeichen einer inneren Ge-

[238] Hermann Cohen: Deutschtum und Judentum. Mit grundlegenden Betrachtungen über Staat und Internationalismus. Elftes und zwölftes Tausend, durch ein kritisches Nachwort vermehrt. Gießen 1923, S. 53. Zuvor hatte Cohen allerdings jenseits dieser Geistesheroen einen ausländischen Einfluß auf die deutsche Literatur kritisiert: „Erst wenn wir alle diese falschen Literaturgrößen der Ausländerei in ihrer Differenz zu uns erkannt und überwunden haben werden, erst dann wird unser Sieg allmählich ein vollständiger werden" (S. 52). Zu Cohens Beitrag zum ‚Kulturkrieg' vgl. Barbara Beßlich: Wege in den ‚Kulturkrieg' (Anm. 10), S. 331–337. Ulrich Sieg: Jüdische Intellektuelle im Ersten Weltkrieg. Kriegserfahrungen, weltanschauliche Debatten und kulturelle Neuentwürfe. Berlin 2001.

[239] Ähnlich argumentierte auch Friedrich Wolters 1918 in einem Vortrag über „Napoleon und der nationale Deutsche", von dem Edgar Salin: Um Stefan George. Bad Godesberg 1948, S. 198, berichtet. Auch Erich von Kahler nahm bereits in seiner Kulturkriegsschrift *Der vorige, der heutige und der künftige Feind* Napoleon von seinem negativen Frankreichbild aus und erklärte, daß der Abstieg nach Napoleon begonnen habe: Nach Napoleon „ist Frankreich gefallen, es hat sein Wort, sein erhabenes, unvergeßliches Wort gesprochen, und was seither vor und nach dem letzten Stoß von 1870 von ihm kam, sind Einzelne, Nachzügler hinter der eignen gewesenen und der fremden, über sie kommenden Zeit, irrende Spreu im Wechselwind" (Erich von Kahler: Der vorige, der heutige und der künftige Feind [Anm. 14], S. 6). Zu Kahler vgl. Geret Luhr: „Klassizistisch, humanistisch, aristokratisch". Zu Erich Kahler und der jüdischen George-Rezeption, in: Verkannte Brüder"? (Anm. 219), S. 163–174.

meinsamkeit ist für Vallentin der „Ausdehnungs- und Eroberungsdrang[.]“ (10), der sowohl außenpolitisch-militärisch zu verstehen ist als auch in einem metaphorischen Sinn, der auf eine expansive, spekulative Reflexion zielt, die gewohntes Erkenntnisterrain verläßt. Während Napoleon neue Länder erobert habe, haben sich die Deutschen neue weltanschauliche Gebiete erschlossen. Napoleon und Deutschland werden als Außenseiter der Zivilisation, die sie beherrschen, beschrieben. Sie verwandeln sich in Grenzfiguren, „sie stehen darin und doch draußen“ (10). Dabei stilisiert Vallentin Napoleon zum künstlerischen Genie, dessen „Leidenschaft ‚Schöpfung‘ ist, nicht ‚Haben‘, nicht ‚Besitz‘“ (12). Die Tradition der Genieästhetik kleidet sich hier zivilisationskritisch in einen Antimaterialismus. Napoleon und Deutschland wird von Vallentin parallel „Ursprungshaftigkeit“ (10) bescheinigt, die er als „Kindheit ihres Menschtums“ (10) charakterisiert. Gegenüber einem dekadent-alten Europa erscheint hier Deutschland biologisiert als junge Nation mit legitimen jugendlichen Forderungen. Damit plädiert Vallentin, wie zeitgleich Arthur Moeller van den Bruck, für die konservativ-revolutionäre Vorstellung vom *Recht der jungen Völker.*[240]

Dieses geniale, jugendliche Außenseitertum Deutschlands und Napoleon wird diachron im Anschluß an Nietzsche zu einer antiken Unzeitgemäßheit erklärt. Napoleon und die Deutschen bedeuten für Vallentin einen Anachronismus in einer modernen Welt. So wie Napoleon an das antike Rom anknüpfe, bestünde für Deutschland seit jeher eine Affinität zur griechischen Antike. Bei diesem Deutungsmuster stellt Vallentin dem politisch-staatstheoretischen Vergleich vom römischen Imperium mit Napoleons Empire einen philosophisch-weltanschaulichen gegenüber, wenn er für den deutschen Bezug auf Griechenland auf Hölderlin und Nietzsche verweist. Solche Traditionsstiftungen von der Antike über Mittelalter und frühe Neuzeit hinweg positionierten sich auch wieder gegen Spengler, der ja die Antike aus seinem Abendlandverständnis ausgesondert hatte und betonte, daß die einzelnen Kulturen untereinander sich nicht beeinflussen könnten.[241] Vallentin legt dagegen zwei verglei-

[240] Arthur Moeller van den Bruck: Das Recht der jungen Völker. München 1919. Eigentümlich bei aller selbstbewußten deutschnationalen Selbstbehauptung mit Napoleons ideologischer Schützenhilfe als verhindertem Deutschen bleibt eine Parallele, die Vallentin aufmacht zwischen Napoleon und Deutschland: Beide werden als die großen Scheiternden dargestellt. Vallentin deutet dabei St. Helena als „zeitverleugnendes Promethidenlos“ (14) Napoleons und setzt dagegen Deutschland, das „jedesmal vorm Ende gescheitert“ (14) sei.

[241] Ernst Bertram hatte sich ähnlich wie Vallentin über Spenglers Bemühen empört, Antike und Abendland als unterschiedliche Kulturen voneinander zu trennen.

chende welthistorische Ahnenreihen offen: „Napoleon folgt auf Diocletian über Karl, – und Goethe, Nietzsche, George auf Plato über Dante.“ (13) Am zeitlichen Ende dieser beiden Reihen stehen sich Napoleon und George als „Täter“ und „Seher“ gegenüber, die beide in antike Traditionen rückgebunden und gleichzeitig von der trüben Gegenwart isoliert werden.

Mit dieser geschichtsphilosophischen Zweiteilung in eine handelnde römisch-französische und reflektierende griechisch-deutsche Traditionslinie schreibt Vallentin einerseits das Nationalstereotyp von den deutschen Dichtern und Denkern fest, die unfähig zur politischen Tat sind. Andererseits eröffnet er mit der napoleonischen Gegenüberstellung zumindest eine metaphorische Übertragbarkeit. Napoleon hat *in politicis* geschaffen, was die Deutschen reflektiert haben. Napoleon als gewünschter Täter zum deutschen Gedanken wird hier vage als Stellvertreter für mangelnde eigene Namen erkennbar. Auf die Gestalt Napoleons projiziert Vallentin Sehnsüchte nach politischer Vollstreckung deutscher Weltanschauung. Die Beschäftigung mit Napoleon verdankt sich bei Vallentin in den späten 1920er Jahren vor allem dem Interesse nach nationaler Selbstbestimmung und dies nicht in Abgrenzung vom ehemaligen Nationalfeind Napoleon, sondern in der deutschen Vereinnahmung des „wesensgleichen“ Herrschers: Vallentin sichert sich ab gegen die mögliche Skepsis, „zu welchem Ende denn der scheinbar fremdländische Heros mit solcher Wucht in unserer Sprache neu erweckt werde. Wenn die Wirkung und Bedeutung des Heros hier von verschiedenen Seiten beleuchtet wird, so ist immer das lichtgebende Gestirn: der deutsche Geist.“ (7) Das Studium Napoleons wird bei Vallentin zur Deutschstunde, in der die Weltherrschaft auf dem Lehrplan steht. Bei ihm wird „Napoleon der Vorläufer der vorläufig endlichen Weltform und die Deutschen ihre Vollstrecker“ (16).

4. Mit und gegen Napoleon für die Weimarer Republik Demokratisierung und Heroen-Demontage in der ‚historischen Belletristik‘ von Emil Ludwig und Werner Hegemann

Die Bücherverbrennung der Nationalsozialisten am 10. Mai 1933 wurde von zehn sogenannten *Feuersprüchen* begleitet, welche die Auswahl der

---

Bertrams Argumentation beeinflußte wiederum Thomas Mann in seiner Spengler-Rezeption; vgl. Thomas Mann: Tagebücher 1918–1921, hg. v. Peter de Mendelssohn. Frankfurt a.M. 1979, S. 293 (11. August 1919) und S. 281 (13. Juli 1919). Vgl. hierzu Barbara Beßlich: Faszination des Verfalls. Thomas Mann und Oswald Spengler. Berlin 2002, S. 26f.

zu verbrennenden Schriften erläuterten. Nach den Verdikten gegen Marx, Kautsky, Heinrich Mann und Freud lautete der fünfte *Feuerspruch*: „Gegen Verfälschung unserer Geschichte und Herabwürdigung ihrer großen Gestalten, für Ehrfurcht vor unserer Vergangenheit! Ich übergebe der Flamme die Schriften von Emil Ludwig und Werner Hegemann.“[242] Ludwigs und Hegemanns historische Biographien galten den Nationalsozialisten als deutsche Geschichtsverfälschung, weil sie in ihren Texten über Friedrich den Großen, Bismarck und Wilhelm II. einen gewünschten untertänigen Respekt vor den deutschen Herrschern vermissen ließen.[243] Ludwig entwickelte etwa aus den menschlichen Schwächen Wilhelm II. weltpolitische Folgen, und Hegemann griff die Heroisierung Friedrich II. scharf an. Beide schrieben politisch engagiert für die Weimarer Republik über die deutsche Geschichte. Dieses demokratische Bekenntnis gekoppelt mit der populären Geschichtsvermittlung jenseits strenger Fachwissenschaftlichkeit rief in den späten 1920er Jahren die Zunft der Historiker auf den Plan, die gegen die „Historische Belletristik“, wie sie diese Texte mit abqualifizierender Intention nannten, Front machten.[244] Dabei vermischten sich in unterschiedlicher Zusammenstellung das Verdikt über die wissenschaftliche Unzuverlässigkeit mit antirepublikanischen Ressentiments, gegen Ludwig gelegentlich auch mit antisemitischen Untertönen.

Trotz des Possessivpronomens „unserer“ bleibt der Vorwurf im nationalsozialistischen *Feuerspruch* aber allgemein und nicht deutsch exklusiv formuliert. So läßt sich die Anklage der Heroen-Demontage, der „Her-

---

[242] Dokumentiert als Artikel *Die Rufer* aus dem *Neuköllner Tageblatt* vom 12. Mai 1933, in: Literatur und Dichtung im Dritten Reich. Eine Dokumentation, hg. v. Joseph Wulf. Gütersloh 1963, S. 45f., hier S. 46. Vgl. hierzu Gerhard Sauder (Hrsg.): Die Bücherverbrennung. Zum 10. Mai 1933. Frankfurt a.M. 1983. Wolfgang Benz (Hrsg.): Bücherverbrennung Mai 1933. Geschichte und Wirkung. Berlin 2003. Thomas Lischeid: Symbolische Politik. Das Ereignis der NS-Bücherverbrennung 1933 im Kontext seiner Diskursgeschichte. Heidelberg 2001.

[243] Werner Hegemann: Fridericus oder das Königsopfer. Hellerau 1925. Emil Ludwig: Bismarck. Ein psychologischer Versuch. Berlin 1913. Ders.: Wilhelm der Zweite. Berlin 1925. Ders.: Bismarck. Geschichte eines Kämpfers. Berlin 1926.

[244] Die *Historische Zeitschrift* veröffentlichte 1928 ein Sonderheft zur *Historischen Belletristik* und versammelte darin durchweg kritische Rezensionen zu populär gehaltenen historischen Monographien (Historische Belletristik. Ein kritischer Literaturbericht, hg. v. d. Schriftleitung der Historischen Zeitschrift. München, Berlin 1928). Emil Ludwig reagierte auf diese Angriffe mit seiner Studie *Historie und Dichtung* (Emil Ludwig: Historie und Dichtung, in: Neue Rundschau 40/1 [1929], S. 358–381). Vgl. hierzu die geschichtswissenschaftliche Studie von Christoph Gradmann: Historische Belletristik. Populäre historische Biographien in der Weimarer Republik. Frankfurt a.M., New York 1993.

abwürdigung [der] großen Gestalten" der Geschichte, nicht nur auf die Bücher über deutsche Herrscher beziehen, sondern auch auf die *Napoleon*-Monographien von Ludwig und Hegemann,[245] die im folgenden untersucht werden sollen als rhetorischer Versuch, in den 1920er Jahren Auratisierungen, wie sie Berthold Vallentin oder Dimitri Mereschkowskij vornahmen,[246] entgegenzuwirken. Bisherige literatur- und geschichtswissenschaftliche Forschungen zu Ludwig und Hegemann haben sich konzentriert auf deren Texte über preußische Herrscher. Die Napoleon-Bücher blieben hingegen weitgehend unberücksichtigt.[247] Die Zeitgenossen gewichteten anders: Der Historiker Heinrich Ritter von Srbik unterzog Ludwigs und Hegemanns Napoleon-Bücher 1928 einer vergleichenden Rezension, die sowohl Ludwigs Demokratisierungsversuche als auch Hegemanns Titanensturz scharf kritisierte.[248] Die Napoleon-Bücher aus den 1920er Jahren wurden von den Zeitgenossen um so genauer registriert,[249] als hier auch Stellung bezogen wurde zu der Paneuropa-Bewegung, die versucht hatte, mit Napoleon als Europäer sich einen Bannerträger zu schaffen.[250]

Ludwig inszeniert nicht den ehrfurchtsvollen Abstand zwischen Napoleon auf der einen und dem Erzähler und Leser auf der anderen Seite, sondern er beschreibt auf gleicher Augenhöhe die Geschichte Napoleons als die eines *selfmade man* in demokratischen Zeiten. Napoleon wird so vom unerreichbaren Sockel des Halbgottes geholt und vermenschlicht, gleichwohl behält Ludwig eine bewundernde Faszination bei. Anders

---

[245] Daß gerade die Nationalsozialisten vor dem Rußlandfeldzug ein intensives Interesse bekundeten, Napoleon als Herrschertypus und historische Gestalt zu heroisieren, wird im folgenden Kapitel III. 5 *(Hitler und Napoleon. Literarische Vergleiche in unterschiedlicher Absicht)* analysiert.

[246] Berthold Vallentin: Napoleon (Anm. 176). Dimitri Mereschkowskij: Napoleon. Sein Leben. Napoleon der Mensch. Berlin 1928. Noch wirrer und religiös überzeichnet ist dann im folgenden Jahrzehnt Johannes Klein: Der Weltreiter. Ein heroisches Lebenslied. Leipzig 1936.

[247] Vgl. Christoph Gradmann: Historische Belletristik (Anm. 244), Helmut Scheuer: Biographie (Anm. 203).

[248] Heinrich Ritter von Srbik: [Rezension zu:] Napoleon. Von Emil Ludwig. Berlin 1927. Napoleon oder Kniefall vor dem Heros. Von Werner Hegemann. Hellerau 1927, in: Historische Belletristik (Anm. 244), S. 9–19.

[249] Vgl. Fritz Schotthöfer: Napoleon, seine Verehrer und Verächter und Hegemann. Zum „Napoleon" von Werner Hegemann, in: Frankfurter Zeitung vom 4. Dezember 1927.

[250] Zum literarischen Diskurs des Paneuropa-Gedankens in den 1920er Jahren vgl. Paul Michael Lützeler: Die Schriftsteller und Europa. Von der Romantik bis zur Gegenwart. München 1992, S. 312–364.

Hegemann, dessen Buchtitel *Napoleon oder „Kniefall vor dem Heros“* bereits die demontierende Absicht offenbart.

Siegfried Kracauer hat 1930 die sogenannte „biographische Mode“ als Signum einer umfassenden Kulturkrise beschrieben. *Die Biographie als neubürgerliche Kunstform* ‚boomte‘ in der Weimarer Republik und war auch Ausdruck einer bildungsbürgerlichen Flucht vor der Massengesellschaft in die kompensatorische Lektüre von Lebensläufen großer Individuen.[251] Außergewöhnlich an Emil Ludwigs enorm erfolgreichen Biographien war, daß er diese eskapistischen Sehnsüchte aus der gegenwärtigen Massengesellschaft in den vergangenen Individualismus einerseits bediente und andererseits verband mit einem gleichzeitigen Bekenntnis für die Weimarer Republik, also der demokratischen Staatsform der modernen Massengesellschaft, in der viele Ludwig-Leser sich äußerst unbehaglich fühlten. Offensiv erläuterte Ludwig sein engagiertes Erzählen der Vergangenheit als ein politisches Statement zur Gegenwart.[252] Trotz (und zum Teil auch gerade wegen) seines ungeheuren Markterfolgs unter demokratischen Auspizien wurde Ludwig von der Zunft der Historiker nicht ernst genommen.[253]

Emil Ludwig, der bereits mit seiner Goethe-Biographie (1920) einen Welterfolg errungen hatte, dessen Werke in 27 Sprachen übersetzt wurden und dessen Auflage 1930 2,5 Millionen Exemplare erreicht hatte, legte 1925 seine Napoleon-Biographie vor.[254] Ludwig grenzt sein Werk

---

[251] Siegfried Kracauer: Die Biographie als neubürgerliche Kunstform, in: Ders.: Das Ornament der Masse. Frankfurt a. M. 1977, S. 75–80. Vgl. dazu Helmut Scheuer: Biographie (Anm. 203). Helmut Kreuzer: Biographie, Reportage, Sachbuch. Zu ihrer Geschichte seit den zwanziger Jahren, in: Probleme der Moderne. Studien zur deutschen Literatur von Nietzsche bis Brecht. Festschrift für Walter Sokel, hg. v. Benjamin Bennett. Tübingen 1983, S. 431–458.

[252] „Heut werfen die Forscher den Künstlern vor, sie trieben in ihren historischen Werken Politik; merkwürdig, daß dieser Einwand nur gegen Republikaner und Sozialisten erhoben wird. Hat Treitschke sein Leben lang etwas anderes getan?“ (Emil Ludwig: Historie und Dichtung [Anm. 244], S. 364). Vgl. auch Emil Ludwig: Für die Weimarer Republik und Europa. Ausgewählte Zeitungs- und Zeitschriftenartikel 1919–1932, hg. v. Franklin C. West. Frankfurt a. M. 1991.

[253] Vgl. Franklin C. West: Success without influence. Emil Ludwig during the Weimar years, in: Year-book of the Leo Baeck Institute 30 (1985), S. 169–189. Zu Ludwig als Historiker vgl. Sebastian Ullrich: Im Dienste der Republik von Weimar. Emil Ludwig als Historiker und Publizist, in: Zeitschrift für Geschichtswissenschaft 49 (2001), S. 119–140.

[254] Ludwigs frühes Napoleon-Drama war erfolglos geblieben: Emil Ludwig: Napoleon. Drama in fünf Akten. Berlin 1906. Zu Ludwig als Bestseller vgl. Helmut Kreuzer: Faszination von Geist und Macht. Einst der berühmteste deutschsprachige Autor

deutlich vom historischen Roman ab und betont: „In diesem Buch ist kein Satz Erfindung, mit Ausnahme der Selbstgespräche."[255] Mit großem Selbstbewußtsein legitimiert Ludwig den Vorrang der psychologischen Intuition vor der historischen Tatsachenforschung und grenzt sich sowohl von den charismatischen Mythographien des George-Kreises als auch von der streng fachwissenschaftlichen Forschung ab.[256] Ludwig interessiert nicht der Feldherr und Politiker,[257] sondern er bemüht sich, „Napoleons innere Geschichte zu schreiben" (L, 674) und dies mit dem literarischen Mittel der psychologischen Introspektion.[258]

Ludwigs Napoleon steht in der Tradition einer Genieästhetik, die das autonome, sich selbst schöpfende Individuum feiert. Gleichzeitig aber liberalisiert und demokratisiert Ludwig Napoleon, indem er diese Selbstschöpfung als mögliches Vorbild für jedermann darstellt.[259] Dieser Napoleon ist auf Identifikation auf gleicher Augenhöhe angelegt:

> Was ein Mann durch Selbstgefühl und Mut, Leidenschaft und Phantasie, Fleiß und Willen erreichen kann: er hat's bewiesen. Heut, in der Epoche der Revolutionen, die aufs neue dem Besten jede Bahn eröffnen, findet die glühende Jugend Europas als Vorbild und Warnung keinen Größeren als ihn, der unter allen Männern des Abendlandes die stärksten Erschütterungen schuf und litt." (L, 676)

---

und ein Verlagsmagnet, in: Börsenblatt für den Deutschen Buchhandel 42 (1986), S. 701–703.

[255] Emil Ludwig: Napoleon. Berlin 1925, S. 675, im folgenden im fortlaufenden Text eingeklammert mit der Sigle „L" und der Seitenzahl zitiert.

[256] „Napoleons Gestalt [...] wurde hier weder als Mirakel erfaßt, noch in Begriffe zerspalten." (L, 674).

[257] „Belanglos erschien uns der Hergang der Schlachten, belanglos die jeweilige Lage der Staaten Europas, soweit sie sich nur in Koalitionen und Gegnerschaften ausdrücken, die wie das Wetter wechseln. [...] Was wir auf Schulen und Universitäten über ihn lernten, ist hier aufs Minimum beschränkt" (L, 674).

[258] Zu Ludwig als Schriftsteller vgl. Albrecht Joseph: Emil Ludwig, in: Wenn wir von gestern reden, sprechen wir über heute und morgen. Festschrift für Marta Mierendorff zum 80. Geburtstag, hg. v. Helmut G. Asper. Berlin 1991, S. 169–180. Johanna W. Roden: Emil Ludwig, in: Deutschsprachige Exilliteratur seit 1933, hg. v. John M. Spalek. Bern 1989, Bd. 2, S. 554–569.

[259] Walter Benjamin hatte für diese Suggestion der Größentrainierbarkeit nur Verachtung übrig: „Wie man geistvoll aber richtig bemerkt hat, daß es wenige Leute gibt, die nicht einmal im Leben aufs Haar Millionäre geworden wären, so kann man von den meisten sagen, daß ihnen die Gelegenheit, ein großer Mann zu werden, nicht gefehlt hat. Ludwigs Geschicklichkeit ist, seine Leser auf schlüpfrigen Pfaden zu diesen Wendepunkten zurückzuführen und ihr verwaschenes, abgelebtes Dasein als großen Aufriß eines Heldenlebens ihnen vorzuführen." (Walter Benjamin: Wider ein Meisterwerk, in: Ders.: Angelus Novus. Ausgewählte Schriften 2. Frankfurt a. M. 1966, S. 429–433, hier S. 433.)

Napoleon wird zum Herold der Demokratie, die jedem eine Chance zur Bewährung gibt. Er löst den *pursuit of happiness* ein und repräsentiert eine Variante des amerikanischen Traums, gewissermaßen vom Tellerwäscher zum Napoleon. So wurde Ludwigs Buch auch als Identifizierungsangebot gelesen, und Ludwig berichtet dementsprechend stolz von dem Bekenntnis eines amerikanischen Liftboys nach der Lektüre seines Buchs: „I feel like Napoleon."[260] Daß Napoleon in seiner Kaiser-Hybris auch als demokratische „Warnung" zu nehmen ist, betont Ludwig zwar gelegentlich, aber insgesamt wird der identifikatorische Vorbildcharakter intensiver herausgearbeitet als die Abschreckungsfunktion.

Besonders deutlich wird dies in der Beschreibung Napoleons auf St. Helena als Märtyrer für die Demokratie. Napoleons politisches Testament versteht Ludwig als Plädoyer für den Frieden und einen „Vorblick in neue Staatsformen, eine Mahnung an das 20. Jahrhundert, ein Ruf vom Felsen nach Europa, sich zusammenzuschließen, Bekenntnis und Manifest zur Verständigung der Völker, zu Freiheit, Gleichheit, Cultur, Talent, Handel" (L, 658). Damit wird Napoleon bei Ludwig zum Künder des Paneuropa-Gedankens und zum Boten einer zivilisatorischen Moderne, aus der ihn drei Jahre zuvor Berthold Vallentin mit Verve eskamotiert hatte.[261] Der Streit um Napoleon als Bannerträger einer demokratischen Moderne oder als archaischer Degen eines zivilisationskritischen Aufbruchs gegen eben diese Moderne wird hier sichtbar.

Mit seinem Anspruch, die historische Wirklichkeit objektiv, ohne zusätzliche Erfindungen, zu dokumentieren (L, 675) und dem gleichzeitigen Bemühen, den traditionellen Stoff demokratisch aufzubereiten und populär zu gestalten, nähert sich Ludwig einerseits der Ästhetik der Neuen Sachlichkeit an.[262] Andererseits sieht bei Ludwig die literarische Praxis oft anders als das poetologische Programm aus: Die fingierten Selbstgespräche Napoleons gehen über die Wiedergabe überlieferter Tatsachen weit hinaus und liefern psychologische Seelenzergliederung,

---

[260] Emil Ludwig: Geschenke des Lebens. Ein Rückblick. Berlin 1931, S. 746.

[261] Vallentin versteht Napoleon als „unauslöschliche[n] Protest gegen die Macht der Zivilisation. [...] Er stellte inmitten der modernen Zivilisation wieder die Gestalt des heroischen Täters, desjenigen auf, für den, wie er selbst sagt, die Gesetze von Moral und Herkommen nicht gemacht sind [...]. [...] Napoleon zum Eröffner oder auch nur zum Träger der modernen Zivilisation zu machen, hiesse sein erscheinungshaftes Wesen [...] nicht sehen wollen" (Berthold Vallentin: Napoleon [Anm. 176], S. 525f.). Vgl. die Analyse in Kapitel III. 3 *(Hodierno Heroi. Vages Charisma und völkerpsychologische Konkretionen im George-Kreis)*.

[262] Vgl. Sabina Becker: Neue Sachlichkeit. Bd. 1: Die Ästhetik der neusachlichen Literatur (1920–1933). Köln, Weimar, Wien 2000, S. 214f.

die in dem verinnerten Erzählen der Wiener Moderne ihr literarisches Vorbild hat. Ludwig dokumentiert nicht nur, sondern schmückt bewußt ästhetisierend aus.[263] Die (von der Neuen Sachlichkeit fokussierte) zeitgenössische Umwelt mit ihren wirtschaftlichen und sozialen Bedingungen tritt bei Ludwig völlig zurück hinter dem „Gleichnis des Menschen" (L, 674). Politik, Wirtschaft und Gesellschaft interessieren Ludwig nicht (L, 674), sondern er will die Innenansicht Napoleons psychologisch gestalten. Ludwigs *Napoleon*-Biographie war Gebrauchsliteratur, aber eine, die das irrationale Pathos, gegen das sich die Neue Sachlichkeit wendete, nutzte, um den (demokratisierten und vermenschlichten) Napoleon zu idealisieren. Darüber hinaus verleitet das identifikatorische Pathos Ludwig oftmals dazu, Napoleon anachronistisch als demokratischen Helden Paneuropas zu verzeichnen. Ob sich aber ausgerechnet mit Napoleon als Argument die Weimarer Republik stabilisieren ließ, blieb auch für die Zeitgenossen mehr als fraglich. Werner Hegemann war als Kollege und Konkurrent einer derjenigen, die stärkste Zweifel anmeldete.[264]

Werner Hegemann, dem Walter Benjamin die „Rolle des Querulanten beim Weltgericht" zugedacht hatte,[265] schrieb nicht im eigentlichen Sinne eine historische Biographie, sondern er arrangierte Zitate von und über Napoleon in imaginären Geistergesprächen in einem fiktiven Schloß, eine Technik, die seinen Lesern bereits aus *Fridericus oder das Königsopfer* bekannt war.[266] Hegemann versammelt Gestalten unterschiedlicher Epochen zu einer friderizianischen oder napoleonischen Gesprächsrunde, die jeweils von einem „Hausherrn" geleitet wird, der, kaum maskiert, die mythendemontierende Absicht Hegemanns vertritt.

---

[263] Bettina Hey'l nennt Emil Ludwigs biographische Texte daher auch einleuchtenderweise „Romanbiographien"; vgl. Bettina Hey'l: Geschichtsdenken und literarische Moderne. Zum historischen Roman in der Zeit der Weimarer Republik. Tübingen 1994, S. 27f.

[264] Zur Auseinandersetzung Hegemanns mit Ludwig vgl. die hier folgende Analyse.

[265] Walter Benjamin: Ein Jakobiner von heute. Zu Werner Hegemanns „Das steinerne Berlin", in: Frankfurter Zeitung vom 14. September 1930.

[266] Werner Hegemann: Fridericus oder das Königsopfer (Anm. 243). Vgl. dazu Werner Hegemann: Mein Fridericus, in: Das Tagebuch 6/2 (1925), S. 1389–1391. Ders.: Der Kampf um Friedrich den Großen. Eine Entgegnung, in: Frankfurter Zeitung vom 1. Juni 1927. Werner Hegemanns *Napoleon oder „Kniefall vor dem Heros"* (Anm. 4) wird im folgenden mit der Sigle „H" im fortlaufenden Text mit eingeklammerten Seitenzahlen zitiert. Zu Hegemanns Bedeutung als Städteplaner vgl. Werner Sonne: Bilder, Geschichte und Architektur. Drei wesentliche Bestandteile der Städtebautheorie in Werner Hegemanns und Elbert Peets' American Vitruvius, in: Scholion. Bulletin der Stiftung Bibliothek Werner Oechslin 2 (2002), S. 122–133.

Hegemanns „historische Belletristik" war bei weitem nicht so populär wie die Ludwigs, und sein ästhetisches Vorgehen wich ebenfalls deutlich von Ludwigs Verfahren ab. Daß die beiden dennoch immer wieder in einem Atemzug genannt werden, verdankt sich den gemeinsamen historischen Themen und ihrem demokratischen Bekenntnis für die Weimarer Republik. Während Emil Ludwig eine traditionelle, chronologisch angeordnete Biographie mit psychologischem Zugriff verfaßte, ging Hegemann weit artifizieller vor. Seine Collage wird zwar durch den „Hausherren" zusammengehalten, aber immer wieder wird die Irrealität seiner napoleonischen Gespräche offenkundig gemacht. So können bei Hegemann Friedrich Hebbel, Berthold Vallentin, Oswald Spengler und Emil Ludwig ein Gespräch über Napoleon führen. Hegemann betont bei dieser offensichtlichen Fingierung aber, daß seinen Figuren „in keinem Fall etwas in den Mund gelegt wird, was sie nicht wirklich sagten" (H, 15). Hegemann montiert Texte in demontierender Absicht. Während Ludwig gegen den historischen Roman gewendet die historische Glaubwürdigkeit und Objektivität seiner Biographie beteuert und damit einen wissenschaftlichen Anspruch erhebt, provoziert Hegemann, indem er regelrecht mit wissenschaftlichen Usancen spielt und sie so literarisch vorführt.[267]

Daß ein solcher Gipfelsturz sich nicht nur gegen Napoleon, sondern vor allem auch gegen seine deutschen Verehrer richtet, verdeutlicht Hegemanns ausführliche Widmung, die eine philosophische, literarische und historiographische Ahnenreihe eines deutschen Napoleon-Enthusiasmus erstellt: „Dem Andenken der deutschen Seher Friedrich Nietzsche[,] Emil Ludwig und Wolfgang von Goethe, die zusammen mit Johannes von Müller, Leopold von Ranke, Max Lenz und anderen preußischen Literaten den Kaiser Napoleon I. als Nationalhelden der Deutschen begründet haben, sind diese Berichte ehrfurchtsvoll gewidmet".[268] Daß diese Widmung keinesfalls buchstäblich, sondern nur iro-

---

[267] Gelegentlich (aber bei weitem nicht in jedem Fall) wird mit Endnoten die Quelle der Zitate offengelegt. Ein Personenregister (mal mit Lebensdaten, mal ohne) ermöglicht es dem Leser, konkret nach einzelnen Aussagen zu Napoleon zu fahnden.

[268] Unpaginierte Widmungsseite nach der Titelei. Leopold von Ranke und Max Lenz äußerten sich eher moderat, als daß sie korrekterweise als Napoleon-Enthusiasten vereinnahmbar gewesen wären. Ranke betonte vor allem die Opposition zu England als Kriegsmotivation für Napoleon und relativierte damit einen angeblichen Plan zur Welteroberung (Leopold von Ranke: Recension der Recension Dunckers [Anm. 7]). Max Lenz hatte 1905 eine Napoleon-Biographie vorgelegt (Max Lenz: Napoleon [Anm. 8]) und verstärkte dort die antienglische Interpretation Napoleons. Diese antienglische Stoßrichtung wurde popularisiert in der Biographie von Gustav Roloff: Napoleon I. (Anm. 9). Vgl. hierzu Hans Schmidt: Napoleon in der deutschen

nisch „ehrfurchtsvoll“ gemeint ist, klären zwei nachfolgende Bismarck-Zitate, die eine solche napoleonische Heldenverehrung der Deutschen scharf kritisieren.[269] Es geht Hegemann nicht darum, im affirmativen Sinn den deutschen Nationalismus ‚rein‘ von ausländischen Identifikationsfiguren (wie Napoleon) zu halten. Vielmehr bemüht sich Hegemann darum, die Absurdität einer solchen Heldenverehrung generell in demokratischen Zeiten bloßzulegen. Und er versteht seinen Titel *Napoleon oder „Kniefall vor dem Heros“* dementsprechend als eine Anspielung auf Nietzsches Angriff gegen Thomas Carlyles Heldenverehrung.[270] Es geht Hegemann um einen Frontalangriff gegen die „Prostration vor dem Genie“. Napoleon als „Nationalhelden der Deutschen“ darzustellen, wie es ein Jahr vor Hegemann Vallentin ernsthaft unternommen hatte,[271] soll bei Hegemann als ebenso irrwitziges wie politisch gefährliches Unterfangen vorgeführt werden.

Hegemann treibt die am Anfang gestellte Frage um, ob Napoleon „einen Typ des erhofften ‚starken Mannes‘ verkörpert, von dem die Völker politisches Heil erwarten dürfen und dessen Entwicklung zuliebe sie eine dauernde oder vorübergehende Einschränkung ihrer politischen Freiheit und ihrer staatsmännischen Erziehung erlauben und wünschen können?“ (H,13) Während Vallentin auf diese Frage mit einem entschiedenen „ja“

Geschichtsschreibung (Anm. 24). Heinz-Otto Sieburg: Napoleon in der deutschen Geschichtsschreibung des 19. und 20. Jahrhunderts (Anm. 24).

[269] Hegemann läßt unmittelbar auf die schon ausufernde Widmung die zwei Bismarck-Ziate folgen: „‚Wer hat, der mit mir gleichaltrig ist, nicht die ‚Kaiser-Lieder‘ des Freiherrn von Gaudy mit Begeisterung vortragen hören, oder anderer zur Verherrlichung Napoleon's I. der die Deutschen gründlich gehauen hat, wofür sie ihm eine Dankbarkeit bewiesen, die ich durch kein zoologisches Beiwort charakterisieren mag.‘ (Große Heiterkeit.) Bismarck im preußischen Landtag am 28. Januar 1886. ‚Die Fähigkeit, Menschen zu bewundern, ist in mir nur mäßig ausgebildet, und (es ist) vielmehr ein Fehler meines Auges, daß es schärfer für Schwächen als für Vorzüge ist.‘ Bismarck Gedanken und Erinnerungen, 8. Kapitel.“ (H, unpaginierte Widmungsseite).

[270] „Der Untertitel ‚Kniefall vor dem Heros‘ [...] stellt einen Verdeutschungs-Versuch dar und stammt aus dem Wort, mit dem Nietzsche den Verherrlicher Friedrichs des Großen zerschmetterte: ‚Vielleicht ist gerade Napoleon es, der die romantische [...] Prostration vor dem ‚Genie‘ und dem ‚Heros‘ unserem Jahrhundert in die Seele gegeben hat [...]‘“ (H, 11). Zu diesem in der Napoleon-Literatur des 20. Jahrhunderts immer wieder alludierten Nietzsche-Zitat aus der *Morgenröthe* (1880/81) vgl. die Analyse in Kapitel II. 7 *(„Weltverfluchter“ und höherer Mensch. Nietzsches Napoleon als spätzeitlicher Künstler-Tyrann)*.

[271] Vallentin konstruierte eine „Wesensgleiche zwischen Napoleon und den Deutschen“ (Berthold Vallentin: Napoleon und die Deutschen [Anm. 3], S. 9). Vgl. hierzu die Analyse in Kapitel III. 3 *(Hodierno Heroi. Vages Charisma und völkerpsychologische Konkretionen im George-Kreis)*.

geantwortet hätte und auch Emil Ludwig wohl eher mit einem „eigentlich ja nicht, aber irgendwie schon" als einem „nein" reagiert hätte, stellt Hegemann seine Frage in suggestiver und rhetorischer Absicht, die nach der Lektüre seines Buchs nur noch ein überzeugtes „Nein" zulassen soll. Napoleon kann erstens als historische Figur des frühen 19. Jahrhunderts nicht als Vorbildfigur für eine Demokratie des 20. Jahrhunderts taugen.[272] Und zweitens weist Hegemann rigoros jeglichen Ruf nach dem starken Mann und Retter aus dem demokratischen Chaos als apokalyptisches Gefasel zurück.

Die Gespräche über Napoleon läßt Hegemann, spielerisch Thomas Manns *Zauberberg* und Grabbes *Faust* alludierend, in einem „Zauberschloß auf dem Montblanc" (H, 14) stattfinden, wo in einem intellektuellen Laboratorium napoleonische Deutungen zur Diskussion gestellt werden.[273] Dabei nimmt der Vergleich mit Friedrich dem Großen einen großen Raum ein (H, 144–255, 369–389, 429–497), und keinem der beiden historischen Figuren wird Vorbildfunktion für die demokratische Zukunft zugestanden. Gundolfs Antikisierungen Napoleons zum römischen Caesar werden von Hegemann ebenso komisiert (H, 449f.) wie Vallentins schwammige Begriffe von Napoleons „heroischer Wesenheit" (H, 546).

In einer eigentümlichen spiritistischen Sitzung werden mit Hilfe einer „makellos sauberen Krankenschwester eine gutaussehende Zwanzigerin, die uns der Hausherr als Klio, Muse der Geschichte, vorstellte" (H, 507), die Geister von Hebbel, Nietzsche und Spengler beschworen, wobei Klio irrtümlicherweise zuerst den Nürnberger Gerichtsschreiber Lazarus Spengler aus dem 16. Jahrhundert zu reaktivieren versucht. Oswald Spengler stellt sich dann zur Überraschung der Anwesenden noch als lebend vor. Mit solchen fiktiven Arabesken demonstriert Hegemann die (seiner Meinung nach) vorgestrige Haltung Spenglers. Selbst Klio hält ihn bereits für tot. Auch Nietzsches Napoleon-Enthusiasmus wird von Hegemann scharf kritisiert. Während Nietzsche Napoleon lediglich vorwarf, daß seine Feindschaft in Deutschland den Nationalismus provoziert

---

[272] Hegemann reagiert mit dieser Erörterung über die Notwendigkeit des starken Mannes auch auf Friedrich Gundolfs *Caesar*-Monographie, die im Vorwort eben dieses „Bedürfnis nach dem starken Mann" beschrieb (Friedrich Gundolf: Caesar [Anm. 205], S. 7). Gundolf taucht in Hegemanns *Napoleon* immer wieder als Diskutant und Diskussionsthema auf (H, 86, 90, 92f., 99f., 117, 125, 130, 144, 177, 213, 225, 230, 258, 298, 326, 332, 336, 338, 390, 448ff., 457, 493f., 497, 513ff.).

[273] Geisterbeschwörungen in spiritistischen Sitzungen verdichten die Anspielungen auf den *Zauberberg*, in dem die spiritistischen Sitzungen ja Teil des großen Stumpfsinns sind, der die Sanatoriumsgesellschaft vor dem Ersten Weltkrieg erfaßt.

habe, ordnet der Hegemannsche Hausherr den Nationalismus selbst als ureigenste napoleonische Errungenschaft ein.[274]

Eigentümlich erscheint neben den Ausfällen gegen Gundolf, Spengler und Vallentin vor allem Hegemanns genüßlich inszenierte Attacke gegen Emil Ludwig, der bei Hegemann genauso begeisterungsfähig wie begriffsstutzig dargestellt wird.[275] Besonders Ludwigs Versuch, Napoleon als demokratischen Herold für das 20. Jahrhundert und als Vorkämpfer für Paneuropa zu stilisieren, provoziert Hegemanns fein dosierte Bosheiten. Hegemann läßt Ludwig Napoleons politisches Testament, in dem von einem europäischen Frieden die Rede ist, schildern als einen „Vorblick in neue Staatsformen, eine Mahnung an das zwanzigste Jahrhundert, ein Ruf vom Felsen nach Europa, sich zusammenzuschließen, Bekenntnis und Manifest zur Verständigung der Völker, zu Freiheit, Gleichheit, Kultur, Talent, Handel: alles geformt vom sterbenden Napoleon in einer seiner letzten Fiebernächte." (H, 656) Wortwörtlich übernimmt also Hegemann das bereits oben analysierte Zitat aus Ludwigs Napoleon-Biographie (L, 658), ohne es in diesem Fall allerdings als Zitat bibliographisch zu belegen. Der Hausherr, aus dem immer wieder Hegemanns Meinung herauszulesen ist, versucht daraufhin, Ludwig daran zu erinnern, wie wenig Napoleons Prognosen zutrafen und daß es wohl kaum einen unpassenderen Bannerträger für die Demokratie des 20. Jahrhunderts gäbe als Napoleon.[276] Aber „Emil Ludwig hörte nicht, sondern fuhr begeistert fort" (H, 656).

Hegemann bekannte in anderem Zusammenhang, direkt an Ludwig gerichtet, „daß es für mich kaum etwas Unbehaglicheres geben kann,

---

[274] Gegen Nietzsches Kritik des deutschen Nationalismus erklärt der Hausherr: „Aber die armen Deutschen, die hier heute abend getadelt wurden, weil sie später [...] den nationalen Kampf gegen Napoleon's Zwangsherrschaft aufnahmen, und die sich heute noch, wohl als letztes der Völker, Napoleon als Nationalheld treu bewahren, ja im verschwiegenen Herzen treu auf die Wiederkehr eines solchen Heilandes hoffen, diese gutmütigen Deutschen wollen Sie für den *Nationalismus* verantwortlich machen, der ein Prunkstück der ‚napoleonischen Ideen' darstellt?" (H, 573).

[275] Werner Hegemanns eristisch-böser Huldigungsartikel *Emil Ludwig zum fünfzigsten Geburtstag* veranlaßte den empörten Emil Ludwig, sein Abonnement auf die *Weltbühne*, in welcher der Artikel erschienen war, zu kündigen (Werner Hegemann: Emil Ludwig zum fünfzigsten Geburtstag, in: Die Weltbühne 27/1 (1931), S. 96–100). Vgl. Christoph Gradmann: Historische Belletristik (Anm. 262), S. 63.

[276] „Der Hausherr: ‚Hat man jemals einen schlechteren Propheten gesehen? Hat der von Napoleon's Eroberungsbestialität entflammte Nationalismus nicht all diese St. Helenischen Phanatasien zuschanden gemacht?'" (H, 656). An anderer Stelle erklärt der Hausherr unumwunden: „Ich gebe zu, daß seine [i.e. Ludwigs] meist schwülstige Napoleon-Verhimmelung einem gebildeten Manne auf die Nerven fallen muß." (H, 469)

als den Stil und die geistige Haltung Ihres Buches ‚Napoleon'."[277] Blümerant wurde Hegemann bei der Lektüre von Ludwigs Biographie wegen der „Kritiklosigkeit" des Autors.[278] Diese „napoleonische Heldenverehrung [...], die mir so götzendienerisch und widersinnig erscheint", war für Hegemann nicht nur naiv, sondern auch politisch gefährlich.[279] Hegemann attackiert Ludwig, weil er in ihm einen romantischen Idealisten erkennt, der sich seinen Napoleon demokratisch schön redet und dabei unfreiwillig den napoleonbegeisterten Intellektuellen zuarbeitet, die mit Napoleon den antidemokratischen Ruf nach dem starken Mann legitimieren. Hegemanns literarische Attacke gegen die unscharfen Mythisierungen des George-Kreises und die politischen Funktionalisierungen Napoleons im italienischen Faschismus steht in den späten 1920er Jahren beinah singulär da.[280] Allein Walter Hasenclevers nachexpressionistische Komödie *Napoleon greift ein* (1929) geht ähnlich scharf wie Hegemann gegen die politischen Aktualisierungen Napoleons in den Weltanschauungskämpfen der Weimarer Republik vor.[281] Hegemanns und Hasenclevers Bemühen, Napoleon des 20. Jahrhunderts zu verweisen, blieb allerdings mittelfristig erfolglos, – drängte sich den Zeitgenossen (nach Vallentins Verdeutschung Napoleons) doch immer virulenter ein forcierter Vergleich zwischen Napoleon und Hitler auf.

5. Hitler und Napoleon
Literarische Vergleiche in unterschiedlicher Absicht

Im Dezember 1940 erklärte Winston Churchill: „I certainly deprecate any comparison between Herr Hitler and Napoleon: I do not wish to insult the dead", und er führte dies an anderer Stelle genauer aus:

Napoleon could construct as well as destroy. There can be no comparison, indeed, in the scale of civilisation between the Nazi system and that of the Napoleonic

[277] Werner Hegemann: Emil Ludwig zum fünfzigsten Geburtstag (Anm. 275), S. 97.

[278] Werner Hegemann: Emil Ludwig zum fünfzigsten Geburtstag (Anm. 275), S. 97.

[279] Werner Hegemann: Emil Ludwig zum fünfzigsten Geburtstag (Anm. 275), S. 98.

[280] Gegen Mussolini, der, zeitlich nach Hegemanns Veröffentlichung, ein Napoleon-Drama (*Campo di Maggio* [1932], zu deutsch: Benito Mussolini, Giovacchino Forzano: Hundert Tage. Drei Akte in Neun Bildern, übersetzt v. Géza Herczeg. Berlin 1933) verfassen wird, polemisiert Hegemann mehrmals (H, 74f., 105, 241, 367, 505f., 519).

[281] Vgl. die Analyse in Kapitel III. 2 c) *(Moderne Herrschaft und historische Größe zwischen Mussolini, Stresemann und dem Massenmörder. Hasenclevers Komödie „Napoleon greift ein" [1929]).*

empire; nor could the human, free spirited French people ever have become the docile instruments of such barbarism as now issues from Berlin.[282]

Die Urteilssicherheit Churchills reagierte auf eine Flut von Napoleonisierungen Hitlers, die sowohl aus dem nationalsozialistischen Lager kamen als auch von den Gegnern Hitlers. In Deutschland war mit dem napoleonischen Diskurs schon vor dem Zweiten Weltkrieg und vor 1933 Hitler beschworen und bekämpft worden. Der Ruf nach dem starken Mann, von dem Gundolf 1924 sprach,[283] war in der Weimarer Republik allzu oft auf Napoleon bezogen worden, als daß dies nicht rückwirkte auf jemanden, der sich selbst zu einem starken Mann stilisierte. Fritz von Unruh hatte ein verfassungsrechtliches Schlüsseldrama über *Bonaparte* geschrieben. Berthold Vallentin hatte Napoleon als verhinderten Deutschen dargestellt, und selbst Emil Ludwig schwärmte von Napoleon als der gegenwärtigen Vorbildfigur für jedermann. Je eindringlicher diese Beschwörungen ausfielen, desto deutlicher wurde die gegenwärtige Leerstelle. Napoleon wurde nicht mehr wie im 19. Jahrhundert als historische Größe in kleinen Zeiten wehmütig und kontemplativ erinnert, sondern wurde zur Beschwörungsformel für die politische Zukunft. Die Gegenüberstellung von *Hindenburg oder Napoleon* aus der Zeit des Ersten Weltkriegs hatte sich in der Weimarer Republik relativiert.[284] Der greise Reichspräsident schien dem napoleonisch jugendlichen Eroberer Europas nicht wirklich als Vergleichsgröße gewachsen.

Daß Hitler alsbald als neue Vergleichsgröße auftauchte, war bei der politischen Zuspitzung des napoleonischen Diskurses auf den Ruf nach dem starken Mann als Retter aus der demokratischen Krise nicht wirklich verwunderlich. Im nachhinein nach 1945 die Unvergleichbarkeit zu deklarieren, war relativ leicht: Napoleon hatte keinen Genozid zu verantworten, er brachte mit dem *code civil* größere Rechtssicherheit gera-

---

[282] Winston Churchill: Rede in Harrow und Introduction to a volume of Pitt's speeches, zitiert nach: Martin Gilbert: Winston S. Churchill, Bd. 6: Finest Hour (1939–1941), London 1983, S. 951 (Anm. 5) und S. 844 (Anm. 1).

[283] Friedrich Gundolf: Caesar (Anm. 205), S. 7.

[284] Carl Leyst: Hindenburg oder Napoleon (Anm. 13). Leyst trieb auch später noch der Napoleon-Stoff um, den er in zwei Dramen verarbeitete: Carl Leyst: Aspern. Schauspiel in vier Akten. Berlin o. J. Ders.: Gneisenau und Napoleon. Historisches Schauspiel in vier Akten. Berlin 1933. Leysts stetiges Bemühen, Napoleon nationalstereotyp einen deutschen Helden gegenüber zu setzen, knüpft formal an die Luisen-Dramen des späten 19. Jahrhunderts an, die versuchten, Mythenkonkurrenzen zu stabilisieren. Daß dies nicht besonders erfolgreich war, zeigt sich schon daran, daß zwar das Feindbild bei Leyst dasselbe blieb (Napoleon), aber die positiven Gegenbilder mangels Überzeugungskraft austauschbar waren. Weder Hindenburg noch Gneisenau konnten erfolgreich Napoleon aushebeln.

de auch für die jüdische Bevölkerung.[285] Aber den Zeitgenossen, die seit den 1920er Jahren die Karriere Hitlers verfolgten, drängten sich bei der permanenten Suche nach historischen und mythischen Mustern Napoleon als Vergleichsgröße auf.[286] Wie Napoleon zu Lebzeiten permanent mit Alexander und Karl dem Großen verglichen wurde, so wurde jetzt Hitler mit Napoleon verglichen. Politisch und historisch korrekt mögen solche Vergleiche nicht gewesen sein, aber sie standen auf der rhetorischen Tagesordnung der Weimarer Republik. Bereits nach dem Hitler-Putsch sprach der sozialistische bayerische Abgeordnete Wilhelm Hügner abwertend über *Hitler und Kapp. Die bayerischen Napoleonsgrößen von 1923.*[287] Ähnlichkeiten wurden in der geschickten Propaganda und in charismatischen Herrschaftstechniken ausgemacht, die zeigten, wie ein Diktator die staatsrechtlichen Formen der Demokratie populistisch für sich zu nutzen wußte und systematisch aushöhlte. Napoleon und Hitler hatten die Schwächen einer Republik für den eigenen Aufstieg genutzt und hebelten die Verfassung aus.[288] Innenpolitisch wurde später der 18. Brumaire mit der ‚Machtergreifung' verglichen, außenpolitisch half die Feindschaft zu England zu weiteren Anknüpfungspunkten. Die sukzessive Gigantomanie der Eroberungspläne wurde ebenfalls analogisiert. Daß der Rußlandfeldzug hingegen ein von den Nationalsozialisten gefürchteter Vergleich war, liegt auf der Hand.

Wie sehr der Napoleon-Kult vom italienischen Faschismus und vom Nationalsozialismus vereinnahmt wurde, mag folgendes theatergeschichtliches Ereignis erläutern: 1932 wurde im Weimarer Nationaltheater Benito Mussolinis Napoleon-Drama *Campo di Maggio* aufgeführt, das dieser zusammen mit dem Puccini-Librettisten Giovacchino Forzano verfaßt hatte. Bei Mussolini scheiterte Napoleon am Paktieren mit den

[285] Vgl. auch Eberhard Weis: Der Durchbruch des Bürgertums 1776–1847. Frankfurt a.M., Berlin, Wien 1975 (Propyläen Geschichte Europas, 4), S. 233f. Ian Kershaw: Hitler 1889–1936. Stuttgart 1998, S. 22f. Stephen Englund: Napoleon. A Political Life. New York 2004, S. 466.

[286] Der nationalsozialistische Schriftsteller Herybert Menzel legte 1943 ein Drama vor, welches die Frage nach einem Vergleich bereits im Titel transportiert: Herybert Menzel: Noch einmal Napoleon? Komödie. Berlin 1943.

[287] Wilhelm Hügner: Hitler und Kapp. Die bayerischen Napoleonsgrößen von 1923. Ein im Untersuchungsausschuß des Bayerischen Landtags aufgedeckter Justizskandal. 2 Bde., München 1928. Vgl. auch Albrecht Tyrell: Vom „Trommler" zum „Führer". München 1975, S. 274, dort Anm. 151.

[288] Während Napoleon allerdings durch seine militärischen Leistungen als siegreicher General seinen politischen Erfolg fundierte, hatte sich der Gefreite Hitler vor 1933 nicht weiter militärisch ausgezeichnet.

Liberalen und am mangelnden Selbstvertrauen zum eigenen „Führertum". Das Drama suggeriert, daß erst ein wahrer Führer des 20. Jahrhunderts die napoleonische Erbschaft antreten kann.[289] Hitler saß in Weimar im Publikum, ebenso Elisabeth Förster-Nietzsche. Das Theater war mit Hakenkreuz-Fahnen geschmückt. Die Wiederaufnahme des Stücks 1934 im Staatlichen Schauspielhaus Berlin, unter Mitwirkung von Heinrich George, Gustaf Gründgens, Veit Harlan, Werner Krauss und Bernhard Minetti wurde ein großer offizieller Erfolg. 1935 unternahm ein Ensemble deutscher Schauspieler mit Mussolinis Napoleon-Drama eine Gastspielreise nach Südamerika. Werner Krauss spielte Napoleon. Das Stück wurde ebenfalls am Burgtheater in Wien und in Basel gegeben und in einer italienischen und deutschen Version verfilmt.

Der Vergleich zwischen Hitler und Napoleon stand auch auf der literarischen Tagesordnung in Deutschland, und nur um die kann es im folgenden gehen. Allerdings wurde in unterschiedlichster Absicht verglichen: Es gab Vergleiche, welche die Ähnlichkeit betonten. Aus nationalsozialistischer Perspektive diente dies der historischen Legitimation und sollte der Diktatur Hitlers einen charismatischen Nimbus verleihen und eine abendländische Tradition stiften. Die *Deutsch-Französischen Monatshefte* betonten die „Parallele zwischen Napoleon und Adolf Hitler [...][,] den Vollstrecker der französischen [und] den Schöpfer der deutschen Revolution" und hoben die gemeinsame Feindschaft gegen England besonders hervor.[290] Nicht von ungefähr ließ Hitler 1940 die Asche von Napoleons Sohn, des Herzogs von Reichstadt, aus der Wiener Kapuzinergruft nach Paris überführen. Genau 100 Jahre nach dem napoleonischen *Retour des cendres* (1840) sollte diese symbolische Politik eine napoleonische Tradition untermauern und eine Nachfolge inszenieren.[291]

[289] Benito Mussolini, Giovacchino Forzano: Hundert Tage (Anm. 280). Zu den Aufführungen von Mussolinis Napoleon-Drama in Deutschland vgl. Friedrich Wolf: Die Dramatik des deutschen Faschismus, in: Ders.: Gesammelte Werke in 16 Bänden, Bd. 15: Aufsätze 1919–1944. Berlin, Weimar 1967, S. 480–491, hier S. 485 f. Boguslaw Drewniak: Das Theater im NS-Staat. Szenarium deutscher Zeitgeschichte 1933–1945. Düsseldorf 1983, S. 263 f. Hans Daiber: Schaufenster der Diktatur. Theater im Machtbereich Hitlers. Stuttgart 1995, S. 28 u. 228.

[290] [Anonymus:] [Ohne Titel], in: Deutsch-Französische Monatshefte / Cahiers franco-allemands 7 (1940), S. 1–2, hier S. 2. Monomanische Selbstvergleiche Hitlers mit Napoleon bezeugt Willi Schneider: Hitler aus nächster Nähe, in: 7 Tage. Illustrierte Wochenschrift aus dem Zeitgeschehen 42 (17. Oktober 1952).

[291] Vgl. Jean Tulard: Napoléon II. Paris 1992. Gerhard Holler: Napoleons Sohn. Der unglückliche Herzog von Reichstadt. Wien, München 1987, S. 271–286.

Das war natürlich gleichzeitig auch ein Versuch, das unterworfene Frankreich zum Verbündeten zu machen.[292]

Diese napoleonische Selbststilisierung wurde aber auch von Gegnern des Nationalsozialismus aufgegriffen, und so ließ sich mit einem Anti-Napoleon-Drama auch ein Anti-Hitler-Drama verschlüsselt schreiben. Andere verglichen, um die Unterschiede zu betonen oder die Unvergleichbarkeit zu exemplifizieren. Auch dies konnte aus nationalsozialistischer Perspektive geschehen,[293] um einerseits die Singularität Hitlers hervorzuheben und spätestens seit dem Rußlandfeldzug ungewollte Analogiebildungen zu verhindern. Hitler hat in diesem Sinn geäußert, daß der Feind, den er am meisten fürchte, nicht Stalin, sondern Napoleon sei, da seine Generäle sämtlich durch die Angst vor einer ähnlichen Niederlage wie die Napoleons in Rußland traumatisiert seien.[294]

Im folgenden soll zuerst auf Texte eingegangen werden, die den Vergleich zwischen Napoleon und Hitler ablehnten oder die Unterschiede besonders betonten. In diesem Zusammenhang werden ein Essay von Thomas Mann, ein Roman von Joseph Roth und ein Drama von Arnold Zweig berücksichtigt. Sie alle lehnen einen direkten Vergleich von Napoleon und Hitler ab, provozieren mit ihren Napoleon-Texten aber indirekt doch einen Vergleich, der falsche Traditionsstiftungen entlarven soll und

[292] Vgl. Eberhard Jäckel: Coup d'état à Vichy et retour de l'aiglon à Paris, in: Historama (1974), S. 119–123. Vgl. auch die Beobachtung der Zeremonie bei Gerhard Heller, einem Romanisten, welcher der Pariser Filiale des Propagandaministeriums zugeteilt war: Gerhard Heller: In einem besetzten Land. NS-Kulturpolitik in Frankreich. Erinnerungen 1940–1944. O. O. 1982, S. 55.

[293] Einer der wenigen NS-Schriftsteller, die sich massiv antinapoleonisch äußerten, war Heinz Steguweit, der bereits 1925 ein nationalistisches Drama über Friedrich Staps (vgl. [Anm. 17]) verfaßt hatte (Heinz Steguweit: Der Schwärmer. München 1925) und 1929 unter dem Titel *Kreuzweg des Kreuzigers* Anekdoten aus Napoleons Leben versammelte (Heinz Steguweit: Kreuzweg des Kreuzigers. Gestalten und Legenden um Napoleon. Stuttgart 1929). Nach 1933 allerdings verstummte Steguweits Antinapoleonismus.

[294] Hitler im Gespräch mit General Rudolf Schmundt, dem Chef der Militärkanzlei; zitiert nach Jacques Benoist-Mechin: De la défaite au désastre. Bd. 1: Les occasions manquées juillet 1940 – avril 1942. Paris 1984, S. 330. Vgl. auch [Rudolf Schmundt, Gerd F. Heuer:] Tätigkeitsbericht des Chefs des Heerespersonalamtes General der Infanterie Rudolf Schmundt (1.10.1942–29.10.1944). Osnabrück 1984. Vgl. auch Hitlers Gespräch mit Goebbels über den Rußlandfeldzug, wiedergegeben in: Die Tagebücher Joseph Goebbels', hg. v. Elke Fröhlich im Auftrag des Instituts für Zeitgeschichte. München 1993–1998. Teil 1, Bd. 9, S. 377–380 (16.6.1941). Wie berechtigt Hitlers Angst vor dem Vergleich der Rußlandfeldzüge war, belegt eine Äußerung Alfred Jodls, der genau diese katastrophische Parallele betonte; zitiert bei Adolf Heusinger: Befehl im Widerstreit. Schicksalsstunden der deutschen Armee 1923–1945. Tübingen, Stuttgart 1950, S. 132–135.

einen (mehr oder weniger) positiv gezeichneten originalen Napoleon von einer billigen Kopie separiert. Es handelt sich um (eher) pronapoleonische Anti-Hitler-Texte. – Danach beschäftigt sich die Analyse mit Texten, die die Ähnlichkeiten demonstrativ hervorheben, und zwar zuerst mit nationalsozialistischen Texten, dem Napoleon-Roman von Rudolf Hohlbaum und den literarischen Biographien von Wulf Bley und Philipp Bouhler. Hier hat man es mit pronapoleonischen Pro-Hitler-Texten zu tun, die deutlich machen, wie sehr sich der Nationalsozialismus bemühte, Napoleon in eine eigene weltanschauliche Ahnenreihe aufzunehmen. Eine Zwischenstellung nimmt das Drama *N* von Arnolt Bronnen ein, in dem der vormalige Nationalsozialist Bronnen verbittert mit Hitler abrechnet und dies im nachhinein als literarischen Widerstandsakt gekennzeichnet hat. Wie mit Texten, welche die Analogie Napoleon–Hitler provozierten und mit einem diktatorisch charakterisierten Napoleon Hitler meinten, gegen den Nationalsozialismus angeschrieben wurde, soll abschließend in der Analyse von antinapoleonischen Anti-Hitler-Texten gezeigt werden, und zwar an Friedrich Bruckners Exil-Dramen und Heinrich Franks unbekannt gebliebener Erzählung *Der Oberst.*

a) „Man soll die Unterschiede wahren“ Thomas Mann, Arnold Zweig und Joseph Roth im Kampf gegen illegitime Vergleiche

Thomas Mann wendet sich in seinem Essay *Bruder Hitler* (1939) vehement gegen einen Vergleich Hitlers mit Napoleon, bei dem Hitler als die Steigerung und Übertrumpfung Napoleons dargestellt werde: „Man soll die Unterschiede wahren – sie sind unermeßlich.“[295] Um diese unermeßlichen Unterschiede sichtbar zu machen, mißt Mann im folgenden dann allerdings doch das Unermeßliche aus und stellt in dichotomischen Ketten den großen Napoleon und den kleinen Hitler einander gegenüber. Dabei erscheint Hitler nicht nur wie eine Perversion Napoleons, sondern wird systematisch in Thomas Manns „Verhunzungstheorie“ eingebunden.

Thomas Mann erklärt den Nationalsozialismus als „Verhunzung“ dessen, was den Deutschen einstmals als ihre vornehmsten Leistungen angerechnet worden seien. So definierte er, „daß es nicht zwei Deutschland gibt, ein böses und ein gutes, sondern nur eines, dem sein Bestes durch

[295] Thomas Mann: Ein Bruder, in: Ders.: Ausgewählte Essays in drei Bänden, Bd. 2: Politische Reden und Schriften, ausgewählt, eingeleitet u. erläutert v. Hermann Kurzke. Frankfurt a.M. 1986, S. 227.

Teufelslist zum Bösen ausschlug."[296] Konkret bedeutet dies, daß Thomas Mann Abstiegslinien entwirft, in denen ehemals Großes in sein Gegenteil verkehrt wird. Und er tut dies nicht nur deutsch exklusiv, sondern auch in einem größeren europäischen Rahmen. Mit Hans Reisiger unterhielt sich Thomas Mann bereits im Dezember 1934 „über den Abstieg Europas, das Phänomen der Verhunzung ehemaliger Geistes- und Geschichtsphänomene, wie es sich etwa in dem Verhältnis Spenglers zu Nietzsche und Schopenhauer, des Nationalsozialismus zur Reformation erweist,"[297] wobei letzter Vergleich nicht nur gewagt und historisch schief erscheint, sondern bereits auf den *Doktor Faustus* verweist, in dem Thomas Mann die Reformation in eine lange Vorgeschichte des Nationalsozialismus einzugliedern bemüht ist. Nicht nur die Reformation wird von Thomas Mann für seine Verhunzungstheorie bemüht, sondern auch die Idee des großen Manns, die in Napoleon positiv verkörpert, in Hitler verhunzt werde:

Es ist als absurd abzulehnen, daß man sie [i.e. Napoleon und Hitler] in einem Atem nennt: den großen Krieger zusammen mit dem großen Feigling und Erpressungspazifisten, dessen Rolle am ersten Tage eines wirklichen Krieges ausgespielt wäre; das Wesen, das Hegel den „Weltgeist zu Pferde" nannte, das alles beherrschende Riesengehirn, die ungeheuerste Arbeitskapazität, die Verkörperung der Revolution, den tyrannischen Freiheitsbringer, dessen Gestalt der Menschheit als Erzbild mittelmeerländischer Klassik für immer ins Gedächtnis geprägt ist, – zusammen mit dem tristen Faulpelz, tatsächlichen Nichtskönner und ‚Träumer' fünften Ranges, dem blöden Hasser der sozialen Revolution, dem duckmäuserischen Sadisten und ehrlosen Rachsüchtigen mit ‚Gemüt'.[298]

Dem militärischen Strategen Napoleon stellt Thomas Mann vor Beginn des Zweiten Weltkriegs einen Hitler gegenüber, der lediglich den Krieg rhetorisch beherrsche. Arbeitsintensität wird gegen Faulheit ausgespielt, Napoleon als „Verkörperung der Revolution" gegen Hitler als den „blöden Hasser der sozialen Revolution" gestellt. Während Napoleon als klassischer Mensch gezeichnet wird, erscheint Hitler als verhunzter Romantiker und „‚Träumer' fünften Ranges". Diese Gegensatzpaare bringt Thomas Mann dann allerdings doch in einen kausalen Zusammenhang, nämlich als Phänomen „europäischer Verhunzung: Und wirklich, unserer Zeit gelang es, so vieles zu verhunzen: Das Nationale, den Sozialismus –

[296] Thomas Mann: Deutschland und die Deutschen (1945), in: Ders.: Ausgewählte Essays (Anm. 295), S. 297.

[297] Thomas Mann: Tagebücher 1933–1934, hg. v. Peter de Mendelssohn. Frankfurt a.M. 1977, S. 596f. (30. Dezember 1934).

[298] Thomas Mann: Ein Bruder (Anm. 295), S. 227.

den Mythos, die Lebensphilosophie, das Irrationale, den Glauben, die Jugend, die Revolution und was nicht noch alles. Nun denn, sie brachte uns auch die Verhunzung des großen Mannes."[299]

Während Thomas Mann Hitler und Napoleon verglich, um die Unvergleichbarkeit zu betonen, und wenn überhaupt einen Zusammenhang, dann eine Verhunzung der Idee des großen Mannes von Napoleon zu Hitler annahm, verglichen andere in anderer Absicht. Auf Unterschiede waren auch eher der historische Roman von Joseph Roth *Die hundert Tage* angelegt und auch Arnold Zweigs Drama *Bonaparte in Jaffa*. Vor dem Hintergrund der nationalsozialistischen Herrschaft schreiben diese Texte über die napoleonische Herrschaft, um diktatorische Herrschaftspraxis generell zu bespiegeln.

Arnold Zweig betonte für sein Napoleon-Drama *Bonaparte in Jaffa* den historischen Unterschied zwischen Hitler und Napoleon.[300] Zweig hatte das Drama zwischen 1934 und 1938 im Exil in Palästina verfaßt. Inspiriert von den entsprechenden Kapiteln in Emil Ludwigs *Napoleon*-Biographie,[301] befaßte sich Zweig mit dem jungen Revolutionsgeneral Bonaparte. Nach seinem Ägyptischen Feldzug 1799 bei der Einnahme von Jaffa ergeben sich Bonaparte 3000 türkische Soldaten. Er läßt sie erschießen, weil er nicht weiß, wie er sich sonst ihrer entledigen soll: Die Möglichkeit eines Gefangenenaustauschs besteht nicht (mangels französischer Gefangener), es sind keine Schiffe für eine Übersiedlung nach Frankreich vorhanden, und eine Freilassung kommt nicht in Frage, weil Bonaparte den türkischen Feind nicht stärken will.

Zweig hätte, wenn er gewollt hätte, mit diesem Thema die ideale Möglichkeit gehabt, Napoleon als skrupellosen, ehrgeizigen General zu zeichnen, der um seiner Ruhmsucht willen über Leichen geht. Und er hätte so auch die Möglichkeit gehabt, mit diesem Sujet eine Hitler-Parallele aufzurufen, wenn er Bonapartes Pläne, die Republik zu stürzen, miteinbezogen hätte.[302] Um so bedeutsamer ist es, daß er alles dies nicht tut. Zweigs Bonaparte ist von Skrupeln geplagt und wird von seiner Umgebung zu der Entscheidung, die Gefangenen erschießen zu lassen, gedrängt. Damit orientiert sich Zweig an Ludwigs psychologischer Intro-

---

299 Thomas Mann: Ein Bruder (Anm. 295), S. 227.

300 Arnold Zweig: Wie das Schauspiel „Bonaparte in Jaffa" entstand, in: Ders.: Früchtekorb. Jüngste Ernte. Rudolstadt 1956, S. 175–178, hier S. 177.

301 Emil Ludwig: Napoleon (Anm. 255), S. 138.

302 Den rational diskutierten Plan, wie man sich der 3000 Gefangenen am effizientesten entledige, allerdings antizipatorisch auf die ‚Endlösung' zu beziehen, wäre angesichts der Entstehungszeit des Dramas (1934–1938) unstatthafte Orakelei.

spektion, die Bonaparte als verantwortungsvollen Strategen in einer unausweichlichen Situation entschuldigt. Emil Ludwig veranschaulicht diese Geschichte als erlebte Rede Bonapartes:

Als Jaffa fällt, ergeben sich 3000 türkische Soldaten. Was soll mit ihnen geschehen? Behalten? Seine eigenen Leute darben, auch brauchte er dann Tausend von den Seinen zur Bewachung. Nach Hause senden? Er hat keine Schiffe. Austauschen? Der Feind hat keine Gefangenen. Freilassen? Dann verstärken sie Akkon [sic!], die nächste Festung. Was also tun? Er hält Kriegsrat.
Alles stimmt für die Tötung der Gefangenen. Hat nicht der Feind erst neulich einen unserer Parlamentäre geköpft? Die Truppen wären außer sich, sähen sie um dieser Menschen willen ihr Brot verkürzt. Drei Tage bedenkt er's bei sich, dann stimmt er zu. Die Gefangenen werden ins Meer geführt und getötet. Alle Militärkritiker (auch die Deutschen) haben diese Handlung als unausweichlich gebilligt.[303]

Zweig übernimmt partiell Ludwigs Entschuldung Bonapartes und spitzt gleichzeitig die Darstellung zu auf die Frage, ob Macht nicht zwangsläufig den Mächtigen in Schuld verstrickt. Die drei Tage Bedenkzeit werden zur Handlungszeit des Dramas, das in fünf Akten Bonapartes Weg zum Tötungsbefehl nachzeichnet. Den Höhepunkt des Prosa-Dramas bildet im dritten Akt die Unterredung Bonapartes mit seinem Antagonisten, dem Arzt Desgenettes, der als Gesinnungsethiker dem Verantwortungsethiker Bonaparte gegenübersteht. Desgenettes lehnt den geplanten Massenmord rigoros ab und läßt auch nicht das Argument gelten, daß das Brot für die eigenen Truppen kaum ausreiche. Bonaparte warnt Desgenettes, nicht das Augenmaß zu verlieren: „Man darf die Moral nicht zu weit treiben", worauf hin Desgenettes rigoros entgegnet: „Man kann die Moral nicht zu weit treiben."[304] Die Idee zur Erschießung im Meer kommt nicht von Bonaparte, sondern von Kleber. Die letzte Überzeugungsarbeit leistet Bonapartes Geliebte Madame Belilotte. Aber trotz alledem – Bonaparte muß die Verantwortung übernehmen und macht sich schuldig. Grosjean formuliert dies in der Sentenz: „Umstände ändern Leute."[305]

Arnold Zweig schrieb mit seinem *Bonaparte in Jaffa* kein direktes Anti-Hitler-Stück, sondern eher das Drama der revolutionären Desillusion, die das nahe Ende der Republik antizipiert. Desgenettes hielt Bonaparte einst für den „Genius der Revolution" und den Bannerträger des Fort-

[303] Emil Ludwig: Napoleon (Anm. 255), S. 138. Im zweiten Absatz intensiviert Ludwig das personale Erzählen, indem er mit dem Possessivpronomen „unserer" die Er-Perspektive verläßt.
[304] Arnold Zweig: Bonaparte in Jaffa (Anm. 80), S. 530.
[305] Arnold Zweig: Bonaparte in Jaffa (Anm. 80), S. 497.

schritts; seine Kriege galten ihm als „Vormarsch der Gesittung".[306] All dies hat sich allerdings als wattiger Fortschrittsidealismus relativiert, der sich in der Kriegsrealität zu hohlen Phrasen, zur „Fabrik schöner Sätze", wandelt.[307] Dazu trägt auch die Armee selbst bei. Ein Grenadier drängt Bonaparte zur Tötung der Gefangenen mit den (Brechtschen) Worten: „Denn die Menschenrechte gelten so lange, wie der Magen satt ist. Ist er aber nicht satt, dann gelten sie in Abstufungen."[308] Mit *Bonaparte in Jaffa* weist Zweig einerseits auf die Gefahr zu großer Idealisierung der Politik hin und warnt andererseits, die Labilität demokratischer Strukturen zu beachten. Grosjean reflektiert dies zum Schluß des Dramas: „Die Revolution ist hops … paßt bloß auf, daß die Republik nicht nachschlittert."[309] – Zweigs skrupulöser Bonaparte, der vergeblich versucht, revolutionäre Ideale von ehedem mit der aktuellen Kriegsrealität zu vereinbaren, bietet keine Möglichkeit einer Hitler-Analogie. Eher fungiert dieser Bonaparte als umfassende pazifistische Warnung: Wenn schon dieser Bannerträger des Fortschritts schuldig wird im Kriegsalltag, wie unvergleichlich schrecklich müssen erst die schuldhaften Verstrickungen der Machthaber in Deutschland sein – so die implizite Botschaft von Zweigs *Bonaparte in Jaffa.*

Joseph Roth, der 1933 nach Paris exiliert war, schrieb 1934/35 dort seinen Napoleon-Roman *Die hundert Tage*, in dem das Leben Napoleons dem der Angelina Pietri, der Wäscherin des Kaisers, gegenübergestellt wird.[310] Dieser Parallelroman konfrontiert den Herrscher mit den Beherrschten, exemplarisch in der erfundenen Figur der Angelina, die sich für ihren Kaiser bis zum Tod aufopfert. In dem Verhältnis Angelinas zu Napoleon problematisiert Roth die unbedingte Gefolgschaft und Massenpsychologie eines totalitären Systems. Die Titel der Angelina-Bücher alludieren dabei Petrarcas *Canzoniere* und machen bereits so den erotischen Subtext dieser Diktatorenverehrung deutlich.[311]

Während die Napoleon-Handlung lediglich die erzählte Zeit der Hun-

---

306 Arnold Zweig: Bonaparte in Jaffa (Anm. 80), S. 528.

307 Arnold Zweig: Bonaparte in Jaffa (Anm. 80), S. 561.

308 Arnold Zweig: Bonaparte in Jaffa (Anm. 80), S. 523.

309 Arnold Zweig: Bonaparte in Jaffa (Anm. 80), S. 567.

310 In dem vierteiligen Roman gelten zwei „Bücher" Napoleon, zwei „Bücher" Angelina. Das erste Buch *Die Heimkehr des Kaisers* und das dritte Buch *Der Untergang* umfassen 94 Seiten und widmen sich Napoleon. Das zweite Buch *Das Leben der Angelina Pietri* und das vierte Buch *Das Ende der kleinen Angelina* umfassen 72 Seiten. Joseph Roth: Die hundert Tage (Anm. 80). Im folgenden wird Roths Roman mit der Sigle „R" im fortlaufenden Text eingeklammert und mit Seitenzahlen zitiert.

311 *Das Leben der Angelina Pietri* und *Das Ende der kleinen Angelina* zitieren

dert Tage-Herrschaft (März bis Juli 1815) umfaßt, greift die Angelina-Handlung in einer epischen Rückwendung weit aus, um das Leben Angelinas (1784–1815) von 1799 an zu erzählen. Während die Napoleon-Bücher den Herrscher als Zauderer zeigen und mit dem Mittel der erlebten Rede Einblick in seine zweifelnden Reflexionen gewähren, schildern die Angelina-Bücher den Mythos Napoleon. Während sich Napoleon am Ende ergibt, opfert Angelina ihr Leben. In der Diskrepanz zwischen den skeptischen Gedanken Napoleons und seinem heroischen Mythos, den Angelina begeistert rezipiert, wird die Konstruktion dieses Mythos als Propagandaerfolg sichtbar. Dabei ist Angelina aber nicht nur unschuldiges Opfer eines groß angelegten Massenbetrugs, sondern repräsentiert auch die politische Kraft der Masse, die wieder auf den Diktator zurückwirkt. Der Mythos Napoleon wird gleichermaßen von oben lanciert und von unten rezipiert und bekräftigt. Napoleon wird gezeichnet als Abhängiger von seinem populistischen Erfolg. Schließlich paßt sich Napoleon dem Bild an, das seine Propaganda von ihm entwickelt hat und das die Masse sehen will; er wird zum Gefangenen des eigenen Mythos.[312]

Roth separiert Napoleons charismatische Herrschaft von der traditionalen absolutistischen der Bourbonen und begründet aus diesem Unterschied die Notwendigkeit zum Krieg als permanente Legitimierungsleistung der Herrschaft. Aus der Perspektive Napoleons wird in erlebter Rede erläutert: „Der König hatte im Namen Gottes regiert, und kraft seiner Ahnen hatte er Frieden gehalten. Er aber, der Kaiser, musste Kriege führen. Er war der General seiner Soldaten." (R, 492) Die mangelnde Tradition und bürgerliche Herkunft bietet einerseits dem Volk Identifikationsmöglichkeit und nötigt Napoleon andererseits zum permanenten Beweis seiner Herrschaft im Krieg. Dieser Napoleon fordert unbedingten Gehorsam und Todesbereitschaft.[313] Er erlangt den gewünschten Ge-

---

Petrarcas *Canzoniere*, der ebenfalls zweigeteilt ist: *In vita di Madonna Laura* und *In morte di Madonna Laura.*

312 „Als sein eigenes Denkmal erwartete der Kaiser den Minister" (R, 690). „In diesem Augenblick sah sich der Kaiser selbst ebenso, wie ihn seine Anbeter sahen, auf vieltausend Bildern, auf den Tellern, auf den Messern, an den Wänden der Stuben, schon eine Sage und noch lebendig." (R, 698) „Jetzt sahen ihn alle in seiner vertrauten Uniform, wie er abgebildet war an hunderttausend Wänden, auf den Tellern, auf den Messern, in allen Stuben, in allen Hütten vieler Länder. [...] Sie verstanden nur jedes dritte Wort. Aber sie sahen jetzt den Kaiser genauso, wie sie ihn liebten. Und also riefen sie: ‚Es lebe der Kaiser!'" (R, 708f.).

313 „Er traute den Menschen nicht, bevor sie nicht bereit waren, für ihn zu sterben [...]. Damit er ihrer Liebe sicher sei, lehrte er sie, ihm zu gehorchen. Damit er ihrer sicher sei, mussten sie sterben." (R, 681)

horsam durch totale Indoktrination, die schon im Kindesalter beginnt, die Kinder von den Eltern separiert und uniforme Gefolgsleute erzeugt.

Daß die Gefolgschaft gegenüber Napoleon dabei zur Ersatzreligion wird, kritisiert der zum Katholizismus übergetretene Roth besonders scharf. Mann konnte Napoleon „nur hassen, lieben, fürchten, anbeten, als wäre er ein Gott und er war ein Mensch." (R, 681) Dieses „und" ist adversativ zu lesen und bekräftigt die Hybris der Vergottung Napoleons. Angelina verfällt dieser napoleonischen Religion, opfert ihr privates Glück für ihre Verblendung und geht an ihr zugrunde. In einem Rausch der Selbstaufopferung führt Angelina (nach der Gefangennahme Napoleons) eine aussichtslose kleine napoleonische Demonstration gegen die Bourbonen an, um sich töten zu lassen. Ohne die Gegenwart Napoleons sieht sie in ihrem Leben keinen Sinn mehr. Diese orgiastische Todesbereitschaft steht am Ende von Roths Roman. Angelina stirbt neben einer Puppe Napoleons, welche die Anhänger der Bourbonen in ikonoklastischer Absicht bei der Demonstration mit sich geführt hatten. In einer Todesvision hält Angelina diese „lächerliche Puppe" (R, 847) für Napoleon selbst. Damit demonstriert Roths Roman noch einmal abschließend die suggestive Gewalt der Massenpsychologie und entlarvt den napoleonischen Mythos als ein Konstrukt der Propaganda und der Massenbegeisterung. Um einer Chimäre, einer „lächerlichen Puppe" willen, opferte Angelina bereitwillig und todesfreudig ihr Leben.

In der Darstellung der napoleonischen Herrschaftspraxis und seiner massenpsychologischen Wirkung zeichnet Roth ein verzerrtes Abbild des Nationalsozialismus. In der Gestalt Angelinas wird ein willfähriges Opfer der Propaganda vorgeführt, das an seiner Begeisterung zugrunde geht.[314] Wie Napoleon demokratische Usancen populistisch und akklamatorisch aushöhlt, wird ebenfalls auf Hitlers Machtergreifung hin transparent beschrieben. Aber Roths Napoleon büßt seine Hybris, bereut und

[314] Angelinas selbstvernichtenden Napoleonismus, wie Carl Steiner positiv zu deuten als Beweis „nationalen Glaubens und der volklichen [!] Kraft, die trotz äußerer Niederlage und Demütigung ungebrochen und opferbereit im französischen Volke weiterleben", geht an der Argumentationsstruktur des Textes vorbei, der ja diesen Napoleonismus als durch Propaganda erzeugte Chimäre vorführt, die nichts mit dem realen Napoleon zu tun hat. Vgl. Carl Steiner: Frankreichbild und Katholizismus bei Joseph Roth, in: Joseph Roth. Werk und Wirkung, hg. v. Bernhard M. Kraske. Bonn 1988, S. 89–100, hier S. 95. Vgl. dagegen Bruce M. Broemann: Joseph Roth's „Die hundert Tage". A new Perspective, in: Modern Austrian Literature 11/2 (1978), S. 33–50. Dieter Kliche: Joseph Roth „Die hundert Tage" – ein historischer Roman?, in: Joseph Roth. Interpretation – Kritik – Rezeption. Akten des internationalen, interdisziplinären Symposiums 1989, Akademie der Diözese Rottenburg/Stuttgart, hg. v. Michaela Kessler u. Fritz Hackert. Tübingen 1990, S. 157–166.

wird fromm. In einem Brief an seine französische Übersetzerin erläutert Roth, daß Napoleon gerade deshalb für ihn interessant sei, weil er ihn einer Wandlung unterziehen könne: Napoleon wird demütig.[315] Sein Abgang von der weltgeschichtlichen Bühne wird bei Roth eine Hinwendung zu Gott. Ob Roth allerdings damit ernsthaft die Hoffnung verband, „daß sich selbst mit Hitler eine solche religiöse Wende ereignen könnte“[316], muß hier bezweifelt werden. Roths Roman *Die hundert Tage* fingiert vielmehr die religiöse Wende Napoleons, um auf sehr pessimistische Weise den Unterschied zur eigenen Gegenwart der Diktatur Hitlers zu betonen. Das führt keineswegs zu einer Verherrlichung Napoleons,[317] sondern konturiert den historischen Hiat zwischen Napoleon und Hitler.[318]

b) Der nationalsozialistische Napoleon Napoleon-Biographien von Hohlbaum, Bley und Bouhler als Hitler-Antizipationen

Ganz anders verfuhr die nationalsozialistische Napoleon-Biographik, die ihre Texte auf die Situation in Deutschland und auch auf Hitler zuschrieb. Im folgenden werden nationalsozialistische Napoleon-Texte von Rudolf Hohlbaum (1933), Wulf Bley (1936) und Philipp Bouhler (1941) berücksichtigt. Alle drei Texte schreiten die gesamte Biographie Napoleons ab, Hohlbaum und Bley kennzeichnen ihre Texte als Romane,

---

[315] „Il s'agit pour moi de le *transformer*: un dieu redevenant un homme – la seule phase de sa vie, ou il est ‚homme' et malheureux. […] Je voudrais faire un ‚*humble*' d'un ‚grand'“, so ein Brief Joseph Roths an Blanche Gidon aus dem November 1934, in: Joseph Roth: Briefe 1911–1939, hg. v. Hermann Kesten. Köln, Berlin 1970, S. 394f.

[316] So Esther Steinmann: Von der Würde des Unscheinbaren. Sinnerfahrung bei Joseph Roth. Tübingen 1984 S. 92.

[317] So irrigerweise und ideologiekritisch vereinfachend Wolf R. Marchand: Joseph Roth und völkisch-nationalistische Wertbegriffe. Untersuchungen zur politisch-weltanschaulichen Entwicklung Roths und ihrer Auswirkung auf sein Werk. Bonn 1974, S. 311. Vgl. dagegen Dietmar Mehrens: Napoleons Erniedrigung: „Die hundert Tage“ (1936), in: Ders.: Vom göttlichen Auftrag der Literatur. Die Romane Joseph Roths. Ein Kommentar. Hamburg 2000, S. 247–278. Napoleons Frömmigkeit ist von Roth darüber hinaus äußerst labil gestaltet und tendiert in einigen Momenten zum Umschlag in die Selbstdivinisierung, die sich damit brüstet, „bescheidener als Gott“ (R, 808) zu sein.

[318] Roth bezeichnet Napoleon an anderer Stelle sowohl als „den einzigen genialen Emporkömmling in der Geschichte“ als auch als diktatorischen Vorläufer der Diktaturen des 20. Jahrhunderts: Grillparzers Sentenz „‚Von der Humanität durch Nationalität zur Bestialität!' heißt: von Erasmus durch Luther, Friedrich, Napoleon, Bismarck zu den heutigen europäischen Diktaturen“ (Joseph Roth: Grillparzer [1937], in: Ders.: Werke in drei Bänden. Köln, Berlin 1956, Bd. 3, S. 391–400, hier S. 398 u. 394).

Bouhler hingegen bemüht die populärwissenschaftliche Form. Hohlbaum nimmt sich die weitesten belletristisch-fiktionalen Lizenzen, Bley und Bouhler versuchen, mit gekennzeichneten Zitaten ein quellengesättigtes, populärwissenschaftliches Vorgehen einzuhalten.[319] Bley und Bouhler charakterisieren Napoleon im Untertitel ihrer Bücher als Genie: Bley schreibt den *Lebensroman eines Genies*, und Bouhler schreitet die *Kometenbahn eines Genies* ab. Dabei können sie sich einerseits auf Napoleon selbst beziehen, der über Alexander den Großen schrieb: „Denn das Genie ist ein Meteor, dazu bestimmt zu verbrennen, um sein Jahrhundert zu erleuchten."[320] Gleichzeitig illustrieren diese Untertitel exemplarisch, wie der Nationalsozialismus den Genie-Gedanken systematisch apperzipierte, gegen die Massengesellschaft ausspielte und mit der Führerideologie verschmolz.[321] Die Vereinnahmung des napoleonischen Mythos sollte eine abendländische Tradition des genialisch-heldischen Führers stiften. Daß damit ein nicht-deutscher Herrscher zum Vorbild Hitlers stilisiert wurde, rechtfertigen die drei Texte in unterschiedlicher Weise.[322]

Alle drei Texte stehen jedoch formal in der Schuld jener ‚historischen Belletristik', die in der Weimarer Republik versucht hatte, Napoleon psychologisch zu demokratisieren und vom Sockel des Titanen zu holen.[323] Die nationalsozialistischen Napoleon-Texte greifen die Mode der literarischen Biographie auf, welche mit vom Nationalsozialismus geschmäh-

---

[319] Bleys Untertitel, *Lebensroman eines Genies*, ist nicht in dem Maße wie bei Hohlbaum als Gattungspräzision zu fassen, sondern bezieht sich wohl vor allem auch auf die Napoleon zugeschriebene Sentenz: „Quel roman pourtant que ma vie!" (Comte de Las Cases: Le Mémorial de Sainte-Hélène. Première Édition intégrale et critique. Établie et annotée par Marcel Dunan. Paris 1983, Bd. 1, S. 806 [30. Juni 1816]).

[320] Napoleon: Die Memoiren seines Lebens. In neuer Bearbeitung hg. v. Friedrich Wencker-Wildenberg in Verbindung mit Friedrich M. Kircheisen. Wien, Hamburg, Zürich 1930–31, Bd. 1, S. 141.

[321] Vgl. hierzu Jochen Schmidt: Die Geschichte des Genie-Gedankens in der deutschen Literatur, Philosophie und Politik 1750–1945. Darmstadt ²1988, Bd. 2, S. 194–212.

[322] Zur jeweiligen deutschen Vereinnahmung Napoleons vgl. die folgende Analyse. Berthold Vallentin hatte in den 1920er Jahre dieser Stilisierung Napoleons als verhinderten Deutschen vorgearbeitet; vgl. hierzu die Analyse in Kapitel III. 3 *(Hodierno Heroi. Vages Charisma und völkerpsychologische Konkretionen im George-Kreis)*.

[323] Emil Ludwig: Napoleon. (Anm. 255). Werner Hegemann: Napoleon oder „Kniefall vor dem Heros" (Anm. 4). Vgl. hierzu die Analyse in Kapitel III. 4 *(Mit und gegen Napoleon für die Weimarer Republik. Demokratisierung und Heroen-Demontage in der ‚historischen Belletristik' von Emil Ludwig und Werner Hegemann)*.

ten Autoren wie Emil Ludwig und Stefan Zweig in den 1920er Jahren ihre größten Erfolge erlebte. Mit ähnlichen literarischen Mitteln wie ehedem Emil Ludwig versucht etwa Hohlbaum, mit der erlebten Rede und dem inneren Monolog einen Einblick in die Psyche Napoleons zu gewähren. Aber während Ludwig Napoleon zum demokratischen Herold von Paneuropa stilisierte, wird Napoleon bei Hohlbaum zum Vorkämpfer gegen die demokratische Moderne, zum Stifter einer Ordnung der Ungleichheit, die dem Einzelnen einen festen Platz in der Gesellschaft zuweist. Bley entwirft an Napoleon eine ideale Anthropologie der Härte und Unbedingtheit, der er Vorbildcharakter für den Nationalsozialismus bescheinigt. Und Bouhler schreibt Napoleons Untergang zum Lehrstück für nationalsozialistische Herrschaftsbehauptung um.

In allen drei Texten werden ‚Chaos' und ‚Ordnung', ‚Masse' und ‚Volk' zu Schlüsselbegriffen. Napoleon ist in diesen nationalsozialistischen Deutungen derjenige, dem es gelingt, aus dem von der Französischen Revolution verursachten Chaos der Masse qua nietzscheanischem Willen zur Macht und diktatorischer Herrschaft Ordnung wiederherzustellen und aus der perhorreszierten Masse ein Volk zu formen. Hohlbaum (geb. 1886), Bley (geb. 1890) und Bouhler (geb. 1899) unterscheiden sich allerdings in ihrer Haltung zur Massengesellschaft und plädieren in unterschiedlicher Ausformung für autoritäre Herrschaftsstabilisierung oder revolutionären Kampf.

1933 erschien von Rudolf Hohlbaum *Der Mann aus dem Chaos. Ein Napoleon-Roman.* Der Roman war Ende 1932 fertiggestellt und im April 1933 ausgeliefert worden. Der 1886 geborene Österreicher Hohlbaum war spätestens seit seinem Germanistik-Studium in Graz und Wien deutschnational geprägt und wurde nach dem Ersten Weltkrieg in Österreich zu einer Zentralfigur der rechten Literaturszene.[324] Nach 1933 nutzte er seine Kontakte zu NS-Kulturfunktionären, nahm 1937 die „reichsdeutsche" Staatsbürgerschaft an und wurde 1942 Leiter der Thüringischen Landesbibliothek in Weimar. Seine Romane der Zwischenkriegszeit agitierten ungemein erfolgreich sowohl gegen die Erste Republik in Österreich als auch gegen die Weimarer Republik und machten Hohlbaum zu einem der meistgelesenen österreichischen Schriftsteller nach 1918.[325] Der hi-

[324] Robert Musil notierte in den 1920er Jahren in seinem Tagebuch: „Eine Empfehlung von Hohlbaum bedeutet großen Absatz." (Robert Musil: Tagebücher, hg. v. Adolf Frisé. Hamburg 1976, S. 624).

[325] Wilhelm Kosch widmet Hohlbaum bereits 1926 eine eigene Monographie: Wilhelm Kosch: Robert Hohlbaum, ein Dichter des Deutschtums. Entwicklung und Quellen. Breslau 1926.

storische Roman wird für Hohlbaum zur literarischen Hülle politischer Prophetie gegen die Demokratie. Bereits seine erste Romantrilogie *Frühlingssturm* vernetzt Nationalismus und Religion in heilsgeschichtlichen Dimensionen.[326] Die zweite Romantrilogie *Volk und Mann* beschwört neben der nationalen Hausse vor allem den starken genialischen Mann als Retter aus der demokratischen Krise. Der erste Teil der Trilogie *König Volk* (1931) interpretiert die Französische Revolution als Zeit der Anarchie, die der kundigen Führung ermangelt. Es ist ein Roman gegen die Masse, der die Notwendigkeit der Diktatur implizit sichtbar werden läßt. Diese diktatorische Führung wird dann von Napoleon, dem *Mann aus dem Chaos* (1933), gewährleistet: Das rechte Buch zur rechten Zeit. Als dann der letzte Teil der Trilogie, *Stein* (1935), erscheint, der die Idee des Führertums in der Figur Steins nationalisiert, wird dieser *Roman eines Führers* (so der Untertitel) im *Völkischen Beobachter* ab dem 9. Januar 1934 vollständig vorabgedruckt.

Hohlbaums Napoleon steht also zwischen der anarchischen Masse der Französischen Revolution und dem germanischen Führertum. Diese vorbereitende Mittelstellung Napoleons für den deutschen Führer ist allerdings ein Deutungsmuster, das Hohlbaum erst gegen Ende seines Napoleon-Romans durchführt, als ihm klar wird, daß er seinem Napoleon-Roman einen Stein-Roman folgen lassen will.[327] Als einzelner Roman liest sich *Der Mann aus dem Chaos* als eine Beschwörung Hitlers aus dem „Chaos" der Weimarer Republik. Daß Napoleon nach 1933 eher als historisches Vorbild für Hitler akzeptiert wurde als der Freiherr vom Stein, mögen auch die Verkaufszahlen von Hohlbaums Romanen belegen. *Der Mann aus dem Chaos* war weitaus erfolgreicher als *Stein*.[328] Vor dem Vorwurf, mit Napoleon einen Nationalfeind zu verherrlichen, sicherte sich Hohlbaum mit einem Motto Ernst Moritz Arndts aus dem ersten Teil vom *Geist der Zeit* (1806) ab, in dem Napoleon ehrfurchtsvoll

---

[326] Vgl. Wendelin Schmidt-Dengler: Die Erste Republik in der Literatur. Wiener Roman und Feuilleton, in: Staat und Gesellschaft in der modernen österreichischen Literatur, hg. v. Friedbert Aspetsberger. Wien 1977, S. 65–78. Ders.: Geschichte und Geschichtsbewußtsein im österreichischen Roman nach 1918 und 1945, in: Austriaca. Deux fois l'Autriche. Après 1918 et après 1945. Actes du colloque de Rouen 8–12 novembre 1977. Rouen 1979, S. 11–25.

[327] In seiner Autobiographie erläutert Hohlbaum: „Außerdem müßte ich lügen, wollte ich sagen, daß der Plan meiner neuen Dreiheit vom ersten Augenblick an unverrückt und klar vor mir stand." (Robert Hohlbaum: Mein Leben. Berlin 1936, S. 51).

[328] *Der Mann aus dem Chaos* war der erfolgreichste Roman der Trilogie. Während *König Volk* 1943 20.000 und *Stein* 18.000 mal verkauft worden war, hatte sich *Der Mann aus dem Chaos* 1943 bereits 25.000 mal verkauft.

als Naturgewalt metaphorisiert wird.[329] So stiftete sich Hohlbaum mit Arndt eine deutsche Tradition, die unbedingten Nationalismus und Respekt vor dem Alleinherrscher Napoleon integrierte.

Zum Aufbau dieses nationalsozialistischen *Napoleon-Romans*: Gerahmt ist der Text von der Erinnerung des sterbenden Napoleons auf St. Helena, der sich in die Zeit seines Aufstiegs zurückversetzt. Und diese Karriere ist nicht geschildert als die des kriegerischen Helden aus den italienischen Feldzügen, sondern beschreibt den Weg eines arbeitslosen Generals im chaotischen Paris durch die Instanzen des dekadenten Direktoriums hin zum Ersten Konsul und schließlich zum Kaiser. Der Außenpolitik wird vergleichsweise wenig Raum gewidmet. Hohlbaum konzentriert sich ganz auf die innenpolitischen Entwicklungen. Armut, Inflation, der großstädtische Moloch und das parlamentarische Chaos werden anachronistisch auf die Gegenwart zugeschrieben. Besonders die Beschreibung der wirtschaftlichen Situation in Frankreich am Ende des 18. Jahrhunderts wird transparent gemacht auf die Weltwirtschaftskrise 1929.[330]

Hohlbaums Napoleon-Roman wird zum Brevier der Republik-Demontage. Der Weg von der Demokratie zur Diktatur wird auch als Krisenlösung für wirtschaftliche Probleme geschildert. Ermöglicht wird ein solcher Wechsel der Staatsform bei Hohlbaum allein durch eine Willensmetaphysik: „Alles, alles überwindet der Wille des Einen. Nur er lebt. Lebt in den Unzähligen, die ihm folgen“[331], erläutert Hohlbaums Napoleon seinem Bruder Lucien. Das Direktorium wird als dekadente Veranstaltung geschildert, geprägt von Luxus und „faule[r] Sinnlichkeit“

[329] „Man darf den Fürchterlichen nicht so leicht richten, als es die meisten tun in Haß und Liebe. Die Natur, die ihn geschaffen hat, die ihn so schrecklich wirken läßt, muß eine Arbeit mit ihm vorhaben, die kein andrer so tun kann. Er trägt das Gepräge des außerordentlichen Menschen, eines erhabenen Ungeheuers, das noch ungeheurer wirkt, weil es über und unter Menschen herrscht und wirkt, welchen es nicht angehört. Bewunderung und Furcht zeugt der Vulkan und das Donnerwetter und jede seltene Naturkraft, und sie kann man Napoleon nicht versagen.“ (Ernst Moritz Arndt: Der Geist der Zeit. Erster Teil [1806], in: Ders.: Werke, hg. v. August Leffson u. Wilhelm Steffens, Bd. 6, hg. v. Wilhelm Steffens. Berlin u. Leipzig o. J., S. 191). Vgl. hierzu auch die Analyse in Kapitel I. 2 *(Vom Revolutionsbändiger zum Nationalfeind. Frontverschiebungen in der Publizistik [1799–1815])*.

[330] Vgl. hierzu Johann Sonnleitner: Die Geschäfte des Herrn Robert Hohlbaum. Die Schriftstellerkarriere eines Österreichers in der Zwischenkriegszeit und im Dritten Reich. Wien, Köln 1989 (Literatur in der Geschichte, Geschichte in der Literatur, 18), S. 144 ff.

[331] Rudolf Hohlbaum: Der Mann aus dem Chaos. Roman. Berlin o. J., S. 6. Im folgenden wird Hohlbaums Roman mit der Sigle „H“ und eingeklammerten Seitenzahlen im fortlaufenden Text zitiert.

(H, 29). Es ist unfähig, den Menschen die notwendige autoritäre Führung zu geben: „Die Menschen sind Kinder geworden in der Not des Heute, in der Angst vor dem Morgen. Sie ersehnen die Hand des Vaters. Sie haben einige hundert Väter, die Minister, die Abgeordneten den Konvents. Aber die führen nicht, sie schwätzen nur." (H, 39) Das Volk bekommt mit seinem napoleonischen Diktator, was es braucht und auch will, suggeriert Hohlbaum. Die Worte eines arbeitslosen, verarmten und ausgehungerten Tribunalrats, in dessen Gestalt Hohlbaum die Unsicherheit des Bildungsbürgertums der Weimarer Republik einspiegelt, formulieren die Führersehnsucht als Reaktion auf eine fundamentale Existenzangst: „Einen müßten wir haben, einen, der sie alle zum Teufel jagt und dann Ordnung macht." (H, 54)

Die strenge Zucht über die Franzosen wird diesem Napoleon auch möglich, weil er sich nicht als Franzose, sondern als Korse fühlt.[332] Auch dies läßt sich als Reminiszenz an Hitler lesen, der als Österreicher den Deutschen Ordnung bringen kann. Hohlbaum spiegelt in die Geschichte Napoleons seine Sehnsucht nach klarer Ordnung und autoritären Strukturen, die er als notwendig empfindet, um das Chaos der Moderne zu kompensieren. Napoleon selbst drückt dies bei Hohlbaum folgendermaßen aus: „Ich habe euch den Weg der Ordnung gewiesen, ich finde das Chaos. So geht es nicht weiter. Ich werde Frankreich retten." (H, 74) Mit Napoleons Herrschaft regeln sich nicht nur wirtschaftliche Probleme. Auch die Geschlechterordnung ist wiederhergestellt. War das Direktorium in Hohlbaums Darstellung geprägt von lasziven Frauen ohne Kinder, die sich ohne Mandat in die Politik qua Erotik als Mätressen einmischten, finden unter Napoleons Herrschaft die Frauen wieder zu ihrer eigentlichen Bestimmung, heiraten und bekommen Kinder.

Hohlbaums *Mann aus dem Chaos* beschreibt den 18. Brumaire als eine vergleichsweise friedliche Machtübernahme, die auch in Paris eher für Beruhigung als für Unruhe sorgt: „Paris bleibt ruhig. Keine Sturmglocke tönt, kein Generalmarsch wird geschlagen. […] Und ehe die guten Bürger zu Bette gehen, wissen sie's: die Revolution ist zu Ende." (H, 78) Insgesamt stellt sich Hohlbaums detaillierte Schilderung des 18. Brumaire als ein Werbefeldzug für die Demokratieabschaffung dar: ein Militärputsch ohne Gegendemonstrationen, beispielhaft geordnet, die wirtschaftliche Prosperität eher fördernd als beeinträchtigend. Hohlbaums

---

[332] „Franzosen. Das Wort wiegt ihm nicht viel. Ein großes tapferes Wort, gewiß, ein gutes Land mit tausend Möglichkeiten. Aber nicht Heimat. Vor seinem Blick wächst eine kleine Insel auf, ihre Felsen umklammern und an sein leeres Herz pressen!" (H, 15), so die erlebte Rede von Hohlbaums Napoleon.

Napoleon wird zu Projektionsfigur für diktatorische Sehnsüchte, die vor allem anderen Ordnung gegen Chaos setzt.

Drei Jahre nach Hohlbaums Roman erscheint Wulf Bleys *Napoleon Bonaparte. Lebensroman eines Genies.*[333] Der 1890 geborene SA-Sturmführer Bley hatte eine gewisse Berühmtheit erlangt durch seine Rundfunkkommentierung des 30. Januars 1933.[334] Die übrigen Schriften Bleys widmen sich der deutschen Luftfahrt und Waffentechnik,[335] geben Jahresberichte der nationalsozialistischen Herrschaft wieder[336] und schreiben die Geschichte der SA.[337] Ab 1939 verfaßte Bley Kriegsberichte als Leiter der Gruppe „Auslandspropaganda" der Luftwaffe.[338] Der Napoleon-Roman ist der einzige selbständig veröffentlichte Text Bleys vor 1945, der aus diesem Themenspektrum herausfällt.[339] Daß es für einen NS-

[333] Wulf Bley: Napoleon Bonaparte. Lebensroman eines Genies. Leipzig 1936. Im folgenden wird Bleys *Napoleon Bonaparte* im fortlaufenden Text mit der Sigle „B" und eingeklammerten Seitenzahlen zitiert.

[334] Bley hatte am Ersten Weltkrieg teilgenommen, war dann Mitarbeiter der „Funkstunde Berlin" und des „Deutschlandsenders", später Chefdramaturg am „Deutschen Theater" Berlin, bevor er während des Spanienkriegs Verbindungsoffizier zur Legion Condor im Oberkommando der Wehrmacht wurde.

[335] Wulf Bley: Deutsche Luft Hansa A.-G. Berlin 1932 (Stätten deutscher Arbeit, 5). Ders.: Volk, flieg du wieder! Berlin 1933. Ders.: Moderne Heere – moderne Waffen. Berlin 1935. Deutschland zur Luft, unter Mitarbeit führender Persönlichkeiten der deutschen Luftfahrt hg. v. Wulf Bley. Stuttgart 1936. Sie waren die ersten … Erstleistungen bei der Eroberung des Luftraumes, hg. v. Wulf Bley. Leipzig 1940. Wulf Bley: Entschleierte Erde. Die schönsten und interessantesten Luftbilder aus allen Ländern der Erde. Leipzig 1937.

[336] Wulf Bley: Das Jahr I. Rhythmus und Tatbestände des ersten Jahres nationalsozialistischer Staatsführung. Berlin 1934. Ders.: Das Jahr II. Ereignisse und Tatbestände des zweiten Jahres nationalsozialistischer Staatsführung. Berlin 1935. Ders.: Das Jahr III. Berlin 1936.

[337] Wulf Bley: SA marschiert. Leben und Kampf der braunen Bataillone. Stuttgart 1933.

[338] Wulf Bley: Mit Mann und Ross und Wagen. Funkberichte aus dem polnischen Feldzug. Leipzig 1939. Das Buch der Spanienflieger. Die Feuertaufe der neuen deutschen Luftwaffe, hg. v. Wulf Bley. Leipzig 1939. Kampf gegen den Westen. Neue Erlebnisberichte von der Land-, Luft- und Seefront, zusammengestellt u. bearbeitet v. Wulf Bley. Leipzig 1940. Wulf Bley: Vier über dem Feind. Fliegererlebnisse aus dem Weltkrieg. Leipzig o.J. Darüber hinaus fungiert Bley noch als Herausgeber für geschichtliche Anthologien: Revolutionen der Weltgeschichte. Zwei Jahrtausende Revolutionen und Bürgerkriege, hg. mit einem Vorwort v. Wulf Bley unter Mitwirkung v. Theodor Adamheit. München 1935. Der Bolschewismus. Seine Entstehung und Auswirkung, hg. mit einem Vorwort v. Wulf Bley unter Mitwirkung v. Theodor Adamheit. München 1938.

[339] Nach 1945 exiliert der vormalige NS-Schriftsteller ins unterhaltende Genre und veröffentlicht zum Teil unter Pseudonym: Wulf Bley: Wen liebst du, Verena? Ein

Schriftsteller und SA-Sturmführer aber in keiner Weise exotisch war, einen Napoleon-Roman zu schreiben, sondern stimmig in die nationalsozialistische Ideologie integrierbar, soll die folgende Analyse deutlich machen.

Während Napoleon für Hohlbaum eine Vorlage für die Demokratiedemontage und antiparlamentarische Ordnung war und 1932/33 eine Anleitung zum erfolgreichen Angriff auf die Republik bot, widmet sich Bley 1936 Napoleon als Vorbild für einen „stählernen Heroismus des modernen Menschen“ (B, 9). An Napoleon entwirft Bley eine Anthropologie der Kälte und Härte, die sich auf Nietzsches Napoleon-Bild beruft und als modern begreift. Immer wieder betont Bley positiv Napoleons Pathos der Distanz.[340] Unbedingtheit des „ganz oder gar nicht“ (B, 9) gepaart mit dem „eiskalten Wirklichkeitssinn“ (B, 11) der Vernunft machen Napoleon für Bley zum idealen Vorbild im heutigen Deutschland. Napoleons Garde lebt den Deutschen die bedingungslose Opferbereitschaft vor.[341] An der Erschießung der Gefangenen von Jaffa demonstriert Bley Napoleons Gnadenlosigkeit als „Notmaßnahme, die der Verstand vorschrieb“ (B, 96).[342] Während der vier Jahre ältere Hohlbaum vor allem den Ängsten des Bürgertums Napoleon als Retter präsentierte, wehrt der jüngere Bley mit Verve jegliche bürgerliche Vereinnahmung ab. Männer wie Napoleon, die das „Durchschnittsmaß ihrer Mitwelt himmelhoch überragen“, stehen jenseits der „herkömmlichen Wertungen von Gut und Böse“ (B, 355); und dies konstatiert Bley mit Bewunderung. In einer völkischen Nietzsche-Rezeption erklärt Bley, daß Napoleon „der Nachwelt den Willen zur Macht vorgelebt“ (B, 357), sich nicht einem bürger-

---

heiterer Film- und Bühnenroman. Oldenburg 1949. W. H. Hartwig [i. e. Wulf Bley:] Sylvia und der Haifisch. Roman. Hamburg 1960. Ders.: Der Senninghof. Hannover 1958. Wulf Bley: Der Ruf aus der Ferne. Ein ergreifender Schicksalsroman. Darmstadt 1956 (Lore-Romane, 389).

[340] Etwa im Zusammenhang mit den Krönungsfeierlichkeiten erklärt Bley: „Innerlich ließ ihn [i. e. Napoleon] das alles kalt.“ (B, 104)

[341] „Seine Soldaten waren zu zehntausenden mit dem Rufe: ‚Es lebe der Kaiser!‘ in den Tod gegangen; denn dieser Kaiser war Frankreich. […] Darum waren sie bereit zum Sterben.“ (B, 327 f.)

[342] Während Arnold Zweig *Bonaparte in Jaffa* in den drei Tagen Bedenkzeit als Grübler darstellte, der es sich ungeheuer schwer machte und auch größte moralische Skrupel hatte, setzt Bley gegen die Bedenken Dezisionismus ohne lange Erwägungen: „4000 Gefangene wurden gemacht und kurzerhand erschossen.“ (B, 96) Zu Arnold Zweigs Dramatisierung dieser Gefangenenerschießung in Jaffa vgl. die Analyse in Kapitel III. 5. a) *(„Man soll die Unterschiede wahren“. Thomas Mann, Arnold Zweig und Joseph Roth im Kampf gegen illegitime Vergleiche)*. Eine ähnliche rationale „Der Zweck heiligt die Mittel“-Ideologie präsentiert Bley auch bei der Erschießung des Herzogs von Enghien, die er gleichfalls rechtfertigt (B, 144).

lichen „Moralgesetz“ (B, 356) unterworfen habe, sondern vielmehr nur verstehbar sei aus den Gesetzen „des Blutes und des Bodens, im dem die Träger dieses Blutes verwurzelt sind“ (B, 356).

Im Gegensatz zu Hohlbaum, der Napoleon als Gegner der Revolution gestaltet hatte, entwirft Bley Napoleon als Vorbild der „nationalen Revolution“, als „Revolutionär durch und durch! Er war es allerdings nicht im Sinne der Verherrlichung der Masse – die er deshalb verachtete, weil er das Volk liebte –, sondern in jenem höchsten Sinne des Gestaltungswillens, der das Chaos nicht fürchtet, weil er die Ordnung will“ (B, 10). Hohlbaums Napoleon war zwar *Der Mann aus dem Chaos* gewesen, aber er wollte die Ordnung, weil er das Chaos fürchtete. Bleys Napoleon hingegen scheint dem revolutionären Kampf mit dem Chaos regelrecht entgegen zu fiebern. Hohlbaums Sehnsucht nach einer gesicherten Ordnung der Ungleichheit kontrastiert mit Bleys Entwurf von einem ungesicherten und sich der Gefahr bewußt aussetzenden Leben im permanenten Kampf. Hohlbaums Napoleon zieht gegen die Moderne zu Felde, Bley begreift den „stählernen Heroismus“ (B, 9) seines Napoleons als avantgardistisch. Im Spiegel ihrer Napoleon-Romane bieten Hohlbaum und Bley unterschiedliche Konzepte nationalsozialistischer Herrschaft. Während Hohlbaum für Herrschaftsstabilisierung und bürgerliche Sicherheit in autoritären Strukturen plädiert, sieht der SA-Mann Bley seine ideale Gesellschaft im dauernden Kampf gegen verkrustete Strukturen. Die Frontstellung zur Masse ist bei Hohlbaum und Bley gleichermaßen gegeben, aber während Hohlbaum Napoleon eine regelrechte Massen-Paranoia andichtet, hat Bleys bellizistischer Napoleon nur kalte Verachtung für die Masse übrig. Hohlbaum und Bley träumen beide von der Metamorphose der Masse in Volk, die durch eine Formierung der Masse möglich werde. Aus der chaotischen Masse wird das geordnete Volk durch autoritäre Herrschaft des Einzelnen.

Bley formt die napoleonische Feindschaft zu England zu einem zivilisationskritischen Antikapitalismus um, der sich bemüht um die „Freiheit Europas vom Händlergeiste der Londoner City“ (B, 11). Napoleon ist bei Bley der Retter vor der „großen Gefahr des Liberalismus“ (B, 104). Napoleons Zugeständnisse an die Liberalen in der 100 Tage-Herrschaft müssen dementsprechend uminterpretiert werden.[343] Napoleon wird bei Bley zu demjenigen, der Frankreich davor bewahrt, „daß es dem Händlergeiste der Bürgerlichkeit verfiel“ (B, 329). Mit dieser Liberalismus-

---

[343] „Es handelte sich hierbei nicht um die Einführung einer Demokratie, sondern um einen volkstümlicheren Unterbau für die diktatorische Gewalt des Kaisers.“ (B, 319)

Kritik, Antibürgerlichkeit und dem antibritischen Antikapitalismus geht die Begeisterung für den Krieg einher. Napoleon wird bei Bley zum Vorbild für die Militarisierung eines gesamten Volkes: Frankreich als „dieses soldatisch gewordene Volk war sein Werk" (B, 12). Damit gibt Napoleon für Bley auch ein Muster, wie aus einer Volksgemeinschaft eine Kampfgemeinschaft gebildet wird.

Auch Bley bemüht sich wie Hohlbaum, den möglichen Vorwurf, mit Napoleon den französischen Erbfeind zu verherrlichen, zu entkräften. Aber Bley treibt die Argumentation hier noch deutlich weiter als Hohlbaum. Die Feindschaft gegenüber dem napoleonischen Frankreich wurde zur ersten nationalen Lektion in soldatischer Härte und heldischer Unbedingtheit. Die Befreiungskriege werden zur Geburtsstunde einer Internationale der Nationalisten stilisiert: „Wir waren einander gegenüber hart, erbarmungslos und stark; und eben daraus gewannen wir jene wechselseitige Achtung, aus der sich heraus einmal eine Neuordnung Europas entwickeln soll und wird." (B, 13) Solchermaßen gewappnet gegen mögliche Frankophilie und begeistert über einen großen Feind, der die Feindschaft und damit auch die Deutschen nobilitiert, schickt sich Bley an, „Napoleon aus der Empfindungswelt soldatischer Kameradschaft heraus" (B, 14) als Vorbild für nationalsozialistische Kämpfer und für ein neues bellizistisch geprägtes Europa zu beschreiben. Während Emil Ludwig Napoleon als Vorkämpfer eines friedliebenden, demokratischen Paneuropas interpretierte, entwickelt Bley Napoleon zum Vorbild für eine nationalsozialistische Festung Europa unter deutscher Führung: Napoleons „Traum eines von ihm beherrschten Europas entsprang der schöpferischen Kraft seines Soldatentums und hatte nichts gemein mit der Flachheit und Ideenlosigkeit eines pazifistischen, blutverfälschenden Paneuropas." (B, 356)

Fünf Jahre nach Bleys soldatisch-revolutionärem *Napoleon Bonaparte* erschien 1941 Philipp Bouhlers *Napoleon. Kometenbahn eines Genies.*[344] Damit lag die offizielle Napoleon-Biographie des Nationalsozialismus vor, von Hitler gefördert und auf ihn zugeschrieben. Der 1899 geborene

[344] Philipp Bouhler: Napoleon. Kometenbahn eines Genies. München 1942. Im folgenden wird Bouhlers *Napoleon* mit der Sigle „BO" mit eingeklammerten Seitenzahlen im fortlaufenden Text zitiert. Hans Schmidt und Roger Dufraisse geben als erstes Erscheinungsdatum 1938 bzw. 1939 an, aber im Gesamtverzeichnis lieferbarer Bücher ist Bouhlers Napoleon lediglich unter 1941 vermerkt. Mir lag eine Ausgabe von 1942 vor. (Vgl. Hans Schmidt: Napoleon in der deutschen Geschichtsschreibung [Anm. 24], S. 552; Roger Dufraisse: Die Deutschen und Napoleon im 20. Jahrhundert [Anm. 16], S. 609).

Bouhler war seit 1922 Mitglied der NSDAP, unter Rudolf Heß 1933 Beauftragter für Kulturaufgaben und seit 1934 Leiter der „Kanzlei des Führers der NSDAP". In dieser Funktion organisierte Bouhler 1939 nach dem Euthanasiebefehl den Massenmord an Behinderten und Kranken. Bereits 1932 hatte er eine Biographie Hitlers geschrieben, 1941 nun folgte eine Biographie Napoleons, die 1942 wegen der deutschen Rückschläge im Rußlandfeldzug vorübergehend aus dem Buchhandel gezogen wurde, 1943 aber in zweiter Auflage erschien.[345]

Bouhler betont, wie enorm bedeutsam es für die nationalsozialistische Gegenwart ist, sich mit Napoleon auseinanderzusetzen, denn die Geschichte Napoleons bildet „geradezu eine Voraussetzung [...] für die Bewertung des Geschehens unserer Tage" (BO, 7). In Napoleons Karriere spiegelt Bouhler die Stufenleiter Hitlers ein, wenn er spricht vom „sagenhafte[n] Aufstieg vom Artillerieleutnant und korsischen Rebellen zum Kaiser der Franzosen und Herrn des Kontinents" (BO, 7). Bouhler betont für die Anfänge Napoleons derart nachdrücklich eine „ihm aufgezwungene Untätigkeit" (BO, 27), daß der zeitgenössische Leser Hitlers Anfänge permanent mitliest. Späterhin macht Bouhler diese impliziten Parallelen explizit.[346] In raunender Zahlenmystik werden immer wieder Daten von Napoleons Geschichte typologisch auf Hitler bezogen: „Am 20. April 1814 – fünfundsiebzig Jahre, bevor Adolf Hitler das Licht der Welt erblickte – trat Napoleon die Reise ins Exil an." (BO, 270) Was das eine Datum mit dem anderen zu tun hat, wird nicht wirklich klar, aber in der permanenten Bezugnahme erscheint Hitler mehr und mehr als die Erfüllung eines napoleonischen Heilsversprechens.

Bouhler schreibt dabei Napoleons Geschichte in ganz besonderer Weise auf Deutschland zu. Er hat es gar nicht mehr nötig, wie Hohlbaum und Bley die Bewunderung eines Nationalfeindes zu legitimieren: Hohlbaum hatte sich bei Ernst Moritz Arndt Schützenhilfe für die Kombinierbarkeit von unbedingtem deutschen Nationalismus und Napoleonbewun-

---

[345] Vgl. Hans Schmidt: Napoleon in der deutschen Geschichtsschreibung (Anm. 24), S. 552. Roger Dufraisse: Die Deutschen und Napoleon im 20. Jahrhundert (Anm. 16), S. 609.

[346] „Und wer da weiß, daß Adolf Hitler teils noch vor Ausbruch des Weltkrieges als ein Unbekannter, Namenloser, teils in den ersten Jahren seiner politischen Laufbahn die Grundgedanken für seine späteren Entschlüsse und umwälzenden Unternehmungen erwogen [...] hat, der liest ergriffen in den Memoiren Bouriennes, des einstigen Sekretärs Napoleons: ‚Alles, was man ihn Großes als Kaiser tun sah, war nur die Ausführung von Entwürfen, die er schon lange geplant hatte, als seine künftige Erhebung nur ein Traum oder vielmehr ein Bedürfnis seiner Einbildungskraft war." (BO, 333)

derung geholt. Bley hatte in Napoleon den ehemaligen Feind geehrt, der die Feindschaft als solche nobilitiert und den Deutschen in den Befreiungskriegen ihre erste Lektion in Nationalismus erteilt hatte. Bouhler wählt einen anderen Weg. Er geht wie Vallentin von einer numinosen Wesensgleiche der Deutschen und Napoleon aus.[347] Aber während Berthold Vallentin in vereinfachender Völkerpsychologie analogisiert hatte, biologisiert Bouhler den Vergleich, indem er Napoleon zum Germanen qua ‚rassischer' Abstammung deklariert: „Man darf es als wahrscheinlich ansehen, daß die Bonapartes germanischen Ursprungs waren" (BO, 16), folgert Bouhler aus lombardischen Vorfahren. Dabei kann er sich auf eine Argumentation jenes Friedrich Wencker-Wildbergs stützen, der Ferdinand Stolles Napoleon-Romane aus dem Vormärz in den 1930er Jahren neu auflegte.[348] Damit war Napoleon nicht mehr nur der ‚Geistesverwandte' der Deutschen, sondern der ‚arische Bruder im Blute'. Und diese rassisch begründete Verwandtschaft Napoleons mit den Germanen schlägt sich dann für Bouhler auch in der Herrschaftsform des Empire nieder, der kurzerhand eine recht kurios anmutende Tradition zuerkannt wird:

Seine Herrschaft war umwittert von einem Hauche germanischer Demokratie. In einer Zeit, in welcher die Französische Revolution die Herrschaft der toten Zahl auf den Schild gehoben hatte, stellte er die Ehre der Persönlichkeit wieder her. Durch seinen Aufstieg – bis dahin ohne Beispiel – widerlegte er die Phrase von der Gleichheit der Menschen, und ebenso war er jederzeit willens, fähigen und verdienten Männern, die aus der Masse der übrigen herausgewachsen waren, die Wege nach oben zu ebnen. (BO, 332)

„Germanische Demokratie" bedeutet bei Bouhler keineswegs eine Ordnung der Gleichheit, sondern im Gegenteil eine Ordnung der Ungleichheit, in der eine Elite aus der Masse durch den Führer rekrutiert wird. Daß diese Eliterekrutierung nicht nach Ansehen der Geburt oder des Vermögens, sondern nach der individuellen Leistungsbereitschaft für den Führer bemessen wird, unterscheidet diese „germanische Demokra-

[347] Vgl. hierzu die Analyse in Kapitel III. 3 *(Hodierno Heroi. Vages Charisma und völkerpsychologische Konkretionen im George-Kreis)*.

[348] Vgl. BO, 16, dort Anm. 2. Ferdinand Stolle: 1813. Geschichtlicher Roman aus den Befreiungskriegen, hg. v. Friedrich Wencker-Wildberg. Berlin 1938. Zu Stolles vormärzlicher Napoleon-Interpretation vgl. die Analyse in Kapitel II. 6 *(Schlachtengetöse und Sentimentalitäten. Ausdifferenzierungen historischen Dichtens zwischen Vormärz und Realismus bei Rellstab, Stolle, Scherenberg und Griepenkerl)*. Wencker-Wildberg hatte darüber hinaus gemeinsam mit Friedrich M. Kircheisen diktierte Erinnerungstexte Napoleons in deutscher Übersetzung zusammengestellt: Napoleon. Die Memoiren seines Lebens (Anm. 320).

tie“ von ständisch, traditionalen Herrschaftsformen. Daß die neologistische Zusammenstellung der „germanischen Demokratie“ Napoleons gerade nichts mit den Ideen von 1789 zu tun hat, macht Bouhler hinlänglich deutlich.[349]

Bouhler setzt sich demonstrativ ab „von dem Bild, das die Napoleonslegende, die Reaktion, die demokratische oder sozialistische Doktrin entworfen haben“ (BO, 9) und reklamiert für sich die nationalsozialistische Interpretation Napoleons, die in didaktischer Absicht, vor allem die Gründe von Napoleons Scheiterns erwägt, damit dies der nationalsozialistischen Diktatur nicht ebenso passiere. Bei Bouhler scheitert Napoleon vor allem an den liberalen Zugeständnissen der 100 Tage-Herrschaft. Während Bley versucht hatte, die Liberalisierung als „volkstümlicheren Unterbau für die dikatorische Gewalt des Kaisers“ (B, 319) zu interpretieren, sieht Bouhler in solchen liberalen Kompromissen den Anfang vom Untergang begründet. Auch dies ist natürlich ein Hinweis für die Gegenwart, nur ja nicht vom totalitären Kurs abzuweichen. Dies wird an anderer Stelle noch deutlicher, wenn Bouhler betont, daß Napoleons autoritärer Herrschaft die letzte Konsequenz des nationalsozialistischen Totalitarismus noch gefehlt habe.[350]

Dem Kampf gegen England gilt Bouhlers besonderes Interesse (um die Frontstellung gegen Deutschland zu relativieren), und er formt in Napoleon schließlich eine Antizipation für die „Sendung unseres eigenen Volkes und seine abendländische Aufgabe einer dauerhaften Neuordnung Europas.“ (BO, 9) Denn schließlich ist Napoleons Plan der Herrschaft über Europa für Bouhler äußerst reizvoll; der Fehler des germanisierten Napoleons sei es nur gewesen, diesen Plan mit dem falschen Volk ausführen zu wollen:

Dies ist sein historischer Irrtum und seine tragische Schuld. Daß er den traditionellen Reichsanspruch der Deutschen auf das französische Volk übertragen wollte, glaubend, er könne auf der allzu schmalen Basis dieser Nation mit Waffenge-

[349] An anderer Stelle erklärt Bouhler, daß in der Französischen Revolution „fragwürdigstes Untermenschentum an die Oberfläche des politischen Lebens gespült worden [sei]. Dunkle Gewalten waren es, Einflüsse eines jüdisch-international orientierten Freimaurertums, die sich der ungeheuren Sprengkraft einer aufgewiegelten und entfesselten Massenseele bedienten, um das Chaos herbeizuführen.“ (BO, 14)

[350] Das, was den „Regimen unserer Zeit, was dem Nationalsozialismus und dem Faschismus die eherne Grundlage abgibt und den Garanten darstellt für die bedingungslose Durchführung der Befehle eines Führers, für das Durchdringen seines Willens bis in die letzte Zelle – eine Organisation des Volkes besaß er nicht.“ (BO, 403)

walt eine Herrschaft aufrichten, die sich weder geschichtlich noch geographisch noch kulturell begründen läßt. (BO, 401)

Napoleon scheiterte also bei Bouhler zum einen an den liberalen Zugeständnissen der 100 Tage-Herrschaft und zum anderen am falschen Volk seiner noch zu wenig totalitären Herrschaft.[351] Damit ist im Umkehrschluß auch sein Patentrezept für den Erfolg der nationalsozialistischen Herrschaft formuliert: Eine totalitäre Diktatur ohne jegliche liberale Zugeständnisse auf germanischer Grundlage soll die nationalsozialistische Herrschaft stabilisieren und vor einem napoleonischen Untergang bewahren.

c) In Tyrannos
Literarischer Protest im antinapoleonischen Gewand: Arnolt Bronnen, Ferdinand Bruckner, Heinrich Frank

Arnold Schönberg hatte im amerikanischen Exil Lord Byrons *Ode to Bonaparte* vertont, um damit eine politisch engagierte Kunst gegen Hitler vorzulegen.[352] Georg Kaisers Tragikomödie *Napoleon in New Orleans* (1941) als Abrechnung mit der fanatischen Ideologisierbarkeit der Menschen, die sich der Nationalsozialismus zunutze machte, ist bereits zuvor analysiert worden als kritische politisch-poetologische Bilanz von Kaisers expressionistischer Vergangenheit.[353] Kaiser und Schönberg waren aber beileibe nicht die einzigen Künstler, die gegen Napoleon schrieben, um Hitler zu treffen. Im folgenden werden Arnolt Bronnens Schauspiel *N* (1935), Ferdinand Bruckners *Heroische Komödie* (1942) und Heinrich Franks Erzählung *Der Oberst* (1943) analysiert. Bronnens und Bruckners Dramen umkreisen inszenierte Leerstellen: Bei Bronnen bleiben die Opfer der Diktatur außen vor; Bruckner läßt hingegen den Diktator in seinem Drama nicht zu Wort kommen. Während Bronnen als vormaliger Nationalsozialist wütend mit einem System abrechnet, das ihn nicht

[351] Bereits der Titel eines nationalsozialistischen Napoleon-Dramas von Eberhard Wolfgang Möller signalisiert, daß in anderen Zusammenhängen sogar die Schuld an Napoleons Untergang auch den Juden zugeschoben wurde; Eberhard Wolfgang Möller: Rothschild siegt bei Waterloo. Ein Schauspiel. Berlin 1934.

[352] Ob allerdings Byrons bei aller Enttäuschung doch noch von faszinierter Bewunderung zeugende *Ode to Bonaparte* (1814) die geeignete Textvorlage war, um eindeutig und unmißverständlich mit Hitler abzurechnen, muß bezweifelt werden. Vgl. hierzu Dirk Buhrmann: Arnold Schönbergs „Ode to Bonaparte“. Hildesheim, Zürich 2002 (Diskordanzen, 11).

[353] Vgl. die Analyse in Kapitel III. 2 d) *(Der vertauschte Kaiser und der „Don Quichote des totalen Krieges“. Georg Kaisers Tragikomödie „Napoleon in New Orleans“ [1941])*.

mehr haben möchte, schreibt Bruckner im amerikanischen Exil die *Heroische Komödie* als Drama der intellektuellen Gegner Napoleons, nämlich das Drama Germaine de Staëls. Mit Franks Erzählung schließlich liegt vielleicht der erstaunlichste deutsche Napoleon-Text aus der Zeit des Nationalsozialismus vor, denn Frank, der 1943 in Deutschland lebte, forderte mit seiner Erzählung kaum verhüllt zum Tyrannenmord auf. Bronnen formuliert den Protest eines abtrünnigen Nationalsozialisten im Nationalsozialismus, Bruckner reflektiert im historischen Spiegel die Situation des im Exil gegen Hitler anschreibenden Intellektuellen, und Frank demonstriert in Deutschland unter schärfsten Zensurbedingungen, wie der Napoleon-Stoff als literarischer Code zur Mobilisierung gegen Hitler genutzt werden konnte.

Der vormalige Nationalsozialist und spätere DDR-Kommunist Arnolt Bronnen, der bereits 1924 eine Novelle über *Napoleons Fall* vorgelegt hatte, nutzte 1935 den Napoleon-Stoff, um sich gegen Hitler zu wenden. Der 1895 geborene Österreicher Bronnen war nach 1933 als Dramaturg der Reichsfunkgesellschaft tätig gewesen, bis er sich mit Goebbels überworfen hatte und ihm Berufsverbot auferlegt wurde.[354] Sowohl als Nationalsozialist wie auch als Kommunist plädierte Bronnen für eine ekstatische Radikalität und dynamische Lebensphilosophie. In den späten 1920er Jahren hatte er an einem „neuen Idealismus“ gezimmert, der im Spießbürgertum seinen Hauptfeind ausmachte und dagegen einen heroischen Nationalismus proklamierte, der sich in anarchischen Zerstörungsphantasien, antisemitischen Tiraden und einer nietzscheanischen Willensmetaphysik gefiel. Vieles von seiner Zertrümmerungslust verdankte sich der expressionistischen Vergangenheit, aber die aggressiv-nationalistische Ausformung wies in eine neue Richtung.[355] Das revolutionäre Pathos und die massiven Ausfälle gegen den Kapitalismus rückten ihn in die Nähe von Ernst Niekischs Nationalbolschewismus. Von den Nationalsozialisten wurde er schließlich als Kulturbolschewist geächtet.[356] Diese Ächtung provoziert Bronnens Napoleon-Drama, in

---

[354] Zu biographischen Details des Zerwürfnisses, bei dem auch Bronnens Frau eine erhebliche Rolle spielte, vgl. Friedbert Aspetsberger: ‚arnolt bronnen‘ (Anm. 101), S. 587–654.

[355] Zu Bronnens ideologischer Entwicklung in den 1920er Jahren vgl. Ursula Münch: Weg und Werk Arnolt Bronnens. Wandlungen seines Denkens. Frankfurt a. M. 1985, S. 91–202.

[356] In Alfred Rosenbergs Ausstellung „Kulturbolschewismus“ befand sich auch Bronnens *Septembernovelle* (1923) als ein Exponat. Zu Bronnens Werk während des Nationalsozialismus vgl. Friedbert Aspetsberger: Bürokratie und Konkurrenzen

dem er beleidigt mit dem Regime abrechnet, das seiner nicht mehr bedarf.[357]

Bronnens Drama *N* wählt (wie Fritz von Unruh in den 1920er Jahren und schon Hermann Essig zu Beginn des 20. Jahrhunderts) die Ermordung des Herzogs von Enghien zum Thema, um daran den Unrechtscharakter des nationalsozialistischen Regimes zu demonstrieren.[358] Aber anders als bei Essig und Unruh kommt bei Bronnen Enghien gar nicht zu Wort. Das Prosa-Drama in neun Bildern (und mit nur neun Personen) spielt nicht in Vincennes, wo Enghien füsiliert wird, sondern in einem Bibliotheks-Zimmer der Tuilerien zu Paris in der Nacht vom 20. zum 21. März 1804, der Nacht, in der Enghien getötet wird. Die auffällige, geradezu klassische Geschlossenheit der Einheiten der Zeit, des Ortes und der Handlung kontrastiert scharf mit einer drastischen, anachronistischen Sprache, welche die Zote nicht scheut und immer wieder in Sprachspielen den Sinn der Aussagen ad absurdum führt.[359]

Für den zeitgenössischen Leser, der um Bronnens Zerwürfnis mit den Nationalsozialisten wußte, wäre nur allzu deutlich gewesen, daß Bronnen die Tötung des Herzogs von Enghien nutzte, um seinem eigenen Schicksal Ausdruck zu verleihen: Es war die Geschichte von einem, der willkürlich (mund)tot gemacht wurde und die Geschichte einer Diktatur, die sich ihrer inneren Feinde entledigte.[360] Das registrierte auch die Gestapo,

– eine Möglichkeit des (literarischen) Überlebens? Zu Arnolt Bronnen während der NS-Herrschaft, in: Macht Literatur Krieg. Österreichische Literatur im Nationalsozialismus, hg. v. Uwe Baur. Wien, Weimar, Köln 1998, S. 202–226.

[357] „Ich haßte. Liebe war in Haß umgeschlagen. Denn ich haßte nunmehr, was ich früher geliebt hatte, ich haßte diese Diktatur, diese Präpotenz, diese Eitelkeit, diese Mißachtung des Lebens und alles Lebendigen." (Vgl. [Arnolt Bronnen:] arnolt bronnen gibt zu protokoll. beiträge zur geschichte des modernen schriftstellers. Hamburg 1954, S. 332 ff.).

[358] Vgl. zu Unruh die Analyse in Kapitel III. 2.) b *(Napoleon als Hüter der Verfassung. Fritz von Unruhs verfassungsrechtliches Schlüsseldrama „Bonaparte" [1927])*; auch Hermann Essig hatte dasselbe Sujet gewählt; vgl. hierzu die Analyse in Kapitel III. 2.) a *(Die Dämonie der Macht. Essigs Schauspiel „Napoleons Aufstieg" [1903–1905])*.

[359] Vgl. etwa den in dieser Hinsicht typischen Dialog zwischen Metternich und Napoleon, bei dem chiastisch die Begriffe gegeneinander gesetzt und flektiert variiert werden: „METTERNICH: Respekt vor Ihrer Gurgel, Erster Konsul. | NAPOLEON: Ich gurgele auf Ihren Respekt, Herr Gesandter." (Arnolt Bronnen: N [Anm. 101], S. 180). Im folgenden wird Bronnens Drama im fortlaufenden Text mit der Sigle „N" und eingeklammerten Seitenzahlen zitiert.

[360] Vielleicht war es auch ein wenig die Geschichte des linken Flügels des Nationalsozialismus und eine Parabel auf die Entmachtung der SA. Seltsam blieb dabei nur, daß ausgerechnet ein bourbonischer Gegner Napoleons zur Identifikationsfigur für den „Kulturbolschewisten" Bronnen wurde.

die 1937 – nachdem sich Bronnen mit seinem Drama an einige Verleger und Bühnen gewandt hatte – bei ihm erschien und vergeblich nach seinem „‚Buch über Napoleon' suchte[.] und schließlich meine vor vielen Jahren erschienene Novelle NAPOLEONS FALL als Corpus delicti mitnahm[.]."[361] 1939 lehnte Gustav Gründgens eine Aufführung ab, und auch ein Verlag fand sich immer noch nicht. So vervielfältigte Bronnen 1941 das Drama selbst, zwar mit Genehmigung der Reichs-Schrifttums-Kammer, aber mit dem Vermerk „nur zum Privatgebrauch des Autors". 1942 vereinbarte Bronnen mit Heinz Hilpert eine Aufführung von *N* am Deutschen Theater in Berlin. Das Drama sollte auch noch von zwölf weiteren Bühnen gespielt werden, wurde aber kurz vor der Uraufführung 1942 verboten.[362] Nach 1945 stilisierte Bronnen sein Drama zum Akt des literarischen Widerstands.[363]

Zum Drama selbst: Der auf den Buchstaben *N* reduzierte Titel ist für Bronnen „das Zeichen Napoleons. (Aber auch das Zeichen der Negation.)" (N, 97) Damit macht der Titel sogleich auf die kritische Haltung zum Protagonisten des Schauspiels aufmerksam. Napoleon selbst tritt erst im sechsten Bild in Erscheinung. Die ersten fünf Bilder dienen dazu, die Entourage des Konsuls als Komplizen des Terrors zu zeigen. Der Zuschauer blickt gemeinsam mit dem ältlich-naiven preußischen Gesandten Marquis Lucchesini (der gerade in Paris angekommen ist) auf eine neue Form von Politik, die nicht mehr nach alten dynastischen Regeln funktioniert, sondern sich ihre skrupellosen neuen Regeln im Moment selbst erfindet. Fouché und Talleyrand werden als die versatilsten Repräsentanten dieses Terrorregimes vorgeführt. Als sie aufeinander gestützt die Szene verlassen, wird dieser Abgang von Meneval, dem Sekretär Napoleons, allegorisierend kommentiert: „Das ist ein gespenstisches Gesicht: Das Laster gestützt auf das Verbrechen." (N, 131) Metternich, der sich ebenfalls in den Tuilerien befindet, nimmt eine besondere Stellung ein. Einerseits ist auch er ein skrupelloser Machtmensch, der die Gerechtigkeit nicht kennt,[364] andererseits ist er die klügste Figur des Dramas, der zum Schluß Napoleon in die Verzweiflung treibt und den preu-

---

[361] arnolt bonnen gibt zu protokoll (Anm. 357), S. 348.

[362] Zu diesen Ereignissen vgl. die mit Vorsicht zu nehmende nachträgliche Erklärung in: arnolt bronnnen gibt zu protokoll (Anm. 357), S. 332–348, 386–388.

[363] Vgl. Gerhard Scheit: Dramatik der inneren Emigration oder „Nationale Verdauungsstörungen". Über Arnolt Bronnens Stücke seit den dreißiger Jahren, in: Literatur der „Inneren Emigration" aus Österreich, hg. im Auftrag der Theodor-Kramer Gesellschaft v. Johannes Holzner u. Karl Müller. Wien 1998, S. 127–140.

[364] Und dies im wörtlichen Sinn: Lucchesini erklärt Metternich, man müsse an die Gerechtigkeit des Ersten Konsuls appellieren. Daraufhin fragt Metternich nach:

ßischen Gesandten düpiert. Der Österreicher Bronnen spiegelt in manche Sentenzen Metternichs die eigene Wut auf die nationalsozialistische Ächtung aus Berlin und die prononcierte Distanz zur offiziellen Ideologie ein, etwa wenn er Metternich zum preußischen Gesandten sprechen läßt: „Wissens, Österreicher sein ist halt ein Geburts-Fehler, und man gewöhnt sich dran; Aber Preuß sein ist eine Welt-Anschauung, und so was wird eitrig!" (N, 117)

Napoleon, der ab dem sechsten Bild die Szene beherrscht, wird als „Gewalt-Mensch" (N, 115) beschrieben, der sein eigenes Herrschaftssystem gegen mögliche Gefahren stabilisiert, und das ohne jegliche Einschränkung oder moralische Skrupel. Gegen Murat erklärt er: „Ich brauche keine Gerechtigkeit, sondern Sicherheit." (N, 157) Lediglich Metternich durchschaut die Brutalität Napoleons als Maske, hinter der sich ein ängstlicher Mensch verbirgt, der aus Furcht mordet.[365] So demontiert das Drama den rücksichtslosen Diktator als Getriebenen,[366] der allerdings nicht bereit ist, die endgültige Verantwortung für den Mord an Enghien zu übernehmen, sondern versucht, ihn auf seine Umgebung abzuwälzen. Bronnen inszeniert mit seinem Schauspiel auch das Drama der vorgeblichen Verantwortungslosigkeit für den Terror. Enghien ist zum Schluß tot, und niemand scheint die Schuld zu tragen.

Die einzige Figur, die dem Zuschauer rückhaltlose Identifikation vermitteln soll, ist Murat, der sich vergeblich weigert, an den Intrigen gegen Enghien zu beteiligen und nicht nach Vincennes reiten will. Murat erkennt die komplizierten Intrigen als Strategie, einen Mord ohne Mörder zu planen. Wütend erklärt er Napoleon: „Es geht nicht an, mich eine militärische Komödie inszenieren zu lassen, nur weil hier ein Befehl ausgeführt werden soll, dessen Verantwortung niemand trägt." (N, 160) In Murat gestaltet Bronnen das Ideal des ehrlichen Front-Soldaten, der noch ganz im Bannkreis der nationalsozialistischen Ideologie steht, von der sich das Drama nach nachträglicher Selbstaussage Bronnens ja so deutlich absetzt. Gegen den Sekretär Napoleons wettert Murat: „Sie Büro-Trompeter! Sie Etappen-Hengst! Wollen Sie mich altes Front-Schwein mit Akten schrecken?" (N, 134) Murat als heldischer Kämpfer degradiert auch Napoleon zum feigen Intellektuellen, der Corneille liest

---

„METTERNICH: An was appellieren? | LUCCHESINI: An die Gerechtigkeit. | METTERNICH: Kenn ich nicht." (N, 116)

[365] „METTERNICH: Sie sind vielleicht tapfer im Lärm; in der Stille zittern Sie." (N, 181)

[366] Bronnen läßt Napoleon in der letzten Szene die Selbsterkenntnis als Kapitulation formulieren: „NAPOLEON: „Jetzt übermächtigt mich die Macht. Erst hat sie mich berauscht, dann verödet, dann verdummt." (N, 186)

statt zu handeln.[367] Er klagt die politischen Verbrechen Bonapartes an, aber er tut dies aus einer generellen Verachtung für Politik als schmutziges Geschäft und sinnloses Gerede.[368]

Arnolt Bronnens Drama *N* mag ein antinapoleonisches Anti-Hitler-Drama sein und auch ein Drama gegen nationalsozialistische Willkürentscheidungen, und es demonstriert auf eindrückliche Weise, wie die Verantwortung für politische Verbrechen in strategischen Intrigen ihre konkrete Zuweisbarkeit zu verlieren scheint. Es ist aber beileibe kein anti-nationalsozialistisches Drama,[369] sondern das Drama eines vormaligen Nationalsozialisten, der mit dem eigenen Ausschluß aus dem System hadert und die persönliche Beleidigung ins Prinzipielle transformiert.

Ganz anders verfährt Ferdinand Bruckner in seiner im amerikanischen Exil geschriebenen *Heroischen Komödie.* Bereits 1936 hatte Bruckner noch im Prager Exil ein Napoleon-Drama verfaßt, um die Legitimität von politischer Herrschaft zu hinterfragen: Schon der Titel *Napoleon der Erste* signalisiert, daß es hier um die Idee der dynastischen Nachfolge geht, die Bruckner als Spleen Napoleons beleuchtet, der schließlich sein gesamtes Handeln motiviert.[370] 1942 wählt er einen anderen Zugang zum napoleonischen Stoff als Mittel politischer Zeitkritik,[371] und er schreibt mit der *Heroischen Komödie* ein antinapoleonisches Drama, in dem Napoleon als Figur nie auftritt und doch der einzige Gesprächsstoff der Figuren ist, die sich über ihre widerständige Beziehung zu Napoleon de-

---

[367] „MURAT: Bony hört nix. Bony liest Corneille." (N, 137)

[368] „MURAT: Verbrechen unserer Tage fallen unter die Politik, nicht unter die Gesetze." (N, 158)

[369] Auch die Zuordnung von *N* zur „Inneren Emigration" erscheint mir fraglich. Schließlich emigriert Bronnen nicht freiwillig aus dem Zentrum der Macht, sondern protestiert mit Verve gegen den ungewollten Ausschluß; vgl. Gerhard Scheit: Dramatik der inneren Emigration oder „Nationale Verdauungsstörungen" (Anm. 363).

[370] Vg. hierzu Bernhard Spies: Die Macht im Drama. Napoleon-Dramen von Schiller bis Dürrenmatt, in: Klassik-Rezeption. Auseinandersetzung mit einer Tradition. Festschrift für Wolfgang Düsing, hg. v. Peter Ensberg u. Jürgen Kost. Würzburg 2003, S. 243–255, hier S. 252 f. Zur Situation Bruckners im Exil vgl. Hansjörg Schneider: Zwischen Engagement und Existenzsicherung. Zu Ferdinand Bruckner im Exil, in: Zeitschrift für Germanistik 5 (1995), S. 367–373.

[371] Zu Bruckners Exildramen allgemein vgl. Johannes G. Pankau: Versuche aus der Ohnmacht. Ferdinand Bruckners Konzeption eines politischen Exildramas, in: Exiltheater und Exildramatik 1933–1945 (Anm. 27), S. 232–250. Tom Kuhn: Forms of conviction. The problem of belief in anti-fascist plays by Bruckner, Toller and Wolf, in: German writers and politics 1918–1939, hg. v. Richard Dove u. Stephen Lamb. Houndmills 1992, S. 163–177. Eun-Soo Jang: Ferdinand Bruckner und seine Exildramatik, in: Dogilmonhak 41 (2000), S. 77–100.

finieren. So spiegelt Bruckner auch die Situation des Exilschriftstellers, der in den USA über und gegen Hitler schreibt, in die Figuren-Konstellation seines Prosa-Dramas: Germaine de Staël, Benjamin Constant, Marschall Bernadotte, Graf Narbonne, Leutnant Rocca und der Diener François umkreisen in unentwegten Diskussionen Napoleon als Unrechtsherrscher.

Bruckner, der in der Weimarer Republik die Dramentechnik durch Simultanbühnen und filmdramaturgische Mittel revolutioniert hatte,[372] kehrt in der *Heroischen Komödie* zu konventionelleren Formen zurück. In drei Akten durchläuft das Prosa-Drama die „Zeit vom Glanz und Untergang Napoleons", wie es im Nachsatz zu den *dramatis personae* unspezifisch heißt.[373] Das Leben Germaine de Staëls wird mit großen Zeitsprüngen von 1810 bis 1815 in den Blick genommen. Die Handlung setzt ein, als Germaine de Staël über den Korrekturen von *De l'Allemagne* im September 1810 erfährt, daß sie Frankreich binnen 24 Stunden verlassen muß, und es endet mit der Flucht Napoleons von Elba im März 1815, die Germaine de Staël zu erneutem Protest motiviert. Die Schauplätze wechseln von Paris ins Schweizer Exil nach Coppet, dann nach Stockholm, wieder nach Paris, und das Drama endet 1815 in Coppet. Germaine de Staël ist in jeder Szene anwesend und beherrscht als einzige Frau unter fünf weiteren männlichen Figuren das Geschehen. Ihr eigentlicher Antagonist, Napoleon, kommt nicht zu Wort. Der Titel des Dramas, der zugleich die Gattungszuschreibung enthält, wird von der Protagonistin in der letzten Szene erläutert, wenn Germaine de Staël Benjamin Constant erklärt: „Was immer uns treibt – auch in der Komödie tut es weh, und wir erleiden das Heldentum." (HK, 490)

Germaine de Staël wird bei Bruckner zur heroischen Ikone des exilierten Widerstands, die ihr Leben in den Dienst der Agitation gegen Napoleon stellt. Sie wird als „heroische[.] Frau" (HK, 481) tituliert und sakralisiert zu „unsrer lieben Frau von der Freiheit" (HK, 481). Daß Napoleon sie antonomastisch als „Pest von Paris" schmäht, bedeutet für sie einen Ehrentitel. Die „am meisten ausgewiesene Frau der Geschichte" (HK, 484)[374] konstituiert den Sinn ihres Lebens im Kampf gegen Unrecht und

[372] Vgl. Ingrid Reul: Aktualität und Tradition. Studien zu Ferdinand Bruckners Werk bis 1930. Hamburg 1999. Karin Hörner: Möglichkeiten und Grenzen der Simultantechnik. Unter besonderer Berücksichtigung der Simultandramen Ferdinand Bruckners. Frankfurt a. M. 1989.

[373] Ferdinand Bruckner: Heroische Komödie in drei Akten (Anm. 80), hier S. 425. Im folgenden wird die *Heroische Komödie* im fortlaufenden Text mit der Sigle „HK" und eingeklammerten Seitenzahlen zitiert.

[374] So beschreibt sie Benjamin Constant.

Tyrannei. Kein Rückschlag und keine Repression kann sie abhalten von ihrem republikanischen Engagement. Bruckner gestaltet seine Heldin politisch dermaßen vorbildlich, daß lediglich ihr amouröser Slalomlauf zwischen Benjamin Constant und Leutnant Rocca sie menschlich faßbarer macht und das komödiantische Element in dieses Drama bringt. Politisch ist Germaine de Staël hingegen unangreifbar und heldisch jenseits des Komödiantischen. Dies wird besonders deutlich in der dramatischen Konfrontation mit schwankenden Gestalten: Graf Narbonne, Germaines ehemaliger Geliebter, ist aus bourbonischer Gesinnung gegen Napoleon positioniert. Eine solche monarchische Opposition wird von Bruckner nicht wirklich gewürdigt.[375] Marschall Bernadotte, der durch Napoleon zum Herrscher Schwedens wird und sich schließlich erst nach langem Zögern von ihm abwendet, wird als großer Zauderer und pragmatischer Realist gegen die Idealistin Germaine ausgespielt. Benjamin Constant ist Germaine in jeder Hinsicht unterlegen und erscheint als fauler, eitler Opportunist, der sich lediglich dann gegen Napoleon äußert, wenn es seinem Narzißmus zupaß kommt.[376]

Napoleons Rußlandfeldzug stellt Bruckner in seinem Drama von 1942 (mit deutlich aktuellem Bezug auf Hitlers Rußlandfeldzug) als großen Wendepunkt dar. Bereits 1810 warnt Germaine: „Wenn Napoleon gegen Rußland gewinnt, dann ist er endgültig Herr der Welt." (HK, 436) Als in Stockholm 1812 bekannt wird, daß die Russen ihre Stadt in Brand gesetzt haben, um sie nicht dem Feind zu überlassen, erkennt Germaine, *„plötzlich"*, wie die Regieanweisung betont: „Das ist die Wendung" (HK, 472), und Leutnant Rocca formuliert das passende Widerstandsprogramm: „Keine Macht kann stärker sein, als der Wille, sich nicht vor ihr zu beugen." (HK, 472)

Germaines Kampf gegen einen Napoleon, der hier „riesengroß und bös" (HK, 451) dargestellt wird, wird zum idealen Muster für die publizistische Agitation der politischen Exilautoren gegen Hitler. Die Gigantomanie von Hitlers Weltmachtstreben wird rückübertragen auf Napoleons Eroberungszüge.[377] Und Germaine ruft zum Krieg gegen Napoleons Krieg auf, zu einem „heiligen Krieg gegen den Krieg" (HK, 448). In

[375] Germaine läßt einen solchen bourbonischen Widerstand nur bedingt gelten: „Haben wir in der Revolution Frankreich von den Bourbonen befreit, damit ein Napoleon ihre Stelle einnimmt?" (HK, 436)

[376] Lediglich Leuntant Rocca kann Germaine de Staël an republikanischem Edelmut nahe kommen; allerdings ordnet er sein Leben ganz dem Dienst für Germaine unter.

[377] Dem Diener François wird geradezu schwindelig angesichts der permanenten geographischen Expansion: „Und seit wir ein Kaiserreich haben, wissen wir gar nicht

Stockholm mahnt sie Bernadotte so eindringlich, sich gegen Napoleon zu stellen, daß deutlich wird, daß sich hier auch Bruckner durch seine Figur an seine Zeitgenossen wendet, Hitler militärisch aufs Schärfste zu bekämpfen: „Der Krieg – einmal werden Sie ihn führen müssen, Sie und alle gegen ihn vereint – früher kommt die Welt nicht zur Ruh." (HK, 461) Dadurch daß Bruckner hier die namentliche Nennung Napoleons umgeht, wird die aktuelle Deutbarkeit auf Hitler besonders transparent. So wie Germaine sich in Schweden an Bernadotte als Politiker und Militär wendet, richtet sich Bruckner im amerikanischen Exil mit seinem Drama an die Öffentlichkeit, um den Kampf gegen Hitler zu schüren und zu stützen.

Heinrich Franks Erzählung *Der Oberst* erschien 1943 beim Verlag Holle & Co. in Berlin. Der 1895 geborene Frank war zu dieser Zeit Lehrer in Gießen, mit einigen Gedichten hervorgetreten,[378] aber ansonsten von der literarischen Szene ziemlich unbeachtet geblieben. Franks Text erzählt von Oberst Jacques-Joseph Oudet, der als Leiter des geheimen Freiheitsbundes der „Philadelphen" im Jahr 1809 mit seinen Kameraden Foy, Guidal und Malet gegen Napoleon und für die Wiedereinführung der Republik Pläne schmiedet.[379] Während Oudet auf eine militärische Niederlage Napoleons hofft, die einem Staatsumsturz die Wege ebnen könnte, plant Guidal ein Attentat. Als Foy bei der Schlacht von Aspern seinen Verwundungen erliegt, verliert Oudet den Mut zu weiteren Plänen, hält Guidal vom Attentat ab, kann aber diese Situation nicht ertragen und sucht in der Schlacht von Wagram bewußt den Tod.

Historisch überliefert ist nur wenig vom Bund der „Philadelphen". Wie weit die Umsturzpläne um Oudet herum gediehen waren, der tatsächlich bei Wagram starb, ist unsicher.[380] In Deutschland hatte bereits im 19. Jahrhundert Friedrich Wilhelm Ladislaus Tarnowski einen Vor-

mehr wie groß wir sind. Was mich betrifft: ich weiß nicht mehr, was Frankreich ist." (HK, 453)

[378] Heinrich Frank, Hermann Habicht: Blätter im Wind. Gedichte und Erzählungen. Darmstadt 1913. Heinrich Frank: In memoriam. Gedichte. Berlin 1941. Vgl. noch nach 1945: Heinrich Frank, Heinrich Koch, Hermann Trost: Im Land der Dichter. Ein Gedichtband für hessische Schulen. Düsseldorf 1958.

[379] Die Erzählung umfaßt vier Monate erzählte Zeit, vom April bis zum Juli 1809, die mit einigen Zeitsprüngen von einem auktorialen Erzähler in 91 Seiten präsentiert wird.

[380] Jean Tulard steht den angeblichen Umsturzplänen der Philadelphen äußerst skpetisch gegenüber und macht vor allem Charles Nodiers Bericht dafür verantwortlich, vgl. Jean Tulard: Philadelphes, in: Dictionnaire Napoléon, sous la direction de Jean Tulard. Paris 1987, S. 1328. Charles Nodier: Histoire des sociétés secrètes de

märzroman über *Napoleon und die Philadelphen* vorgelegt.[381] Frank nutzt die magere Quellenlage, um kaum verhüllt in der historischen Vorlage die Frage nach der Legitimität eines Attentats auf einen Unrechtsherrscher zu stellen. Alle Mitglieder der Philadelphen sind durchweg positiv gezeichnete Gestalten. Ein auktorialer Erzähler weist immer wieder auf den Patriotismus und die Ehrenfestigkeit dieser Soldaten hin, etwa wenn es über Oudets Verhalten als französischer Offizier gegenüber der unterworfenen deutschen Bevölkerung heißt: „Es muß betont werden, daß der französische Offizier, ein glühender Patriot und alter Republikaner, in nichts besondere Ansprüche an den deutschen Eigentümer stellte", bei dem er einquartiert war.[382]

Oudet und seine Philadelphen sind keinesfalls von Anfang an Napoleonhasser gewesen: „Sie hatten ihn anfangs vergöttert, aber schließlich immer weniger verstanden, als er die Freiheit, für die sie gestritten, mit Füßen trat und Schritt für Schritt einen Staat aufzubauen begann, in dem niemand außer ihm zu befehlen hatte." (F, 8) Mit Bedacht sichert Frank seine Helden auch vor dem möglichen Verdacht, „linke Umstürzler" zu sein, ab, indem er betont, daß sie mit den „jakobinischen Terroristen" (F, 9) nichts zu schaffen hatten. Auch fanden sich die Philadelphen, in Franks Darstellung, nicht von Anfang an als ‚renitente Revoluzzer' mit konkreten Staatsstreichplänen zusammen:

> Fürs erste wollte der Bund nichts anderes als ein Hort der einst so mühsam errungenen Freiheiten sein.
> Als aber die Achtung des Kaisers vor dem idealistischen Streben des einzelnen immer geringer und die Unterdrückung der Persönlichkeit immer stärker wurde – von der Zügellosigkeit der Justiz und dem Verbot der Rede- und Schreibfreiheit ganz zu schweigen –, mehrten sich die Stimmen derer, die in Bonaparte eine Gefahr für die Nation erblickten. (F, 11)

Mit diesen vorsichtigen Erläuterungen führt Frank den Leser behutsam hin zur Denkbarkeit eines Attentats. Die Transparenz auf die Situation in Deutschland 1943 wird nicht nur innenpolitisch, wie im letzten Zitat, sondern auch außenpolitisch geschaffen, wenn Oudet seinen Freunden von einer Begegnung mit Napoleon erzählt, in der Napoleon seine Welt-

---

l'armée, et des conspirations militaires qui ont eu pour objet la destruction du gouvernement de Bonaparte. Paris 1815.

[381] Friedrich Wilhelm Ladislaus Tarnowski: Napoleon und die Philadelphen. Ein Roman aus den Kriegsjahren 1806 bis 1809. 3 Bde., Braunschweig 1841.

[382] Heinrich Frank: Der Oberst. Erzählung. Berlin 1943, S. 5. Im folgenden wird *Der Oberst* mit der Sigle „F" und eingeklammerten Seitenzahlen im fortlaufenden Text zitiert.

herrschaftspläne offenbarte (F, 16). Mit dem Mittel der erlebten Rede läßt Frank den Leser an den Reflexionen Oudets über die Hybris des Kaisers teilhaben und bezieht ihn suggestiv in die Entscheidungsfindung Oudets mit ein: „Wie leicht fiele es dem Kaiser, Europa und den gequälten Völkern den Frieden zu geben, wenn er ihn nur aufrichtig begehrte! Aber es war kein Zweifel: Längst hatte er sich in sein Wahngebilde, einmal der Herrscher der Welt zu werden, rettungslos verstrickt.“ (F, 35) Über zwei Seiten wälzt Oudet seine Zweifel und seine Skrupel hin und her:

> Gewiß: Napoleon war ein Ausnahmemensch. [...] Wie hatte man den kleinen, schmächtigen Offizier begrüßt, als er die Anarchie des Direktoriums beseitigt und Verwaltung, Militär, Rechtspflege und Finanzwesen von Grund auf neu aufgebaut hatte! Aber dann hatte er sich seinen eigenen Staat geschaffen, in dem nur sein Wille maßgebend war und jedes selbständige Denken, jede freie Forschung, alle Lern- und Lehrfreiheit verhaßt waren. Er glaubte nur an die Macht und verachtete jede sittliche Kraft. [...]
> Würde jemals ein Ende sein, und welches Schicksal war dem Vaterland beschieden? Vom eigenen Schicksal ganz zu schweigen, von der Frau, den Kindern und dem Zuhause.
> Vielleicht hatte Guidal dennoch recht, vielleicht wäre es besser, man beschleunigte das Ende. (F, 35 f.)

Je weiter diese Reflexion Oudets fortschreitet, desto weniger läßt sie sich historisch konkret nur noch auf Frankreich zu Beginn des 19. Jahrhunderts zuordnen. Am Anfang wird noch das „Direktorium“ erwähnt, aber schon hier scheint die Deutbarkeit auf die „Machtergreifung“ 1933 durch, als sich Deutschland anschickt, einem „kleinen, schmächtigen“ Gefreiten zuzujubeln.[383] Am Ende ist es nicht mehr nur die Reflexion eines französischen Offiziers im Jahre 1809, die der Leser hier wahrzunehmen scheint. Immer stärker spiegelt sich in den Personentext Oudets die Reflexion Franks über Deutschland 1943 ein.

Napoleon erscheint bei Frank nicht mehr als ein Kaiser des frühen 19. Jahrhunderts, sondern als totalitärer Despot des 20. Jahrhunderts anachronistisch bewußt verzeichnet. Der Kaiser verweist Oudet öffentlich seine „Traumwelt von 1789“ (F, 49) und scheint auch bei Dostojewskis Großinquisitor in die Lehre gegangen zu sein, wenn er betont, daß die Menschen gar keine Freiheit wollen, sondern zum Ruhm gegängelt werden wollen.[384] Als sich die Niederlage bei Aspern abzeichnet,

[383] Frank hätte ja durchaus „General“ statt „Offizier“ schreiben können, tut es aber nicht.

[384] Napoleon erklärt Oudet: „Was fangen die Völker mit der soviel gepriesenen

verläßt Napoleon das Schlachtfeld, und dies wird von Frank als feiger Rückzug und ein „Im Stich-Lassen" der Armee geschildert. Daß er „bereits Achtzehnjährige in Frankreich" (F, 13) aushebt und an die Front schickt, wird ihm ebenso vorgeworfen wie die Vernachlässigung seiner Armee.[385] Als Napoleon das Grab Foys besucht, gedenkt er nicht Foys Dienst für sein Land, sondern bezieht Foys Leistung lediglich auf sich. Dieser Egoismus wird von Oudet als Indiz der Idolatrie genommen.

Als Napoleon bei Aspern taktische Fehler macht, sich beratungsresistent erweist und unnötig Soldaten opfert, ist Guidal zum Attentat entschlossen. Er begründet dies als patriotische Notwendigkeit und ist enttäuscht, daß Oudet dies nicht nachvollziehen kann.[386] Für Guidal gibt es kein Lavieren zwischen den Fronten, sondern nur die Entscheidunng, den Despoten zu unterstützen oder zu töten: „Hier der Despot – dort Frankreich und die Freiheit! Daneben gab es keinen anderen Weg." (F, 80) Als Oudet versucht, ihn vom Attentat abzuhalten und zu überzeugen, auf den militärischen Niedergang Napoleons zu warten, hält ihm Guidal entgegen: „Wenn wir auf diesen Augenblick warten wollen, wird das Fundament der Erde zertrümmert sein, und wir stehen immer noch am gleichen Punkte. […] Aber verstehen Sie denn nicht, daß Mord eine sittliche Tat sein kann – – –" (F, 85). Die drei hinter einander gesetzten Gedankenstriche geben dem Leser den Raum, diese Aussage zu aktualisieren.

Frank schreibt keine parahistorische Erzählung, in der Guidal dann wirklich ein Attentat auf Napoleon verübt. Er läßt ihn an der mangelnden Unterstützung Oudets zerbrechen und die Armee verlassen. Aber im historischen Konjunktiv stellt Franks Erzählung die Frage nach der Legitimität des Tyrannenmordes derart eindringlich, daß man erstaunt, wie ein solcher Text überhaupt 1943 in Deutschland erscheinen konnte.

Freiheit an? Sehen sie die Franzosen! Ruhm brauchen sie, Befriedigung ihrer Eitelkeit! Sie bedürfen des Glanzes, Siege wollen sie erringen. Aber Freiheit? Sie wissen nicht, was das ist!" (F, 49f.)

385 „Um den Hunger zu stillen, schlachten die Soldaten die Pferde. Sie trinken das dicke, lehmige Wasser der angeschwollenen Donau, auf welcher zahlreiche Leichen treiben. Kein Brot, kein Salz, weder Suppe noch warmes Getränk! Dazu ist das Heer auf engem Raume zusammengedrängt." (F, 68)

386 „Was Guidal besonders schmerzte, war die Erkenntnis, daß Oudet nicht den Trennungsstrich zu ziehen vermochte zwischen seiner Offiziersehre und der Notwendigkeit als Patriot zu handeln." (F, 80)

Ausblick

Napoleon ist an allem schuld. Dieser Titel einer Filmkomödie von Curt Goetz formuliert überspitzt das Motto einer Stellvertreterdiskussion unmittelbar nach 1945. Die nationalen Selbstbesinnungsschriften, die nach 1945 erschienen, verglichen immer wieder Hitler und Napoleon, was zumeist als Entlastungsdiskurs fungierte. Daß im frühen 20. Jahrhundert der Ruf nach einem nationalen Retter in Deutschland mit Bezug auf Napoleon formuliert worden war, wurde jetzt als Vorwurf auf Napoleon rückübertragen. „Ohne Napoleon kein Hitler“, lautete der unausgesprochene Kern dieser Debatte. Aus der Suche nach Erklärungen entwickelte sich eine Fahndung nach Vorläufern, wenn etwa Ludwig Dehio erläuterte, in Napoleons Herrschaft „klingen erstmalig Motive, episodenhaft und abgerissen, an, die das Hitlerregime mit der vollen Instrumentierung einer vorgeschrittenen Zivilisation in dröhnenden Rhythmen variiert.“[1] Solche zeitlichen Abfolgen implizierten dann oft die Vorstellung, daß es sich hier nur noch um graduelle, nicht mehr um prinzipielle Unterschiede handele.

Napoleon muß nach Nürnberg, forderte dementsprechend ein Bühnenstück von 1946, das Napoleon zu den Kriegsverbrecherprozessen in die Gegenwart vor Gericht zitierte. Hier wurde Napoleon in die Realität des Nachkriegsdeutschlands katapultiert und mußte sich in Nürnberg gleichsam in einem weltgerichtlichen Prozeß verantworten. Das Drama erklärte Napoleon und den deutschen Napoleon-Mythos zum Mitschuldigen am Nationalsozialismus. Der mangelnden Entmythisierung Napoleons nach 1821 wurde die Verantwortung am Aufstieg des Nationalsozialismus übertragen. An Napoleon apostrophiert hieß es, hätten die Sieger von damals „Sie nicht als souverän noch nach dem Thronverzicht geehrt, sondern Sie als Verbrecher vor Gericht gestellt, so wäre der Welt

---

[1] Ludwig Dehio: Gleichgewicht oder Hegemonie. Betrachtungen über ein Grundproblem der neueren Staatsgeschichte. Krefeld 1948, S. 225. Vgl. sehr viel abwehrender Friedrich Meinecke: Die deutsche Katastrophe. Wiesbaden 1946, S. 114: „Napoleon I., mit dem man ihn in manchem vergleichen könnte, hatte wohl auch ordinäre und ichhafte Wesenszüge. Aber sein Anteil an den objektiven Ideen seiner Zeit war größer als der, den wir bei Hitler anzuerkennen vermochten. Er war auch rationaler als Herrscher und hinterließ positive Schöpfungen, die sich geschichtlich bewährt haben. Hitler aber hinterläßt uns heute ein völliges Trümmerfeld.“

auch Ihr Nachfolger erspart geblieben, und Ihr Name noch früher erloschen sein, als es jetzt geschehen wird."[2]

Bei diesen erstaunlichen essayistischen und dramatischen Schuldverteilungen ging es also nicht nur um einen Personen- und Herrschaftsvergleich, sondern auch um die Gründe für die heroische Entflammbarkeit einer Bevölkerung für diese Personen. Wieso die Deutschen Hitler zugejubelt hatten, wurde nun ebenfalls mit dem Hinweis auf den deutschen Napoleon-Mythos beantwortet. Friedrich Stählin sprach in toxischen Bildern etwa vom „Gift" Napoleon, das die Immunität der Deutschen gegen Hitler geschwächt habe.[3] Daß eine solche napoleonische Genese des ‚deutschen Heroismus' durchaus hausgemacht, die napoleonische Tradition bewußt im 20. Jahrhundert gestiftet worden war und sich nicht etwa natürlich aus einem Gang der Geschichte ergab, blieb in solchen Erklärungen unberücksichtigt. Der ‚napoleonische Nationalcharakter der Deutschen' war eine deutsche Erfindung des späten 19. und frühen 20. Jahrhunderts, die nichts mit der historischen Person Napoleons zu tun hatte. Nicht *Napoleon war an allem schuld*, sondern die Konstruktion einer spezifischen napoleonischen Disposition der Deutschen wurde essentialisiert und jetzt als Schuldvorwurf auf Napoleon zurückprojiziert.

Immer wieder wurden kurz nach 1945 katastrophische deutsche Deszendenzlinien gezogen, die im Nationalsozialismus mündeten und in irgendeiner Weise in Napoleon ihren Ursprung oder wenigstens eine zentrale Etappe sahen: *Dreimal gegen England. Napoleon – Wilhelm II. – Hitler* lautete etwa ein außenpolitischer Erklärungsansatz, *Größe und Wahn. Drei Essays über Friedrich II. – Napoleon I. – Hitler* ein herrschaftspsychologischer.[4] Jedesmal wurde für eine nationale deutsche Entwicklung Napoleon in die Begründungspflicht genommen und so unter umgekehrten negativen Vorzeichen die nationale Vereinnahmung fortgeführt. Bedeutete der ‚deutsche Napoleon' zu Beginn des 20. Jahrhunderts für viele ein Heilsversprechen, erklärte er jetzt die „deutsche Katastrophe" (Meinecke). Gleichzeitig ermöglichte die Integration Napoleons in die Erklärungsversuche des Nationalsozialismus, einen Teil der Schuld zu entnationalisieren und in abendländische Zusammenhänge und zivilisatorische Entwicklungen zu integrieren. – In einigen kriti-

---

[2] Roland Marwitz: Napoleon muß nach Nürnberg. Ein Bühnenstück in acht Bildern. Bühnenmanuskript. München o. J. [1946], S. 37.

[3] Friedrich Stählin: Napoleons Glanz und Fall im deutschen Urteil. Wandlungen des deutschen Napoleonbildes. Braunschweig 1952, S. 141.

[4] Kurt Stechert: Dreimal gegen England. Napoleon – Wilhelm II. – Hitler. Stockholm 1945. Edith Eucken-Erdsieck: Größe und Wahn. Drei Essays über Friedrich II. – Napoleon I. – Hitler. Tübingen 1950.

schen Auseinandersetzungen mit Napoleon schwingt in der Nachkriegszeit deutlich auch die Angst mit, daß ein mögliches Fortschreiben des Napoleon-Mythos das Aufkommen einer Hitler-Legende ermögliche. So demontieren etwa Stählin und Haack den Napoleon-Mythos, um zu verhindern, daß napoleonische Apologien eine Entschuldung oder gar einen Nachruhm Hitlers vorbereiten könnten.[5]

Als Urvater aller modernen Diktaturen geschmäht und als ‚Vorläufer' Hitlers perhorresziert, verschwand Napoleon zusehends aus der historischen Mythologie der Deutschen. Während unmittelbar nach dem Zweiten Weltkrieg der Vergleich zwischen Hitler und Napoleon noch direkt ausgesprochen wurde und Teil einer deutschen Selbstversöhnung und Entschuldungsstrategie darstellte, rückte er ab Mitte der 1950er Jahre ‚zwischen die Zeilen'.[6] Es entwickelte sich eine ausgefeilte Technik der raunenden Andeutung und des beredten Schweigens. Die zeitgenössischen Leser wußten, was gemeint war, wenn Friedrich Sieburg nebulös von den „unharmonischen Schwingungen" sprach, welche die Beschäftigung der Deutschen mit Napoleon ausgelöst habe,[7] und es gehörte zum rhetorischen Komment, dies unausgesprochen zu lassen. Das beredte Schweigen, das angestrengt die Leerstelle Hitler umkreiste, wich erst allmählich einem unzweideutigen Sprechen, das, wenn es Napoleon sagte, auch Napoleon, und nur diesen, meinte.[8]

---

[5] Friedrich Stählin: Napoleons Glanz und Fall im deutschen Urteil (Anm. 5). Hanns-Erich Haack: Über den Nachruhm. Bonn 1951.

[6] Hanns-Erich Haack erläuterte noch seine Stellvertreterargumentation: „Nur um jeder unkontrollierbaren Aktualität zu entgehen, wird hier immer wieder und später noch ausführlicher von Napoleon die Rede sein. Dadurch wird das, was angedeutet werden soll, für jeden, der zu denken und zu lesen vermag, kontrollierbar." (Hanns-Erich Haack: Über den Nachruhm [Anm. 5], S. 49). Willy Andreas: Napoleon. Entwicklung – Umwelt – Wirkung. Konstanz 1962, S. 168, sprach nur noch in antonomastischen Verrätselungen von einem „späteren […] Parteidiktator". – Klaus Briegleb hat in diesem Zusammenhang auf die Funktion der Verbindungslinie von Napoleon zu Hitler als Teil einer „deutschen antisemitischen Selbstversöhnung" nach 1945 hingewiesen; vgl. das Interview mit Klaus Briegleb „Hitler zum bösen Eroberer geschönt" in der TAZ vom 19. April 2006, S. 12.

[7] Friedrich Sieburg: Napoleon. Die hundert Tage. Stuttgart 1956, S. 436.

[8] Gleichwohl zeigt die Vehemenz, mit der Eberhard Weis noch 1975 eine Vergleichbarkeit von Hitler und Napoleon zurückwies, wie lange solche unterschwelligen Vergleiche im kollektiven Gedächtnis fortlebten (Eberhard Weis: Der Durchbruch des Bürgertums 1776–1847. Frankfurt a.M., Berlin, Wien 1975 [Propyläen Geschichte Europas, 4], S. 233). Wäre es eine deutsche Selbstverständlichkeit gewesen, Napoleon und Hitler getrennt zu denken, hätte es nicht der Intensität von Weis' Abwehr bedurft.

Gleichzeitig bewirkte das wachsende Interesse der Geschichtswissenschaft für gesellschaftliche Strukturen und wirtschaftliche Bedingungen der Geschichte, daß eine biographische Annäherung an Napoleon als ‚großen Mann' eher als akademisch angestaubt oder gar als geschichtsverfälschend begriffen wurde. Die Skepsis gegenüber der historischen Erzählung und das Plädoyer für die nicht-narrative historiographische Analyse bestärkte die Abkehr von einer biographischen Auseinandersetzung mit Napoleon. Das napoleonische Deutschland wurde zwar ein intensiv beackertes Forschungsfeld der bundesrepublikanischen Geschichtswissenschaft, aber hier ging es um die staatliche Modernisierung durch den Rheinbund, gesellschaftliche Veränderungen, welche der *code civil*, die napoleonischen Kriege und der Befreiungskrieg zeitigten, aber nicht mehr um ein biographisches Interesse an der Person Napoleons. Die Beschäftigung mit ‚großen Männern, die Geschichte machen', schien eine verkrustet-langweilige Angelegenheit des 19. Jahrhunderts zu sein, teleologische Verzeichnungen zu provozieren und eine ideologische Gefahr zu bergen.

Dieser erinnerungs- und wissenschaftsgeschichtlichen Entwicklung korrespondierte in der deutschen Nachkriegsliteratur das Bemühen, Napoleon aus seinem nationalen Sonderstatus, der ihm Ende des 19. und zu Beginn des 20. Jahrhunderts in Deutschland zugedacht worden war, zu lösen. In entmythisierender Absicht galt es, Napoleon zu ‚normalisieren' und in gewisser Weise so auch national zu entschärfen. Ein Vergleich von Hitler und Napoleon, den ja die deutsche Literatur während des Nationalsozialismus in affirmativer wie in abwehrender Intention intensiv genutzt hatte, wurde mehr und mehr gemieden.[9] Wenn Napoleon überhaupt noch in der deutschen Nachkriegsliteratur auftauchte (und das geschah nur noch selten),[10] dann als anachronistische Randfigur, die

[9] Zur literarischen Auseinandersetzung mit Hitler in Deutschland nach 1945 (dementsprechend konsequent ohne jeglichen Napoleon-Bezug) vgl. Marcel Atze: „Unser Hitler". Der Hitler-Mythos im Spiegel der deutschsprachigen Literatur nach 1945. Göttingen 2003.

[10] Bei diesen unbeachtet gebliebenen Texten handelt es sich zum großen Teil um Kammerdienerperspektiven auf den privaten und amourös verstrickten Napoleon: Paul Frischauer: Ein großer Herr. Roman. Kassel 1950. Karl Bartz: Benimm dich, Paulette! Napoleons Sorgen um seine leichtgesinnten Schwestern. Stuttgart 1957. Percy Eckstein: Brutus in Paris. Wien 1951. Hermann Ernst Herbert Hoffmann: Kaiser und Diplomat. Schauspiel in fünf Akten. Stuttgart 1946. Wilhelm Kohlhaas: Die Paladine. Schauspiel in sechs Akten. Hamburg 1947. Eugen Linz: Der Doppelgänger. Tragikomödie in acht Bildern. Düsseldorf-Oberkassel 1948. Anton Strambowski: Die Walewska. Drei Akte mit Vorspiel. Leipzig 1948. Semnin [i.e. Otto Heinrich Kähler]: Napoleon hat das Wort. Drama. Hamburg 1955.

in eine historische Riege von Gewaltherrschern eingegliedert wurde, so etwa in Max Frischs Farce *Die Chinesische Mauer* (1947).[11] Napoleon wurde wieder zu einem möglichen Beispiel unter vielen für einen kriegerischen Diktator, und er wurde vergleichend auf andere zeitgenössische, nicht deutsche Diktaturen bezogen.[12] Die nationale Signatur eines ‚deutschen Napoleon' verlor sich immer mehr. Aus dem (in Napoleon gespiegelten) nationalen Selbstporträt wurde wieder eine politische Fremdvorstellung. Daß ehemals mit Napoleon ein poetisches Wunschbild oder ein nationaler Selbstentwurf formuliert worden war, schien kaum noch vorstellbar und einer lang vergangenen Epoche anzugehören. Hölderlins lyrische Prognose, „Er kann im Gedichte nicht leben und bleiben, | Er lebt und bleibt in der Welt",[13] schien sich für die Zeit nach 1945 als nicht zutreffend herauszustellen. Weder in der deutschen Literatur noch in der Welt einer nationalen Erinnerungskultur wurde Napoleon in einem Maße präsent gehalten, wie das vor 1945 der Fall war.

Erst wieder das theoretische Interesse an der Darstellbarkeit von Geschichte, an der vermeintlichen Authentizität von Erinnerungen und an parahistorischen und kontrafaktischen Denkspielen zeitigte die erneute Auseinandersetzung der deutschen Literatur mit Napoleon. Dies geschah aber nicht mehr unter nationalen Auspizien, sondern entwickelte sich als Beitrag zu einer internationalen Debatte.

Dieter Kühn legte 1970 *N* vor, eine an Musils „Möglichkeitssinn" geschärfte Geschichte Napoleons bis zum 18. Brumaire 1799, die immer wieder an verschiedenen Etappen der Biographie in der Fiktion Alternativentwürfe entwickelte.[14] Napoleon als Landwirt, Mathematiker, Schriftsteller oder Pfarrer wird optional neben das reale Endergebnis von Napoleon als Konsul gestellt. Kühn fokussiert so „das verklungene Fortissimo der Jahre, wo sich die Grenze zwischen Lebenserwartung und Leben noch nicht gehoben hat", und interpretiert es als einen offenen Handlungsspielraum.[15] Innerhalb dieser Zeitspanne nimmt sukzessive

---

[11] Max Frisch: Die Chinesische Mauer. Eine Farce. Klosterberg, Basel 1947.

[12] Vgl. so auch noch in Friedrich Dürrenmatt: Achterloo. Zürich 1983. Dort tritt in einer Irrenanstalt der polnische Staats- und Parteichef Jaruzelski als Napoleon mit schwarzer Sonnenbrille auf.

[13] Friedrich Hölderlin: Buonaparte, in: Ders.: Sämtliche Werke und Briefe, hg. v. Jochen Schmidt, Bd. 1: Gedichte. Frankfurt a. M. 1992, S. 374.

[14] Dieter Kühn: N. Frankfurt a. M. 1970.

[15] Robert Musil: Der Mann ohne Eigenschaften. Roman, hg. v. Adolf Frisé. Reinbek 1992, Bd. 1, S. 737.

die Zahl der lebensweltlichen Möglichkeiten ab. Der teleologischen Konstruktion der klassischen Biographie zu entrinnen und zwischen Fakten und Fiktion die mögliche Mehrdimensionalität der Geschichte zu demonstrieren, steht als Absicht hinter diesem erzählerischen Experiment. Dabei wird Napoleons Aufstieg nicht zum Ergebnis des Zufalls degradiert, sondern Kühn lenkt den Blick auf Zweigstellen und Knotenpunkte, von denen aus Napoleons Geschichte sich auch anders hätte weiter entwickeln können.

Gleichzeitig bedeutet dies eine demonstrative Entmythisierung von Napoleons Vita, wenn Kühn gegen vermeintliche Zwangsläufigkeiten und Schicksalslinien immer wieder die alternative „Was wäre geschehen, wenn"-Frage stellt, sowie eine Annäherung an das Genre der napoleonischen Uchronie, die vor allem im angelsächsischen Raum eine lange literarische Tradition hatte.[16] Während in Frankreich und England zahlreiche kontrafaktische Geschichtsdarstellungen literarisch spielten etwa mit der Frage, was wäre geschehen, wenn Napoleon bei Waterloo gesiegt hätte,[17] gab es in Deutschland hierfür nur eine magere Tradition. Heines spätes Bruchstück über *Napoleon als gespenstische vampirische Erschei-*

[16] Eine ‚Uchronie' schreibt eine allgemein bekannte und verbürgte Geschichte ab einem bestimmten Moment kontrafaktisch weiter, und setzt immer mit „Was wäre geschehen, wenn"-Fragen ein. Während der Begriff der ‚Uchronie' eher im romanischen Bereich eingebürgert ist, bedient sich die englischsprachige Forschung des Begriffs der ‚alternate history'. Als literarisches Genre in England und den USA vor allem verbreitet, beschäftigen sich diese Alternativweltgeschichten vor allem mit kontrafaktischen Fortschreibungen der Geschichte, wenn die Südstaaten den amerikanischen Bürgerkrieg oder Deutschland den Zweiten Weltkrieg gewonnen hätten. Zur literarischen Uchronie vgl. Christoph Rodiek: Erfundene Vergangenheit. Kontrafaktische Geschichtsdarstellung (Uchronie) in der Literatur. Frankfurt a.M. 1997 (Analecta Romanica, 57). In der Geschichtswissenschaft wird die Uchronie zum Teil als heuristisches Werkzeug genutzt, um Entscheidungsspielräume nachträglich sichtbar zu machen. Vgl. Alexander Demandt: Ungeschehene Geschichte. Ein Traktat über die Frage: Was wäre geschehen, wenn ...? Göttingen 1986. Was Wäre Wenn. Alternativ- und Parallelgeschichte. Brücken zwischen Phantasie und Wirklichkeit, hg. v. Michael Salewski. Stuttgart 1999 (Historische Mitteilungen, 36).

[17] Die erste und berühmteste napoleonische Uchronie ist die von Louis Geoffroy: Napoléon et la conquête du monde. 1812–1832. Histoire de la monarchie universelle (Napoléon apocryphe). Paris 1983, zuerst erschienen 1836. In huldigender Absicht erzählt Geoffroy die Geschichte Napoleons ab dem Rußlandfeldzug kontrafaktisch weiter zu einem pompösen und bejubelten Weltherrschaftsunternehmen. Vgl. außerdem Robert Aron: Victoire à Waterloo. Paris 1968. Jean Dutourd: Le feld-maréchal von Bonaparte. Considérations sur les causes de la grandeur des Français et de leur décadence. Paris 1996. George Macauly Trevelyan: If Napoleon had won the Battle of Waterloo (1907), in: If it had happened Otherwise, ed. by J. C. Squire. New York 1931, S. 299–341.

nung rekurrierte in der Frage „Hat er überhaupt gelebt?" auf einen französischen Text.[18] Georg Kaisers Tragikomödie *Napoleon in New Orleans* (1941) ließ Napoleon nicht wirklich von St. Helena nach New Orleans übersiedeln, sondern simulierte mit der Figur eines falschen Napoleon gewissermaßen performativ eine dramatische Uchronie.[19] Allein Theodor Herzl hatte im deutschsprachigen Raum novellistisch die Alternative von einem *Buonaparte als Unternehmer* (1900) entwickelt, der bereits vor den Italienfeldzügen 1795 den militärischen Dienst quittiert und fortan ein glückloses Leben geführt hatte.[20]

Inwieweit Kühn bewußt an diese uchronische Tradition anknüpft oder nicht vielleicht mehr die geschichtswissenschaftliche Krise der klassischen Biographie diesen Text motiviert, kann hier nicht weiter erörtert werden. Festzuhalten bleibt aber, daß Kühns *N* nicht vorrangig ein spielerisch freies Verfügen über die Geschichte stilisiert, sondern mit moralischer Verve und mythenkritischer Absicht Obacht gebietet und warnt vor den Fallstricken vermeintlich biographischer Zwangsläufigkeiten. Die Abwehr gegen ein traditionelles biographisches Erzählen als Vehikel geschichtlicher Metaphysik ist deutlich zu spüren. Das ist aber nicht etwa als erneute Ablehnung eines ‚deutschen Napoleon', sondern als eine generelle pazifistische Abstandnahme zu verstehen.[21] Kühns Philippika gegen eine heroisierende Geschichtsschreibung entwickelt ein virtuoses biographisches Planspiel als Mythenkritik.

Während 1970 Dieter Kühns *N* in einer Mythendemontage versuchte, die potentielle Offenheit der Geschichte zu rekonstruieren, demonstrierte W. G. Sebald am Beispiel Napoleons drei Jahrzehnte später eher beiläufig, wie problematisch die Vorstellung von der objektiven Darstellbarkeit von Geschichte ist und wie aus Geschichte in der Erinnerung ein Mythos werden kann. Sebald kritisiert nicht wie Kühn das mythische Verfahren,

---

[18] M. Jean-Baptiste Pérès: Comme quoi Napoléon n'a jamais existé ou grand erratum source d'un nombre infini d'errata à noter dans l'histoire du XIXe siècle. Paris 1827.

[19] Vgl. dagegen die Uchronie von H. A. L. Fisher: If Napoleon had Escaped to America, in: If it had happened Otherwise (Anm. 17), S. 113–142.

[20] Theodor Herzl: Buonaparte als Unternehmer (1900), in: Ders.: Philosophische Erzählungen. Berlin, Wien 1919, S. 235–252.

[21] In einem Interview erklärt Dieter Kühn: „Natürlich ist der Napoleon vor allem des überflüssigen und menschenmordenden Rußlandfeldzugs ein Ärgernis für mich." (Dieter Kühn, Uwe Schultz: „Die Wirklichkeit des Hauptweges und die Möglichkeiten der Nebenwege". Ein Gespräch zwischen Dieter Kühn und Uwe Schultz, in: Dieter Kühn, hg. v. Werner Klüppelholz u. Helmut Scheuer. Frankfurt a. M. 1992, S. 327–337, hier S. 327.

sondern er adaptiert es als eine ästhetische Form, das Vergangene zu verrätseln und in einer eigenen „Metaphysik der Geschichte" subjektiv neu zu imaginieren. Sebalds Roman *Austerlitz* (2001) erzählt von Jacques Austerlitz auf der Suche nach seiner verschütteten Biographie. Der in Wales unter anderem Namen aufgewachsene Protagonist erfährt erst als Jugendlicher, daß er als kleiner Junge in den 1940er Jahren als Flüchtling nach England gebracht wurde, während seine jüdisch-tschechischen Eltern Opfer des Holocausts wurden.

Sebald koppelt zeitlich den Moment, als Austerlitz seinen eigentlichen Namen erfährt, mit einer Geschichtsstunde über die Schlacht bei Austerlitz, so daß der junge Jacques Austerlitz anfänglich versucht, sich seine Identität über die napoleonische Geschichte zu stiften: Daß ein solcher Napoleon-Mythos sich von der Realität entfernt, reflektiert der Geschichtslehrer von Jacques Austerlitz im Anschluß an seine Schilderung der Schlacht. Gleichzeitig zeigt Sebald, wie schwer, wenn nicht gar unmöglich es ist, dieser vergangenen Wirklichkeit in der Historiographie noch habhaft zu werden. Sebald läßt Jacques Austerlitz sich an diese geschichtstheoretischen Überlegungen des Lehrers Hilary erinnern und schachtelt so in diesen privaten Erinnerungsprozeß seines Protagonisten schon die Schwierigkeit einer authentischen Rekonstruktion der Vergangenheit performativ mit ein:

Hilary habe Stunden über den 2. Dezember 1805 reden können, sei aber demungeachtet der Auffassung gewesen, daß er in seinen Darstellungen alles viel zu sehr verkürze, denn sollte man wirklich, so habe er mehrfach gesagt, in irgendeiner gar nicht denkbaren systematischen Form berichten, was an so einem Tag geschehen war, [...] so brauchte es dazu eine endlose Zeit. Zuletzt bleibe einem nie etwas anderes übrig, als das, wovon man nichts wisse, zusammenzufassen in dem lachhaften Satz „Die Schlacht wogte hin und her" oder einer ähnlich hilf- und nutzlosen Äußerung. Wir alle [...] behelfen uns nur mit Versatzstücken, die von anderen schon oft genug auf der Bühne herumgeschoben worden sind. Wir versuchen, die Wirklichkeit wiederzugeben, aber je angestrengter wir es versuchen, desto mehr drängt sich uns das auf, was auf dem historischen Theater von jeher zu sehen war: [...] der unverwundbare Kaiser, umgeben von seinen Generälen, mitten in dem erstarrten Kampfgewühl. Unsere Beschäftigung mit der Geschichte, so habe Hilarys These gelautet, sei eine Beschäftigung mit immer schon vorgefertigten, in das Innere unserer Köpfe gravierten Bildern, auf die wir andauernd starrten, während die Wahrheit irgendwoanders, in einem von keinem Menschen noch entdeckten Abseits liegt.[22]

---

[22] W. G. Sebald: Austerlitz. Frankfurt a. M. 2003, S. 108f.

Dieser zwischen Indikativ und Konjunktiv gehaltene geschichtsphilosophische Exkurs demonstriert mit der Vorstellung von der Geschichtsdarstellung als einem Puzzle mit bekannten „Versatzstücken“ nicht nur die Problematik der Literarizität der Historiographie, sondern erklärt zugleich Sebalds Erinnerungspoetik als eine mythische Methode. Was der Geschichtsschreibung in Hilarys Darstellung als Makel unterläuft, macht Sebald sehr bewußt zum ästhetischen Kompositionsprinzip seiner Texte. Die Formulierung von den „Versatzstücken, die von anderen schon oft genug auf der Bühne herumgeschoben worden sind“, erinnert nicht von ungefähr an die Bricolage eines mythischen Denkens. Sebald begreift seine Erinnerungstexte als Produkt eines mythischen Verfahrens: „Ich arbeite nach dem System der Bricolage – im Sinne von Lévi-Strauss. Das ist eine Form von wildem Arbeiten, von vorrationalem Denken, wo man in zufällig akkumulierten Fundstücken so lange herumwühlt, bis sie sich irgendwie zusammenreimen.“[23] Ein solches vorrationales Zusammensetzen von bislang Unverbundenem fungiert bei Sebald als eine ästhetische Analogiebildung, geradezu einem „Dämon der Analogie“ (Mallarmé), der allerdings das Beschriebene nicht erklärt, sondern nur noch weiter verrätselt.[24]

Der napoleonbegeisterte Lehrer Hilary schenkt Austerlitz zum Abschied eine St. Helena-Memorabilie und weiß ihn in der Geschichtsstunde für Napoleon zu entflammen: „Denke ich heute an die Ausführungen André Hilarys zurück, sagte Austerlitz, dann erinnere ich mich auch wieder der damals in mir aufsteigenden Idee, auf eine geheimnisvolle Weise verbunden zu sein mit der ruhmreichen Vergangenheit des französischen Volkes.“[25] Austerlitz glaubte damals zu erkennen, „daß das, was ich zu-

---

[23] Sigrid Löffler: „Wildes Denken“. Gespräch mit W. G. Sebald, in: W. G. Sebald, hg. v. Franz Loquai. Eggingen 1997, S. 131 ff., hier S. 132.

[24] In immer neuen ‚wilden‘ ästhetischen Assoziationen wird so etwa auch durch alliterative Bezüge und klangliche Nähe ‚Austerlitz‘ und ‚Auschwitz‘ zu einander in eine nicht mehr rational nachverfolgbare Beziehung gesetzt. Jacques Austerlitz würde sich gerne über die heroische napoleonische Geschichte bei Austerlitz seine Identität stiften, aber in der Realität ist seine Selbstbestimmung durch die Ermordung seiner Familie in Auschwitz determiniert.

[25] W. G. Sebald: Austerlitz (Anm. 22), S. 110; vgl. dort S. 112: „Zum Abschied überreichte mir André Hilary aus seiner napoleonischen Memorabiliensammlung einen goldgerahmten dunklen Karton, auf welchem hinter dem blinkenden Glas drei etwas brüchige Weidenblätter befestigt waren von einem Baum auf St. Helena und eine Steinflechte, die einem blassen Korallenzweiglein glich und die einer der Vorfahren Hilarys, wie aus einer winzigen Unterschrift hervorging, am 31. Juli 1830 abgelöst hatte von der schweren Granitplatte über dem Grab des Marschalls Ney.“

erst als einen Schandfleck an mir empfunden hatte, sich verwandelte in einen Leuchtpunkt, der mir ständig vorschwebte, so vielversprechend wie die über dem Dezembernebel sich erhebende Sonne von Austerlitz selber."[26] *In nuce* spiegelt Sebalds Text so noch einmal den Versuch, sich über den Napoleon-Mythos kompensatorisch Identität zu stiften. Aber dies ist für die gebrochene Figur von Jacques Austerlitz ein vergebliches Unterfangen, das nur noch als Erinnerungsreminiszenz an eine juvenile Bemühung kurz im Text aufblitzt. Jenseits des Holocausts ist für Austerlitz eine solche identifikatorisch-glorreiche Mythisierung der Geschichte letztlich nicht mehr möglich.

Der Napoleon-Mythos als „Leuchtpunkt" einer Identitätsstiftung ist in zeitgenössischen literarischen deutschen Texten nicht mehr zu finden. Das hängt mit der rhetorischen Konstruktion eines ‚deutschen Napoleon' gegen Ende des 19. und zu Beginn des 20. Jahrhunderts zusammen und mit dem intensiv genutzten Vergleich von Napoleon und Hitler. Nach einer Phase des angestrengten Schweigens nach 1945 geriet mehr und mehr tatsächlich in Vergessenheit, daß Napoleon auch weit über 1848 hinaus in der historischen Mythologie der Deutschen eine zentrale Rolle gespielt hatte.

Es war die Absicht meiner Untersuchung, diesen teils verschütteten deutschen Napoleon-Mythos in einer literaturwissenschaftlichen und kulturhistorischen ‚Archäologie' freizulegen und den Weg des kulturellen Erinnerns von 1800 bis 1945 nachzuzeichnen, vom Nationalfeind über den identifikatorischen Dichter-Mythos zur Konstruktion eines napoleonischen Nationalcharakters der Deutschen. „Am Anfang war Napoleon"[27], gilt für die Realgeschichte des deutschen 19. Jahrhunderts, für die deutsche Erinnerungsgeschichte des 19. und frühen 20. Jahrhunderts ließe sich mit Chateaubriand ergänzen: „Vivant il a manqué le monde, mort il le possède."[28] Daß ausgerechnet Napoleon diese zentrale Rolle im kulturellen Gedächtnis der Deutschen zugedacht wurde, hängt auch mit der mythogenen Qualität seines Lebens zusammen, das neuzeitliche Vorstel-

[26] W. G. Sebald: Austerlitz (Anm. 22), S. 110.

[27] Thomas Nipperdey: Deutsche Geschichte 1800–1866. Bürgerwelt und starker Staat. München [4]1987, S. 11.

[28] François René de Chateaubriand: Mémoires d'outre-tombe. Édition nouvelle établie d'après l'Édition originale et les deux dernières copies du texte avec une introduction, des variantes, des notes, un appendice et des index par Maurice Levaillant et Georges Moulinier. Paris 1951, Bd. 1, S. 1008.

lungen von der Wirkungsmacht eines einzelnen Menschen noch weit über seine Lebenszeit hinaus sprengte. Diese literarische Disposition des eigenen Lebens zum Mythos formulierte Napoleon selbst auf St. Helena: „Quel roman pourtant que ma vie!“[29]

---

[29] Napoleon am 30. Juni 1816 auf St. Helena, aufgezeichnet beim Comte de Las Cases; [Emmanuel Auguste Dieudonné Marius Joseph de Las Cases:] Le Mémorial de Sainte-Hélène. Première Édition intégrale et critique. Établie et annotée par Marcel Dunan. Paris 1983, Bd. 1, S. 806.

Quellen und Forschung

I. Quellen

1. Deutschsprachige Texte über Napoleon (einschließlich der Werkausgaben von Autoren, die Texte über Napoleon verfaßt haben)

[Anonymus:] Napoleons Anschläge gegen Indien, in: Die Aktion 2 (1912), S. 41 f.
[Anonymus:] Der Herr von Paris und anderes, in: Der lose Vogel (1913), S. 324–329.
[Anonymus:] Geheime Nachrichten über Napoleon Bonaparte. Von einem Manne, der ihn seit funfzehn Jahren nicht verlassen hat. Leipzig 1815.
[Anonymus:] [Ohne Titel], in: Deutsch-Französische Monatshefte / Cahiers franco-allemands 7 (1940), S. 1 f.
Ernst Moritz Arndt: Gedichte. Vollständige Sammlung. Berlin 1860.
Ernst Moritz Arndt: Germanien und Europa. Altona 1803.
Ernst Moritz Arndt: Kriegslieder der Deutschen. O. O. 1813.
Ernst Moritz Arndt: Werke, hg. v. August Leffson u. Wilhelm Steffens. Berlin und Leipzig o. J.
Achim von Arnim: Werke in sechs Bänden, hg. v. Roswitha Burwick. Frankfurt a. M. 1989–1994.
S. Aschner: Josephine. Historisches Dramolett. Diessen 1902.

Julius Bacher: Napoleons letzte Liebe. Historischer Roman in zwei Abtheilungen. Berlin 1868.
Hermann Bahr: Josephine. Ein Spiel in vier Akten. Berlin 1899.
Johanna Baltz: Die Königin Luise. Vaterländische Dichtung. Ein Vorspiel, sieben lebende Bilder. Wesel 1894.
Karl Bartz: Benimm dich, Paulette! Napoleons Sorgen um seine leichtgesinnten Schwestern. Stuttgart 1957.
C. F. W. Behl: Napoleon, in: Der Kritiker 4 (1922), S. 8 f.
Ernst Bernhardi: Betrachtungen über Napoleons III. Geschichte Julius Caesars. Krefeld 1872.
Julius Berstl: Napoleon der andere. Lustspiel in drei Akten. Berlin 1930.
Ernst Bertram: Nietzsche. Versuch einer Mythologie. Achte um einen Anhang erweiterte Auflage. Mit einem Nachwort v. Hartmut Buchner. Bonn 1965.
Karl Biesendahl: Der Stern des Korsen. Tragödie in fünf Akten. Berlin 1890.
Theodor Bitterauf: Napoleon I. Leipzig 1908 (Aus Natur und Geisteswelt, 195).
Franz Blei: Die Grenze der Diplomatie, in: Summa 1 (1917), S. 146–151.
Karl Bleibtreu: Aspern und Wagram in neuer Beleuchtung, nebst neuen Verlustdetails der Napoleon'schen Kriege. Wien 1902.
Karl Bleibtreu: Zur Aufführung von Grabbes Napoleon, in: Bühne und Welt 1 (1899), S. 69–73.
Karl Bleibtreu: Kritische Beiträge zu Napoleon's Feldzügen. Wien 1903.

Karl Bleibtreu: Englands große Waterloolüge. Zu den Jahrhunderttagen von 1815. Berlin und Leipzig 1915.
Karl Bleibtreu: Der russische Feldzug. Leipzig 1893.
Karl Bleibtreu: Das Geheimnis von Wagram und andere Studien. Dresden 1887.
Karl Bleibtreu: Der Genie-Kaiser und die Welt. Zur Centenarfeier der Krönung Napoleons. Berlin 1905.
Karl Bleibtreu: Geschichte und Geist der Europäischen Kriege und [von] Friedrich den Großen und Napoleon. Kritische Historie. Leipzig 1893.
Karl Bleibtreu: Kein Glück. Zwei Erzählungen aus napoleonischer Zeit. Stuttgart 1911.
Karl Bleibtreu: Heroica. Berlin 1859.
Karl Bleibtreu: Der Imperator Napoleon 1814. Jena [3]1896.
Karl Bleibtreu: Napoleon I. Dresden und Leipzig 1889.
Karl Bleibtreu: Napoleon in dichterischer Gestaltung, in: Nord und Süd 33 (1909) 129, S. 552–555.
Karl Bleibtreu: Napoleon bei Leipzig. Eine Studie. Berlin 1885.
Karl Bleibtreu: Napoleon, der Tyrann der Welt. Historische Erzählung. Berlin 1910.
Karl Bleibtreu: Schicksal. Schauspiel in fünf Akten. Leipzig 1888.
Karl Bleibtreu: Napoleon'sche und Moltke'sche Strategie. Wien 1902.
Karl Bleibtreu: Taine, in: Die Gesellschaft 9 (1893), S. 899f., wieder abgedruckt in: Theorie des Naturalismus, hg. v. Theo Meyer. Stuttgart 1973, S. 97f.
Karl Bleibtreu: Der Uebermensch. Charakterbild in fünf Akten. Berlin 1896.
Karl Bleibtreu: Deutsche Waffen in Spanien. Berlin 1885.
Karl Bleibtreu: Weltgericht. Tragödie in fünf Akten zur Jahrhundertfeier der großen Revolution. Leipzig 1888.
Karl Bleibtreu: Wer weiß es? Erinnerungen eines französischen Offiziers unter Napoleon I. Berlin 1884.
Wulf Bley: Napoleon Bonaparte. Lebensroman eines Genies. Leipzig 1936.
Bernhard Blume: Bonaparte. Ein Stück in 5 Akten. München 1926.
Ferdinand Bonn u. Thilo von Trotha: Edles Blut. Historienbild in drei Aufzügen. Berlin 1901.
Philipp Bouhler: Napoleon. Kometenbahn eines Genies. München 1942.
Carry Brachvogel u. Oskar Mysing: Der kommende Mann. Komödie in vier Akten. Berlin 1901.
Otto Brandt: England und die napoleonische Weltpolitik 1800–1803. Heidelberg [2]1916.
Karl Johann Braun von Braunthal: Napoleon I. in Wien. Historischer Roman. Wien 1860.
Clemens Brentano: Werke, hg. v. Wolfgang Frühwald, Bernhard Gajek u. Friedhelm Kemp. Darmstadt 1968.
Eduard Brinckmeier (Hrsg.): Napoleons-Album. Mit Illustrationen nach H. Vernet, V. Adam, A. Meyer. Braunschweig 1842.
Arnolt Bronnen: Napoleons Fall. Berlin 1924.
Arnolt Bronnen: Werke. Mit Zeugnissen zur Entstehung und Wirkung, hg. v. Friedbert Aspetsberger. Klagenfurt 1989.
Ferdinand Bruckner: Schauspiele nach historischen Stoffen. Köln, Berlin 1956.
Lippmann Moses Büschenthal: Ode an Bonaparte, ersten Consul, als er zum dritten Male vom Attentat gerettet wurde. O. O. 1801.
Lippmann Moses Büschenthal: Ode an S. M. Kaiser der Franzosen auf seine Reise

durch die niederrheinischen Departements, von der Judengemeinde zu Koblenz. O. O. 1804.
[Jakob Burckhardt:] Jakob Burckhardts Vorlesung über die Geschichte des Revolutionszeitalters. In den Nachschriften seiner Zuhörer. Rekonstruktion des gesprochenen Wortlautes v. Ernst Ziegler. Basel 1974.
Eberhard Buschbeck: Napoleon, in: Der Ruf. Ein Flugblatt für junge Menschen 3 (1912/1913), S. 14ff.

Adelbert von Chamisso: Sämtliche Werke in zwei Bänden. Nach dem Text der Ausgaben letzter Hand und den Handschriften. Textredaktion Jost Perfahl, Bibliographie und Anmerkungen v. Volker Hoffmann. München 1975.

Ludwig Derleth: Das Werk, in Verbindung mit Christine Derleth hg. v. Dominik Jost. Bellnhausen 1971.
Felix Dhünen: Traumspiel um St. Helena. Berlin 1935.
Arthur Drey: Napoleon, in: Die Erhebung 1 (1919), S. 25f.
Ludwig Dreyer: Napoleon Bonaparte. Historisches Zeit- und Charaktergemälde in fünf Akten. Elmshorn 1882.

Paul von Ebart: Edmée. Schauspiel in fünf Aufzügen mit freier Benutzung eines Mallingschen Romans. Gotha 1900.
Percy Eckstein: Brutus in Paris. Wien 1951.
Joseph von Eichendorff: Historisch-Kritische Gesamtausgabe, begründet v. Wilhelm Kosch u. August Sauer, fortgeführt u. hg. v. Hermann Kunisch u. Helmut Koopmann. Tübingen 1984ff.
Michael Emirow: Napoleons Ende. Drama in fünf Akten. Wien 1900.
Hermann Essig: Napoleons Aufstieg. Schauspiel in vier Aufzügen. Berlin o. J. [1912].
Edith Eucken-Erdsieck: Größe und Wahn. Drei Essays über Friedrich II. – Napoleon I. – Hitler. Tübingen 1950.

Gustav Felix: Moskau 1812. Schauspiel in fünf Aufzügen. Berlin 1886.
Johann Gottlieb Fichte: Über den Begriff des wahrhaften Krieges. Neu hg. u. eingeleitet v. Karl Konstantin Loewenstein. Berlin 1915.
Johann Gottlieb Fichte: Reden an die deutsche Nation. Mit einer Einleitung v. Hermann Schneider. Stuttgart 1938.
Theodor Fontane: Sämtliche Werke, hg. v. Edgar Groß. München 1959–1975.
Heinrich Frank: Der Oberst. Erzählung. Berlin 1943.
Georg Hermann Franke: Sieg. Frankfurt a. M. 1923.
Ferdinand Freiligrath: Werke, hg. v. Julius Schwering. Berlin o. J.
Paul Frémaux: Aus Napoleons letzten Tagen, in: Pan 2 (1911/1912), S. 1128–1134.
Karl Frenzel: Lucifer. Ein Roman aus der Napoleonischen Zeit. Leipzig 1873.
Paul Friedrich: Napoleon. Heroische Trilogie. Berlin 1902.
Paul Frischauer: Ein großer Herr. Roman. Kassel 1950.

J. N. Gaede: Napoleons Geschäftsträgerin oder Die Geheimnisse von Danzig. Ein geschichtlicher Roman in Form eines Quodlibets von Skizzen aus den Jahren 1795 bis 1813. Berlin 1846.
Franz Freiherr von Gaudy: Poetische und prosaische Werke. Neue Ausgabe, hg. v. Arthur Mueller. Berlin 1853.

Emanuel Geibel: Werke, hg. v. Wolfgang Stammler. Kritisch durchgesehene u. erläuterte Ausgabe. Leipzig 1918.
Mathilde von Gellhorn: Königin Luise. Vaterländisches Festspiel in sieben Bildern. Naumburg 1895.
Ernst Gelpke: Napoleon. Ein dramatisches Gedicht. Bern 1854.
Albert Gemoll: Königin Luise. Ein vaterländisches Bühnenspiel. Breslau 1892.
Stefan George: Sämtliche Werke in 18 Bänden, hg. v. d. Stefan George-Gesellschaft. Stuttgart 1982 ff.
Christoph Girtanner: Historische Nachrichten und politische Betrachtungen über die französische Revolution, 17 Bde. Berlin 1791–1803.
[Johann Wilhelm Ludwig Gleim:] Vermächtnis eines edlen Preußen an Teutschlands Landwehr. Berlin, Wien, München und Leipzig 1813.
Hanns Gobsch: Das letzte Jahr. Wien 1943.
Joseph Görres: Gesammelte Schriften, Bd. 1: Politische Schriften der Frühzeit (1795–1800), hg. v. Max Braubach. Köln 1928.
Joseph Görres: Rheinischer Merkur, ausgewählt u. eingeleitet v. Arno Duch. München 1921.
Joseph Görres: Wider Napoleon – für das deutsche Volk. Eine Auswahl aus seinen Schriften und Briefen mit ausführlichem Literaturverzeichnis hg. v. Robert Stein. Leipzig 1940.
[Johann Wolfgang von Goethe:] Goethes Briefe, Hamburger Ausgabe, textkritisch durchgesehen und mit Anmerkungen versehen von Karl Robert Mandelkow. Hamburg 1964.
[Johann Wolfgang von Goethe:] Goethes Gespräche. Eine Sammlung zeitgenössischer Berichte aus seinem Umgang auf Grund der Ausgabe und des Nachlasses von Flodoard von Biedermann, ergänzt u. hg. v. Wolfgang Herwig. Zürich, Stuttgart 1965–1984.
[Johann Wolfgang von Goethe:] Goethes Werke, hg. im Auftrag der Großherzogin Sophie von Sachsen. Weimar 1887–1919 (Weimarer Ausgabe).
[Johann Wolfgang von Goethe:] Werke. Hamburger Ausgabe in 14 Bänden, hg. v. Erich Trunz. München ^{10}1994.
[Johann Wolfgang von Goethe:] Sämtliche Werke nach Epochen seines Schaffens, hg. v. Karl Richter in Zusammenarbeit mit Herbert G. Göpfert, Norbert Miller u. Gerhard Sauder. München 1985 ff. (Münchner Ausgabe).
Christian Dietrich Grabbe: Napoleon oder die hundert Tage. Frankfurt 1831.
Christian Dietrich Grabbe: Werke und Briefe. Historisch-Kritische Gesamtausgabe in sechs Bänden, hg. v. d. Akademie der Wissenschaften in Göttingen, bearbeitet v. Alfred Bergmann. Emsdetten 1960–1973.
Robert Griepenkerl: Auf Sanct Helena. Drama in drei Aufzügen. Hamburg 1862.
Franz Grillparzer: Sämtliche Werke. Historisch-Kritische Gesamtausgabe, hg. v. August Sauer u. Reinhold Backmann. Wien 1909–1948.
Anton Gross-Hoffinger: Der Roman Napoleon's. Bilder und Scenen aus dem Leben und seiner Zeit, 3 Bde., Dresden 1848.
Jeannot Emil Freiherr von Grotthuss: Türmers Tagebuch: Wie wir feiern, in: Der Türmer. Monatsschrift für Gemüt und Geist 15 (1912/13), Bd. II, S. 68–86.
Bernd von Guseck: König Murat's Ende. Historischer Roman, 3 Bde., Leipzig 1866.
Luise Gutbier: Napoleon I. Dramatisches Lebensbild in 11 Bildern. Berlin ^{2}1904.

Hanns-Erich Haack: Über den Nachruhm. Bonn 1951.
Salomon Hahndorf: Anekdoten und Charakterzüge Napoleons. Kassel 1849.

Max Halbe: Freiheit. Ein Schauspiel von 1812. Drei Akte. München 1912.
Otto Harnack: Napoleon. Dramatisches Gedicht mit Vorspiel und fünf Akten. Dorpat u. Fellin 1881.
Walter Hasenclever: Gedichte, Dramen, Prosa. Unter Benutzung des Nachlasses hg. u. eingeleitet v. Kurt Pinthus. Hamburg 1963.
Walter Hasenclever: Sämtliche Werke, in Zusammenarbeit mit der Akademie der Wissenschaften und der Literatur Mainz, hg. v. Dieter Breuer u. Bernd Witte. Mainz 1990 ff.
Wilhelm Hauff: Werke, hg. v. Hermann Engelhard. Stuttgart 1962.
Wilhelm Hauff: Sämtliche Werke, hg. v. Helmut Koopmann, Uwe Schweikert u. Sibylle von Steinsdorff. München 1970.
Carl Hauptmann: Napoleon Bonaparte, Bd. 1: Bürger Bonaparte. Schauspiel, Bd. 2: Kaiser Napoleon. Schauspiel. München 1911.
Franz Hauptmann: Die Entscheidung. Spiel aus dem Leben eines großen Mannes. Wien o. J.
Gerhart Hauptmann: Festspiel in deutschen Reimen. Berlin 1913.
Friedrich Hebbel: Werke, hg. v. Gerhard Fricke, Werner Keller u. Karl Pörnbacher. München 1964.
Friedrich Hebbel: Sämtliche Werke. Historisch-Kritische Ausgabe besorgt v. Richard Maria Werner. Berlin 1901–1913.
Johann Peter Hebel: Sämtliche Schriften, kritisch hg. v. Adrian Braunbehrens, Gustav Adolf Benrath u. Peter Pfaff. Karlsruhe 1990.
Georg Friedrich Wilhelm Hegel: Werke in 20 Bänden, hg. v. Eva Moldenhauer u. Karl Markus Michel. Frankfurt a. M. 1985.
Werner Hegemann: Emil Ludwig zum fünfzigsten Geburtstag, in: Die Weltbühne 27/1 (1931), S. 96–100.
Werner Hegemann: Napoleon oder „Kniefall vor dem Heros". Hellerau 1927.
Karl von Heigel: Josephine. Schauspiel in fünf Aufzügen. München (1882) 1893.
Heinrich Heine: Historisch-Kritische Gesamtausgabe der Werke, hg. v. Manfred Windfuhr. Düsseldorf 1973–1997.
Heinrich Heine: Werke, Briefwechsel, Lebenszeugnisse. Säkularausgabe, hg. von den Nationalen Forschungs- und Gedenkstätten der klassischen Literatur in Weimar und dem Centre National de la Recherche Scientifique in Paris. Berlin und Paris 1970 ff.
Friedrich Ferdinand Hempel: Politische Stachelnüsse geschüttelt von Spiritus Asper. Zweite Lieferung, o. O. 1815.
Adolf Christian Heinrich Henke: Darstellung des Feldzuges der Verbündeten gegen Napoleon im Jahr 1815. Erlangen 1816.
Fritz Herrmann: Capitaine Canon. Schauspiel in drei Akten. Berlin 1931.
Georg Herwegh: Gedichte eines Lebendigen, hg. u. erläutert v. Marcel Herwegh. Leipzig 1915.
Theodor Herzl: Philosophische Erzählungen. Berlin, Wien 1919.
Julius von der Heyden: Liederkränze. Berlin 1823.
Georg Heym: Dichtungen. Auswahl und Nachwort v. Walter Schmähling. Stuttgart 1999.
Georg Heym: Dichtungen und Schriften. Gesamtausgabe, hg. v. Karl Ludwig Schneider. Hamburg, München 1960.
Werner Hirsch: Napoleon Bonaparte. Zur hundertjährigen Wiederkehr seines Todestages, in: Der Kritiker 3 (1921), S. 1–4.

Karl Adolf Constantin Höfler: Kritik der Geschichte des Julius Caesar von Napoleon III. Prag 1866.
Friedrich Hölderlin: Sämtliche Werke und Briefe, hg. v. Jochen Schmidt. Frankfurt a. M. 1992.
E. T. A. Hoffmann: Dichter über ihre Dichtungen, hg. v. Friedrich Schnapp. München 1974.
E. T. A. Hoffmann: Tagebücher. Nach der Ausgabe Hans von Müllers mit Erläuterungen hg. v. Friedrich Schnapp. München 1971.
E. T. A. Hoffmann: Werke, hg. v. Friedrich Schnapp. Darmstadt 1965.
E. T. A. Hoffmann: Gesammelte Werke in Einzelausgaben. Berlin, Weimar 1983.
August Heinrich Hoffmann von Fallersleben: Gedichte und Lieder, hg. v. Hermann Wendebourg u. Anneliese Geppert. Hamburg 1974.
Hermann Ernst Herbert Hoffmann: Kaiser und Diplomat. Schauspiel in fünf Akten. Stuttgart 1946.
Hugo von Hofmannsthal: Gesammelte Werke in Einzelausgaben. Frankfurt a. M. 1946 ff.
Robert Hohlbaum: Der Mann aus dem Chaos. Roman. Berlin o. J. [1933].
Wilhelm Hügner: Hitler und Kapp. Die bayerischen Napoleonsgrößen von 1923. Ein im Untersuchungsausschuß des Bayerischen Landtags aufgedeckter Justizskandal. 2 Bde., München 1928.

F. Walther Ilges: Die Laterne. Ein Schattenspiel. Köln 1925.
Karl Immermann: Werke. Berlin o. J.

Jean Paul [i. e. Johann Paul Richter]: Sämtliche Werke, hg. v. Norbert Miller. Darmstadt [6]1995.

C. G. Kahlbau: Napoleon auf St. Helena. Historisch-romantisches Drama in fünf Aufzügen. Tangermünde 1855.
Georg Kaiser: Briefe, hg. v. Gesa M. Valk, mit einer Einleitung v. Walther Huder. Frankfurt a. M. 1980.
Georg Kaiser: Werke, hg. v. Walther Huder. Frankfurt a. M. 1970–1972.
Friedrich M. Kircheisen: Napoleon I. und das Zeitalter der Befreiungskriege in Bildern. München, Berlin 1914.
Johannes Klein: Der Weltreiter. Ein heroisches Lebenslied. Leipzig 1936.
Heinrich von Kleist: Sämtliche Werke und Briefe, hg. v. Helmut Sembdner. München 1965.
Eckart Kleßmann (Hrsg.): Deutschland unter Napoleon in Augenzeugenberichten. München 1976.
Walther Gottfried Klucke: Begegnung in Dresden. Schauspiel in drei Aufzügen. Berlin o. J.
Gustav Körner: Luise, Königin von Preußen. Geschichtliches Schauspiel in vier Aufzügen und einem Melodrama. Berlin 1888.
Theodor Körner: Sämmtliche Werke. Ausgabe in einem Band. Leipzig o. J.
Wilhelm Kohlhaas: Die Paladine. Schauspiel in sechs Akten. Hamburg 1947.
Gertrud Kolmar: Das lyrische Werk, hg. v. Regina Nörtemann. Göttingen 2003.
Max Kommerell: Gespräche aus der Zeit der deutschen Wiedergeburt. Berlin 1923.
August von Kotzebue: Der Flußgott Rhein und Noch Jemand. Ein Freudenspiel aus den Tagen der Erlösung. Gegenstück zum Flußgott Niemen. O. O. 1814.

August von Kotzebue: Noch Jemands Rasereien auf Korsika. Eine Vision – Anhang zu Noch Jemands Reiseabentheuern. Riga und Leipzig 1813.
August von Kotzebue: Ode an Napoleon. Moskau ³1813.
August von Kotzebue: Possen, die Zeit beachtend bey Gelegenheit des Rückzuges der Franzosen. – Seitenstück zum Flußgott Niemen. O. O. 1813.
August von Kotzebue: Theater. Wien und Leipzig 1841.
Dieter Kühn: N. Frankfurt a. M. 1970.

Max Lenz: Napoleons Kampf gegen England im Lichte der Gegenwart, in: Velhagen & Klasings Monatshefte 29 (1914/1915) Heft 2, S. 528–536.
Max Lenz: Napoleon. Bielefeld, Leipzig ²1908 (Monographien zur Weltgeschichte, 24).
Carl Leyst: Aspern. Schauspiel in vier Akten. Berlin o. J.
Carl Leyst: Gneisenau und Napoleon. Historisches Schauspiel in vier Akten. Berlin 1933.
Carl Leyst: Hindenburg oder Napoleon. Die Offenbarung unserer Kraft. Berlin 1917.
Bernhard Liebermann: Königin Luise von Preußen. Ein Charakter- und Lebensbild in dramatischer Darstellung als christlich-patriotisches Volksschauspiel in fünf Aufzügen. Judenbach 1893.
Eugen Linz: Der Doppelgänger. Tragikomödie in acht Bildern. Düsseldorf-Oberkassel 1948.
Paul Lippert: Napoleon I. und sein Capua in Berlin, 2 Bde., Berlin 1870.
Samuel Lublinski: Napoleon als dramatisches Problem, in: Bühne und Welt 7 (1905), S. 971–975.
Emil Lucka: Die Psychologie Napoleons, in: Die Weissen Blätter 3,1 (1916), S. 139–157.
Emil Ludwig: Napoleon. Drama in fünf Akten. Berlin 1906.
Emil Ludwig: Napoleon. Berlin 1925.
J. Hermann Luedke: Des Kaisers Hochzeitsfrack. Zürich. o. J.

Mathilda Malling: Die Frau Gouverneurin von Paris. Ein Kulturbild vom französischen Kaiserhofe aus dem Jahre 1807. Berlin 1896.
Mathilda Malling: Napoleon Bonaparte und seine Geliebte. Ein Roman aus der Zeit des Ersten Konsuls. Berlin 1918.
Mathilda Malling: Ein Roman vom Ersten Konsul. Halle 1895.
Heinrich Mann: Sieben Jahre. Chronik der Gedanken und Vorgänge. Berlin, Wien, Leipzig 1929.
Heinrich Mann: Der Weg zur Macht. Drama in drei Akten. München 1919.
Thomas Mann: Ausgewählte Essays in drei Bde., Bd. 2: Politische Reden und Schriften, ausgewählt, eingeleitet u. erläutert v. Hermann Kurzke. Frankfurt a. M. 1986.
[Alessandro Manzoni:] Der fünfte Mai. Ode auf Napoleons Tod. Von Alex. Manzoni. In der Italischen Urschrift nebst Übersetzungen von Goethe, Fouqué, Giesebrecht, Ribbeck, Zeune. Berlin 1828.
Hans von der Marck: Königin Luise oder der Frieden zu Tilsit. Ein dramatisches Geschichtsbild für die deutsche Jugend – in drei Aufzügen. Nürnberg 1892.
Walter Marschall: Des Kaisers Schatten. Schauspiel in fünf Akten. Berlin 1935.
Roland Marwitz: Napoleon muß nach Nürnberg. Ein Bühnenstück in acht Bildern. Bühnenmanuskript, München o. J. [1946].
Karl Marx: Der 18. Brumaire des Louis Bonaparte. Nachwort v. Herbert Marcuse. Frankfurt a. M. 1965.

Herybert Menzel: Noch einmal Napoleon? Komödie. Berlin 1943.
Eberhard Wolfgang Möller: Rothschild siegt bei Waterloo. Ein Schauspiel. Berlin 1934.
Gottlieb Christian Friedrich Mohnike (Hrsg.): Napoleon. Stimmen aus dem Norden und Süden. Stralsund 1829.
Walter von Molo: Friedrich Staps. Ein deutsches Volksstück in vier Aufzügen. München 1918.
Herrmann Mostar: Putsch in Paris. Ein Schauspiel in fünf Akten. Frankfurt a.M. 1947.
Luise Mühlbach [i.e. Clara Mundt]: Napoleon und Deutschland. 19 Bde., Berlin 1858–1866.
Friedrich von Müller: Erinnerungen aus den Kriegszeiten von 1806 bis 1813. Braunschweig 1851.
Niklas Müller (Hrsg.): Mainzer Liederbuch für die Veteranen der großen Napoleonsarmee von 1803 bis 1814. Mainz 1837.
Wilhelm Christian Müller: Patriotische Kriegs- und Siegslieder eines alten Deutschen zur Feier großer Männer und Tage nach bekannten und neuen Melodien. Bremen 1814.
Adolph Müllner: Dramatische Werke. Braunschweig 1828.
Oscar Mysing: Die Feindin Napoleons. Roman von 1799. Berlin 1897.

Friedrich Nietzsche: Jugendschriften 1861–1864, hg. v. Hans Joachim Mette. München 1934.
Friedrich Nietzsche: Werke. Kritische Gesamtausgabe, hg. v. Giorgio Colli u. Mazzino Montinari. München, Berlin, New York ²1988.
Friedrich Nietzsche: Sämtliche Werke. Kritische Studienausgabe in 15 Bden., hg. v. Giorgio Colli u. Mazzino Montinari. München 1988.

[Ernst Otto Innocenz von Odeleben:] Napoleons Feldzug in Sachsen im Jahr 1813. Eine treue Skizze dieses Krieges, des französischen Kaisers und seiner Umgebungen, entworfen von einem Augenzeugen in Napoleons Hauptquartier, O.v.O., Dresden 1816.
Eduard Maria Oettinger: Gräfin Kielmannsegge und Kaiser Napoleon Buonaparte I. Geschichtlicher Memoiren-Roman, 4 Bde., Brünn 1864–1866.
Ernst Ortlepp (Hrsg.): Napoleonlieder von Victor Hugo, Baggesen, Rückert, Byron, Zedlitz, Barthelemy u.s.w. Seitenstück zu den Schillerliedern und Götheliedern. Ulm 1842.
Arnold Ott: St. Helena. Schauspiel. Zürich 1904.

Otto von der Pfordten: „1812“. Historisches Drama in fünf Aufzügen. Heidelberg 1897.
[August von Platen:] Die Tagebücher des Grafen August von Platen. Aus der Handschrift des Dichters hg. v. G. von Laubmann u. L. von Scheffler. Stuttgart 1900.
August von Platen: Werke, hg. v. Kurt Wölfel u. Jürgen Link. München 1982.
Gustav Leopold Plitt: Aus Schellings Leben in Briefen, Bd. 2 (1803–1829). Leipzig 1870.
Rudolf Presber: Die Nacht mit dem Kaiser. Komödie in vier Akten. Berlin 1935.

Leopold von Ranke: Recension der Recension Dunckers; Eine ungedruckte Replik

Rankes, mitgeteilt von Paul Hinneberg, in: Forschungen zur Brandenburgischen und Preußischen Geschichte V (1892), S. 276–278.
Willy Rath: Maria Walewska. Ein unhistorisches Kammerspiel in drei Akten. Berlin 1931.
Johann Friedrich Reichardt: Vertraute Briefe aus Paris 1802/03, hg. und eingeleitet v. Rolf Weber. Berlin 1981.
Ludwig Rellstab: 1812. Ein historischer Roman. Leipzig 1834.
Ludwig Rellstab: 1812. Ein historischer Roman. Leipzig ^{6}1892.
Max Ring: Der Sohn Napoleons. Geschichtliches Lebensbild, 2 Bde., Berlin 1861.
Ludwig Robert: Kämpfe der Zeit. Stuttgart und Tübingen 1817.
Gustav Roloff: Napoleon I., Berlin 1900 (Vorkämpfer des Jahrhunderts, 3).
Archibald P. Rosebery: Napoleon I. am Schluß seines Lebens. Leipzig 1901.
Hermann Rossmann: Die große Armee. Drama in fünf Akten. München o. J.
Friedrich Rostovsky: Gefangener Englands. Heroische Komödie in fünf Aufzügen. Berlin o. J.
Joseph Roth: Briefe 1911–1939, hg. v. Hermann Kesten. Köln, Berlin 1970.
Joseph Roth: Werke, hg. v. Fritz Hackert u. Klaus Westermann. Köln 1989–1991.
Joseph Roth, Werke in drei Bde., Köln, Berlin 1956.
Friedrich Rückert: Napoleon. Politische Komödie in drey Stücken. Erstes Stück: Napoleon und der Drache. Zweytes Stück: Napoleon und seine Fortuna. Stuttgart und Tübingen 1815 und 1818.
Friedrich Rückert: Gesammelte Poetische Werke in zwölf Bänden. Frankfurt a. M. 1868.

Willi Schäferdieck: Wer ist mit im Spiel? Komödie einer Republik. Rösrath 1936.
Max von Schenkendorf: Gedichte, hg. v. A. Hagen. Stuttgart 1862.
Christian Friedrich Scherenberg: Abukir. Die Schlacht am Nil. Berlin 1855.
Christian Friedrich Scherenberg: Ligny. Berlin ^{4}1870.
Christian Friedrich Scherenberg: Waterloo. Ein vaterländisches Gedicht. Berlin 1849.
Johann Friedrich Schink: Spott- und Jubelalmanach für Deutsche. Hamburg 1815.
Gustav von Schlabrendorf: Anti-Napoleon. Frankfurt a. M. 1991.
August Wilhelm von Schlegel: Sämtliche Werke, hg. v. Eduard Böcking. Leipzig ^{3}1846.
August Wilhelm von Schlegel: In lode di Buonaparte, in: Josef Körner: Neues von August Wilhelm und Caroline Schlegel, in: Zeitschrift für Bücherfreunde NF 17 (1925), S. 143–145, hier S. 144.
Friedrich von Schlegel: Kritische Ausgabe, hg. v. Ernst Behler unter Mitwirkung v. Jean-Jacques Anstett u. Hans Eichner. München, Paderborn, Wien 1962.
Eduard Schmidt-Weißenfels: Der 18. Brumaire. Historischer Roman. Berlin 1869.
Arthur Schnitzler: Die Dramatischen Werke. Frankfurt a. M. 1962.
Wilhelm von Scholz: Die Feinde. München 1928.
Fritz Schotthöfer: Napoleon, seine Verehrer und Verächter und Hegemann. Zum „Napoleon“ von Werner Hegemann, in: Frankfurter Zeitung vom 4. Dezember 1927.
Friedrich Karl Schubert: Napoleon I. oder Eines großen Schicksals Flut und Ebbe. Charakterbild in fünf Aufzügen. München 1882.
Karl Schulz: Königin Luise. Zeitbild in fünf Aufzügen. Halle 1874.
Gustav Schwab: Napoleon in Ägypten. Gedicht in acht Gesängen von Barthélemy und Méry. Metrisch übersetzt von Gustav Schwab. Stuttgart, Tübingen 1829.
Fritz Schwaller: Königin Luise. Ein Drama für die Volksbühne. Stuttgart 1891.

Semnin [i. e. Otto Heinrich Kähler]: Napoleon hat das Wort. Drama. Hamburg 1955.

Walter Serner: Goethe und Napoleon, in: Sirius. Monatsschrift für Literatur und Kunst 1 (1915/1916), S. 11 ff.

Friedrich Sieburg: Blick durchs Fenster. Aus 10 Jahren England und Frankreich. Frankfurt a. M. 1939.

Friedrich Sieburg: Napoleon. Die hundert Tage. Stuttgart 1956.

Otto Sievers: Waterloo. Historie in fünf Aufzügen. Braunschweig 1890.

Wilhelm Speyer: Stern und Dämon. Eine dramatische Dichtung in 18 Bildern. Berlin o. J.

Hans-Bernd Spies (Hrsg.): Die Erhebung gegen Napoleon 1806–1814/15. Darmstadt 1981 (Quellen zum politischen Denken der Deutschen im 19. und 20. Jahrhundert; Freiherr vom Stein-Gedächtnisausgabe, 11).

Carl Spindler: Der Invalide. Stuttgart 1831.

Heinrich Ritter von Srbik: [Rezension zu:] Napoleon. Von Emil Ludwig. Berlin 1927. Napoleon oder der Kniefall vor dem Heros. Von Werner Hegemann. Hellerau 1927, in: Historische Belletristik. Ein kritischer Literaturbericht, hg. v. d. Schriftleitung der Historischen Zeitschrift. München, Berlin 1928, S. 9–19.

Friedrich August von Stägemann: Kriegsgesänge aus den Jahren 1806–13. O. O. 1813.

Kurt Stechert: Dreimal gegen England. Napoleon – Wilhelm II. – Hitler. Stockholm 1945.

Heinz Steguweit: Kreuzweg des Kreuzigers. Gestalten und Legenden um Napoleon. Stuttgart 1929.

Heinz Steguweit: Der Schwärmer. München 1925.

Carl Sternheim: Napoleon. Eine Erzählung. Leipzig [2]1918.

Ferdinand Stolle: 1813. Ein historischer Roman. Leipzig 1838.

Ferdinand Stolle: 1813. Geschichtlicher Roman aus den Befreiungskriegen, hg. v. Friedrich Wencker-Wildberg. Berlin 1938.

Ferdinand Stolle: Boulogne und Austerlitz. Historischer Roman. Tabor 1848 (Album. Bibliothek freisinniger Originalromane der beliebtesten deutschen Schriftsteller, 6).

Ferdinand Stolle: Der neue Cäsar. Ein Seitenstück zu „1813“ und „Elba und Waterloo“. Leipzig 1841.

Ferdinand Stolle: Elba und Waterloo. Ein historischer Roman. Fortsetzung von „1813“. Leipzig 1838.

Ferdinand Stolle: Die Granitkolonne von Marengo. Historischer Roman. Plauen 1855.

Ferdinand Stolle: Napoleon in Ägypten. Historisch-romantisches Gemälde. Leipzig 1843.

Anton Strambowski: Frauen um Napoleon. Schauspiel in einem Vorspiel und sieben Bildern. Wien o. J.

Anton Strambowski: Die Walewska. Drei Akte mit Vorspiel. Leipzig 1948.

Gustav Stresemann: Reden und Schriften. Politik, Geschichte, Literatur 1897–1926. 2 Bde., Dresden 1926.

Heinrich von Sybel: Geschichte der Revolutionszeit, wohlfeile Ausgabe in 10 Bden., Stuttgart 1900.

Friedrich Wilhelm Ladislaus Tarnowski: Napoleon und die Philadelphen. Ein Roman aus den Kriegsjahren 1806 bis 1809, 3 Bde., Braunschweig 1841.

Ernst Toller: Gesammelte Werke, hg. v. John M. Spalek u. Wolfgang Frühwald. München 1978.

Heinrich von Treitschke: Frankreichs Staatsleben und der Bonapartismus. Das erste Kaiserreich, in: Ders.: Historische und politische Aufsätze, Bd. 3: Freiheit und Königtum. Leipzig ^{6}1903, S. 43–113.

Hermann Unbescheid: Bonapartes Tod. Melodramatische Dichtung. Musik von Otto Müller. Leipzig 1888.

Fritz von Unruh: Sämtliche Werke. Endgültige Ausgabe hg. v. Hanns Martin Elster u. Bodo Rollka. Berlin 1970–1989.

Berthold Vallentin: Heroische Masken. Berlin 1927.

Berthold Vallentin: Napoleon. Berlin 1923.

Berthold Vallentin: Napoleon und die Deutschen. Berlin 1926.

Berthold Vallentin: Napoleon und die geistige Bewegung, in: Jahrbuch für die geistige Bewegung 3 (1912), S. 134–138.

Berthold Vallentin: Neue Zwiegespräche vom Kaiser, in: Blätter für die Kunst 11/12 (1919), S. 157–174.

Fritz Volger: Königin Luise oder der Genius Preußens. Dramatisches Bild in einem Akt. Landsberg 1883.

Richard Voß: Wehe den Besiegten. Drama in drei Aufzügen. Leipzig 1888.

Friedrich Wencker (Hrsg.): Dichter um Napoleon. Eine Auswahl der Napoleonpoesie. Berlin 1913.

Zacharias Werner: Ausgewählte Schriften. Aus seinem handschriftlichen Nachlasse hg. v. seinen Freunden. Neudruck Bern 1970.

Ignaz Heinrich von Wessenberg: Neueste Dichtungen. Stuttgart, Tübingen 1844.

Ignaz Heinrich von Wessenberg: Sämmtliche Dichtungen. Stuttgart, Tübingen 1834 ff.

Christoph Martin Wieland: Sämmtliche Werke, hg. v. der Hamburger Stiftung zur Förderung von Wissenschaft und Kultur in Zusammenarbeit mit dem Wieland-Archiv und Hans Radspieler. Hamburg 1984.

[Christoph Martin Wieland:] Wielands Briefe, hg. v. der Berlin-Brandenburgischen Akademie der Wissenschaften durch Siegfried Scheibe. Berlin 1963 ff.

Constantin von Wurzbach: Der Page des Kaisers. Ein Gedicht von der Treue. Düsseldorf 1854.

Maximilian Yorck von Wartenburg: Napoleon als Feldherr. Berlin ^{3}1904.

Joseph Christian von Zedlitz: Gedichte. Stuttgart 1859.

Joseph Christian von Zedlitz: Todtenkränze. Canzonen. Wien 1828.

Arnold Zweig: Früchekorb. Jüngste Ernte. Rudoldstadt 1956.

Arnold Zweig: Ausgewählte Werke in Einzelausgaben. Berlin, Weimar 1959–1974.

Stefan Zweig: Das Lamm der Armen. Tragikomödie in drei Akten. Leipzig 1929.

2. *Nichtdeutschsprachige Texte von und über Napoleon (einschließlich der Übersetzungen)*

[Francesco Antommarchi:] Memoiren des F. Antommarchi oder die letzten Augenblicke Napoleons. Stuttgart, Tübingen 1825.

P. M. Laurent de l'Ardèche: Histoire de l'Empereur Napoléon. Paris 1839.

Robert Aron: Victoire à Waterloo. Paris 1968.

Alphonse F. Aulard: Histoire politique de la Révolution française. Origines et développement de la démocratie et de la republique (1789–1804). Paris 1901.
Alphonse F. Aulard: Napoléon Ier et le monopole universitaire. Origines et fonctionnement de l'universitaire impériale. Paris 1911.

Honoré de Balzac: Napoléon. Son histoire, racontée par un vieux soldat. München 1974.
Jules Barbey d'Aurevilly: Les œuvres et les hommes. Paris 1860 ff.
Francesco Barbi Cinti: Napoleone Primo e Pio Settimo. Ferrara 1890.
Admée Barthélemy Gayet de Césena: Les Césars et les Napoléons. Paris 1856.
[Auguste Marseille Barthélemy und Joseph Méry:] Napoléon en Egypte. Poëme en huit chants par Barthélemy et Méry. Traduit en vers allemands par Gustav Schwab. Stuttgart, Tübingen 1829.
Auguste Marseille Barthélemy und Joseph Méry: Napoléon en Egypte. Poëme en huit chants. Stuttgart 1830.
Pierre-Jean de Béranger: Œuvres Complètes. Paris 1858.
[Henri Gratien Bertrand:] Cahiers de Sainte-Hélène. Journal du Général Bertrand. Manuscrit déchiffré et annoté par Paul Fleuriot de Langle. 2 Bde., Paris 1949–1951.
Louis Pierre Bignon: Histoire de France. Première époque: Depuis le 18 brumaire jusqu'à la paix de Tilsit (juillet 1807). Paris 1829.
Lucien Bonaparte: Denkwürdigkeiten. Dresden 1821.
Lucien Bonaparte: Révolution de Brumaire. Brüssel 1845.
[Louis Antoine de Bourienne:] Mémoires de M. de Bourienne. Ministre d'Etat sur Napoléon, le directoire, le consulat, l'empire et la restauration. 11 Bde., Stuttgart 1829/30.
Robert W. Buchanan: The Drama of Kings. London 1871.
George Gordon Noel Lord Byron: The Complete Poetical Works, ed. by Jerome J. McGann. Oxford 1981.

Thomas Carlyle: On Heroes, Hero-worship and the Heroic in History (1841). Notes and introduction by Michael K. Goldberg. Berkeley 1993.
François René de Chateaubriand: Mémoires d'outre-tombes. Édition nouvelle d'après l'Édition originale et les deux dernières copies du texte avec une introduction, des variantes, des notes, un appendice et des index par Maurice Levaillant et Georges Moulinier. Paris 1951.
Samuel Taylor Coleridge: The Collected Works, hg. v. Kathleen Coburn. London 1978.

Casimir Jean François Delavigne: Messéniennes et Poésies diverses. O. O. ca. 1830.
Alexandre Dumas: Napoléon Bonaparte, ou trente ans de l'histoire. Paris 1831.
Jean Dutourd: Le feld-maréchal von Bonaparte. Considérations sur les causes de la grandeur des Français et de leur décadence. Paris 1996.

Élie Faure: Napoléon. Paris 1921.
H. A. L. Fisher: If Napoleon had escaped to America, in: If it happened Otherwise, ed. by J. C. Squire. New York 1931, S. 113–142.
[Pierre Alexandre Édouard Fleury de Chabulon:] Fleury von Chabulon: Denkwürdigkeiten über Napoleons Privatleben, Rückkehr und Regierung im Jahre 1815. Leipzig 1820.

Pierre Alexandre Édouard Fleury de Chaboulon: Denkwürdigkeiten über Napoleons Privatleben, Rückkehr und Regierung im Jahre 1815. Leipzig [2]1821.
Ugo Foscolo: Opere, hg. v. Mario Puppo. Mailand 1977.

Louis Geoffroy: Napoléon et la conquête du monde. 1812–1832. Histoire de la monarchie universelle (Napoléon apocryphe). Paris 1838.

Victor Hugo: Poésie I. Présentations et notes de Bernard Leuilliot. Paris 1972.
Antoine Huré: L'intrigue de Napoléon, in: Der Mistral 1 (1915), S. 1.

Alphonse de Lamartine: Méditations. Introduction, note bibliographique, chronologie, relevé de variantes et notes par Fernand Letessier. Paris 1968.
[Emmanuel Auguste Dieudonné Marius Joseph de Las Cases:] Le Mémorial de Sainte-Hélène. Première Édition intégrale et critique. Établie et annotée par Marck Dunan. 2 Bde., Paris 1983.
[Hudson Lowe:] Mémorial de Hudson Lowe rélatif à la captivité de Napoléon à Sainte Hélène. Paris 1830.

[Frederick Lewis Maitland:] Narrative of the surrender of Buonaparte and of his residence on board H. M. S. Bellerophon. With a detail of the principal events that occures in that ship between the 24th of the May and the 18th of the August, 1815. London 1826.
Alessandro Manzoni: Tutte le Opere, hg. v. Alberto Chiari u. Fausto Ghisalberti. Mailand 1957 ff.
Friedrich Masson: Napoleon I und die Frauen, übertragen v. Oskar Marschall von Bieberstein. Berlin o. J.
Dimitri Mereschkowskij: Napoleon. Sein Leben. Napoleon der Mensch. Berlin 1928.
Jules Michelet: Le peuple. Paris 1846.
[Charles Jean François Tristan de Montholon:] Mémoires pour servir à l'histoire de France, sous Napoléon. Écrits à Sainte-Hélène [sous sa dictée], par les généraux qui ont partagé sa captivité, et publiés sur les Manuscrits entièrement corrigés de la main de Napoleon. Paris 1823–1825.
Vincenzo Monti: Prometeo (1797). Mailand 1832.
Benito Mussolini, Giovacchino Forzano: Hundert Tage. Drei Akte in Neun Bildern, übersetzt v. Géza Herczeg. Berlin 1933.

[Napoleon Bonaparte:] Napoleon: Die Memoiren seines Lebens. In neuer Bearbeitung hg. v. Friedrich Wencker-Wildberg in Verbindung mit Friedrich M. Kircheisen. Wien, Hamburg, Zürich 1930–1931.
[Napoleon Bonaparte:] Napoleon I: Berühmte Aussprüche und Worte von Corsica bis St. Helena. Gesammelt u. hg. v. Robert Rehlen. Leipzig 1906.
Napoléon Bonaparte: Mémoires pour servir à l'histoire de France. 4 Bde., Berlin, Paris 1823–1824.
Napoléon Bonaparte: Mémoires pour servir à l'histoire de France. Notes et mélanges. 6 Bde., Frankfurt, Berlin, Paris 1823–1825.
Napoléon Bonaparte: Œuvres complètes. 4 Bde., Stuttgart 1822.
Napoléon Bonaparte: Précis des Guerres de César. Ecrit par M. Marchand à l'ile St. Hélène sous la dictée de l'Empereur. Suivi de plusieurs fragments inédits. Paris 1835.
Napoleon Bonaparte: Übersicht der Kriege Caesars von Napoleon. Vom Kaiser auf

St. Helena dictirt, niedergeschrieben von Marchand. Nebst mehreren bisher noch ungedruckten Fragmenten von Napoleon. Aus dem Französischen. Stuttgart 1836.
Napoleon Bonaparte [Napoleon III.:] Geschichte Julius Cäsars. Vom Verfasser autorisirte Übersetzung. 2 Bde., Wien 1865/1866.
Napoleon Bonaparte [Napoleon III.:] Histoire de Jules César. 2 Bde., Paris 1865/1866.
Charles Nodier: Histoire des sociétés secrètes de l'armée, et des conspirations militaires qui ont eu pour objet la destruction du gouvernement de Bonaparte. Paris 1815.

Barry E. O'Meara: Napoléon en exil ou l'écho de Ste.-Hélène. Paris 1824.

M. Jean-Baptiste Pérès: Comme quoi Napoléon n'a jamais existé ou grand erratum source d'un nombre infini d'errata à noter dans l'histoire du XIX siècle. Paris 1827.

[Jean Rapp:] Mémoires du Géneral Rapp. Aide-de-camp de Napoléon. Écrits par lui-même et publiés par sa famille. Paris 1823.
[Claire Elisabeth Jeanne de Rémusat:] Mémoires de Madame de Rémusat 1802–1808, publiés par Paul de Rémusat, 3 Bde., Paris [3]1880.
Duque de Rivas: Obras Completas, hg. v. Jorge Campos. Madrid 1957.

[Walter Scott:] Leben von Napoleon Bonaparte, Kaiser von Frankreich, mit einer Übersicht der französischen Revolution. Von Walter Scott. Aus dem Englischen übersetzt von General J. v. Theobald. Stuttgart 1827.
Walter Scott: The Life of Napoleon Bonaparte, emperor of the French, with a preliminary view of the French Revolution, in nine volumes. Paris 1827.
[Paul Philippe de Ségur:] Histoire de Napoléon et de la grande armée pendant l'année 1812, par le Comte de Ségur. Paris 1824.
George Bernhard Shaw: Der Mann des Schicksals. Komödie in einem Akt, in: Ders.: Lustspiele. Frankfurt a.M. 1962, S. 91–147.
Germaine de Staël: Considérations sur les principaux événements de la Révolution Française. Paris 1818.
Germaine de Staël: Dix années d'exil. Brüssel 1821.

Hippolyte Taine: Les origines de la France contemporaine, 6 Bde., Paris 1876–1894.
[Charles Maurice de Talleyrand:] Mémoires du Prince de Talleyrand, publiés avec une préface et des notes par le Duc de Broglie. Paris 1891.
Leo Tolstoi: Krieg und Frieden. Die Urfassung, aus dem Russischen v. Dorothea Trottenberg. Mit einem Nachwort v. Thomas Grob. Frankfurt a.M. 2003.
George Macauley Trevelyan: If Napoleon had won the Battle of Waterloo (1907), in: If it happened Otherwise, ed. by J. C. Squire. New York 1931, S. 299–341.

[Louis Constant Wairy:] Napoleon I nach den Memoiren seines Kammerdieners Constant, übertragen v. Oskar Marschall von Bieberstein. 3 Bde., Leipzig 1904.

3. Sonstige

Walter Benjamin: Angelus Novus. Ausgewählte Schriften, 2. Frankfurt a.M. 1966.
Walter Benjamin: Ein Jakobiner von heute. Zu Werner Hegemanns „Das steinerne Berlin", in: Frankfurter Zeitung vom 14. September 1933.
Joseph Bergenthal (Hrsg.): Detmolder Grabbe-Tage. Im Auftrag des Gauleiters und

Reichsstatthalters Alfred Meyer hg. v. Reichspropagandaamt Westfalen-Nord in Verbindung mit der Grabbe-Gesellschaft. Münster 1938.
Joseph Bergenthal (Hrsg.): Festschrift zur Grabbe-Woche 1936 anläßlich der hundertsten Wiederkehr von Christian Dietrich Grabbes Todestag. Bochum 1936.
Alfred Bergmann (Hrsg.): Grabbe in Berichten seiner Zeitgenossen. Stuttgart 1968.
Wulf Bley, Theodor Adamheit (Hrsg.): Der Bolschewismus. Seine Entstehung und Auswirkung. München 1938.
Wulf Bley (Hrsg.): Das Buch der Spanienflieger. Die Feuertaufe der neuen deutschen Luftwaffe. Leipzig 1939.
[Wulf Bley (Hrsg.):] Deutschland zur Luft, unter Mitarbeit führender Persönlichkeiten der deutschen Luftfahrt hg. v. Wulf Bley. Stuttgart 1936.
Wulf Bley: Entschleierte Erde. Die schönsten und interessantesten Luftbilder aus allen Ländern der Erde. Leipzig 1937.
Wulf Bley: Moderne Heere – moderne Waffen. Berlin 1935.
Wulf Bley: Das Jahr I. Rhythmus und Tatbestände des ersten Jahres nationalsozialistischer Staatsführung. Berlin 1934.
Wulf Bley: Das Jahr II. Ereignisse und Tatbestände des zweiten Jahres nationalsozialistischer Staatsführung. Berlin 1935.
Wulf Bley: Das Jahr III. Berlin 1936.
Wulf Bley (Hrsg.): Kampf gegen den Westen. Neue Erlebnisberichte von der Land-, Luft- und Seefront. Leipzig 1940.
Wulf Bley: Deutsche Lufthansa A.-G. Berlin 1932 (Stätten deutscher Arbeit, 5).
Wulf Bley: Mit Mann und Ross und Wagen. Funkberichte aus dem polnischen Feldzug. Leipzig 1939.
Wulf Bley, Theodor Adamheit (Hrsg.): Revolutionen der Weltgeschichte. Zwei Jahrtausende Revolutionen und Bürgerkriege. München 1935.
Wulf Bley: Der Ruf aus der Ferne. Ein ergreifender Schicksalsroman. Darmstadt 1956 (Lore-Romane, 389).
Wulf Bley: SA marschiert. Leben und Kampf der braunen Bataillone. Stuttgart 1933.
Wulf Bley (Hrsg.): Sie waren die ersten … Erstleistungen bei der Eroberung des Luftraumes. Leipzig 1940.
Wulf Bley: Vier über dem Feind. Fliegererlebnisse aus dem Weltkrieg. Leipzig o. J.
Wulf Bley: Volk, flieg du wieder! Berlin 1933.
Wulf Bley: Wen liebst du, Verena? Ein heiterer Film- und Bühnenroman. Oldenburg 1949.
Robert Boehringer: Mein Bild von Stefan George. Düsseldorf, München 1968.
[Arnolt Bronnen:] arnolt bronnen gibt zu protokoll. beiträge zur geschichte des modernen schriftstellers. Hamburg 1954.
Jakob Burckhardt: Weltgeschichtliche Betrachtungen. Erläuterte Ausgabe hg. v. Rudolf Max. Stuttgart 1978.

Hermann Cohen: Deutschtum und Judentum. Mit grundlegenden Betrachtungen über Staat und Internationalismus. Elftes und zwölftes Tausend, durch ein kritische Nachwort vermehrt. Gießen 1923.

Ludwig Dehio: Gleichgewicht oder Hegemonie. Betrachtungen über ein Grundproblem der neueren Staatsgeschichte. Krefeld 1948.
Friedrich Dürrenmatt: Achterloo. Eine Komödie in zwei Akten. Zürich 1983.

Heinrich Frank, Hermann Habicht: Blätter im Wind. Gedichte und Erzählungen. Darmstadt 1913.
Heinrich Frank, Heinrich Koch, Hermann Trost: Im Land der Dichter. Ein Gedichtband für hessische Schulen. Düsseldorf 1958.
Heinrich Frank: In memoriam. Gedichte. Berlin 1941.
Max Frisch: Die Chinesische Mauer. Eine Farce. Klosterberg, Basel 1947.

Stefan George – Friedrich Gundolf: Briefwechsel, hg. v. Robert Boehringer u. Georg Peter Landmann. München, Düsseldorf 1962.
[Joseph Goebbels:] Die Tagebücher Joseph Goebbels', hg. v. Elke Fröhlich im Auftrag des Instituts für Zeitgeschichte. München 1993–1998.
Friedrich Gundolf: Caesar. Geschichte seines Ruhms. Berlin 1924.
Friedrich Gundolf: Caesar im 19. Jahrhundert. Berlin 1926.
Friedrich Gundolf: Dichter und Helden. Heidelberg 1921.

W. H. Hartwig [i.e. Wulf Bley]: Der Senninghof. Hannover 1958.
W. H. Hartwig [i.e. Wulf Bley]: Sylvia und der Haifisch. Roman. Hamburg 1960.
Carl Hauptmann: Aus meinem Tagebuch. Berlin 1909.
Werner Hegemann: Fridericus oder das Königsopfer. Hellerau 1925.
Werner Hegemann: Mein Fridericus, in: Das Tagebuch 6/2 (1925), S. 1389–1391.
Werner Hegemann: Der Kampf um Friedrich den Großen. Eine Entgegnung, in: Frankfurter Zeitung vom 1. Juni 1927.
Gerhard Heller: In einem besetzten Land. NS-Kulturpolitik in Frankreich. Erinnerungen 1940–1944. O. O. 1982.
Johann Gottfried Herder: Werke in zehn Bänden. Frankfurt a. M. 1985–2000.
Adolf Heusinger: Befehl im Widerstreit. Schicksalsstunden der deutschen Armee 1923–1945. Tübingen, Stuttgart 1950.
Kurt Hildebrandt: Erinnerungen an Stefan George und seinen Kreis. Bonn 1965.
Bruno Hillebrand (Hrsg.): Nietzsche und die deutsche Literatur. 2 Bde., Tübingen 1978.
Robert Hohlbaum: Mein Leben. Berlin 1936.
Heinz Huber, Arthur Müller (Hrsg.): Das Dritte Reich. Seine Geschichte in Texten, Bildern und Dokumenten. München, Wien, Basel 1966.

Erich von Kahler: Der vorige, der heutige und der künftige Feind. Heidelberg [2]1915.
Heinz Kindermann (Hrsg.): Was ist mir näher als das Vaterland? Detmold 1939.
Wilhelm Kosch: Robert Hohlbaum, ein Dichter des Deutschtums. Entwicklung und Quellen. Breslau 1926.
Siegfried Kracauer: Die Biographie als neubürgerliche Kunstform, in: Ders.: Das Ornament der Masse. Frankfurt a. M. 1977, S. 75–80.
Dieter Kühn, Uwe Schultz: „Die Wirklichkeit des Hauptweges und die Möglichkeiten der Nebenwege". Ein Gespräch zwischen Dieter Kühn und Uwe Schultz, in: Dieter Kühn, hg. v. Werner Klüppelholz u. Helmut Scheuer. Frankfurt a. M. 1992, S. 327–337.

Michael Landmann: Figuren um Stefan George. Zehn Porträts. Amsterdam 1982.
Sigrid Löffler: „Wildes Denken". Gespräch mit W. G. Sebald, in: W. G. Sebald, hg. v. Franz Loquai. Egginen 1997, S. 131 ff.
Emil Ludwig: Bismarck. Ein psychologischer Versuch. Berlin 1913.
Emil Ludwig: Bismarck. Geschichte eines Kämpfers. Berlin 1926.

Emil Ludwig: Geschenke des Lebens. Ein Rückblick. Berlin 1931.
Emil Ludwig: Historie und Dichtung, in: Neue Rundschau 40/1 (1929), S. 358–381.
Emil Ludwig: Für die Weimarer Republik und Europa. Ausgewählte Zeitungs- und Zeitschriftenartikel 1919–1932, hg. v. Franklin C. West. Frankfurt a. M. 1991.
Emil Ludwig: Wilhelm der Zweite. Berlin 1925.

Thomas Mann: Tagebücher 1918–1921, hg. v. Peter de Mendelssohn. Frankfurt a. M. 1979.
Thomas Mann: Tagebücher 1933–1934, hg. v. Peter de Mendelssohn. Frankfurt a. M. 1977.
Viktor Mann: Wir waren fünf. Konstanz 1949.
Friedrich Meinecke: Die deutsche Katastrophe. Wiesbaden 1946.
Arthur Moeller van den Bruck: Das Recht der jungen Völker. München 1919.
Robert Musil: Der Mann ohne Eigenschaften, hg. v. Adolf Frisé. 2 Bde., Reinbek 1992.
Robert Musil: Tagebücher, hg. v. Adolf Frisé. Hamburg 1976.

Edgar Salin: Jakob Burckhardt und Nietzsche. Heidelberg ²1948.
Edgar Salin: Um Stefan George. Godesberg 1948.
Resa von Schirnhofer: Vom Menschen Nietzsche (1938), in: Zeitschrift für philosophische Forschung 22 (1968), S. 250–260 und 441–457.
Carl Schmitt: Glossarium. Aufzeichnungen der Jahre 1947–1951, hg. v. Eberhard Freiherr von Medem. Berlin 1991.
Carl Schmitt: Der Hüter der Verfassung. München und Leipzig 1931.
Carl Schmitt: Politische Theologie. Vier Kapitel zur Lehre von der Souveränität. München und Leipzig 1922.
[Rudolf Schmundt, Gerhard F. Heuer:] Tätigkeitsbericht des Chefs des Heerespersonalamtes General der Infanterie Rudolf Schmundt (1. 10. 1942–29. 10. 1944). Osnabrück 1984.
Willi Schneider: Hitler aus nächster Nähe, in: 7 Tage. Illustrierte Wochenschrift aus dem Zeitgeschehen 42 (17. Oktober 1952).
Schriftleitung der Historischen Zeitschrift (Hrsg.): Historische Belletristik. Ein kritischer Literaturbericht. München, Berlin 1928.
W. G. Sebald: Austerlitz. Frankfurt a. M. 2003.
Werner Sombart: Helden und Händler. Patriotische Besinnungen. München, Leipzig 1915.
Oswald Spengler: Der Untergang des Abendlandes. Umrisse einer Morphologie der Weltgeschichte. Ungekürzte Sonderausgabe in einem Band. München 1981.

Berthold Vallentin: Gespräche mit Stefan George 1902–1931. Amsterdam 1961.
Berthold Vallentin: Zur Kritik des Fortschritts, in: Jahrbuch für die geistige Bewegung 1 (1910), S. 49–63.
Berthold Vallentin: Zur Kritik von Presse und Theater, in: Jahrbuch für die geistige Bewegung 2 (1911), S. 36–76.

Otto Weininger: Geschlecht und Charakter. Eine prinzipielle Untersuchung. Wien, Leipzig ¹⁹1920.
Friedrich Wolf: Gesammelte Werke in 16 Bden., Berlin, Weimar 1967.
Friedrich Wolters: Stefan George und die Blätter für die Kunst. Deutsche Geistesgeschichte seit 1890. Berlin 1930.

Joseph Wulf (Hrsg.): Literatur und Dichtung im Dritten Reich. Eine Dokumentation. Gütersloh 1963.

II. Forschung:

Académie de France à Rome (Hrsg.): Horace Vernet (1789–1865). École nationale supérieure des Beaux-Arts, Paris. Mars–Juillet 1980. Paris 1980.

Maurice Agulhon: De Gaulle. Histoire, symbole, mythe. Paris 2000.

Claus Ahlzweig: Veränderungen der deutschen Literatursprache im Gefolge der Befreiungskriege, in: Napoleon kam nicht nur bis Waterloo. Die Spur des gestürzten Giganten in Literatur und Sprache, Kunst und Karikatur, hg. v. Heide N. Rohloff. Frankfurt a. M. 1992, S. 231–247.

Beda Allemann: Hölderlins Friedensfeier. Pfullingen 1955.

Peter-André Alt: Zwischen Wissenschaft und Dichterverehrung. Friedrich Gundolf in seinen Briefen und Briefwechseln, in: Zeitschrift für deutsche Philologie 106 (1987), S. 251–281.

Willy Andreas: Napoleon. Entwicklung – Umwelt – Wirkung. Konstanz 1962.

René Anglade: „Napoleon und die Französische Revolution stehen darin in Lebensgröße". L'Allemagne de la restauration dans le miroir de la révolution, in: Lectures d'une œuvre. „Reisebilder" de Heinrich Heine, coordonné par René Anglade. Paris 1998, S. 51–83.

Andreas Anglet: „Ideenassoziation" und Mythentravestie. Heinrich Heines mythologische Archive, in: Mythen in Kunst und Literatur. Tradition und kulturelle Repräsentation, hg. v. Annette Simonis u. Linda Simonis. Köln, Weimar, Wien 2004, S. 104–124.

[Anonymus:] Einleitung, in: Berthold Vallentin: Gespräche mit Stefan George 1902–1931. Amsterdam 1961, S. 5–12.

Gertrude Aretz: Napoleon und Gräfin Walewska. Wien, Leipzig, Olten 1936.

Yvonne Arnhold: „Das Weib sieht tief, der Mann sieht weit". Frauenbilder in den Dramen von Christian Dietrich Grabbe. Bielefeld 1994.

Friedbert Aspetsberger: „arnolt bronnen". Biographie. Wien, Köln, Weimar 1995 (Literatur in der Geschichte, Geschichte in der Literatur, 34).

Friedbert Aspetsberger: Bürokratie und Konkurrenzen – eine Möglichkeit des (literarischen) Überlebens? Zu Arnolt Bronnen während der NS-Herrschaft, in: Macht Literatur Krieg. Österreichische Literatur im Nationalsozialismus, hg. v. Uwe Baur. Wien, Weimar, Köln 1998, S. 202–226.

Aleida Assmann: Erinnerungsräume. Formen und Wandlungen des kulturellen Gedächtnisses. München 1999.

Aleida Assmann, Jan Assmann: Mythos, in: Handbuch religionswissenschaftlicher Grundbegriffe unter Mitarbeit v. Hildegard Cancik-Lindemaier, Günter Kehrer, Hans G. Kippenberg, Matthias Laubscher hg. v. Hubert Cancik, Burkhard Gladigow u. Karl-Heinz Kohl, Bd. IV: Kulturbild – Rolle. Stuttgart, Berlin, Köln 1998, S. 179–200.

Jan Assmann: Das kulturelle Gedächtnis. Schrift, Erinnerung und politische Identität in frühen Hochkulturen. München 1992.

Marcel Atze: „Unser Hitler". Der Hitler-Mythos im Spiegel der deutschsprachigen Literatur nach 1945. Göttingen 2003.

Achim Aurnhammer: Manzonis Napoleon-Ode deutsch, in: Romanische Forschungen 111 (1999), S. 378–388.

Achim Aurnhammer: ‚Der Preusse'. Zum Zeitbezug der ‚Zeitgedichte' Stefan Georges im Spiegel der Bismarck-Lyrik, in: Stefan George. Werk und Wirkung seit dem „Siebenten Ring“, hg. v. Wolfgang Braungart, Ute Oelmann, Bernhard Böschenstein. Tübingen 2001, S. 173–196.

Achim Aurnhammer: Unzeitgemäße Zeitdichtung. Strukturale Intertextualität und latente Gegenwartsbezüge im „West-östlichen Divan“, in: Prägnanter Moment. Studien zur deutschen Literatur der Aufklärung und Klassik. Festschrift für Hans-Jürgen Schings, hg. v. Peter-André Alt, Alexander Košenina, Hartmut Reinhardt u. Wolfgang Riedel. Würzburg 2002, S. 421–437.

Hugo Aust: Dichter-Kommentar. Am Beispiel der Fußnoten- und Anmerkungspraxis im historischen Roman, in: Kommentierungsverfahren und Kommentarformen. Hamburger Kolloquium der Arbeitsgemeinschaft für germanistische Edition 4.–7. März 1992, hg. v. Gunter Martens. Tübingen 1993, S. 93–98.

Holger Bachmann: Arthur Schnitzler und Michael Curtiz. „Der junge Medardus“ auf der Bühne und im Kino. Essen 2003 (Theater – Film und Fernsehen in der Blauen Eule, 7).

Berta Badt: Graf Gustav von Schlabrendorf, der deutsche Einsiedler in Paris, in: Zeitschrift für Bücherfreunde 8/9 (1917), S. 211–221.

Peter Baehr, Melvin Richter (Hrsg.): Dictatorship in history and theory. Bonapartism, Caesarism, and totalitarism. Cambridge 2004.

Patrick Bahners: Die Ordnung der Geschichte. Über Hayden White, in: Merkur 46 (1992), S. 506–521.

Simon Bainbridge: Napoleon and English Romanticism. Cambridge 1995.

Friedrich Balke: Die Figuren des Verbrechers in Nietzsches Biopolitik, in: Nietzsche-Studien 32 (2003), S. 171–205.

Wilfried Barner, Anke Detken, Jörg Wesche: Einleitung. Mythos und Mythostheorie, in: Texte zur modernen Mythentheorie, hg. v. Wilfried Barner, Anke Detken u. Jörg Wesche. Stuttgart 2003, S. 8–19.

Bernhard Barth: Mythos Napoleon. Die Napoleon-Legende in Deutschland, in: Biedermeiers Glück und Ende. Die gestörte Idylle 1815–1848, hg. v. Hans Ottomeyer. München 1987, S. 452–453.

Johannes Barth: Neue Erkenntnisse zu den Quellen von Wilhelm Hauffs Märchen, in: Wirkendes Wort 41 (1991), S. 170–183.

Roland Barthes: Mythen des Alltags. Frankfurt a. M. 1991.

Gerhard Bauer: Der große Schatten. Der Mythos Napoleons und sein Einfluß auf cäsaristische Strömungen in Deutschland und Frankreich mit besonderer Berücksichtigung der Zeit zwischen den Weltkriegen, hg. v. Thomas Specht. 2 Bde., Erlangen 1998.

Roger Bauer, Michael de Graat u. Johannes von Schlebrügge (Hrsg.): Inevitabilis Vis Fatorum. Der Triumph des Schicksalsdramas auf der europäischen Bühne um 1800. Frankfurt a. M. 1990 (Jahrbuch für Internationale Germanistik, Reihe A, Kongreßberichte, 27).

Roger Bauer: Das Schicksal im Schauerdrama. Von Lillos ‚Fatal curiosity‘ zu Zacharias Werners ‚Der vierundzwanzigste Februar‘ und Prixérécourts ‚Le monastère abandonné‘, in: Inevitabilis Vis Fatorum. Der Triumph des Schicksalsdramas auf der europäischen Bühne um 1800, hg. v. Roger Bauer in Verbindung Michael de Graat u. Johannes von Schlebrügge. Frankfurt a. M. 1990 (Jahrbuch für Internationale Germanistik, Reihe A, Kongreßberichte, 27), S. 249–258.

Sigrid Bauschinger: Vindication through suffering. Gertrud Kolmar's cycle of poems „Robespierre“, in: Transforming the center, eroding the margins. Essays on ethnic and cultural boundaries in German-speaking countries, hg. v. Dagmar C. G. Lorenz u. Renate S. Posthofen. Columbia 1998, S. 44–61.

Sabina Becker: Neue Sachlichkeit, Bd. 1: Die Ästhetik der neusachlichen Literatur (1920–1933). Köln, Weimar, Wien 2000.

Eduard Belling: Die Königin Luise in der Dichtung. Eine Sammlung aus den in älterer und neuerer Zeit verfaßten Dichtungen. Berlin 1886.

Christiane Bénardeau: Napoléon dans la littérature. Paris 2004.

Anke Bennholdt-Thommsen: Nietzsches „Also sprach Zarathustra“ als literarisches Phänomen. Frankfurt a. M. 1974.

Jacques Benoist-Mechin: De la défaite au désastre. Bd. 1: Les occasions manquées juillet 1940–avril 1942. Paris 1984.

Wolfgang Benz (Hrsg.): Bücherverbrennung Mai 1933. Geschichte und Wirkung. Berlin 2003.

Helmut Berding (Hrsg.): Napoleonische Herrschaft und Modernisierung. Göttingen 1980.

Eberhard und Elfriede Berger: Carl Hauptmann. Chronik zu Leben und Werk. Stuttgart 2001.

Peter Berglar: Goethe und Napoleon. Die Faszination des Geistes durch die Macht. Darmstadt 1968.

Alfred Bergmann: Quellen des Grabbeschen „Napoleon“. Detmold 1969.

Johann Bertram: Grabbe im deutschen Schicksalskampf, in: Jahrbuch der Grabbe-Gesellschaft 3 (1940), S. 51–74.

Barbara Beßlich: Apokalypse 1813. E. T. A. Hoffmanns „Vision auf dem Schlachtfelde bei Dresden“, in: E. T. A. Hoffmann Jahrbuch 11 (2003), S. 60–72.

Barbara Beßlich: L'Empereur zwischen Expressionismus und Exil. Napoleon-Dramen von Hermann Essig, Fritz von Unruh, Walter Hasenclever und Georg Kaiser, in: Jahrbuch der Deutschen Schillergesellschaft 46 (2002), S. 250–278.

Barbara Beßlich: Faszination des Verfalls. Thomas Mann und Oswald Spengler. Berlin 2002.

Barbara Beßlich: Napoleon, Byron und Grillparzer. Der 5. Mai 1821 als Ende der Geschichte und Beginn des Epigonentums, in: Germanisch-Romanische Monatsschrift 56 (2006), S. 71–87.

Barbara Beßlich: Napoleonisches Kaleidoskop. Interkulturalität, frührealistische Romantik-Kritik und Intermedialität in Wilhelm Hauffs Erzählung „Das Bild des Kaisers“ (1827), in: Arcadia 41 (2006), S. 29–49.

Barbara Beßlich: Vates in Vastitate. Poetologie, Prophetie und Politik in Stefan Georges „Der Dichter in Zeiten der Wirren“, in: Poetologische Lyrik von Klopstock bis Grünbein. Gedichte und Interpretationen, hg. v. Olaf Hildebrand. Köln, Weimar, Wien 2003, S. 198–219.

Barbara Beßlich: Wege in den ‚Kulturkrieg‘. Zivilisationskritik in Deutschland 1890–1914. Darmstadt 2000.

Albrecht Betz: Ästhetik und Politik. Heinrich Heines Prosa. München 1971.

Wolfgang Beutin: Willibald Alexis: Ruhe ist die erste Bürgerpflicht (1852). Eine „Zeit, die nicht mehr ist, in ihren großen Lineamenten“, in: Romane und Erzählungen des Bürgerlichen Realismus. Neue Interpretationen, hg. v. Horst Denkler. Stuttgart 1980, S. 65–79.

Woldemar von Biedermann: Die Unterredung mit Napoleon, in: Ders.: Goethe-Forschungen. Anderweite Folge. Leipzig 1899, S. 111–126.

Karl Biesendahl: Karl Bleibtreu. Leipzig 1891.

Rita Bischof: „… die Politik ist das Schicksal“. Napoleons Diktum und seine Wirkungsgeschichte, in: Napoleon kam nicht nur bis Waterloo. Die Spur des gestürzten Giganten in Literatur und Sprache, Kunst und Karikatur, hg. v. Heide N. Rohloff. Frankfurt a. M. 1992, S. 308–328.

Yves Bizeul: Theorien der politischen Mythen und Rituale, in: Politische Mythen und Rituale in Deutschland, Frankreich und Polen, hg. v. Yves Bizuel. Berlin 2000 (Ordo Politicus, 34), S. 15–39.

Hugo Blank: Goethe und Manzoni. Weimar und Mailand. Heidelberg 1988 (Studia Romanica, 70).

Hugo Blank: Manzonis Napoleon-Ode in deutschen Übersetzungen mit einem Beitrag von Vito R. Giustiniani. Bonn 1995 (Abhandlungen zur Sprache und Literatur, 77).

T. C. W. Blanning: The Bonapartes and Germany, in: Dictatorship in History and Theory. Bonapartism, Caesarism, and Totalitarism, hg. v. Peter Baehr u. Melvin Richter. Cambridge 2004, S. 53–66

Frédéric Bluche: Le Bonapartisme. Aux origines de la droite autoritaire (1800–1850). Paris 1980.

Hans Blumenberg: Arbeit am Mythos. Frankfurt a. M. 1979.

Marijan Bobinac: Theodor Körner im kroatischen Theater, in: Porträts und Konstellationen. Deutschsprachig-Kroatische Literaturbeziehungen, hg. v. Marijan Bobinac (Zagreber Germanistische Beiträge) 11 (2003), S. 59–96.

Gottfried Boehm, Helmut Pfotenhauer (Hrsg.): Beschreibungskunst – Kunstbeschreibung. Ekphrasis von der Antike bis zur Gegenwart. München 1995.

Hartmut Böhme, Peter Matussek, Lothar Müller: Orientierung Kulturwissenschaft. Was sie kann, was sie will. Reinbek 2000.

Andreas Böhn: Seelenwanderung und ewiges Wiederholungsspiel. Zum Verhältnis zwischen linearer und zyklischer Zeit in Heines „Reisebildern", in: Athenäum 4 (1994), S. 283–310.

Maria-Christina Boerner: „Je ne fais que rêver Italie". Heinrich Heines Verfahren der Fiktionalisierung in den italienischen „Reisebildern", in: Germanisch-Romanische Monatsschrift 53 (2003), S. 205–219.

Fritz Böttger: Nachwort, in: Wilhelm Hauff: Das Bild des Kaisers. Historische Novelle. Illustriert von Dieter Golitzsche. Berlin 1982, S. 133–138.

Albert Boime: Art in an Age of Bonapartism, 1800–1815. Chicago 1990.

Georg Bollenbeck: Vom Nutzen eines weiten Kulturbegriffs für eine Gegenstandsbestimmung der Literaturwissenschaft, in: Das Argument 26 (1984), S. 254–269.

Jacques-Olivier Boudon: Histoire du Consulat et de l'Empire. Paris 2000.

Jacques-Olivier Boudon: Napoléon Ier et son temps. Paris 2004.

Jacques-Olivier Boudon: Napoléon, grand-homme ou demi-dieu? La mise en place d'une religion napoléonienne, in: Romantisme 100 (1998), S. 131–141.

Marion Brandt: „Opfre ich mich auf schäumender Altars Stufe". Über das Bild des Opfers im Werk von Gertrud Kolmar (1894–1943), in: Jüdische Kultur und Weiblichkeit in der Moderne, hg. v. Inge Stephan. Köln 1994, S. 173–185.

Marian Brandys: Maria Walewska, Napoleons große Liebe. Eine historische Biographie. Frankfurt a. M. 1996.

Max Braubach: Einleitung, in: Joseph Görres: Gesammelte Schriften, Bd. 1: Politische Schriften der Frühzeit (1795–1800), hg. v. Max Braubach. Köln 1928, S. XVII–XXXVIII.

Volkmar Braunbehrens: Goethes Reichardt-Rezension in der „Jenaischen Allgemeinen Literatur-Zeitung" 1804, in: „... von der musikalischen Seite unser Freund, von der politischen unser Widersacher ...". Der Tonkünstler Johann Friedrich

Reichardt und Goethe. Ausstellung und Katalog v. Walter Salmen u. Regine Zeller. Düsseldorf 2002, S. 42.

Wolfgang Braungart: Gundolfs George, in: Germanisch-Romanische Monatsschrift 74 (1993), S. 417–442.

Dieter Breuer (Hrsg.): Walter Hasenclever (1890–1940). Zusammen mit Christoph Brauer, Mathias Hinrichs, Bert Kasties, Barbara Schommers-Kretschmer u. Marlene Wruk. Aachen 1990.

Ingo Breuer: Die Sprachgebärde des expressionistischen Genies. Über Georg Heyms Inszenierung der „Revolution", in: Geste und Gebärde. Beiträge zu Text und Kultur der klassischen Moderne, hg. v. Isolde Schiffermüller. Innsbruck, Wien, München 2001, S. 66–88.

Stefan Breuer: Ästhetischer Fundamentalismus. Stefan George und der deutsche Antimodernismus. Darmstadt 1995.

Stefan Breuer: Grundpositionen der deutschen Rechten (1871–1945). Tübingen 1999.

Stefan Breuer: Nietzsche-Translationen. Typen der Nietzsche-Rezeption in der deutschen Rechten, in: Widersprüche. Zur frühen Nietzsche-Rezeption, hg. im Auftrag der Stiftung Weimarer Klassik v. Andreas Schirner u. Rüdiger Schmidt. Weimar 2000, S. 271–290.

Stefan Breuer: Retter des Abendlandes. Spenglerkritik von rechts, in: Jahrbuch zur Kultur und Literatur der Weimarer Republik 4 (2004), 165–193.

Barbara Breysach: „Du mußt dich wandeln!" Gertrud Kolmars Gedichtzyklus „Robespierre" zur Diskussion gestellt, in: Apokalyptische Visionen in der deutschen Literatur, hg. v. Johanna Jablowska. Lódz 1996, S. 180–192.

[Interview mit]Klaus Briegleb: „Hitler zum bösen Eroberer geschönt", in: TAZ vom 19. April 2006, S. 12.

Bruce M. Broemann: Joseph Roth's „Die hundert Tage". A new perspective, in: Modern Austrian Literature 11/2 (1978), S. 33–50.

Werner Broer, Detlev Kopp (Hrsg.): Grabbe im Dritten Reich. Zum nationalsozialistischen Grabbe-Kult. Bielefeld 1986.

Werner Broer: Die Grabbe-Gesellschaft im Dritten Reich, in: Grabbe-Jahrbuch 6 (1987), S. 65–78.

Michael Broers: Napoleon, Charlemagne, and Lotharingia. Acculturation and the Boundaries of Napoleonic Europe, in: Historical Journal 44 (2001), S. 135–154.

Ulrich Broich: Prometheus oder Satan? Zur Mythisierung von Napoleon im Deutschland und England des frühen 19. Jahrhunderts, in: Komparatistik als Arbeit am Mythos, hg. v. Monika Schmitz-Emans u. Uwe Lindemann. Heidelberg 2004 (Hermeia, 6), S. 257–273.

Ulrich Broich, Manfred Pfister (Hg.): Intertextualität. Formen, Funktionen, anglistische Fallstudien. Tübingen 1985 (Konzepte der Sprach- und Literaturwissenschaft, 35).

Jürgen Brokoff: Die Apokalypse in der Weimarer Republik. Bonn 2001.

Otto Brües: Hebbel und Napoleon. Ein Versuch über das Hebbelsche Drama, in: Das Nationaltheater. Zweimonatshefte des Bühnenvolksbundes 2 (1930), S. 348–360.

Louis Brun: Hebbel et Napoléon, in: Revue Germanique 23 (1932), S. 209–218.

Ludwig Büttner: Robert Griepenkerl. Das Schicksal eines freien deutschen Schriftstellers. Nürnberg 1980.

Dirk Buhrmann: Arnold Schönbergs „Ode to Bonaparte". Hildesheim u. Zürich 2002 (Diskordanzen, 2).

Peter Bumm: August Graf von Platen. Eine Biographie. Paderborn 1990.

Walter Burkert: Mythos – Begriff, Struktur, Funktionen, in: Mythos in mythenloser

Gesellschaft. Das Paradigma Roms, hg. v. Fritz Graf. Stuttgart u. Leipzig 1993 (Colloquium Rauricum, 3) S. 9–24.
P. G. A. Busse: Grillparzer und Napoleon, in: Jahrbuch der Grillparzer-Gesellschaft 19 (1910), S. 39–60.

David Calleo: Coleridge on Napoleon, in: Yale French Studies 26 (1960/61), S. 83–93.
Lucien Calvié: „Germania“ de Heinrich Heine. D'un mythe à l'autre – de Barberousse à Napoléon 1er, in: Cahiers d'Études Germanique 30 (1996), S. 35–43.
Adrian del Caro: The hermeneutics of idealism. Nietzsche versus the French Revolution, in: Nietzsche-Studien 22 (1993), S. 158–164.
Terrell Carver: Marx's „Eighteenth Brumaire of Louis Bonaparte“. Democracy, Dictatorship, and the Politics of Class Struggle, in: Dictatorship in History and Theory. Bonapartism, Caesarism, and Totalitarism, hg. v. Peter Baehr u. Melvin Richter. Cambridge 2004, S. 103–127.
Ernst Cassirer: Philosophie der symbolischen Formen. 3 Bde., Berlin 1923–1929.
H. W. Church: Friedrich Rückert als Lyriker der Befreiungskriege. New York, Leipzig 1916.
Maria Margaretha Cizek: Grillparzers Napoleonbild. Diss. masch. Wien 1944.
Fritz L. Cohn: The Worship of Napoleon in German poetry, in: Modern Language Quarterly 1 (1940), S. 539–549.
Amy Colin: Macht, Opfer, Zerstörung. Jüdisches Frauenschicksal in Gertrud Kolmars „Nacht“, in: Brücken über dem Abgrund. Auseinandersetzung mit jüdischer Leidenserfahrung, Antisemitismus und Exil. Festschrift für Harry Zohn, hg. v. Amy Colin. München 1994, S. 199–203.
Barry Cooper: Beethoven. Oxford 2000.
Malcolm Crook: Napoleon Comes to Power. Democracy and Dictatorship in Revolutionary France, 1795–1804. Cardiff 1998.

Hans Daiber: Schaufenster der Diktatur. Theater im Machtbereich Hitlers. Stuttgart 1995.
Jules Dechamps: Sur la légende de Napoléon. Paris 1921.
Alexander Demandt: Ungeschehene Geschichte. Ein Traktat über die Frage: Was wäre geschehen, wenn …? Göttingen 1986.
Horst Denkler: Restauration und Revolution. Politische Tendenzen im deutschen Drama zwischen Wiener Kongreß und Märzrevolution. München 1973.
Jacques Derrida: Apokalypse, hg. v. Peter Engelmann. Graz, Wien 1985.
Maurice Descotes: La Légende de Napoléon et les écrivains français du XIXe siècle. Paris 1967.
Bruce Detwiler: Nietzsche and the Politics of Aristocratic Radicalism. Chicago 1990.
Barbara Dicks: Ich bin nur ein Ackerstrauß und halte mich selbst in Händen. Entwürfe von Weiblichkeit bei Gertrud Kolmar. Trier 2003.
Bernard Dieterle: Erzählte Bilder. Zum narrativen Umgang mit Gemälden. Marburg 1988.
Christof Dipper (Hrsg.): Napoleonische Herrschaft in Deutschland und Italien. Verwaltung und Justiz. Berlin 1995.
Andreas Dörner: Politischer Mythos und symbolische Politik. Sinnstiftung durch symbolische Formen am Beispiel des Hermannsmythos. Opladen 1995.
Boguslaw Drewniak: Das Theater im NS-Staat. Szenarium deutscher Zeitgeschichte 1933–1945. Düsseldorf 1983.
Hermann Dreyhaus: Die Königin Luise in der Dichtung ihrer Zeit. Berlin 1926.

Michael Paul Driskel: As Befits a Legend. Building a Tomb for Napoleon 1840–1861. Kent, London 1993.

Roger Dufraisse: Die Deutschen und Napoleon im 20. Jahrhundert, in: Historische Zeitschrift 252 (1991), S. 587–625.

Roger Dufraisse: L'opposition anti-napoléonienne en Allemagne 1805–1809, in: Ders.: L'Allemagne à l'Époque napoléonienne. Questions d'histoire politique, économique et sociale. Bonn 1992, S. 449–469.

Roger Dufraisse: Napoleon. Revolutionär und Monarch. Eine Biographie. München 1994.

Roger Dufraisse: Temoignages sur le culte de Napoléon dans les pays de la rive gauche du Rhin, in: Jahrbuch für westdeutsche Landesgeschichte 2 (1976), S. 255–284.

Claude Dufresne: Marie Walewska, l'épouse de Napoléon Ier. Paris 2000.

Hervé Dumont: Filmographie raisonnée, in: Napoléon & le Cinéma. Un siècle d'images. Ouvrages publié avec le concours de la Direction Régionale des Affaires de Corse, de la Collectivité Territoriale de corse, du Conseil Général des Hauts-de-Seine et de la municipalité d'Ajaccio. Ajaccio 1998, S. 151–359.

Emile Durkheim: Die elementaren Formen des religiösen Lebens. Frankfurt a. M. 1981.

Johann Dvořák: Ästhetik und politische Ökonomie. Heinrich Heine, Karl Marx und der Saint-Simonismus, in: „Die Emanzipation des Volkes war die Aufgabe unseres Lebens". Beiträge der Heinrich Heine-Forschung anläßlich seines zweihundertsten Geburtstages 1997, hg. v. Wolfgang Beutin. Hamburg 2000, S. 89–104.

Jörn Echternkamp: Der Aufstieg des deutschen Nationalismus (1770–1840). Frankfurt a. M. 1998.

Ekkehard Eggs: Napoleon und Jacques Louis David. Heroisierung, Sakralisierung und „Embellissement", in: Napoleon kam nicht nur bis Waterloo. Die Spur des gestürzten Giganten in Literatur und Sprache, Kunst und Karikatur, hg. v. Heide N. Rohloff. Frankfurt a. M. 1992, S. 19–54.

Hans Ehinger: E. T. A. Hoffmann als Musiker und Musik-Schriftsteller. Olten 1954.

Lothar Ehrlich: Eine „völkische Wiedergeburt". Zur faschistischen Grabbe-Rezeption, in: Traditionen und Traditionssuche des deutschen Faschismus, hg. v. Günter Hartung u. Hubert Orlowski. Halle 1983, S. 146–165.

Heide Eilert: Das Kunstzitat in der erzählenden Dichtung. Studien zur Literatur um 1900. Stuttgart 1991.

Norbert Otto Eke: „Alle Ehre deiner Narbe". Die Spur des Körpers im Werk Grabbes, in: Grabbes Welttheater. Christian Dietrich Grabbe zum 200. Geburtstag, hg. v. Detlev Kopp u. Michael Vogt. Bielefeld 2001 (Vormärz-Studien, 7), S. 71–101.

Norbert Otto Eke: Signaturen der Revolution. Frankreich – Deutschland: Deutsche Zeitgenossenschaft und deutsches Drama zur Französischen Revolution um 1800. München 1997.

Otto-Heinrich Elias: Das Bild des Kaisers. Literarischer und politischer Bonapartismus in Württemberg, in: Baden und Württemberg im Zeitalter Napoleons, hg. v. Württembergischen Landesmuseum Stuttgart. Stuttgart 1987, Bd. 2, S. 717–741.

Stephen Englund: Napoleon. A Political Life. New York 2004.

Astrid Erll: Kollektives Gedächtnis und Erinnerungskulturen, in: Konzepte der Kulturwissenschaften. Theoretische Grundlagen – Ansätze – Perspektiven, hg. v. Ansgar Nünning u. Vera Nünning. Stuttgart, Weimar 2003, S. 156–185.

Astrid Erll: Literatur und kulturelles Gedächtnis. Zur Begriffs- und Forschungsgeschichte, zum Leistungsvermögen und zur literaturwissenschaftlichen Relevanz eines neuen Paradigmas der Kulturwissenschaft, in: Literaturwissenschaftliches Jahrbuch 43 (2002), S. 249–276.

Astrid Erll, Ansgar Nünning (Hrsg.): Medien des kollektiven Gedächtnisses. Konstruktivität – Historizität – Kulturspezifität. Berlin, New York 2004 (Media and Cultural Memory / Medien und kulturelles Gedächtnis, 1).

Astrid Erll, Ansgar Nünning (Hrsg.): Gedächtniskonzepte der Literaturwissenschaft. Theoretische Grundlagen und Anwendungsperspektiven. Berlin, New York 2005 (Media and Cultural Memory / Medien und kulturelles Gedächtnis, 2).

Gesa von Essen: Hermannsschlachten. Germanen- und Römerbilder in der Literatur des 18. und 19. Jahrhunderts. Göttingen 1998.

Gesa von Essen: Kleist anno 1809. Der politische Schriftsteller, in: Kleist – ein moderner Aufklärer?, hg. v. Marie Haller-Nevermann u. Dieter Rehwinkel. Göttingen 2005, S. 101–132.

Rolf-Bernd Essig: Hermann Essig 1878–1918. Vom Volksstück zum Großstadtroman – ein schwäbischer Schriftsteller im Berliner Expressionismus. Ausstellung der Staatsbibliothek zu Berlin – Preußischer Kulturbesitz, 26. Juni 1993 bis 7. August 1993. Wiesbaden 1993 (Ausstellungskataloge, Staatsbibliothek Preußischer Kulturbesitz, 5).

Rolf-Bernd Essig: Nachwort, in: Hermann Essig: Der Taifun, hg. u. mit einem Nachwort v. Rolf-Bernd Essig. Bonn 1997, S. 326–339.

Hans Ester: Die Befreiungskriege gegen Napoleon bei Fontane, Schleiermacher und Fichte, in: German reflections, edited by Joep Leerssen and Menno Spiering. Amsterdam 1994 (Yearbook of European Studies, 7), S. 77–94.

Alain Faure: Georg Heyms Hölderlin-Bild, in: Cahiers d'études germaniques 32 (1997), S. 71–83.

Markus Fauser: Intertextualität als Poetik des Epigonalen. Immermann-Studien. München 1999.

Jürgen Ferner: Versöhnung und Progression. Zum geschichtsphilosophischen Denken Heinrich Heines. Bielefeld 1994.

Justus Fetscher: „Les peuples meurent, pour que Dieu vive". Gertrud Kolmar's consecration of the protagonists in the drama of the French revolution, in: War, violence and the modern condition, hg. v. Bernd Hüppauf. Berlin 1997, S. 317–342.

Werner Feudel: Chamisso als Mittler zwischen französischer und deutscher Literatur, in: Weimarer Beiträge 32 (1986), S. 753–765.

Günter Figal: Nietzsche. Eine philosophische Einführung. Stuttgart 2001.

Gonthier-Louis Fink: Goethe und Napoleon, in: Goethe-Jahrbuch 106 (1990), S. 81–101.

Andreas Fischer: Goethe und Napoleon. Frauenfeld 1899.

Hubertus Fischer: „Warte, Bonaparte, warte ...". Poesie gegen Napoleon, in: Napoleon. Europäische Spiegelungen in Mythos, Geschichte und Karikatur, hg. v. Ekkehard Eggs u. Hubertus Fischer. Frankfurt a. M. 1986, S. 80–106.

Joachim Fischer: Napoleon und die Naturwissenschaften. Stuttgart 1988 (Boethius. Texte und Abhandlungen zur Geschichte der exakten Wissenschaften, XVI).

Erika Fischer-Lichte, Gertrud Lehnert (Hrsg.): Inszenierungen des Erinnerns. Berlin 2000 (Paragrana, 9, 2).

Helmut Flachendecker: Die ungeliebte Pflicht. Platen als bayerischer Offizier, in:

August Graf von Platen. Leben, Werk, Wirkung, hg. v. Hartmut Bobzin u. Gunnar Och. Paderborn 1998, S. 1–20.

Margot Fleischer: Der „Sinn der Erde“ und die Entzauberung des Übermenschen. Eine Auseinandersetzung mit Nietzsche. Darmstadt 1993.

Jens Flemming: „Held der Weltgeschichte“ und „Geißel Gottes“. Napoleon und die Deutschen im Zeitalter der Befreiungskriege, in: Napoleon. Europäische Spiegelungen in Mythos, Geschichte und Karikatur, hg. v. Ekkehard Eggs u. Hubertus Fischer. Frankfurt a. M. 1986, S. 57–79.

Christopher G. Flood: Political Myth. A Theoretical Introduction. New York, London 1996.

Jürgen Fohrmann: Die Ellipse des Helden (mit Bezug auf Christian Dietrich Grabbes „Napoleon oder die hundert Tage“), in: Grabbes Welttheater. Christian Dietrich Grabbe zum 200. Geburtstag, hg. v. Detlev Kopp u. Michael Vogt. Bielefeld 2001 (Vormärz-Studien, 7), S. 119–137.

Etienne François, Hagen Schulze: Einleitung, in: Deutsche Erinnerungsorte, hg. v. Etienne François u. Hagen Schulze. München 2001, Bd. 1, S. 9–24.

Horst J. Frank: Handbuch der deutschen Strophenformen. Tübingen, Basel ²1993.

Michael Freund: Napoleon und die Deutschen. Despot oder Held der Freiheit? München 1969.

Werner Frick: „Die mythische Methode“. Komparatistische Studien zur Transformation der griechischen Tragödie im Drama der klassischen Moderne. Tübingen 1998.

Walter Friedländer: Napoleon as „roi thaumaturge“, in: Journal of the Warburg and Courtauld Institutes 4 (1940/41), S. 139–141.

Cäcilia Friedrich: „Ich wollte so gern einmal einen großen Mann rein verehren, das kann ich hier nun wieder nicht“. Republikverständnis und Napoleonkritik in Seumes Reisebeschreibung „Spaziergang nach Syrakus im Jahre 1802“, in: Reiseliteratur im Umfeld der Französischen Revolution. Kolloquium zur Reiseliteratur im Umfeld der Französischen Revolution, Halberstadt 1985, hg. v. Thomas Höhle. Halle 1987, S. 15–29.

Daniel Fulda: Wissenschaft aus Kunst. Die Entstehung der modernen deutschen Geschichtsschreibung 1760–1860. Berlin, New York 1996.

Hermann Gaethgens: Napoleon I. im deutschen Drama. Liebesdramen. Frankfurt a. M. 1903.

Hermann Gaethgens zu Ysentorff: Napoleon I. im deutschen Drama. Ein Beitrag zur Technik des historischen Dramas. Frankfurt a. M. 1903.

Ulrich Gaier: Hölderlin. Eine Einführung. Tübingen 1993.

Manfred Gangl: Friedrich Sieburg zwischen Kulturkonservativismus und Nationalsozialismus, in: Welche Modernität? Intellektuellendiskurse zwischen Deutschland und Frankreich im Spannungsfeld nationaler und europäischer Identitätsbilder, hg. v. Wolfgang Eßbach. Berlin 2000, S. 263–290.

Jules Garsou: Les créateurs de la légende napoléonienne. Paris 1899.

Peter Gasser: „Columbus novus“. Zum rhetorischen Impetus von Nietzsches Philosophie, in: Nietzsche-Studien 24 (1995), S. 137–161.

Suzanne Gearhart: The Open Boundary of History and Fiction. A critical approach to the French Enligthenment. Princeton 1984.

Martin Geck, Peter Schleuning: „Geschrieben auf Bonaparte“. Beethovens „Eroica“: Revolution, Reaktion, Rezeption. Reinbek 1989.

Rolf Geißler: Heines Napoleon als Herausforderung unseres Denkens, in: Heine-Jahrbuch 29 (1990), S. 92–100.
Gérard Genette: Palimpsestes. La littérature au second degré. Paris 1982.
Gérard Gengembre: Napoléon. La vie, la légende. Paris 2001.
Volker Gerhardt: Pathos und Distanz. Zur Philosophie Friedrich Nietzsches. Stuttgart 1988.
Martin Gilbert: Winston S. Churchill. Finest Hour (1939–1941). London 1983.
Raoul Girardet: Mythes et mythologies politiques. Paris 1990.
Stefan Gläser: Frauen um Napoleon. Regensburg 2001.
Maurce Godé: „Si l'on construisait à nouveau des barricades". L'image de la Révolution dans les écrits de Georg Heym, in: Germanica 6 (1989), S. 87–101.
Wilhelm Gössmann: Die Verwandlung politischer Ideen in poetische Gestalten bei Heinrich Heine, in: „Stets wird die Wahrheit hadern mit dem Schönen". Festschrift für Manfred Windfuhr zum 60. Geburtstag, hg. v. Gertrud Cepl-Kaufmann. Köln, Weimar 1990, S. 131–144.
Ina Götz: Tradition und Utopie in den Dramen Fritz von Unruhs. Bonn 1975 (Abhandlungen zur Musik- und Literaturwissenschaft, 175).
Walter Goldstein: Carl Hauptmann. Eine Werkdeutung. Breslau 1931, Neudruck: Hildesheim, New York 1972.
Dietmar Goltschnigg: Zur Ideologisierung der Literaturwissenschaft – am Beispiel Grabbes, in: Wirkendes Wort 28 (1978), S. 232–242.
Philippe Gonnard: Les origines de la légende napoléonienne. L'œuvre historique de Napoléon à Sainte-Hélène. Genf 1976.
Lionel Gossman: Between History and Literature. Cambridge, Mass. 1990.
Walter Grab: Heinrich Heine als politischer Dichter. Frankfurt a. M. 1992.
Christoph Gradmann: Historische Belletristik. Populäre historische Biographien in der Weimarer Republik. Frankfurt a. M., New York 1993.
Gerhart von Graevenitz: Mythos. Zur Geschichte einer Denkgewohnheit. Stuttgart 1987.
Gerhard Graf: Gottesbild und Politik. Eine Studie zur Frömmigkeit in Preußen während der Befreiungskriege 1813–1815. Göttingen 1993 (Forschungen zur Kirchen- und Dogmengeschichte, 52).
Dirk Grathoff: Heinrich von Kleist und Napoleon Bonaparte. Der Furor Teutonicus und die ferne Revolution, in: Schreckensmythen – Hoffnungsbilder. Die Französische Revolution in der deutschen Literatur, hg. v. Harro Zimmermann. Frankfurt a. M. 1989, S. 81–105.
Richard Grau: Die Diktaturgewalt des Reichspräsidenten und der Landesregierungen aufgrund des Artikels 48 der Reichsverfassung. Berlin 1922.
Richard T. Gray: Romanticism and the discourse of the Revolution. Heine's „Ideen. Das Buch Le Grand" and the literature in the public sphere, in: Monatshefte für deutschsprachige Literatur und Kultur 81 (1989), S. 27–44.
Rudolf Griem: Hebbel und Napoleon, in: Schleswig-Holsteinische Schulzeitung 83 (1935), S. 783–784.
Dieter Grimm: Verfassungserfüllung – Verfassungsbewahrung – Verfassungsauflösung. Positionen der Staatsrechtslehre in der Staatskrise der Weimarer Republik, in: Die deutsche Staatskrise 1930–1933. Handlungsspielräume und Alternativen, hg. v. Heinrich August Winkler unter Mitarbeit v. Elisabeth Müller-Luckner. München 1992 (Schriften des Historischen Kollegs, Kolloquien, 26), S. 183–199.
Reinhold R. Grimm: Der Napoleonmythos in der französischen Romantik, in: Napoleon kam nicht nur bis Waterloo. Die Spur des gestürzten Giganten in Literatur

und Sprache, Kunst und Karikatur, hg. v. Heide N. Rohloff. Frankfurt a.M. 1992, S. 146–162.

Dieter Groh: Cäsarismus, Napoleonismus, Bonapartismus, Führer, Chef, Imperialismus, in: Geschichtliche Grundbegriffe. Historisches Lexikon zur politisch-sozialen Sprache in Deutschland, hg. v. Otto Brunner, Werner Conze u. Reinhart Koselleck. Stuttgart 1972ff., Bd. 1, S. 726–771.

Carola Groppe: „Das Wunder der Verwandlung". Die jüdischen Mitglieder im George-Kreis zwischen Jahrhundertwende, Nationalsozialismus und Exil, in: Exul poeta. Leben und Werk Karl Wolfskehls. Beiträge zum Symposium anläßlich des 50. Todestages, Auckland 31. August – 2. September 1998, hg. v. Friedrich Voit u. August Obermeyer. Dunedin 1999, S. 7–46.

Götz Großklaus: Heinrich Heine: „Ideen. Das Buch Le Grand". Eine textsemantische Beschreibung, in: Zur Grundlegung der Literaturwissenschaft, hg. v. Siegfried J. Schmidt. München 1972, S. 169–196.

Sobodan Grubaèiæ: Heines Erzählprosa. Versuch einer Analyse. Stuttgart 1975.

Otto Güntter: Briefe, Gedichte und Entwürfe von Wilhelm Hauff, in: Rechenschaftsbericht des schwäbischen Schillervereins 31 (1926/27), S. 64–163.

Günter Häntzschel: Friedrich Hebbel. Tagebuch und Lyrik. Zur epigrammatischen Struktur seiner Lyrik, in: Gefühl und Reflexion. Studien zu Friedrich Hebbels Lyrik, hg. v. Günter Häntzschel. Neuried 1998, S. 65–75.

Günter Häntzschel (Hrsg.): Studien zu Hebbels Tagebüchern. München 1994.

Karen Hagemann: „Heran, heran, zu Sieg oder Tod!" Entwürfe patriotisch-wehrhafter Männlichkeit in der Zeit der Befreiungskriege, in: Männergeschichte – Geschlechtergeschichte. Männlichkeit im Wandel der Moderne, hg. v. Thomas Kühne. Frankfurt a.M. 1996, S. 51–68.

Karen Hagemann: „Mannlicher Muth und teutsche Treue!" Nation, Militär und Geschlecht zur Zeit der antinapoleonischen Kriege Preußens. Paderborn, München, Wien, Zürich 2002 (Krieg in der Geschichte, 8).

Ferdinand Hahn: Frühjüdische und urchristliche Apokalyptik. Eine Einführung. Neukirchen 1998 (Biblisch-theologische Studien, 36).

Maurice Halbwachs: Das kollektive Gedächtnis. Stuttgart 1967.

Volkmar Hansen: Johannes der Täufer. Heines bedingter Bonapartismus, in: Der späte Heine 1848–1856. Literatur – Politik – Religion, hg. v. Wilhelm Gössmann u. Joseph A. Kruse. Hamburg 1982, S. 69–96.

Martina Hansmann: Zum Verhältnis von Innovation und Tradition in Gros' „Napoleon auf dem Schlachtfeld bei Preußisch Eylau". Schilderung und Interpretation historischer Realität im Auftrag Napoleons, in: Bilder der Macht – Macht der Bilder. Zeitgeschichte in Darstellungen des 19. Jahrhunderts, hg. v. Stefan Germer u. Michael F. Zimmermann. Berlin 1997 (Veröffentlichungen des Zentralinstituts für Kunstgeschichte, 12) S. 157–175.

Walther Harich: E. T. A. Hoffmann. Das Leben eines Künstlers. Berlin ³1920.

Otto Harnack: Zur Geschichte der deutschen Napoleondichtung, in: Der Greif 1 (1914), S. 223–227.

Peter Hasubek (Hrsg.): Epigonentum und Originalität. Immermann und seine Zeit – Immermann und seine Folgen. Frankfurt a.M. 1997.

Sudhir Hazareesingh: The Legend of Napoleon. London 2004.

Sudhir Hazareesingh: The Saint-Napoleon. Celebrations of Sovereignty in nineteenth-century France. Cambridge 2004.

James A. W. Heffernan: The Museum of words. The Poetics of Ekphrasis from Homer to Ashbery. Chicago, London 1993.

Eckhard Heftrich: Nietzsches Goethe, in: Ders.: Nietzsches tragische Größe. Frankfurt a. M. 2000, S. 103–124.

Siegfried E. Heit: Napoleon and the German Intellectuals. Diss. masch. Ann Arbour 1975.

Holger Helbig: Goethe, Timur und Napoleon. Eine Lesart zum „Buch des Timur“, in: Aurora 59 (1999), S. 1–30.

Oskar Hellmann: Joseph Christian Freiherr von Zedlitz. Ein Dichterbild aus dem vormärzlichen Österreich. Leipzig 1910.

Arthur Henkel: Wie Napoleon den „Werther“ las, in: Heidelberger Jahrbücher 34 (1990), S. 1–17.

Reinhard Hennig: Grabbes „Napoleon“ und Venturinis Chronik von 1815. Ein Vergleich, in: Amsterdamer Beiträge zur neueren Germanistik 5 (1976), S. 1–24.

Ulrich Herbert: Generation der Sachlichkeit. Die völkische Studentenbewegung der frühen zwanziger Jahre in Deutschland, in: Zivilisation und Barbarei. Die widersprüchlichen Potentiale der Moderne. Detlev Peukert zum Gedenken, hg. v. Frank Bajohr, Werner Lohe u. Uwe Lohalm. Hamburg 1991 (Hamburger Beiträge zur Sozial- und Zeitgeschichte, 27), S. 115–144.

Ulrich Herbert: Werner Best. Biographische Studien über Radikalismus, Weltanschauung und Vernunft 1903–1989. Bonn ^{2}1996.

Jost Hermand: Beethoven und Bonaparte. Biographisches und Autobiographisches in der „Eroica“, in: Vom Anderen und vom Selbst. Beiträge zu Fragen der Biographie und Autobiographie, hg. v. Reinhold Grimm u. Jost Hermand. Königstein 1982, S. 183–197.

Jost Hermand: Der frühe Heine. Ein Kommentar zu den „Reisebildern“. München 1976.

Jost Hermand: Napoleon im Biedermeier, in: Ders.: Von Mainz nach Weimar (1793–1919). Studien zur deutschen Literatur. Stuttgart 1969, S. 99–128.

Bettina Hey'l: Geschichtsdenken und literarische Moderne. Zum historischen Roman in der Zeit der Weimarer Republik. Tübingen 1994.

Olaf Hildebrand: Emanzipation und Versöhnung. Aspekte des Sensualismus im Werk Heinrich Heines unter besonderer Berücksichtigung der „Reisebilder“. Tübingen 2001.

Walter Hinck: Die deutsche Ballade von Bürger bis Brecht. Kritik und Versuch einer Neuorientierung. Göttingen 1968.

Ottmar Hinz: Wilhelm Hauff. Reinbek 1989.

Hans Gerald Hödl: Der alte Ortlepp war es übrigens nicht … Philologie für Spurenleser, in: Nietzsche-Studien 27 (1998), S. 440–445.

Gerhard Höhn: Heine-Handbuch. Zeit, Person, Werk. Stuttgart, Weimar ^{2}1997.

Karin Hörner: Möglichkeiten und Grenzen der Simultantechnik. Unter besonderer Berücksichtigung der Simultandramen Ferdinand Bruckners. Frankfurt a. M. 1989.

Gerhart Hoffmeister: Spanien und Deutschland. Geschichte und Dokumentation der literarischen Beziehungen. Berlin 1976.

Gerhart Hoffmeister: The romantic tragedy of fate, in: Romantic drama, ed. by Gerald Gillespie. Amsterdam 1994, S. 167–179.

Gerhard Holler: Napoleons Sohn. Der unglückliche Herzog von Reichstadt. Wien, München 1987.

Paul Holzhausen: Bonaparte, Byron und die Briten. Ein Kulturbild aus der Zeit des ersten Napoleon. Frankfurt a. M. 1904.

Paul Holzhausen: Die deutsche Dichtung an Napoleons Grabe. O. O. 1921.
Paul Holzhausen: Heinrich Heine und Napoleon I. Frankfurt a. M. 1903.
Paul Holzhausen: Napoleon im deutschen Epos und Drama, in: Zeiten und Völker 8 (1911), S. 142–146.
Paul Holzhausen: Napoleons Tod im Spiegel der zeitgenössischen Presse und Dichtung. Frankfurt a. M. 1902.
Tighe Hopkins: The Women Napoleon loved. Leipzig 1910.
Joachim Horn: Der Dichter und die Lesewelt. Wilhelm Hauffs Werk als Epochenphänomen. Diss. Bremen 1981.
Christoph auf der Horst: Heinrich Heine und die Geschichte Frankreichs. Stuttgart, Weimar 2000.
Walther Huder: Die politischen und sozialen Themen der Exil-Dramatik Georg Kaisers, in: Sinn und Form 13/II (1961), S. 596–614.
Karin Hunn: Deutsche Napoleonbilder im Spannungsfeld von Restauration und Revolution (1815–1848). Zur Funktion historischer Mythisierung. Magisterarbeit masch. Freiburg 1997.
Abraham Huss: Zum Bild von Robespierre bei Gertrud Kolmar, in: Widerstehen im Wort. Studien zu den Dichtungen Gertrud Kolmars, hg. v. Karin Lorenz-Lindemann. Göttingen 1996, S. 88–104.

Maria dell'Isola: Napoléon dans la poésie italienne à partir de 1821. Paris 1927.

Jürgen Jacobs: Zu Heines „Ideen. Das Buch Le Grand“, in: Heine Jahrbuch 7 (1968), S. 3–11.
Eberhard Jäckel: Coup d'état à Vichy et retour de l'aiglon à Paris, in: Historama (1974), S. 119–123.
Hans-Wolf Jäger: Versepik, in: Zwischen Restauration und Revolution 1815–1848, hg. v. Gert Sautermeister u. Ulrich Schmid. München, Wien 1998 (Hansers Sozialgeschichte der deutschen Literatur vom 16. Jahrhundert bis zur Gegenwart, 5), S. 434–458.
Hans-Wolf Jäger: Zwischen Décadence und Expressionismus. „Revolution“ bei Schnitzler, Heym, Heinrich Mann und Klabund, in: Schreckensmythen, Hoffnungsbilder. Die Französische Revolution in der deutschen Literatur, hg. v. Harro Zimmermann. Frankfurt a. M. 1989, S. 222–250.
Eun-Soo Jang: Ferdinand Bruckner und seine Exildramatik, in: Dogilmonhak 41 (2000), S. 77–100.
Curt Janz: Friedrich Nietzsche. Biographie, 3 Bde., München 1978.
Kurt Jauslin: Das ausgelesene Buch der Welt. Grabbes groteske „Vieh=(loso)=Vieh“ der Geschichte, in: Grabbes Welttheater. Christian Dietrich Grabbe zum 200. Geburtstag, hg. v. Detlev Kopp u. Michael Vogt. Bielefeld 2001 (Vormärz-Studien, 7), S. 163–192.
Hans Robert Jauß: Eine doppelte Konjunktur. Goethe und Napoleon, Valéry und Blumenberg, in: Akzente 37 (1990), S. 216–219.
Michael Jeismann: „Feind“ und „Vaterland“ in der frühen deutschen Nationalbewegung 1806–1815, in: Volk – Nation – Vaterland, hg. v. Ulrich Herrmann. Hamburg 1996, S. 279–290.
Michael Jeismann: Das Vaterland der Feinde. Studien zum nationalen Feindbegriff und Selbstverständnis in Deutschland und Frankreich 1792–1918. Stuttgart 1992.
Jean Joffen: Das letzte Geheimnis. Eine psychologische Studie über die Brüder Gerhart und Carl Hauptmann. Bern 1972.

Otto W. Johnston: Der deutsche Nationalmythos. Ursprung eines politischen Programms. Stuttgart 1990.

Sven-Aage Jørgensen, Herbert Jaumann, John McCarthy, Horst Thomé: Wieland. Epoche – Werk – Wirkung. München 1994.

Albrecht Joseph: Emil Ludwig, in: Wenn wir von gestern reden, sprechen wir über heute und morgen. Festschrift für Marta Mierendorff zum 80. Geburtstag, hg. v. Helmut G. Asper. Berlin 1991, S. 169–180.

Annie Jourdan: Napoléon. Héros, imperator, mécène. Paris 1998.

Leo Just: Franz von Lassaulx. Ein Stück rheinischer Lebens- und Bildungsgeschichte im Zeitalter der großen Revolution und Napoleons. Bonn 1926 (Studien zur Rheinischen Geschichte, 12).

Gerhard Kaiser: Pietismus und Patriotismus im literarischen Deutschland. Ein Beitrag zur Säkularisation. Wiesbaden 1961.

Herbert Kaiser: Zur Bedeutung des Willens im Drama Grabbes, in: Grabbe und die Dramatiker seiner Zeit. Beiträge zum II. Internationalen Grabbe-Symposium 1989, hg. v. Detlev Kopp u. Michael Vogt. Tübingen 1990, S. 217–231.

Herbert Kaiser: Hundert Tage Napoleon oder Das goldene Zeitalter der Willensherrschaft. Zu Grabbes „Napoleon oder die hundert Tage“, in: Geschichte als Schauspiel. Deutsche Geschichtsdramen. Interpretationen, hg. v. Walter Hinck. Frankfurt a. M. 1981, S. 197–209.

Matthias Kamann: Epigonalität als ästhetisches Vermögen. Untersuchungen zu Texten Grabbes und Immermanns, Platens und Raabes, der Literaturkritik des 19. Jahrhunderts und zum Werk Adalbert Stifters. Stuttgart 1994.

Chryssoula Kambas (Hrsg.): Lyrische Bildnisse. Beiträge zur Dichtung und Biographie von Gertrud Kolmar. Bielefeld 1998.

Albert V. Karelski: Das Thema der Befreiungskriege und das Problem des Napoleonismus im deutschen Geschichtsdrama des ersten Drittels des 19. Jahrhunderts, in: Literatur zwischen Revolution und Restauration. Studien zu literarischen Wechselbeziehungen in Europa zwischen 1789 und 1835, hg. v. Siegfried Streller in Zusammenarbeit mit Tadeusz Namowicz. Berlin, Weimar 1989, S. 182–199.

Bert Kasties: Walter Hasenclever. Eine Biographie der deutschen Moderne. Tübingen 1994 (Studien und Texte zur Sozialgeschichte der Literatur, 46).

Brian J. Kenworthy: Die Dramen 1928–1945. Apotheose der Subjektivität, in: Georg Kaiser, hg. v. Armin Arnold. Stuttgart 1980, S. 126–140.

Brian J. Kenworthy: Georg Kaiser. Oxford 1957.

Karl Kerényi: Zur Entdeckung von Hölderlins Friedensfeier, in: Ders.: Geistiger Weg Europas. Zürich 1955, S. 100–106.

Ian Kershaw: Hitler 1889–1936. Stuttgart 1998.

Wolf Kittler: Geharnischte Sonette. Friedrich Rückert als Dichter der Befreiungskriege, in: Friedrich Rückert. Dichter und Sprachgelehrter in Erlangen. Referate des neunten interdisziplinären Colloquiums des Zentralinstituts, hg. v. Wolfdietrich Fischer u. Rainer Gömmel. Neustadt 1990 (Schriften des Zentralinstituts für Fränkische Landeskunde und allgemeine Regionalforschung an der Universität Erlangen-Nürnberg, 29), S. 35–46.

Ulrich Kittstein: „Vive l'Empereur!“ Napoleon und Württemberg in Wilhelm Hauffs Novelle „Das Bild des Kaisers“, in: Wilhelm Hauff. Aufsätze zu seinem poetischen Werk. Mit einer Bibliographie der Forschungsliteratur, hg. v. Ulrich Kittstein. St. Ingbert 2002 (Mannheimer Studien zur Literatur- und Kulturwissenschaft, 28), S. 147–167.

Ernst Klein: C. F. Scherenbergs Epen. Marburg 1914.

Walther Klein: Der Napoleonkult in der Pfalz. München 1934.

Eckart Kleßmann: Das Bild Napoleons in der deutschen Literatur. Stuttgart 1995 (Akademie der Wissenschaften und der Literatur; Abhandlungen der Klasse der Literatur, 1).

Eckart Kleßmann: Napoleon. Ein Charakterbild. Weimar 2000.

Dieter Kliche: Joseph Roth „Die hundert Tage" – ein historischer Roman?, in: Joseph Roth. Interpretation – Kritik – Rezeption. Akten des internationalen, interdisziplinären Symposiums 1989, Akademie der Diözese Rottenburg / Stuttgart, hg. v. Michaela Kessler u. Fritz Hackert. Tübingen 1990, S. 157–166.

Volker Klotz: Radikaldramatik. Szenische Vor-Avantgarde. Von Holberg zu Kleist, von Kleist zu Grabbe. Bielefeld 1996.

Hans-Jörg Knobloch: Zur Datierung der Komödien Georg Kaisers, in: Zeitschrift für deutsche Philologie 109 (1990), S. 217–238.

Gerald Kodlitz: Von der Schlacht bei Dresden vom 26./27. August 1813 bis zur Kapitulation der Franzosen in der Stadt am 11. November, in: Dresdner Hefte 37 (1994), S. 67–78.

Jocelyne Kolb: The sublime, the ridiculous, and the Apple tarts in Heine's „Ideen. Das Buch Le Grand", in: The German Quarterly 56 (1983), S. 28–38.

Rainer Kolk: „Verkannte brüder, entjudete juden". George-Kreis, deutsch-jüdisches Bürgertum und die politische Rechte 1918–1933, in: „Verkannte Brüder"? Stefan George und das deutsch-jüdische Bürgertum zwischen Jahrhundertwende und Emigration, hg. v. Gert Mattenklott. Hildesheim 2001 (Haskala, 22), S. 55–68.

Rainer Kolk: Nietzsche, George, Deutschland. Dokumente zu Ernst Bertrams frühen Publikationen, in: Stefan George. Werk und Wirkung seit dem „Siebenten Ring", hg. v. Wolfgang Braungart, Ute Oelmann, Bernhard Böschenstein. Tübingen 2001, S. 315–334.

Detlev Kopp: Geschichte und Gesellschaft in den Dramen Christian Dietrich Grabbes. Frankfurt a. M. 1982.

Detlev Kopp: „Toll will ich eintreten und vernünftig enden." Grabbes forcierter Eintritt in die Literatur, in: Grabbes Welttheater. Christian Dietrich Grabbe zum 200. Geburtstag, hg. v. Detlev Kopp u. Michael Vogt. Bielefeld 2001 (Vormärz-Studien, 7), S. 205–225.

Jürgen Kost: „s'ist ja doch alles Komödie". Zum Problematischwerden der Tragödiendramaturgie in Grabbes „Napoleon", in: Aspekte des Geschichtsdramas. Von Aischylos bis Volker Braun, hg. v. Wolfgang Düsing. Tübingen, Basel 1998, S. 95–110.

Jürgen Kost: Zwischen Napoleon, Metternich und habsburgischem Mythos. Überlegungen zum Gegenwartsbezug des Geschichtsdramas am Beispiel von Grillparzers „König Ottokar", in: Jahrbuch der Grillparzer-Gesellschaft 20 (1997–2002), S. 125–152.

Gerhard Kozielek: Das Bild des Kaisers. Wilhelm Hauffs letzte Novelle: Gestaltungsprinzip und zeitgenössische Erfahrung, in: Kwartalnik Neofilogoiczny Warzawa 23 (1976), S. 393–403; wieder in: Ders.: Darstellung und Deutung. Aufsätze zur deutschen Literatur. Wroclaw 1988, S. 315–324.

Gerhard Kozielek: Nachwort, in: Wilhelm Hauff. Das Bild des Kaisers. Novelle. Stuttgart 1977, S. 115–126.

Gerhard Kozielek: Das dramatische Werk Zacharias Werners. Wroclaw 1967.

Herbert Kraft: Das Schicksalsdrama. Interpretation und Kritik einer literarischen Reihe. Tübingen 1974.

Elfriede Kreihanzl: Napoleon im französischen Drama des 19. Jahrhunderts. Diss. masch. Wien 1953.

Detlef Kremer: Romantik. Stuttgart 2001 (Lehrbuch Germanistik).

Helmut Kreuzer: Biographie, Reportage, Sachbuch. Zu ihrer Geschichte seit den zwanziger Jahren, in: Probleme der Moderne. Studien zur deutschen Literatur von Nietzsche bis Brecht. Festschrift für Walter Sokel, hg. v. Benjamin Bennett. Tübingen 1983, S. 431–458.

Helmut Kreuzer: Die Bohème. Beiträge zu ihrer Beschreibung. Stuttgart 1968.

Helmut Kreuzer: Faszination von Geist und Macht. Einst der berühmteste deutschsprachige Autor und ein Verlagsmagnet, in: Börsenblatt für den Deutschen Buchhandel 42 (1986), S. 701–703.

Hermann Kügler: Zum „Traum des Domküsters Andreas Otto“, in: Hans von Müller: Gesammelte Aufsätze über E. T. A. Hoffmann, hg. v. Friedrich Schnapp. Hildesheim 1974, S. 633–637.

Wilhelm Kühlmann: Napoleon greift ein. Walter Hasenclevers Dramen in einer verdienstvollen Ausgabe, in: Frankfurter Allgemeine Zeitung v. 22. August 1992.

Markus Küppers: Heinrich Heines Arbeit am Mythos. Münster, New York 1994.

Tom Kuhn: Forms of conviction. The problem of belief in anti-fascist plays by Bruckner, Toller and Wolf, in: German writers and politics 1918–1939, hg. v. Richard Dove u. Stephen Lamb. Houndmills 1992, S. 163–177.

Tom Kuhn: „Napoleon greift daneben“. Antifaschistische Dramen im Umgang mit der Geschichte, in: Exiltheater und Exildramatik 1933–1945. Tagung der Hamburger Arbeitsstelle für deutsche Exilliteratur 1990, hg. v. Edita Koch u. Frithjof Trapp unter Mitarbeit v. Anne-Marie Brenker. Maintal 1991 (Exil – Forschung, Erkenntnisse, Ergebnisse, 2), S. 251–267.

Eberhard Lämmert: Preußische Politik und nationale Poesie. Ein Beitrag zur Geschichte der Befreiungskriege, in: Berlin zwischen 1789 und 1848. Facetten einer Epoche. Ausstellung der Akademie der Künste vom 30. August bis 1. November 1981 (Katalog). Berlin 1981, S. 43–51.

Heinrich Langenberg: Die prophetische Bildsprache der Apokalypse. Erklärung sämtlicher Bilder der Offenbarung. Metzingen [3]1999.

Duncan Large: Nietzsche and the figure of Columbus, in: Nietzsche-Studien 24 (1995), S. 162–183.

Alex Lascar: Les soldats de la République dans le roman balzacien, in: L'année balzacienne 11 (1990), S. 129–149.

Georges Lefebvre: Napoleon, hg. v. Peter Schöttler, mit einem Nachwort v. Daniel Schönpflug. Stuttgart [2]2003.

Didier Le Gall: Napoléon et le Mémorial de Sainte-Hélène. Analyse d'un discours. Paris 2003.

Hartmut Lehmann: Pietism and Nationalism, in: Church History 51 (1982), S. 39–53.

K. Lehmann: Die Auffassung und Gestaltung des Napoleon-Problems im englischen Drama. Diss. masch. Erlangen 1931.

Karl Lelbach: Napoleon in der Auffassung und den Versuchen künstlerischer Gestaltung bei Grillparzer, Grabbe und Hebbel. Diss. masch. Bonn 1914.

Sigmund von Lempicki: Immermanns Weltanschauung. Berlin 1910.

Jacques Le Rider: Goethe, die Französische Revolution und Napoleon, in: Der Europäer 7, Nr. 9/10 (2003), S. 17–24.

Claude Lévi-Strauss: Das wilde Denken. Frankfurt a. M. 1968.

Rainer Lewandowski: Sehnsucht, Verzweiflung und Unspielbarkeit. Überlegungen zur Dramaturgie Grabbes am Beispiel von „Napoleon oder die hundert Tage“, in: Grabbe-Jahrbuch 7 (1989), S. 68–81.

Stephan Ley: Beethoven. Sein Leben in Selbstzeugnissen, Briefen und Berichten. Berlin 1938.

Dieter Liewerscheidt: „... seine Trommeln tönen vielen Eseln noch zu laut“. Grabbes „Napoleon“ oder die ästhetische Einheit, in: Grabbe-Jahrbuch 8 (1989), S. 57–67.

Michael Limlei: Geschichte als Ort der Bewährung. Menschenbild und Gesellschaftsverständnis in den deutschen historischen Romanen (1820–1890). Frankfurt a. M. 1988.

Klaus Lindemann, Raimar Zons: La marmotte. Über Grabbes „Napoleon oder die hundert Tage“, in: Grabbes Gegenentwürfe. Neue Deutungen seiner Dramen. Zum 150. Todesjahr Christian Dietrich Grabbes, hg. v. Winfried Freund. München 1986, S. 59–81.

Jürgen Link: „Betrachte ... die Menschen als erste vom Dampf getriebene Maschinen ...“. Grabbe und die Kollektivsymbolik seiner Zeit, in: Christian Dietrich Grabbe (1801–1836). Ein Symposium, im Auftrag der Grabbe-Gesellschaft hg. v. Werner Broer u. Detlev Kopp unter Mitwirkung v. Michael Vogt. Tübingen 1987, S. 58–75.

Thomas Lischeid: Symbolische Politik. Das Ereignis der NS-Bücherverbrennung 1933 im Kontext seiner Diskursgeschichte. Heidelberg 2001.

Jean-Marie Lucas-Dubreton: Le Culte de Napoléon 1815–1848. Paris 1960.

Ludger Lütkehaus: Opfer der Zeit. Zu Hebbels „Judith“ und „Genoveva“. Heidelberg 1985.

Paul Michael Lützeler: Europa-Ideen von Novalis bis Heine (1799–1829), in: Ders.: Geschichte in der Literatur. Studien zu Werken von Lessing bis Hebbel. München, Zürich 1987, S. 228–263.

Paul Michael Lützeler: The Image of Napoleon in European Romanticism, in: European Romanticism. Literary cross-currents, modes, and models, ed. by Gerhart Hoffmeister. Detroit 1990, S. 211–228.

Paul Michael Lützeler: Klio oder Kalliope? Literatur und Geschichte. Berlin 1997.

Paul Michael Lützeler: Napoleon-Legenden von Hölderlin bis Chateaubriand (1798–1848), in: Ders.: Geschichte in der Literatur. Studien zu Werken von Lessing bis Hebbel. München, Zürich 1987, S. 264–299.

Paul Michael Lützeler: Die Schriftsteller und Europa. Von der Romantik bis zur Gegenwart. München 1992.

Geret Luhr: „Klassizistisch, humanistisch, aristokratisch“. Erich Kahler und die jüdische George-Rezeption, in: „Verkannte Brüder“? Stefan George und das deutsch-jüdische Bürgertum zwischen Jahrhundertwende und Emigration, hg. v. Gert Mattenklott. Hildesheim 2001 (Haskala, 22), S. 55–68.

Unfer Lukoschik: L'Attila di Zacharias Werner ed il libretto per Verdi, in: Verdi und die deutsche Literatur; Verdi e la letteratura tedesca. Tagung im Centro Tedesco di Studi Veneziani, Venedig 20./21. November 1997, hg. v. Daniela Goldin Folena. Laaber 2002, S. 71–89.

Martyn Lyons: Napoleon Bonaparte and the Legacy of French Revolution. Basingstoke 1994.

Giancarlo Maiorino: An Interpretation of the Napoleonic Myth in Literature and Art. Diss. masch. Wisconsin 1971.

Golo Mann: Deutsche Geschichte des 19. und 20. Jahrhunderts. Frankfurt a. M. 1955.

Wolf R. Marchand: Joseph Roth und völkisch-nationalistische Wertbegriffe. Untersuchungen zur politisch-weltanschaulichen Entwicklung Roths und ihrer Auswirkung auf sein Werk. Bonn 1974.

Robert Margerit: Waterloo. 18. Juin 1815. Paris 1964.

Odo Marquard: Lob des Polytheismus. Über Monomythie und Polymythie, in: Ders.: Abschied vom Prinzipiellen. Philosophische Studien. Stuttgart 1987, S. 91–116.

Axel Marquardt, Heinz Rathsack (Hrsg.): Preußen im Film. Eine Retrospektive der Stiftung Deutsche Kinematik. Hamburg 1981 (Preußen. Versuch einer Bilanz. Katalog der Ausstellung in Berlin, 5).

Urs Marti: Europa, in: Nietzsche-Handbuch. Leben – Werk – Wirkung, hg. v. Henning Ottmann. Stuttgart, Weimar 2000, S. 221 f.

Urs Marti: „Der große Pöbel- und Sklavenaufstand“. Nietzsches Auseinandersetzung mit Revolution und Demokratie. Stuttgart, Weimar 1993.

Gilbert Martineau: Le Retour des Cendres. Paris 1990.

Fritz Martini: Wieland, Napoleon und die Illuminaten. Zu einem bisher unbekannten Briefe in: Un dialogue des nations. Albert Fuchs zum 70. Geburtstag. München, Paris 1967, S. 65–95.

Fritz Martini: Wilhelm Hauff, in: Deutsche Dichter der Romantik. Ihr Leben und Werk, hg. v. Benno von Wiese. Berlin [2]1983, S. 532–562.

Hans Peter Mathis (Hrsg.): Napoleon I. im Spiegel der Karikatur. Ein Sammlungskatalog des Napoleon-Museums Arenenberg mit 435 Karikaturen über Napoleon I. Zürich 1998.

Helmut Mathy: Politisches Fieber – Tempel der Freiheit – Moloch Europas – Furia infernalis. Joseph Görres in seinem Verhältnis zur Revolution, zu Frankreich und Napoleon, in: Lebendiges Rheinland-Pfalz. Zeitschrift für Kultur und Sprache 13 (1976), S. 58–69.

Gert Mattenklott: Gertrud Kolmar. Versuch eines Porträts, in: Gertrud Kolmar. La Straniera. Rom 1999 (Pro forma, 1), S. 67–89.

Edward McInnes: Grabbe und das Geschichtsdrama, in: Grabbe-Jahrbuch 1 (1982), S. 17–24.

Edward McInnes: „Die wunderlose Welt der Geschichte“. Grabbe and the Development of the Historical Drama in Nineteenth Century, in: German Life and Letters 32 (1979), S. 104–113.

Dietmar Mehrens: Vom göttlichen Auftrag der Literatur. Die Romane Joseph Roths. Ein Kommentar. Hamburg 2000.

Reinhard Mehring: Hölderlin oder Goethe? Martin Heidegger und Thomas Mann als ideenpolitische Antipoden, in: Politisches Denken. Jahrbuch 2002, S. 79–96.

Bernard Ménager: Les Napoléon du peuple. Paris 1988.

Hans Merian: Bleibtreu als Dramatiker. Ein Wort an die deutschen Bühnenleiter. Leipzig 1892.

Theo Meyer: Nietzsche. Kunstauffassung und Lebensbegriff. Tübingen 1991.

Burkhard Meyer-Sickendieck: Die Ästhetik der Epigonalität. Theorie und Praxis wiederholenden Schreibens im 19. Jahrhundert. Immermann, Keller, Stifter, Nietzsche. Tübingen 2001.

Peter Michelsen: Friedrich Hebbels Tagebücher, in: Friedrich Hebbel, hg. v. Helmut Kreuzer. Darmstadt 1989, S. 196–207.

Peter Michelsen: „Wehe, mein Vaterland, dir!“ Heinrich von Kleists „Die Hermannsschlacht“, in: Kleist-Jahrbuch 1987, S. 115–136.

Eileen Anne Millar: Napoleon in Italian Literature 1796–1821. Rom 1977.

Heinrich Minden: Carl Hauptmann und das Theater. Kastellaun 1976.

Dierk Möller: Nachwort, in: Heinrich Heine: Ideen. Das Buch Le Grand. Stuttgart 1972, S. 75–96.

Gregory Moore: Hysteria and Histronicis. Nietzsche, Wagner and the pathology of Genius, in: Nietzsche-Studien 30 (2001), S. 246–266.

Eduard Mornin: Zur Behandlung fremdsprachiger Stoffe in den Gedichten Adelbert von Chamissos, in: Begegnung mit dem „Fremden“. Grenzen – Traditionen – Vergleiche. Akten des VIII. Internationalen Germanisten-Kongresses Tokyo 1990, hg. v. Eijiro Iwasaki, Bd. 10, München 1991, S. 15–22.

Robert Mühlher: Grillparzer – Metternich – Napoleon, in: Jahrbuch der Grillparzer-Gesellschaft 3/17 (1987–1990), S. 1–14.

Harro Müller: Subjekt und Geschichte. Reflexionen zu Grabbes Napoleon-Drama, in: Christian Dietrich Grabbe (1801–1836). Ein Symposium, im Auftrag der Grabbe-Gesellschaft hg. v. Werner Broer u. Detlev Kopp unter Mitwirkung v. Michael Vogt. Tübingen 1987, S. 96–113.

Joachim Müller: Heines Napoleondichtung, in: Wissenschaftliche Zeitschrift der Friedrich Schiller-Universität Jena, Gesellschafts- und Sprachwissenschaftliche Reihe 21 (1972), S. 235–243.

Joseph Müller-Diedensheim: Der Schauplatz in Wilhelm Hauffs letzter Novelle, in: Schwäbische Heimat 11 (1960), S. 121–126.

Ursula Münch: Weg und Werk Arnolt Bronnens. Wandlungen seines Denkens. Frankfurt a. M. 1985.

Herfried Münkler: Politische Mythen und nationale Identität. Vorüberlegungen zu einer Theorie politischer Mythen, in: Mythen der Deutschen. Deutsche Befindlichkeiten zwischen Geschichten und Geschichte, hg. v. Wolfgang Frindte u. Harald Pätzoldt. Opladen 1994 (Politische Psychologie, 3), S. 21–27.

Alexander Nehamas: Nietzsche. Leben als Literatur. Göttingen 1991.

Stefan Neuhaus: Das Spiel mit dem Leser. Wilhelm Hauff: Werk und Wirkung. Göttingen 2002.

Stefan Neuhaus: Warum sollen keine Poeten nach London fahren? Zur Intention literarischer Reiseberichte am Beispiel von Heines „Englischen Fragmenten“, in: Heine-Jahrbuch 36 (1997), S. 22–39.

Gerhard Neumann, Günter Oesterle (Hrsg.): Bild und Schrift in der Romantik. Würzburg 1999 (Stiftung für Romantikforschung, 6).

Barbara Neymeyr: Militanter Messianismus. Thomas Manns Erzählung „Beim Propheten“ im kulturhistorischen Kontext, in: Literaturwissenschaftliches Jahrbuch 45 (2004), S. 179–198.

Eduard Niemeyer: Die Schwärmerei für Napoleon in der deutschen Literatur, in: Archiv für Litteraturgeschichte 4 (1875), S. 502–517.

Thomas Nipperdey: Deutsche Geschichte 1800–1866. Bürgerwelt und starker Staat. München [4]1987.

Pierre Nora: Zwischen Geschichte und Gedächtnis. Aus dem Französischen v. Wolfgang Kaiser. Berlin 1990.

Jens Nordalm: Der gegängelte Held. „Heroenkult“ im 19. Jahrhundert am Beispiel Thomas Carlyles und Heinrich von Treitschkes, in: Historische Zeitschrift 276 (2003), S. 647–675.

Ansgar Nünning: Von historischer Fiktion zu historiographischer Metafiktion. 2 Bde., Trier 1995.

Heinrich Oberreuter: Die Norm als Ausnahme. Zum Verfall des Weimarer Verfassungssystems, in: Geschichte in Wissenschaft und Unterricht 35 (1984), S. 299–323.
Heidemarie Oehm: Gemeinschaft und Gesellschaft in Grabbes Geschichtsdramen, in: Grabbes Welttheater. Christian Dietrich Grabbe zum 200. Geburtstag, hg. v. Detlev Kopp u. Michael Vogt. Bielefeld 2001, S. 137–162.
Heidemarie Oehm: Geschichte und Individualität in Grabbes Drama „Napoleon oder die hundert Tage", in: Wirkendes Wort 42 (1992), S. 43–55.
Günter Oesterle: Integration und Konflikt. Die Prosa Heinrich Heines im Kontext oppositioneller Literatur der Restaurationsepoche. Stuttgart 1972.
Alfred Opitz: Herzflüstern. Weltgeschichte und ironische Negation in Heines „Reisebildern", in: Die Globalisierung im Spiegel der Reiseliteratur, hg. v. Ernst-Ullrich Pinkert. Kopenhagen, München 2000, S. 77–91.
Ernst Osterkamp: Friedrich Gundolf zwischen Kunst und Wissenschaft. Zur Problematik eines Germanisten aus dem George-Kreis, in: Literaturwissenschaft und Geistesgeschichte 1910 bis 1925, hg. v. Christoph König u. Eberhard Lämmert. Frankfurt a. M. 1993, S. 177–198.
Henning Ottmann: Philosophie und Politik bei Nietzsche. Berlin, New York ^{2}1999.

Klaus Pabel: Heines „Reisebilder". Ästhetisches Bedürfnis und politisches Interesse am Ende der Kunstperiode. München 1977.
Thomas L. Pangle: The „Warrior Spirit" as an Inlet to the Political Philosophy of Nietzsche's „Zarathustra", in: Nietzsche-Studien 15 (1986), S. 140–179.
Johannes G. Pankau: Versuche aus der Ohnmacht. Ferdinand Bruckners Konzeption eines politischen Exildramas, in: Exiltheater und Exildramatik 1993–1945. Tagung der Hamburger Arbeitsstelle für deutsche Exilliteratur 1990, hg. v. Edita Koch u. Fritjof Trapp unter Mitarbeit v. Anne-Marie Brenker. Maintal 1991 (Exil – Forschung, Erkenntnisse, Ergebnisse, 2), S. 232–250.
Rolf Parr: „Zwei Seelen wohnen, ach! in meiner Brust". Strukturen und Funktionen der Mythisierung Bismarcks (1860–1918). München 1992.
Wolfgang Paulsen: Georg Kaiser. Perspektiven seines Werks. Tübingen 1960.
Erich Pelzer: Die Wiedergeburt Deutschlands 1813 und die Dämonisierung Napoleons, in: „Gott mit uns". Nation, Religion und Gewalt im 19. und frühen 20. Jahrhundert, hg. v. Gerd Krumeich u. Hartmut Lehmann. Göttingen 2000, S. 135–156.
Michael Perraudin: „Der schöne Heros, der früh dahinsinkt …". Poesie, Mythos und Politik in Heines *Die Grenadiere*, in: Gedichte von Heinrich Heine. Interpretationen, hg. v. Bernd Kortländer. Stuttgart 1995, S. 33–50.
Natalie Petiteau: Lendemains d'Empire. Les soldats de Napoléon dans la France du XIXe siècle. Paris 2003.
Natalie Petiteau: Napoléon. De la mythologie à l'histoire. Paris 1999.
Manfred Pfister: Konzepte der Intertextualität, in: Intertextualität. Formen, Funktionen, anglistische Fallstudien, hg. v. Ulrich Broich u. Manfred Pfister. Tübingen 1985 (Konzepte der Sprach- und Literaturwissenschaft, 35), S. 1–30.
Annemarie Pinto: Hermann Essig. Studien zu seiner Person und seinem Werk. Bern 1976.
Willi Plankl: Christian Friedrich Scherenberg, in: Deutsche Schriftsteller im Porträt 4: Das 19. Jahrhundert, hg. v. Hiltrud Häntzschel. München 1981, S. 154–155.
Albert Portmann-Tinguely: Romantik und Krieg. Eine Untersuchung zum Bild des Krieges bei deutschen Romantikern und „Freiheitssängern". Adam Müller, Joseph Görres, Friedrich Schlegel, Achim von Arnim, Max von Schenkendorf und

Theodor Körner. Freiburg (Schweiz) 1989 (Historische Schriften der Universität Freiburg, 12).

Wolfgang Preisendanz: Der Funktionsübergang von Dichtung und Publizistik bei Heine, in: Die nicht mehr schönen Künste. Grenzphänomene des Ästhetischen, hg. v. Hans Robert Jauß. München 1968, S. 343–374.

Wolfgang Preisendanz: Heine, Saint-Simonismus und Kunstautonomie, in: Art social und art industriel. Funktionen der Kunst im Zeitalter des Industrialismus, hg. v. Helmut Pfeiffer, Hans Robert Jauß u. Françoise Gaillard. München 1987, S. 153–169.

Volker Press: Südwestdeutschland im Zeitalter der Französischen Revolution und Napoleons, in: Baden und Württemberg im Zeitalter Napoleons. Landesmuseum Stuttgart, Ausstellung des Landes Baden-Württemberg, Bd. 2: Aufsätze, hg. v. Christian Väterlein. Stuttgart 1987, S. 9–24.

Jacques Presser: Napoleon. Das Leben und die Legende. Stuttgart 1977.

Christoph Prignitz: „Vive l'Empereur". Zum Napoleon-Bild der Deutschen zwischen Spätaufklärung und Freiheitskriegen, in: Schreckensmythen – Hoffnungsbilder. Die Französische Revolution in der deutschen Literatur, hg. v. Harro Zimmermann. Frankfurt a. M. 1989, S. 106–121.

Gérard de Puymège: Le soldat chauvin, in: Les lieux de mémoire, hg. v. Pierre Nora, Bd. II, 3: La Nation. Paris 1986, S. 45–80.

Heinz Raschel: Das Nietzsche-Bild im George-Kreis. Ein Beitrag zur Geschichte der deutschen Mythologeme. Berlin 1984.

Ulrich Raulff: Eine Figur des Imaginären. Friedrich Gundolf und Cäsars magischer Name, in: Frankfurter Allgemeine Zeitung vom 11. Juli 1992.

Ulrich Raulff: Wäre ich Schriftsteller und tot … Vorläufige Gedanken über Biographik und Existenz, in: Literatur und Kulturwissenschaften. Positionen, Theorien, Modelle, hg. v. Hartmut Böhme u. Klaus R. Scherpe. Reinbek 1996, S. 187–204.

Edwin Redslob: Goethes Begegnung mit Napoleon. Baden-Baden 1954.

Klaus Reichert: Gundolfs Geschichtsschreibung als Lebenswissenschaft, in: Geschichtsbilder im George-Kreis. Wege zur Wissenschaft, hg. v. Barbara Schlieben, Olaf Schneider, Kerstin Schulmeyer. Göttingen 2004, S. 303–315.

Hartmut Reinhardt: Apologie der Tragödie. Studien zur Dramatik Friedrich Hebbels. Tübingen 1989.

Carl von Reinhardstoettner: Napolon I. in der zeitgenössischen Dichtung, in: Ders.: Aufsätze und Abhandlungen, vornehmlich zur Litteraturgeschichte. Berlin 1887, S. 71–109.

Johannes Reiske: Franz Freiherr von Gaudy als Dichter. Berlin 1911.

Vesselina Remenkova: Die Darstellung der Napoleonischen Kriege in „Krieg und Frieden" von Leo Tolstoi und „Vor dem Sturm" von Theodor Fontane. Frankfurt a. M. 1987.

Geoffrey Rémi: Les patriots allemands et la France napoléonienne. L'exemple d'Ernst Moritz Arndt, in: L'impossible semblable. Regards sur trois siècles de relations littéraires franco-allemandes, sous la direction de Stéphane Michaud. Paris 1991, S. 41–68.

Ursula Renner-Henke: „Die Zauberschrift der Bilder". Bildende Kunst in Hofmannsthals Texten. Freiburg 2000.

Renate Reschke: „Korruption". Ein kulturkritischer Begriff Friedrich Nietzsches zwischen Geschichtsphilosophie und Ästhetik, in: Nietzsche-Studien 21 (1992), S. 137–162.

Ingrid Reul: Aktualität und Tradition. Studien zu Ferdinand Bruckners Werk bis 1930. Hamburg 1999.

Oskar Richter: Die Lieblingsvorstellungen der Dichter des deutschen Befreiungskrieges. Leipzig 1909.

Joachim Rickes: Ossian, Napoleon und der „Fehler" in Goethes „Werther", in: Wirkendes Wort 50 (2000), S. 347–357.

Peter Philipp Riedl: „Hört den Antichrist erschallen …". Die Bibel als Kampfschrift in der antinapoleonischen Propaganda, in: Das Buch der Bücher. Beiträge zum Verhältnis von Bibel, Religion und Literatur, hg. v. Bettina Knauer. Würzburg 1997, S. 41–68.

Dietmar Rieger: Die Nachtigall mit der Adlerklaue. Bérangers Lieder in deutschen Übersetzungen (1822–1904). Tübingen 1993.

Johanna W. Roden: Emil Ludwig, in: Deutschsprachige Exilliteratur seit 1933, hg. v. John M. Spalek. Bern 1989, Bd. 2, S. 554–569.

Christoph Rodiek: Erfundene Vergangenheit. Kontrafaktische Geschichtsdarstellung (Uchronie) in der Literatur. Frankfurt a. M. 1997 (Analecta Romanica, 57).

Hellmuth Rössler: Napoleons Griff nach der Karlskrone. Das Ende des alten Reiches 1806. München 1957.

Heide N. Rohloff: Geschichtsphilosophische Ansätze in Napoleondichtungen Byrons und Shelleys, in: Napoleon kam nicht nur bis Waterloo. Die Spur des gestürzten Giganten in Literatur und Sprache, Kunst und Karikatur, hg. v. Heide N. Rohloff. Frankfurt a. M. 1992, S. 163–220.

Michael Rohrwasser: Der verborgene politische Blick E. T. A. Hoffmanns. Ein Essay. Basel 1991.

Michael Rohrwasser: Optik und Politik. Die Figur des Zauberers bei E. T. A. Hoffmann, in: E. T. A. Hoffmann, hg. v. Heinz Ludwig Arnold. München 1992 (Text + Kritik, Sonderband), S. 32–44.

Christina M. Root: History as Character. Byron and the Myth of Napoleon, in: History and Myth. Essays on English Romantic Literature, edited by Stephen C. Behrendt. Detroit 1990, S. 149–165.

Friedrich Rosenthal: Napoleon im Drama und auf dem Theater, in: Der Gral 27 (1932/33), S. 722–728.

Werner Ross: Der ängstliche Adler. Friedrich Nietzsches Leben. Stuttgart 1980.

Horst Rüdiger: Ein Versuch im Dienste der Weltliteratur-Idee. Goethes Übersetzung von Manzonis Ode „Il cinque Maggio", in: Studi in onore di Lorenzo Bianchi. Bologna 1969, S. 383–406.

Alain Ruiz: Das Bild Napoleons in Willibald Alexis' Jugenderinnerungen und Reiseberichten über Frankreich (bis 1829), in: Willibald Alexis (1798–1871). Ein Autor des Vor- und Nachmärz, hg. v. Wolfgang Beutin u. Peter Stein. Bielefeld 2000, S. 247–273.

John Rutledge: The dialogue of the dead in 18th century Germany. Bern, Frankfurt a. M. 1974.

Rüdiger Safranski: E. T. A. Hoffmann. Das Leben eines skeptischen Phantasten. München 1984.

Saint-Mathurin: Le Culte de Napoléon en Allemagne de 1815 à 1848, in: Revue des Études Napoléoniennes 6 (1917), S. 48–87.

Adelheid von Saldern: Mythen, Legenden und Stereotypen, in: Mythen in Geschichte und Geschichtsschreibung aus polnischer und deutscher Sicht, hg. v. Adelheid von Saldern. Münster 1996 (Politik und Geschichte, 1), S. 13–26.

Michael Salewski (Hrsg.): Was Wäre Wenn. Alternativ- und Parallelgeschichte. Brükken zwischen Phantasie und Wirklichkeit. Stuttgart 1999 (Historische Mitteilungen, 36).

Jeffrey L. Sammons: Heinrich Heine. Stuttgart 1991.

Jeffrey L. Sammons: Heinrich Heine. The Revolution as epic and tragedy, in: The internalized revolution. German reactions to the French revolution, 1789–1989, hg. v. Erhard Bahr u. Thomas P. Saine. New York 1992, S. 173–196.

Jeffrey L. Sammons: „Ideen. Das Buch Le Grand", in: Heinrich Heine, hg. v. Helmut Koopmann. Darmstadt 1975, S. 307–347.

Gerhard Sauder (Hrsg.): Die Bücherverbrennung. Zum 10. Mai 1933. Frankfurt a. M. 1983.

Klaus Sauer, German Werth: Lorbeer und Palme. Patriotismus in deutschen Festspielen. München 1971.

Christian Schärf: Die Selbstinszenierung des modernen Autors. Heinrich Heines „Ideen. Das Buch Le Grand", in: Literatur für Leser (1998), S. 301–311.

Konrad Schaum: Grillparzers „König Ottokars Glück und Ende". Historische Tragödie und Zeitkritik, in: Jahrbuch der Grillparzer-Gesellschaft 15 (1983), S. 51–63.

Sabine und Ernst Scheffler: So zerstieben geträumte Weltreiche. Napoleon I. in der deutschen Karikatur. Stuttgart 1995.

Karl Scheibenberger: Der Einfluß der Bibel und des Kirchenliedes auf die Lyrik der deutschen Befreiungskriege. Gelnhausen 1936.

Gerhart Scheit: Dramatik der inneren Emigration oder „Nationale Verdauungsstörungen". Über Arnolt Bronnens Stücke seit den dreißiger Jahren, in: Literatur der „Inneren Emigration" aus Österreich, hg. im Auftrag der Theodor-Kramer-Gesellschaft v. Johannes Holzner u. Karl Müller. Wien 1998, S. 127–140.

Ernst von Schenk: E. T. A. Hoffmann. Ein Kampf um das Bild des Menschen. Berlin 1939.

Helmut Scheuer: Biographie. Studien zur Funktion und zum Wandel einer literarischen Gattung vom 18. Jahrhundert bis zur Gegenwart. Stuttgart 1979.

Helmut Scheuer: „Dichter und Helden". Zur Biographik des George-Kreises, in: Stefan George. Werk und Wirkung seit dem „Siebenten Ring", hg. v. Wolfgang Braungart, Ute Oelmann, Bernhard Böschenstein. Tübingen 2001, S. 300–314.

Jost Schillemeit: Das Grauenhafte im lachenden Spiegel des Witzes. Zum historischen Kontext einer ästhetischen Idee in Heines „Buch Le Grand", in: Jahrbuch des Freien Deutschen Hochstifts (1975), S. 324–345.

Heinz Schlaffer: Das Dichtergedicht im 19. Jahrhundert. Topos und Ideologie, in: Jahrbuch der deutschen Schillergesellschaft 10 (1966), S. 297–335.

Johannes von Schlebrügge: Adam Müllers Shakespeare. Ein Verbündeter im romantischen Kampf gegen Napoleon, in: Das Shakespeare-Bild in Europa zwischen Aufklärung und Romantik, hg. v. Roger Bauer in Verbindung mit Michael de Graat u. Jürgen Wertheimer. Bern 1988 (Jahrbuch für Internationale Germanistik, Reihe A, Kongreßberichte, 22), S. 226–240.

Barbara Schlieben, Olaf Schneider, Kerstin Schulmeyer (Hrsg.): Geschichtsbilder im George-Kreis. Wege zur Wissenschaft. Göttingen 2004.

Alexander Schmidt: Reisen in die Moderne. Der Amerika-Diskurs des deutschen Bürgertums vor dem Ersten Weltkrieg im europäischen Vergleich. Berlin 1997.

Hans Schmidt: Napoleon in der deutschen Geschichtsschreibung, in: Francia 14 (1986), S. 530–560.

Hermann Josef Schmidt: Der alte Ortlepp war's wohl doch, oder Für mehr Mut, Kompetenz und Redlichkeit in der Nietzscheinterpretation. Aschaffenburg 2001.

Jochen Schmidt: Die Geschichte des Genie-Gedankens in der deutschen Literatur, Philosophie und Politik 1750–1945. 2 Bde., Darmstadt ²1988.
Jochen Schmidt: Hölderlins geschichtsphilosphische Hymnen „Die Friedensfeier“, „Der Einzige“, „Patmos“. Darmstadt 1990.
Wendelin Schmidt-Dengler: Geschichte und Geschichtsbewußtsein im österreichischen Roman nach 1918 und 1945, in: Austriaca. Deux fois l'Autriche. Après 1918 et après 1945. Actes du colloque de Rouen 8–12 novembre 1977. Rouen 1979, S. 11–25.
Wendelin Schmidt-Dengler: Die Erste Republik in der Literatur. Wiener Roman und Feuilleton, in: Staat und Gesellschaft in der modernen österreichischen Literatur, hg. v. Friedbert Aspetsberger. Wien 1977, S. 65–78.
Walter Schmitz: „Mutabor“. Alterität und Lebenswandel in den Märchen von Wilhelm Hauff, in: Schnittpunkt Romantik. Text- und Quellenstudien zur Literatur des 19. Jahrhunderts. Festschrift für Sibylle von Steinsdorff, hg. v. Wolfgang Bunzel. Tübingen 1997, S. 81–117.
J. Adolf Schmoll gen. Eisenwerth: Der heroisierte, der vergottete, der verborgene Kaiser. Zum Napoleon-Mythos in der französischen Kunst, Kleinkunst und Trivialkunst, in: Mythos und Mythologie in der Literatur des 19. Jahrhunderts, hg. v. Helmut Koopmann. Frankfurt a. M. 1979, S. 108–122.
Antoine Schnapper (Hrsg.): Jacques-Louis David 1748–1825. Musée du Louvre, Département des Peintures, Paris, Musée National du Château, Versailles, 26 octobre 1989 – 12 février 1990. Paris 1989.
Hansjörg Schneider: Zwischen Engagement und Existenzsicherung. Zu Ferdinand Bruckner im Exil, in: Zeitschrift für Germanistik 5 (1995), S. 367–373.
Manfred Schneider: Destruktion und utopische Gemeinschaft. Zur Thematik und Dramaturgie des Heroischen im Werk Christian Dietrich Grabbes. Frankfurt a. M. 1973.
Manfred Schneider: Grabbe und der Dichter-Mythos, in: Christian Dietrich Grabbe (1801–1836). Ein Symposium, im Auftrag der Grabbe-Gesellschaft hg. v. Werner Broer u. Detlev Kopp unter Mitwirkung v. Michael Vogt. Tübingen 1987, S. 43–56.
Gérard Schneilin: Grabbes drei letzte Stücke: „Napoleon oder die hundert Tage“, „Hannibal“ und „Die Hermannsschlacht“ als Modelle zur Umformung des politischen Theaters im 19. Jahrhundert, in: Aspekte des politischen Theaters und Dramas von Caldéron bis Georg Seidel, hg. v. Horst Turk u. Jean-Marie Valentin. Bern 1996, S. 159–176.
Rainer Schoch: Das Herrscherbildnis der Malerei des 19. Jahrhunderts. München 1975 (Studien zur Kunst des 19. Jahrhunderts, 23).
Milian Schömann: Napoleon in der deutschen Literatur. Berlin und Leipzig 1930.
Jörg Schönert: Möglichkeiten und Probleme einer Integration von Literatur in Gesellschafts- und Kulturgeschichte, in: Vom Umgang mit Literatur und Literaturgeschichte. Positionen und Perspektiven nach der „Theoriedebatte“, hg. v. Lutz Danneberg u. Friedrich Vollhardt in Zusammenarbeit mit Hartmut Böhme u. Jörg Schönert. Hamburg 1992, S. 337–348.
Jörg Schönert: Warum Literaturwissenschaft heute nicht nur Literatur-wissenschaft sein soll, in: Jahrbuch der Deutschen Schillergesellschaft 42 (1998), S. 491–494.
Rudolf Schönig: Politische Stimmungen und Strömungen in Schwaben vor hundert Jahren. Nach Wilhelm Hauffs Novelle „Das Bild des Kaisers“, in: Der schwäbische Bund 11 (1919/20), S. 353–358.
Gerhild Scholz Williams: Geschichte und die literarische Dimension. Narrativik und Historiographie in der anglo-amerikanischen Forschung der letzten Jahrzehnte, in:

Deutsche Vierteljahrsschrift für Literaturwissenschaft und Geistesgeschichte 63 (1989), S. 315–392.

Herbert Schrittesser: Napoleon Bonaparte im Drama der Zwischenkriegszeit. Dipl.phil.masch. Klagenfurt 1988.

Jürgen Schröder: Geschichte als heroische Kontrastwelt. Grabbes „Napoleon oder die hundert Tage“, in: Ders.: Geschichtsdramen. Die „deutsche Misere“ - von Goethes „Götz“ bis Heiner Müllers „Germania“? Eine Vorlesung. Tübingen 1994, S. 137–160.

Jürgen Schröder: Das Opfer und die Sieger. Hebbels „Agnes Bernauer. Ein deutsches Trauerspiel“, in: Ders.: Geschichtsdramen. Die „deutsche Misere“ - von Goethes „Götz“ bis Heiner Müllers „Germania“? Eine Vorlesung. Tübingen 1994, S. 217–239.

Andreas Schüler: Erfindergeist und Technikkritik. Der Beitrag Amerikas zur Modernisierung und die Technikdebatte seit 1900. Stuttgart 1990.

Wolfram Schütte: Das dramatische Schaffen Heinrich Manns, in: Heinrich Mann, hg. v. Heinz Ludwig Arnold. München 1986 (Text und Kritik, Sonderband), S. 112–121.

Gerhard Schulz: Die deutsche Literatur zwischen französischer Revolution und Restauration, Bd. 2: Das Zeitalter der Napoleonischen Kriege und der Restauration 1806–1830. München 1989 (Geschichte der deutschen Literatur, 7, 2).

Hagen Schulze: Napoleon, in: Deutsche Erinnerungsorte, hg. v. Hagen Schulze u. Etienne François. München 2001, Bd. 2, S. 23–46.

Maurice Schuman: Qui a tué le duc d'Enghien? Précédé d'une introduction de Jean Tulard. Paris 1984.

Markus Schwering: Epochenwandel im spätromantischen Roman. Untersuchungen zu Eichendorff, Tieck und Immermann. Köln 1985.

Bernd Seiler: Historische Dichtungen Georg Heyms. Analyse und Kommentar. München 1972.

Stuart Semmel: Napoleon in the British Imagination. New Haven 2004.

Friedrich Sengle: Biedermeierzeit. Deutsche Literatur im Spannungsfeld zwischen Restauration und Revolution 1815–1848. 3 Bde., Stuttgart 1972.

Friedrich Sengle: Das historische Drama in Deutschland. Geschichte eines literarischen Mythos. Stuttgart ²1969.

Friedrich Sengle: Wieland. Stuttgart 1949.

Desmond Seward: Napoleon and Hitler. A comparative biography. London 1988.

Monika Shafi: Gertrud Kolmar. Eine Einführung in das Werk. München 1995.

Itta Shedletzky: „Niemals von jüdischen Verhältnissen sprechen ...“. Zum jüdischen Subtext in Heines „Ideen. Das Buch Le Grand“, in: Das Jerusalemer Heine-Symposium. Gedächtnis, Mythos, Modernität, hg. v. Klaus Briegleb u. Itta Shedletzky. Hamburg 2001, S. 49–64.

Heinz-Otto Sieburg: Napoleon in der deutschen Geschichtsschreibung des 19. und 20. Jahrhunderts, in: Geschichte in Wissenschaft und Unterricht 21 (1970), S. 470–486.

Ulrich Sieg: Jüdische Intellektuelle im Ersten Weltkrieg. Kriegserfahrungen, weltanschauliche Debatten und kulturelle Neuentwürfe. Berlin 2001.

Antje Siemer: „Moi, toujours moi, rien que moi“. Zu einigen Facetten des Napoleonbildes in der deutschen Publizistik, in: Französische Revolution und deutsche Öffentlichkeit. Wandlungen in Presse und Alltagskultur am Ende des achtzehnten Jahrhunderts, hg. v. Holger Böning. München 1992 (Deutsche Presseforschung, 28), S. 309–322.

Annette Simonis: Gestalttheorie von Goethe bis Benjamin. Diskursgeschichte einer deutschen Denkfigur. Köln, Weimar 2001.

Gary Smith, Hinderk M. Emrich (Hrsg.): Vom Nutzen des Vergessens. Berlin 1996.

Maynard Solomon: Beethoven. New York 1978.

Werner Sonne: Bilder, Geschichte und Architektur. Drei wesentliche Bestandteile der Städtebautheorie in Werner Hegemanns und Elbert Peets' American Vitruvius, in: Scholion. Bulletin der Stiftung Bibliothek Werner Oechslin 2 (2002), S. 122–133.

Johann Sonnleitner: Die Geschäfte des Herrn Robert Hohlbaum. Die Schriftstellerkarriere eines Österreichers in der Zwischenkriegszeit und im Dritten Reich. Wien, Köln 1989 (Literatur in der Geschichte, Geschichte in der Literatur, 18).

Dimitri Sorokine: Napoléon dans la littérature russe. Paris 1974.

Hermann J. Sottong: Transformation und Reaktion. Historisches Erzählen von der Goethezeit zum Realismus. München 1992.

Bernhard Spies: Die Macht im Drama. Napoleon-Dramen von Schiller bis Dürrenmatt, in: Klassik-Rezeption. Auseinandersetzung mit der Tradition. Festschrift für Wolfgang Düsing, hg. v. Peter Ensberg u. Jürgen Kost. Würzburg 2003, S. 243–255.

Horst Spittler: Georg Kaisers Tragikomödie „Napoleon in New Orleans" als Zurücknahme des expressionistischen Verkündigungsdramas, in: Literatur für Leser (1988), S. 78–83.

Christa Spreizer: From Expressionism to Exile. The works of Walter Hasenclever (1890–1940). Rochester 1999.

Peter Sprengel: Die inszenierte Nation. Deutsche Festspiele 1813–1913. Tübingen 1991.

Heinz Sproll: Französische Revolution und Napoleonische Zeit in der historisch-politischen Kultur der Weimarer Republik. Geschichtswissenschaft und Geschichtsunterricht 1918–1933. München 1992.

Friedrich Stählin: Napoleons Glanz und Fall im deutschen Urteil. Wandlungen des deutschen Napoleon-Bildes. Braunschweig 1952.

Wilhelm Steffens: Georg Kaiser. Velber 1969.

Dieter Stegherr: „Weck ihn auf Poet!" Friedrich Hebbel und Napoleon, in: Horizonte. Zeitschrift für Literatur 9 (1985), S. 34–36.

Reinhold Steig, Herman Grimm (Hrsg.): Achim von Arnim und die ihm nahe standen, Bd. 2: Achim von Arnim und Bettina Brentano, bearbeitet v. Reinhold Steig. Neudruck Bern 1970.

Hartmut Steinecke: Nachwort, in: E. T. A. Hoffmann: Die Vision auf dem Schlachtfelde bei Dresden, Nachdruck der Erstausgabe. Bamberg: Kunz 1814. Stuttgart, Zürich 1988 (Seltene und wertvolle Werke aus der Fürstlichen Bibliothek Corvey in Nachdrucken), S. 1–42.

Carl Steiner: Frankreichbild und Katholizismus bei Joseph Roth, in: Joseph Roth. Werk und Wirkung, hg. v. Bernhard M. Kraske. Bonn 1988, S. 89–100.

Uwe C. Steiner: Können die Kulturwissenschaften eine neue moralische Funktion beanspruchen? Eine Bestandsaufnahme, in: Deutsche Vierteljahrsschrift für Literaturwissenschaft und Geistesgeschichte 71,1 (1997), S. 3–38.

Harald Steinhagen: Grillparzers „König Ottokar". Drama, Geschichte und Zeitgeschichte, in: Jahrbuch der deutschen Schillergesellschaft 14 (1970), S. 456–487.

Esther Steinmann: Von der Würde des Unscheinbaren. Sinnerfahrung bei Joseph Roth. Tübingen 1984.

Karlheinz Stierle: Mythos als Bricolage und zwei Endstufen des Prometheusmythos,

in: Terror und Spiel. Probleme der Mythenrezeption, hg. v. Manfred Fuhrmann. München 1971, S. 455–472.
Fritz Straube: Das Jahr 1813. Studien zur Geschichte und Wirkung der Befreiungskriege. Berlin 1963.
Fritz Strich: Goethe und Napoleon, in: Horen 8 (1925), S. 108–134.
Wolfgang Struck: Konfigurationen der Vergangenheit. Deutsche Geschichtsdramen im Zeitalter der Restauration. Tübingen 1997.
Franz Stuckert: Das Drama Zacharias Werners. Entwicklung und literaturgeschichtliche Stellung. Frankfurt a.M. 1926.
Bernd Suphan: Napoleons Unterhaltungen mit Goethe und Wieland und Friedrich von Müllers Memoire darüber für Talleyrand, in: Goethe-Jahrbuch 15 (1894), S. 20–30.
Christine Sutherland: Maria Walewska. Geliebte Napoleons, Gräfin Ornano. München 1981.

Werner Telesko: Napoleon Bonaparte. Der „moderne Held" und die bildende Kunst 1799–1815. Wien, Köln, Weimar 1998.
Bernhard Temann: Napoleon I. und seine Zeit im bürgerlichen deutschen Drama seit 1918. Diss. masch. Jena 1974.
Michael Thimann: Caesars Schatten. Die Bibliothek von Friedrich Gundolf. Rekonstruktion und Wissenschaftsgeschichte. Heidelberg 2003.
Jorma Tiainen: Napoleon und das napoleonische Frankreich in der öffentlichen Diskussion des „dritten Deutschland" 1797–1806. Jyväskyla 1971 (Studia Historica Jyväskyläensia, 8).
Paul van Tieghem: La poésie de la nuit et des tombeaux. Les idylles des Gessner et le rêve pastorale. Paris 1948.
Habibollah Torabi: Das Jahr 1813 im Spiegel bürgerlich-revolutionärer zeitgenössischer Presse. Zur nationalen und sozialen Frage der deutschen Befreiungskriege. Frankfurt a.M. 1984.
Jean Touchard: La Gloire de Béranger. 2 Bde., Paris 1968.
Alexander H. Traeber: „Sie errötete vor sich selbst …". Funktion der Innerlichkeit in Wilhelm Hauffs historischem Roman- und Novellenschaffen, untersucht anhand von „Lichtenstein", „Die letzten Ritter von Marienburg", „Jud Süß", „Das Bild des Kaisers". Frankfurt a.M. 2003.
Claus Träger: Geschichte, „Geist" und Grillparzer. Ein klassischer Nationalautor und seine Deutungen, in: Weimarer Beiträge 7 (1961), S. 449–519.
Jörg Träger: Kaiserliche Inkarnationen. Napoleon-Bilder von Jacques-Louis David zu Heinrich Heine, in: Historienmalerei in Europa. Paradigmen in Form, Funktion und Ideologie, hg. v. Ekkehard Mai unter Mitarbeit v. Anke Repp-Eckert. Mainz am Rhein 1990, S. 135–172.
Jörg Träger: Napoleon, Trajan, Heine. Zur Malerei des Ersten Kaiserreichs in Frankreich, in: Jahres- und Tagesberichte der Görres-Gesellschaft (1987), S. 71–86.
Frithjof Trapp: Napoleon redivivus: Zu Walter Hasenclevers „Abenteuer in sieben Bildern" „Napoleon greift ein", in: German Life and Letters 45 (1992), S. 212–215.
Peter Trawny: George dichtet Nietzsche. Überlegungen zur Nietzsche-Rezeption Stefan Georges und seines Kreises, in: George-Jahrbuch 3 (2000/2001), S. 34–68.
Hans Tümmler: Goethes „Unterredung mit Napoleon" im Rahmen der Weimarischen Politik auf dem Erfurter Fürstenkongress von 1808, in: Ders.: Das klassische Weimar und das große Zeitgeschehen. Historische Studien. Köln, Wien 1975, S. 61–90.

Jean Tulard: Dictionnaire du Cinéma, Bd. 1: Les réalisateurs. Paris 1982.
Jean Tulard (Hrsg.): Dictionnaire Napoléon. Paris 1987.
Jean Tulard: Le Mythe de Napoléon. Paris 1971.
Jean Tulard: Napoléon II., Paris 1992.
Jean Tulard: Napoleon oder Mythos des Retters. Eine Biographie. Aus dem Französischen von Caroline Vollmann. Tübingen 1977.
Jean Tulard: Le retour des cendres, in: Les lieux de mémoire, hg. v. Pierre Nora, Bd. II, 3: La Nation. Paris 1986, S. 81–110.
Horst Turk: Alienität und Alterität als Schlüsselbegriffe einer Kultursemantik, in: Jahrbuch für Internationale Germanistik 22,1 (1990), S. 8–31.
Albrecht Tyrell: Vom „Trommler" zum „Führer". München 1975.

Sebastian Ullrich: Im Dienste der Republik von Weimar. Emil Ludwig als Historiker und Publizist, in: Zeitschrift für Geschichtswissenschaft 49 (2001), S. 119–140.
Volker Ullrich: Napoleon. Eine Biographie. Reinbek 2004.

Rudolf Vierhaus: Goethe und Napoleon. Zum Problem des Verhältnisses von Macht und Geist in der deutschen politischen Kultur, in: Weltpolitik, Europagedanke, Regionalismus. Festschrift für Heinz Gollwitzer zum 65. Geburtstag am 30. Januar 1982, hg. v. Heinz Dollinger, Horst Gründer, Alwin Hanschmidt. Münster 1982, S. 157–173.
Silvio Vietta: Nationalisierung und Europäisierung der Literatur und Literaturwissenschaften in Deutschland und Italien, in: Das Europa-Projekt der Romantik und die Moderne. Ansätze zu einer deutsch-italienischen Mentalitätsgeschichte, hg. v. Silvio Vietta, Dirk Kemper u. Eugenio Spedicato. Tübingen 2005 (Reihe der Villa vigoni, 17), S. 1–37.
Wolfgang Graf Vitzthum: Rechts- und Staatswissenschaften aus dem Geiste Stefan Georges? Über Johann Anton, Berthold Schenk Graf von Stauffenberg und Karl Josef Partsch, in: Wissenschaftler im George-Kreis, hg. v. Bernhard Böschenstein, Jürgen Egyptien, Bertram Schefold u. Wolfgang Graf Vitzthum. Berlin, New York 2005, S. 83–113.
Christian Viviani: Napoléon vu, entrevu et fantasmé par Hollywood, in: Napoléon & le Cinéma. Un siècle d'images. Ouvrages publié avec le concours de la Direction Régionale des Affaires de Corse, de la Collectivité Territoriale de Corse, du Conseil Général des Hauts-de-Seine et de la municipalité d'Ajaccio. Ajaccio 1998, S. 125–135.
Ludwig Völker: Formstrukturen als Sinnstrukturen. Der Zyklus als poetische Form im Werk Gertrud Kolmars, in: Vom Gedicht zum Zyklus. Vom Zyklus zum Werk. Strategien der Kontinuität in der modernen und zeitgenössischen Lyrik, hg. v. Jacques Lajarrige. Innsbruck, Wien, München 2000, S. 98–121.
Annette Völker-Rasor, Wolfgang Schmale (Hrsg.): MythenMächte – Mythen als Argument. Berlin 1998.
Klaus Vondung: Apokalypse in Deutschland. München 1988.
Carl Voretzsch: Gaudys Kaiserlieder und die Napoleondichtung, in: Preußische Jahrbücher 95 (1899), S. 412–496.
Wilhelm Voßkamp: Die Gegenstände der Literaturwissenschaft und ihre Einbindungen in die Kulturwissenschaften, in: Jahrbuch der Deutschen Schillergesellschaft 42 (1998), S. 503–507.

Hans Wahl: Wieland und Napoleon. Paris 1949.

Mark G. Ward: Some Notes on Grillparzer's „König Ottokar“ and the „entfernte Ähnlichkeit“, in: German Life and Letters 34 (1981), S. 214–222.
Ernst Weber: Zwischen Emanzipation und Disziplinierung. Zur meinungs- und willensbildenden Funktion politischer Lyrik in Zeitungen zur Zeit der Befreiungskriege, in: Volk – Nation – Vaterland, hg. v. Ulrich Herrmann. Hamburg 1996, S. 325–352.
Ernst Weber: Für Freiheit, Recht und Vaterland. Zur Lyrik der Befreiungskriege als Medium politischer Meinungs- und Willensbildung, in: Dichter und ihre Nation, hg. v. Helmut Scheuer. Frankfurt a. M. 1993, S. 237–256.
Ernst Weber: Lyrik der Befreiungskriege (1812–1815). Gesellschaftspolitische Meinungs- und Willensbildung durch Literatur. Stuttgart 1991 (Germanistische Abhandlungen, 65).
Frank Weber: Die Bedeutung Nietzsches für Stefan George und seinen Kreis. Frankfurt a. M. 1989.
Hans-Ulrich Wehler: Deutsche Gesellschaftsgeschichte, Bd. 1. Vom Feudalismus des Alten Reichs bis zur Modernisierung der Reformära 1700–1815. München ^{2}1989.
Harald Weinrich: Lethe. Kunst und Kritik des Vergessens. München 1997.
Eberhard Weis: Der Durchbruch des Bürgertums 1776–1847. Frankfurt a. M., Berlin, Wien 1975 (Propyläen Geschichte Europas, 4).
Eberhard Weis: Napoleon und der Rheinbund, in: Ders.: Deutschland und Frankreich um 1800. Aufklärung, Revolution, Reform, hg. v. Walter Demel u. Bernd Roeck. München 1990, S. 186–217.
Eberhard Weis (Hrsg.): Reformen im rheinbündischen Deutschland. München 1984.
Hans-Georg Werner: E. T. A. Hoffmann. Darstellung und Deutung der Wirklichkeit im dichterischen Werk. Berlin, Weimar ^{2}1971.
Paul Wescher: Kunstraub unter Napoleon. Berlin 1976.
Molly W. Wesling: Napoleon in Russian Cultural Mythology. Frankfurt a. M. 2001.
Franklin C. West: Success without influence. Emil Ludwig during the Weimar years, in: Year-book of the Leo Baeck Institute 30 (1985), S. 169–180.
Hayden White: Auch Klio dichtet oder die Fiktion des Faktischen. Studien zur Tropologie des historischen Diskurses. Stuttgart 1991.
Raleigh G. Whitinger, John L. Plews: The Anti-Heroic Consistency of C. D. Grabbe's Historical Drama. Poetological discourse and Intertextuality in „Gothland“, „Hohenstaufen“, and „Napoleon“, in: Colloquia Germanica 29 (1996), S. 39–60.
Raleigh G. Whitinger: Illusionäre Größe. Zu den poetologischen Elementen in Grabbes „Napoleon oder die hundert Tage“ und „Hannibal“, in: Analogon Rationis. Festschrift für Gerwin Marahrens zum 65. Geburtstag, hg. v. Marianne Henn u. Christoph Lorey. Edmonton 1994, S. 313–330.
Carl Wiemer: Palimpsest des Posthistoire. Grabbes Seismographie der neuen Medien in „Napoleon oder die hundert Tage“ und „Scherz, Satire, Ironie und tiefere Bedeutung“, in: Christian Dietrich Grabbe – ein Dramatiker der Moderne, hg. v. Detlev Kopp. Bielefeld 1996, S. 21–46.
Carl Wiemer: Der Paria als Unmensch. Grabbe – Genealoge des Anti-Humanitarismus. Bielefeld 1997.
Kurt Willimczik: E. T. A. Hoffmann. Die drei Reiche seiner Gestaltenwelt. Berlin 1939.
Johannes Willms: Napoleon. Verbannung und Verklärung. München 2000.
Markus Winkler (Hrsg.): Heinrich Heine und die Romantik. Erträge eines Symposiums an der Pennsylvania State University (21.–23. September 1995). Tübingen 1997.

Markus Winkler: Heines Napoleon-Mythos, in: Aufklärung und Skepsis. Internationaler Heine-Kongreß 1997 zum 200. Geburtstag, hg. v. Joseph A. Kruse, Bernd Witte u. Karin Füllner. Stuttgart, Weimar 1998, S. 379–394.

Markus Winkler: Mythisches Denken zwischen Romantik und Realismus. Zur Erfahrung kultureller Fremdheit im Werk Heinrich Heines. Tübingen 1995.

Michael Winkler: George-Kreis. Stuttgart 1972.

Hans Wißkirchen: Die Gegenwart in der Vergangenheit. Grabbes Hohenstaufendramen zwischen Stoffzwang und Autorintention, in: Literatur für Leser (1989), S. 126–142.

Bernd Witte: „Und wir, wir sind geworden durch den Galgen und durch das Rad!" Die jüdische Lyrikerin Gertrud Kolmar (1894–1943), in: „Manche Worte strahlen". Deutsch-jüdische Dichterinnen des 20. Jahrhunderts, hg. v. Norbert Oellers. Erkelenz 1999, S. 43–60.

Rainer Wohlfeil: Spanien und die deutsche Erhebung 1808–1814. Wiesbaden 1965.

Stefan Woltersdorff: Konkurrierende Wahrnehmungsmuster in Heinrich Heines „Reisebildern" aus Italien, in: Recherches germaniques 30 (2000), S. 17–45.

Johanna Woltmann: Gertrud Kolmar. Leben und Werk. Göttingen 1995.

Paul Wucherpfennig: „Kollaborateure der Vernunft". Literarische und publizistische Wegbereiter und Begleiter Napoleons in Deutschland. Ein verdrängtes Kapitel deutscher Literaturgeschichtsschreibung. Diss. masch. Darmstadt 1992.

Wulf Wülfing: Europas Napoleon. Zu Texten französischer Autoren in deutschsprachigen Anthologien des 19. Jahrhunderts, in: Lendemains. Zeitschrift für Frankreichforschung + Französischstudium 30 (1983), S. 15–21.

Wulf Wülfing: „Heiland" und „Höllensohn". Zum Napoleon-Mythos in Deutschland im 19. Jahrhundert, in: Mythos und Nation. Studien zur Entwicklung kollektiven Bewußtseins in der Neuzeit, hg. v. Helmut Berding. Frankfurt a. M. 1996, S. 164–184.

Wulf Wülfing: Luise gegen Napoleon, Napoleon gegen Barbarossa. Zu einigen Positionen Heines in einem Jahrhundert der Mythenkonkurrenzen, in: Aufklärung und Skepsis. Internationaler Heine-Kongreß 1997 zum 200. Geburtstag, hg. v. Joseph A. Kruse, Bernd Witte u. Karin Füllner. Stuttgart, Weimar 1998, S. 395–407.

Wulf Wülfing: Mythen und Legenden, in: Geschichtsdiskurs, Bd. 3: Epochen der Historisierung, hg. v. Wolfgang Küttler, Jörn Rüsen u. Ernst Schulin. Frankfurt a. M. 1997, S. 159–172.

Wulf Wülfing: Napoleon-Bibeln. Anthologien als Medien der Mythisierung von Figuren der Geschichte, in: Wege der Literaturwissenschaft, hg. v. Jutta Kolkenbrock-Netz. Bonn 1985, S. 184–204.

Wulf Wülfing: „Eine der größten Verwirklichungen des Individuums im okzidentalen Sinn". Zum Napoleon-Mythos von Goethe bis Hofmannsthal als einem Weg aus der Provinzialität, in: Internationalität nationaler Literaturen. Beiträge zum ersten Symposium des Göttinger Sonderforschungsbereichs 529, hg. v. Udo Schöning. Göttingen 2000, S. 222–238.

Wulf Wülfing, Karin Bruns, Rolf Parr: Historische Mythologie der Deutschen 1798–1918. München 1991.

Marianne Wünsch: Struktur der „dargestellten Welt" und narrativer Prozeß in erzählenden „Metatexten" des „Biedermeier", in: Zwischen Goethezeit und Realismus. Wandel und Spezifik in der Phase des Biedermeier, hg. v. Michael Titzmann. Tübingen 2002, S. 269–282.

Manfred Wüstemeyer: Demokratische Diktatur. Zum politischen System des Bonapartismus im Zweiten Empire. Köln 1986.

Conrad Dieter von Zedlitz-Neukirch: Joseph Christian Freiherr von Zedlitz. Leben und Schaffen eines Schulkameraden Eichendorfffs, in: Aurora 29 (1969), S. 70–91.
Karl Ziegler: Grabbe's Leben und Charakter. Hamburg 1855.
Hasko Zimmermann: Auf dem Altar des Vaterlands. Religion und Patriotismus in der deutschen Kriegslyrik des 19. Jahrhunderts. Frankfurt a. M. 1971.
Ingo Zimmermann: Napoleon im Erlebnis E. T. A. Hoffmanns, in: Dresdner Hefte 37 (1994), S. 35–39.
Edward A. Zlotkowski: Die Bedeutung Napoleons in Heines „Reisebilder II", in: Etudes Germaniques 2 (1980), S. 145–162.
Edward A. Zlotkowski: Heinrich Heines Reisebilder. The Tendency of the Text and the Identity of the Age. Bonn 1980.
Raimar Zons: „… die ganze Welt, schauen Sie hier, wie sie rollt und lebt". Über Grabbes „Napoleon", in: Grabbe-Jahrbuch 4 (1985), S. 9–27.
Raimar Zons, Klaus Lindemann: Die Schlacht im Theater – vor und nach den „Befreiungskriegen". Kleists „Hermannsschlacht" und Grabbes „Napoleon", in: Grabbe-Jahrbuch 7 (1988), S. 35–77.

Personenregister

Kursivierte Zahlen verweisen auf die Anmerkungen der jeweiligen Seite.